魏建国　著

城市史视域中的民主法治

CHENGSHISHI SHIYU
ZHONG DE MINZHU FAZHI

商务印书馆
The Commercial Press

目　　录

机理篇

导论　作为一种民主法治发展方法论的城市化

在中国民主与法治建设中,如何了解和具备体现民主法治发展的规律性因素,始终是一个较为紧迫的前提性问题,因为要在中国这个有特殊历史传统的大国实现民主法治,就必须考察民主法治因何而产生,这对中国民主法治的建设非常重要。或言之,鉴于我国历史上长久以来缺乏民主法治传统的局限性,我们要在此前提下研究最能实现民主法治的条件。就民主法治发展而言,城市化对民主法治的发展和实现具有驱动性、条件性和规律性意义。在此,需要关注和侧重民主法治兴起与发展的城市化方法论的提炼。

一、民主法治发展之城市化驱动的西方经验审视

(一) 西方民主法治发展的城市化驱动

尽管各国民主法治道路不尽相同,但有些基本的经验必定是相通和可资借鉴的,故而也是值得考察和进行比较性研究的。就民主法治发展而言,西方率先经历了这一过程,因此西方必然是我们考察和思考的对象。而当我们思考和追溯西方民主法治的根源时,西方民主法治发展的历史逻辑告诉我们,西方相对早熟的民主法治建设,不仅是与城市化相互适应、相互推动的过程,而且也是与城市化相互支持、协调发展的过程。城市化是西方民主法治的社会根基所在,其本身也是西方民主法治发展的主线。因此,在了解西方民主法治时,需要将城市化纳入考量。在此,也要承认城市化在西方的早发早熟,即近代西方的城市化源于已经牢固地建立起来的中世纪城市传统,而这一传统又

是古希腊和罗马城市传统的继续。"无论出现何种随意性或系统性的间断以及地区性差异,欧洲城市化一直保持着持续发展的势头。"①

西方民主法治的兴起和发展是由城市化作为底蕴和推动的,城市化是西方民主法治发展不可或缺的因素。雅典之所以能够实行民主政治,在于城市化较早,没有城邦作为土壤,希腊城邦民主就无从产生。古罗马之所以能够发展出罗马法及相关治理模式也得益于其早熟的城市化,"在某种意义上,罗马化成为城市化进程的同义词"②。而对近现代以来西方民主法治发展的审视,尤其需要关注 1500 年以来欧洲逐渐从传统农业社会向现代城市社会的历史转型与转变,如果没有 16 至 18 世纪欧洲城市社会的兴起,也就没有近代西方的民主法治。史实表明,"到 17 世纪早期,荷兰半数的人口居住在城镇和城市之中,已经成为欧洲城市化程度最高的国家";英国 1851 年城市人口已超过农村人口;德国在 1891 年基本实现城市化;美国城市化高速发展的阶段出现在内战以后,1920 年基本实现城市化,城市人口比例达到 51.2%;法国稍迟,1931 年城市化水平才达到 51.2%。③ 而此时与处于农耕文明的其他地区相比,西方启蒙运动和民主法治运动的城市化属性是比较明显的。从某种程度来讲,西方启蒙运动和民主法治运动本身就是一种城市运动,"这个运动从中世纪开始,而且本身是文明的运动,运动深深地打上了城市生活、商品和交往、艺术和科学的发展的烙印"④。

作为不争的事实,城市化是驱动西方民主法治发展的主体性力量,在很大程度上,法治对人治的胜利、民主对专制的胜利以及现代对传统的胜利,都是城市力量的显示和城市生活的彰显。城市属性也是西方现代国家的重要品性,西方现代国家的兴起是在城市商人和市民阶层要求建立统一市场和一个强大的、统一的世俗国家背景下实现的。即,西方现代国家是按照城市化模式兴起和发展的,其民主法治在其历史形成的过程中打上了城市社会的印记。

---

① 保罗·霍恩伯格、林恩·霍伦·利斯:《都市欧洲的形成》,阮岳湘译,商务印书馆 2009 年版,第 105 页。

② 乔尔·科特金:《全球城市史》,王旭译,社会科学文献出版社 2010 年版,第 47 页。

③ 参见乔尔·科特金:《全球城市史》,王旭译,社会科学文献出版社 2010 年版,第 47、128 页;布赖恩·贝利:《比较城市化》,顾朝林等译,商务印书馆 2010 年版,第 131 页;丁建弘:《德国通史》,上海社会科学出版社 2003 年版,第 35 页;保罗·霍恩伯格、林恩·霍伦·利斯:《都市欧洲的形成》,阮岳湘译,商务印书馆 2009 年版,第 206 页。

④ 斐迪南·滕尼斯:《新时代的精神》,林荣远译,北京大学出版社 2006 年版,第 4 页。

城市化不仅从根本上改变了西方现代国家的经济生活、社会生活和政治生活的逻辑,而且重塑了西方现代国家的经济、社会和政治关系。城市化的演进,对西方现代国家的震动和影响是巨大、深远、深刻的,最终体现在它已经重构了一整套与城市化适应的上层建筑和意识形态。即,"民族-国家的发展预设着传统国家中相当基本的城乡关系的消解"①,并开始确立了一种与城市生活相适应的思维和文化观念。如英国,"1840 年,在劳动力、土地和货币方面都已经有自我规制的市场经济在英国已经完全建立起来了。市场资本主义已经全面地战胜了它的敌人:不仅是在经济理论和实践上,而且在政治、法律、思想、哲学和意识形态上也是如此。它的对手,被彻底地击败了"②。事实上,城市化是驱动西方民主法治的元基础,是西方民主法治不可或缺的根基,进而展现了城市化对于民主法治发展的不可或缺性。对此,韦伯不无骄横地指出:"只有西方懂得什么是现代意义的国家,它既有专职行政机关又有专业化官员和以公民权利义务的观念为基础的法律。这个制度要想在古代以及在东方发端是绝无发展可能的。只有西方才懂得什么是法学家所制定并予以合理解释和适用的合理法律,只有西方,才有公民权和义务的观念,因为也只有西方才有那种特殊意义的城市。"③

(二) 西方民主法治原理的城市化解读

城市化视角为理解民主法治的原理及机制提供了新的观察视角。城市化不仅是西方民主法治兴起和发展的基石,而且也是一个解读西方民主法治发展原理的重要视角。民主法治是以城市化的面貌展开的,如果不从城市化研究入手,就很难真正对民主法治的走向、规律及其独具的特征获得符合历史实际的科学认识。通过城市化揭示民主法治的原理与运作机制,可以弥补我们对民主法治发展原理和线索了解的不足。其一,城市化社会结构的基本观念、基本精神和基本制度成了民主法治的重要内容。在城市化过程中,人们的权

---

① 安东尼·吉登斯:《民族-国家与暴力》,胡宗泽、赵力涛译,生活·读书·新知三联书店 1998 年版,第 5 页。
② 罗伯特·达尔:《论民主》,李柏先、林猛译,商务印书馆 1999 年版,第 181 页。
③ 马克斯·维贝尔:《世界经济通史》,姚曾廙译,上海译文出版社 1981 年版,第 136 页。

利意识、平等意识、契约意识、参与意识、民主意识将得到加强。城市化以市场经济为基础,市民以个人自由、平等、权利、契约为根本原则和价值,实行法律面前人人平等,现代民主法治所涉及的许多重要的社会制度和公民身份传统都关涉城市及城市化。同时,城市化社会结构孕育的诚实、信用、公平契约精神,也有力地推动着民主法治秩序的形成。其二,城市化以其特殊功能发挥着引导、诠释与促进妥协和合作的作用,成为民主法治发展不可或缺的因素。城市化不仅实现了从传统农业社会转向现代工商业社会的重要变革,而且加深了生产、生活的社会化程度,促成了人们的相互性依赖。沿着城市化发展轨迹,可以搜寻社会合作不断进化的原因。城市是一个有机体,它的健康发展必须依赖公平合作,这表现为对公平公正的推动。从城市的发展来看,城市社会中的公正含量越高、公正基础越好,城市的发展就越健康。公平协作和公正作为一个不可或缺的因素参与了城市化进程。即,在城市社会中"公平与协作的问题较之于统治具有更普遍的意义"①。作为不争的事实,城市化也有利于合作和对社会冲突进行非暴力的合法解决、仲裁和协调,原因就在于城市是一种社会性生活和分工协作劳动的共存体。正是由于城市社会是一个相互依存的共存社会,治理手段"文明化"才能得到认同和执行。其三,城市化将逐渐生成一种把公平、正义、自由、平等、人权等作为基本要素的全新文化经验进而成为法治文化的实质性内涵要件。民主法治的生命力就在于文化本身,如法国学者托克维尔在《论美国的民主》一书中写道,有助于美国维护民主法治的原因有三:自然环境、法制和民情。按贡献对它们分级,自然环境不如法制,而法制又不如民情。② 相比较而言,建构一项制度容易,培育一种文化则非常之难,但文化与传统都不是一成不变的。一般说来民主法治文化的养成需要相应的城市化支持,即民主法治乃是城市生活经验的总结与需要,需要城市之生活习性支持。由于对城市、市场经济法治所倡导的平等、自由、竞争、正义的主体价值的普遍体认,便会使其产生一种民主法治文化。苏格拉底就表达过城市的这种民主法治教化功能:"乡村的旷野和树木不能教会我任何东西,但是城市的居民做到了。"③其四,在城市社会中,各种信息技术

①　R. M. 昂格尔:《现代社会中的法律》,吴玉章、周汉华译,译林出版社 2001 年版,第 203 页。

②　托克维尔:《论美国的民主》,董果良译,商务印书馆 2004 年版,第 321 页。

③　乔尔·科特金:《全球城市史》,王旭译,社会科学文献出版社 2010 年版,第 29 页。

被迅速地运用于城市治理之中,成为强化城市民主法治的重要手段,信息传播的便利,为公众利益诉求的表达提供了便捷途径,对城市管理者而言,他们可以迅速知晓社情民意,也可以迅速做到上情下达。总之,西方民主法治并不是简单的制度现象,而是一种城市化现象,因此对其理解需要深入分析其城市化机制与逻辑。

(三) 西方民主法治本质的城市化判断

就民主法治发展而言,西方国家的民主法治发展既呈现出鲜明的个性色彩,又包含着基本的共性特征,主要体现为植根于城市化是民主法治发展的共通性事实。就城市化对民主法治的带动而言,欧洲率先经历了这一过程。不过,民主法治问题的实质,并不是"西方化"问题而是"城市化"问题。尽管民主法治有其独特的西方化背景,但更有其深刻的城市化背景,而将民主法治一味地西化,易掩盖其城市的本质规定性。进而言之,尽管近代民主法治主要是西方城市文明发展造就的后果,但走向民主法治的实质却不是西方化,而是城市化。显见,通过城市化视角有利于扭转以西方标准对民主法治的认知。西方民主法治以其诸多新特性展示了与其他社会的不同,如自由、平等、开放、创新、理性启蒙、市场经济体制等,这些特性与其说是"西方"特色,毋宁说是"城市"特色。固然,分解其中的元素,在许多社会中也能找到,但只有到了城市社会,它们才被如此地选择出来,关联成体系,并得到了极大的扩展与实现。所有的现代化和民主法治都是由城市化达致的,西方的现代化转型和民主法治发展,与世界其余大部分地区发生过的转型,性质其实是相似的,其本质都是城市化,只不过是西方发生的时间提早了几个世纪而已。民主法治是城市化的判断,有利于更好地澄清民主法治发展的规律。所谓民主法治发展规律,就是指大凡民主法治搞得比较成功的国家,无一不是较好地坚持和依托了城市化。尽管世界各国的民主法治发展纷繁复杂,多种多样,但成功的民主法治背后总是受城市化这一共通性因素所支配,呈现出一部民主法治的发展史,也是一部城市化发展的历史。

二、 确立一种有城市化的民主法治发展观与方法论

由于西方的现代化转型可以启示今日世界各地发展中国家所面临的转型，所以，城市化视角和原理并没有丧失它的启发性，反而有助于我们确立一种有城市化的民主法治发展观与方法论。

作为不争的事实，诸多后发现代化国家的民主法治建设多偏重法律的规范、条文、程序及其运行机制等制度建设。民主法治的实现固然离不开一定的制度和法律，但制度和法律并不是实现民主法治的根本基础，那种以为只要我们确立了一些制度和法律条文，民主法治和法治现代化就可以大功告成的想法，太简单化了。对此，制度经济学派也承认："仅仅拘泥于法律的文字（法律实证主义）和正当程序的正规性，但违背社会上广泛持有的基本价值和伦理规则，是建立不起法治的。"[①]伯尔曼也明确坦言："由于把法律概念界定得过于狭窄即把法律界定为规则体，而有碍于对西方法律传统的产生和西方历史上数次重大革命对这种法律传统的影响的理解以及对这种传统现在所处的困境的理解。"[②]长期以来，许多人习惯性地认为民主法治就是制度和法条，没有从城市化角度认知民主法治，而一旦忽视了民主法治的城市化动力建设，就会使得民主法治生存无根，变革和发展无力。"一般而言，当法律被用作社会变迁的工具时，它需要社会的支持。"[③]民主法治本质上属于城市历史条件下的民主法治，其确立和运行，当然需要城市化支撑。

民主法治发展，"正如生命一样，源自一系列独立因素的交互作用，通常是不能化约为一些有限期的制度的。从制度机制来探寻某种文明衰落的原因看起来是一种无望的努力"[④]。民主法治建设与发展所依靠的并不只是制度，还

---

① 柯武刚、史漫飞：《制度经济学》，韩朝华译，商务印书馆 2000 年版，第 203 页。

② 伯尔曼：《法律与革命——西方法律传统的形成》，贺卫方、高鸿钧等译，中国大百科全书出版社 1993 年版，"序言"，第 6 页。

③ 史蒂文·瓦戈：《法律与社会》，梁坤、邢朝国译，中国人民大学出版社 2011 年版，第 257 页。

④ 卡尔·波兰尼：《大转型：我们时代的政治与经济起源》，冯钢、刘阳译，浙江人民出版社 2007 年版，第 4 页。

应有城市化下的力量对比和妥协均衡,研究现代民主法治不仅要考察制度技术因素,还应考察城市化因素,而这恰是以往研究未予充分注意的问题。我们认为,民主法治秩序的建立不能单靠制定若干法律条文和设立若干法庭,重要的是在社会结构和思想观念上先进行一番改革,否则民主法治仍然未能摆脱一种"无根"栽培的困境。实践证明,解决问题的关键可能就在这里,一些后发现代化国家民主法治发展危机的根源在于其民主法治观的形而上学而缺失社会基础思考,它遮蔽了对民主法治的城市根基的关注,进而表明这种立场和方法论可能具有某种缺陷。由于民主法治是一种城市现象,其实践必然受城市化背景及城市化成熟程度的制约。因此,对于后发现代化国家而言,最急需的不是西方式的民主法治制度而是城市化,不断侵袭着正在民主法治道路上前进的发展中国家的种种危机,表现为民主法治与缺乏城市化的社会之间存在脱节。因为"在汲取外界现成经验的过程中,怎样采用西方的科学和技术成果,这个问题不难解决。技术成果在某种程度上是可以即时取用的'现贷',因为技术往往自成体系,比较容易描述,也比较容易掌握。难就难在如何认知社会和政治的基本结构,即一个文明的文化内核"[①]。事实上,要提升他们的民主法治水平,只能依靠城市特别是城市化的战略作用,没有拥有发达的城市文化的名副其实的城市,他们所面临的经济、文化、社会或人权等种种问题,都不可能找到任何卓有成效的解决办法。

对此,我们主张城市及城市化是民主法治的基石,进而提出应确立一种有城市化的民主法治发展观。民主法治的发展问题绝非制度本身的问题,也就是说,民主法治的形成仅仅从制度上做文章是不够的,它更大程度上依赖于城市化的诉求和支持。严格说来,民主法治的产生有其基础,它不可能自己产生自己,因此不能局限于仅仅依据制度来理解民主法治,而应思考民主法治的社会、经济、政治、文化等深层问题。而城市化理论有助于弥补这一缺陷,我们的民主法治理论需要对城市化的意义进行再发现和再承认,就是要以城市化为视角,尝试着对民主法治形成过程和要素机制展开讨论,并以此作为制度主义的一些推进与补充。诸多事实表明,在民主法治的产生和运行中,社会形态比法律制度关系更重要。当然,我们绝不是要宣扬"制度无用论",而只是想批评

---

① 艾伦·麦克法兰:《英国个人主义的起源》,管可秾译,商务印书馆2008年版,第5页。

"制度决定论"。在当下的"制度决定一切"的神话中,人们的着眼点多数在制度上,幻想只要改变了制度,一切问题就会迎刃而解,或者根本不用再在社会基础上下功夫,这越来越成为一个明显的知识缺陷。回顾历史就会发现,没有城市化作根基,制度其实也是靠不住的东西。民主法治是一项复杂的社会工程,其建成和实现不仅依托于一个良好的法律制度的设计,同时它还必须有赖于城市化的支持。城市化构成民主法治启动的主体和主要空间依托,城市化决定着民主法治的基础和要素,无论是民主的成熟、成长,还是法治的完善,最终都取决于从乡村向城市的现代转型。确立一种有城市化的民主法治观提醒我们不仅要重视制度的作用,更要重视制度的社会形态建设,从而使制度发挥最大效用。否则,民主法治的制度即使建立了,也难以长期维持下去。城市化是民主法治发展不可或缺的因素,真正的民主法治发展需要内含着城市化,并与城市化相互依存,互为支撑,相得益彰。

在此逻辑下,我们可以得出一个基本认识:能够指导民主法治发展的方法论,应该是一个能与城市化发展相互动相协调的方法论,因为不考虑民主法治的城市根基性,仅靠制度建设是不足以支撑民主法治的。在这里,城市化并非一个特定的研究对象,而是作为一种立场观和方法论显示出独特的民主法治意义。即,应注重于城市化的民主法治功能,要把民主法治建设放在城市化大趋势中去思考。在此向社会传达的是一种民主法治发展的城市化本位观,即城市化不仅是与民主法治相通的,而且还是民主法治发展的一种常规道路与方法。从城市化的民主法治功能角度来讨论民主法治之路,不仅是民主法治建设的重要步骤,而且也是实现民主法治的重要一环。我们始终认为,民主法治的成长环境应该比制度本身更为重要,民主法治并不是一个完全独立自足的制度现象,而是嵌在城市及城市化之中的社会现象。一般说来,不以城市化为导向的民主法治建设多偏技术性改革,而非结构性改革;而民主法治要成功,非结构性改革不可。民主法治建设问题不仅是一个制度体系的构建与完善的问题,更是一个城市化社会的建构问题。或言之,民主法治不只是制度现象,更是一个城市文明转型现象。确立一种有城市化的民主法治观,对作为"后发型"现代化国家的现代化建设和民主法治发展具有重要的立场和方法论意义。我们知道,立场和方法是一个具有重大理论与实践意义的世界观概念,并且立场和方法是与人类有意识、有目的的活动相联系的,充分体现了人的认知性和能动性。作为不争的事实,城市化是影响民主法治发展的重要因素,就现实处境而言,很多国家的民主法治发展仍受制于城市及城市化这一历史任务。民主法治建设有很多方面的具体工作,但从根本上说遵循城市化立场和方法论,应是一切工作的首要前提,即以城市化的深度社会转型促进民主法治发展是民主法治建设的重中之重。

三、 中国民主法治发展的城市化之路

就中国当下而言,城市化无疑是一个观察和研究现代化及民主法治发展的独特而有益的视角,但它又是一个有待充分认识和开发的学术新领域。在中国当下政法学界,城市化显然还是一个相对薄弱的研究领域。"近年来,我国农村政治研究引起了空前关注,研究成果层出不穷;但遗憾的是,城市政治与行政学却一直没有能够及时回应城市中正在发生的各种变化,更遑论对这些变化给以细微的关注与精确的解释。"①进而使得,城市化的现代化和民主法治功能还未普遍地被把握,城市化的现代化和民主法治意义还没有被充分地阐释。正是因为我国目前对于现代化和民主法治背后的城市化开掘不够,才造成了现代化与民主法治发展立场观的混乱和方法论的不清。而许多具体的现代化及民主法治问题研究之所以难以由表及里,就在于我们对现代化及民主法治的实质及其实际运作逻辑缺少城市化的理解和判断。可以说,不充分认识城市化之于现代化和民主法治所具有的意义,就无法真正说明现代化和民主法治的社会根基与内在逻辑。或言之,不理解城市化,我们就不可能理解现代化和民主法治本身。

我国的现代化和民主法治之所以姗姗来迟,也不能仅从制度上找原因,还应从城市化上找原因,而且后者需要更多的反思。贝罗赫在谈到中国城市化时指出:中国近代的城市化水平乃全球范围内最低的水平,"在本世纪初中国城市化的水平还比第三世界其他地方低得多"②。就城市化因素不足而言,近代中国民主法治建设的失败,内含着一定的历史必然性。因为近代中国现代

---

① 陈映芳:《城市中国的逻辑》,生活·读书·新知三联书店 2012 年版,第 27 页。
② 保罗·贝罗赫:《1900 年以来第三世界的经济发展》,上海译文出版社 1979 年版,第 221 页。

化和民主法治的难题与困境,很多时候都是城市化不足引发的结果。正是城市化的不充分,引发了民主法治在近代中国难以落实。近代中国的民主法治建设主要发端于执政者所强调的制度改革而并没有得到城市化力量的优势配合和足够支持。清末以来国人的民主法治探索在很大程度上是因形势所迫而作出的应急选择,缺乏对西方现代化和民主法治的深层城市化背景的了解。近代中国人真正开始了解西方是从坚船利炮这样的器物开始的,大多数人只盯住西方的科学技术和先进的制度而忽略了其内在土壤与基础——城市化,特别是在借鉴和学习西方科学技术、法治、民主制度时,忽视了作为支撑西方科学技术、法治、民主制度的城市化根基,而走上了一条重"表"轻"里"、舍本求末的道路。另外,政法学人更多的是跟随西方的制度主义和概念主义思维,而遮蔽了对现代化和民主法治的城市根基的思考。

改革开放以后,中国的现代化和民主法治建设才与城市化走上协同发展的良性发展轨道。改革开放以来我国现代化建设和民主法治建设的巨大成功正是伴随着推行城市化而取得的,城市化视角是我们理解中国改革开放以来社会取得进步和发展的重要一环。"从现代化的表征形式来说,中国的现代化同时也是一个城市化的过程。"①不过,目前关于现代化和民主法治的着力点,部分人思维中还存在着一定的乡土农村现代化进路。如"人们还试图通过对中国乡村社会的价值发现,以及近代中国乡村改革的总结反思,为陷入'三农'困境的现实乡村社会找到新的出路"②。并且,还存在着将农村放在民主法治发展的首要位置,形成由农村的变革与实践来引导现代化和民主法治建设的立场。而事实证明,这在一定程度上是背离现代化和民主法治发展规律的。因为经验证明,"没有一个国家的民主政治制度是从农村开始的"③。对此,已有学者指出,乡土视角有利于认识传统中国,但并不利于建设现代中国,并且"费先生的乡土说对现代的中国也没有多少意义"④。尤为值得注意的是,城市化视角的遮蔽,不仅不利于人们对现代化做整体性把握,也不利于乡村现代化及民主法治问题的解决。实际上,现代化和民主法治建设的出路不在于强化

---

① 孙育玮、张善根:《都市法治文化本体的理论探析》,《政治与法律》2005 年第 6 期。
② 陈映芳:《城市中国的逻辑》,生活·读书·新知三联书店 2012 年版,第 419—420 页。
③ 党国印:《村民自治是民主政治的起点吗?》,《战略与管理》1999 年第 1 期。
④ 黎四奇:《对中国法治理论研究方法的批判与反思——以"乡土社会"为视角的分析》,《内蒙古社会科学》2007 年第 3 期。

传统农业文明而在于城市化转换。"优先建设城市法治文化是中国法治文化建设的必由之路。"①客观上,由于城市与乡村之间存在文化、经济等方面的差距,民主法治从一开始就不是"农村包围城市型",而是相反,即"先城市后农村型",进而城市带动农村。事实上,农村如没有城市的引导,自身是很难发生变革的。"通常,乡村政治改革应该是全社会政治变革的最后一个环节,乡村社会很难产生推动全社会政治变革的力量。"②

　　我国正处在现代化的关键时期,城市化的现代化和民主法治功能需进一步重申和强调。现代化的基础是什么? 就是城市及城市化。城市化是一个走向现代化和民主法治的普适性问题,没有城市化就没有现代化和民主法治,城市化是现代化和民主法治的必要条件与组成部分。"由于现代法治是城市文明的产物,所以,我们在'依法治国,建设社会主义法治国家'的过程中,一定要大力促进城市化进程。过去多年,我们曾经进行过'普法',曾经'送法下乡',企图让公民树立现代法治意识。不能说这些做法全无意义,但收效不大却是毫无疑义的。为什么会发生这种种下龙种收获跳蚤的尴尬局面呢? 一个重要原因在于我们没有搞清楚现代法治是城市文明的产物。现代法治只有在城市的生存方式中才能生存,而在农村的生存方式中则无法生存。"③就民主法治发展而言,无论是理论的进口还是制度的移植,都只能限定在小范围之内,因为城市生活本身是不可能被移植的,本固而标实,源活则水旺,有了城市化基础,民主法治就会生长、发展,否则即使有制度也会变异,即皮之不存,毛将焉附。将城市化引进现代化和民主法治建设视野,将大大改变先前中国现代化和民主法治建设进路的局限性,继而深化对现代化和民主法治建设的理解。可以说,深入探讨城市化与现代化和民主法治发展的互动关系及其规律,不仅是对现代化和民主法治的理论及其实践进行再认识,而且也是对中国当代现代化和民主法治理想及实践的立场与方法论探索,进而有利于中国城市化与现代化和民主法治走上良性互动和协同发展的道路。作为不争的事实,中国现代意义上的民主法治生长与城镇化发展正好同步。如 20 世纪 90 年代末执政党确立"依法治国,建设社会主义法治国家"的战略目标,恰与中国城市化发

①　杨军、蒋仕梅:《略论城市法治文化建设路径》,《北京城市学院学报》2009 年第 1 期。
②　党国印:《村民自治是民主政治的起点吗?》,《战略与管理》1999 年第 1 期。
③　何柏生、潘丽华:《城市化与现代法治》,《社会科学战线》2005 年第 4 期。

展的一定阶段相吻合。2001 年我国加入 WTO 所带来的政府运作的透明化、法治化、规范化的社会环境,也说明中国民主法治的起点并非乡村,而是由城市和全球化引动的。"在中国政治发展路径的选择中,城市民主显然具有先天合法性,无论是城市与民主自治的历史关联,还是当前中国政治发展的物质需要和主体能力,都显示出城市民主将成为中国政治发展的生长点。"①因此,当下中国法学人应建立一种明确的城市化自省意识,重新审视自己的民主法治观。民主法治建设不仅是体制上的建设,而且更多还是认识上的建设。知识建设、思想建设和方法论建设,也是民主建设的重要组成部分。对此,应确立一种有城市化的现代化观和民主法治发展观。城市化是中国走向现代化绝对绕不过去的一个问题,确立一种有城市化的现代化观和民主法治发展观,既是中国知识界直面中国问题的基点,亦是化解现代化和民主法治困境的方向所在。城市化进路是从文明类型更替的维度对现代化和民主法治发展之路进行省思的,勾勒出了现代化变迁和民主法治建设的基本脉络,即所有的现代化和民主法治发展之路都通向城市。

改革开放以来,中国社会经历了快速城市化的过程,到 2011 年城市化率达到了 51.27%,这意味着在中国历史上城市人口首次超过农村人口,意味着乡土中国向城市中国的转变。城市化不仅是中国现代化转型的结构性标志,也为中国特色民主法治秩序的构建与生长提供了全面机遇。更为重要的是党的十八大后,新型城镇化被提升为国家战略,充分指明了城市化是现代化的着力点,这既是对以往中国现代化发展经验的总结,又为我们今后进一步现代化指明了方向。城市本位的现代化与乡村本位的现代化在理论建构和实践指向上有很大的不同,现代化着力点由乡村向城市的调整,充分肯定和说明了我们已经走出了现代化认识上的"误区",已充分认识到城市化是现代文明的中心,是经济、科技、文化、教育现代化和民主法治的中心。故此,我们有理由预见,只要我们在战略上对城市化予以足够的重视,策略得当,城市化必然会成为中国现代化和民主法治发展的主导性力量。"随生产方式的变革,人口的流动,应当说使宗法关系或变相的宗法关系得以强化的经济制度基础将不断削弱。我之所以强调借助中国的本土资源建立现代法治,正是在经流畅体制变革这

① 王向民:《城市民主:中国政治发展的生长点》,《南京工业大学学报》(社会科学版)2007 年第6 期。

一根本前提下。"①在当代中国，城市化既是民主法治的加速器，也是法治文化建设的引擎与载体，"法治文化总是在都市社会环境中最先产生，以都市法治文化为先导，而后再向都市以外的空间扩展。因为法治的存在需要以一定程度的商品经济、民主制度和理性文化为条件，而这些条件首先是在都市环境里形成和具备的。中国目前正在进行的'新型城镇化'发展道路，为把法治文化由城市向广大农村扩展和扎根提供了必要的基础和条件"②。因此，对于城市化我们应该有新的思考和更宽阔的认识，城市化在中国不只是经济发展的数据指标，它更是现代化和民主法治建设的载体和实现手段，不应只把城市化当作发展经济的手段，而应将城市化作为社会转型和民主法治发展的基础与动力。民主法治固然离不开一定的制度来实现，但民主法治的建设与发展还需要一个城市化的需求与支持性问题，离开了城市及城市化沃土，民主法治的发展和进步将成为无根栽培。故此，应当在完善和推广城市化的前提下推进民主法治，城市化必将能够为民主法治提供最广泛的社会基础，只有将民主法治融入城市生活逻辑中，植根于城市化实践，才能够走出一条有生命力、有根基的民主法治之路。在当代中国，城市化与民主法治之间的协同发展事关重大，将民主法治建设纳入城市化之中，才能赋予中国民主法治建设更深刻的内容和更强大的生命力。

总之，城市化不仅是中国未来保持高速发展的根本动力之一，更关切市场经济、公平正义和民主法治。因为良性的城市化进程，不仅能够带来经济总量的增长，更可伴随着城乡平权的脚步，使一系列因制度歧视所引发的社会问题迎刃而解。中国民主法治进程既有与世界民主法治普遍规律相一致的特点，又具有反映本国具体国情的特殊性，但无论是什么样的民主法治，城市化都是其中不可或缺的选项。当然，反过来，健康的城市化也离不开民主法治。对一座现代化都市而言，钢筋水泥勾勒的只是城市化的外表，民主法治才真正构成了城市运转的基座。在新型城镇化建设中，城市化能否坚守民主法治，事关新型城镇化的成败。因此，必须更加尊重城市化和民主法治发展相互作用的内在规律，积极推动城市化与民主法治建设之间的相向建构与协同发展。

---

① 苏力：《法治及其本土资源》，中国政法大学出版社 2004 年版，第 16 页。
② 孙育玮：《中国特色社会主义法治文化的理论与实践》，《学习与探索》2014 年第 4 期。

历史篇

第一章 欧洲"独特性"的城镇史视角解读

——以《欧洲城镇史:400—2000年》为例

第一节 理解欧洲"独特性"需关注其城镇史

由于欧洲现代化及其民主法治的早发,对欧洲"独特性"的探讨一直未断并总能吸引人们的关注。尽管对欧洲"独特性"的探讨可以有很多视角,但城市化(城镇化)视角无疑最为重要并在西方学术界有着悠久的学术传统。就具体表现而言,大体可以概括为以下两方面:

其一,强调城市及城市化是西方文明的基质。在探讨是什么使西方与其他社会形态相互区别时,西方诸多学者大都强调,西方社会相对于其他民族的特点首先是其持续和相对发达的城镇化或城市化。韦伯指出,"真正的城市是西方特有的一个制度","西方之外没有城市"。[1] 也诚如霍恩伯格和利斯所指出的:"无论出现何种随意性或系统性的间断以及地区性差异,欧洲城市化一直保持着持续发展的势头。"[2]马克思也强调:"古典古代的历史是城市的历史,不过这是以土地财产和农业为基础的城市;亚细亚的历史是城市和乡村的无差别的统一(真正的大城市在这里只能干脆看作王公的营垒,看作真正的经济

---

[1] 马克斯·韦伯:《文明的历史脚步》,黄宪起、张晓玲译,上海三联书店1988年版,第170页。

[2] 保罗·霍恩伯格、林恩·霍伦·利斯:《都市欧洲的形成》,阮岳湘译,商务印书馆2009年版,第105页。

结构上的赘疣);中世纪(日耳曼时代)是从乡村的对立中进行的;现代的历史是乡村城市化,而不像古代那样,是城市乡村化。"①并且,马克思也将城乡差别作为东西文明比较的一个重要线索,并指出:"正像它使乡村从属于城市一样,它使未开化和半开化的国家从属于文明的国家,使农民的民族从属于资产阶级的民族,使东方从属于西方。"②

其二,强调城市化是西方现代化转型的引擎和动力。在思考欧洲社会转型的动力时,西方诸多学者也基本都认可城市及城市化的主体地位。摩尔指出:"资本主义发展的最初动力可能来自中世纪的那些城市,……它不断从那些城市中吸取营养,并不断扩展到农村,逐渐形成了毁灭旧秩序的燎原之火。"③汤普逊也强调,在西方城市代表着一种文明和进步的力量,并认为城市革命"比任何后来的革命更为重要,甚至比文艺复兴运动和印刷术的发明和罗盘针的发现,或比十九世纪的革命和由此而产生的所有产业上的革命,更为重要。因为这些后来的革命,只是十二到十三世纪伟大的经济社会转化的从属的后果而已"④。马克思也强调,西方的现代化发展史是城市迅速扩张并最终战胜乡村的历史,即,"城乡之间的对立是随着野蛮向文明的过渡、部落制度向国家的过渡、地方局限性向民族的过渡而开始的,它贯穿着文明的历史并一起延续到现在"⑤。

显见,作为不争之论,欧洲"独特性"的一个重要内容便包括了它的城市化或称城镇化。或言之,城市化或城镇化是欧洲文明"独特性"的一个重要构成部分。因此要想深度解析和认知欧洲文明,就必然要加强和深化欧洲城镇化研究。然而,令人遗憾的是,一段时间以来人们只是先验地将城镇化或城市化作为一种理解和认知欧洲文明的一个前提,而对这个前提本身却缺乏专门的梳理和细化认知,从而影响了对欧洲"独特性"认知的深入。可喜的是,彼得·克拉克教授所著《欧洲城镇史:400—2000 年》一书弥补了这一缺憾和不足。《欧洲城镇史:400—2000 年》一书更为关注对欧洲城镇发展本身的考察与历史梳理,并对欧洲城镇发展史本身的独特之处进行了探索性思考与提炼。正

---

① 《马克思恩格斯全集》第 46 卷,人民出版社 1979 年版,第 480 页。

② 《马克思恩格斯选集》第 1 卷,人民出版社 1972 年版,第 255 页。

③ 巴林顿·摩尔:《民主和专制的社会起源》,拓夫等译,华夏出版社 1987 年版,第 14 页。

④ 汤普逊:《中世纪经济社会史》(下册),耿淡如译,商务印书馆 1997 年版,第 407 页。

⑤ 马克思、恩格斯:《德意志意识形态》,人民出版社 1961 年版,第 47 页。

如该书作者所言:"本书想着重回答一个核心问题:欧洲城镇体系究竟有哪些
独特之处? 这是指 1500 年前建成城镇的悠久历史遗产、大城小镇构成的致密
网络、都市自治管理的悠久历史传统、强烈的公民意识和都市基本特征认同
等;此外,还有欧洲城市克服危机困难历久弥新的坚韧活力、大都市规模普遍
受限于管理能力、社会凝聚力始终发挥重要作用、都市公共服务事业卓有成
效、欧洲都市生活保持了高品质等特征,都是我着重探索的。"①并且,此书作者
彼得·克拉克教授对城镇化是欧洲文明的重要基质及城镇化是欧洲现代化的
引擎和动力也是认可的,其书中就强调"欧洲自中世纪以来就是地球上城镇化
水平最高地区之一,而且欧洲的经济、社会、政治、文化和生活方式明显地烙上
了城镇的印迹"②。并认为,"从中世纪鼎盛时期开始,城市便成为欧洲转型的
主要推动力"③。

第二节　欧洲城镇史的线索

一、 欧洲城镇史的时空线索

彼得·克拉克教授为我们勾画出了公元 400—2000 年欧洲城镇发展的时
空线索。第一阶段,是从罗马帝国陨落到 16 世纪。在这一时间段内,彼得·
克拉克主要强调了地中海沿岸(尤其是西地中海沿岸)意大利城市的地位和功
能。第二阶段,是从 16 世纪到 19 世纪。彼得·克拉克认为,到了 16 世纪,西
欧的城镇开始迎头赶上,并与大航海和世界贸易格局变化有关,欧洲城镇发展
从地中海到大西洋进行了重新调整。尤为值得注意的是西欧城镇真正确立其
主导地位是在 19 世纪中期以后,即,"19 世纪中期,城镇化的火车头便鼓足蒸

---

① 彼得·克拉克:《欧洲城镇史:400—2000 年》,宋一然等译,商务印书馆 2015 年版,第 ii 页。
② 同上书,第 1 页。
③ 同上书,第 13 页。

汽,到了第二次世界大战之后,就把整个欧洲确定无疑地更换城市面貌了"①。第三阶段,讲述的是 20 世纪城市对带动世界经济、政治和文化创新的贡献。

二、 欧洲城镇史的城市文化线索

城市化除了带来工商业比重的增加及生产方式的转变之外,也使城市文化得以形成和发展。在彼得·克拉克教授看来,文化观和生活方式的城市化也应是审视欧洲城镇化完成与否的一个重要标识和线索。其中,欧洲城市获得新地位的一个明显标识在于,其"城市"的行为、思维模式和生活方式得到了认可和传播,即"在现代时期,欧洲的城市文明在变得愈发自信和多样化的同时,已经将乡村传统的最后遗痕彻底扫清,整个欧洲的文化生活都变得城市化了"②。由此,审视欧洲城市文化的发展轨迹也是认知欧洲城镇发展史的一个重要线索。

彼得·克拉克对城市的地位和作用,主要是从文化的角度给予了强调和认可。正如他所指出的:"从当时的欧洲整体来看,城镇仍像辰星点缀在宇宙天幕里,闪烁文化的光辉,虽然这天幕无论从价值观或理想目标来看还基本上属于农村地带。"③但彼得·克拉克教授认为:"地中海主要城市的文化生活到 15 世纪较之以往已大大世俗化并开始多元化,因此同乡村比较,显得愈发独特。与此同时,欧洲广大地区,尤其北欧和东欧,城镇规模仍然很小,且文化生活还在起步阶段,属传统类型;住宅样式、礼节习俗、宗教信仰都还因循着乡村遗风。"④而究其原因,"地中海城市首先在中世纪鼎盛时期重现欧洲的城市辉煌,超越周围农村地区,并吸引大量英才聚集城市,包括僧侣、地主、作家、建筑师、艺术家等,进一步促进城市化文化大发展,也就不足为奇了"⑤。另外,"这时期文化新特征,同重振古典主义以及都市中人文主义思想日益普及都有密切联系,尤其是意大利的城镇。这过程中教育发展发挥着重要作用,包括学校

---

① 彼得·克拉克:《欧洲城镇史:400—2000 年》,宋一然等译,商务印书馆 2015 年版,第 357 页。
② 同上书,第 301 页。
③ 同上书,第 74 页。
④ 同上书,第 85 页。
⑤ 同上书,第 360 页。

和大学日益增多"①。

在彼得·克拉克教授看来,欧洲只是从 18 世纪末开始,"在文化层面上,城市成为了欧洲无可匹敌的文化中心,城市的老对手——宫廷和乡村则彻底败下阵来。……这一图景恰恰与启蒙时代城市的文化创新遥相呼应。起初,这一转变来自于资产阶级对其阶级身份认同的确认、自身的优越感以及对较低阶层的社会规训"②。与此同时,"在 18 世纪的西欧,启蒙主义的价值观念在商品化经济和城市精英们的影响下变得愈发膨胀,从而推动了欧洲城市文化现代化,而传统的乡村生活被视为老旧落后"③。即,"从早期人文主义时期起,城市就是文化的中心。……与人文主义和宗教改革一样,启蒙运动主要是城市的现象"④。史实也表明,"与城市为人民提供的时尚休闲及娱乐追求相比,1700 年后的乡村生活不断地在流行文学中被批判为落后与无趣"⑤。其根本原因在于欧洲经济生活开始实现了城镇化,农业的主导地位渐渐消退,城镇经济生活不再像之前一样依附于农村。与之相反,"受一些西欧城镇的影响,城镇和乡村的交换平衡在 18 世纪开始向城镇偏移,这些西欧城镇开始从乡村供应和需求的束缚和问题中挣脱出来,同时,城镇经济发展的动力加大了这一偏移对农业部门的影响"⑥。进而使得"城市的生产和需求成为欧洲经济的主导,城市优先的思维改变了政治议程,欧洲文化生活也随之城镇化"⑦。

另外,一个与城市化相伴的现象是,"读书和拥有书籍的人数猛增,特别是经济情况较好的市民。18 世纪后期,一半的巴黎人拥有书籍,其中四分之一的人有数量可观的收藏。不仅仅是图书的数量,其范围也是惊人的。丰富的政治、哲学、旅行、历史以及包括小说在内的图书万花筒使得宗教作品黯然失色"⑧。总之,从 19 世纪末以来,城市文化在欧洲开始占据上风,并且继续推进民众文化观和时空观的重构。"随着 19 世纪 40 年代以来铁路的普及,大都会

----

① 彼得·克拉克:《欧洲城镇史:400—2000 年》,宋一然等译,商务印书馆 2015 年版,第 82 页。
② 同上书,第 354—355 页。
③ 同上书,第 360 页。
④ 里夏德·范迪尔门:《欧洲近代生活:宗教、巫术、启蒙运动》,王亚平译,东方出版社 2005 年版,第 132—133 页。
⑤ 彼得·克拉克:《欧洲城镇史:400—2000 年》,宋一然等译,商务印书馆 2015 年版,第 161 页。
⑥ 同上书,第 37 页。
⑦ 同上书,第 221 页。
⑧ 同上书,第 188 页。

的钟表时间得到了统一校准并且推广到全球。不仅如此,连欧洲一些大城市在 18 世纪率先形成的新用餐时间也在慢慢全球化。一个由城市构成的世界在很大程度上抹去了乡村所带来的文化多样性,甚至农村人也愿意将自己说成来自附近的。城市的文化理念、活动和建制在国家社会中具有空前强大的力量,这种发展趋势在西欧最为显著,其他地区稍微缓慢,但随着 20 世纪临近,城市文明已经变得无所不在,而其影响力乘农业经济衰退和交流通讯方式改变的机会而愈发蔓延。"①

第三节　欧洲城镇史的特征

一、 欧洲城镇发展中的小型化、商业化特征

彼得·克拉克教授也注意到了欧洲城镇尤其是小城镇在欧洲现代化兴起与发展中的关键作用:"本书提出注意研究小城镇为何长久在欧洲城市网络中占据重要地位,而有别于世界其他地区。"②并强调:"欧洲城镇总体发展史是从一座座城镇发育历史程集合梳理出来的:其中有些缓慢,有些很快,有的停滞不前,有的曾衰落,有些则完全消失(虽并不多见)。不管怎样,我们都不要忘记:欧洲城镇发展的动力源是潜藏在地方城镇基层社区当中的。"③关于此问题,简·德·弗里斯的研究也同样值得注意,弗里斯就认为,此时"欧洲和中国的总体城市人口差别似乎不是很大,但是这些人口在城市间由于规模或水平的不同其分布表现出一幅非常不同的画面"。一个最为突出的特征是:在欧洲"特大城市(至少有 100 000 人口)的数量比中国的少很多,而非常小的城市(人口少于 10 000)的数量多很多"④。中西方城镇之所以不同,一个重要原因在

---

① 彼得·克拉克:《欧洲城镇史:400—2000 年》,宋一然等译,商务印书馆 2015 年版,第 301 页。
② 同上书,第 7 页。
③ 同上书,第 1 页。
④ 简·德·弗里斯:《欧洲的城市化:1500—1800》,朱明译,商务印书馆 2015 年版,第 282 页。

于,欧洲的城镇市场性强,而政治特权性弱,欧洲的小城镇在很大程度上是通过市场机制形成的;而古代中国城市所依据的是政治特权,进而易产生大城市,即"大城市——尤其是地方和皇室首府——并非建立在繁荣的小城市基础上而是直接从地租受益"[①]。当然这种性质和类型不同的城镇,其功能也是不一样的。欧洲通过市场机制形成的小城镇,其市场功能令世界瞩目,这表现在"整个中世纪和现代早期,城乡之间的关系是城市繁荣的重要决定因素。城镇人口的日常补给全部仰赖农村。农夫将剩余农产品卖入城市,买回城镇商品、享受城镇服务"[②]。这也表现为农村受剥削程度低,如欧洲乡村"供养着几乎同样多的城市总人口,它在 1800 年时只有中国乡村人口规模的三分之一"[③]。

事实上,欧洲的这种商业性小城镇有稀释和变革乡土社会关系和实现农民市民化的效果。由于欧洲小城镇将市场深入农村,农产品商品化倾向日益加强,农村出现了商业意识并得到了很快发展,于是农民由原来自然经济小生产者逐渐转变为小商品经济生产者。小城镇聚居也利于更多农民的市民化经历与认同,正像彼得·克拉克所指出的:"虽然一些老资格都城,如威尼斯、伦敦和较为近现代的赫尔辛基在欧洲城市发展历程中担当着明星角色,但为数众多的城镇人口自中世纪至现代始终在小城镇安家,且大多在集贸小镇或区域性中心城市,因为直至 1500 年,西欧和北欧范围内,2000 人以下小城镇人口总数仍占地区都市总人口的 90% 以上。甚至进入 20 世纪,欧洲大多数人仍然从小城镇开始了他们的城市社会生活经历。"[④]而中国古代城市由于主要是作为政治中心、消费中心,城市需求主要是农民地租转化而来,寄生式的行为蔓延到经济社会的方方面面,故此,城乡之间商品交换甚少,自然经济解体缓慢,乡土社会的身份特权政治和宗法文化并不能像西方那样通过城市和商品经济的发展而加以瓦解和改造。

---

① 保罗·霍恩伯格、林恩·霍伦·利斯:《都市欧洲的形成》,阮岳湘译,商务印书馆 2009 年版,第 157 页。
② 彼得·克拉克:《欧洲城镇史:400—2000 年》,宋一然等译,商务印书馆 2015 年版,第 43 页。
③ 简·德·弗里斯:《欧洲的城市化:1500—1800》,朱明译,商务印书馆 2015 年版,第 284 页。
④ 彼得·克拉克:《欧洲城镇史:400—2000 年》,宋一然等译,商务印书馆 2015 年版,第 7 页。

二、 欧洲城镇对经济发展的"体系性"支撑性特征

在欧洲城镇发展中,还有一个与其他地区不同的重要特点,就是城市之间关系或称体系形态的经济性。彼得·克拉克教授曾着重指出:"欧洲的城市体系所取得的成就仍然为世所瞩目。在城镇的数量和多样性方面,欧洲的城市网络密度冠绝各大洲。"[1]而理解中西方城市功能的差异也要关注其体系性特征和形态,而不能只关注单个城市的命运。即,"在近代早期单个城市不能作为用于分析的唯一单位,因为城市在那个时候正在成为城市体系的一部分"[2]。在此,中西方城市体系是存在差异的:中国城市体系是行政等级化的,城市之间是等级从属的;而欧洲的城市之间的关系不是政治等级从属的。可以说,"一个基于经济一体化的城市层级在欧洲是独特的"[3]。我们必须承认经济形态的城市体系是欧洲城市发展的重要动力和要素,并且经济形态的城市体系性已经显示出它对欧洲的城市化及社会经济发展的影响巨大。

其一,欧洲经济的发展得益于其经济形态体系的功能。体系意味着整体(城市体系)远远大于其部分的总和(城市的集合体),或至少不同于后者。城市体系视角有利于对将中世纪城市视为"封建海洋中的孤岛"这一观念作出纠正。事实上,欧洲的"城市以节点的形式与社会、经济和政府的更大的体系联系起来"[4]。欧洲的城市体系能够帮助我们更好地理解欧洲经济形态的特征,即城市体系作为一个共同性实体与社会、经济、政府之间的互动作用,欧洲的经济发展是在城镇相互连接与互动的资源配置中实现的。

其二,欧洲经济形态的城市体系有利于实现城市之间的竞争与特色化。中世纪以来,许多欧洲城市都面临着来自其他城市的激烈竞争,然而,"这种激烈的竞争也经常能够强化一座城市的形象和特点,而且能够刺激其进行改造

---

[1] 彼得·克拉克:《欧洲城镇史:400—2000 年》,宋一然等译,商务印书馆 2015 年版,第 365 页。
[2] 简·德·弗里斯:《欧洲的城市化:1500—1800》,朱明译,商务印书馆 2015 年版,第 273 页。
[3] 同上书,第 283 页。
[4] 同上书,第 11 页。

和更新"①。换言之,这种竞争使得这些城市是有区别的,即它们在其专门化和功能方面都十分地多样化,其专业化特色明显,而不会成为彼此完全一致的复制品(类似东方城市)。

三、 欧洲城镇发展中对移民的开放性特征

彼得·克拉克教授也重点考察了移民在欧洲城镇发展中的作用,"移民现象是了解欧洲城市进化的另一个重要因素"②。"移民在整个时期对城镇的发展都是至关重要的。"③可以说,"无论是由于疾病还是战争,在那些受到人口下降危机影响的城市中,移民起到了关键的补充人口和劳动力的作用。此外,移民同样有助于创新发明的扩散,比如13世纪意大利城市中新型纺织品贸易的扩张和19世纪英国先进技术向欧洲大陆城市的传播都属此例。……如同古代一样,20世纪后期的外族移民仍然经常为欧洲城市带来重要的贸易和技艺"④。事实也证明,在欧洲城镇中发展较好和有活力的城镇都有一个共同特征,那就是"这些城市的共同点在于对移民充分包容,它们往往通过积极的城市政策来吸引移民,并且鼓励他们进入城市商业、政治和文化生活的主流"⑤。例如,与封闭的乡村和政治特权化的城镇不同,"威尼斯城却因它包容、接纳外国人——佛罗伦萨人、犹太人、希腊人、斯拉夫人、土耳其人、日耳曼人、佛兰芒人——不仅形成并丰富了良好的社会环境,发展了自己手工艺、贸易、经济,还营造出一个文学艺术万花盛开的时代,把托斯卡纳文化、拜占庭文化,源自北欧的佛兰芒文化,都融汇到一起,形成文艺复兴时代发达的威尼斯艺术风格"⑥。伦敦的发展也得益于对移民的开放性特征。"伦敦,像威尼斯一样,也对外来人口敞开胸怀,不但欢迎汹涌而来的讲英语人口,其余如法国人、日耳曼人、犹太人、爱尔兰人、黑人,也都潮涌而至。女性是移民人口中的多数:房

---

① 彼得·克拉克:《欧洲城镇史:400—2000年》,宋一然等译,商务印书馆2015年版,第363页。
② 同上书,第13页。
③ 同上书,第283页。
④ 同上书,第361页。
⑤ 同上。
⑥ 同上书,第2页。

地产老板娘或乡村姑娘、车间技工、商店雇员、家庭服务员,这些人为都市公共和私密空间增添了女性特征。此外,自1688年光荣革命后,英国在欧洲总体文化繁荣进步的背景上迎来宗教和政治自由权力,这给伦敦创造了大好机会。"①当然,欧洲城镇也创造了一些有利于对移民开放与整合的机制,包括社会结构、政治、文化、教育和社会保障等。

其一,欧洲城镇中的公民权社会结构,有利于实现其对移民的开放与整合。公民权是一种城市社会的社会结构单位和构成主体。在欧洲城镇中,居住而不是亲缘,成为市民权的限定条件。显见,城镇中的公民权社会结构不同于等级身份和血缘宗法的封闭式社会结构,而更具有开放性和包容性。这是一种以公民权处理成员之间的相互关系和权利义务,而不是排他性的基于亲属关系或人与人之间依赖的归属关系来建构和处理社会关系。事实也证明,"在都灵,某些依靠血缘联系、家庭成员从事于同种行业的家族体系,在促进社会融合进程中作出的贡献就远不如更为开放和人员多元化的社会交体系"②。

其二,欧洲城镇中所创建的民主选举政治,有利于实现其对移民的开放与整合。作为不争事实,如果一个城镇要达到某种对移民公平和开放的宗旨,那么某种形式的平民政治或参与政治就必不可少。因此,彼得·克拉克教授也重点强调:"本书的重要议题之一是欧洲城镇有效的政治自治模式。它让居民有强烈的归属感,并能成功地解决经济和社会问题。若想了解欧洲城镇从古至今的演变,最重要的突破点便是其政治制度。"③其中,"选举的规则在中世纪后期的城市中已经相当普遍,但是在1500年之后这些规则变得更为制度化并且更为强大"④。如伦巴第和托斯卡纳的许多重要市镇已经获得了独立的城市共和国的地位,它们拥有成文宪法以保护选举和自治的政府。这对当时仍处在封建制和君主制社会结构之中的主流政治理念提出了挑战,因为当时主流政治理念认为只有世袭政治才是唯一合法的政治。随着民族国家时代的出现,欧洲城镇自治政治及公民政治受到一定的侵蚀,但其在欧洲各国受损害的性质和程度各不相同,城市衰退在地中海城市中尤为显著。如"威尼斯城市有

① 彼得·克拉克:《欧洲城镇史:400—2000年》,宋一然等译,商务印书馆2015年版,第2—3页。
② 同上书,第282页。
③ 同上书,第13页。
④ 同上书,第203页。

长达 700 年的发展历程,但到 17 世纪开始进入漫长衰落期。原因是,城市内部逐渐丧失开放性,包容性减少,经济制度趋于守旧僵化"[1]。不过,随着欧洲城市化在民族国家的深入,基于选举的民主开放政治再次成为欧洲城市政治的基本形态,表现为欧洲"在城市政治格局中扫除了守旧的地方精英势力,资产阶级开始居于主导地位,并且在 19 世纪末以后引入了更加民主化的代表制度"[2]。或言之,"在 1918 年和之后的几年中,许多欧洲城市都开始实行全民普选制度,并为市政府提供了新的合法性支持"[3]。

其三,欧洲城镇所进行的文化、教育及社会保障建设,也有利于实现其对移民的开放与整合。对许多刚刚从农村踏入城市的普通人来说,对城市生活要有一个适应和认同的过程,在此过程中欧洲城镇非常重视城市文化建设。城市文化便于形成城市认同。在城市中,"文化生活基本推动了其城市身份特性"[4],"这种情况下,新的文化活动有助于调和社会群体关系,医治社会分化"[5]。与此同时,教育在城市认同中也发挥了重要作用,包括学校和大学日益增多。"教育也是中世纪以来城市身份认同的基石。对 19 世纪的资产阶级而言,子女的教育状况作为一种阶级身份的重要标签而备受重视,而这一情形直接拉动了中学教育的进步(学校往往设在教堂或私人机构),并进一步导致了大学的发展。"[6]另外,值得一提的还有欧洲城镇中社会保障的社会认同与整合作用。尤其是工业革命以来城市经济危机和社会危机的加剧,促使"在许多欧洲城市中,社会福利的角色正在发生变化,转而与教育一道为抑制贫困和保持一定程度的社会流动性和社会凝聚力来发挥关键作用"[7]。

四、 欧洲城镇发展中的创新性特征

彼得·克拉克教授在梳理欧洲城镇发展史时,也一再重申,"欧洲城市的

---

[1] 彼得·克拉克:《欧洲城镇史:400—2000 年》,宋一然等译,商务印书馆 2015 年版,第 23 页。
[2] 同上书,第 329 页。
[3] 同上书,第 336 页。
[4] 同上书,第 354—355 页。
[5] 同上书,第 78 页。
[6] 同上书,第 305 页。
[7] 同上书,第 366 页。

创造力和创新性也将是本书的研究重点。较之世界其他城市,这也是欧洲城市的独特之处"①。什么样的机制使得欧洲城市得以有效创新和应对这些危机,又是什么使得其中一些城市在应对危机时表现得尤其出色? 通过历史考察,我们发现欧洲城市中的压力与创新之间的对话从未停止,压力与创新共同推动了欧洲城镇变革与发展。如"城市中新的发展动力、方向转变以及创新浪潮恰恰经常出现在应对危机的时期。比如中世纪晚期由于人口下降、需求减少以及城市生产面临困难所引发的危机就激发了一系列的重要革新。在经济方面,这次危机为奢侈品产业等新的专门行业带来了发展机遇,而此前提到的服务业也是在这一时期开始出现。为了吸引更多的富人进城,城镇的领导者们纷纷着力于自来水供应、道路铺装以及街道清洁等环境改善工程,此外还通过各种演出、节日游行和城镇乐队来进行自我推广。这些突飞猛进的创新为许多欧洲城镇指明了迈入现代早期的发展方向。在 19 世纪早期和中期的几十年间,人口和工业生产的增长成为欧洲社会的大趋势。与此前相似,在这一时期发生的社会、政治和环境剧变也在行政、社会以及其他与市政社会主义相关联的改革浪潮中发挥了同等重要的作用。在接下来的 20 世纪,欧洲制造业的就业危机不仅促使经济结构转向偏重服务业,同时还促进了市政经济与私人企业的广泛合作,以及政府对城市推广的市政投入。可以说,正是这些变革为许多欧洲城市提供了在这一阶段末期实现复苏的跳板"②。

　　总之,沿着彼得·克拉克教授对欧洲城镇史的梳理与考察,我们可以得出一个基本判断:就历史发展的逻辑前提而言,欧洲"独特性"是从城镇及城市化基础上发展起来的,因而也必须由城镇和城市化视角来解释。由此,我们也可以得出两个基本结论:其一,根本没有什么欧洲"独特性",欧洲"独特性"与其说是欧洲的"独特性"特性,毋宁说是城市的"独特性"。其二,现代化及其民主法治的实质并不是西方化而是城市化,现代化及其民主法治尽管是西方的产物,但同时更是城市化的产物。由此我们也必须对现代化及其民主法治意指西方化这一论断进行反思和批判,因为将现代化及其民主法治意指西方化易掩盖现代化及其民主法治的城市化本质,进而导致对西方和现代化及其民主法治的双重误读。虽然现代化及其民主法治并不是西方化而是城市化,但作

①　彼得·克拉克:《欧洲城镇史:400—2000 年》,宋一然等译,商务印书馆 2015 年版,第 14 页。
②　同上书,第 361 页。

为先发和早熟城市化的欧洲,其城市化的经验和教训是值得后发城市化国家认真借鉴和学习的。正如作者所指出的,"公元400年到2000年的欧洲城镇,是进行任何城市研究时不容忽视的历史对象"①。另外,欧洲城市化中的一些成功经验也确实值得借鉴。诸如,"欧洲城市轮廓紧凑、管理高效、注重环保、合作与竞争共存、传承与革新并行的特征,值得全世界借鉴"②。

---

① 彼得·克拉克:《欧洲城镇史:400—2000年》,宋一然等译,商务印书馆2015年版,第11页。
② 同上书,第367页。

第二章　古典西方共同体由乡土性向城市性的转型及其民主法治发展

　　古典希腊和罗马[1]的民主法治发展作为世界上第一次民主法治试验,在人类文明史上写下了光辉灿烂的一页,古典希腊和罗马在探索民主法治的道路上所表现出来的首创精神及其取得的辉煌成就至今令人叹为观止。然而,不容否认的是,古典希腊和罗马的民主法治之路并非历史的常态,因为从宏观视角回顾历史,大多数文明古国在国家产生之时或产生后不久都建立起了君主制度,进而演变为君主专制,特别是东方各国,君主专制几乎与国家文明结伴而生,而且长期保持这种制度达数千年。由此似乎可以推导出希腊罗马的民主法治只是一种罕见的历史特例。特例的出现自然有其特殊原因,千百年来学者们为探寻希腊罗马民主法治的历史根源,已经从不同的层面和角度进行过广泛的探讨,提出了各种各样的解释。笔者认为古典西方民主法治发展的根源在于其城市化较早。古典西方不同于其他古代文明的是其具有高度的城市发展事实。作为不争之论,古典西方无疑是同时代诸多文明中城市化水平最高的地区,而且古典西方的经济、社会、政治、文化和生活方式都明显地烙上了城市印迹。城市不仅是古典西方经济社会发展起源的基础,也是古典西方民主法治起源的基础。古典西方的民主法治与其城市化之间具有亲和性和同构性,要想对古典西方民主法治发展有一个清晰认识,城市化应当属于一种重要线索。古典希腊和罗马民主法治的精神、制度设施及法的文化,就是从

---

[1] "因为希腊人与罗马人乃同一民族的两支,说的是同一语言中的两种方言,有着同样的政治制度及政府原则,还经历了一系列类似的革命,因此我们将他们放在一起加以研究。"参见菲斯泰尔·德·古朗士:《古代城市:希腊罗马宗教、法律及制度研究》,吴晓群译,上海人民出版社2012年版,第33页。

城市基础上发展起来的,因而也必须由这个基础来解释。城市化是一个认知古典西方民主法治发展的重要视角,从这一视角可以捕捉到古典希腊和罗马民主法治兴起的原因及一些制度特征。或言之,只有从城市的角度出发,才能揭示古典希腊罗马民主法治发展的动力、原因和本质。

因此,对于古典西方由乡土性向城市性转型的考察与研究就显得非常必要,它可以使我们对古典西方民主法治的起源、性质及制度特征有一个更全面、更深刻的认识。换言之,我们只有将古典希腊和罗马的民主法治放在乡土性向城市性的转型中才能更好地理解。在此,古朗士的《古代城市:希腊罗马宗教、法律及制度研究》一书,可以说是这方面的经典之作,其意在"阐释城市在创建之前与之后古代社会的所有转变"[1]。他以乡土性向城市性转型为视角所开启的新视野和新方法,带给了我们很多有意义的思考与启发。表面看来,古朗士研究的范围非常宽阔,包括宗教、信仰、制度、经济、社会和文化,不一而足,但贯穿其中的主线是古典西方乡土性向城市性的转型。古典希腊和罗马的民主法治实际上是乡土性向城市性之转型的结果,追溯乡土性向城市性的转型过程,实际上就是追溯古典西方民主法治的起源与发展。

第一节　古典西方的乡土血缘家族共同体认同

就历史发展线索而言,古典西方也经历了一个农业乡土共同体认同时期,只是在时间上相比古代东方较短些,而很快迈向了商业城市共同体认同。正像古朗士所指出的那样:"我们绝对不能忽视这样一个事实:社会越是属于更高等级,它所经历的农业时代就越短。在日耳曼人、美洲印第安人以及所有原始人那里,农业时代与他们的生命一样长久,而在罗马和雅典,农业时代很早就已灭绝掉了。"[2]并且,作为一种农业文明附带现象,"祖先崇拜的重要性在印

---

[1]　菲斯泰尔·德·古朗士:《古代城市:希腊罗马宗教、法律及制度研究》,吴晓群译,上海人民出版社 2012 年版,第 23 页。

[2]　埃米尔·涂尔干:《社会分工论》,渠东译,生活·读书·新知三联书店 2013 年版,第 216 页。

度家庭中比希腊罗马更大"①。

　　乡土共同体认同一词重在其文化含义,而非简单的地理或社区概念,其中蕴含着那个时代认同的思想模式、价值和制度。乡土共同体认同的基本特征是血缘家庭制,这种血缘家庭认同支配着人们的价值和制度选择,确定其方向和特性。我们会在古典西方发现这种血缘家庭制度的一些特征,从希腊作家及罗马法学家的著作中,我们也可以发现这种乡土共同体认同的痕迹。希腊和罗马城邦的起源可以追溯到这种家庭和氏族,其中家庭是最小的有机单位,它不仅是血缘关系的亲属组合,还具有政治组织的性质。只是这种乡土共同体认同在希腊和罗马早期盛行一时,而后很快衰微了。

一、 古典希腊和罗马血缘家族共同体认同的宗教信仰及制度架构

(一) 共同体认同的纽带:家内宗教

　　在古典希腊和罗马早期,家内宗教是其血缘家庭共同体的意识形态、道德伦理及制度合法性基石。因为"有关死者的宗教对于人类而言是最古老的",而"这一观念是古代家法的基本原则"。② 事实上,"在古希腊文中有一个非常重要的词:'家庭',它的字面意思是'靠近炉火处'。这表明一个家庭就是由一群宣布有同样的圣火,并祭祀共同祖先的人所组成的"③。与此同时,坟墓建造在一片与其家族(我们把它称为"氏族"[gens],这是罗马人的一个专门术语)生活区相邻的土地之上。在此,一个乡土家族共同体的世界和原则是这样的:在那里,人们宣称他们有着共同的祖先,祖先的坟墓和炉火使这块土地得以神圣化,而这些祖先灵魂之地的炉火也被假定与祭祀诸神的炉火一样是长燃不熄的,保持炉火不灭,意味着祖先依然活着。由此,也使得"古代家庭既建立在

---

① 菲斯泰尔·德·古朗士:《古代城市:希腊罗马宗教、法律及制度研究》,吴晓群译,上海人民出版社 2012 年版,第 30 页。
② 同上书,第 76 页。
③ 同上书,第 69 页。

与死者及其崇拜相关的信仰之上,其各种规则也由此而出"①。

家内宗教信仰统辖着当时古典希腊和罗马血缘家庭共同体成员的头脑及其思想。"古代信仰使人敬奉其祖先,祖先崇拜将一个家庭聚合在祭坛周围。由此而生最初的宗教、最古老的祷词以及最早关于义务和道德的观念。也继而建立了所有权及继承的次序,并最终产生了私法和有关家庭组织的一切规定。"②并且,基于此信仰的法律,也创建了古代希腊罗马的家庭,确立了婚姻与父权,规定了亲属的顺序,并将财产权与继承权秩序化。"一个家庭是由父亲、母亲、孩子及奴隶组成的。这个团体虽小但仍需要有纪律。那么家中的权威是谁呢?是父亲吗?不是。在每个家庭中都有一个高于父亲的存在,这就是家内宗教。希腊人将炉火的主人称作'灶主',罗马人称作'灶神'。对于这种内部神(或类似的什么称呼)的信仰才是人们心中无可置疑的权威,这才是家庭中固定的秩序。"③

(二) 共同体的制度架构

1. 父权制政体

父亲的位置离圣火最近,他负责点燃圣火并保护它,他是圣火的祭司。在所有宗教活动中,父亲的职务是最高的,他屠宰牺牲,诵读祷文,求家中诸神保佑。家庭和祭祀通过父亲而永存不灭,他独自便可以代表所有的祖先,自他始又开启以后的后代子孙。但是我们还必须注意到,父权并非霸权,霸权是由实力而生,父权并非如此,它是建立在信仰之上的,也为信仰所限制。比如,父亲有权将儿子逐出家庭,但同时他也深知,如果他这样做了,那么这个家庭就面临灭绝的危险,他祖先的灵魂就会无人祭祀,从此湮没无闻。他有权接纳一个陌生人(即收一个养子)进家,但他若有亲子,家内宗教便禁止他这样做。尽管作为父亲,他是家产唯一的主人,但他却无权(至少在最初是这样的)转让财产。作为丈夫,他有权休妻,但他不得打破由家内宗教建立的婚姻纽带。由此

① 菲斯泰尔·德·古朗士:《古代城市:希腊罗马宗教、法律及制度研究》,吴晓群译,上海人民出版社2012年版,第76页。
② 同上书,第160页。
③ 同上书,第114页

可见,家内宗教在赋予父亲权力的同时,也强加给他许多义务。希腊罗马法中对最初由家内宗教所赋予父亲在家庭中的最高权力都予以承认:宗教首领、田主以及审判官的三位一体。家长的司法权威在家中是至上的,无须求助于他人,他可以像城中的司法长官一样宣布死刑,而无人能改变他的判决,罗马历史上类似的事件很多。在其家中,父亲就是唯一的司法主官,作为一家之主的父亲独自接受城市司法的审判,而他的妻儿就只能由他来审判了。但若因此而认为父亲可以随意杀死自己的妻儿,那便错了。父亲是家中的法官,如果他将妻儿处死,那只是因为他有作为法官的权力。

2. 财产共有制度

在以家内宗教为认同基础的血缘共同体中,财产是家庭共有的。一起生活在家内共有的土地上,土地是不能转让的。只要家内宗教继续存在,共同所有权就会与之同在。由此,我们可以去解释在科林斯(Corinth)与底比斯(Thebes)为什么皆禁止买卖土地。共同所有权表现为财产不能分割,全由父亲掌管,妻子及其子女都无权参与其中,儿子在家中的地位与其母亲一样,他一无所有,财产从根本上讲是属于祖先和后代的。就此性质而言,财产是不可分割的。每个家庭都只有一个所有权主体,就是家庭本身;而家中只有一个人有使用权,这个人就是父亲。对此,罗马法与雅典法中都允许父亲卖儿子,因为父亲可以支配家中所有的财产,儿子也可被视作其财产。所谓出让,也就是卖子,但出卖的只是儿子的劳动,而不是他的自由,甚至在这种情况下,儿子仍然处于父亲的权威下,这表明他并没有离开家庭。

在血缘共同体中,长子继承制是其继承法的重要原则。首先,它来自信仰,来自家内宗教。如家内宗教一样,财产的继承也是在男性子孙中传承的。家内宗教是以血缘为纽带在男性子嗣中传递的。祭祀只能在男性中传递,对继承的要求也是随祭祀而定的。儿子们也并非一律平等,长子可继承其父的祭祀及统治的权力。儿子是家内宗教天生的继承者,他也继承遗产。由此,继承法也就产生了。它并非只是人们之间一种简单的约定,而是来自信仰。它既不是父亲想要儿子继承其遗产的个人意愿,也不需要父亲立下遗嘱,儿子就是全权的继承者。对于遗产的继承,继承者不存在接受与否的问题,产业的继续与祭祀的继续一样,对于他而言都是一种义务。无论他是否愿意,一切总是要他来继承的,无论那是什么,甚至包括债务。在希腊法律中是不允许只继承遗产而不承担债务的,也不允许拒绝继承。

这也表现在古典希腊和罗马早期,"最初无遗嘱制度"①。例如"雅典法,上溯到梭伦时代也是严格禁止立遗嘱的,就是梭伦本人也只是允许那些无子的人立遗嘱,只是在伯罗奔尼撒战争后才允许立遗嘱"②。事实上,"以立遗嘱的方式任意留传财产并不被认为是一种天然的权利。所有财产都应留在与宗教合一的家庭之中,这是古时恒定不变的原则"③。我们知道,人类立遗嘱主要是为了将遗产留给自然继承人以外的人。在古典希腊和罗马早期,祭祀是世袭的,而财产是依据家内祭祀继承的。在此情形下,一个人怎么会想到要立遗嘱呢? 在古典希腊和罗马早期的信仰与法律中有两种东西是紧密联系在一起的,即家内祭祀与所有权。"要明白古人关于继承的观念,切不可以为财产是从一个人的手中转交到另一个人手中的。财产是不动的,就像炉火及墓地一样。只是人在不断地变动之中,一代又一代的人在其被指定的时间里来到世间继续祭祀、照管产业。"④此外,财产也不属于任何个人,而是属于整个家庭。财产经由家内祭祀而获得,与家庭密不可分,它由死者传给生者,这并不是由死者的愿望或选择而定的,而是由家内宗教所创立的原则所决定的。因此,希腊及罗马法中无一例外地都规定,无祭祀则无法获得所有权,或是无所有权则无祭。也就是说,"宗教规定了每家的产业与祭祀不可分离,故继承产业的人也总是要承担祭祀的责任"⑤。所有权的建立是为了祭祀永传,那它就不可能因个人的短暂生命的结束而结束,人虽死,祭祀尚存,财产不能分割,圣火不能熄灭,墓地不能离弃。

与此同时,女儿是无继承权的。因为女儿没有资格延续父辈的宗教,因为她会嫁人,从而抛弃父亲的宗教而采纳丈夫的宗教,进而也就无权继承。女儿甚至不能尽一个做子女的义务,她不能为其父辈提供祭品,因为她只能向其丈夫的祖先献祭。由此,家内宗教禁止女儿继承父亲的遗产,无论出嫁与否,女

---

① 菲斯泰尔·德·古朗士:《古代城市:希腊罗马宗教、法律及制度研究》,吴晓群译,上海人民出版社 2012 年版,第 108 页。
② 同上。
③ 同上。
④ 同上书,第 101 页。
⑤ 同上书,第 100 页。

儿都无继承权,这是因为所有的这些法律都遵循着一条非常苛刻的逻辑,即共同体存在于其家内宗教逻辑。女儿无继承权,因为她们嫁到了家庭之外,与其丈夫的祖先祭祀结合在一起了。人们之所以是亲戚,那是因为他们有着共同的祭祀方式、共同的圣火以及共同的祖先;而之所以不是亲戚,是因为他们虽然是同母所生,但宗教不容许以母系来延续亲属关系。在此原则下,两姐妹的孩子,或两兄妹的孩子,他们之间可能没有亲戚关系,因为他们既不属于同一个家内宗教也不属于同一个家庭。

另外,便是反对独身。这是很容易理解的,因为血缘共同体强调共同体的生命是在其子孙身上延续着的,因此,独身就意味着一种犯罪,是一种对共同体的背叛。

3. 制度与习俗的不可人为改变性

制度与习俗只能遵守而不能人为更改。因为,"古代法律的起源十分明了,并不是人所创立的。梭伦、来库古、米诺斯和努玛都曾将他们城市的法律写下来,但法律并不是由他们而创。如果我们以为,立法者就是以一人之天才而创法律条文,并以此强加欺骗于他人,那么这样的立法者永不可能存在于古代社会之中。古代法律也不是始于人们的投票选举。以一定数量的选票便能产生一部法律,那是晚近以后的事情,……古时,人们以为法律是某种很古老且神圣不可改变的东西"①。

4. 无商品经济社会的个人自由和公平公正思想

这种血缘共同体产生的法律和确立关系——财产、继承、法律程序——一切都不是以自然平等为原则,而是以家内宗教的共同体原则来制定的。因此,"建立在这种原则之上的社会是不存在个人自由的"②。并且,"如果我们将这些法律与自然的公正相比较时,则常常会发现它们是相互矛盾的,而且,从中我们还发现,古人并不追求所谓的绝对权利与公正"③。

---

① 菲斯泰尔·德·古朗士:《古代城市:希腊罗马宗教、法律及制度研究》,吴晓群译,上海人民出版社 2012 年版,第 216 页。
② 同上书,第 247 页。
③ 同上书,第 217 页。

5. 道德是家族内的道德,而无博爱观念

在血缘共同体内,道德是家族内的封闭式道德。这些家内宗教的神灵生于家庭长于家庭,并被人们奉为世代相传的祖产,这种情况经历了一个相当长的时期。家庭是一个固定而永久的居所,是上承自祖先下续于子孙的圣所。"这些神灵属于同一个家庭中的所有成员,因此家庭便被一种强有力的纽带联系在一起了,其所有的成员都互敬互爱。"①也即,对于古人而言,家庭是道德的起源。种种道德责任皆限于家庭那个小小的范围之内,我们切不可忘记古代道德观这种狭窄的家庭性质。"由这种信仰所统辖的古代道德观是不知何为博爱的。"②或言之,在这种家内宗教中,人们永不会为家庭之外的他人祈福,人们只为自己或其家人祈祷。"现存的一句希腊古代谚语向我们揭示了古人在祈祷时是单独进行的。在普鲁塔克的时代,人们说自私自利的人,'你只祭炉火'。这话的意思是说,你将自己与其他公民隔离开来了,你没有朋友,你目中无人,你只为你自己及家人而活。这句谚语表明,曾有一个时期,所有的宗教都是围绕着炉火的,道德及情感的界限都不出家庭狭窄的范围之外。"③总之,在家内宗教原则和属性中,许多神从未失去其家神的特征,其神圣和道德观念的狭小也是与其社会的小型化相适应的。每个家庭都有自己的神灵,古人只意识到且只崇拜自己的家神,除此之外别无他神。这些神灵生活在每家每户之中,人爱其家。因此,我们也就不难理解,"古代的国家多允许罪人逃走以避死刑。因为放逐似乎并不是一种比死刑更温和的惩罚。罗马法官将其称作极刑"④。

二、 血缘家族共同体的宗教信仰及制度架构的延续与影响

(一) 血缘家族共同体的宗教信仰及制度架构在氏族、胞族、部落中的延续

氏族、胞族、部落往往具有渊源于血缘家庭共同体的宗教信仰及制度架构

---

① 菲斯泰尔·德·古朗士:《古代城市:希腊罗马宗教、法律及制度研究》,吴晓群译,上海人民出版社 2012 年版,第 126 页。
② 同上书,第 127 页。
③ 同上书,第 123 页。
④ 同上书,第 228 页。

的痕迹。"与家庭的建立一样,相同的规则同样适用于胞族、部落和城市的建立。"①其中,"氏族就是仍保持其最初的组织及团结的家庭"②。所有证据都表明氏族是以共同的出生为纽带联结在一起的团体,例如在希腊和罗马,氏族的名字全都是祖姓。氏族遵循的也是家内宗教以及远古时代的私法,表现为家内宗教禁止不同家庭混合在一起,但却允许几个家庭并列联合在一起,在各自保留自己特殊的宗教之外,至少他们还有某种共同的东西可以祭祀。事实也确是如此,一些家庭组成一个团体,这在希腊文中称"胞族"(phratria),而在拉丁文中则叫"库里亚"(curia)。这种新的联盟是以某种扩展了的家内宗教观念为基础形成的,但这些共同体已有了一种高于家神的神圣观念,这个神可为大家所共有,他关爱整个团体中的人,人们为他建造祭祀、燃起圣火并创建某种祭祀方式。没有一个胞族或库里亚是没有祭坛及其保护神的,后来团体自然扩大,于是几个胞族或库里亚便聚合在一起形成一个部落,这个新的圈子也有其自己的宗教,每个部落中都有一个祭坛和一个保护神,但部落神通常与家神和胞族神的性质一样,都是一个被神化了的人或是一个英雄。

(二) 血缘家族共同体的宗教信仰及制度架构在城市中的延续

这样的古代家庭原则在城市形成后还持续了一个时期。即,古典城市所有的制度及私法皆出自家庭原则,而"城市的原则、条例、习俗及职官制度也都出自宗教"③。同一个宗教在使家庭进一步扩展延伸以后,形成更大团体——胞族、部落和城市,并以家庭原则加以管理。城市创建之初,并没有考虑过将采取何种政府形式。表现为:其一,父权制的延续。城中的司法不是为妻儿所设的,因为他们皆应由家庭来管理。一家之主就是他们的法官,父亲以家庭的名义,在家神的注视之下,以他夫权和父权的权威而成为家中的法官。公共司法只是为他而存在的,他为其家庭成员所犯的一切罪行负责。其二,城市中无个人自由。"建立在这种原则之上的社会是不存在个人自由的。公民在一切

---

① 菲斯泰尔・德・古朗士:《古代城市:希腊罗马宗教、法律及制度研究》,吴晓群译,上海人民出版社 2012 年版,第 160 页。

② 同上书,第 135 页。

③ 同上书,第 35 页。

事情上都绝对服从城市,而无任何保留。公民的身体和灵魂是属于城市的。"①
其三,城市中神的封闭性和对外排斥性。当部落联合形成城市时,也不会忘记
点燃圣火并创立一种共同的宗教信仰。但城邦公民说到底还是一个内部人机
制,它带有强烈的排外的特征。部落有自己独特的崇拜方式而将陌生人排除
在外。每个城市都有属于它自己的神,这些神灵通常都具有与原始家神一样
的性质,他们被称作拉尔斯、珀那忒斯、格尼、多摩斯(即鬼魂)或英雄等。也
即,"城市各有其保护神,古人不希望自己城市的保护神庇佑外人,也不希望外
人敬奉自己的保护神。通常,神庙只对本城公民开放"②。每个城市都有其自
己的祭司团体,与其他城市祭司团体的关系是各自独立、互不依赖的。在两个
城市的祭司团体之间不存在任何联系,既没有什么往来,也没有教义礼仪方面
的交流。如果一个人从一城到另一城,他就会发现那个完全不同的神灵、教义
和仪式。每个城市都有自己专门的祈祷词和仪式规定,这些都是秘不外传的。
古人认为,如果向外展示其礼书,就会对其宗教乃至整个城市的命运带来危
险。因此,宗教完全是地方的、为公民所有的,也就是说,在古人眼中,是为每
个城市所独有的。通常,一个人只知道也只崇拜敬奉他自己城市中的神灵。
我们需要注意的一个事实是,古人从未将上帝(God)视为宇宙间唯一的存在。
古人有无数的神,而每个神都在自己狭小的范围内活动,一个神只属于一个家
庭、一个部落或一个城市。每个神皆安居于自己的区域之内。各城不仅政治
独立,而且其祭祀及法律也是各自独立的。宗教、法律、政府等一切皆为各城
所自有,由此而产生了数千种不同的地方崇拜方式,并且这些地方崇拜方式是
永不可能统一在一起的。因此,多神教中众神之间也充满了争斗,而这正代表
了家庭间或村庄间的斗争。其中,有许多神灵的名字被遗忘和消失,那是因为
那些崇拜它们的家庭灭绝了,或是那些敬奉它们的城市被摧毁了。事实上,血
缘家族共同体的宗教信仰及制度架构在城市中延续的原因可以归于以下
两点。

其一,作为不争事实,希腊和罗马城邦多是通过"说服—合并"方式建立起
来的,这使得大量原始家庭共同体的原则和遗风得以保留下来。用恩格斯的

---

① 菲斯泰尔·德·古朗士:《古代城市:希腊罗马宗教、法律及制度研究》,吴晓群译,上海人民
　出版社 2012 年版,第 247 页。
② 同上书,第 180 页。

话说,它们都是"直接从氏族社会中产生","不知不觉地发展起来的","形成过程非常纯粹,没有受到任何外来的或内部的暴力干涉"。① 并且,联盟主要是出于对外防卫需要,而不是内政需要。例如希腊的雅典是通过公元前 9 世纪末的"统一运动"建立的。当时,生活在阿提卡地区的 4 个部落,面临着多利安人的入侵威胁,位于其西面的麦加拉部落和北面的彼奥提亚部落也都是不友好的邻居。在外敌压力下,出于防卫和自保,巴塞勒斯提秀斯号召各个部落联合起来。据说,为达此目的,提秀斯曾挨门逐户进行说服工作,最后,在自愿的基础上,4 个部落联合为一个政治共同体,建立了雅典城邦。斯巴达城邦则是由伯罗奔尼撒半岛南部平原的两个最大家族(每一个家族出一个国王)和其余近30 个较大家族(它们共同推举 28 名长老)联合建立起来的。罗马城邦是由位于亚平宁半岛中部台伯河畔的 3 个部落联合而成的,且以罗马城的建立为起点,而建立罗马城的最初目的同样是"为了实现稳定和防卫"。所以,罗马城从一开始就具有联盟的特点,这种"联合为国"的起源方式不能不遵循各部族权利大致平等与均衡的原则。因此,大量保留家长制遗风不仅是可能的,而且是必然的。由家内宗教所建立的氏族旧制度没有被毁于建城之时。当时他们不希望也不能够立即废除那些旧制度,因为首领们想要维持其权威,而低等级的人最初也并不想获得自由。因此,氏族的原则便与城市调和在一起了。"城市是一个联盟。因此,它得尊重各部落、各胞族乃至各个家庭中的宗教与政治上的自主,至少在几个世纪里都是如此。初时,城市无权干预这些小团体中的私事,不得过问家庭的内部事务,也无审判权,作为一家之长的父亲才有权利与责任审判他的妻儿及门客。正由于此,创建于家庭独立时期的私法才能在城市出现之时仍然存在,直至晚期才有所改变。"②

其二,古希腊和罗马的早期城市,主要是通过平等相处的各个部族自下而上的自发联合形式建立起来的,这是一个以协商为主的聚合过程,所以原始家庭共同体的原则和遗风能够大量保存下来,社会公共权力集中缓慢。"无论是希腊人、拉丁人,甚至是罗马人很长一个时期里都未想过几个城市可以在平等的基础上联合在一起,共处于同一个政府及其管理之下。的确,曾经有过种种

① 《马克思恩格斯选集》第 4 卷,人民出版社 1972 年版,第 118、112 页。
② 菲斯泰尔·德·古朗士:《古代城市:希腊罗马宗教、法律及制度研究》,吴晓群译,上海人民出版社 2012 年版,第 156 页。

联盟或短暂的联合，那是出于某种利害关系的考虑。"①事实上，"古代社会经过多次观念的转变和革命的洗礼之后，人们方才想到可以建立一个更大的国家，用别的一些规则来统治。但要等到人们发现古代以外的其他原则和其他社会组织之时，才能如此"②。而与古典西方不同，此时东方多是通过战争建立君主官僚体制并取代血缘分封式的贵族政治。换言之，东方各文明古国的起源过程走的多是一条部族间"征服—吞并"的路径。在此过程中，原始家庭共同体的原则和遗风通常遭受战火的彻底扫荡，分散的社会权力迅速集中于最高军事首领手中，公权一体化成型较早，结果大多走上了君主制道路。一方面，"战争对于王权的加强一定起过很大的作用"③，由此势必导致权力集中、民权式微。另一方面，它造成了征服者与被征服者之间的主从关系，形成严格的等级制度和尖锐的社会矛盾，为巩固胜利成果，征服者必然千方百计地加强手中权力。同时，它会使疆域和人口规模在一夜之间迅速膨胀，从而造成社会管理的政治法律技术严重滞后于现实需要的后果。此情况促成官僚体制早熟。中央集权的郡县制被采用和推广，官僚制逐步完备，国家权力日益集中于最高统治者手中。

（三）血缘家族共同体的宗教信仰及制度架构对古典希腊和罗马贵族政体形成的影响

起初，城市里实行家长政体。我们已经论及，最初国王是城市的宗教首领、公共炉火的高级祭司而且还拥有政治权力，因为古人认为代表城市宗教者自然同时应是会议主席、法官和军队首领。由于这一原则，城市的所有权力都集中在国王的手中了。Civitas 和 Urbs 两个词我们今天都译作"城市"（city），但在古人的话语中却是不尽相同的。Civitas 是指家庭与部落的宗教和政治联合，而 Urbs 则是指某个集会的场、地点，或是指这个联盟的神庙。一旦家庭、胞族和部落同意联合并祭祀同一个神灵，便立即在建城时建立作为他们共

---

① 菲斯泰尔·德·古朗士：《古代城市：希腊罗马宗教、法律及制度研究》，吴晓群译，上海人民出版社 2012 年版，第 230 页。
② 同上书，第 232 页。
③ 伯特兰·罗素：《权力论》，靳建国译，中华书局 1989 年版，第 53 页。

同祭祀的神庙,因此,城市的创建总是一种宗教性行为。在宗教上,每个城市仍然保持自己古老的崇拜,但它们同时又敬奉一个共同的神灵。在政治上,每个区仍保留自己的首领、法官及集会的权利,但在这些地方政府之上还有一个城市的中央政府。

国王与贵族间的斗争呈现出新旧社会斗争的性质。在此过程中,国王时常想要提升人民等级而削弱氏族。起初,国王与人民站在一边,并依靠来自门客与平民的支持。贵族的组织权利和宗教都处于危险之中,于是贵族联合起来推翻了王权,建立了贵族政治。贵族的政治革命改变的只是政府外在形式而并未改变社会结构,即贵族们的兴趣不在于摧毁旧制度,而在于保持它。每个地方的斗争结果多是相同的:王权被削弱了。但我们不可忘记这种古代的王权是神圣的。王是诵读祷词、奉献牺牲之人,他有世袭的权力,能召唤守护神降福于城。因此,人们不能想象没有王,王对人们的宗教是必需的,对城市的安全也是必需的。所以,我们发现在所有已知城市的历史中,人们最初都没有触及国王的宗教权力,只是剥夺了国王的政治权力。由于政治权力仅仅是教权的一个附属物,并不如教权那般具有神圣性和不可侵犯性,因此,它是可以从国王那里拿走而不会危及宗教的。也即,王权得以保留,但其政治权力被分走了,除教权外再无其他权力。城市国王除了作为凌驾于不同家庭之上的宗教权威外不再有其他权力。亚里士多德说:"在远古时代,王在和平时期与战时均拥有绝对权威。但随着时间的流逝,一些王自愿放弃了其权力,而另一些则被他人强行剥夺了权力,于是这些王除祭祀之权外再无其他权力。"斯巴达的王权就仅剩下世袭的祭司之职了。各城剥夺国王政权的革命也同样发生。此后,权力真正归发布命令的贵族会议和执行者监察官所有。国王除宗教事务外一切都得听从监察官的。因此,希罗多德才能说,斯巴达没有君主专制。而亚里士多德则认为斯巴达的政府是贵族政体的。因此,王权就只剩下了教权,在大多数情况下,教权仍继续在建立坛火、主持公共祭祀神圣家庭中世袭传承。到了罗马帝国时代,有些城市中,王族已灭绝了,国王的职位变成经由选举产生了,通常是一年一选。由此可见,罗马与其他城市一样。国王所面对的是一个组织强大的贵族团体,他们的权力更早地来自古代宗教。

也就是说,"贵族的政治革命只是为了要阻止社会革命的到来。他们掌握政权,不是为了满足其统治欲,而是为了保护其旧有的制度、古老的原则、家内祭祀、父亲的权威以及氏族的统治,总之,就是远古宗教所建立的私法"①。每个地方的政治革命多是贵族发动的,其结果是各地都废除了王的政治权力而保留了其宗教方面的权力。从那时起,经过或短或长的时间,各城的政权都落入贵族的手中。当科林斯在叙拉古建立殖民地时,君主制度已经被废除了。因此,新城对王权一无所知,而是以贵族制进行统治的。最初,罗马的王与希腊的王一样,国王是城中的最高祭司,他同时也是最高法官,并指挥公民兵。在他之下是"父",他们组织贵族议会。只有一个王,因为宗教将祭司之职与政权都统一在一起了。但一切重大事务,国王都必须与家长们商议。自此,史家们始提及人民大会。起初,每个家庭保持独立。但是,他们很快就意识到家庭的联盟如同城市一样,最好是由一个家庭首脑所组成的议事会来统治,也就是说由一个贵族集团来统治。从君主制向贵族制的过渡在一些新兴的城市中并未以革命的方式表现出来,而更像是一种传统体制的复苏,因此,并未出现流血事件。

于是,那些氏族、胞族、部落和城市的首领们则在国王之外形成了一个强有力的贵族集团。国王不是唯一的王,每个父亲在其氏族内都是一个王,在罗马甚至有一种古老的习俗,即将每个强有力的父亲都称作王。在雅典,每个氏族和每个部落都有其自己的首领,在城市的国王之外还有许多部落的王。这是首领贵族制,所有首领在其各自大小不等的区域内都拥有同样的性质和同样的不可侵犯性。城市的国王并不能对所有人口拥有权威性,在家庭内部及其门客中就不能行使其权力。与封建时代的国王一样,只有很少几个强大的诸侯做他的附庸,古代城市的王只能命令部落和氏族的首领,而他们每一个都可能与他一样有权威,他们联合在一起则比他的力量更大。可以想见,国王难以使其臣民都听命于他。他们很尊重他,因为他是祭祀的首领和圣火的保卫者,但他们可能并不是很服从他,因为他权力甚小。

---

① 菲斯泰尔·德·古朗士:《古代城市:希腊罗马宗教、法律及制度研究》,吴晓群译,上海人民出版社 2012 年版,第 278 页。

第二节　古典西方乡土血缘家族共同体原则的瓦解

一、瓦解的原因

(一)商品经济的影响

古希腊罗马地处于半岛之上,易从事商业和海运。在古希腊罗马,土地资源相对贫乏,山地约占 3/4,耕地只占 1/4,不利于粮食生产和农业发展,但有些地区(例如雅典所在的阿提卡)适宜种植经济作物。同时,它们都位于沿海地区,海岸曲折,有无数天然良港,海上交通方便,具有发展工商业的良好条件,因此,商品经济和海外贸易较早发展起来。尤其是后来的古罗马,更是一个简单商品生产高度发达的地区。在商品经济的冲击下,传统的血缘关系和财产共有制开始瓦解。"大约公元前 6 世纪,在希腊和意大利,人们发现了一条新的致富途径。土地不再能够满足人们所有的需要,人们的口味开始倾向于美丽和奢侈,艺术产生了,随后工业和贸易成为必需。逐渐出现了个人财产,开始铸币,金钱出现了。而钱币的出现是一场很大的革命。金钱与田产不同。据法学家说,它是'可交付转让物'(res nec mancipi),是能够不经宗教程序而从一个人的手中转移到另一个人的手中的,它能无障碍地到达平民的手中。宗教曾在土地上打下印迹,但却无力控制金钱。"[1]在这里,耕地表现为私人的土地,而不像先前及亚细亚生产方式中那样,人表现为土地的单纯附属物。此后,整个社会并不再是一个放大了的农业家庭,而是打破血缘关系的商业社会。其后的古罗马时代,更是一个简单商品生产高度发达的社会。整个社会日益强调保护私有财产,允许动产、不动产以一定形式进行买卖,自由市

---

[1]　菲斯泰尔·德·古朗士:《古代城市:希腊罗马宗教、法律及制度研究》,吴晓群译,上海人民出版社 2012 年版,第 297 页。

场较为活跃、繁荣。"土地私有者只是作为罗马人才是土地私有者,但是,作为罗马人,他一定是土地私有者。"①

显见,关于财产所有权——几乎仅仅是私人的和个人的土地财产的所有权——的形成,曾经是一个历史的过程,它是在货币化过程中实现的,可以说,"对于新时代发展的经济的、基础的方面,财产是决定性的因素。人们可以把它理解为'货币经济'的直接的结果,就此而言,拥有货币使任何人都成为一个自由的财产所有者,亦即成为一个与他拥有的货币数量成比例的或小或大的财产所有者。……同个人的土地所有制相比,这种发展是一种比较简单的进程。因为恰如思想家所感觉到的那样,一个人,至少是一个已经成年又有强烈自我意识的人,可以和能够支配一种他随身携带的和放在口袋里的东西(不管这个东西在法的意义上是不是他的财产),这是十分自然的——同样,一个人支配一块土地,这是不自然的,土地仅仅可以人为划定界限,而且——也作为东西来理解——无论如何,是一种不能移动的东西"②。

商品货币经济促进了平等和公平原则。起初,拥有单一炉火、权威的首领和神圣不可侵犯之领域的古代氏族,并且在除它之外孤立无其他社会形式存在时,被认为是一个适合的人类组织。但是,当人们在城市中联合起来时,他们被要求为公共利益而献祭,还要遵守公平的交易与规则。因为独立自主地进行生产和等价交换是商品生产者的本质属性。另外,在不断的聚合中,血亲关系随之淡薄。因此,追求平等,向往自由,重视个人权利,便成为商品经济社会的一大特色。商品经济促进了财产个体所有原则。以个体私有制为基础的自由财产制度迅速建立起来,并产生出了一个以工商业者为主体,包括农牧民和小手工业者的平民阶层。商品经济社会所制定的财产权与继承权必然不同于血缘共同体原则。先前"地不能卖,产不能分,这对于城市而言并无好处。允许父亲卖田杀子的法律在希腊罗马都曾有过,但这绝不是由城所立的法。城只会对为父者如是说,'你妻儿的生命及自由皆非你所有,我会保护他们,甚至由此而与你作对;如果他们犯法,你也无权审判或杀死他们,应该由我来作

---

① 《马克思恩格斯全集》第 46 卷(上册),人民出版社 1980 年版,第 477 页。
② 斐迪南·滕尼斯:《新时代的精神》,林荣远译,北京大学出版社 2006 年版,第 50—51 页。

主'"①。这些新规范是逐渐进行的,我们还能觉察到的是,从祖产不能分割到遗产在兄弟间的平分,也不是立即完成的事情。宗教法先是禁止分割祖产,后允许父亲将部分财产留给幼子,然后要求长子至少应得两份遗产,最后是同意财产的平分。在各城之中,这一变化既不是同时、也不是以相同的方式完成。在底比斯和科林斯,直到 8 世纪时传统规范仍很盛行。在斯巴达,长子继承权一直延续到建立民主政治后才取消。随后,"长子继承权在各地都消失了。这是一次重大的革命,它改变了社会。意大利和希腊的氏族都失去了它们最初的统一。不同的分支都分开来了,从此以后,各有其财产、住宅、利益和独立。法学家说,'每个人都开始独立成家'(Singuli singulas familias incipient habere)。拉丁文中有一句古老的说法'成家'(familiam ducere),似乎就是源于此时,它指从氏族中分离出来建立新家的人,就好像称呼那些离开母邦另建殖民地的人(ducere coloniam)一样"②。

(二) 城市化的冲击

城市化带来了开放性原则。希腊的开放精神就是由城市化带来的,正如伯里克利所言:我们的城市,对全世界的人都是开放的。城市的兴起似乎都伴随着对乡村的封闭和自给自足的大力突破,它将血缘、地缘、文化传统上大相径庭的各色陌生人聚合在一起,从事着前所未有的交换和交流。以城市这种大型聚落形式,将发生文明的各种因素集结起来,最终迸发更高级的文明之花火。

其一,城市这种大范围的不同血缘谱系的人们之间的交融,首先改变着人类的物种特征,带来特有的生物学方面的有利影响,在氏族中长期近亲繁殖的危险消除了。

其二,城市以密集生存的方式,获得了"比较优势",并且省下了部落时代的长距离交往的成本。群体间的分工和交换要比群体内的分工和交换更有效,因为与远处的群体相比,群体内的短缺非常相似。群体间的贸易的发明代

---

① 菲斯泰尔·德·古朗士:《古代城市:希腊罗马宗教、法律及制度研究》,吴晓群译,上海人民出版社 2012 年版,第 113 页。
② 同上书,第 280—281 页。

表了进化中的非常稀少的时刻,人类获得了超越动物的比较生态的优势,动物有群体内的分工,但没有一种动物利用了群体间的比较优势。而在传统村落的生存方式中,比较优势的获得,无论是交换还是交流,毕竟都要支付长距离交通的成本。

其三,破除旧的排外观念和家内宗教思想,也是由城市化发端的。古代的社区过于稳定,墨守成规旧俗,不愿采纳新的生活方式,要突破这种保守的孤立和封闭状态,最好的答案莫过于融入城市。在此过程中,城市极大地增加了心理冲击和刺激的机会,人们不再容易变得迷信、偏执和目光短浅。如"希腊人常到国外去旅行,在这一方面,连其他民族中商人、士兵、殖民者和旅行者都相形见绌"[①]。尤为需要注意的是,"希腊人从国外得来的知识,在促进对于权威的怀疑上,有很大的影响,这是要叙述一下子的。一个若只限于和他本国的种种习惯相接触,就要视习惯为当然之事而归于自然的势力了。若能游行国外,目睹游行的各种习惯和行为标准,那么,他自然会觉到习俗的势力;并且可以了解道德和宗教是一种因地而宜的事物。这种发现足以摧败权威,引起不安全的深思"[②]。

其四,开放环境有利于创新和人才辈出。假定说,某个人才由于自身的孤立状态会缺乏其他人的激发而无法展现自己的才能,那么在一代人的时间内每一万人中可能出现一个杰出人才;而在苏美尔、巴比伦、耶路撒冷,或者巴格达、贝那里斯这样的城市中,一代人的时间里至少可以出现五十个杰出人才,而且这些人才由于在城市中交流密切,其所面临的机遇要比小型社区多得多。[③] 这些天才人物产生的基础正是社会中异常丰富的交往、无数异质因素的进入、形形色色陌生人的来临。外来者、流浪汉、商人、逃亡者、奴隶,甚至入侵之敌,在知识发展的每一阶段都有过特殊的贡献。荷马在他的史诗《奥德赛》中,列举了各种简单社区中难以找到的陌生人——某种行业的师傅、预言家、江湖医生、建筑工匠,不然就是行吟诗人。同本地的农民和族长们相比较来看,这些人就是城市中的新居民。而哪里缺少了这些人,哪里的乡镇就总是

---

①　斯塔夫里阿诺斯:《全球通史:1500 年以前的世界》,吴象婴、梁赤民译,上海社会科学院出版社 1988 版,第 212 页。

②　J. B. 伯里:《思想自由史》,周颖如译,商务印书馆 2012 年版,第 11—12 页。

③　参见刘易斯·芒福德:《城市发展史:起源演变和前景》,宋俊岭、倪文彦译,中国建筑工业出版社 2005 年版,第 83 页。

一片沉闷而偏狭的乡土气。①

其五，在城市生活和开放精神的驱动下，希腊人创造了包含艺术、雕刻和戏剧在内的新的思想文化成就。生活于古希腊城市的许多文化人、知识分子，虚心求教，广泛汲取，"拜东方文明为师"，竭心尽力变丰富的文化资源优势为文化发展优势。"它使全世界各地一切好的东西都充分地带给我们，使我们享受外国的东西，正好像是我们本地的出产品一样。"②并且，宽松、自由的议论环境也成就了希腊民主和哲学艺术的辉煌。"若有人问及希腊人对于文化上的贡献是什么，我们自然首先要想到他们在文学和艺术上的成就了。但更真切的答复或者要说，我们最深沉的感谢是因为他们是思想自由和言论的创造者。他们哲学上的思想，科学上的进步，和政制上的实验，固然以这种精神的自由为条件，即文学艺术上的优美，也莫不以此为根据。他们若不能自由批评人生，那么，在文学上何能有那样大的造诣？我们丢开他们的一切功绩不谈，或即认他们在人类活动的各方面不曾有那些伟大的事业，而单就他们的肯定自由主义一端而论，他们也得算是对人类贡献最大的了。"③作为不争事实，"约在纪元前五世纪中期，雅典不但已成为希腊最强的国家，并且在文学和艺术上也占了最高的位置"④。

二、 商品经济、城市化推动下平民阶层的扩大

(一) 平民的扩大及组织化

随着商业和城市的发展，城市组织结构也呈现出一种新的样式。长子继承权消失了，家庭失了它往昔的统一和活力，大多数门客都获得了自由，家庭失去了它大部分的仆役。低等级的人不再分属各个氏族，而是住在氏族之外，自成一个团体。其一，早期许多小国家就是若干家庭的联盟，而现在取而代之

----

① 参见刘易斯·芒福德：《城市发展史：起源演变和前景》，宋俊岭、倪文彦译，中国建筑工业出版社 2005 年版，第 73—74 页。
② 修昔底德：《伯罗奔尼撒战争史》（上册），谢德风译，商务印书馆 1960 年版，第 131 页。
③ J. B. 伯里：《思想自由史》，周颖如译，商务印书馆 2012 年版，第 9 页。
④ 同上书，第 12 页。

的一边是氏族贵族所组成的联盟,另一边则是低等级人们的结合。因此,出现了两大团体。另外,平民的商业化决定了一个阶级的未来和社会地位的转变。人民遂不再是一群乌合之众,而开始成为一个有组织的团体。商品经济通过交换纽带把不同行业的平民紧密联系在一起,使之形成一个统一的利益共同体,一个足以代表自身阶层的社会力量。有了共同的社会属性,他们就能够选出自己的领袖。随后,推动了僭主政治向民主政治的转变。于是,一大群门客团结起来,出席公民大会时自然比那些人少力弱的家族拥有更大的权力。这些低等级的人很快也就看到了他们自己的重要性及其力量之所在,而与之同时的家长间的竞争在相互削弱着彼此。

因为种种原因,城市外来平民的数量不断增加,而军事作用又加强了他们的重要性。军事作用的提升,极大地促进了低等级的崛起,即"一个国家的社会和政治状况总是与其军队的性质和构成有着某种联系的"①。在城市早期的历史中,军队的力量主要在于骑兵,真正的战士是一个能在马背上或战车中作战的战士,而步兵在战役中的作用不大,不被重视。因此,古代贵族在各地都独享在马上作战的权利。在有些城市中,贵族甚至自称骑士。在古代,骑兵就是贵族军队,表现为"各城最富有者组成骑士,中产者组成装甲步兵或军团步兵。穷人被排斥在军队之外,或至多充任散兵、轻装步兵或战舰上的划船手。因此,军队的组成是与城市的政治完全一致的。危险与特权成正比,富有者掌握实力"②。而随着新战争形态的发展,古朗士锐利地看出了贵族阶层真正软弱的地方,即他们在战争中不得不借助由门客和平民联合组成的军队。"随着低等级变得逐渐重要起来,兵器制造的改进、纪律的出现,使得平民武装能够与骑兵相抗衡。由此,在战役中低等级开始占据首位,因为他们更易管理、更机动灵活。从此以后,罗马军团和希腊装甲步兵就成为军队的主力。而罗马军团和希腊装甲步兵都是由平民组成的。此外,海军也得以扩充,尤其是在希腊,海战频繁,城市的命运时常掌握在水手们的手中,也就是说在平民的手中。能强大到足以保卫人民的阶级自然也能捍卫其权利,实施正当的影响。"③战争的其中

---

① 菲斯泰尔·德·古朗士:《古代城市:希腊罗马宗教、法律及制度研究》,吴晓群译,上海人民出版社 2012 年版,第 298 页。

② 同上书,第 340 页。

③ 同上书,第 298 页。

一个后果便是各城几乎都必须让低等级从军,这足以说明民主扩大的部分原因。雅典及所有海边的城市都是这样,穷人获得了原先宪法所不允许的重要地位。至于罗马,战争先是摧毁了罗马的贵族阶层,王政时代的 300 年贵族家庭,在征服萨莫奈之后,所剩下的不足三分之一。"无疑战争慢慢地使富有的贵族缩短了他们与低等级之间的距离。所以,不久即发现宪法与社会状态不合,需要加以修改了。此外,还必须看到所有的特权都与当时统治人民的原则相违背。"[①]平民斗争胜利并初步形成共同体,这个早期的聚集后来发展成为"库里亚",即起源于毗邻的氏族和家庭举行会议的地点。[②] 该共同体最初与军事住址密切相关,后来在失去同军事兵役组织的关系后,继续作为民事的和政治的组织。早期的库里亚在王政时期主要是为罗马统一军团提供兵源,从另一个角度来说,民众能更接近城邦的组织生活。

(二) 平民价值观的主流化

社会价值观的平民化变化,主要表现为财产和财富日益被社会主流化和认可。在此过程中,低等级的人们学会了耕耘之外的职业,于是,有了工匠、水手、厂主和商人,而在他们中间很快就出现了一些富人。这是一个新兴事物,以前,只有氏族首领才能成为业主,而今,原先的门客和平民成了富人,向人们展示着他们的财富。而奢侈在使平民致富的同时也使贵族变得贫穷,在许多城市中,尤其是在雅典,有一部分贵族变成了可怜的穷人。在随后的几百年中,社会斗争就是新市民阶层反对旧的各个统治者(领主)阶层的斗争。在城市社会里面,城市政治总是表现为对传统血缘政治的否定,其必须被理解为在不断与传统血缘政治的生活形式和生活形态以及与传统血缘政治的思维方式的对立中前进。

---

① 菲斯泰尔·德·古朗士:《古代城市:希腊罗马宗教、法律及制度研究》,吴晓群译,上海人民出版社 2012 年版,第 342 页。

② 参见朱塞佩·格罗索:《罗马法史》,黄风译,中国政法大学出版社 2009 年版,第 27 页。

第三节　乡土性向城市性转型中的政治生活转变

一、转变的开始：以人为中心的政治学兴起

新旧政治转变的一个标识，体现为"从公元前 5 世纪开始的以雅典为中心的希腊古典时期的哲学和以前的希腊哲学的根本区别，在于它讨论的中心从自然转变为人和社会的问题"①。这一时期关注社会现实、关注社会制度、关注政治的哲学家比比皆是，政治讨论遂也成为当时社会的一种风气，"对于古代希腊人来说，政治是一种新的思想方式、新的感觉方式。尤其是一种新的人与人的关系"②。苏格拉底之后，哲学家们更自由地讨论着人类组织的原则和法规。柏拉图、克里托、安提色尼（Antisthenes）、斯佩赛普斯（Speusippus）、亚里士多德、特奥弗拉斯图斯（Theophrastus）和许多其他哲学家都曾著书论及政治问题，他们都研究和考查国家组织、权威、服从与权力等重大问题。

这突出表现在苏格拉底将政治与传统的道德与宗教区分开来：在他之前，人们除了听命于古老的神灵之外从未想到过还有任何其他义务，他则向人们表明，义务的原则即在人心中。也正因此原因，苏格拉底被控不敬城市所敬之神，这对他来说是事实，人们将其判处死刑，因为他攻击他们祖先的习俗和信仰，或如他们所说的，因为他败坏了年轻人。但这场政治变革在苏格拉底死后并没有停止，希腊政治思想和原则逐渐从传统血缘信仰和制度中摆脱出来。如苏格拉底和智者学派一样，柏拉图也宣称，传统的道德和宗教信条束缚了我们的政治，今天的政治必须咨询理性，只有当政治适合理性时才是公正的。"这些观念在亚里士多德那里更为明显。他说，'法律就是理性。'他教导人们，不必寻找什么是符合祖先习俗的，而要找寻什么东西本身就是好的。他还说，

① 汪子嵩等：《希腊哲学史》（下册），人民出版社 2003 年版，第 903 页。
② 肯尼斯·米诺格：《政治学》，龚人译，辽宁教育出版社 1998 年版，第 10 页。

制度应随时间而改变。他并不尊敬祖先。'我们最初的祖先,无论他们是来自地下,或是经过洪水后而幸存下来的,他们都很像今天那些最低级最无知的人。跟从他们的观念是很荒唐的。'亚里士多德和所有哲学家一样十分轻视人类社会的宗教起源说,他从未谈及公共会堂,不承认地方祭祀是国家的基础。他说,'国家不过是平等人的联合,他们共同找寻幸福便利的生活。'因此,哲学家拒绝古代社会的原则,而要找寻一个新的基础,以便建立新的社会法则和国家观念。"①

二、 转变的过渡：从贵族政治到僭主政治

随着平民阶层的发展和扩大,新旧原则的冲突逐渐公开化,贵族阶层想要维持城中的宗教组织,继续将统治权及祭司之职掌握在神圣家庭之中,而另一个阶层的平民则想清除那些法律、宗教及其政治方面的障碍。斗争之初,贵族占优势,的确,他们仍拥有宗教特权、合法组织、号令习俗、传统以及世袭的骄傲,他们毫不怀疑其事业的正当性,相信抵抗变革就是保卫宗教。而另一方的平民阶层,除了人数众多外别无优势,他们对贵族习惯性的尊敬使他们不易自我解放,而且他们还缺乏新的政治原则,我们前面说过,除了家庭的世袭宗教以外,古人并没有找到其他组织团体的原则。因此,我们很容易明白,平民阶层花费了许多时间去找寻新的政治原则。

由于上述原因使然,"继宗教贵族统治政权的并非一开始就是民主政治"②。在此过程中出现的是僭主政治。在希腊,公元前6世纪,人们普遍都有了自己的领袖,他们并不想将他们的领袖称作王,因为这个头衔包含着宗教的功能,且只有出生于神圣家庭的人才能成为国王,所以他们将其称作僭主。他们开始渴望以一种崭新的形式来重建政制,事实上它代表了一种新的事物,一种并非源自祭祀的权威。这个词在希腊语中似乎代表了一种以前并不为人们所熟知的原则——人对人的服从。在血缘共同体时代,除了宗教首领再无其

---

① 菲斯泰尔·德·古朗士:《古代城市:希腊罗马宗教、法律及制度研究》,吴晓群译,上海人民出版社 2012 年版,第 372 页。

② 同上书,第 338 页。

他国家首领,只有那些能够献祭神灵的人才能统治城市,服从他们就是服从宗教律法,除了对神的服从别无其他。而服从个人,众人将权力交付给此人,一种创自人类且具人性的权力——这是为古老的贵族所不知的,只有当下层民众要摆脱贵族的束缚并欲建立一个新政府时他们才知道。举例来说,在科林斯,人民很不情愿支持巴克恰达家族的统治,库普塞卢斯(Cypselus)明白民众的敌意,看出人民想要寻找一个能使他们获得自由的首领,他便自荐为其首领。人民接受了他,立他为僭主,赶走了巴克恰达家族,转而服从库普塞卢斯的统治。但我们应该注意到,希腊和罗马的民众想要重建君主制,并非真正赞同这种政权。他们仇恨贵族,但也并不喜欢僭主。对他们而言,僭主是一种征服和复仇的方式,是一种依靠武力取得的政权。由此也使得,"各城的僭主或多或少都带有暴力的性质,其政策大体一致。某日,一个科林斯的僭主向米利都的僭主求问统治之术,后者以砍掉田间高出其他麦子的麦穗作答。可见,他们的统治原则就是砍掉高越者的头颅,即依靠人民打击贵族"[1]。希腊平民从未喜欢过这种政权,他们只是将其作为权宜之计而暂时接受,以待人民找出一种更好的政权,即,他们足以民主自治。一旦当他们觉得在他们中间可以建立一自治的民主政治时,他们就不再需要僭主了。但僭主政治的意义也不容忽视,至少"人的良心都应该是自由的——这是古代城市永不肯承认的一条最大的原则,但而今却成了政治中最重要的准则"[2]。在此过程中,"政府的性质也改变了。其主要职责不再是按时举行宗教庆典,而是对内维持秩序和安宁,对外保持尊严和力量。……政治的重要性超过了宗教,人类政府变得人性化了"[3]。

三、 转变的标志: 民主政治的出现

(一) 民主政治的原则:非暴力化解决问题

　　民主政治是和非暴力解决问题联系在一起的,对暴力的批判及对和平的

---

[1] 菲斯泰尔·德·古朗士:《古代城市:希腊罗马宗教、法律及制度研究》,吴晓群译,上海人民出版社 2012 年版,第 296 页。

[2] 同上书,第 373 页。

[3] 同上书,第 336 页。

肯定蕴含在民主之中。希腊从氏族公社走向城市国家的过程中,非暴力解决问题逐渐成为社会共识。首先,外来者或是平民已进入城市,并获得承认,门客和平民是天然的和平者,"这个平民贵族很快就有了因其劳动成功而获得的品质,即个人价值的感觉、对安稳自由的热爱以及改善的愿望,还有不愿太冒险的明智想法"①。其次,在希腊城市化进程中,暴力行为逐渐为人们所不齿。人们参与广场(agra)开会,讨论决定城邦的事务,推动了民方政治发展。并且,"到广场开会与参加战争的情况不同,不许带武器。这种场合,无论发生任何争论也仅限于言论,绝对不能诉诸物理的力量"②。

罗马对内也是崇尚和平和非暴力的。"从塔昆家族到格拉古兄弟,这期间超过三百年,罗马的动乱很少导致流血或血腥。既然在那么长的时间当中,因为歧见而被放逐的公民不超过八个或十个,很少人被杀,处以罚款的也屈指可数,我们不能推断这些动乱有害,也不能推断共和体制脱序。"③在此过程中,军队的权力是可怕的,包括使用致命性暴力的权力。"专职使用暴力的保护者,对于那些希望他们提供保护的人来说,构成了一个威胁。"④因此,军队需要在暴力与文明之间进行必要的特殊转换处理。事实上,军队一直是罗马政治制度史的一个重要内容。其一,在民主社会中,授予军队这种权力是审慎的。表现为委托人给予保护者的任期越短,保护者加强自身权力的困难就越大。保护者需要时间来建立联盟,也需要时间来赢得下属和其他潜在合作者的支持,因此对保护者任期的限制将降低保护者建立联盟的机会。这也是一个普遍做法,"我们不难找到法治国施加这类限制的例子。在古雅典和罗马帝国前期,在崛起时期任命的军事司令官,拥有极大的权力。然而,除了他们甚至不能是职业战士的规定之外,还只允许他们服务较短的时期,在罗马为 6 个月。因此,那些司令官都不能利用他的地位成为真正的独裁者,就不足为奇了。中世纪意大利的许多城邦国家,任命城邦管理者的继任者——称为'波斯塔'或'长官'(podesta)——来领导他们。Waley 指出:'14 世纪早期的长官,服务时间

---

① 菲斯泰尔·德·古朗士:《古代城市:希腊罗马宗教、法律及制度研究》,吴晓群译,上海人民出版社 2012 年版,第 297 页。

② 佐佐木毅:《公与私的思想史》,刘文柱译,人民出版社 2009 年版,第 3 页。

③ 马基雅维里:《论李维罗马史》,吕健忠译,商务印书馆 2013 年版,第 20—21 页。

④ 约拉姆·巴泽尔:《国家理论:经济权利、法律权利与国家范围》,钱勇、曾咏梅译,上海财经大学出版社 2006 年版,第 208 页。

为 6 个月(自 13 世纪中期后,一年期的任期就少见了)。'在美国和以色列,军事首脑的任期并未在宪法中规定,却也是很短的。另外,在法治国,战斗英雄会早一些'退休'"①。另外,共和国时期,战争胜利后士兵一般即回罗马,以防止与罗马生活隔绝,形成一个军事首领的封闭飞地,因为长期服役会在很大程度上把人们的效忠从社会上移开,容易打造一种盲从指挥官的独立军事体系。其二,通过公民兵制,防止兵与民的分离与对立。如果产生集聚更大武力的需求,臣民自己就会提供必要的武力,并使之处于自己的掌控之下。如有战争,一声令下公民皆携武器聚于战神广场,各人回到各人的百人团中,归在各自队长和圣旗之下。而"士兵从战场上回来后,离其军列,法律不许他们列队入城"②。其三,将政治原则与军事原则区分开来。清洗(lustration),源自拉丁文 lustrare,意思是祭品的洁身礼,最初是指罗马军队从战场上归来时举行的一种洗礼仪式。经过该仪式,不管士兵们在战场上做过什么,都可以再次变为干净的人。其主要意涵就是将军事原则与政治原则区别开来,而不是将军事原则作为政治原则。

希腊和罗马公民之所以如此崇尚非暴力,与城市化社会结构有着密切的联系。经验证明,没有城市化,没有社会分工及相互依存共生的社会结构,就很难获得非暴力和使冲突解决文明化的诉求。社会分工是城市性的重要特点,城市生活中的分工有利于人类和平,而暴力所依赖的思考和行为方式难以契合城市社会。或言之,城市的和平依赖于彼此间的分工和相互依存,城市生活离不开合作、妥协。"城市作为一个经济的有机体被视为一个比村庄社区更高级的有机体,恰如村庄社区在这方面优越于家庭经济一样。"③在自然经济社会里,生产和生活是自给自足的,一旦发生争斗,人们仍可维持生存,假如在一个实行了社会分工的城市里出现了争端,事情就完全不同了。在城市社会里,人不可能独立生存,因为每个人都离不开彼此间互相帮助、相互支持。如果城市社会里发生了鞋匠与铁匠之间的争执和敌对行为,那么敌对的一方就没有鞋穿,而另一方则会缺乏生产工具和武器。如果社会分工从城市扩大到

---

① 约拉姆·巴泽尔:《国家理论:经济权利、法律权利与国家范围》,钱勇、曾咏梅译,上海财经大学经出版社 2006 年版,第 198—199 页。

② 菲斯泰尔·德·古朗士:《古代城市:希腊罗马宗教、法律及制度研究》,吴晓群译,上海人民出版社 2012 年版,第 308 页。

③ 斐迪南·滕尼斯:《新时代的精神》,林荣远译,北京大学出版社 2006 年版,第 92 页。

国家,那么,这个国家就必须避免内战。一般说来,城市社会矛盾多,但大都能妥协解决,而乡村矛盾少,但一般剧烈,易走向你死我活的暴力争斗。即,"农村民众按其性质更加精于打仗,因此也更加乐于打仗,他们也更加容易为国家政府所提出的种种口号所迷惑"①。尽管"农村的共同生活更多的是共同体方式的,因此更加稳定不变和更加安静,尽管家庭内部也不乏冲突和争吵,尤其是关于'我的东西和你的东西'的冲突和争吵,而且个人的憎恨、嫉妒、复仇欲往往导致严重的暴力行动。在城市里,整个的共同生活更多的是非个人的,是有关客观事物的,因此,争端也更多的是非个人的,是有关客观事物的;但是,在货币私有财产的意义与日俱增的情况下,即在债权要求和债务的意义与日俱增的情况下,争端变得越来越经常和越来越强烈,因而更加强烈地需要法官的判决"②。

在某种程度上,由于罗马的城市化和社会分工高于希腊,也使得罗马的共存意识与结构要好于希腊。"在早期罗马历史当中,即便贵族与平民的冲突威胁到整个社会的团结,罗马人亦有办法不至使对立党派斗得两败俱伤,一如希腊社会常见的情形。"③例如罗马共和是在贵族和平民这两个阶层的两元状态中发展的。平民斗争的武器是撤离,即通过以威胁城邦的统一来与贵族达成协议。平民与贵族的斗争矛盾源于三个方面:免除债务、分配土地和担任高级官吏职位。这三个方面对应着城邦公民的自由、财富和地位。在此诉求下,平民阶级拉开了近两个世纪温和抗争的大幕。相比阶级斗争的血腥和惨烈,罗马的平民"撤离运动"展现了不同寻常的宽容与妥协精神。从公元前494年至公元前287年,罗马平民一共组织了五次"撤离"罗马城的活动。非暴力的消极"撤离"是平民对抗贵族的重要手段,贵族阶级的妥协则加速了罗马国家阶级融合的进程。"这个等级富有、高贵且精明世故,他们不希望有动乱,且畏惧动乱,如果罗马衰落了,他们必失去很多;若罗马繁荣,他们则会获利不少。他们逐渐成为两个敌对人群间自然的中介。"④通过五次平民撤离运动,罗马国

---

① 斐迪南·滕尼斯:《新时代的精神》,林荣远译,北京大学出版社2006年版,第168页。
② 同上书,第168页。
③ 弗里德里希·沃特金斯:《西方政治传统:近代自由主义之发展》,黄辉、杨健译,吉林人民出版社2011年版,第14页。
④ 菲斯泰尔·德·古朗士:《古代城市:希腊罗马宗教、法律及制度研究》,吴晓群译,上海人民出版社2012年版,第318页。

家从阶级分裂走向了统一共和,甚至实现了贵族和平民阶级的衍变与融合。平民为本阶级争取到当选执政官、召开平民会议的资格,也获得了法律的否决权和保民官的申诉权。还得以同贵族阶级通婚并享有不受放债的保护。至此,罗马贵族与平民阶级已实现初步平等,持续两个世纪的阶级斗争宣告结束,罗马宪制在一百余年的平民撤离运动中不断完善并最终确立:其一,在罗马官制上,《神圣约法》的签订创设了保民官及其对执政官行为和法律的否决权,解职了十人委员会并恢复保民官的申诉权,确认了平民会决议具有约束所有罗马市民的法律效力;其二,在阶级分权上,平民与贵族得以通婚,禁止向平民放债,禁止设立不受上诉权限制的长官等;其三,在立法上,《神圣约法》《关于保民官权力的瓦雷留斯与奥拉求斯法》《关于放债的格努求斯法》《关于平民会决议的沃尔腾修斯法》等再次以法律的形式保障了平民阶级的权利;其四,在政体上,形成了罗马混合宪法及其宪制,以执政官作为君主权力的代表,以元老院作为贵族权力的代表,以人民大会作为市民权力的代表,这使得罗马各阶级之间的分权与制衡趋于合理化。

(二) 民主政治的基石:政治合法性基础的公共利益化

任何政治都需要将合法性作为其统治基础。合法性意指大多数公民认为政府的统治是正当的,应当得到普遍的服从。"各个政权尝试着通过操纵象征来支撑它们的合法性。一个常常被利用的象征是意识形态(ideology)。"[1]长期以来,家族共同体原则一直是古希腊和罗马的政治原则,僭主政治尽管对它进行了冲击,但僭主政治并没有成为政治的原则,而直到商品经济和城市化发展到一定程度后,公共利益开始成为政治原则和政治合法性基础。首先,富有阶级的统治,需要新合法性做基础。以前,社会秩序的最高原则是乡土共同体,而非开放的公共利益。乡土共同体阶级想要保卫这些制度,但并不是以公共利益的名义,而是以传统乡土共同体的名义。现在进入的新时期,传统已无力量,乡土共同体也不再统治人类。其次,随着城市化的发展,人们离远古体

---

① 迈克尔·罗斯金:《国家的常识:政权·地理·文化》,夏维勇、杨勇译,世纪图书出版公司2013年版,第11页。

制越来越远,对于人民的统治也就越来越难,统治必须要有更直观、更开放和世俗的公共利益观念。这主要是因为,"他们没有古代贵族的神性,其统治既不靠信仰也非出自神意。他们没有统辖人民良心的权力,不能强迫人民服从。人们只有相信他们有权力、相信他们的见解高过自己的才会服从。贵族能祈祷、拥有诸神,人们长期臣服在其宗教优势之下。而富有者则吓不住他们"①。与此同时,"新贵族的少抵抗却让我们感到吃惊。的确,他们不能像雅典贵族那样以强大有力的传统和虔诚来抵抗,他们也不能呼唤其祖先和诸神的帮助,在他们的宗教观念中没有可供其支撑的理由,他们对自己所有的特权是否合法也无信心"②。

于是,"要找出另一种可以取代它的原则,且如旧有的原则一样能够管理社会,并防止混乱与冲突。这一建立政府的新原则就是公共利益"③。于是,公共利益日益成为新政治的合法性基石。"一切制度皆从中获得其权威的、超越个人意志的、令所有人都遵守的原则就是公共利益。拉丁人将其称作'公共事物',希腊人叫'共同体',它取代了古老的宗教。从那时起,所有的制度与法律皆由此而出,城市的所有重要的活动皆由此而定。现在有关议事会或公民大会的召集、法律的讨论、政府的形成、私人权利或政治机构等问题,人们不再询问宗教的意思如何,而是依公共利益的要求而定。"④此后,人们对统治不必再服从神圣的习惯,无须再咨询占卜师或预言家,其行为不必再符合信仰和仪式的要求,政治更为人性化了,除公共利益原则外,现在再无其他权威可作为政治的合法性了。

(三) 民主政治的机制:选举

古典西方政治合法性基础的公共利益化,推动了民主政治及相关选举制发展。一方面,公共利益的规定没有家内宗教共同体原则那么稳定和静止,而

---

① 菲斯泰尔·德·古朗士:《古代城市:希腊罗马宗教、法律及制度研究》,吴晓群译,上海人民出版社 2012 年版,第 340 页。

② 同上书,第 341 页。

③ 同上书,第 334 页。

④ 同上书,第 335 页。

"要知道公共利益的要求是什么,最简单最可靠的办法是召集全体公民,咨询他们。人们认为这个过程是必须的,经常使用。从前,占卜在人们考虑问题中占有重要的比例,祭司、国王及宗教官员的意见则具有很大的权威性。人们投票很少,即使投票也主要是为了完成一种程序,而非是为了表达意见。此后,无论何事都要投票,需要征求大家的意见,才可知道公众的利益何在。投票变成了政府的重要方式,成为制度的来源、权力的原则,决定何为有用、何为公正。它高于官员及法律,是城市的真正主宰"①。另一方面,"公共利益不允许不平等的长久存在。它必将社会引入一个民主政体之中"②。

在雅典,将军首先是在雅典贵族之外经选举产生的。"执政官是由抽签产生的,即出自神意;而将军则不然。当政府变得越来越困难、越来越复杂时,虔诚不再是最主要的原则,还需要技巧、稳健、勇气和指挥的艺术,人们不再相信以抽签的方式就能选出一个好官员。城市也不想再被所谓的神意所束缚,而是要自由地选择首领。作为祭司的执政官自然应该是由神来指定的。而将军则是掌管城市物质利益的,最好还是由公民选举产生。"③在雅典贵族统治时期,执政官主要是祭司。当雅典人取消政府的古代宗教形式后,他们并没有取消执政官之职,因为他们很不愿意废除古代的东西。而是在执政官之外,又通过选举产生其他官员,其职责的性质正好与此时公共利益原则需要相符合。公共利益原则的体现就是将军(strategi),将军的权力并不限于军事方面,他们也负责与其他城市间的关系,管理财务及城中的治安问题。或许可以说,执政官管理国家宗教及其相关事宜,而将军则拥有政权。执政官保留古代所享的权威,而将军则是应新的需要而设立的。事实上,执政官只有表面的权力,而将军则真正拥有实权。政权越来越多地与宗教相分离了。

不过,还应注意到在随后的雅典民主化过程中对执政官提名方式的变化。"不错,早期的官员在百人团会议上投票选举只是一种形式。实际上,每年执政官的产生都是由前一年的执政官所提名的,并以占卜的方式获得诸神的认可。百人团会议再对现任执政官所提名的两名或三名候选人进行投票,他们

---

① 菲斯泰尔·德·古朗士:《古代城市:希腊罗马宗教、法律及制度研究》,吴晓群译,上海人民出版社 2012 年版,第 336 页。
② 同上书,第 342 页
③ 同上书,第 337 页。

不可以拒绝投票。而现阶段，选举则有所不同，虽然形式依旧。如从前一样，分为宗教庆典与投票两部分，而宗教庆典已纯粹成为了一种形式，投票才是最真实的。候选人的名字依然由现任执政官提出，但执政官若不是按照法律，便是遵守习俗接受所有的候选人，并宣布占卜的结果对所有的人都是吉兆。因此，百人团会议便可选举他们所喜欢的人。选举不再是诸神的事情，而是掌握在人民手中了。人们不再咨询诸神及其预兆，除非他们对所有候选人都一视同仁难以取舍时，也可求取神意，但决定仍由人民做出。"①

　　严格说来，雅典的民主化，是在梭伦所立之法之后开始的。公元前592年梭伦执政，进行改革，在扩大政治参与方面做出了重要贡献，开启了民主政治时代。梭伦虽出身于贵族家庭，但他早年曾经商，使其较早摆脱了阶级偏见的影响。他调停的想法、对财富和奢侈的品位、对娱乐的喜爱，皆使他远离贵族，他是属于新雅典的。正如梭伦自己所说的，低等级需要拥有保护其所获之自由的盾牌，这个盾牌就是政治权利。早先政治权利是由出生而定的，梭伦改革后开始强调富有者便享有政治权利，建立了一种以财富为基础的划分标准。梭伦废除了债权奴隶，规定平民能以缴纳税金的方式从贵族那里赎买土地；规定弟兄共分家产。这些措施使非长子、平民具备了独立的经济能力，可以摆脱家长的控制，直接进入城邦生活，成为新型公民。梭伦改革后所有的雅典人都可参与公民大会，而议事会也不再仅仅是由贵族所组成的了，并且执政官也可以在古代祭司阶级之外经选举产生。这些巨大的革新破坏了古代政治的原则。选举权、官员的任免、祭司的职务、社会指导等，所有这一切贵族都不得不与低等级一起分享。即使阶级尚在，但却是以财富来划分的。贵族的原则消失了。贵族不再有什么了不起，除非他很富有。他可以通过财富而不是出生来施加影响。

（四）家内宗教的瓦解与宗教生活的民主化

　　尽管梭伦改变了政治原则，但仍保留了雅典社会古老的宗教组织。祭司之职仍为贵族所保留，这似乎是再也无法从贵族手中夺走的一种权利。因为在古代宗教中，诵读祷词和接触圣物是由世袭传承的。作为结果，每个团体仍

---

①　菲斯泰尔·德·古朗士：《古代城市：希腊罗马宗教、法律及制度研究》，吴晓群译，上海人民出版社2012年版，第337页。

如旧时一样保留世袭的祭祀方式。在这些团体中有两种阶级,一种是贵族,他们因其出生而拥有祭司权和统治权;另一种是低等级的人们,他们已不再是门客或奴隶,并开始享有政治权利,但却仍然被排除在宗教之外。这些自由投票的人走出集会场后仍为旧有的宗教管束。梭伦给了平民政治权利,但作为部落和宗教中的一员,他们仍然要服从贵族。由此出现了两种对峙的原则。"贵族坚持宣称,神圣性和祭神的权利是世袭的。而平民则解除了宗教和祭司之职均是世袭的古代特征,他们宣称,人人都可以诵读祷词,只要是公民就有权主持城市的公共祭典。"①在梭伦的政治改革后,还需要进行一场宗教领域内的改革。雅典贵族和罗马贵族对家内世袭宗教的坚持,与低等级对这种使其处于低下地位的宗教的反对同样强烈。平民不仅仅是嫌恶,而且完全不懂那种宗教。古代宗教的原则是,祈祷的权利是在血亲中世代相传的,平民因此被排除在所有宗教之外。无论平民的起源具体是什么,平民和贵族两阶层的划分是十分清楚的。在最初阶段,贵族通过氏族组织掌握着权力,而平民此时没有氏族的结构,自然也就禁止平民与贵族的通婚行为。平民意识到没有祭司之职,他们就不能拥有真正的民权或政治上的平等。平民深感痛苦,因此便努力想拥有自己的祭祀方式。他们宣称,大祭司之职也应同执政官的职位一样由两个阶级共享。此时有几个因素,也有利于宗教改革。其一,从公元前6世纪开始,东方的祭祀方式传入希腊和意大利各地,受到平民极大的欢迎,为他们所接受,因为这些崇拜方式如佛教一样不分等级或人种。其二,通过出任官员,平民已经获得了祭司之职的部分权力。此时说平民不胜任教职是不可能的,因为他们以执政官之职主持祭祀已有60年的时间了,而在此期间,他们作为监察官还举行过涤罪礼,作为征服者也完成过凯旋礼的神圣仪式。其三,"在贵族中,对于宗教世袭原则的信仰也已有所动摇。只有少数人还在徒劳地引用古代原则宣称,'祭祀会因不配的手而玷污改变,你们在攻击神灵,小心他们的愤怒会降临我们的城市。'似乎这些言论对平民并没有多大的影响,甚至贵族中的大多数也不为所动。新的风俗使平民取胜。自此,有一半的大祭司

---

① 菲斯泰尔·德·古朗士:《古代城市:希腊罗马宗教、法律及制度研究》,吴晓群译,上海人民出版社2012年版,第323页。

和占卜师是从平民中选出的"①。

公元前 508 年,克利斯提尼对宗教生活进行了重大改革,家内世袭宗教瓦解了,宗教生活日益开放和民主。克利斯提尼废除了四个旧有的部落,而代之以十个部落,其中又划分为若干个德谟。"这些新的部落表面上类似于古代的部落和氏族。每个组织中都有自己的祭祀、祭司、法官、宗教聚会和讨论共同利益的集会。但这些新团体从两个方面在本质上有别于旧团体。首先,雅典所有的自由人,甚至那些不属于旧部落和氏族的人也都全部被包含在克利斯提尼的划分之中了。这是一个重大的变革,它给了那些原先无宗教的人以宗教,那些原先被排除在所有宗教联盟中的人现在被包含在一个宗教团体之中了。其次,人们被划分在新的部落和德谟里,不是如原先那样按照出生,而是根据地区来分的。出生已不被看重,人人都是平等的,不再有什么特权。新的部落和德谟的祭祀不再是古代家庭世袭的祭祀,人们也不再聚集在贵族的炉火旁。新的部落或德谟也不再将古代贵族尊为神圣的祖先。部落选择了一些在民间享有良好声誉的古人作为其尊奉的新英雄,至于各个德谟则一律信奉'护城的宙斯'或'如父般的阿波罗',作为他们的守护神。自此,在德谟中,祭司之职再无理由如在氏族中那样世袭传承,祭司也不一定非由贵族担当了。在新的团体中,祭司之职与首领一样是年选的,每个成员都有可能轮流任职。……自此便不再有宗教的等级,不再有任何宗教上或政治上的出生特权。雅典社会被完全改变了。"②对此,亚里士多德就指出:"若有人想要建立民主,他应效仿克利斯提尼在雅典的做法,建立新的部落和新的氏族。以人人都能参与的祭祀取代世袭的家庭祭祀,并尽可能地将人民混杂在一起,打破原先的一切联合。"③梭伦和克利斯提尼的改革为雅典民主政治的全面发展和确立创造了有利条件。新的神庙建立起来了,其结果就是平民也能做祭司,它的大门向众多的崇拜者敞开,我们可以判断希腊的社会组织较前有所扩大。不过,拥有政治权利者的范围还是相当有限的。在整个西方古典时期,公民权始终未能扩及女性与奴隶。奴隶制度继续占据主导地位。并且各城邦仍然利用公民

---

① 菲斯泰尔·德·古朗士:《古代城市:希腊罗马宗教、法律及制度研究》,吴晓群译,上海人民出版社 2012 年版,第 324 页。

② 同上书,第 305 页。

③ 同上书,第 306 页。

的特权排斥大量居住在城邦国家或服从其司法管辖的外国人。"在古希腊和罗马,公民是共同体的正式成员,所有其他成员——无论是妇女、儿童、奴隶或外来居民——尽管也要服从法律,还可能依法拥有某些权利,但只有公民有参与共同体政治的权利。"①

如果我们仔细研究罗马制度,我们就会看到同样的变化也在那里发生了。一方面,保民官的重要性逐渐增加,保民官已不再具有祭司的特征,而更接近于将军。另一方面,创建罗马的血缘家内宗教原则也逐渐消失,长期统治人们、将人划分成不同等级的世袭宗教只剩下一个外壳了,至共和时期及在王政时代——终于胜利了。"在罗马的早期,自然没有人会想到平民可以做大祭司。但观念发生了变化。平民去除了宗教世袭的成分,创立了一个为己所用的宗教。他们在公共广场上为自己树立拉瑞斯的神像、祭坛以及部落的圣火。起初,贵族只是嘲笑他们的宗教是模仿。但随着时间的推移,这种宗教渐渐重要起来,平民相信,即使是对于祭祀与诸神,他们也是与贵族平等的。"②

(五) 民主政治的技艺:演讲学

作为不争事实,古代希腊的演讲学是发达的。而为何只有古代希腊——具体说是雅典——兴起了演说家群体,并如此重视"说话的艺术"(Art of Speaking)而发展出法庭演说术的教育形式,而其他的古代文明,如埃及文明、两河文明、中华文明、印度文明等却没有出现类似的历史现象呢? 这和古希腊社会有别于其他古文明的城市化和民主历史背景有关,即城邦的民主政治。民主制城邦促成了希腊政治学和演讲学的发达,即"在古典共和的政治理论中,战争并不是一个重要的主题,因为一个政治共同体如何实现最佳的政制才是古典政治理论的核心问题"③。民主一般努力维持一种"言"的和平政治,而非"力"的政治,言说在城邦民主生活中占据了重要位置。"这种和平性的义务

---

① R. Dagger, "Republican Citizenship", in E. F. Isin and B. Turner ed. , *Handbook of Citizenship Studies* , Cromwell Press Ltd. , 2002, p. 149.

② 菲斯泰尔·德·古朗士:《古代城市:希腊罗马宗教、法律及制度研究》,吴晓群译,上海人民出版社 2012 年版,第 323 页。

③ 张旭:《论康德的永久和平观念中的道德与政治》,载《现代政治与道德》,上海三联书店 2006 年版,第 148 页。

有两个特点：一个是在'公开的场'举行；另一个是其手段'言论'。这就是，通过广泛意义的'对话'形成公共判断。"①"言"的政治比"力"的政治更重要的观点，植根于伊索克拉底对语言重要性的理解，他认为，"口才"是人异于禽兽的关键，雅典人的伟大就在于雄辩滔滔的口才。②

　　一方面，民主政治不像传统政治那样基于传统信仰而是基于公共利益。公共利益必须被仔细考虑、权衡轻重，因此讨论是必需的，因为每个公共利益问题都多少有些含糊不清，只有经过讨论才能明白。雅典人希望将每个公共利益问题从不同的方面加以考察，他们很重视演说。此时希腊的政治家，"他们没有古代贵族的神性，其统治既不靠信仰也非出自神意。他们没有统治辖人民良心的权力，不能强迫人民服从。人们只有相信他们有权力、相信他们的见解高过自己的才会服从"③。另一方面，一旦人们开始将政治合法性基于公共利益时，便不再希望不经理智地思考就相信某种信仰，或是没有讨论就认为其具有合法性。换言之，"这是因为公民们都是理性的人，而理性人类间唯一合理的关系就是说服。说服与命令的不同之处，前者认为讲话的人和听话的人处在平等的地位"④。因此，"在雅典的民主制中，成功依赖于在大型公共集会上谈话、论辩与说服的能力"⑤。

　　我们也必须从城邦民主政治的说服需要探寻演说术兴起的根源，动口不动手的说服政治提供了演说、演讲、辩论的需要，它要求人们掌握娴熟的表达技巧。或言之，"要进行普选，讨论是必需的、能言善辩是民主政权所提倡的。因此，演说家不久就获得了'民众领袖'的头衔，也即城市的引导者。的确，他们指导人民做行动，决定议案"⑥。智者学派（the Sophists）曾"教导希腊人治理国家不能只靠古代的习俗和圣法，而是应该说服人民，使之被影响。他们以推理和言说的艺术——即辩论术和修辞来代替古代习俗的知识。其对手用传

---

① 佐佐木毅：《公与私的思想史》，刘文柱译，人民出版社 2009 年版，第 3 页。
② 参见 D. B. Castle, *Ancient Education and Today*, Penguin Books, 1969, p. 73.
③ 菲斯泰尔·德·古朗士：《古代城市：希腊罗马宗教、法律及制度研究》，吴晓群译，上海人民出版社 2012 年版，第 340 页。
④ 肯尼斯·米诺格：《政治学》，龚人译，辽宁教育出版社 1998 年版，第 10 页。
⑤ 特伦斯·欧文：《古典思想》，覃方明译，辽宁教育出版社 1998 年版，第 76 页。
⑥ 菲斯泰尔·德·古朗士：《古代城市：希腊罗马宗教、法律及制度研究》，吴晓群译，上海人民出版社 2012 年版，第 347 页。

统思想与之相对抗,而他们则以雄辩和才智为武器"①。在民主制的雅典,对民众的领导是通过演说来实现和完成的。在雅典民主政治中,民众的决策需要政治领袖的建议和领导,政治领袖的建议和领导需要民众的认可和制约。雅典政治领袖的领导权和民众的决策权长期处于一种相互制约和平衡的状态。这正如芬利所说:从某种意义上说,一个政治领袖只称得上是他本人的领导,而且在公民大会上没有正式身份。要验证他是否具有领导这一身份,简单得很,只要看公民大会是否依照他的意愿、建议进行投票表决。民众是决策者,一切政策法令和司法审判都源于民众的表决。但是民众的表决又都是在政治领袖发表演说之后,这不仅表明民众需要政治领袖的建议和领导,而且还说明政治领袖的领导权或者说建议权受到了民众的认可,换言之,当政治领袖站在公民大会或者公民法庭上面对民众或者陪审员发表演说的时候,民众不但和他们真正处于平等的地位,而且他们还认可了民众的决策权,从而强化了民主政治"主权在民"的观念。政治领袖的建议者角色与普通民众的决策者角色在古希腊流传下来的演说词中也有直接的反映。吕西阿斯在一篇题为《控埃拉托色尼》的演说词中是这么结尾的:我将陈述完毕,你们已经听到了。权力就在你们手中,你们投票表决吧。德摩斯梯尼也曾在演说中多次表述过类似的观点,他在题为《第三篇奥林萨克》的演说中说:我已尽量把我想说的说出来了,请你们本着最能符合城邦和人民利益的原则作出选择。可以说,在雅典民主政治中,政治领袖同时又是演说家,很难将两者区分开来。政治领袖的角色首先应是其演说家角色的具体体现,即通过发表演说,提出建议,说服民众,进而影响公民大会的决策和公民法庭的判决。

因此,将政治领袖称为"演说家"一点也不过分,之所以这样说,更是因为政治领袖和演说家两者根本就是同义语。在古希腊语中,有关政治领袖的术语很多,但最为普遍的一词是 rhetor。大约从公元前 5 世纪中后期开始,这一词就被用来指在公民大会上的发言者或提议者。因此,任何 一位公民,当他走上公民大会的讲坛发表演说提议的那刻起便可被称为 rhetor。后来从公元前 5 世纪末期开始,它就被用来专指那些公认的经常在公民大会上发表演说的

---

① 菲斯泰尔·德·古朗士:《古代城市:希腊罗马宗教、法律及制度研究》,吴晓群译,上海人民出版社 2012 年版,第 372 页。

人或提出建议的人，他们就是当时的政治领袖。芬利就指出从梭伦(Solon)到德摩斯梯尼，几乎所有的雅典政治家都是演说家。柏拉图也曾经断言雅典政治家全部是演说家，反之亦然。[①] 雅典的地米斯托克利(Themistocles，公元前525—前460年)、伯里克利(Pericles，约公元前495—前429年)等政治家皆拥有极强的演说能力。普鲁塔克在《希腊罗马名人传》里描述过著名政治家伯里克利的演说风格，他向民众演说时，像"雷鸣""闪电"，像是舌头上有一根可怕的霹雳棒。阿克顿勋爵也称赞伯里克利，说他取得优势的手段是说话的艺术。民主政治中的政治家需要演说才能，或言之，要成为一名城邦的政治家，演说才能必不可缺。任何公民，如果他想要对城邦事务施加自己的影响的话，就必须走上讲台。政治领袖的领导权也是通过演说来实现竞争的，即通过他们在演说中不断地战胜对手来确立和巩固自己在民众心目中的领导核心地位，直到他们在演说中被新的对手击败，为新的领导核心所替代。

雅典民主政治是演说得以兴盛的根本原因，因为民主政治下的政治领袖必然是演说家，是说服者和建议者，他们对民众的领导是通过演说来实现和完成的。古希腊著名演说家德摩斯梯尼说，民主政治是一种发表演说的体制。也正如哈维·儒尼斯评价所说："伯里克利是通过演说而不是武力控制民众的。语言，这一民主政治中的演说家可以获得的唯一可能的控制方式，也是控制自由民众的最恰当的方式。"[②]法国古典学家让·韦尔南说："在雅典，政治艺术主要就是操纵语言的艺术。"[③]在希罗多德看来，在雅典民主政治下，演说的说服作用明显地较斯巴达重要，在公民大会上，民众更易受演说的影响，被演说者说服。在雅典民主政治生活中，演说扮演着重要角色，起着重要的作用。也就是说，一个政治领袖，无论他多么富有，出身多么高贵，但是在讨论城邦内政外交政策的时候，他只能通过演说对民众进行"说服"和"建议"，而不是像专制君主那样对臣民下达命令。

随着民主政治发展，"在雅典，人民希望知晓国事。他们只有在经过相反

---

① 参见柏拉图:《柏拉图全集》第1卷，王晓朝译，人民出版社2002年版，第398—414页。

② Harvey Yunis, *Taming Democracy: Models of Political Rhetoric in Classical Athens*, Cornell University Press, 1996, p. 150.

③ 让-皮埃尔·韦尔南:《希腊思想的起源》，秦海鹰译，生活·读书·新知三联书店1996版，第38页。

的讨论之后,才能做出决定;他们只有在确信或以为已确信后才会行动"①。演说发挥着政治信息对称、信息民主化的作用。"民主过程有项基本的标准,那就是充分的知情:在合理的时间范围内,所有成员(公民)都应该具有同等的、有效的机会,以了解各种相关的替代政策及其可能的结果。"②或言之,"使公民有机会对政治事务获得充分的知情,这既是民主定义本身的一部分内容,又是民主的一个前提条件"③。政治信息对称、信息民主化是整个民主赖以建立的基础。在资讯和媒体不发达的古代必须借助于演说,以口头说服为特征的演说在形式上与现代媒体政治不同,但精神实质是一样的。演说是古希腊人创造的人类最早的信息对称和信息交流的形式,"体现了早期口述社会传承文化的特征和教育的表现形式"④。正是这种演说和辩论保证了政治信息对称和信息民主化、社会化,它是一个供人交流的论坛,交由公众辨别真伪。而专制国家一般强调的是对民众"刑不可知则威不可测"。即,与公开化相对立的是保密,是神秘。马克思把缺乏公开化的国家机器斥之为官僚主义机构,他说:"官僚机构的普遍精神是秘密,是神秘。保守这种秘密在官僚界内部靠的是等级组织,对于外界则靠它那种闭关自守的社会性质。因此,公开的国家精神及国家的意图,对官僚机构来说就等于出卖它的秘密。"⑤

另外,希腊城邦制度的基础在于公民直接参与管理城邦事务,演说是雅典民主政治生活中极为常见的现象,是实现民主的重要途径。演讲学的兴盛是民主政治的一种内在需要,并且在民主政治生活中具有重要的作用。民主制度下的公众演讲修辞秩序或者说传播秩序,更有助于社会的发展,因为它能赋予公众更加充分的参与公共事务决策的权利,能更加充分地表达公共意志。通过公开的理性交流,学会以和平、理智的方式,来协调我们的不同。人们通过民主参与,赋予国家城邦合法性;通过参与诉讼,使司法获得公正。民主治理机制包括选举、参与、协商、合作、决策。定义民主最简单的办法就是看人们是否拥有表达的权利。"如果你在国家的统治中被剥夺了平等的发言机会,那

---

① 菲斯泰尔·德·古朗士:《古代城市:希腊罗马宗教、法律及制度研究》,吴晓群译,上海人民出版社 2012 年版,第 347 页。
② 罗伯特·达尔:《论民主》,李风华译,中国人民大学出版社 2012 年版,第 193 页。
③ 罗伯特·达尔:《论民主》,李风华译,中国人民大学出版社 2012 年版,第 86 页。
④ 蒋保:《演说术与雅典民主政治》,《历史研究》2006 年第 6 期。
⑤ 《马克思恩格斯全集》第 1 卷,人民出版社 1956 年版,第 302 页。

么,与那些有发言机会的人相比,非常有可能你的利益无法受到同样的重视。如果你不能发言,谁来替你发言? 如果你自己不能捍卫自己的利益,谁来捍卫你的利益? 问题还不仅是你个人的利益,如果你所在的团体恰好全部都被排除了参与机会,那么,你们团体的基本利益怎么得到保护?"①雅典民主政治是一种直接民主。在这种制度下,普通公民是通过对公民大会和公民法庭等国家机关的直接参与,实现其对城邦的治理。演说术在雅典民主时代特别发达,因为它在那时的政治上很实用,最重要的两点是在法庭里,两造曲直所由分,全得需要辩论;其次是在议会里,一场演说若能抓得人心,将立即大见成功。参会的每一位公民都有机会在公民大会中登台发言。在公民大会上,公民对相关提议的表决是在他们亲自聆听演说者的发言和辩论之后当场进行的,这就是伯里克利所谓的"适当讨论"。同样,在公民法庭上,陪审员对案件的审判也是在当事人双方陈述和辩论之后当场投票表决。希腊的审判机关多系公民直接选举一定的代表组成,如古希腊的"赫里埃"法院,公民轮番充任审判员,每次开庭审判员竟达 6000 人。还有"贝壳放逐法"的司法方式,全城邦公民以集体表决的方式决定被告的罪与罚,这是一种重大国事案的"全民共审"制。显见,在以"民主"为特征的古代希腊城邦社会,在各种公共机构或场合中发表演说表达自己的意愿是公民参与城邦公共生活的重要的方式和手段,特别是在公民大会立法活动和法庭辩论中通过演说准确表达自己的观点更是尤为重要,而要使自己演说的内容、观点被听众所认可、接受、采纳,掌握熟练的演说技能就显得十分必要。

作为不争事实,演说在雅典民主政治生活中有着重要作用,并且作为一种技艺和教育获得巨大发展。对于雅典的政治领袖和那些准备成为政治领袖的公民而言,若想在政治生活中发挥作用,或者在诉讼案件中战胜对手,掌握运用语言说服的技艺即演说术就显得特别重要。雅典民主政治中,"政治领袖"通常是指公认的经常在公民大会上发表演说、提出建议的人和在公诉案件中与对手竞争的人。不过,面对如此众多而且大多陌生的民众,在很短的时间内,演说者若想使得自己的提议赢得民众的认可,在公民大会上通过,那么他们理应掌握演说的技艺,懂得如何说服台下的民众赞同自己而不是他

---

① 罗伯特·达尔:《论民主》,李风华译,中国人民大学出版社 2012 年版,第 84 页。

人的提议和观点。由于所有的问题都要在半天或一天之内作出决议，演说者根本没有犹豫的时间，面对数千听众，演说必须清晰、简洁和吸引人。因此，演说能力和技巧是必须的，诚如古希腊的修辞学教师伊索克拉底所言，演说技艺的获得不仅需要天分，而且还要有后天的教育和实践。从古希腊智者的教育可以看出，他们传授演说的目的主要是培养政治领袖，他们大多是雅典的贵族或者富有者。事实上，不论民众是否渴望学习演说术，他们既负担不起智者教育那昂贵的学费，也不可能有更多的闲暇时间去锻炼和学习这门技艺。作为运用语言进行说服的政治，一种公民在政治生活中战胜对手的手段或者方法，就需要有专门的教育和训练。可以说，智者的出现正是迎合了希腊社会尤其是雅典民主政治生活的这一需求。他们开始在某种程度上集中关注演说的技巧和语言交流的问题，并在雅典传授演说术。在西方，"修辞"可以追溯到公元前5世纪的古希腊。在古希腊时期，修辞学成为显学，涌现了许多修辞学家和修辞学教师，比如柏拉图、亚里士多德等。古希腊的修辞学研究主要以演讲术和论辩术为主，以说服的方法为主。当时对修辞的界定也是以此为出发点，比如亚里士多德就认为修辞术是"一种能在任何一个问题上找出可能的说服方式的功能"。古希腊哲学家亚里士多德特别强调辩证法同修辞学的关系，他认为两者是互相配合、相辅相成的。古希腊善于演说者常常把人格、听众和逻辑这三者融合在一起。这都是在说服他人时娴熟地运用了修辞技法。

在公元前5—4世纪的雅典，就出现了一个特殊的演说家群体，即著名的"阿提卡演说家"（Attic Orators）、智者（Sophistes）等，希腊文原意是指那些特别有智慧、特别有才能的大师，以教授修辞、论辩、诉讼技能为生的职业教师群体，这个教师群体也被称为"智者学派"。我们可以看到，智者们的部分精力都耗费在修辞演说的教学和研究活动之中。古典时代，随着"智者"的出现，他们承担了希腊富裕公民子弟的教育。他们的教育方式是苏格拉底式的，与学生进行谈话，而教育的内容，如前所述主要就是口头演说的技艺。在"智者学派"看来，必备的素质之一就是培养良好的口才，以便更恰当、更合理地向公众宣传扬自己的主张，从而达到说服人的目的。具有一副好嗓子和清楚的口齿，不仅能用演说的内容，也能用音乐般的言语去吸引听众。同时，还有一种气场，庄重自制的修养使其态度如此沉着，能在向全体公民演说时如同自己思考问题时一样安然自若。通过这样的练习，可以极大地提高学生的思辨能力并改善嗓音和增强肺部力量。嗓音洪亮对于演说家非常重要，因为他们进行演说的集议场非常嘈杂，除了有各种集会的声音干扰，还有市声的干扰。正是在智者学派的集体努力下，修辞学逐渐具备作为一个独立学科所必需的各种理论。当时的学者通过对演说技巧的研究，总结了语言材料的运用和常见的修辞格。到公元前 4 世纪，亚里士多德首创了系统的修辞学理论，他根据演说目的和演说对象的不同，将演说划分成议事类演说（政治演说，Deliberative Oratory）、庭辩类演说（诉讼演说，Forensic Oratory）、夸示类演说（典礼演说，Epideictic Oratory），三者的对象分别是公民大会、陪审法庭和节庆典礼。至此，希腊修辞演说学在理论上发展到最高峰。尽管在古典时代后期，"智者"成了一个贬义词，它与诡辩同义。却也从反面道出了智者们的一个主要的共同特征，即都是职业修辞术教师。他们的教授范围包括语法、修辞、辩论、诉讼、演说等科目，表达能力以及言谈举止等，也就是训练公民如何在公众面前说话，如何使自己的说话更富有条理和说服力。

　　上述因素也使得古希腊人普遍具有爱好辩论、重视语言表达的习惯。他们也在激烈的辩论中寻找快乐，就像我们今天从体育竞技中寻找乐趣一样。"公共生活为擅长说教宣传的人提供了良好的场所，在修辞、演说和辩论方面的素养乃成为实际需要。"①那些擅长修辞的演说家之间的辩论往往吸引大批的听众，他们有的来自遥远的村落，甚至从希腊以外赶来。普通公民主要是通过参与城邦的公共生活，如公民大会、公民法庭、狄奥尼索斯戏剧节或者奥林匹亚集会等，聆听政治领袖的演说来获得相关的教育和知识。的确，在雅典，从公元前 5 世纪后半期开始，除了专业教师"智者"的教育之外，雅典普通公民正是通过参加公共生活如公民大会、公民法庭、剧院、市政广场、军营等来获得非正式的教育。阿里斯托芬的喜剧《公民大会妇女》中的一段对话则间接地反映了这一现象，第一位妇女问普拉克萨戈拉：你是在哪儿学会如此健谈的本领？她回答道：当所有人都涌向雅典时，我和丈夫就坐在普奈克斯山上，在那里聆听演说。正如学者所描述的："人民则做得更好，他们安静地聆听，而非一群喧哗骚乱的人，人民的态度与喧哗相反。喜剧诗人对他们的描

---

① 梯利：《西方哲学史》，葛力译，商务印书馆 2015 年版，第 42 页。

写是：安静地坐在石凳上一动不动，张着嘴聆听演讲。史家及演说家们经常描写民众大会，从中我们很少看到一个演说家被打断的场景，无论是对伯里克利或是克里昂（Cleon），也无论是对埃斯基涅斯或是德谟斯提尼，人民都很有耐心。无论演讲者是奉承他们还是责备他们，他们都听着。他们允许最相反的意见都得以表达，这是一种可赞美的耐心。他们从不大喊大叫，无论演讲家说什么，他都总是能说完他想说的话。”①在雅典民众看来，“公民教育，需要的不仅是正规的学校，还要有公共的讨论、协商、辩论、争鸣，需要能够方便地获得可靠的信息，以及一个自由社会拥有的其他制度”②。而通过演说和交流，我们教育愚者，赞誉智者。通过演说和交流，铸造了良好的表达能力和辨别与判断是非的能力。演说和交流不仅是强化语言表现力和打动听众的手段，而且也可用来揭露事实，使它们对于选民来讲变得更加有趣并且增进知识。对此，“雅典人如修昔底德所说的不相信言语能够妨害行动。相反，他们认为言语有启发行动的作用”③。

　　显见，演说术起源于古希腊，是古希腊城邦民主政治的产物和表现形式。它是在实际生活中与人论辩、说服别人的过程中产生的，并且演说术在希腊文化和民主政治中占有重要的地位。民主制城邦，政治讨论有相对的自由。特别是在伯里克利时期，雅典城市的政治生活是开放、自由而公开的。公元前5世纪古希腊建立了一个相对民主、开放的社会，人们获得了在公共政策制定、利益分配、司法诉讼等方面的言论自由权利。人们通过公共演说影响、改变决策群体的观念，达成共识，促成公共政策的产生和发展。于是，一门以演说、论辩技巧为研究对象的学科——修辞学诞生了。这说明演说修辞学的建立是以民主制度为前提的。如果没有民主制度，公民就不会被赋予充分的言论自由权利，也就没有发表演说的可能。尽管也有这样的事实：苏格拉底因其政见不同而被处死；阿那克萨哥拉和普罗泰哥拉两位哲学家被迫离开本国。但是，雅典城市的宽容和自由的文化环境，“比之大多数其他国家，不论在古代还是近

---

① 菲斯泰尔·德·古朗士：《古代城市：希腊罗马宗教、法律及制度研究》，吴晓群译，上海人民出版社 2012 年版，第 347 页。

② 罗伯特·达尔：《论民主》，李风华译，中国人民大学出版社 2012 年版，第 86 页。

③ 菲斯泰尔·德·古朗士：《古代城市：希腊罗马宗教、法律及制度研究》，吴晓群译，上海人民出版社 2012 年版，第 347 页。

代的国家,都要好些"①。而希腊演讲术的衰落又是与民主制的衰落相伴的。公元前 322 年,希腊中南部城邦完全屈服于马其顿人之后,演说家活动的最重要的基础——民主制度——不复存在,导致政治类、诉讼类演说逐渐衰落,并被极度矫揉造作和夸张的"亚细亚风格"(Asianism)演说所替代。② 也就是说,"希腊的民主制衰亡了;……有益于哲学的论辩习俗也最终衰亡了。辞藻华丽的公共演说与论辩与(适度的)理性说服转向了谄媚、颂扬与炫耀"③。

(六) 民主政治机制下的法律原则变化

由于民主化的影响,已能清楚地看出希腊的梭伦法典和罗马的《十二铜表法》与远古法律相去甚远,在某种程度上已完全不同。《十二铜表法》是罗马的十人立法委员会照抄雅典法律而制定的,两部法典制定的时间相同,也同是社会革命的结果。我们可以看出,它们与城市变革相适应,是民主政治机制下的产物。

1. 人定性和可变性原则的确立

人为立法观念不可能存在于古典西方的早期社会之中。古代法律也不是始于人们的投票选举。以一定数量的选票便能产生一部由人制定的法律,那是古典城市民主化以后的事情。"古时,人们以为法律是某种很古老且神圣不可改变的东西。"④古代法律的起源十分明了,并不是人所创立的。梭伦、来库古、米诺斯和努玛都曾将他们城市的法律写下来,但法律并不是由他们而创。《德拉古法典》的第 1 条是:人应敬国家诸神及英雄,每年祭祀他们,不能背离祖先所制定的仪式。这部法典也表明,它只不过是对古代法律的重复而已,它保留了古代未成文法的严厉和不可更改的特征。尽管如此,但在梭伦法典那

---

① 爱德华·麦克诺尔·伯恩斯、菲利普·李·拉尔夫:《世界文明史》第 1 卷,罗经国、陈筠等译,商务印书馆 1987 年版,第 258 页。

② 亚细亚风格演说以夸张、繁复为特征,渐渐失去实用性,阿提卡演说家的阿提卡风格(Atticism),以简朴、实用为特征,两者的区别主要在于风格及应用性的不同。See F. B. Jevons, *A History of Greek Literature*, Charles Griffin and Company, 1889, pp. 461 - 463.

③ 特伦斯·欧文:《古典思想》,覃方明译,辽宁教育出版社 1998 年版,第 134 页。

④ 菲斯泰尔·德·古朗士:《古代城市:希腊罗马宗教、法律及制度研究》,吴晓群译,上海人民出版社 2012 年版,第 216 页。

里,法律已经具有人定性和可变性了。"梭伦的一句话能够很好地体现新制度的特点。有人问梭伦,他是否为他的国家制定了最好的宪法。他回答说,'没有,但却是最适合的。'对于政体形式,法律只是要求较好的,这也是一种相当新颖的观念。古代制度建基于祭祀原则之上,自称是永不犯错不可改变的,与宗教的严厉及不变相一致。梭伦以其回答表明,未来的政治体制需符合当时的需要、风俗和每个时代人们的利益。不再有绝对的真理,政府原则也是可变化的。据说,梭伦希望他的法典至多可以遵行一百年。"①更为重要的变化是在这些法律条文之中,法律的本质及其基础也与以前不一样了。"原先,法律是一种宗教性的决定,它是诸神对祖先、神圣的建城者、圣王及祭司官的启示。而在新法令中,与之相反,立法者不再以神的名义说话。罗马的十人立法机关委员会的立法权来自人民。人民也授权梭伦立法。因此,立法者不再是代表着宗教传统,而是代表着人民的意愿。从此,法律以人信的利益为原则,以大多数的意见为基础。"②由此产生了两种结果,一种结果是法律不再是一种不可变动、不可讨论的内容,它成了一项人类需要的产物,当然是可以改变的。《十二铜表法》中说,人民对于最新情况的投票就是法律。这部法典现存的文字中没有比这句话更重要的了,或者说没有比这句话更能体现出法律中所发生的革命了。法律不再是一种神圣的传统——习俗(mos),而只是一种文本——法(lex),是根据人的意志所建立的,也可随人的意志而改变。另一种结果是,以前,法律是宗教的一部分,是神圣家庭的祖产,而今它是全体公民的共同财产,平民也能够在法庭上为自己申辩了。总之,人们已经开始强调法律的人定性和人本性。"这些观念在亚里士多德那里更为明显。他说,'法律就是理性。'他教导人们,不必寻找什么是符合祖先习俗的,而要找寻什么东西本身就是好的。"③这里强调的是人有立法的能力,因此法律是人立法的结果。对此,哈耶克曾深刻地指出:"立法的发明,很可能是人类曾有过的成就中影响最为深远的一种成就——比火的使用、文字和火药的发明所具有的影响更为深远,因为在所有这些成就中,

---

① 菲斯泰尔·德·古朗士:《古代城市:希腊罗马宗教、法律及制度研究》,吴晓群译,上海人民出版社 2012 年版,第 335 页。
② 同上书,第 326 页。
③ 同上书,第 372 页。

是立法最大限度地将人类的命运交到了人类自己的手中。"①

2. 公开性与平等性原则的确立

民主政治下的法律与远古法律相比,已有很大变化。"首先和最显著的是,法律已公开化了,为大众所知。它不再是从前神圣而神秘的神曲,只能为人们虔诚而恭敬地诵读,只能由祭司来书写,其内容也只能为那些宗教世家所知晓。法律曾被保留在仪式及祭司书中,而今它已失去了其宗教的神秘性,成为人人都可以读和说的一种语言了。"②并且,为了民主秩序的发展,法律开始以同意的方式产生和发展出来。这种法律,"在雅典是形成于伯罗奔尼撒战争之前,甚至是克勒斯塞涅斯改革之前;⋯⋯千真万确,在克勒斯塞涅斯时代,这个法律概念已从强加的秩序观念转为建立在同意基础之上的规则观念了"③。此时,法律不再是上级政府对百姓发布的命令。相反,"政府本身也服从法律,法律是城邦的生命,受到全体自由公民的自愿支持。从这种意义上说,城邦是一个自由人的共同体。从集体意义上说,其公民是没有主人的。他们自己统治自己,只服从一些生活中的规章"④。我们注意到,梭伦法典和《十二铜表法》中最具特色的是它们平等适用于全体人民,不分贵族、自由民和塞特。梭伦在他的诗中自夸其法典对贵族平民一视同仁,远古法律规定只有长子有继承权,梭伦法典改变了这一条令,正式规定众兄弟可共享祖产。

3. 个人性原则的确立

尊重个体性的一个重要表现是人们可以用立遗嘱的方式转移遗产。梭伦将一种全新的东西引入了雅典法律之中——遗嘱。"在他之前,财产必须由最近的男系亲属继承,若无男系亲属则归氏族所有。因为古人不以为财产是属于个人的,而是归家庭所有。但在梭伦的时代,人们对于财产权有了另一种观念。古代氏族的分裂使得每块土地都成为了个人的财产。因此,立法者允许人们分割其财产,并自行选定继承人。取消氏族对其成员财产权的控制,而保

---

① 弗里德利希·冯·哈耶克:《自由秩序原理》,邓正来译,生活·读书·新知三联书店 1997 年版,第 77 页。

② 菲斯泰尔·德·古朗士:《古代城市:希腊罗马宗教、法律及制度研究》,吴晓群译,上海人民出版社 2012 年版,第 326 页。

③ R. M. 昂格尔:《现代社会中的法律》,吴玉章、周汉华译,译林出版社 2001 年版,第 120 页。

④ 霍布豪斯:《自由主义》,朱曾汶译,商务印书馆 1996 年版,第 3 页。

留家庭自然的权利,即儿子是当然的继承人。若只有一女者,可选他人为继承人,而此人必须娶其女为妻。无子者可随意立遗嘱。"①事实上,"梭伦本人也只是允许那些无子的人立遗嘱,只是在伯罗奔尼撒战争后才允许立遗嘱"②。这最后的一条在雅典法律中绝对是全新的,我们可以看出当时涌现出了多少与家庭有关的新观念。先前的古代雅典法律允许父亲买卖或杀死其子,梭伦按照新风俗对这种权力加以限制。雅典新法律允许儿子达到一定年纪时即可摆脱父权的控制,同时也规定,儿子有赡养年老或残疾父亲的义务。由此可知,儿子可能有私产,当然也就脱离了父亲的权威。该法典的另一项创新是,以前,德拉古法典只允许被害人的家庭控告凶手,梭伦将此权利授予了每一个公民。我们也可以看到,《十二铜表法》也将这些古老的原则抛在一旁,而将财产视作个人所有,不归氏族所有。因此,承认人人都有权以个人意志来支配其遗产。先前,一个人可以选择一个氏族之外的人作为其遗产的继承人,只要为库里亚大会所批准即可。而新法则以一种更方便的方式取代了这种麻烦的规定,即假买卖的形式。立遗嘱者假装将其财产卖给他所选定的继承人,实际上他就立了一份遗嘱,而无须再经由人民大会讨论。这些规定都是与城市化的新需要相适应的,因为与血缘家族共同体时的法律原则相比,"城市所制定的财产权与继承权必是基于不同的原则之上的,因为如前所述,地不能卖,产不能分,这对于城市而言并无好处。允许父亲卖田杀子的法律在希腊罗马都曾有过,但这绝不是由城所立的法。城只会对为你者如是说,'你妻儿的生命及自由皆非你所有,我会保护他们,甚至由此而与你作对;如果他们犯法,你也无权审判或杀死他们,应该由我来作主'"。当然,立法者也并没有完全远离古法,没有将姐妹也纳入遗产的继承之中来,法典规定,"分产只限于儿子"。③

　　民主制及其下的法律制度成型,标志着在古典西方一种新的社会和文明的形成,这是一个创新的社会,而不再是一个守旧的社会。古法已消失,而代之以奇异的新法,致富成为人们唯一的欲望,因为财富能产生力量。贵族男子与富裕的平民之女也开始通婚,"婚姻使各阶层混杂在一起了。特奥格尼斯出

① 菲斯泰尔·德·古朗士:《古代城市:希腊罗马宗教、法律及制度研究》,吴晓群译,上海人民出版社 2012 年版,第 332 页。
② 同上书,第 108 页。
③ 同上书,第 331 页。

生贵族家庭,他徒劳地想要抵制这一切的发生。在特奥格尼斯之后,贵族不过
是一种回忆罢了。大家庭仍然虔诚地保留其家内祭祀和有关其祖先的回忆,
但也就仅存这一点点东西了。仍有人以念其祖先为荣,但这种人却被人们所
嘲笑。他们仍保有在坟墓上刻写是某某贵族之后的习惯,但并不是想要重建
这已衰落的制度"[1]。

第四节　希腊的口语文化民主及其局限

一、希腊的口语文化民主

希腊在缺乏交通和书面文化技术的条件下[2],只能采取直接式、广场式的
直接民主。而直接民主也只能在地域有限、人口不多、集会方便、居民彼此熟
悉的蕞尔小国中才有望建立。在"公民—城邦"的结构中,公民的规模不能太
大。一方面,完全可以想象,一旦公民规模太大,则公民即无法成为公民,城邦
与公民不再构成同构的关系,城邦将成为寡头统治的城邦,不再是公民的城
邦。另一方面,无论是希腊人、拉丁人,甚至是罗马人在很长一个时期里都未
想过几个城市可以在平等的基础上联合在一起,共处于同一个政府及其管理
之下。的确,曾经有过种种联盟或短暂的联合,那是出于某种利害关系的考
虑。而对于公民大会式的民主,什么规模最适合,"根据晚近学者的估计,一个
希腊城邦,成年男性公民的人数一般在 2000—10 000 之间,一些希腊政治思想

---

[1]　菲斯泰尔·德·古朗士:《古代城市:希腊罗马宗教、法律及制度研究》,吴晓群译,上海人民
出版社 2012 年版,第 301 页。

[2]　世界古代各文明发展初期,由于文字和书写工具的缺乏,或者文字不完善以及识字人数过少
等种种原因,基本都存在着一种"口语传统"(Oral Tradition)。"古希腊社会依赖于口语表
达。"G. A. Kennedy, *Art of Persuasion*, Princeton University Press, 1963, p. 3. 威廉·哈
里斯(William Harris)认为即使是在公元前 5 世纪下半期处于文化繁荣的雅典,识字的人数
也不会超过阿提卡总人口的百分之十,其他城邦的比率可能更低。参见 Lan Worthington,
Persuasion: Greek Rhetoric in Action, London and New York, 1994, p. 5.

家认为,一个良好的城邦或者说一个自治的城邦,就应该是这个数字"①。在代议制民主被发明出来之前,公民规模如果超出一定限度,其解决方式或许只有两种,一为分家(如雅典殖民可以被视为公民规模超出一定限度后的解决方案之一),"在公元前 450 年,雅典民主达到顶峰的时候,人数大约在 60 000 人左右。'结果就是',一个学者写到,'公民人数太多,使得雅典作为一个城邦无法正常运转'。一个世纪以后,由于人口迁出,战争和疾病造成的死亡,以及对公民资格增加了限制,人数可能减少了一半,但还是显得太多,公民大会只能容纳男性公民的一小部分,多了它就无法承受了"②。一为政体变革,实质上取消民主制(如雅典后期的强有力的僭主以及罗马从共和向帝制的转变)。

二、 希腊口语文化民主的局限

(一) 规模太小

尽管一般说来,早期的国家都是小国寡民式的,但存在时间都不会太长,因为国家结构的发展趋势是变得更大。雅典的衰落自然可以分析出许多原因,这些原因大多与前述"公民—城邦"架构的结构性缺陷有关。规模是一个非常重要的因素,"公民—城邦"的结构难以在更大的公民人数规模上维持③,因此难以对抗拥有更多人口、资源的政治体,尤其是那些大国乃至帝国。

(二) 民主建立在集体原则上,而无个体可言

在古希腊,"在民主政体的国家中,公民的负担是很重的,几乎足以占据其整个一生的时间,而为其个人事务和家庭生活留下的时间则很少。因此,亚里士多德说得非常正确,他说,为了生计而不得不劳作的人是不能做一个公民

① 罗伯特·达尔:《论民主》,李风华译,中国人民大学出版社 2012 年版,第 115 页。
② 同上。
③ 亚里士多德曾经提出,一个城邦的公民人数最好不要超过 1 万人。柏拉图在《理想国》和《法律篇》中将理想国家的公民人数进行了更为精确的推算,分别得出 1000 人和 5040 人的结论。

的。这就是民主政治的要求。公民如同我们今天的公务员一样,必须将其一切全部献给国家。战时献出鲜血,平时献出时间。他不能为了个人事务而随意地置公务于不顾,相反,为了致力于城市的福祉,他应该不顾自己的私事。人们的一生皆为管理他们自己而度过。民主政体只有通过全体公民的不懈努力才能维持下去。其热情减少,国家便会被削弱或衰落下去"①。并且,国家不允许任何人关注个人利益和个人自由,"建立在这种原则之上的社会是不存在个人自由的。公民在一切事情上都绝对服从城市,而无任何保留。公民的身体和灵魂是属于城市的"②。也就是说,"在雅典,一个人会因其无视公民义务,缺乏爱国心即不爱国而被控告。一旦与国家利益相冲突,个人的生命便无以保障"③。因此,"以为古代城市中的人们是自由的这种想法实在是大错特错的。实际上,他们甚至从未有过此想法。他们不相信存在任何权利可以反对城市及其诸神"④。事实上,古朗士和贡斯当一样,认为古代希腊并没有对个人自由的尊重,个人自由仍是近代的产物。

(三) 民主只有集体而无个人的消极影响

首先,多数人暴政对个人财产和生命的危害是巨大的。由前面所知,希腊人的城市,都有极大的权威,而无自由可言,在国家意志之下无个人权利。"故大多数人的投票可以通过将富人财产充公的条令,希腊人并不认为这是不合法或不公正的。国家认为是对的,那就是对的。个人自由的缺乏是希腊不幸与混乱的根源。而罗马比较尊重人权,因此受苦也较少些。"⑤再加上希腊民主运行成本昂贵,是以大量金钱和时间投入为代价的,往往通过掠夺财富的方式弥补民主政治需要,个人权利尤其是财产权利就更加难保了。由于雅典宪制要求公民致力于公务,用毕生时间实现自我统治,因而患有明显的"政治肥大症",导致国家机构臃肿,职位繁多。据亚里士多德估计:"每年六个雅典公民

---

① 菲斯泰尔·德·古朗士:《古代城市:希腊罗马宗教、法律及制度研究》,吴晓群译,上海人民出版社 2012 年版,第 350 页。
② 同上书,第 247 页。
③ 同上书,第 250 页。
④ 同上。
⑤ 同上书,第 353 页。

中就有一人可能担任某种官职。"①这意味着一半的公民常年脱离生产,以政治为业,成为"以开会和表决为生的政治寄生虫"②。萨托利指出,由于雅典的民主宪制把全体公民都深深拖入政治过程,造成了政治与经济发展之间的深度失衡。"政治肥大症造成了经济萎缩症:民主愈趋完美,公民愈趋贫穷。因此导致了用政治手段解决经济问题的恶性循环:为了弥补财富生产之不足,就不得不去没收财富。于是看起来这种古代民主制注定了要毁于富人与穷人之间的阶级斗争,因为它在损害经济人时造就了一批政治动物。"③另外,此时人们对于财富最常见的情感不是尊敬而是羡慕。"在早期,人们尊重产权,因为它创自于宗教信仰。当每家的世袭财产与祭祀相连,不能与家神分离时,无人会想到剥夺他人的田产。但当革命发生后,那些古老的信仰被废除,产权的宗教消失了。财富不再是神圣不可侵犯的。它不再是诸神的礼物,而是因为机会,偶然所得。于是,剥夺他人财产的欲望便出现了,以前有这种欲望是渎神的,而今则变得合理了。人们不再将产权视为最高原则。人人都只想到自己的需要,权利的大小也以财富的多少来衡量。"④

在这一时期的希腊史中,我们看到,凡有内战,必是富人在一边,穷人站在另一边。穷人想要夺取财产,富人则想保住财产或再次夺回财产。"古代上层阶级不够聪明,也不够能干,无法将穷人的注意力转向劳作,从而使他们合理地摆脱贫穷与堕落。一些仁慈的人曾试图这样做,但他们都没有成功。因此,各城总是处于两种革命之间,一种革命是要剥夺富人,而另一种革命则是富人想要夺回他们的财产。这两种革命从伯罗奔尼撒一直持续到希腊被罗马人征服为止。"⑤每个城市中,富人与穷人都是共处一城的敌人。一方贪求财富,而另一方则看护着他们被他人所贪求的财富。无法说这两大党派中谁更残忍,谁的罪过更大,他们彼此心中的贪欲消磨了仁慈的情感。一般说来,希腊和意大利各城的僭主都出自民众派,而将贵族视作敌人,几乎无一例外的都是如此。僭主总是打击富人,他们发现,他们必须将土地或钱财分给穷人,只有当

---

① 顾准:《顾准文集》,贵州人民出版社 1994 年版,第 215 页。

② 浦兴祖、洪涛:《西方政治学说史》,复旦大学出版社 1999 年版,第 34 页。

③ 乔·萨托利:《民主新论》,冯克利、阎克文译,东方出版社 1998 年版,第 285 页。

④ 菲斯泰尔·德·古朗士:《古代城市:希腊罗马宗教、法律及制度研究》,吴晓群译,上海人民出版社 2012 年版,第 353 页。

⑤ 同上书,第 354 页。

他们满足了群众的渴望、迎合群众的热情时，才能维持其政权。与希腊各城中的僭主一样，他成了穷人反富人的首领，凡那些财富多于其他人的人都被他放逐或处以死刑，他所做的首件事情就是将富人的财产充公、废除债务、分田地。"除了两三个受尊敬的以外，公元前 4 到 3 世纪，希腊各城的僭主都只能以迎合群众中的恶人，摧毁所有因出生、财富或功勋而成为高等级的人，方能执政。他们的权力无限。希腊人才明白凡不尊重个人权利的共和政府就会变成一种暴政。古人赋予国家如此之大的权力，一旦有一天，僭主将此无上的权力抓在手中，人们就不再有任何保障，僭主就会成为人们生活和财产的主人。"①

此后，在希腊，每次内战，就是一场财产变动。第一个民众领袖都如西阿斯的莫尔帕戈拉斯一样将有钱人交给群众，处死一些，流放一些，将其财产在穷人中瓜分。在麦撒纳，民众一掌权就将富人流放，然后瓜分他们的土地。公元前 412 年，萨摩斯人民处死了两千个他们的敌人，流放了四百多人，分掉了他们的土地和房屋。亚里士多德说："在麦加拉如其他城市一样，大众夺取政权后，便将一些富有家庭的财产充公。而一旦走上此路便不可能停下来。每天都需要有一个新的牺牲者。最终，那些遭财产充公流放的富人数量不断扩大，足以组成一支军队了。"②

其次，多数人暴政对民主机制和立法造成了扭曲。起初，雅典"立法者的目的，是设计出一整套制度，满足所有社会成员的最低利益，以根除阶级冲突。类如斯巴达这样保守型的城邦，就是基于这一点，实现了政治安定"③。并且，"古希腊人在其历史鼎盛时期，也曾一度厌烦过下面的想法：法律就是由雅典公民大会之类的立法机构起草和颁布的法律"④。然而，"自从民主政制为物质利益所主宰后，它就变化堕落了"⑤。富人掌权，民主政制就成为激烈的少数人政治，而穷人专政则成为一种暴政。自公元前 5 世纪到公元前 2 世纪，希腊和意大利的所有城市，除罗马外，其共和政体都处于危险之中，每一派都为另一

---

① 菲斯泰尔·德·古朗士：《古代城市：希腊罗马宗教、法律及制度研究》，吴晓群译，上海人民出版社 2012 年版，第 356 页。

② 同上书，第 353 页。

③ 弗里德里希·沃特金斯：《西方政治传统：近代自由主义之发展》，黄辉、杨健译，吉林人民出版社 2011 年版，第 10 页。

④ 布鲁诺·莱奥尼等：《自由与法律》，秋风译，吉林人民出版社 2004 年版，第 80 页。

⑤ 菲斯泰尔·德·古朗士：《古代城市：希腊罗马宗教、法律及制度研究》，吴晓群译，上海人民出版社 2012 年版，第 356 页。

派所仇恨。"如今,城市已如柏拉图所说,只是人的聚集之处了,一派是主人,另一派是被奴役者。所谓的贵族政治便是富人当权,所谓的民主政治便是穷人执政。而实际上,真正的民主政制已不再存在。"[1]起初,"雅典深知民主之所以能够维持,只能靠人们对法律的尊重。对法律有益的改变只属于立法者的职责范围。他们的提议先送交议事会,议事会有权否决,但不能立即将其变成法令。若议事会赞成,便召集公民大会,将提案交公民大会讨论。而人民也不能马上决定,他们需将其讨论延长至另一天。同时,他们指定5位演说者,他们的使命就是保卫现存的法律,并指出新提议的不当之处。当人民再次聚集时,先听维护旧法的演说者陈述,然后再听支持新法的演说。听完了所有的演讲,人民还是不能决定。他们要推举一个委员会出来,其成员众多,且都是担任过法官的人。该委员会重新审查此事,聆听演说者再次陈述意见,讨论议案。若该委员会拒绝此提议,他们的决议便是不可更改的。他们若接受了这项提议,则再次召开公民大会,人们在这第三次公民大会上投票,以此来决定将此草案变为法令"[2]。并且,雅典也有预防演说家提议反对现存法律的措施。雅典有一种专门的官员,称作"法律的保护者",他们共有7人,坐在高高的地方监督集会的举行,如果他们发现法律遭到攻击,他们就会打断演说家的演讲,命令立即解散集会,人民散去,不能投票。虽然如此谨慎,但有时不公正或不明智的提议仍有可能被人们所接受,因此一项新法永远要以其作者的名字来命名,之后可以据此提起诉讼并惩罚提出此法案的人。公民大会作为真正的权力机构,被认为是不会犯错的,而每个演说者则必须为他所提出的意见负责,这就是民主政体所遵守的条例,但我们并不能由此就得出结论,以为他们从不会犯错。事实上,无论何种政体,总会有些时候是理智占上风,而有些日子里则是情感起主导作用。民主政体的问题是由无个人自由和权利的弊端造成的。"在雅典生活中某些政治更为动荡的时代,通过政令形式(psehismata)来立法的趋势占据主导地位。"[3]被一些政客利用,由公民的权力机关变成了政客们进行政治斗争的工具。"到公元五世纪末期,这些弊端所引发的失望,

---

[1] 菲斯泰尔·德·古朗士:《古代城市:希腊罗马宗教、法律及制度研究》,吴晓群译,上海人民出版社2012年版,第355页。

[2] 同上书,第348页。

[3] 莫诺·卡佩莱蒂:《比较法视野中的司法程序》,徐昕等译,清华大学出版社2005年版,第163页。

已经大大破坏了希腊法治思想的威信。……曾经被人尊为公共道德基础的法律,而今沦为阶级争斗的工具"①,而鲜能在较长时间内满足于任何既定的宪法安排。"在古代希腊,以神秘形式呈现的神圣暴力是立法,……所以降落到悲哀之神尼奥比头上的暴力来自于命运;因为没有任何一种先行的、高高在上的和超验的法律统治或者调节,这种命运只能是不确定和充满歧异的。"②

另外,雅典民主制的批评者通常都会提及公民们是如何轻易被收买的,例如有关伯里克利的记载通常会提到,伯里克利是如何通过看戏津贴、陪审费以及其他补助收买民心,如何用"最喜人的装饰""异常宏伟、外观优美得难以模拟"的一座座建筑、"用粗俗的娱乐哄孩子似的"哄着人民。③ 雅典民主制的批评者通常也认识到民主制将使得庸常之人享有高位,如阿里斯托芬在《骑士》中借得摩斯忒涅斯之口讽刺道:"如今一个有教养的人、一个正人君子不能够成为一个政治家,只有那无知的、卑鄙的人才能够呢。"④

再次,多数人暴政也容易扼杀少数人的创见。古希腊聚讼不休的"多数暴政"问题,其最典型的事件无疑是苏格拉底审判。苏格拉底审判之所以是一个问题,其根本在于对苏格拉底的审判是完全合乎雅典的民主政治的。按照雅典的民主法治原则,这里没有不公正,正是因为如此,苏格拉底审判才是一个问题。由于没有个人基本权利的限制和规范,民主政治会以城邦的名义施行专制。苏格拉底审判事件所展示的问题是民主的限度,即多数决定的适用范围究竟可以有多大、应该有多大,是否存在着多数决定也不得变更的领域。没有基本权利、宪制和司法的限制,这不仅无法调和阶级矛盾与斗争,反而会使其公开化、明朗化,客观上起到加剧阶级矛盾与斗争的负面作用。正因如此,雅典宪制后期代表不同阶级利益的党派纷争此起彼伏,接连不断,而党派纷争往往又给僭主篡权提供可乘之机,所以从公元前4世纪中叶起,雅典陷入了派系争斗和僭主专权相互交织的混乱之中,民主也随之逐步走向了衰落。当然,"这一衰落之中还有个次级但绝非不重要的原因,就是古希腊人无法发展出一

---

① 弗里德里希·沃特金斯:《西方政治传统:近代自由主义之发展》,黄辉、杨健译,吉林人民出版社2011年版,第11页。

② 雅克·德里达:《〈友爱的政治学〉及其他》,胡继华译,吉林人民出版社2011年版,第470页。

③ 参见普鲁塔克:《希腊罗马名人传》(上册),吉林出版集团2009年版,第470—476页。

④ 阿里斯托芬:《骑士》,罗念生译,载《罗念生全集(第4卷)阿里斯托芬喜剧六种》,上海人民出版社2007年版,第106页。

个职业法律等级。若一个社会是由受过职业训练的人进行立法和执法，即便面临变革，总能找到些专业标准，维持法律制度发展当中的继承问题。希腊政治生活的性质却是缺乏专业，故而也便缺乏这种资源。公民大会进行审议的过程当中，总是由普通公民提出议案、讨论议案，而不求教于专家，看这议案是否合乎现行法律体系"①。

雅典民主制也可以是实实在在的多数人专制，如弗格森所言："如果真有什么，那就是雅典法院中全体法官的专制，一种'完美的、纯粹的、已经升华了的、干干净净的'专制。"②民主旨在解决"由谁统治"的问题，重在实现积极自由；法治旨在解决"如何统治"的问题，重在保障消极自由。只有将二者有机结合起来，相互取长补短，才能组成理想的宪制，实现有效保障自由的目的。消极自由是积极自由的前提和底线，加之民主本是"一朵带刺的玫瑰"，潜在风险大，对民主的适用领域加以严格限制，是自由宪制的内在要求，然而，这些在希腊是没有的。也如一些学者所言："倘若统治阶级能够建立修昔底德所谓的'具有自由的寡头政体'即少数人执政、全体人民自由的政体，或许就能避免民主的到来。但希腊人对于自由的观念不甚了然，在他们中间，个人自由从来都没有任何保障。……希腊人从不知如何使民权与政治权利一致。穷人要保护其私人利益不受损害，就需要拥有投票权，能做法官、能被选为官员。我们若忆及希腊人的国家是绝对权威的，个人权利无法与之对抗，就会明白每个人，即使是最贱的人，其最大的利益就是拥有政治权利，即成为政权中的一部分。公共权力是一种无上的权力，一个人只有成为这个政权中的一分子，才能有价值。他的安全与尊严全赖于此。"③

可以说，雅典民主的不足与缺陷是时代条件所造成的，具有某种不可避免性，但它的历史功绩是无法被否定的。古代城邦微小的规模意味着，作为民主的有效模式，它的民主模式具有明显的局限性。"但即使有这些缺欠，与古代世界盛行的其他休制（不是君主制就是各种各样的寡头政治）相比较，雅典民

① 弗里德里希·沃特金斯：《西方政治传统：近代自由主义之发展》，黄辉、杨健译，吉林人民出版社 2011 年版，第 10 页。
② 转引自约翰·H. 威格摩尔：《世界法系概览》，何勤华、李秀清等译，上海人民出版社 2004 年版，第 244 页。
③ 菲斯泰尔·德·古朗士：《古代城市：希腊罗马宗教、法律及制度研究》，吴晓群译，上海人民出版社 2012 年版，第 343 页。

主还是一种被认可的民主制。它也包括了那些在后来的民主思想中经久不衰的因素。"①雅典民主体现了雅典人民的历史首创精神和政治智慧,曾经对人类政治文明的发展产生过广泛影响,时至今日依然在历史的深处闪耀着耀眼的光芒。更重要的是,从一开始,对民主的接受就包含了对旧观念的抛弃,这种旧观念认为政治权力应该是君王位的世袭权力。民主传统的渊源可以追溯到古代希腊城邦国家,以雅典(Athens)最为著名。"古希腊城邦开创了新形式的政府,其影响反映在随后的全世界的民主参与式城市管治模式中。一定程度上作为开明的希腊文化的产物,政治权威开始居住在选举城市领导人的市民(尽管是男性市民)群体中。"②戈登也认为:"古代雅典可能是世界历史上第一个建立稳定、有效的民主政治的国家。"③

第五节　城市、文字文化与开放性的罗马

一、 城市化的罗马

作为不争之论,罗马的确把古典西方的城市化水平推进到了一个新高度,"在某种意义上,罗马化成为城市化进程的同义词"④。事实上,"在其鼎盛时期,这个最伟大的城市帝国统治着从不列颠到美索不达米亚的广大地区,所包括的人口近 5000 万"⑤。并且,"在彼特罗努斯生活的时候,罗马已经发展到了直到现代社会才会再次出现的规模——一个庞大、不断蔓延的都市:闹市、酒肆、神庙、拥挤的房屋以及贵族的府邸充斥其间。彼特罗努斯笔下的罗马让我们仿若穿越了时空隧道,接近了现在的纽约、东京、伦敦、洛杉矶、上海或是墨

---

① 夏皮罗:《政治的道德基础》,姚建华、宋国友译,上海三联书店 2006 年版,第 227 页。
② 保罗·诺克斯、琳达·迈克卡西:《城市化》,顾朝林等译,科学出版社 2009 年版,第 36 页。
③ 斯科特·戈登:《控制国家——西方宪政的历史》,应奇等译,江苏人民出版社 2001 年版,第 82 页。
④ 乔尔·科特金:《全球城市史》,王旭译,社会科学文献出版社 2010 年版,第 47 页。
⑤ 同上书,第 40 页。

西哥城。罗马的人口超过了 100 万,比早期像巴比伦这样的大城市人口多 2—3 倍"①。罗马实现了地中海世界的统一与整合,带来了政治、经济、社会、文化等领域的一系列重大结构性变迁。"第一个原因是信仰的转变,第二个原因是罗马的征服,这两大事件发生在同一时期内,都是在公元前的六个世纪中完成的。"②尤为需要强调的是,在各地乡土共同体原则衰弱之时,罗马征服变得容易了。经过一系列的革命后,乡土共同体原则及制度被削弱了,罗马所要做的就是抹去所剩下的乡土共同体原则及制度。

二、 罗马媒介基础由口语向文字的转变及影响

希腊人大约在公元前 11 世纪初接受了腓尼基的字母表,而后罗马也接受了这种字母表。古希腊社会是一个处于半岛之上,从事商业海运的社会。其后的罗马,更是一个简单商品生产高度发达的社会。古希腊和罗马以其海陆两路的便利交通,方便且成功地从周围各民族中吸取了她们在发展文字上的经验,尤其是腓尼基人创制文字的经验。地中海和海岸山脉之间的狭长地带,有一个当之无愧的天才商人民族,被称为腓尼基人。腓尼基城市主要是基于商业兴起的,"腓尼基的主要城市(如西顿或推罗)的人口从没有超过 4 万人——仅仅是巴比伦人口数量的一小部分,然而,他们所影响的范围无可辩驳地比此前任何一个文明都要广泛"③。尤为需要强调的是,"腓尼基人的最伟大的文化贡献——字母也是商业需要的结果。腓尼基的商人和工匠从美索不达米亚人和埃及人那里学来了书写等号,并把它作为记账和立法的工具。从公元前 1100 年左右开始,这些务实的城市居民发明了一种比古代象形符号更加简单和易于掌握的书写系统。这一书写系统成为以后希腊和拉丁字母的基础"④。我们知道,自然经济社会的口语教育主要是在家庭中完成的,而城市的文字文化教育则主要是在学校中完成的。"如果说语言标志着人从禽兽中分

---

① 乔尔·科特金:《全球城市史》,王旭译,社会科学文献出版社 2010 年版,第 38 页。
② 菲斯泰尔·德·古朗士:《古代城市:希腊罗马宗教、法律及制度研究》,吴晓群译,上海人民出版社 2012 年版,第 368 页。
③ 乔尔·科特金:《全球城市史》,王旭译,社会科学文献出版社 2010 年版,第 21 页。
④ 同上书,第 22 页。

离出来",那么"书写的发明及其改进成为一种实用的系统则应当可以被看做是引向完全的文明的一步","识字似乎是文明和原始社会之间一个根本的区别特征"。[①] 语言是小型社会交流的主要方式,而书写则是更大规模的社会生活的交流方式。"口头语言是最重要的文化技术。其技巧完全可以在家里的非正式场合下教授。几乎每一个人类部落都有口头语言。大多数个体都会在某一个年龄学习说话。书写则不是这样。……不像说话,阅读和写作的技术通常是在教室的环境中学到的。"[②]

字母文字是城市和商业的产物,商业易发展出一般性、抽象性思维方式。"实际上商业活动就是按照这些抽象概念进行的"[③]。口语早于文字已经存在,如果只用二十多个字母把口语记录下来,显然比画无数图画记录下来更快更经济。字母文字更容易学习,"字母书写是适合于大小商人需要的一种速记。商人阶级比其他人更多地推动了这种新技术的传播"[④]。字母文字是城市社会生活的产物,"排列的字母在城市中要比农村发展得快得多"[⑤]。在城市生活中,"书面词语是口头词语的进一步的抽象,发音的字母给予了它一种比表意符号和图画符号更大的抽象性。字母的使用因而包括了双倍的抽象水平……字母书写的影响可以通过关注下面的事实得以描述,那就是随着希腊文学从荷马发展到赫西俄德,再到前苏格拉底的哲学家,接着到柏拉图和亚里士多德,这当中表现出来的抽象的思想和语言的进展……在字母读写的影响下,希腊的作家创造出到今天仍然在使用的抽象思想的词汇,以及诸如肉体、物质、本质这些概念……诸如真理、美、正义和理智这些概念呈现出了新的意义,成为一种新的类型的话语的主体"[⑥]。

古希腊人带给人类的已不仅是思想或文化,而是一种科学思维模式。这

---

① 威廉·麦克高希:《世界文明史:观察世界的新视角》,董建中、王大庆译,新华出版社 2003 年版,第 346 页。

② 同上书,第 346 页。

③ A. N. 怀特海:《科学与近代世界》,何钦译,商务印书馆 1959 年版,第 194 页。

④ 威廉·麦克高希:《世界文明史:观察世界的新视角》,董建中、王大庆译,新华出版社 2003 年版,第 394 页。

⑤ 里夏德·范迪尔门:《欧洲近代生活:村庄与城市》,王亚平译,东方出版社 2004 年版,第 132—133 页。

⑥ 威廉·麦克高希:《世界文明史:观察世界的新视角》,董建中、王大庆译,新华出版社 2003 年版,第 443 页。

种思维模式的诞生起源于古希腊人字母系统,这就是希腊字母,它发展出了一种抽象的思维模式。先前,人类所有的成就最初都来自对事物的模仿、象形心理和象形思维,但模仿和象形思维对于人类来说,永远不能使人类成为创新的更进化的人类。在完全掌握概念认知的手段和数学符号之前,人类的理论进步就表现得相当的缓慢。在无文字或文字过于象形化的环境下,经验主义思维长期占据主导地位,思想和技术多是实用型的碎化体系,而没有形成推绎的、抽象型的逻辑严谨的理论体系。而理论活动是按照这些抽象概念进行的,"我们把科学定义为按照演绎逻辑进行思维"[①]。文明发展有个过程——首先要有文字,要有生活定居、财富积累、教育传播等这些适合知识创造和积累的外部条件,人类的心智活动才能有效地开展。当掌握到概念式思维的方法后,认知就可以令人类跳过经验尝试而直达解决问题的核心,最后人类的理论发展速度也就越来越快了。科学是技术之本,逻辑又是科学之本。不用为用,众用所基,演绎逻辑看似不实用,但一旦用起来,就成了所有实用技术与各种管理的坚实基础。以假设—演绎—检验方法来进行的思维—工作方式,是科学的内在属性,科学这种建立在演绎逻辑上的理性思维活动,其根源与凭借在于语言。思维复杂了而自然语言不敷用,那就得创造人工语言。迄今为止,科学的成功全依赖于有了演绎逻辑(以及实证检验),超越自在自发的、经验式的认知状态有赖于概念思维。抽象和量化心理或思维产生了现代科学,抽象和量化心理使人类简约表达事物成为可能,反映的是人类无法用眼睛直观到的事物内在规律。科学技术不是属于哪一个民族,哪一种文明的,它是全人类文化精华的产儿。但是,适合科学结构成长的条件却是随着文化不同而不同的。希腊的各项外部条件都好,使得"当时全人类所创造的科学精华在那里会聚",从而产生了科学。或言之,"只有西方才有那种特殊意义的城市。而且也只有西方才有现今这个词义上的科学。神学、哲学和对人生的最终问题的思考,都是中国人和印度人所理解的,也许比欧洲人理解得更加深刻些。但是合理的科学和与之有关的技术却依然是这两种文明所不能理解的"[②]。

对此,李约瑟在《中国科学技术史》中和盘托出中国史上科技发明的辉煌

①　朱晓农:《语言限制逻辑再限制科学:为什么中国产生不了科学?》,《华东师范大学学报》(哲学社会科学版)2015 年第 6 期。

②　马克斯·维贝尔:《世界经济通史》,姚曾廙译,上海译文出版社 1981 年版,第 264—265 页。

纪录,却无法解释"为何中国在科技发展上长期领先西方,而现代科学竟出现于西方而不是中国"这一"李约瑟难题"。尽管"科技"常常连用,但两者性质不同:科学是对自然万物运行原理的探讨,技术则是科学原理的应用或长期摸索的经验总结。中国四大发明是在象化思维所熟悉的领域内发展起来的技术,但从来就没有涉足量化思维的科学。印刷术起源于中国的隋唐时代,印刷术的发明与传统盛行的刻石与印章技术分不开。指南针、火药的发明更接近于发现,在发现后取象类比。当火药传到西方后,量化思维把火药作为了化学这一门科学分支的认知对象来进行研究。传统指南针的基本模型,后世也没有在这模型上做出任何技术突破。可见,造纸与火药一样,没有对材料和制作过程进行过量化认知。正如同中医学和烹调一样,这是一种经验上的成果。缺乏抽象和量化心理或思维,是阻碍东方发展现代科学的主因。"因为他们没有采用字母文字,中国人和她的邻居在第一种文明中停留了数千年。"①概念和抽象思维不足,确是问题的症结所在。最早的逻辑问题就是语言问题,逻辑分析和语法分析在早期文明中难以区分。"在语言、逻辑、科学、认识世界四者之间有蕴含关系,其中语言是最基本的。语言是逻辑的必要条件,逻辑是科学的必要条件。"②也就是说,特定的逻辑形式规定了特定的探究外在世界的思维方式。产生、运用演绎逻辑,要求的是语言句子和逻辑命题同构,也即语言是逻辑的必要条件。"逻辑是从文法中抽出来的,并不是文法是从逻辑中抽出来的。"③中国没有产生演绎逻辑的原因,从反面讲,在于汉语的抽象化不足。"那么,为什么现在的中国能够容纳逻辑和科学呢? 这实际上是一百年来我们把唐玄奘、徐光启的个体行为社会化了。汉语,至少是书面汉语的语法结构,在 20 世纪发生了巨大的欧化变化。在法律、新闻、商业、科技、哲学等需要严格表述的场合,S-P 已经成了唯一合法的句式。"④

从口语文化向文字文化的转变不仅是用文字交际来取代口语交际的问题,而更涉及与口语文化全然不同的社会结构,因此我们需要强调的正是伴随

---

① 威廉·麦克高希:《世界文明史:观察世界的新视角》,董建中、王大庆译,新华出版社 2003 年版,第 445 页。

② 朱晓农:《语言限制逻辑再限制科学:为什么中国产生不了科学?》,《华东师范大学学报》(哲学社会科学版)2015 年第 6 期。

③ 同上。

④ 同上。

文字文化使用的社会结构变革,而不是文字文化使用这一技术方面的事实。字母书写和学习容易,但由于希腊人字母书写的载体是黏土或石头,这在一定程度上阻碍了其文字文化发展,整体而言希腊还是一个口语社会。"希腊人——古希腊时期的也好,拜占廷时期的也好,都抓住许多古老的口头文化不放手,口头文化不信任行动和应用型知识。"①而罗马由于获得了莎草纸,从而使文字文化在罗马获得巨大发展。"字母表刻在黏土或石头上是一回事",字母表"书写在莎草纸上又是另一回事。由此而生的速度和空间的飞跃创造了罗马帝国"。② 换言之,通过莎草纸,罗马人在一定程度上建构起了文字文化,而罗马帝国在一定程度上也是这种文字文化技术的副产品。即,罗马帝国的形成与文字文化具有极大关系,罗马人在政治、公共秩序和军事上依赖文字文化。罗马拥有了西方历史上最大的版图,建立起一套真正统一欧洲地区的秩序。这与罗马将文字文化作为治理技术是分不开的。其一,"封闭社会是语言、部落鼓和听觉技术的产物",而"开放社会"是拼音文字文化的结果。③ 另外,"并非所有的文字都具备拼音文字那种使人非部落化的特别力量。自从拼音文字把语义从语音中抽象出来之后,自从语音被转换成了视觉编码之后,人就始终和使之发生转换的经验纠缠在一起。象形文字、会意文字或圣书文字,都不具备使人非部落化的力量。除了拼音文字之外,其他文字从来没有把人从相互储存和相互联系的受钳制的世界中解放出来"④。其二,务实的罗马人把书面文化用在政治与法律上,其中在法律方面对后世的影响尤为深远。文字文化首先使得个人之间在契约、所有权等方面的法律,即使在实践中尚未完全取代、却也已在理论上取代了人身依附关系。"公民们在财产、容貌、智力等方面各不相同,但作为公民他们都是平等的。"⑤

　　古代中国作为东方农业文明帝国,其象形、表意文字主要限于为政治统治服务,并与更大规模帝国的统治携手并进。也即,"书面语言与帝国政府的发

---

① 埃里克·麦克卢汉、弗兰克·秦格龙编:《麦克卢汉精粹》,何道宽译,南京大学出版社2000年版,第178页。

② 马歇尔·麦克卢汉:《理解媒介——论人的延伸》,何道宽译,商务印书馆2000年版,第185页。

③ 埃里克·麦克卢汉、弗兰克·秦格龙编:《麦克卢汉精粹》,何道宽译,南京大学出版社2000年版,第157页。

④ 同上书,第177页。

⑤ 肯尼斯·米诺格:《政治学》,龚人译,辽宁教育出版社1998年版,第10页。

展是相伴而生的。一旦政治统治者控制了数量众多和形形色色的人口,部落的习俗就不再能够满足维持社会化秩序的需要。君主需要通过成文法进行统治。他需要税收的记录。尽管难于掌握,表意文字还是具有提供一种共通的书面语言的优势,用于像中国这样的国家,那里有许多说不同方言的人民。来自于帝国各个部分的不能够听懂相互之间的语言的文人学士可以通过文字进行交流。中国人拥有一种共同的书面文化"①。但这种满足政治统治需要的象形、表意文字在某种程度上对民主法治的支撑作用有限。其一,成本较高,不容易普及。"表意书写对于大众教育来说太困难了。只有规模庞大的官僚机构能够负担得起对掌握这种技术的个人的训练。"②其二,这种表意文字"仅限于政治之内",与民众的日常生活和文化生活没有任何关联,"这种书写不会产生一个读书的大众。它的目的是保存知识,而不是交谈或娱乐"③。其三,这种表意文字所产生的政治知识垄断,在一定程度上也构成了权力易滑向专制的基础。对繁难字的垄断权,也是东方大规模官僚组织赖以存在的基础,而处于信息优势地位,而各级地方政府和媒介在行政上隶属于中央政府,复杂的汉字用毛笔书写,这种文字支撑的官僚行政体制,有其局限性,不大可能把口头传统和书面传统相联系。总之,"识字的人享有对写下来的知识的一种垄断,所以容易滋生一种书记员、祭司和皇家管理人员的手中的权力过度的积聚"④。

相对于象形文字,字母文字更具大众化和民主化意义。由于字母文字学习起来相对容易,所以字母文字的使用并不局限于专业的书记员和政治家,由此也使得"字母系统成为知识民主化的一种推动力"⑤。基于拉丁字母的罗马法的起源应该追溯到公元前5世纪完成的第一部成文法《十二铜表法》。公元前5世纪制定的《十二铜表法》是贵族和平民阶层斗争的产物,平民为公开的法律而斗争,他们使用的手段就是对法律的成文化制定。贵族为了平息民愤,曾经让平民选出五位保民官(后来增加到十个)作为他们的代言人,保障他们的利益,后来还把一些公有土地分予平民,但是这些贵族的妥协措施最终都不

---

① 威廉·麦克高希:《世界文明史:观察世界的新视角》,董建中、王大庆译,新华出版社2003年版,第356页。
② 同上书,第443页。
③ 同上书,第356页。
④ 同上。
⑤ 同上书,第357页。

能令平民满意。最终,贵族同意让那十位平民组成一个委员会负责起草法律,以条文方式完成并向整个社会公布,以后的一切司法程序与法律诉讼将以此为准绳。因为这些条文写在十二面铜牌上,所以称之为《十二铜表法》。成文化使得法律的内容变得确定、准确和可预期了,意味着罗马习惯法的市民化转变。"每当一种习惯法获得了成文法的地位并编纂进了法典,就说明某类诉讼难题需要更为细致的解决。如果习俗仍旧可以继续实施下去,而没有挑起任何争执和诘难,那么它就没有理由产生这种变化。"①编纂成文法的重要目的就是要确立一种更好的确定性和可预期性,因为习俗本身已经越来越受到人们的怀疑了。随着城邦的扩大,市民日益需要更完善的确定性和可预期性,祭司们垄断法解释的秘密状态不能满足这种新时代的要求。同时,由于部落结成城邦,市民之间的交往更频繁、范围更广阔,也要求更公开、更明确的法律调节。而每个部落、每个家庭都有自己的习惯法,不具备逻辑一致、体系融通的特征。进入共和国后,随着平民和贵族之间的矛盾得到缓解,成文的法律开始颁布和实行。成文法是"书写的理智"②。通过书面文化创建了一种独特的市民需要的法律。

　　"在人类的法律文化史上,正宗法律科学之发育肇始于罗马社会。"③或言之,"真正的法律科学既是在罗马社会诞生的,也是在罗马社会发达的。在受罗马法影响的地区,直到今天,人们都认为,对罗马法的研究不仅可以为现代法学家提供必要的字母元素,而且可以在法律思想上输出文法"④。要考察法律科学在罗马诞生的原因,就必须了解罗马文字。罗马法是这种专门的字母表技术的副产品,它甚至可以把法律技术提升到科学化的高度。字母文字成为罗马法律科学发展的最主要源泉。若想在某种特定的背景下言及法律科学,那么字母文字的存在将是一个首要条件。"在某种特定的背景下,法律科学要想存在,就必须要有一套通过体系化的原则组织起来的完整的规范作为前提。诚如鲁道夫·冯·耶林(Rudolf von Jhering,1818—1892)评论的那样,一套原则构建的体系和一套规则组成的体系之差别,就犹如用拉丁字母构成

---

① 埃米尔·涂尔干:《社会分工论》,渠东译,生活·读书·新知三联书店 2013 年版,第 38 页。
② 斐迪南·滕尼斯:《共同体与社会》,林荣远译,商务印书馆 1999 年版,第 296 页。
③ 洛伦佐·伽利雅迪:《法律科学的诞生》,赵毅译,《求是学刊》2016 年第 3 期。
④ 同上。

的文字和表意文字的差别。"①在此过程中,古希腊文化被罗马人所继承,罗马人从近邻伊斯特鲁人那里学过来的文字文化系统,最后被发展成今天的拉丁字母。罗马人从此在思维工具上与古希腊人看齐了。字母文字作为传播有关规则之信息的最为便捷、最为广泛且保存最为久远的方式,都促成了以制定法为特征的立法运动。概念思维和书面思维在古希腊文化中结出了科学与思辨哲学的果实,务实的罗马人把文字文化思维用在政治与法律上,其中在法律方面对后世的影响尤为深远。字母文字思维成为罗马法的基础。这些法学家在创建一种独特的法律理论体系方面远远超过了古代希腊的修辞学家。

由前文可知,罗马具有一种独特的成文法的能力,法律概念既被融入了前所未有的思考,也被赋予了完全崭新的构造。它事实上和抽象之概念界定与体系(包括次体系)之类型化有关。字母文字思维很强调这些概念是要成文的,也就是以文字表记出的形式,因为文字文化思维才能给予量化概念。我们可以看到从罗马时代开始,西方的法律原则是按照量化思维的思维模式制定和运行的。在量化思维方面则发展出具有现代意义的法律原则和法庭程序。象形心理是人类一般表达事物的一种心理,具有弥散性;抽象心理是人类高级表达事物的心理,抽象心理是人类一种简约表达事物的心理方法,并更强调确定性。即,"理性地将法置于一定的框架之下,它对法进行构造,以便对规范的诠释可以在任何情况下通过可验证的逻辑程序进行"②。另外,作为科学的法律,"我们把它视为一个自足的科目,从而与其他知识领域相区别"③。罗马法日益成为系统化、精致化的法典,罗马法学也成为需要专门学习才能掌握的科学知识。这种统一的以及可预测的系统运作的依据是成文法,并且有一套固定的操作流程。这样的一个系统是由全职的专业人士操作的,这些专业人士的资格来自对法律制度技术的掌握。"法律职业的起源可以追溯到古罗马时期。……只有到了帝国时期(Imperial Period),律师才开始以法律业务为生,并且法学院也开始出现。到了此刻,罗马的法律已经变得极其复杂。律师职业随着这一复杂的法律制度而兴起,而这种制度的复杂性导致律师在罗马

---

① 洛伦佐·伽利雅迪:《法律科学的诞生》,赵毅译,《求是学刊》2016 年第 3 期。
② 同上。
③ 同上。

变得不可或缺。"①

　　可以说，要是没有字母文字文化，罗马法就不会发生本质上的改变。罗马法学家在解释法律中所运用的成文化方法，至今仍然在为我们现代法律科学的发展提供充足的养料。这些成文化方法已经显示了法律的科学性，而随后罗马法律科学之肇兴，显然是从它们那里得到了启示。如到了公元1200年，得益于伊尔内留斯(Irnerius)及其后继者在博洛尼亚所建立的学派之努力，人们才重新发现了《学说汇纂》的价值。由此，博洛尼亚出现了现代的第一所大学，这种研究的共同特征主要有：将研究对象定位为法律规范本身，尤其是那些成文化的"书本法律"。而法律科学并没有诞生于古希腊，主要是因为在古希腊并不存在着对法概念进行专业研究的活动，也不存在着专业的法学家阶层，关键原因还在于希腊是一个以口语为主的社会。"古希腊社会依赖于口语表达。"②威廉·哈里斯(William Harris)认为即使是在公元前5世纪下半期处于文化繁荣的雅典，识字的人数也不会超过阿提卡总人口的百分之十，其他城邦的比例可能更低。③虽然希腊不存在着法律科学，但我们并不能否认希腊文化对罗马法科学化产生的影响。而且，我们特别需要强调希腊哲学思想的重要性，它们在公元前2世纪甫一传至罗马，就对古典时代的罗马法学产生了巨大影响。在罗马法中，出现了一些受希腊文明影响的创新，比如承载着指引和规范功能的抽象的法律概念之引入，它们是柏拉图-亚里士多德类型化哲学之运用，具有鲜明的希腊文化色彩：我们可以把这种类型化技术看成"属"(genus)和"种"(species)的方法之运用，这是一种分类的技术。

　　成文法律，要服务于经济生活，城市工商业与社会分工的发展，需要专业化发展。公元前304年，一位祭司的文书福劳维擅自把祭司的历法年历和《诉讼篇》向公众公开，从此开始了法的解释和知识公开化的历程。在法的公开化、世俗化过程中，由于法的知识大范围传播，人们也就逐渐承认那些具备深厚学识的人，而这些人也因法学学识获得威望和权威，这有利于司法独立和法律职业共同体的产生。换言之，"这种对中立的、客观的法律的追求就是坚持

①　史蒂文·瓦戈：《法律与社会》，梁坤、邢朝国译，中国人民大学出版社2011年版，第273页。

②　G. A. Kennedy, *Art of Persuasion*, Princeton University Press, 1963, p. 3.

③　参见 Lan Worthington, *Persuasion: Greek Rhetoric in Action*, London and New York, 1994, p. 5.

法律普遍性和自治性信念趋势的一个先决条件"①。另外,独立的法律方能造就独立的法律职业共同体,正是"探讨这种潜在的、活的法律,它不是命令性规则的法律也不是官僚性的政策,而是人类相互作用的基本法典,一直就是法学家艺术的主要内容,而无论在哪里,法学家们都在用深刻的见识和丰富的技巧在从事着这种艺术"②。由此也使得法律成为"一种完全的职业……公元前 2世纪中期以后的法学家,承担的是完全世俗而实践性的任务:解释法律规则,制定有关法律活动的准则,担任官员、诉讼当事人和法官的顾问。他们也向传承其事业的学生们教授法律科学,并出版自己的著作:法律释义、专著、意见汇编、面向学生的介绍性教材……以这些法学家为代表的法律科学和罗马卓越的帝国统治一道,形成了罗马文明最灿烂的花朵"③。也即,"罗马是历史上最早培育出完整的用来调整民事活动和公众关系的法律规范和法律程序的国家。这些法律法规广为人知,而且由专业的法学家来实施"④。

伴随着罗马法的发展,罗马人也日渐养成了依靠法律而生活的习惯。在罗马,"视法律为命令和视法律为植根于同意的规则之间存在一种根本的紧张"⑤。共和国时期更偏向于后者,"在罗马则形成于共和制的崩溃之前。千真万确,……这个法律概念已从强加的秩序观念转为建立在同意基础之上的规则观念了"⑥。社会矛盾和冲突不是权力者直接通过强力和意志直接解决,而是作为中立者来协商、让双方当事人来共同参与解决。私力救济受到限制,"执法官把私人行动引导到以和平方式解决问题的道路上来"⑦。人们所知的罗马法中最早的程序法形式也表明,"它本身是作为以和平方式解决极为危险的纠纷的手段而产生的。……从此,法律程序引人注目地取代了暴力冲突"⑧。罗马法的发展过程也是以非暴力方式取代暴力方式解决问题的过程,通过程序引导到以和平方式解决问题的道路上来。在古代罗马最早的时候,"法律也

① R. M. 昂格尔:《现代社会中的法律》,吴玉章、周汉华译,译林出版社 2001 年版,第 99 页。
② 同上书,第 233 页。
③ J. M. 凯利:《西方法律思想简史》,王笑红译,法律出版社 2002 年版,第 47 页。
④ 理查德·派普斯:《财产论》,蒋琳琦译,经济科学出版社 2003 年版,第 124 页。
⑤ 文森特·奥斯特罗姆:《美国联邦主义》,王建勋译,上海三联书店 2003 年版,第 241 页。
⑥ R. M. 昂格尔:《现代社会中的法律》,吴玉章、周汉华译,译林出版社 2001 年版,第 120 页。
⑦ 朱塞佩·格罗索:《罗马法史》,黄风译,中国政法大学出版社 2009 年版,第 122 页。
⑧ 彼得·斯坦、约翰·香德:《西方社会的法律价值》,王献平译,中国法制出版社 2004 年版,第 47 页。

曾经在实质上是程序法,在那里,诉讼程序具有至高无上的重要性"①。作为不争事实,"罗马法成功地将人际关系植于法律之上"②。遵守法律是一个罗马公民应尽的义务,而如果是服从一个即使是最仁慈的主人,也属于道德堕落的表现,如此罗马人逐渐形成了服从法律权威,遵纪守法的观念与民族特性,并进而找到了一条通向"伟大的罗马"的有效途径。在古代历史中,与其他文明相比,罗马人在法律方面的贡献和注重秩序的观念是极为突出的。威尔·杜兰在他的名著《恺撒与基督》中写道:"法律最足以说明罗马精神的特征。在历史上,罗马代表秩序就如同希腊之代表自由。希腊留下的民主与哲学成为个人自由的依据;罗马留下的法律与政绩,则成为社会秩序的基础。"③从某种意义上说,没有法律,就没有后人所津津乐道的"伟大的罗马"。

三、 罗马开放性的表现

开放性,既是罗马发展的基础,也是罗马崛起的标志。正是由于开放性,"罗马早已为其超越一般城市国家的限制作好了准备,并为一个帝国及一个大众教会的出现开辟了道路"④。

(一) 罗马对外来人的开放性

对外来人开放在罗马发展中占有重要地位。出于加强城市防卫力量的原因,罗马包容和容纳了更多其他城邦的移民。也即,由于地理位置,罗马"位于拉丁人、伊特鲁里亚人和萨宾人中间,使得罗马永远处在战争之中,因此必须要有大量的人口。所以,罗马诸王很欢迎且邀请外邦人来罗马,而无论他们来自何处。战争不断,这就需要人力,每次胜利最常见的结果就是将被征服城市

① 勒内·达维:《英国法和法国法》,舒扬等译,中国政法大学出版社 1984 年版,第 55 页。
② 弗里德里希·沃特金斯:《西方政治传统:近代自由主义之发展》,黄辉、杨健译,吉林人民出版社 2011 年版,第 17 页。
③ 威尔·杜兰:《恺撒与基督》,幼狮文化公司译,东方出版社 2003 年版,第 505 页。
④ 菲斯泰尔·德·古朗士:《古代城市:希腊罗马宗教、法律及制度研究》,吴晓群译,上海人民出版社 2012 年版,第 22—23 页。

中的居民迁往罗马。这些被俘之人一般会这样处理,若他们中间有贵族或出生祭司家庭的人,罗马贵族立即将其纳入自己的团体之中。至于民众,一些成为大家庭或国王的门客,而另一些则成为平民"①。罗马是唯一一个懂得如何以战争增加其人口的城市,罗马人所实行的政策,其余希腊—意大利世界的人都不知道。他们兼并所有他们征服的地区和人民,他们将俘获得之城的居民带回罗马,逐步将他们变成罗马人。另外,罗马便利的交通和发达的经济也吸引了大批外邦移民。城市的位置靠近最容易渡过台伯河的地点,这使得早期的罗马成为周边民族天然的商贸通道。"因为所处位置便于商业,许多外邦人聚集在罗马。萨宾人、伊特鲁里亚人和拉丁人中的不满分子也皆以此作为避难所。所有这些人都加入了平民的行列。从氏族中逃出来的门客变成了平民。因犯罪而丧失贵族资格的人也落入了低等级之中,与之结成一个不太相称的联盟。被宗教从家中赶出来的私生子也加入了平民的行列。"②

　　总之,从一开始,罗马在其领土上就有着不同的民族,甚至不同城邦的人。"罗马的起源及其人民的组成很值得一提。由此能说明其政治的特点,以及最初在各城中所担任的特别角色。"③罗马人种很混杂,在罗马,所有民族都融合在一起,先有拉丁人、特洛伊人和希腊人,稍后又有萨宾人和伊特鲁里亚人。第一代王是拉丁人,第二代王是萨宾人,第五代王据说是希腊人的儿子,第六代王是伊特鲁里亚人。其语言也是混杂而成的:拉丁文占绝大多数,但萨宾语也有很多,而希腊语的字也要比意大利中部方言多,至于罗马之名,无人知道它是属于何种语言。有人认为,罗马一词是特洛伊语,而另一些人则认为是希腊语,还有人相信是拉丁语,不过,一些古典作家认为它是伊特鲁里亚语。

(二) 罗马宗教的开放性

　　这种大混杂的各民族之所以能共处,从一开始就与罗马宗教的开放和包容性有关系。"罗马政策中有一点值得注意的独特之处是,它将邻近各城的宗

①　菲斯泰尔·德·古朗士:《古代城市:希腊罗马宗教、法律及制度研究》,吴晓群译,上海人民出版社 2012 年版,第 306 页。
②　同上。
③　同上书,第 375 页。

教都吸引到罗马来。它从韦伊得到了朱诺，从普雷涅斯特（Praeneste）得到了朱庇特，从法莱伊（Falerii）得到了密涅瓦，从拉努维乌姆得到了另一个朱诺，从撒姆尼人那里得到了维纳斯（Venus），还有许多其他我们不知道的神灵。一位古人说，'罗马有将征服之城的宗教带回去的习惯，有时分在各个氏族之中，有时则跻于国家宗教之列'。"①一方面，是因为它力图比其他城市拥有更多的祭祀和更多的守护神。另一方面，是想通过包容和拥有更多的祭祀实现民族融合。"罗马人是多种民族的混合体，其祭祀方式也是几种祭祀的混杂，国家的炉火是几个炉火的结合。在古代，几乎只有罗马城市的宗教与其他各城的宗教都有联系。罗马与整个意大利和整个希腊都相关联，任何民族都能参加其祭祀。"②在那个时代，各个城市的宗教一般都禁止不同城市之间的人们结婚，除非这两座城市有着共同的起源及祭祀。罗马则通过几种不同祭祀方式的混合，较好地解决了认同、融合与通婚问题。于是，"罗马与所有周边民族都有了某种宗教的共同之处。共同的起源、通婚权、拉丁节主席、被征服者的神灵，自称有在奥林匹克和德尔斐主持祭祀的权力等等，这一切都是罗马人为其统治所准备的。……当其他城市都为其宗教所困而各自孤立时，罗马却借宗教之名将各民族吸引到它身边，从而统治了全世界"③。

与此同时，罗马人也渐渐地摆脱了那些封闭的信仰形式，以更开放的认同促使人们组成更大的社会。其中，崇拜自然现象的宗教成为旧共同体解体和新共同体构建的重要原因。当原先的氏族意识到他们祖先群体的狭窄性时，对一些有形物质的共同崇拜，如太阳，则帮助他们结合成了更大的单位，即我们所称的开放罗马。信仰自然界诸神的宗教相比于信仰属族的宗教更具开放性和包容性。人们可以崇拜任何自然之神，因为其特性并不要求某个家庭专门来侍奉他，而将陌生人排除在外。此外，这种自然宗教的道德观也与前一种家内宗教的道德观相是异的。它并不限于只教导人们有关家庭的义务，他善待外邦人、祈求者和"可敬的穷人"，将他们"待若兄弟"，教人们互助友爱。随着这种自然宗教的发展，社会认同和社会组织势必进一步扩大。渐渐地，自然

① 菲斯泰尔·德·古朗士：《古代城市：希腊罗马宗教、法律及制度研究》，吴晓群译，上海人民出版社 2012 年版，第 380 页。
② 同上书，第 378 页。
③ 同上书，第 381 页。

神的权威性超过了人们对祖先灵魂的崇信,人们摆脱了圣火的护佑,离开了家火,有利于流动性的社会。自然性宗教在发展,罗马社会也同时在不断地扩大。当人们逐渐意识到有共同的自然神灵时,他们便结合在更大的团体之中了。最后,人们也分不出这家的朱庇特与那家的朱庇特之间有何不同之处了,而是将其看作同一个自然神下的共同体。

可以说,"基督教在所有这些思想及制度的进步之后,向全人类提出一个惟一的上帝,而这个上帝也是属于全人类的,他没有特选的子民,他无差别地对待所有民族、家庭和国家"①。相信宇宙中有一个上帝存在,所以,基督教有全人类是一个宗教的观念,其实也来源于自然法。基于自然法的基督教不是一个城市或者一个地区的基督教,而是要求成为整个人类的基督教。"通过继承斯多葛派的自然法。基督教才有能力形成一种普遍的国家学说和社会学说。"②并且,"这个普遍的和世界公民的宗教的本质是建立在罗马帝国的普遍的和世界公民的性质之上的,……也就是说,它的基础是作为它的真正的和凡间的载体的那些无根基的个人,他们的根基是希腊的城市社区,通过马其顿的亚历山大和接班人之争,希腊的城市社区还有所增加,并且多样化了。然而,希腊城市的居民由于古希腊的文化和由于这种文化所传播的比较重要的世界的交往而十分混乱和混杂,他们在很大程度上丧失了属于一个特定的地区或者某一个具体的城市的归属感,感到自己只不过是宇宙的公民;斯多葛派(die Stoa)首先赋予这种意识以一种信仰的性质,这种信仰属于在教会里世界意识的伟大的准备之一"③。

在这里需要强调的是,正是由于基督教与自然法、城市文明相联,因而具有了普世意义。基督教本身就是一种自然神宗教和城市宗教。在公元前 5 世纪时,基督教产生之前,家内世袭封闭宗教就已经不再如从前。斯多葛派哲学家的学说以及思想进步都动摇着家内宗教原则。实际上,在基督教出现前的五个世纪,思想家们就开始与这种狭隘的封闭宗教作斗争了。自阿那克萨哥拉始,哲学就经常教导人们,宇宙之神是可以无差别地接受一切人礼拜的。厄

---

① 菲斯泰尔·德·古朗士:《古代城市:希腊罗马宗教、法律及制度研究》,吴晓群译,上海人民出版社 2012 年版,第 402 页。
② 斐迪南·滕尼斯:《新时代的精神》,林荣远译,北京大学出版社 2006 年版,第 68 页。
③ 同上书,第 67—68 页。

琉西斯宗教允许各城的人入教。而库柏勒宗教、塞拉皮斯（Serapis）宗教和其他一些宗教也都无差别地接受所有民族的崇拜者，罗马人也同意外邦人进入他们的城市。可以说，"在基督教社会里，一开始就有了城镇"[1]，事实上，"没有帝国广阔的城市基础，基督教的迅速发展就不会出现"[2]。

与基督教一起发展的不仅是一种宗教情感，而且还有更高的认同与社会整合。如"基督教带来了另外的一些新观念。它不是任何家庭、任何城市或任何民族的内部宗教，它既不属于某一个阶层也不属于某个团体。从一开始，它就自称是属于全人类的"[3]。所有这些都很新鲜，因为在人类早期各处的人们都以为神是只属于一个民族的。犹太人信犹太的上帝，雅典人信雅典的帕拉斯，罗马信卡彼托山的朱庇特。不是犹太人就不能进入犹太人的神庙，斯巴达人就无权召唤雅典的帕拉斯。基督教的原则是如此特别、如此出人意料，以至于早期的门徒也曾有过冲突。保守派认为，外人是被排除在神庙之外的，我们看到在《使徒行传》中，最初，基督的七个门徒拒绝将新教传授给外人。这些门徒像古代犹太人一样，认为犹太人的上帝是不会接受外人的崇拜的，像古代罗马人和希腊人一样，相信每个民族都各有其神，传播基督神的名字及其祭祀方式就等于放弃自己的祖业和特别的守护神，而这是与当时人们的义务和利益相冲突的。但彼得派对门徒说，上帝给外邦人与我们同样的礼物。圣保罗时常以各种方式在不同场合言说这一重要的原则。他说，上帝向外邦人敞开了信仰之门。

在古典早期时代，各处的人们都以为神是只属于一个家族的，犹太人信犹太的上帝，雅典人信雅典的帕拉斯，罗马信卡彼托山的朱庇特。从前的人们各奉其神，有多少家庭、多少城市就有多少神灵，外人是被排除在神庙之外的。而先前依据家内世袭封闭宗教，由此，人们也不可能建立更大的社会组织，这就是希腊和意大利各城在其历史初期的特征。而今，上帝是唯一的、无限的普遍存在，他独自管辖着世界，只有他能满足人们信仰的需要，对上帝的热爱取代了对诸神的热爱。基督教彻底推翻了地方祭祀，它熄灭了地方坛火，彻底摧

---

[1]　埃米尔·涂尔干：《社会分工论》，渠东译，生活·读书·新知三联书店2013年版，第216页。

[2]　乔尔·科特金：《全球城市史》，王旭译，社会科学文献出版社2010年版，第52页。

[3]　菲斯泰尔·德·古朗士：《古代城市：希腊罗马宗教、法律及制度研究》，吴晓群译，上海人民出版社2012年版，第402页。

毁了城市的守护神。它更进一步地拒绝接受从前支配社会的那些祭祀方式，人们彻底从古代宗教严格的信条中解脱出来了，人们的头脑中有了有关普世上帝唯一、人类一体的观念。陌生人不再被拒之于神庙之外，他的出现不再会玷污祭祀。基督神庙向所有信奉上帝的人开放，教职也不再是世袭的，因为宗教不再是家传的遗产。祭祀也不再神秘，仪式、祷词和教义都不再隐蔽，相反，从此以后就有了宗教的传授，不仅是给予，更是主动地向人提供，且欢迎那些最远地方的人们，并寻找那些最无宗教的人。宣传和吸纳取代了排外。这种基于自然神的基督教不再在各民族间引起仇恨，不再引起公民对外邦人的嫌恶，相反，其本质是教导人们对外人、对敌人都有公正的义务，甚至还要仁慈，民族或种族间的障碍因此而被消融，"圣界"（pomoerium）被消除。正如基督门徒所说：基督打破了将我们分离的墙垣，而今我们有许多成员，但却合为一体，没有希腊人与犹太人之分，也没有野蛮人与塞西亚人之分，基督就是全体，也在全体人民之中。作为不争事实，"最初，原始人类的神灵是很小的，人们逐渐将他变大。人类的道德观也一样，初时还很狭窄不全面，之后逐渐扩大，从一个阶段到另一个阶段，直至最后宣布博爱"[1]。显见，"基督教的胜利标志着古代社会的结束。随着这一新宗教的到来，我们前面所讲的，开始于六七个世纪之前的社会转型终于完成了"[2]。

（三）罗马道德观念的开放性

罗马道德观念的开放，基于斯多葛学派的自然法思想。伴随着马其顿帝国兴起，超越地方血缘性、狭隘性的斯多葛学派思想开始发展起来。马其顿帝国在其巅峰时期扩张到了从爱琴海到印度河和阿拉伯半岛为止的广大地区。其领域范围内，除了希腊人以外，亚美尼亚人、巴克特里亚人、犹太人、埃及人、印度人、帕提亚人、栗特人以及一大批其他使用不同的语言并且拥有不同信仰的民族都处于马其顿的统治之下。其一，斯多葛学派是对狭隘城邦主义的突破。斯多葛派认为地方城市的爱国主义是一种偏见，如芝诺（Zeno）、克利安西

---

① 菲斯泰尔·德·古朗士：《古代城市：希腊罗马宗教、法律及制度研究》，吴晓群译，上海人民出版社 2012 年版，第 123 页。
② 同上书，第 400 页。

斯(Cleanthes)和克吕西普(Chrysippus)曾写了大量有关国家政权的著作,但他们的原则与古代乡土共同体原则及制度相去甚远。如他们都强调,"我们不是某个城市中某区的居民,被各自独特的法则相区分开来的,应将所有的人都视作同属一城一区的公民"①。我们可以从这段话中看出,他们的观念比苏格拉底时代已有所进步。苏格拉底尚尽量让自己相信国家的神灵,甚至柏拉图也并不打算在城之外另建其他政权,芝诺等人超越了家内组织的狭窄界限,人类组织的视野扩大了。其二,斯多葛学派带来了个人权利至上和政治合法性观念变革。斯多葛派的道德规范和政治合法性的根本原则就是放诸四海而皆准的个人法则。"自然法一个必不可少的要素就是人与人之间的平等,尤其是法律面前的平等,以及在国家出现之前就已存在并且独立于国家的人权原则,包括拥有财产的权利。"②这一法则从本质上和人性上讲就是自然法则。斯多葛学派重新转向普世性个人权利,强调"主要的工作应是个人的改善"③。从共同体中心到个人本位,个人权利逐渐成为政治的合法性基础。先前的古代城市有自己关于公共政治的美和善的标准,但无个人权利的善。"但如今,芝诺教导人们,每个人都有尊严,不是作为一个公民的尊严,而是作为一个人的尊严。此外,除了对法律有义务外,还对自己有所义务。人最高的价值不在为国家而生也不在为国家而死,而是在于以善行愉悦上帝。这些都是只顾自己的道德,会使国家的独立和自由陷落。但却给予了个人更多的重要性。"④个人权利的伦理与道德在发展,并渐行于世。"最初还须与普遍的堕落和专制作斗争,但个人道德的根逐渐深入人心,最后成为每个政府都不能不考虑的一种重要力量。因此,政治原则必须发生变化以给它一个自由的地位。"⑤先前社会,"把人的一切结合理解为共同体(Gemeinschaft)或者是共同体性质的,人们可以说,它们是'优先'于各种个人的,也就是说,被设想和感到放在个人的'前面',而且按照个人的本质和人格,它们也承载着或者制约着各种个人。与此

---

① 菲斯泰尔·德·古朗士:《古代城市:希腊罗马宗教、法律及制度研究》,吴晓群译,上海人民出版社 2012 年版,第 372 页。
② 理查德·派普斯:《财产论》,蒋琳琦译,经济科学出版社 2003 年版,第 12 页。
③ 菲斯泰尔·德·古朗士:《古代城市:希腊罗马宗教、法律及制度研究》,吴晓群译,上海人民出版社 2012 年版,第 373 页。
④ 同上。
⑤ 同上。

相反,社会(Gesellschaft)则以个人的人格为前提,它作为结合是'依照'各种个人而形成的,并且是受他们制约的"①。个人从"共同体"进入"社会","本质意志"的活动领域将大大缩小,"选择意志"的领域将大大扩大。

随着个人权利变得更重要了,罗马的制度及共同体的合法性基础与原则也要改变了。对共同体的热爱依然存在,但已需要依据新的合法性和认同基础,城市成为手段而不再是目的。"人们不再是因为其宗教和神灵而爱国,他们爱国只是因为其法律,制度及人民所享有的权利和安全。我们在修昔底德所描写的伯里克利在国葬礼上的演讲中看到,雅典人爱国的理由是因为城市'希望所有人在法律面前一律平等','因为它给人以自由,在所有人面前敞开光荣之路,因为它维持公共秩序,确保官员拥有权威,保护弱者,给大众以教育思想的戏剧与节庆'。""故人们对其城仍有义务,但这些义务不再是出于从前的原则。人们仍然会为祖国献出鲜血和生命,但不再是为了保卫城中的神灵以及祖先的炉火,而是为他们所喜爱的制度,为了城市所给予他们的种种利益。"②如今,人们的心灵不再依附于公共会堂、守护神和神圣的土地,而只是保障个人权利,或言之,保护个人权利的制度和法律才具有合法性,因此,"爱国主义也成为一种变化的不确定的情感,依环境而发生变化,随政权的起落而起落。……当他不喜欢某种法律时也就不再对其国有所依恋"③。也就是说,"如果城中没有个人所喜欢的制度,他宁可选择其他奉行此制度的城市。于是,人们开始越来越自由地迁徙,越来越不害怕遭放逐"④。

事实上,罗马道德观念及罗马法的更新也都基于对斯多葛学派思想的接受,诚如学者所言:"法律更新始于斯多葛派的哲学家们,之后经过罗马法学家的高尚努力,大致完成于执政官的机巧和手段之中,但只有当新的宗教允许法律独立后才完全达到其目的。我们可以看到,随着基督教深入社会,罗马法也允许新条例的公开加入,而不再加以掩饰。"⑤斯多葛派的哲学家们大胆地考查讨论尚在家庭和国家中起作用的法律。"他们周游各地,从一城到另一城,

---

① 斐迪南·滕尼斯:《新时代的精神》,林荣远译,北京大学出版社 2006 年版,第 126 页。
② 菲斯泰尔·德·古朗士:《古代城市:希腊罗马宗教、法律及制度研究》,吴晓群译,上海人民出版社 2012 年版,第 382 页。
③ 同上。
④ 同上。
⑤ 同上书,第 405 页。

宣扬新的原则、教义,不是严格区分公正与不公正,而是宣扬一种新的公正,比旧观念更开放、更具包容性,也更人性、更理智、脱离从前的成规。"①并尤为强调"法律是独立的,源自于自然、人的良心以及人们头脑中的公平观念。它能够完全自由地发展,能够改革或毫无阻碍地改进自身,能够跟随着道德的进步而进步,还能够适应每代人的利益和社会需要"②。

(四) 罗马公民权的开放性

罗马在征服意大利的过程中,还采取了开放性的公民权策略,而并非完全依赖武力。主要表现为,通过逐步扩大公民权促进了意大利的罗马化。通过公民权的开放性,罗马打开了一扇门,虽然这扇门很窄,但它毕竟允许了臣服者公民权和罗马化。其他城邦很少有像罗马那样主动放开自己对公民权的垄断而推及他人。罗马人为避免对他们早期占领的帝国行省的反抗,对那些较早建立的城市,更多是"通过公民权化而罗马化"的政策,即"共和国经常把具有极高价值的罗马公民资格赋予被征服地区的人民,这些人不再是被征服的臣民,而是成了拥有完全公民权和特权的罗马公民"③。这对罗马帝国的建立与巩固意义重大。"塔西佗记载,皇帝克劳狄乌斯自己觉察到,公民身份的逐渐推广是罗马超越狭隘的雅典城邦最有利的条件之一。"④事实也证明,罗马公民权比武力更有效,公民权延伸至被征服城市中占相对统治地位的阶级,因此,他们常常表现出亲罗马倾向。公民权有利于促进对罗马的认同,这一认同远比对君主的效忠感、政治分化或武力统治更具力量。在此,罗马通过公民权黏合力,将不同城市居民塑造成市民,将地方名士提升为罗马公民。罗马在被征服国家以公民与非公民之间的简单区别,代替了从前的等级划分和民族区别(奴隶制度除外)。可以说,"古罗马人,某种意义上说,政治上非常聪明,接连征服邻近的吉贝塔斯和其他都市国家,把罗马的市民权赋予被征服都市国

---

① 菲斯泰尔·德·古朗士:《古代城市:希腊罗马宗教、法律及制度研究》,吴晓群译,上海人民出版社 2012 年版,第 372 页。

② 同上书,第 405 页。

③ 罗伯特·达尔:《论民主》,李风华译,中国人民大学出版社 2012 年版,第 16 页。

④ 乔尔·科特金:《全球城市史》,王旭译,社会科学文献出版社 2010 年版,第 48 页。

家的自由的民,让他们享受与罗马人同样的待遇。用这样的方式不断扩大地盘,很快就征服了地中海沿岸,把它们变成属州,最后建立了北到大不列颠(现在的英国),南到撒哈拉以北的大帝国"①。

在罗马,真正有法律权利的公民必须得拥有罗马公民权,唯有先获得罗马公民权,他们才受到罗马及罗马法的保护,如果他们不是罗马公民的话,那就什么也不是。由此说来,公民权"不只是虚荣问题,其中有着最真实最宝贵的利益。凡非罗马公民者就不被人视作丈夫或父亲,在法律上就不能成为田主或继承人。这就是罗马公民这一头衔的价值之所在,没有此头衔者即处于法律之外,有此头衔者就能进入正式的社会组织之中。因此,这一头衔成为人们最渴望的目标。拉丁人、意大利人、希腊人,稍后还有西班牙人和高卢人,他们都渴望成为罗马公民——这是唯一能拥有权利和地位的方式"②。作为不争事实,罗马公民权能带来更多实在的好处,因为有公民资格者同时也拥有产权、继承权、通婚权、父权以及罗马的一切私人权利。因为有了这一权利,他就可与罗马家族通婚,他也可以住在罗马,成为田主,或是在罗马做生意,而此时的罗马已成为世界上第一大商业重镇。一个人只要具有罗马公民权,那么他无论住在什么地方都可以受到保护,不再受当地官员的管理,也可避免罗马官员的随意侵犯。作为一个罗马公民,即可获得荣誉、财富和安全。而罗马公民权的获取,主要有以下几种途径。

其一,个体性的授予方式。罗马听任外邦人与之分享其宗教、政府和法律,但优待只限于对个人,而不对全城,或只对各城中的少数人有效。凡在各城任职的拉丁人,任期届满后即可获得罗马公民权。一些人是由皇帝所特许的,另一些人则是花钱买来的。凡生养三个孩子的人,或是在指定的军队中服役过的人都能获得公民权。一个最容易且最快获得公民权的办法是先将自己卖给某个罗马公民为奴,然后以合法手段获得解放,便能得到公民权了。罗马只允许拉丁人中最好、最富有和最高贵的人加入。的确,罗马或许会接受一些被征服者,允许他们居住在罗马城中,然后将其转变为罗马人。但罗马不能将整个异族视作其人民,而授予其公民权。

① 佐佐木毅:《公与私的思想史》,刘文柱译,人民出版社 2009 年版,第 5 页。
② 菲斯泰尔·德·古朗士:《古代城市:希腊罗马宗教、法律及制度研究》,吴晓群译,上海人民出版社 2012 年版,第 393 页。

其二,整体授予的方式。一般说来,为了扩大社会力量,壮大政权的社会基础,罗马会将公民身份授予其盟友。例如公元前340年拉丁同盟战争中,加普亚支持拉丁人反抗罗马,但加普亚贵族却拒绝参与,罗马为奖赏加普亚贵族的忠诚,授予他们罗马公民权。

其三,渐进罗马化的方式。无论何时,每当一个民族被征服时,它不是被并入罗马国家,而只是进入了罗马的统治范围,并没有与罗马合并,不像今天的若干省份合成一个首府。罗马与其他民族之间只有两种联系——臣服或联盟。国家并未立即接替城市而出现,因为罗马帝国一点也不像一个国家,它是一个混合体。希腊也逐渐加入罗马国家。"最初,各城都保留着城市政府的形式和机构。被征服时,希腊表示想要保持自治,罗马就允许它自治,等到时间再长些时,或许它们自己也不愿意了。经过了几代人后,他们想要成为罗马人,虚荣,野心和利益皆向着这个方向努力。"①尽管"全希腊甚至无一城正式要求得到久已渴望的公民权,但作为个体,人人都努力想得到它,而罗马也很愿意授予他们公民权"②。已臣服两个世纪的希腊各城人民与拉丁姆各城人民的处境一样,眼见自己城中最富有的人抛弃他们而成为罗马人,于是也普遍要求获得罗马的公民权。于是各自治城邦中的人都努力获得了罗马公民权。从此以后,他们就等同于罗马人,能够在议会中投票,在私人生活中,他们也受罗马法的保护。土地权也得以承认,自己也就变成了罗马人。在此过程中,"各城间的差别消失了,民族间的差别虽仍然存在,但并不十分明显。大帝国中的所有居民都一律是罗马人。高卢人放弃了高卢的名称,而自称是罗马人。西班牙人、底比斯人或叙拉古人也都一样。如今只有一个民族、一个祖国、一个政府、一种法律"③。一个有罗马公民权的人在民权或政治上都不再与其出生的城市有任何关系,他可以继续住在那里,但他不再为该城的法律所管。经过几代人以后,希腊各城中都有了相当数量的这种人,通常他们是最富有的,既不承认本地政府也不承认本地法律。因此,先前城市的制度也就慢慢地消亡了。终有一天,城市仅剩下一个空壳而无他,本地的法律不适用于任何人,本

---

① 菲斯泰尔·德·古朗士:《古代城市:希腊罗马宗教、法律及制度研究》,吴晓群译,上海人民出版社2012年版,第397页。

② 同上。

③ 同上书,第399页。

地法官也不再能审判任何人任何事，而最终罗马化了。

作为不争事实，罗马公民权的开放性是与罗马帝国兴起发展相伴随的。地中海世界的所有民族，一个接一个地以罗马公民权的顺序努力地想要进入罗马城中，使他们能与罗马合为一体，这是一个漫长而艰巨的任务。不过，在经过八九代人之后，所有的富人都拥有了罗马公民权，于是罗马皇帝也开始颁布诏令，规定凡自由人一律成为公民。下诏皇帝的名字，很可能是卡拉卡拉（Caracalla），据说，此人从无远大见识，这一法令仅仅是一个财政措施而已。但我们从历史上看，实际上没有比这更重要的法令了。"它消除了自罗马征服以来存在于统治民族和臣服者之间的差别，它甚至消除了由宗教和法律所制定的城市间的旧有差别。"①并且，"它在皇帝的诏谕中某种程度上得到其最后的、确认的表现，诏谕把帝国的一切自由民升格为罗马的公民，给他们所有的人以控诉权，向他们所有的人征税"②。此诏令未能使当时的人感到震惊，也不曾为史家所注意，那是因为变化早已经完成了，公民与臣民之间的不平等每一代都有所减少，并逐渐消失，它不过是对已完成的事实加以法律的宣布而已。公元 3 世纪，罗马公民权对已知世界的所有自由民开放，最后在 212 年被授予征服区内所有自由人。"在其全盛时期，罗马把早期居鲁士和亚历山大构思的世界性帝国的理想转变为活生生的现实。"③总之，在经过长时间的努力后，公民权的罗马全境化终于成功，这一缓慢加入罗马国家的过程是古代社会长期变化史中的最后阶段，各城的乡土共同体原则及制度逐渐消失了，罗马变成了一个由十几个民族所组成的单一公民的帝国，乡土共同体原则及制度便最终衰落了。

（五）罗马法的开放性

随着基督教确立和罗马公民权的普及，罗马的法律性质发生了变化，而具有了更大的开放性和私人权利性。而先前在所有古代民族中，法律都是从属

---

① 菲斯泰尔·德·古朗士：《古代城市：希腊罗马宗教、法律及制度研究》，吴晓群译，上海人民出版社 2012 年版，第 398 页。

② 斐迪南·滕尼斯：《共同体与社会》，林荣远译，商务印书馆 1999 年版，第 296 页。

③ 乔尔·科特金：《全球城市史》，王旭译，社会科学文献出版社 2010 年版，第 48 页。

于宗教的,而且法律的一切原则也都是来自宗教。在波斯人、印度人、犹太人、希腊人、意大利人和高卢人中,法律是保存在圣书或宗教传说之中的,因此每个宗教都是以其自己的想象来制定法律的。而"基督教是第一个没有宣称自己是法律来源的宗教。它只涉及人的义务,而不是他们的利益。人们既不将其视作产权法也不是继承的秩序,它也没有制定义务或法律程序。它在法律之外,外在于世上的一切事物。法律是独立的,源自于自然、人的良心以及人们头脑中的公平观念。它能够完全自由地发展,能够改革或毫无阻碍地改进自身,能够跟随道德的进步而进步,还能够适应每代人的利益和社会需要"①。事实上,"从罗马法的发展史中,我们可以看出新观念的良好的影响。在基督教取得胜利的前几个世纪中,罗马法已努力想要从宗教中解脱出来,倾向于自然的平等,但它是用欺诈和计谋来进行的,这反而削弱了它的道德权威。法律更新始于斯多葛派的哲学家们,之后经过罗马法学家的高尚努力,大致完成于执政官的机巧和手段之中,但只有当新的宗教允许法律独立后才完全达到其目的。我们可以看到,随着基督教深入社会,罗马法也允许新条例的公开加入,而不再加以掩饰。古代家庭组织永远消失了,由此而生的条例也随之而失。父亲丧失了从前祭司之职所赋予他的无上权威,仅保留了父子间的自然权利。妻子在古代宗教中处于从属于丈夫的低卜地位,而今在名义上也与丈夫平等了。产权法从本质上发生了变化,神圣的地标从田间消失了,产权不再出自宗教,而是来自于劳作。产权的获得容易多了,古代的法律程序被完全取消了"②。

在开放性方面,罗马已"不再坚持形成一个分立的阶级、创立一套永不为另一个阶级承认的法律、使平民法缓缓地为己所用却不具有正式的价值等等,他们抛弃了原先的这些做法,转而希望平民能够进入贵族的城,与之分享其法律、制度和尊严"③。并且,"随着罗马帝国的疆域扩展到整个地中海地区,他们制定出了万民法(jus gentium),以之综合了所有他们知道的国家所共同使用的规则。受到斯多葛派哲学的影响,万民法逐渐与自然法(jus naturale)相融

---

① 菲斯泰尔·德·古朗士:《古代城市:希腊罗马宗教、法律及制度研究》,吴晓群译,上海人民出版社 2012 年版,第 405 页。
② 同上书,第 405—406 页。
③ 同上书,第 318 页。

合"①。斯多葛派哲学强调人的无差别性和平等性。但只有在罗马人那里,古典时期的罗马法才最终赋予了人的开放性与平等性以现实性。罗马法确立了个人自由和个人权利原则,有了"抽象人"的概念。组成国家的个人是同一性质的人,是从血缘、身份、语言、地域中解放和抽象出来的个人。这也有利于罗马商业和商品货币经济的发展,在商品内容被货币抽象化的同时,商品的主人也被抽象化了。罗马法是以具有抽象性、普遍性特征的自然法的人作为基础,而不是以地方性或身份法为基础,而后者正是它要否定的。"罗马法有着坚定的倾向,参与了促使一切共同体的瓦解,这些共同体与由有行为能力的个人所组成的私法的结构是针锋相对、格格不入的。"②开放性和商业化状况越是普遍,就越趋向承认人与人之间的无差别。大家都因为生意、利益和各种生计,远走他乡,并总是有强烈的兴致去突破习俗的限制。他们知道,普遍性法律对他们自己有利。在此过程中,"法是根据一种交往的需要产生的,这种交往不是在城市与城市之间进行,因此也不是在一个城市的市民同另一个城市的市民之间进行,而在所有的人与所有的人之间进行,他们脱掉他们不同的市民的服装之后,都是赤裸裸的个人"。最后必然会表现为和建立一种以个体公民权为基础的社会秩序。由此,相距最遥远的人也容易进行交换和缔结契约。罗马法平等保护公民,"实际上是通过商业和交往实现的;罗马对地球(Orbis terrarum)的统治本身,在商业和交往中拥有其物质的基础,它使所有的城市接近一个城市,把所有的有觉悟的、进行讨价还价的、富有的个人,把广袤无垠的帝国上整个统治者等级,都召集到古罗马城的广场上,打掉他们的差异和不平,给大家以相同的表情、相同的语言和发音、相同的货币、相同的教育、相同的贪婪、相同的好奇心——抽象的人即一切机器中最人为的、最有规则性的、最精密的机器,被设计和发明出来了"③。当然,个人权利也带来了一些新观念,因为它不是任何家庭、任何城市或任何民族的内部权利,它既不属于某一个阶层也不属于某个团体,从一开始,它就自称是属于全人类的。所有这些都很新鲜,因为在人类早期,各处的人们都以为权利是只属于一个城邦的。个人权利不再在各民族间引起仇恨,相反,其本质是教导人们对外人、对敌人都有

---

① 理查德·派普斯:《财产论》,蒋琳琦译,经济科学出版社 2003 年版,第 12 页。
② 斐迪南·滕尼斯:《共同体与社会》,林荣远译,商务印书馆 1999 年版,第 297 页。
③ 同上书,第 294 页。

公正的义务,其至还要仁慈。民族或种族间的障碍因此而被推翻,个人权利打破了将我们分离的墙垣。个人权利使得没有希腊人与犹太人之分,也没有野蛮人与塞西亚人之分,个人权利就是全体,也在全体人民之中。在此,普遍的、契约的私法无非是普遍的、契约的交换流通的另一种表现形式。"只有通过个人现实地摆脱家庭、地区和城市、迷信和信仰、继承和流传下来的礼仪、习惯和义务的种种束缚,一种理性的、科学的、自由的法才有可能产生。"①

事实上,"罗马时代对财产的理念所做的主要贡献在于法律领域。罗马时代的法理学家最先提出绝对私有制这个概念。他们称之为'完全所有权'(dominium)——一个在希腊人的词汇中所没有的概念——并将之应用在房地产和奴隶上。一个处于完全所有权之下的标的必须符合以下四个条件:必须是合法地获得的、排他的、绝对的并且是永久性的。罗马法中对'完全所有权'最广为人知的定义将之描述为'在法律许可的范围内使用和耗费某人的物品权利'(jus utendi et abutendi re sua quatenus iuris ratio patitur)"②。在这方面,罗马比雅典要先进得多。"在罗马的法律中,对财产做出规定的法律得到了最全面的发展。"③可以说,罗马法律,尤其是私法层面,历史上第一次,我们所说的私人生活才有了可能。从这个方面说,罗马创造了以个人为主体的法律,"也就是说个体、自由的人格拥有内在的生命、极为独特的命运,且无法化约为其他任何一个人,而且该人格想让其他许多人和拥有个体性的集体组织都来尊重这些权利"④。并且,"他们将社会以及人类的头脑向前推进了一步。一切都出自劳作,他们尊敬劳作、奖励劳作。新政权也对最勤奋、最努力、最有才干的人予以政治上最大的重视。由此而对工商业有利,也有益于思想文化方面的进步。因为一般而言,财富的得失是以个人的才能而定,教育是最必须的条件,而智慧则成为人类事务中最重要的因素。因此,毫不奇怪,在这种体制之下,希腊罗马的思想文化会得以兴盛,文明会得以进步"⑤。

---

① 斐迪南·滕尼斯:《共同体与社会》,林荣远译,商务印书馆1999年版,第295页。
② 理查德·派普斯:《财产论》,蒋琳琦译,经济科学出版社2003年版,第11页。
③ 同上书,第124页。
④ 参见菲斯泰尔·德·古朗士:《古代城市:希腊罗马宗教、法律及制度研究》,吴晓群译,上海人民出版社2012年版,第1页。
⑤ 同上书,第340页。

　　在私人权利至上的影响下,罗马制度领域的一个重要内容,就是司法与政治权力的一定分离,或言之,政治权力意志的人定法一般对私人生活的不干预。例如罗马法区分 nomos 和 psephisma,前者相当于严格意义上的法律,后者在我们时代可称之为政令。法律(Nomoi)在某种意义上可与现代的宪法相比。这一点反映了罗马的一般观念,即法律应当是确定的某种事物,并且应"从政治生活的喧嚣变迁和立法机构的任性冲动中摆脱出来"[①]。法律应该反映事物的神圣秩序,应高于人类或阶级的变化着的利益,且不会随之而改变。罗马人对短暂的、国家制定的规则与普遍的、自然的、神法的永恒不变的规则之区分,已构成西方法治思想的一个基本特征。"在罗马共和国和罗马帝国的绝大多数历史时期,罗马私法,即罗马人所说的民法(jus civle),实际上一直不属于立法者立法的范围。"[②]换言之,"这些习惯法是经由缺乏立法意图而且非正式的互动行为所产生"[③]。也即,"在整个古典时代,国王和其他军事首领碰到某些当事人要他们决定一件案子时,都会暂时将权力的象征物搁到一旁"[④]。罗马政治家和政客在利用自己的权力干涉公民私生活时却非常慎重。"即使是苏拉这样的独裁者,在这方面也极为谨慎,在他们看来,颠覆民法之类的想法太荒唐了,就相当于现代独裁者也会觉得颠覆物理学规律过于离奇一样。"[⑤]

(六) 罗马混合政体的开放性

　　将制度开放和平衡作为其价值取向的混合政体形成于古希腊,并在罗马得到了成熟和更大发展。"罗马人毋宁试图建立的是一种均衡宪政制度,以同时保障敌对双方的主要利益。……罗马人认识到,任何自由社会,只有满足了所有民众、而绝非仅是掌权的集团的需要时,才能存在下去;因此,罗马人的政

---

① 莫诺·卡佩莱蒂:《比较法视野中的司法程序》,徐昕、王奕译,清华大学出版社 2005 年版,第163 页。
② 布鲁诺·莱奥尼:《自由与法律》,秋风译,吉林人民出版社 2004 年版,第 85—86 页。
③ 迈克尔·瑞斯曼:《看不见的法律》,高忠义等译,法律出版社 2007 年版,"导论",第 8—9 页。
④ 布鲁诺·莱奥尼:《自由与法律》,秋风译,吉林人民出版社 2004 年版,第 187 页。
⑤ 同上书,第 88 页。

治艺术,也便为社会的新型和谐拓开了道路,消除了起初的阶级分野。"①事实上,"在共和国的前 150 年(公元前 510 年—公元前 367 年)中,它主要致力于在其市民社会中所形成的两大阶层或者阶级间的内部斗争,即贵族阶层与构成其人口主体的平民阶层间的斗争。这一斗争是为了实现公平,这种公平部分是经济上的,但主要是政治上的。上述斗争对于罗马宪政的早期发展是重要的,……这一宪政的形成是从三大要素——执法官、元老院和民众大会的出现而开始的"②。混合政体是罗马共和国的宪制,它"向我们展现了作为贵族—平民国家具体体现的共和国宪制成分和机构的平衡,这种贵族—平民国家的出现标志着这两大阶层间斗争的终结"③。

罗马哲学家波利比乌斯(公元前 203—前 120 年)指出罗马共和国的宪制是混合政体,它是一种把君主制、贵族制和民主制混合起来的政治体系。波利比乌斯把元老院看作是罗马共和国的贵族因素,公民大会看作是民主因素,执政官看作是君主因素。且"混合政体是作为这样一种制度结构:通过反映共同体中的社会经济阶层的利益要求,从而建构了利益的平衡"④。混合政体使得罗马的平民和贵族都能以国家的整体利益为重,而不为权力、地位、金钱所诱惑。"共和国的鼎盛时期,敏锐如波里比阿等观察者已经一致同意,罗马人争夺地中海世界控制权的斗争中,均衡的宪政安排堪称成功的主要因素。"⑤孟德斯鸠同样指出,罗马的兴衰都是由其政治制度和居民风俗——是否在公民中平均分配胜利果实和实施公正——所决定的。他认为罗马能够成功与兴盛的主要原因在于实行了共和国制度。在这种制度下,民风质朴,法律公正,统治开明。⑥

---

①　弗里德里希·沃特金斯:《西方政治传统:近代自由主义之发展》,黄辉、杨健译,吉林人民出版社 2011 年版,第 14 页。

②　巴里·尼古拉斯:《罗马法概论》,黄风译,法律出版社 2010 年版,第 4—5 页。

③　朱塞佩·格罗索:《罗马法史》,黄风译,中国政法大学出版社 2009 年版,第 199 页。

④　斯科特·戈登著:《控制国家——西方宪政的历史》,应奇等译,江苏人民出版社 2001 年版,第 83 页。

⑤　弗里德里希·沃特金斯:《西方政治传统:近代自由主义之发展》,黄辉、杨健译,吉林人民出版社 2011 年版,第 14 页。

⑥　参见孟德斯鸠:《罗马盛衰原因论》,婉玲译,商务印书馆 1984 年版,第 13 页。

第六节　罗马疆域扩大引发的治理危机及西罗马灭亡

罗马作为一个共和国,起初还遵从法律的统治,但当它不断扩张自己的领土时,它对将军们所掌控的武力就无法再严格规范和控制了,罗马的民主法治也就走到了尽头。

一、罗马疆域扩大引发的治理危机

(一)罗马的扩张使先前民主制度的有效性开始弱化

地理空间是影响民主制度的一个非常重要因素。随着罗马的扩张和疆域的扩大,"我们就会发现一个巨大的缺陷:罗马从未充分地使它的民选政府制度适应它那公民人数的巨大增长和远离罗马的巨大地理疆域。古罗马公民都有权参与的公民大会,仍然是在今天的游客还能看到其废墟的罗马大广场内举行,从我们今天的观点看这不免令人费解。对于绝大多数生活在共和国边远领土来说太遥远了。因此他们无法去参加公民大会。结果是,不断增加的和占绝对多数的公民实际上都没有机会参加在罗马政治制度中心举行的公民大会"[①]。地理空间变大,城邦人口太多,分布又那么广,倘要使他们聚集,必定会出现种种让人望而生畏的困难。辽阔的疆域和巨量的人口必然会引起国家结构的复杂化,使得建立在公民兵制和直接民主基础上的公民大会已难以发挥作用。正如一些学者所指出的:"罗马人民理论上依然是帝国权威之源,这正如他们同早期的行政长官是同样的关系;可实际上,却不存在实现民意的合

---

① 罗伯特·达尔:《论民主》,李风华译,中国人民大学出版社 2012 年版,第 16 页。

法途径。"①也即,"罗马人从未发明或实行过对我们今天的人们来说是明显不过的办法:一个建立在民主选举代表基础上的可行的代议制政府体制"②。罗马也没有发展出更适合和更有利于大国的政治信息对称实现的结社、政党选举、识字率、印刷、报纸等技术。"在一个大系统、尤其是国家中,要实现国家统治的民主,确实离不开多元民主的那些制度。"③而这些在罗马还根本不存在。随着共和向帝国的转变,人民的统治弱化了,罗马帝国时期的公民权已失去了其最初的参政的含义,形同臣民。这也表现在,"罗马由共和国变成帝国之后,你服从国家,国家提供什么来酬报你,愈来愈不清楚。共和国极盛时期,罗马人视共和国的胜利为他们的胜利,以其法律为他们的法律。当罗马人是有意义的。罗马的人民与元老院有同样的权利认为这个城市是他们的城市。扩张与帝国改变了一切。当罗马人不再有非常切身的意义"④。

(二) 罗马的扩张使罗马的共和与行省的专制之间存在冲突

罗马征服的地区有两种政治形式,一种是自治,罗马与其是联盟关系;另一种则是被征服者,或被称作"投降者"(dedititii),"其身体、城垣、土地、水、房屋、神庙和诸神"都送给罗马人民了。因此,被征服者不仅是放弃了先前的自治,而且放弃了与城市相连的所有一切,即宗教和私法。从此,这些人便不再是一个政治团体,也不再能成一个正式的社会组织。他们的"城"(urbs)可能还在,但"国"(civitas)已经不复存在了。只有罗马派遣的"省长"(praefectus)具有无上的权威,由他来维持被征服地区的秩序,该国就变成此人的省份,也就是说由他管理,等于他的私人事务,这就是古代"省"(provincia)一词的意思。同时,罗马授予此"省长"以"统治权"(imperium),意思是在某一限定的时间内,罗马将其主权给予"省长",由他来统治该国。从此,这个"省长"就代表罗马共和国而拥有一切权力,于是他就成了那个地方的绝对主人。他制定税

---

① 弗里德里希·沃特金斯:《西方政治传统:近代自由主义之发展》,黄辉、杨健译,吉林人民出版社 2011 年版,第 17 页。
② 罗伯特·达尔:《论民主》,李风华译,中国人民大学出版社 2012 年版,第 16 页。
③ 同上书,第 110 页。
④ J. S. 麦克里兰:《西方政治思想史》,彭淮栋译,海南出版社 2003 年版,第 106 页。

收数额,行使军权与审判权。他不受征服者或联盟关系宪法规定的限制。当他坐在审判席上时,他按其所愿发布命令,没有任何法律约束他,省的法律管不了他,因为他是罗马人;罗马法也管不了他,因为他审判的是当地人。但如果每年更换总督的话,这些法令也就每年都要发生变化,因为法令来自当时拥有"统治权"的个人的意志。那些"省"的人民被视为失去了他们自己的法律,又未拥有罗马的法律。因此,对于他们,不存在任何法律。在罗马法学家的眼中,一个省里人既非丈夫也非父亲,也就是说,法律即不承认他的夫权也不承认他的父权。对于他而言,也是没有财产的。于是共和后期的罗马形成了一种奇特的格局,即共和的罗马城与实质上施行专制的行省。随着领域的扩大,使得罗马行省越来越多,在此过程中,行省总督权威的增长日益颠覆着共和政体的结构与基础。共和的罗马城与实质上施行帝制的行省的冲突使得罗马不可避免地走向帝制。

(三) 罗马的东方扩张使罗马受到了东方专制主义的腐蚀与影响

罗马在征服周边一些文明,特别是在征服希腊和托勒密埃及的时候,这些文明都正处于专制主义阶段。"实际上,西方来的造访者注意到了所有这些迹象:有权势的宫廷太监,奢华的宫廷礼仪,不断增长的专制集权。"[1]而此时他们所呈现出来的专制主义奢侈腐朽和贪污腐化不可避免地影响到了突然富裕起来的罗马人,恺撒和安东尼在埃及的经历就突出地证明了这一点。君士坦丁堡受到东方专制主义腐蚀更是不争事实,君士坦丁堡自诩为新罗马但是它不具有先前罗马的性质。由于同西方世界相分离,用亨利·皮尔让的话来说,它经历了"一个东方化的过程"[2]。也即,"罗马法从优士丁尼时代开始,就充满了东方专制主义色彩,……在罗马帝国的法律中,丝毫看不到有民主的迹象,不论是直接的还是间接的民主"[3]。

---

① 乔尔·科特金:《全球城市史》,王旭译,社会科学文献出版社 2010 年版,第 56 页。
② 同上。
③ R.C.范·卡内冈:《法官、立法者与法学教授》,薛张敏敏译,北京大学出版社 2006 年版,第 71 页。

（四）罗马的扩张使官员难以受到监督和制约

随着罗马的扩张扩大，"由于庞大帝国行政的需要，罗马人必得建立完善的官僚体系；而当官僚体系在社会当中日趋重要，使其能接受法律约束的问题对维护法治也就更加重要，以当时罗马帝国的情况而论，这一问题根本无法解决"①。其中，"企图采取一大套暗中侦察和官员彼此互相监督的制度来制止这种现象均属徒劳无益。每一次增加官吏的名额，每一次扩大监督人员的队伍，其结果都只是增添了靠贿赂为生的人数"②。这样，罗马混合政体中原本相互牵制与制约的成分也就越来越弱。罗斯托夫采夫在论述罗马帝国时说："官僚体制权力至高至大，不受国家基本成员所施行的任何监督，从而变得十分腐化、不诚实……贿赂公行，非法予夺习以为常。"③克拉苏则把交易对象从士兵扩大到广大平民，在执政官任期内，他曾拿出私产的十分之一摆了 100 桌酒席宴请罗马公民，并给予他们每人 3 个月的粮食作为补贴。在这方面出手最大方的要数屋大维，为了与安东尼争夺权势，他拍卖了大部分私产，用以举行赛会、宴请和施舍。当然，他们绝不会做亏本的买卖，他们一般是在罗马或军队里进行必要的政治投资，这种投资开始成为他们通向权力的主要途径，而权力又是随后敛财聚富的主要途径。如果说在过去，权钱交易、收受贿赂是可耻的犯罪行为，那么到帝国时期，它就成了一种合法和公开的政治竞争。普鲁塔克就指责了这种赤裸裸的权钱交易：追求官职的人坐在广场上，跟前的桌子上放着钱，他们用它无耻地收买民众。武力、金钱出权力代替了共和、法律出权力，这使得人们丧失了公正和淳朴纯真特性，转而变得自私与贪婪，为了利益不择手段，造成罗马社会道德和风气日益败坏，加速了罗马的衰败。此时，人们将发财致富与尽情享受当作唯一的人生目的。什么国家、荣誉，都被抛到九霄云外去了。诗人贺拉斯就曾经明确地表达了一般罗马公民对于物欲与快乐的追

---

① 弗里德里希·沃特金斯：《西方政治传统：近代自由主义之发展》，黄辉、杨健译，吉林人民出版社 2011 年版，第 17 页。

② 罗斯托夫采夫：《罗马帝国社会经济史》，马雍、厉以宁译，商务印书馆 1986 年版，第 721 页。

③ 同上。

求："贞洁、真理或任何其他我们过去认为是善行的东西,如果不能有效地消除痛苦和带来愉快,那么它们就不是善行而是恶行。"[1]撒路斯提乌斯指出,苏拉时代之后"男人沉溺于违反常情的淫乱,女人则公开地出卖贞操"[2]。当时一些有识之士对罗马共和末期出现的这种道德堕落势态甚为忧虑,如史学家塔西佗等人对这种势态也大加斥责,可惜他们都难以做到力挽狂澜,做到"以正压邪"。

(五) 罗马的扩张使共和国对远在他乡的将军们失去了控制

罗马疆域的庞大,使得"那些将军与罗马的军队具有很大的独立性,利用被征服者那里的战利品来供给给养。有时,那些独立军队相互施加的限制,是无效的。最终,尤利乌斯·恺撒在与其他将军的竞争中占据了上风,接着,他制服了立宪政府"[3]。由于士兵同周围的生活隔绝,再加上长期服役将在很大程度上把人们的效忠从社会上移开,养成了一种盲从指挥官命令的习惯。再加上将领们对他们进行私人许诺和馈赠,士兵日益忠于将领而不是国家。起初罗马法律规定,作为动产的战利品是国家的财产,个人不得私自瓜分。但自共和国后期开始,这一切都开始发生改变。"新式将军以西庇阿为首,不但把战利品,而且把罗马的财产都毫不吝啬地散给各队伍。"[4]这样,对战利品的追求成为士兵从事战争最大的目的,而爱国心则早已被抛诸脑后。苏拉的权力主要依靠元老院的扶持,但是他的短暂成功与他善于贿买军团士兵不无关系。[5] 恺撒更是讨好士兵的行家里手。塞维鲁皇帝也说:"让士兵发财,其余的人皆可不管。""他让那些士兵都戴上金戒指以满足他们的虚荣心,让他们带着

① William Edward Hartpole Lecky, *History of European Morals from Augustus to Charlemagne*, Vol. 1, New York, 1921, pp. 13 - 14.
② 撒路斯提乌斯:《喀提林阴谋·朱古达战争》,王以铸、崔妙因译,商务印书馆 1995 年版,第136 页。
③ 约拉姆·巴泽尔:《国家理论:经济权利、法律权利与国家范围》,钱勇、曾咏梅译,上海财经大学出版社 2006 年版,第 196—197 页。
④ 蒙森:《罗马史》(第 3 卷),李稼年译,商务印书馆 2005 年版,第 302 页。
⑤ 阿庇安:《罗马史》(下卷),谢德风译,商务印书馆 1976 年版,第 80 页。

妻子安闲地住在军营中,尽量让他们过着舒适生活。"①由此,军队成了少数几个野心家的工具,军人由向国家效忠转向个别军官效忠,从此士兵只承认自己的将领,将自己的希望寄托在将领身上,与罗马国家的关系越来越远了。"他们已经不是共和国的士兵,而是苏拉、马利乌斯、庞培、凯撒的士兵了。"②士兵往往以金钱和土地为索价,他们是军官团的陆军,等待着向野心勃勃的将领拍卖勇敢与忠诚,等待着成为某位领导人的陆军。"这是因为共和国对远在他乡的大军失去了控制,而它的将军们将这个共和国转变为一个'帝国'。"③这些将军们有能力制造绝对的服从,并运用这一力量进行国内镇压。为了财富,他们甚至不惜进攻自己的祖国。公元前 1 世纪,帝国军队压倒了罗马元老院和执政官的能力。公元前 49 年,尤利乌斯·恺撒违反罗马法,指挥其军队越过了意大利北部一条被称为卢比孔的小河,不顾他们不应打内仗的信条,搞得罗马人杀死罗马人,使罗马陷入了各凯旋大将军所率军团的内战之中。尽管公元前 44 年恺撒遇刺,但"在此过程中被它的两个执政官毁掉了其选举制度,使罗马元老院陷于瘫痪,永久性地结束了处于共和国生活中心的间或举行的公民集会(popular assemblies)和平民会议,并开始了永久的军事独裁"④。

二、 走向帝制的罗马及其民主法治的衰落

随着罗马的扩张和扩大,"共和体系纵然会用严格的法律,来约束官员的活动,到后来,却承担不起帝国的统治责任,惟一的解决办法只好让皇帝来掌握无限的权力。……也无从能够节制——以捐税虐政,榨干罗马的国力。……这一显明的事件,使我们得窥古代世界致命的弱点"⑤。例如元老院

---

① 爱德华·吉本:《罗马帝国衰亡史》(上册),黄宜思、黄雨石译,商务印书馆 1997 年版,第 104 页。
② 孟德斯鸠:《罗马盛衰原因论》,婉玲译,商务印书馆 1997 年,第 48—49 页。
③ 约拉姆·巴泽尔:《国家理论:经济权利、法律权利与国家范围》,钱勇、曾咏梅译,上海财经大学经出版社 2006 年版,第 196—197 页。
④ 查默斯·约翰逊:《帝国的悲哀:黩武主义、保密与共和国的终结》,任晓、张耀译,上海人民出版社 2005 年版,第 16 页。
⑤ 弗里德里希·沃特金斯:《西方政治传统:近代自由主义之发展》,黄辉、杨健译,吉林人民出版社 2011 年版,第 15 页。

历来与恺撒的关系十分紧张，但是当后者于公元前 56 年带着辉煌的战功和巨大的财富从不列颠返回山南高卢时，仍有 200 多名元老亲临他的驻地，其中一些人是前来讨取金钱和利益的，另一些人则是前来对已获权益表示谢意的。元首政治确立以后，元老院甚至丧失了仅有的那点政治协调的作用，现在元老们开始争先恐后地在皇帝面前呼喊诸如"由于您我们才拥有荣誉、财富和一切"等口号①，他们对于皇帝的吹捧达到这样的程度，以致连皇帝本人都感到过分肉麻而不予接受。屋大维死后，新皇提贝里乌斯继位，元老院迫不及待地把各种荣誉加在新皇的头上，在遭到拒绝以后，元老们便把皇帝的母亲里维娅当作大肆谄媚的对象，有人建议给她加上"太后"的尊号，有人主张给她"国母"的光荣。② 显然，帝制已经取代共和。"所有的权力都由皇帝掌握，并且由他通过只向他个人负责的民事服务人员加以行使。元老院甚至丧失了立法权力机构的形象，萎缩得差不多像是罗马的城市会议。执政官仍然保留着，但他们的职位纯粹是荣誉性的。"③而"一旦这些帝国建立起来，它们就破坏了通过建立法治的方式所取得的许多成果。立法的、行政的和司法的职能都集中在君主及其依附于他的机构手中。帝国的命令可以不受法律普遍性要求的限制，那种相对多元的、相互冲突的社会已经让位给了一个更为牢固的等级体制"④。

其一，"国家的演变也导致关于法的渊源的理论发生演变……，从历史的和本质的观点看，这种演变同君主制在塞鲁时期登峰造极的发展相互联系，那时，人们确立了这样一条原则：'君主喜欢的东西就具有法律效力（quod princi-pi placuit legis habet vigorem）'以及另一项相应规则'君主不受法律的约束（princes legibus solutus est）'"⑤。事实上，"赋予国王的意志以法律效力的观念起源于古罗马，确切地说，源自拜占庭"⑥。早期罗马人法律渊源的程序性也日渐消失了，而皇帝的谕令取代其他渊源成为最为重要的法律渊源，"法律"（lex）一词就被用来指皇帝的谕令。西塞罗生前就曾抨击苏拉那部残酷的公敌法令，他说这样的法律就不应再视为正义，因为"正义只有一个；它对所有的

① 塔西佗：《编年史》（下册），王以铸、崔妙因译，商务印书馆 1981 年版，第 347 页。
② 同上书，第 16 页。
③ 巴里·尼古拉斯：《罗马法概论》，黄风译，法律出版社 2010 年版，第 12 页。
④ R. M. 昂格尔：《现代社会中的法律》，吴玉章、周汉华译，译林出版社 2001 年版，124 页。
⑤ 朱塞佩·格罗索：《罗马法史》，黄风译，中国政法大学出版社 2009 年版，第 392 页。
⑥ 罗斯科·庞德：《普通法的精神》，唐前宏等译，法律出版社 2001 年版，第 45 页。

人类社会都有约束力"①。

其二,诉讼形式也发生了变化。共和国时期主要是程式诉讼,程式诉讼程序强调最受影响的当事人就程式和审判达成协议的做法以及两个诉讼阶段的划分。然而,在公元342年,君士坦兹(Costanzo)和君士坦第(Costante)皇帝在一项谕令中将其废除了。帝国促使了"非常诉讼"的产生,"非常审判的原则却是纠问制……"②,"非常审判程序同私人审判制度(ordoiudiciorum priva-torum)的程序相对立的主要因素在于取消法律审和事实审这两个阶段的划分"③。事实上,"这意味着当事人和作为审判者的执法官在有关活动中地位完全改变;由于国家机构的干预,传唤受审具有了一定的权威性;在诉讼活动的进行中,当事人的参与不再是基本的,诉讼可以在被告缺席的情况下进行"④。

其三,随着帝制的发展,原来作为共和国时期的裁判官的地位也不断下降,越来越沦为与其他普通皇帝官员并无二致的官僚。因为随着法律开始成为皇帝的意志,而实施该意志法律的法官也就逐渐成为政治官僚,法官开始出现官僚化倾向。"现在,法的唯一渊源是皇帝,法学家的位置已由皇帝文书处的无名民事勤杂吏所取代。"⑤因为,"这种法学家是共和国政治和社会生活的产物。当共和国的治理形式被抛弃并且出现新的帝国官僚机构时,他们不可能完全不受影响。他们在公共生活中仍然保持着卓越的地位,但现在却越来越经常地出现在皇帝官僚机构的高级官吏行列中"⑥。也即,"随着与君主有关的组织产生出吸纳力,我们看到人们通常所说的法学官僚化进程,也就是说,法学家们担任帝国高级官员的职务,并且成为君主顾问委员会(comsilum)的领薪顾问(consiliarii)"⑦。并且,"在塞维鲁时代,那些单纯的法学教师在法学家中没有什么显要的地位,而像帕比尼安、保罗、乌尔比安等伟大的法学家均属于官僚阶层,因而,专制时代的官僚主义平庸吞噬了法学家的个性,使得法

---

① 西塞罗:《国家篇·法律篇》,沈叔平、苏力译,商务印书馆1999年版,第163页。
② 朱塞佩·格罗索:《罗马法史》,黄风译,中国政法大学出版社2009年版,第371页。
③ 同上书,第369页。
④ 同上。
⑤ 巴里·尼古拉斯:《罗马法概论》,黄风译,法律出版社2010年版,第29页。
⑥ 同上书,第28页。
⑦ 朱塞佩·格罗索:《罗马法史》,黄风译,中国政法大学出版社2009年版,第398页。

学学派的水平越来越低"①。

三、 西罗马帝国的灭亡与西方古典城市化时代的结束

　　帝制尽管一时适应了罗马疆域扩大后治理的需要,但也陷罗马于危机之中。再加上日耳曼和其他野蛮部族的入侵,已使得罗马伤痕累累。最终西罗马帝国于公元476年灭亡了,它标志着西方古典城市化时代的结束,并从公元5世纪以后开始退回到一种纯粹的农业文明状态。正像马克思所指出的那样,"城市乡村化"②。他认为此时古典文明日益乡村化,城市本身开始消失,商业交易和流通已经降到最低限度,整个社会生活都建筑在地产和对土地的占有上,公共政治权力分散到各个代理人之手并被视为世袭权力。与城市文明相伴的其他东西也消失了。"正如商业和古代城市的大理石雕像都已消失一样,古代城市所有的知性成就和价值似乎都已沉入黑暗之中;(其中包括,引者注)古人的艺术、文学、科学以及他们的商法。"③而西方也就进入了千年的"黑暗"中世纪时代,即"西欧的黑暗时期是古罗马帝国崩溃后至公元1000年左右的一段城市生活停滞衰亡的时期"④。

　　罗马帝国虽因其丧失了城市基础,而使其民主法治走向了衰亡,但其留下的有关城市的丰富遗产,成为以后西方现代性和民主法治的重要资源。"后来欧洲的主要城市,约克、伦敦、特里尔、巴黎、维也纳和布达佩斯等,都从诞生于台伯河畔的这座'天才城市'中获益匪浅。"⑤首先,罗马法与城市文明相联,因而具有现代意义。《十二铜表法》所在的社会比希伯来民族进步了很多,它比较接近我们这个时代。这是因为,罗马社会曾经经历过静止的犹太社会形态,后来超越了它,发展成为城邦社会形态。"⑥其次,罗马人民主权观与城市文明

---

① 朱塞佩·格罗索:《罗马法史》,黄风译,中国政法大学出版社2009年版,第398页。
② 《马克思恩格斯全集》第46卷(上册),人民出版社1972年版,第480页。
③ 马克斯·韦伯:《古典西方文明衰落的社会原因》,载甘阳选编:《韦伯文选第一卷:民族国家与经济政策》,甘阳、李强等译,生活·读书·新知三联书店1997年版,第31页。
④ 保罗·诺克斯、琳达·迈克卡西:《城市化》,顾朝林等译,科学出版社2009年版,第40页。
⑤ 乔尔·科特金:《全球城市史》,王旭译,社会科学文献出版社2010年版,第47页。
⑥ 埃米尔·涂尔干:《社会分工论》,渠东译,生活·读书·新知三联书店2013年版,第102页。

相联,因而具有现代意义。"人民主权观、社会契约论、统治者与被统治者订立契约的思想,皆可以在西塞罗思想中找到或清晰或含混的雏形。"①再次,基督教与城市文明相联,因而具有现代意义。基督教本身就是一种城市宗教。"在基督教社会里,一开始就有了城镇。"②

① E. S. 考文:《美国宪法的"高级法"背景》,强世功译,生活·读书·新知三联书店 1996 年版,第 9 页。
② 埃米尔·涂尔干:《社会分工论》,渠东译,生活·读书·新知三联书店 2013 年版,第 216 页。

第三章　中世纪至民族国家时代欧美的城市化进程与民主法治发展

第一节　中世纪西欧城市的兴起、独特性及现代性意义

一、中世纪西欧城市兴起的原因

西罗马帝国的灭亡,带来了古典西方城市的消失,欧洲历史进入了中世纪。而中世纪西欧城市在 11、12 世纪再度兴起和发展起来,并且,"中世纪时期是欧洲城市发展史上的一个形成期"①。或言之,对欧洲现代城市的理解,必须回到中世纪城市中去探源。尽管欧洲许多城市发展于现代,但"事实上,欧洲大部分主要城市形成于 14 世纪之前。因此,研究欧洲城市化的发展需要回溯一段很长的历史。有关欧洲现代城市基本特征的问题,则需要中世纪而非近代工业化时期去寻找答案"②。通过史实考察可以发现,中世纪西欧城市的兴起和发展远非经济发展的产物,而是经济、政治、宗教、社会和法律多种因素共同作用的结果。

---

① A. E. J. 莫里斯:《城市形态史:工业革命以前》(上册),成一农等译,商务印书馆 2011 年版,第249 页。
② 保罗·霍恩伯格、林恩·霍伦·利斯:《都市欧洲的形成》,阮岳湘译,商务印书馆 2009 年版,第 7 页。

（一）有利于中世纪西欧城市兴起与发展的西欧封建制度因素

首先，中世纪西欧城市是西欧封建制度的独特产物。中世纪城市所处的社会环境与东方不同，在东方，城市多被乡村所同化，但在中世纪西欧，城市的自治和独特性能在其封建制度的多元权力结构中保障下来。西欧封建政治并没有消灭城市，城乡的对立始终存在着。一般说来，发展工商业会带来对农业文明秩序的冲击，因此统治者都会极力压制工商业发展。但中世纪西欧由于存在的是封建制度而缺乏统一君主官僚制基础，因而也就无法扼杀工商业这个胚胎，作为不争事实，"中世纪城镇之所以能够发展起来，正是因为封建生产方式中等级制分散性主权第一次将城镇经济从农村统治阶级的直接控制下解放出来。……在西欧，从此意义上看，城镇从来就不是产生于封建主义之外，事实上，它们生存的条件恰恰是封建主义政治——经济秩序之内的主权'非集权化'"[①]。也就是说，在中世纪西欧"城市商品生产的产生不是如这样出自封建主义内部；它当然比这要早。但是封建主义方式却首先允许它在自然农业经济中自主性发展"[②]。换言之，西欧多元共存的封建制度使得新生工商业社会力量能在多元权力的缝隙中得到生存和发展，"中世纪欧洲具体的社会结构一直是复合的体系，其中其他生产方式在正常的封建主义中残留下来并交织在一起"[③]。即，中世纪西欧封建制度"总是能容许'异质的'合作实体在它的空隙中存在"[④]。或言之，"与封建制度不相类似的社会成分和机构在借用封建的形式时，并不放弃他们自己的本性和特殊原则"[⑤]。表现为，"在11、12世纪，广泛的商业活动是与庄园的生产方式和封建的社会政治关系并存的。新出现的商法体系——它是典型的资本主义法——是与西方的封建法体系和庄园法体

---

① 佩里·安德森：《绝对主义国家的系谱》，刘北成、龚晓庄译，上海人民出版社2001年版，第8页。

② 佩里·安德森：《从古代到封建主义的过渡》，郭方、刘健译，上海人民出版社2001年版，第154页。

③ 同上书，第159页。

④ 同上书，第152页。

⑤ 基佐：《欧洲文明史——自罗马帝国败落起到法国革命》，程洪逵等译，商务印书馆1998年版，第62页。

系同时产生的"①。可以说,西欧封建社会包含着农业和工商业两种经济生活的共生:"城镇和乡村一种强有力的对立只有在封建生产方式中才有可能:一方面是增长着商品交易的城市经济,它是由商人控制、由行会和公司组织的;另一方面是自然交换的农村经济,它是由贵族控制并在庄园和条田上组织的,还带有公社和农民个人的分散地块。"②

显见,中世纪西欧城市兴起的一个重要的条件就是西欧封建制度,没有这一重要条件,城市仍只不过是农业贵族的城堡或是庄园领地的延伸,城市的发展仍摆脱不了同东方一样的轨迹和命运。正是在这种封建制度下的多元权力共存保护下,中世纪西欧初期的商品货币经济和城市发展没有受到集权秩序压制,而逐渐积累和发展了非常强大的实力,并成为推动和引导社会变革的重要力量。也即,正是这种城市因素,催化了资本主义走向历史前台,成为西方由中世纪传统社会向现代法理型社会转变的真正载体。在西方,城市和资本主义实际上是合二为一的,城市是资本主义形成的第一块基石。当西欧城市在封建社会母体中发展到一定程度后,它便要求彻底冲破封建制度束缚,历史也就由封建社会进入了近代社会。

(二) 有利于中世纪西欧城市兴起与发展的商业因素

由于西欧封建制度下国王权力软弱,国王不能对整个社会经济生活给予干预,人们的经济生活主要依靠商业来调节,而使得市场、城市的存在和发展成为一种必需和必然。正如布罗代尔所言:"实际上,在封建社会里到处都有市场。"③可以说,"市场——是中世纪城镇形成的原因——出现的方式多种多样"④。中世纪西欧随着11、12世纪商业的复苏,城市逐渐发展起来。"城市是

① 伯尔曼:《法律与革命——西方法律传统的形成》,贺卫方、高鸿钧等译,中国百科全书出版社 1993 年版,第 407 页。
② 佩里·安德森:《从古代到封建主义的过渡》,郭方、刘健译,上海人民出版社 2001 年版,第 154 页。
③ 费尔南·布罗代尔:《资本主义的动力》,杨起译,生活·读书·新知三联书店 1997 年版,第 83 页。
④ A. E. J. 莫里斯:《城市形态史:工业革命以前》(上册),成一农等译,商务印书馆 2011 年版,第 272 页。

地区居民从事贸易和手工业活动的中心。"①正如一些学者所指出的："关于中世纪城市起源的真正线索,似乎是在于'商人'、'堡'和'市民'这些名词方面。"②这也使得中世纪西欧城市首要的基础并非军事和政治权力,而是商业中心。"就城市的发展来说,基本的共同原则:这些城市中心源于同一个原动力的和积极的因素,应是贸易。"③这也决定中世纪西欧城市的特质与属性:"城市的兴起既是工商业发展的结果,也是工商业发展的标志。"④皮雷纳认为城市就是一个商业社区,他在《中世纪的城市》一书中这样写道:"城市事实上只有从外面进口食物才能生活。另一方面必须出口对等的或曰等价的工业产品,以与进口相适应。于是在城市与其附近地区之间建立起一种经常性的相互帮助的关系。商业和工业对于维持这种相互依存的关系是必不可少的:如果没有进口保证生活必需品的供应,没有出口用交换品抵偿进口,城市就要灭亡。"⑤另外,亨利·皮朗认为,这种商业属性城市起初并没有妨碍贵族的利益,反而对他们是有利的。即,"世俗的诸侯很快就发现城市兴起对他们的好处。因为随着城市水陆两路的商业发展、交易的增加,要求货币有相应的增加,从各种税收、各铸币厂所得到的收入,自然日益增多地流入诸侯的财库。因此,封建领主对市民采取一种亲善的态度,这是不足为奇的。而且封建领主们一般都居住在自己的乡村堡垒里,与城市居民没有接触,由此避免了许多冲突"⑥封建领主在领地庄园里,城市主要是工商业者的住所。

(三) 有利于中世纪西欧城市兴起与发展的城市自治因素

1. 中世纪西欧城市自治的表现

城市自治是构成中世纪西欧城市兴起与发展的重要条件,没有自治的城市要么陷入封建特权结构的桎梏,要么只能裹足不前。"在中世纪的西方,城

---

① 里夏德·范迪尔门:《欧洲近代生活:村庄与城市》,王亚平译,东方出版社 2004 年版,第 62 页。

② 汤普逊:《中世纪经济社会史》(下册),耿淡如译,商务印书馆 1963 年版,第 415 页。

③ 同上书,第 421 页。

④ 亨利·皮雷纳:《中世纪的城市》,陈国樑译,商务印书馆 1985 年版,第 81 页。

⑤ 同上书,第 84 页。

⑥ 亨利·皮朗:《中世纪欧洲经济社会史》,乐文译,上海人民出版社 1964 年版,第 49 页。

市的发展不只是生态学那种独特的定居,稠密的定居居民专心地从事城市生产和商业经营,而且还是政治上的自治统一体。"①作为不争事实,"在欧洲中世纪,城市的明显特征是具有自己的法律、法庭和自治的行政"。② 这也使得中世纪西欧城市成为一个完全不同于农村社会的自治组织,表现为人们"基于共同的意愿组织了一种城市自治团体,有组织地与封建势力相抗衡,在自己的围墙内维持和平,保障基于法律的正常秩序"③。换言之,"市民要求不是去统治别人而是统治他们自己的权利,甚至在那时也只是要求精心设计并保护一种考虑获得和生产需要的产品和生活方式的安全,而不是领导的实践和战争的经验"④。也即,"为了申明和捍卫他们享有的公民权,城市设立了两种有意义的军事手段:城墙和其他堡垒,以及城市民兵。尽管前者纯粹是防御性的,后者既可以用于防卫也可以用于进攻目的,二者都靠城市经济力量的增长来支持"⑤。需要指出的是,城市法及商法对城市自治发展极为重要。在城市自治发展过程中,"如何把市民聚集在一起并且把他们结合在比我们所知的农村更复杂并更有生气的商业区和生产行业的劳动分支中;它主要是建立一种统治条件和法律环境,以使商业行为和工艺活动有可能获利,并使城市能够取得政治自主权和军事上的自给自足"⑥。这也表现在,"早期城市宪章,同时包括其他为统治者赐予的或是城市自动产生的宪法文件,主要关心之处在于创造一个使其'免于'遭受具有封建制度特征的独立程序统治的独特的司法环境"⑦。因为自中世纪以来,封建因素(以及处于从属地位的乡村公社)已经发展出以土地为中心的庞大复杂的司法统治的主体,这些统治者规定土地的占有条件,定居在土地上的社会集团以及这些集团剥削的方式,这是与中世纪农业社会制度相适应但不适应城市及其所内涵的商品经济发展需要。城市通过发展城

---

① 贾恩弗兰科・波齐:《近代国家的发展——社会学导论》,沈汉译,商务印书馆 1997 年版,第40 页。

② 马克斯・韦伯:《文明的历史脚步》,黄宪起、张晓琳译,上海三联书店 1988 年版,第 170 页。

③ R. C. Van Caenegem, *Legal History: A European Perpective*, The Hambledon Press, 1991, p. 127.

④ 贾恩弗兰科・波齐:《近代国家的发展——社会学导论》,沈汉译,商务印书馆 1997 年版,第43 页。

⑤ 同上。

⑥ 同上。

⑦ 同上。

市法和商业不但能解决自身问题,并且也利于实现自治,即"商人们不仅可以在这里一起居住和共同进行防卫,而且能够摆脱封建政权的控制,建立自己的地方政府,制定自己的法律和身份原则"①。

由是,在中世纪欧洲,商人们就在封建法的旁边奋力发展自己的自治和法律,这对近代西方资本主义兴起和发展意义重大。韦伯就指出:"我们许多特定的资本主义法律制度不是来源于罗马法,而是在中世纪产生的。"②中世纪西欧市民阶层由商人、城市无产者、小手工业者等组成,他们希望以一种强有力的制度手段来维系他们业已建立起来的贸易惯例和契约关系,用法律手段扶持工商业和开辟高级商品经济形态。在法律制度创新上有遗产继承、借贷契约、委托代理、不动产买卖和公证制度等;在经济活动方面,则创造了银行、保险、信用、股份制、商法以及复式簿记、统计学和公用事业工程等,其许多内容沿用至今。也正如韦伯所指出的那样:"事实上,现代资本主义的一切特有的制度都不是归要于罗马法。无论出自私人债务或战争贷款的有息债券都起源于中世纪的法律,……同样,股票也起源于中世纪或现代的法律,在古代法律中还是陌生的。汇票也是这样;阿拉伯法、意大利法、德意志法和英国法都有助于汇票的发展。商业公司也是中世纪的产物,只有委托事业在古代是流行的。抵押,连同注册的保障、信托书以及代理权等也都起源于中世纪而不能追溯到古代。"③

2. 中世纪西欧城市自治的原因

其一,中世纪西欧的主要法律和习惯多是用以保护封建当权者利益的,对商人来说是敌对的和异己的,商人阶层与这种法律制度的冲突及文化摩擦是不可避免的。"从本质上看,市民是以经营商业为生。他们从买卖差价或借出与还回的资金差额中获取生计费。由于这种居间牟利的合法性——除非只涉及工人或运输工的工资——遭到神学家的否认,其性质为骑士社会所误解,所以他们的行为规则与盛行的道德准则发生明显的冲突。就市民而言,作为不

①　M. Postan, *The Medieval Economy and Society*, University of California Press, 1975, p. 212.

②　马克斯·韦伯:《论经济与社会中的法律》,张乃根译,中国大百科全书出版社 1998 年版,第 119 页。

③　马克斯·维贝尔:《世界经济通史》,姚曾廙译,上海译文出版社 1981 年版,第 290 页。

动产的投机者,他们发现对其地产的封建限制是难以容忍的,因为他们的生意需要得到迅速处理,随着生意的发展,它继续产生新的问题,所以传统司法程序的迟滞、复杂和拟古风气,使市民感到恼怒。……简言之,这个社会所创立的各种制度中几乎每件事情都使他们焦虑不安,烦躁不已。"①在此过程中,"对他们更好的倒是依赖那些在商人集团内部确立的规则、法庭和非正式的控制措施。与那些由高高在上的统治者制定、由博学的法官适用的原则相比,实际上,这种商法有更好的机会对贸易需要作出实质性的反应。而且,商人们更易于理解和预测的是商人法庭所做出的判决,而不是期待神秘的法律分析和律师在协调对立利益时所得出的结论"②。另外,"城里的一些限制和规定,纵然使城里一些投机商感到麻烦,但与乡村的封建强征勒索相比,还可以忍受,而且由于是大家同意的,用法律形式固定下来的,所以也不容易朝令夕改,反复无常"③。

其二,商人获取利润的手段和前提是平等交易,要求双方地位上的一致,封建经济靠世袭和身份关系进行安排不合商人味口。"从内容上看,城市法和商法基本上废除封建人身依附关系和封建领主的特权,使土地可以自由出租、买卖、交换、抵押和让与。不仅如此,还废除了错综复杂而又充满形式主义的诉讼程序,证人作证代替宣誓保证人和司法决斗,罚金代替赎命和肉刑等。"④作为不争事实,商品经济原则是不能归入封建等级制身份关系和政治制度之中的,由此"就法律内容分析,城市法中的许多具体法规、条例和规则,明显地是与封建等级制度的特权法相对立的"⑤。作为一种必然,城市发展出了一种不依人们的社会等级而分配权利、义务的法律制度,即"创立具备普遍性和自治性的法律秩序,旨在克服等级和阶级差别现象的规则和程序"⑥。与此同时,"这种法在形式上意味着消除了法的旧的属人主义原则,而在实质上意味

---

① 马克·布洛赫:《封建社会》,李增洪、侯树栋、张绪山译,商务印书馆 2004 年版,第 576—577 页。

② R. M. 昂格尔:《现代社会中的法律》,吴玉章、周汉华译,译林出版社 2001 年版,第 70 页。

③ 刘易斯·芒福德:《城市文化》,宋俊岭、李翔宁、周鸣浩译,中国建筑工业出版社 2009 年版,第 74 页。

④ 亨利·皮雷纳:《中世纪的城市》,陈国樑译,商务印书馆 1985 年版,第 79 页。

⑤ 叶秋华:《资本主义民商法的摇篮——西欧中世纪城市法、商法与海商法》,《中国人民大学学报》2000 年第 1 期。

⑥ R. M. 昂格尔:《现代社会中的法律》,吴玉章、周汉华译,译林出版社 2001 年版,第 66 页。

着对采邑团体和等级的世袭制度的突破"①。可以说，"中世纪城市的发展也加强了个人，削弱了大于个人的亲属团体"②。孕育出一种个体意识，它的独特之处，在于"它将个人置于经济、伦理及政治制度的中心"③。于是，"个人……开始成为法律科学的中心，自此以后，法律开始着力描述人的法律特征，人的行为能力及个人权利的范围"④。事实上，作为自治的城市，实在没有理由拥护一个由乡土身份特权社会所发展起来的法律，城市需要一个基于契约和地域而不是血缘和家族的法律结构。城市法与公民权互为一体，社会结构单位和连接的纽带便是公民权，公民的概念取代了臣民的概念，自由契约的概念取代了依附关系。城市法排斥了封建的身份法和特权法，确认了以自由和平等为基础的法律。法律面前的人人平等，更是城市法有别于封建等级特权法的显著标志。也即，"人人有平等权利的思想，公民享有自由和参与公共事务的思想，久而久之必然会建立一个市民的法律制度，它不再承认等级的划分"⑤。

其三，商业的发展也需要一种更加注重效率和尊重商业属性的法律。皮朗在论述中世纪城市法律制度的形成时指出："传统的法律，程序结构拘泥狭隘，仍使用神判法、司法决斗，其法官是从农村居民中选拔出来的，这种法律只是一些逐渐形成的惯例，其作用是处理以耕种土地或以土地所有权为生的人们的关系，这种法律不能适应以工商业为生计的人们。需要有一种更为灵活的法律，一种更为迅速、更不依赖偶然性的证明方法，需要熟悉受审者的职业情况，能够凭借对案情的知识迅速结束争论的法官。在较早时期，或最迟在11世纪初，由于环境的需要，产生了一种萌芽性的商法。"⑥而作为一种新生产物，"新出现的商法体系——它是典型的资本主义法"。⑦ 在泰格、利维眼中，11、12世纪是商人创造自己法律的时代，"11世纪和12世纪的城市运动，使人受到鼓舞，力图摆脱封建制度，他们定居在那些老城的土地上，从事创建新的

① 马克斯·韦伯：《经济与社会》(下册)，林荣远译，商务印书馆1997年版，第610页。
② 又伦·麦克法兰：《英国个人主义的起源》，管可秾译，商务印书馆2008年版，第68页。
③ 同上书，第1页。
④ J. M. 凯利：《西方法律思想简史》，王笑红译，法律出版社2002年，第137页。
⑤ 里夏德·范迪尔门：《欧洲近代生活：村庄与城市》，王亚平译，东方出版社2004年版，第88—89页。
⑥ 亨利·皮朗：《中世纪欧洲经济社会史》，乐山译，上海人民出版社2014年版，第49—50页。
⑦ 伯尔曼：《法律与革命——西方法律传统的形成》，贺卫方、高鸿钧等译，中国大百科全书出版社1993年版，第407页。

法律体制,来保护他们的经济生活"①。因此,近代商法尽管可以追溯到罗马法的根源上,但主要还是在中世纪意大利的自由城市中产生的。②

其四,中世纪城市带来了法律程序完善。"城市法所授予的市民权利的一大特色在于包括一种并非神明裁判或决斗裁判而是由同等公民裁判的理性的审判程序。不经法律程序,不得进行任意的逮捕和监禁。"③也就是说,中世纪西欧城市法律革命的重要成果便是建立了一种特殊的城市诉讼程序,废除非理性的取证手段,特别是废除了决斗。另外,"城市法的共有特征不仅在于采取一种契约关系的形式,而且在于采取一种其成员之间参与关系的形式"④。陪审团是一个由居住在城市中的市民推选出来的市民代表组成的誓约团体,12世纪上半叶科隆的城市法规定,市民共同选出这个城市里的法官、陪审员和法警,实施赔偿的审判权,制定那些能够负责食物安全的警察,全体成员根据钟声履行他们在各部门的职责。城市的费用由全体居民分摊,惩罚的形式是拆毁房屋。如伦敦公害法庭已出版档案记录的1301—1431年间61宗市政管理案件,其中不少是市长或市政会就有关市民违反城管条例或卫生条例而向公害法庭提出申诉,再由陪审团作出判决的,市长或市政会则依据判决对相关被诉人作出处理。

3. 城市自治对城市和商业发展的重要影响

史实证明,先得有被法律、法治保护的城市和市场,然后才有城市和商业的根本性发展。商品经济和城市是东西方社会所共有的现象,为什么只有在西方才有不断发展的成熟化、制度化的商品经济和城市,因为西方的城市和商品经济有其自身发展的法律基础。人类的商品生产和交换关系发展很早,但都过于简单和缺乏进一步发展的基础,就制度条件而言,只是到了有法律基础的条件下,才发生了根本性变化。要准确地把握中世纪西欧城市的高级形态商品经济,关键在于了解法律基础。高级形态的城市和商业经济都要有自身法律制度基础。也正如伯尔曼所说:"11世纪晚期和12世纪新的法学为按照

---

① 泰格、利维:《法律与资本主义的兴起》,纪琨译,学林出版社1996年版,第376页。

② 参见 E. Jenks, *Law and Politics in the Middle Ages*, New York, 1973, p. 30.

③ 伯尔曼:《法律与革命——西方法律传统的形成》,贺卫方、高鸿钧等译,中国大百科全书出版社1993年版,第480页。

④ 同上书,第476页。

秩序和正义的新概念把各种商业关系制度化和系统化提供了一种框架。假如没有诸如流通汇票和有限责任合伙这样一些新的法律设计,没有对已经陈旧过时的以往商业习惯的改造,没有商事法院和商事立法,那么,要求变化的其他社会经济压力就找不到出路。因此,商业革命有助于造就商法,商法也有助于造就商业革命。"①伯尔曼还强调,应该把法律制度既看作是"基础",又是"上层建筑"。② 高级形态的商业发展并不纯粹是一种经济现象,它也是一种法权体系,展现了法治对高级形态的商业发展是不可或缺的。作为不争事实,城市法是指伴随着城市和商业的兴起与社会的变迁而逐步形成并发展的法律体系,法律、法治已构成中世纪西欧城市自治和商品经济发展的基础,它适应了当时的城市内部以及城市间的商业交往。在任何地方,只要物质文明发展到一定程度,就一定会出现城市和商业活动,然而要想达到高级程度,就要有一整套关于所有权、专利保护、统一市场秩序,有利于分工与协作的法律制度,这些法律规范确立得越宽越深,就越有利于促进该城市自治和工商业的整体发展。我们把这些规范称为"专属于城市和工商业的社会规范"。任何社会都会或多或少地出现城市和这种工商业生产方式,但是,有利于促进城市和工商业整体收益的"专属于城市和工商业的社会规范"并不是所有社会都有,而这种法律规范所确立的范围和程度不同,则会对城市和工商业生产的发展起不同的作用。

　　由此,也就不难理解传统中国的城市和商品经济发展为什么就不能达到西方那样的高级形态。换言之,造成这种现象的背后是制度原因而非经济因素。由于传统中国的城市和商业缺乏自身的法律制度因素,其结果正像一些学者所指出的那样,"经济领域虽存在极有利的条件,但丝毫看不到向现代资本主义发展的苗头"③。对此,韦伯就明确指出,中国"缺乏资本主义'经营'的法律形式和社会学基础"④,也就是说,"中国缺乏像西方那样的一种自由的、通过协作来调节的商业和手工业所拥有的一套稳固的、得到公认的、形式的、并

---

①　伯尔曼:《法律与革命——西方法律传统的形成》,贺卫方、高鸿钧等译,中国大百科全书出版社 1993 年版,第 409 页。
②　同上书,第 361 页。
③　马克斯·韦伯:《儒教与道教》,洪天富译,江苏人民出版社 1995 年版,第 69 页。
④　同上书,第 103 页。

且可以信赖的法律基础"①。中国并非没有城市和商品经济,但没有基于法律、法治基础上的制度化的城市和商品经济。也即,中国只有经济萌芽而没有制度萌芽,而没有制度萌芽也就没有真正的资本主义萌芽。因为没有法律、法治做基础,合理性的资本主义经营方式在传统中国就无从生根。历来国内学者都习惯从生产力、生产工具的视角,去阐论和诠释阻碍传统中国商品经济发展的原因,事实上他们忽略了一个重要因素——法律、法治的缺乏对商品经济发展的阻碍。由于法律保障的缺失,会造成商人的不安定性和危机感强化,为了减轻竞争的残酷性和风险性,传统中国商贾在获利之后往往倾向于购田置产、变成地主,或者捐官买爵、混淆仕商。应该说,迟至自宋代以降,随着经济规模的扩大和商品经济的发展,中国存在着对相应的法律的强烈的制度需求,但中国缺乏西方那样的制度化基础。正如亚当·斯密在《国富论》中所指出的,马可·波罗客居中国时代以前,"中国财富,就已经达到了该国法律制度所允许之极限"②。

(四) 有利于中世纪西欧城市兴起与发展的基督教因素

基督教对中世纪西欧城市的复兴,也有着重要推动作用。其一,基督教对瓦解血缘家族组织具有一定功能,尽管"一系列因素合力打碎了原始的'氏族'体系。其中一个因素就是基督教,它鼓励一种抽象的、非家庭主义的态度,十分重视信徒个人:'每一个基督教共同体都主要是信徒个人的忏悔结社,而不是亲属团体的宗教仪式结构。基督教共同体对扩展型家庭的意义非凡的摧毁……',为自治的资产阶级在西欧城市中发展起来奠定了基础"③。其二,基督教所倡导的和平运动也有利于城市发展。10世纪末由基督教会在西欧大陆发起的"上帝的和平"运动,是由当时的政治、经济和宗教等原因共同促成的。其中,一个重要原因是当外族入侵活动停止后,骑士就把武力的矛头指向西欧内部,他们转而以暴力抢劫为生,当时最富裕的教会就成为其首选目

---

① 马克斯·韦伯:《儒教与道教》,洪天富译,江苏人民出版社1995年版,第26页。
② 亚当·斯密:《国民财富的性质和原因的研究》(上册),郭大力、王亚南译,商务印书馆1972年版,第85页。
③ 艾伦·麦克法兰:《英国个人主义的起源》,管可秾译,商务印书馆2008年版,第67页。

标,社会中的非武装人员——教士、农民等就成为骑士争战和抢劫的牺牲品。10 世纪的骑士多是些傲慢、目不识丁、言谈举止粗鲁的武士,骑士以战争为职业,骑士之间的争斗不是依靠国王的司法来仲裁,而是用他们手中的刀和剑来解决。基督教会发起"上帝的和平"运动包括"上帝的和平"和"上帝的休战"两个阶段,主要通过举行和平集会等活动,力求限制贵族的私战和骑士的暴力行为,从而保护社会各阶层免受其害。尽管基督教会发起"上帝的和平"运动具有自己的动机,首先有其经济动机,基督教会希望借助它保护教会的财产、教士的人身安全。但教会宣扬"上帝的和平"也保护了农民和商人的人身和财产安全,这是因为农民和商人交纳的地租和什一税是教会收入的重要组成部分。另外,和平的观念在基督教的文化传统中拥有着悠久历史,反对暴力,不以暴抗暴,这对城市发展和复兴是极为重要的。在古罗马帝国,面对统治者惨绝人寰的屠杀,基督教徒并没有采取以暴易暴的反抗,而是用信念、宽容和爱化解了仇恨,最终赢得了罗马国教的地位。也即,基督教徒"以爱和宽容面对任何迫害,即便面对最残暴的迫害,也决不号召以暴易暴,而是以徒手的爱融化全副武装的恨,以非暴力的良知拒绝暴力的强制。这被奥古斯丁称之为'基督徒的良知权利',是现代的'非暴力反抗'的先驱"[1]。总之,这一运动使西欧的社会秩序有所好转,有利于西欧的经济复兴和城市发展。

二、 中世纪西欧城市的独特性

作为不争事实,中西传统社会差别主要体现在城市上。换言之,理解传统中西城市之别,对于评价现代化在东西方的不同起源具有关键意义。中世纪西欧城市就规模和人口而言,同中国、印度或中东的城市相比是微不足道的,但由于拥有日益增长的商业、自治和民主法治属性,它们显得十分独特。正是基于这一点,使得从韦伯到伯尔曼的许多研究者都反复强调,中世纪西欧城市是西方所独有的,是其他任何文明所缺乏的。韦伯就指出,"真正的城市是西

---

① 威尔·杜兰:《世界文明史:恺撒与基督》(下册),幼狮文化公司译,东方出版社 2003 年版,第 859 页。

方特有的一个制度"①,"西方之外没有城市"②。

(一) 中世纪西欧城市是西方现代文明的母体

中世纪西欧城市具有反封建性。中世纪西欧城市经营商业、从事手工业生产,而乡村则从事农业生产。这种分工,使城市和乡村各自拥有自己的生产方式,城市形成了早期的资本主义生产方式,乡村却保留了传统封建主义的生产方式。这种不同生产方式的产生,导致了城市和乡村的对立。要理解现代社会的发展和资本主义的形成,必须以这种对立作为出发点。以市场为中心、以契约为纽带的商品生产和交换也代表着一种新秩序和新文明。正是在这个意义上,西方学者将中世纪城市社会看成是新生事物,即中世纪西欧城市同包围它的农村是分离的,在本质上城市是"封建汪洋大海中非封建的岛屿",城市是"封建社会中的一种外来东西","城市运动在本质上是反封建的"。③

中世纪西欧的城市化之所以成为西方现代文明的母体,是因为其城市产生了一种新的社会形态,"没有哪个时代有过像中世纪城市的社会、经济组织与农村的社会、经济之间那样鲜明的差别"④。在中世纪西欧,"城市是世界上的一种新东西,也是表达近代生活的一种最早的形式"⑤。正是因为城市的商业、自治和民主法治属性,使得中世纪西欧城市已经蕴藏了现代文明的种子。西方现代化这个近三四百年来新型的社会运动是与城市化相互契合的,城市化是贯穿现代化的主线索,并一直延续到现在。"在 8 世纪兴起的封建统治制度到 13 世纪已经经历了与社会经济内容相应的深刻变化。……在这些变化中,城市兴起在政治框架的内外都有很大的意义。尽管等级制国家的兴起并非在任何地方都明显地与城市的发展相联系——例如在西班牙是这样,而在匈牙利则不是这样——一般说来,城市的出现(或复活)在相当程度上照亮了

---

① 马克斯·维贝尔:《世界经济通史》,姚曾廙译,上海译文出版社 1981 年版,第 274 页。
② 马克斯·韦伯:《文明的历史脚步》,黄宪起、张晓琳译,上海三联书店 1988 年版,第 170 页。
③ 汤普逊:《中世纪经济社会史》(下册),耿淡如译,商务印书馆 1997 年版,第 429 页。
④ 亨利·皮朗:《中世纪欧洲经济社会史》,乐山译,上海人民出版社 2014 年版,第 82 页。
⑤ 汤普逊:《中世纪经济社会史》(下册),耿淡如译,商务印书馆 1997 年版,第 407—408 页。

从封建主义向等级制国家的'类型转变'。"①城市化是西方国家走进现代文明的真正推力，只有从城市的角度出发，才能揭示欧洲现代文明的动力、原因和本质。摩尔指出："资本主义发展的最初动力可能来自中世纪的那些城市，……它不断从那些城市中吸取营养，并不断扩展到农村，逐渐形成了毁灭旧秩序的燎原之火。"②布罗代尔在晚年总结其学术思想时，再一次明确指出了城市及其货币的根本性作用："可以说，城市，还有货币，造就了现代性，……城市和货币既是发动机，也是显示器；它们引发变化，它们也显示变化，它们又是变化的结果。"③换言之，西方从中世纪到现代的历史，可概括为这种城乡对立及城市对乡村取代的历史。马克思曾经指出：西方从中世纪到现代，"城乡之间的对立是随着野蛮向文明的过渡、部落制度向国家的过渡、地方局限性向民族的过渡而开始的，它贯穿着文明的历史并一起延续到现在"④。现代文明发展史也就是城市迅速扩张并最终战胜乡村的历史，尤其是工业革命后，"建立了现代化大工业城市（它们像闪电般迅速地成长起来）来代替从前自然成长起来的城市。……它使商业城市最终战胜了乡村"⑤。

　　这也利于深化中西方现代化起动比较。现代化转型可分为两大类，一类是有城市因素的国家；一类是缺乏城市因素的国家。前者转型较容易，后者转型比较困难。"城乡对立在西欧封建社会的初期和盛期十分明显。而在中国封建社会前期，城市居民包括了皇族、官员、地主、商人和手工业者，以及依附于皇族官员、地主的各种人。商人和手工业者受制于官府，他们摆脱不了官府的控制。中国封建社会刚性体制下，既然没有城乡对立，当然也就不可能产生像西欧那样的城市争取自治地位的斗争了。"⑥即，"中国封建社会的城市中的居民不可能形成体制外的异己力量，城市也不可能成为体制外的权力中心"⑦。城市不是体制外的异己力量，当然也就不可能使封建制度改变性质。

---

① 贾恩弗兰科·波齐：《近代国家的发展——社会学导论》，沈汉译，商务印书馆1997年版，第40页。
② 巴林顿·摩尔：《民主和专制的社会起源》，拓夫等译，华夏出版社1987年版，第14页。
③ 费尔南·布罗代尔：《资本主义的动力》，杨起译，生活·读书·新知三联书店1997年版，第10页。
④ 马克思、恩格斯：《德意志意识形态》，人民出版社1961年版，第47页。
⑤ 《马克思恩格斯选集》第2卷，人民出版社1972年版，第67页。
⑥ 厉以宁：《资本主义起源研究：比较经济史研究》，商务印书馆2003年版，第461页。
⑦ 同上书，第455—456页。

既然城市都不是体制外的异己力量，其他就更不是了。农民受到官府和地主的压榨，忍无可忍，揭竿而起，尤其是在大灾之年，流民日众，他们聚集到起义者的旗下，组成起义队伍，攻城略地，打击地主势力，甚至推翻了旧皇朝，但他们所建立的政权依然是乡土性质、传统性质的，传统制度并不因旧皇朝被推翻和新政权被建立而退出历史舞台。农民起义军下改朝换代属于传统体制而不是现代体制的原因就在于此。还有在中央集权势力削弱的情况下，地方封建割据势力纷纷崛起，这些地方封建势力，无论是在他们割据称霸的当地，还是在夺取了中央政权，成为新皇朝的君主以后，都使传统制度延续下来，而不是真正改变。事实上，一些主张中国也可以从内部自然生长出资本主义来的人们，忘掉了中国传统社会没有足够的自主性城市力量自行向现代转型，社会变革缺乏内部驱动力。

(二) 中世纪西欧城市标志一个新的社会阶层——市民阶级的诞生

市民阶级的出现以及城市运动也体现了中世纪西欧城市的独特性。有关市民阶级的观念，"第一个是经济性质的，并且是西方文明所特有的。手工业工人和企业家虽然现在是而且从来是到处都有的，但是从来没有一个地方把他们包括在一个单一的社会阶级之内。……在西方过去就有作为政治权利持有者的市民存在，但是在西方以外却只能看到这种关系的痕迹，……作为既不同于贵族也不同于无产阶级的有财产有文化(或只有其中一种)的这种市民的社会阶级意义，像中产阶级的观念一样，也同样是一种独特的现代和西方的观念"[1]。中世纪初期，在西欧可发现有一个界线分明的三个社会阶级：组成军事层的贵族阶级、构成教会和知识界显贵的教士阶级和从事劳动以供养以上两个阶层的农民阶级。随着城市的发展，"中世纪社会等级的这种状况由于一个新的成分即城市资产阶级的出现而开始改变"[2]。其一，现代资产阶级的产生是一个长期发展的过程，而城市是资产阶级赖以产生的最初场所。作为认可这种身份地位的一个巧妙词语 Bourgeois(布尔乔亚，即城市居民)一词首次出

---

① 马克斯・维贝尔：《世界经济通史》，姚曾廙译，上海译文出版社 1981 年版，第 267—268 页。
② 斯塔夫里阿诺斯：《全球通史：1500 年以前的世界》，吴象婴、梁赤民译，上海社会科学院出版社 1988 年版，第 323 页。

现在 1007 年一份法兰西特许状上面。《共产党宣言》所述及资产阶级与城市关系时，就强调从中世纪的农奴中产生了初期城市的市民，从这个市民等级中发展出最初的资产阶级分子。事实上，"它们形成伊始，就成了由一部分人口组成的常规组织，并在国家中扮演了极为重要的角色：即资产阶级，或第三等级。……德国的情况也是这样，资产阶级和城市居民是同义的"①。其二，在城市兴起之前西欧社会的主要斗争是不改变封建性质的国王与贵族、贵族与贵族之间的斗争。城市出现后，西欧社会结构和政治斗争的性质发生了很大的改变。城市资产阶级兴起，其政治兴趣往往集注于变革社会性质。此后西方自下而上的城市化运动，就不再是乌合之众的"痞子运动"，不是立足于血缘关系的封建割据，也不是没有身份的奴隶起义，而是有了城市阶级的领导力量、组织形式、有明确的社会改造理想和目标。"当欧洲脱离中世纪的时候，新兴的城市中等阶级是欧洲的革命因素，……即资产阶级的发展，同封建制度的继续存在已经不相容了。因此，封建制度必定要覆灭的。"②也即，"与东方不同的是，欧洲兴起的商人和手工业者阶层为城市经济带来了生机，而且他们有能力实现政权的更迭"③。

（三）中世纪西欧城市中，自由平等意识开始形成

当欧洲农村还处在封建制下，农奴对领主具有强烈的人身依附关系时，"自由"的城市则成为逃亡农奴心中的圣地、向往的天堂。"城市的空气使人自由"，西班牙收复失地运动中建立城市时提出的这一口号，意在吸引更多的移民住进城市；后转化为德国的谚语，人人熟知。一年零一天，成为逃亡农奴进城后获取人身自由的时间标识；而"自由人"（freeman）则是自治城市早期市民的正式称呼。他拥有的自由体现在多方面，最重要的是人身自由和经济活动自由。作为"自由人"集合体的自治城市，自治城市里所有市民的身份在法理上是平等的。事实上，无论哪一个西欧城市，都没有公开张扬过要建立等级制度，都没有在法理上规定社会等级。显见，市民阶级是比封建等级更加抽象

---

① 埃米尔·涂尔干：《社会分工论》，渠东译，生活·读书·新知三联书店 2013 年版，第 33 页。
② 恩格斯：《社会主义从空想到科学的发展》，人民出版社 1967 年版，第 19 页。
③ 乔尔·科特金：《全球城市史》，王旭译，社会科学文献出版社 2010 年版，第 85 页。

的、更加平等的、更加具有非血缘性的集合单位,它显著的界限不是根据一种生活方式或是一种特别的活动方式确定的,而是根据决定它能否对分享社会产品提出部分占有要求的对市场资源的占有和非占有来确定的,而这作为一种结果能够积累起来并持续地重新布置市场。当然,自治城市"无论如何绕不开"封建母体中的等级制度、等级观念、等级意识的影响,这种影响与城市社会中各个个体的收入差距、贫富程度相结合,使城市中也出现了明确的等级分层。但与封建制里以出身来定等级不同的是,城市中的社会等级是以财富为基础的,是开放式的,动态式的,因而其社会结构具有弹性。每个人的社会身份都不是固定不变的,理论上人人都可通过发家致富而流向城市上层,享有优越地位。另外,由于进入城市有时间先后的差异,从事工作有高低贵贱的区别,因而城里的人有地位上的差异,如手工业作坊里,帮工和学徒要绝对听从师傅的安排;在商人店铺里,伙计为老板打工。但是,无论帮工、学徒还是伙计,他们在人格上并不是师傅或老板的依附者,双方间的人格应该是平等的;虽然学徒期内必须绝对服从师傅,但一旦出师则人格就走向独立了。

中世纪西欧城市的自由和平等意识又通过公民权的社会构成和社会结构表现出来。中世纪西欧城市促成了公民权确立与发展,"公民权利是……人口迁徙和平等主义意识形态的结果"[1]。从字源上分析,法文"公民"或"市民"(citoyen)来自城市(cite),指居住于自由市的居民。德文"burger"、英文"citizen"也是由自由市民概念而来。公民概念是西方特有的,因为自由的城市是西方特有的。公民权是在特殊的城市化环境中发展起来的。英国政治思想家L. T. 霍布豪斯曾指出:"事实上,城邦不是以亲属关系为基础,而是以公民权利为基础,就是这一点使它不仅有别于公社,而且也有别于东方的君主国。"[2]韦伯也强调:"国家公民的观念在古代和中世纪城市中就有它的先驱。"[3]城市社会中发展出了市民权和公民权,而等级身份制下没有公民观念,真正的公民权也是与等级身份制水火不容的。"公民共同体的公民身份要求所有人拥有平等的权利承担平等的义务。这样一个共同体的联结纽带是互惠与合作的横

① 托马斯·雅诺斯基:《公民与文明社会》,柯雄译,辽宁教育出版社 2000 年版,第 176、178、216、219 页。
② 霍布豪斯:《自由主义》,朱曾汶译,商务印书馆 1996 年版,第 3 页。
③ 马克斯·维贝尔:《世界经济通史》,姚曾廙译,上海译文出版社 1981 年版,第 267—268 页。

向关系,而不是权威与依附的垂直关系。公民之间作为平等的人,而不是作为庇护与附庸,也不是作为统治者与被统治者,发生互动。"①从某种程度上讲,"正是在城市公社中,从它对等级社会的强烈敌对情绪中,人们看到了真正的革命因素"②。一个市民比一个农民更能决定他自己的一生,城市居民有与农村的居民和贵族明显不同的自主意识,城市提供了比较大的新的生活机遇,这是农村中没有的。这个时期德国的一句格言"城市里流动着自由的空气",最为真实地反映了城市同农村的分离。由获得自由的农奴重新建立了城市,城市能从根本上斩断人对土地的自然依赖和消除自然关系对人的创造性的束缚,给人带来全新的开放的、创新的、流动的、充满活力的生活方式。也为理性的、自由的、创造性的文化模式的确立奠定了坚实的基础,并对确立个人的思想自由和经济活动自由起了重大作用。

(四) 中世纪西欧城市对现代西方法治发展具有根基性作用

在了解现代西方法治发展时,需要将其纳入中世纪西欧城市层面来考量,几个世纪以来西方已走上法治道路,其中城市及其城市化作出了重要贡献。"法律秩序从现代欧洲传遍全世界之前为什么会在现代欧洲发展起来,或更准确地说,为什么仅在现代欧洲发展起来?"③西方法治的产生和发展同城市的发展密切相关。"历史表明,古代中国自给自足的自然经济所派生的宗法社会、乡土社会,难以产生近代意义上的法治。…… 11 世纪以来,西方自治城市制定的城市法直接催生了近代法治的产生。"④11、12 世纪,罗马法尚未在西欧复兴之前,新诞生的自治城市里已在崇奉法治精神。西方现代国家的法治传统一个重要的元素是发源于欧洲中世纪的城市法,中世纪西欧的城市是现代西方法治的源头。现代法治文化的基本要素,比如,人人平等、契约自由、意思自治、公平竞争等都是首先从城市的日常经济生活和交往中找到生存和发展

---

① 罗伯特·D. 帕特南:《使民主运转起来》,王列、赖海榕译,江西人民出版社 2001 年版,第101 页。

② 马克·布洛赫:《封建社会》,李增洪、侯树栋、张绪山译,商务印书馆 2004 年版,第 578—579 页。

③ R. M. 昂格尔:《现代社会中的法律》,吴玉章、周汉华译,译林出版社 2001 年版,第 82 页。

④ 李步云:《改革开放以来世界城市治理法治化的进程》,《北京社会科学》2009 年第 5 期。

的土壤。城市社会的交换主体在交换过程中不是暴力剥削和掠夺占有对方的商品，而是相互承认对方的平等地位。城市商业发展有利于和平，市场交易活动必须遵循公平等价的原则，同时要求市场主体具有高度的自由性和平等性。"流通中发展起来的交换价值过程，不但尊重自由和平等，而且自由和平等是它的产物；它是自由和平等的现实继承。"①构成城市社会诸阶层的有各色各样的因素，同时它们又处于不能互相排斥的状态，抑制了暴力的膨胀和发生，这就产生了今天盛行的民主法治。"只有通过法治（rule of law）的共同承认，承认法律高于它们两者，才能和平共存。"②城市法庭是城市中最重要的管理机构之一，大法官是地位仅次于市长的城市官员。这是因为，城市作为一种地缘组织，居民来自不同地方，身份、背景极为混杂，必须有统一的法律来予以管理，方可规范市民们杂乱无章的行为方式。城市法庭以处理民事纠纷和治安管理为主，其司法自治甚至还早于行政自治。最初的城市在未取得自治权时，由领主开设法庭并亲自主持，但对于许多经济纠纷如商业方面的诉讼来说，领主完全是外行，因而托付若干商人来处理诉讼。"在此过程中，他们构建了社会和道德的秩序，超越了此前制约人类关系的老式部族间和亲族间的联系。"③也即，"随着城市与商业的复兴，社会上终于认为只有法才能保证秩序和安全，以取得进步。……人们不再把宗教与道德同世俗秩序与法混淆在一起，承认法有其固有的作用与独立性，这种作用和独立性是此后西方法观点的特征"④。与此同时，市民阶层普遍流行的遵从法律倾向，在特定时期内不断沿革、壮大。即，市民法律意识观念的提高，使法律不仅仅是一种外在行为的规范，并且成为一种内在自觉、要求和谐的生活方式。正如1200年时一位有名的法国布道家扎克·得·维持里曾大力称赞当时流行的意大利城市市民的法治精神："市民能深思熟虑，对公共事务勤劳而又热心；他们拒绝屈从别人，并防止任何人侵犯他们的自由。他们制定自己的法律并服从这些法律。"⑤

---

① 《马克思恩格斯全集》第46卷（下册），人民出版社1961年版，第477页。
② 伯尔曼：《法律与革命——西方法律传统的形成》，贺卫方、高鸿钧译，中国大百科全书出版社1993年版，第356页。
③ 乔尔·科特金：《全球城市史》，王旭译，社会科学文献出版社2010年版，第11页。
④ 勒内·维德：《当代主要法律体系》，漆竹生译，上海译文出版社1984年版，第38页。
⑤ 汤普逊：《中世纪经济社会史》（下册），耿淡如译，商务印书馆1997年版，第425页。

（五）中世纪西欧城市塑造了公民参与传统和社会契约论思想

中世纪西欧城市带来了公民民主和政治参与的发展。为了适了城市社会的需要，自治的城市自然而然地产生了一种新型治理方式。"在公元1100年左右，民众统治又出现在意大利北部的许多城市。民选政府这一次还是出现在相对较小的城邦，而不是出现在面积广大的地区或国家。"①城市社会不存在财富和资源垄断，在经济以及社会等各个层面上都涌现出大量的组织和可资调动的资源，使得城市政府在社会治理过程中需要越来越多地听取市民的意见，甚至需要通过与之合作和同意。在中世纪，没有不设防的城市，所以城市"必须筹措款项，以供设防的经常费用，最方便的方法就是向市民本身去筹措。所有的市民都关心共同的防御，大家都必须担负防御的经费。每个人担负的数额根据其财产来决定。这是一个伟大的革新。因为纳税者这是根据自己的能力为公共事业纳税，而不是为诸侯的个人利益缴纳专断的封建税收。这样，税收就恢复了它在封建时期所丧失了的公共性质"②。中世纪最著名的市民阶级政治思想家马西略（约1270—1342年）就提出不管是君主还是议会制定法律，立法权都属于人民，人民才是国家最高权力的享有者。不仅立法权属于人民，而且官吏也应由人民选举产生，他们的职责和权限应该由人民确定，过于滥用权力的官吏，人民可以取消和收回他们的权力。显见，在中世纪西欧，"城市里的居民，尤其是城市市民远比村庄里的居民和农村人更具有自治权，没有人会提出，也不想提出他们无权享有自治权，他们表示出一种政治的意识，决不次丁贵族的政治意识"③。即，"所有市镇公民都享有平等的权利。这是一个能够繁殖的胚芽，从这里，远比从封建集团所宣布的平等更多地产生了中世纪的民主，这是一切近代民主之母"④。一般认为，西方近代宪制的历史

---

① 罗伯特·达尔：《论民主》，李风华译，中国人民大学出版社2012年版，第18页。
② 亨利·皮朗：《中世纪欧洲经济社会史》，乐山译，上海人民出版社2014年版，第51页。
③ 里夏德·范迪尔门：《欧洲近代生活：村庄与城市》，王亚平译，东方出版社2004年版，第116页。
④ P. 布瓦松纳：《中世纪欧洲生活和劳动》，潘源来译，商务印书馆1985年版，第201页。

始于 1215 年英国《大宪章》，但《大宪章》是封建时代约束王权的最早或唯一的文件，但在约束国王的有效性方面，它不如自治城市的特许状，如征税须经纳税人同意的原则比《大宪章》要早一个世纪。伯尔曼就指出："近代立宪主义的实际存在首先出现于 11、12 世纪西欧的城市法律制度。"①威尔·杜兰也认为："市政大会乃是自提比略以来的第一个代议政府；实在是他们，而非《大宪章》开今日民主政治的先河。"②

　　一般说来，中世纪西欧城市的最高权力机关是"市政会"（city council，也译"市议会"）。市政会一般有核心圈和外圈两个层次。核心圈主要由市政官员、前市政官员等构成，有点类似近代议会中的常务委员会，如威尼斯的元老院；市政会外圈基本上是城市工商各界的代表，类似议员的全体会议，定期召开，如威尼斯的大议会，其代表的产生多由城市基层组织即行会推举或选举，故很多城市的市政议事厅叫作"行会厅"（guildhall），即所有行会的代表聚集开会议事所在。这可以看作是近代政治"代议制"的最早形态。近代国家代议制的产生，如英国国会和法国三级会议，在某种意义上是对城市议会制的一种效仿，或者说是城市代议制的推广或提升。城市市民阶级大力倡导公民权自由平等的原则和精神，不仅促进了工商经济发展和城市法秩序的稳定，而且还奠定了以公民权为基础的民主政治基础。当然，城市民主制本身在发展过程中出现了变异或曲折，绝大多数城市在 14、15 世纪以后走向了寡头制，有的甚至形成了世袭的、封闭性的统治集团。但即使是在变异或曲折时期，也还有一定的民主制影子，如市长由选举产生，一任只有短暂的一年等。并且，公民权利是与近现代国家建设同步发展的，尤其是农民等阶层的公民权化成为走向现代国家一大主题。近代公民权利的诞生和发展，就是打破封建等级和纵向的社会关系，在一个民族国家内的所有成员之间建立普遍的、平等的政治关系。"如果人们把臣民看做是那些服从一个统治权或者是一个国家的所有人，他们在政治上没有参与权，只能服从的话，那么'国家公民'的概念就是指一个国家社会的成员，他们有一定的权利和义务，积极地参与公共的生活。启蒙运

---

① 伯尔曼：《法律与革命——西方法律传统的形成》，贺卫方、高鸿钧等译，中国大百科全书出版社 1993 年版，第 479 页。
② 威尔·杜兰：《世界文明史——信仰的时代》（中），幼狮文化公司译，东方出版社 1998 年版，第 889 页。

动者们所宣传的有关国家公民的思想,是着眼于实现一个市民社会。在这个社会里,市民们以理性为基础,平等自由地摆脱了专制的和教会的制约,摆脱了世袭等级的特许权,共同地生活在一起。国家的公民不仅是城市的市民,或者是'新的'市民,而且还有农民,甚至还有贵族。除此之外还有无财产的人和妇女。"[①]

　　与封建性集团不同的城市社会,也需要一种新型的学说来支持其政治权力的正当化和政治参与。社会契约的理念不仅涉及西方政治学说的独特性,而且其城市性涉及西方政治学说独特的本质。因为中世纪西欧城市的"这种自治所采取的最成熟形式是公社(commune),……公社是建立在平等者之间相互忠诚的一个誓约上的联盟,即'同盟者'(conjuratio)。这种誓约在中世纪世界是一种反常事物,因为,虽然封建的封臣封君制度强调相互性的特点,但它们是上等人和下等人之间的一种明确的等级制缔结的义务束缚关系。它们的不平等性要比相互性更为明确。而城市'同盟'建立的公社盟约,是最接近于实际历史上大约相似于正式的'社会契约'的事物之一,完全体现了一个新的原则——一个平等者的社会"[②]。这种誓约不光是有欧洲古典的民主政治传统痕迹,有日耳曼人原始态民主风气遗存,更重要的是由城市本质和其经济社会特征所决定的。当城市里的人们人身自由、身份平等后,他们不认为还有什么人高于别人,城市共同体(公社)的事当然由全体成员作主,或者由全体成员推举出来的人主事,因此自治城市实行民主制是十分自然的。"公社誓约的显著特点是,它将平等之人联合起来。……这些誓约虽然只是服务于商业活动的需要,但它们是市民联合体形成的最早明证之一。……当然,这些早期的城市团体绝不是民主的。大市民是这些团体真正的建立者,而小市民并非总是热心追随他们,大市民在对待穷人方面通常是严厉的主人和凶狠的债权人。但是,他们为欧洲的社会生活贡献了一种新的因素,相互援助誓约取代了以保护换取的服从誓约。这种相互援助誓约是与严格意义上的封建精神格格不入

① 里夏德·范迪尔门:《欧洲近代生活:村庄与城市》,王亚平译,东方出版社 2004 年版,第 88—89 页。
② 佩里·安德森:《从古代到封建主义的过渡》,郭方、刘健译,上海人民出版社 2001 年版,第203—204 页。

的。"①要知道,"公民"(citizen)这个词的词源看起来更像是与自治"城市"(city)相联系的。因为附属的单个个人只是借助其成员的力量才能够在一个组成的集体中作为统一体来行动。"以致统治权像'公民权'一样被视为'豁免权'问题(它时常通过统治者发布的宪章正式宣布,并用封建语言表达出来)。但是,因为这些公民权为集体所拥有,它们批准或者帮助形成相对较广泛的共同特征。"②我们已经看到典型的封建关系从一开始就与双重权力联系着,领主与附庸的关系是等级关系。作为不争之论,"相比较而言,根据单个无权的但是平等的人自愿联合的愿望而获得权力和政治自主权的城市形成一个聚合体并持续地运转。⋯⋯这并非封建主义那种扈从关系('随从关系')而是合作关系、伙伴关系、友谊关系"③。

　　当然,任何一种学说都不可能是从天上掉下来的,从一定视角上看,社会契约论之所以能够成为西方近代国家学说的理论基石,就是因为城市化实践培养了一个广泛的接受社会契约论政治学说的群体。契约论的兴起与西方城市的契约政治传统有着密切联系,契约原则隐含着交易各方地位平等的精神。这是区别于以命令、服从为特征的行政管理的重要标志。欧洲城市社会中已长期存在并日益普遍化的契约实践和思想为社会契约思想家提供了宝贵资源。换言之,任何一种政治学说的确立最终都要基于接受者的习惯,而不是某个人的标新立异或理论言说。以契约作为一种构建组织秩序的方式,与中世纪秩序组织的神权色彩以及以命令为特征的社会和权力组成方式是根本不同的。一般契约论所追求的是民商事利益,而社会契约论所追求的是一种抽象、普遍的社会利益。然而,归根结底,两者都以平等、协商为手段。城市契约化政治的成功经验,启发和促进了近代国家制度改革。中世纪西欧城市的社会契约论思想成为近代西方社会契约论的蓝本,"实际上,它是近代政府契约理论产生的主要历史渊源"④。也即"18世纪有关社会契约的神话,就是中世纪城镇政治基础的理性化,这

---

① 马克·布洛赫:《封建社会》,李增洪、侯树栋、张绪山译,商务印书馆2004年版,第578—579页。

② 贾恩弗兰科·波齐:《近代国家的发展——社会学导论》,沈汉译,商务印书馆1997年版,第41页。

③ 同上书,第42页。

④ 伯尔曼:《法律与革命——西方法律传统的形成》,贺卫方、高鸿钧等译,中国大百科全书出版社1993年版,第476页。

种残存于日内瓦城市里的实质,卢梭就看得很清楚。因为,社团城镇的基础,实质上就是建立在城市地产所有者同居民以及流落者之间的社会契约之上的"[1]。总之,西欧社会契约思想的基础是城市,契约文明的成熟程度直接取决于城市的商业化程度。而中国君主官僚制社会没有能孕育出这种城市,在乡土中国,家庭比契约更为常见,契约自由、贸易自由、平等公平等理念也就发展不出来,即契约文明始终受到环境制约而不能发达,由是家国同构便是传统国家学说的基本构成。即,"君王正是家长和村长的发展"[2]。

(六) 中世纪西欧城市为近代西方民族国家制度创新提供了蓝本

中世纪西欧城市制度对 18 世纪以来民族国家制度的产生和创新有着重大影响。布克哈特曾说,意大利的城市共和国孕育着新的近代政治形式,它们是近代国家的雏形,使意大利"成了近代欧洲的儿子中的长子"[3]。就制度史而言,城市的各项管理制度为近代民族国家制度创新提供了基本蓝本。欧洲中世纪城市法律制度原本是城市的产物,而城市法律制度反过来也促进了民族国家法律制度的发展。城市法是一种地域性很强的特别法,15 世纪后随主权国家的逐渐形成,城市失去独立的存在条件,其制度融入民族国家法律制度之中。城市法成为西方民族国家法的原型,城市法的继承和城市法的国家化是近代民族国家法律制度发展的重要一环。近代国家政治形式的基本原则,在威尼斯和佛罗伦萨这样的城市国家里已经具备。在这些城市共和国里,立法、行政、司法等机构分立,各司其职,但又互相牵制。由中世纪自治城市绵延而来的这一治理机制也成为现代国家的核心特征和标志。[4] 除了那些需要选举

---

[1]　刘易斯·芒福德:《城市文化》,宋俊岭、李翔宁、周鸣浩译,中国建筑工业出版社 2009 年版,第 28 页。

[2]　亚里士多德:《政治学》,吴寿彭译,商务印书馆 1965 年版,第 6 页。

[3]　雅各布·布克哈特:《意大利文艺复兴时期的文化》,何新译,商务印书馆 1983 年版,第 125 页。

[4]　需要说明的是,尽管福柯区分了司法国家、行政国家与治理国家,司法国家对应的是法律社会,行政国家对应的是管制社会和规训,治理国家对应的是由安全配置加以控制的社会。而治理术的核心手段是治安。但福柯同时也说,中世纪的司法国家在 15、16 世纪转变为行政国家,逐渐"治理化"了。参见米歇尔·福柯:《安全、领土与人口》,钱翰、陈晓径译,上海人民出版社 2010 年版,第 92—93、91 页。

产生的城市主要官员外,各机构中还有许多稳定性较强的事务性公职人员,他们的就职有任命、推荐、考试选拔等多种方式。由常任官吏来执行行政管理职能的所谓官吏政治,是近代国家组织最重要的特征之一。西欧民族国家从贵族政治转变为官吏政治,大约始于16世纪,这是走向近代国家的重要一步。而走出这一步的先驱,又是14和15世纪意大利的这些城市共和国。自治城市在政治方面所体现的特征,成了近代以国家为载体的政治文明所效仿的样板。"城市政治提供了一整套日益渗透于更广阔的统治条件的具有新的政治、行政和司法安排的试验。特别是城市规模的发展,以及早些时候我提到的独特的城市经济集团首先致力于经济事务的事实,导致了选举产生的代表制机构时常通过颁布法规这样的重大发明来进行'管理'。作为这些机构的补充并且在形式上依靠于它们,逐渐确立了具有不同权能和居住要求的特殊的政治角色,他们被认为是与那些被任命的或选出的负有持续地参加政治事务的责任的占据者相分离的。而且,在城市政治范围内世俗文人学士和经过大学训练的律师大量地成为一种新式样的政治和行政班底。"①另外,近代西方民族国家中的很多法规也都源于城市中的法律制度,比如买卖契约、公债、汇票、公证书、财产继承法等,就连社会上流行的公证制度都是城市的产物。尽管西方近代制度转型以英法革命为标志,但西方人争取制度转型的斗争从中世纪城市中就已经开始了。这与中世纪市民阶级的一点一滴的斗争是分不开的。从17、18世纪开始,正是在城市的推动下,欧洲国家相继爆发了资产阶级革命,走上了政治与社会民主化的道路。也正是在这个过程中,城市制度融入民族国家中来,成为它的一部分。资产阶级带着城市的自由气息和民主观念走进民族国家。他们将早已习惯了的城市生活方式和制度引入了民族国家。当时兴起的城市资产阶级已然带有11、12世纪近代西方资本主义社会倡议的契约自由、平等、等价交换的资本主义萌芽。资产阶级革命只是把专属于城市的社会规范向更宽更深的国家层次上确立和推广。"从这一意义上说,中世纪城镇可以称为民族国家许多官僚政治部门的先行者。"②也正像韦伯所指出的:"只

---

① 贾恩弗兰科·波齐:《近代国家的发展——社会学导论》,沈汉译,商务印书馆1997年版,第58页。

② 刘易斯·芒福德:《城市文化》,宋俊岭、李翔宁、周鸣浩译,中国建筑工业出版社2009年版,第79页。

有西方懂得什么是现代意义的国家,它既有专职行政机关又有专业化官员和以公民权利义务的观念为基础的法律。这个制度要想在古代以及在东方发端是绝无发展可能的。只有西方才懂得什么是法学家所制定并予以合理解释和适用的合理法律,只有西方,才有公民权利义务的观念,因为也只有西方才有那种特殊意义的城市。"①

第二节　城市与王权的结盟及近代西方民族国家发展

一、 中世纪自治城市时代的结束及其原因

从 11 世纪到 14 世纪,自治城市的支配地位在欧洲和地中海持续了 4 个世纪。然而,到了 14 世纪后,中世纪自治城市的支配地位受到了民族国家挑战,民族国家开始成为经济、政治和国际单位的主体。换言之,"14 世纪中叶以后,……随着一个势不可挡的占优势地位的竞争对手——民族国家(national state or country)的出现,……城镇注定要被纳入民族国家这一更强大的单位里,成为政府的各种从属单位"②。作为不争事实,"16 世纪以后,……中世纪城镇最具创造性的历史时代已经结束"③。而究其影响因素,可以概括以下两个方面。

(一) 中世纪自治城市已经满足不了商品经济进一步发展的需要

14 世纪以后是西欧商品经济发展由城市迈向地域更大的国家的时期,尽管一些"中世纪的城市机构显然想要在城墙范围以内解决它的城市问题,而这

---

① 马克斯·维贝尔:《世界经济通史》,姚曾廙译,上海译文出版社 1981 年版,第 264—265 页。

② 罗伯特·达尔:《论民主》,李风华译,中国人民大学出版社 2012 年版,第 19 页。

③ 刘易斯·芒福德:《城市文化》,宋俊岭、李翔宁、周鸣浩译,中国建筑工业出版社 2009 年版,第 73 页。

些问题若不突破城墙的局限和阻碍,若不把城市的主权和控制延伸到广阔的领域去实现联合,是根本无从解决的。……中世纪城镇的历史向我们证明,纯粹依靠本地的改革调整是无法实现这一要求的"①。甚至会带来一些负面消极影响,表现为贸易、交通、旅行的条件从 12 世纪就已经恶化了,例如沿莱茵河的水陆交通至 12 世纪末期还只有 19 道收费站,到了 13 世纪时又增加了 25 道收费站;到 14 世纪时又多增加了 20 道。到了中世纪快结束时,设卡收费之层出不穷已经到了不堪忍受的地步,大约每行经 6 英里就有一道收费关卡。"过路收费,过桥收费,水陆收费,进城也收费,此类经济勒索激增的时刻,正好也是经济贸易所需的重要的道路日益延长,需要源源不断的货源补充供应以稳定市场的时候。此外,缺乏统一货币,以及一些城镇因为贫穷或者一些统治者贪财而实行通货膨胀的政策,都增加了商业的障碍。除了上面提到过的一些省份和地方外,欧洲大部分的城市都还很闭塞保守,目光狭隘,观念封闭,斤斤计较,怕丧失自己的特权利益,迟迟不愿意实行联合的措施和政策,解决共同的问题。于是,在没有尝试用合作方法解决各种问题的地方,或者在半信半疑地试行过一些合作办法而失败的地方,就由国家通过军事强权乘虚而入,插手强加给各地,暂时形成一些外部形式上的团结一致,解决各种经济问题和障碍。"②

(二) 城市在此时已远不如国家有竞争力

欧洲 16 世纪以后,川流不息的商业交往不只是存在于每个城市和它的乡村之间,而且也来回于其他城市和其他地区之间。为便于这些广阔空间的商业交往,跨城市跨地域的更大统治机构就变得必要了。为了适应这种需要,那些单个已经非常强大的城市大都联合起来,如佛兰德斯公爵领地城市开始缔结"宣誓同盟"。另外,为了满足不断增强竞争力的需求,分散越来越高的风险,这些城市也需要建立同盟。事实上,从 14 世纪开始,随着商品经济的发展,为协调彼此间的关系以及保证其共同的政治经济利益,城市已开始结成同盟,并制定了城市同盟法。如德意志北部有多达 160 个城市组成的汉萨同盟,

---

①　刘易斯·芒福德:《城市文化》,宋俊岭、李翔宁、周鸣浩译,中国建筑工业出版社 2009 年版,第 79 页。

②　同上。

以及莱茵地区的科隆、美茵茨、沃尔姆斯等城市结成的莱茵城市同盟和由 80 多个城市组成的土瓦本城市同盟。但"无论是单纯的城市联盟如德国汉萨盟、朗格多克和佛兰德失败的联盟尝试，还是由单一城市掌控领土如佛罗伦萨、威尼斯，均证明不如将两者结合有效，如由荷兰商业城市领头的联合省和城市化水平低些的瑞士联盟，但这些都是防御性的举措。到 18 世纪，政治舞台上的主角往往是王国或帝国"①。因为到了这个时候，外贸市场已是国家的产物，16 世纪末德意志汉萨同盟最终被赶出伦敦，更说明资本主义已经发展到了民族国家时代，城市包括城市同盟已没有竞争力。

二、 城市与王权的结盟及对近代西方民族国家发展的影响

（一）结盟的原因及内在张力

要进一步满足商品经济发展和扩大分工，不可能单靠有限城市来完成。在这样的情况下，需要通过与王朝国家结盟，形成一定区域经济体。"一般来说，城市利益偏爱较广较统一的（无论达到什么限度）统治条件，它们在这样的条件下管辖往来、提供可靠的货币、实行市场交易等等。这就是为什么在领地统治者和封建势力这两种规定封建统治制度的力量的关系中城市倾向于支持前者。"②在此过程中，王朝国家国王能够保证建设和维持日益增大的、始终如一的遍及领土范围的机构，以一种其他集团——甚至拥有广泛地区基础的等级团体——无法采取的方式来管理和支持城市的经济活动。再有，从新诞生的贸易体系来说，通过国家的方式来保护和推进贸易增长也使得王朝国家日益占有重要地位。为此，某些重要性日益增大的城市集团不再对保持城市内部的自治权特别感兴趣，而开始与王朝国家结成联盟。事实也表明，近代西方商品经济的进一步发展，恰恰是以消灭诸侯割据为前提条件。或言之，西欧资本主义可以在诸侯林立的时代出现，但不能在诸侯林立中发展和成熟，而只有

---

① 保罗·霍恩伯格、林恩·霍伦·利斯：《都市欧洲的形成》，阮岳湘译，商务印书馆 2009 年版，第 161 页。

② 贾恩弗兰科·波齐：《近代国家的发展——社会学导论》，沈汉译，商务印书馆 1997 年版，第 45 页。

与民族国家结合起来才能发展成熟。一般说来,由中央集权国家代替封建多元势力来保护商品经济发展,可以更有效保护财产、加快资源的交易速度,降低交易成本,提升交易效率。另外,作为中世纪欧洲的一个重要问题,就是城市之外的乡村,安全性存在不足。一旦国家统一和制度城市化后,城市与开阔的农村的界线就完全没有必要,城墙和墙垣也将失去功能。乡村地区由于比较安全了,工业也将可以在城镇以外的地区发展,这也有助于乡村进一步接近城市。"由于有中央政府保护,工业可以在市政当局保护以外的地区,在无选举权的农村地带发展。拥有资金,买得起原料和生产设备——比如纺织机——的商人,可以把工业办到农村地区去:那里可以逃避同业公会关于质量和雇工问题的许多禁限和规定,只要给工人一定的糊口的薪资,就不需要按城镇生活标准开支,而且捣乱市场,可以不受约束。"①

城市与王权结盟的表现,是封建等级国家的出现。我们知道,中世纪卡洛林帝国的创立,可以看作封建制度的兴起,而在 12 世纪后期到 14 世纪初期意味着封建制度向等级制度的转变。可以说,"正是城市参与政治、在领地统治者和封建诸侯权力平衡中转而支持前者,以及封建因素在参与较广泛的统治制度时结构和条件发生的变化标志着等级制度国家的兴起。在我看来,等级制国家是一种独特的、新奇的、历史上无双的统治制度"②。或言之,正是城市力量的加入推动了封建国家向封建等级国家的转变,"中世纪西欧城市的兴起使脱颖而出的等级制国家与先前的封建统治制度在社会、经济和文化内容上有明显的差别"③。在此过程中,封建国王从作为领主占有的土地上获得的岁入不够支付他应付的款项以及支持他的计划——特别是他的军事计划——的需要,于是他便转向支持和依赖城市,竭力纵容它们组成等级会议,这样他就可以在得到它们同意的条件下取得他否则无法合法取得的经济资源。当然,等级会议以物物交换的方式,以它们的同意来要求它们自己直接参加财政活动。也即,"使城市集团寻求政治自主权并参加等级制立宪机构的始终不完全是表现为生来便有争取政治使命的政治利益,更确切地说是商业和生产利益

---

① 刘易斯·芒福德:《城市文化》,宋俊岭、李翔宁、周鸣浩译,中国建筑工业出版社 2009 年版,第 74 页。
② 贾恩弗兰科·波齐:《近代国家的发展——社会学导论》,沈汉译,商务印书馆 1997 年版,第 46 页。
③ 同上书,第 62 页。

需要寻求一种政治担保。城市最初的政治作用主要的意图一直是双重的，一方面要获得对于在它们内部结合成享有特权的法人团体的正式承认；另一方面，通过等级会议把它和统治者及封建结构一同建造成更广泛的实施法律和维持秩序的机构，以助于他们的实业经营安全和获得进展"[1]。事实上，"等级会议——与进行领域国家（或它的一部分）治理的统治者有关的这种独特的中世纪后期的立法会议、议会、国会、等级会议等等——是这些结构中最重要的。当然，它们并非只与城市有关；实际上对于城市来说，教士和封建因素先于这些机构的形成"[2]。

尽管城市与王权有联盟与合作，但由于经济形态和价值观差异，使其二者关系一直处于矛盾状态之中，具有内在张力。由于王权本身就是封建制度的产物，具有乡土属性。"对一国之君来说，城市精英既是朋友又是敌人，既是代理人又是竞争对手；市政机关既是国家权力发展的起点又是抵制其发展的力量中心。诚然，这些关系随着时间而变迁且在不同地区也各不相同。"[3]而对城市而言，君主的权力一旦扩张起来，一旦垄断了暴力和以暴力强制规则执行的合法权力，都可能会对社会中的个体构成另一种威胁，也会导致中央国家权威权力滥用和赏罚不公的出现。这些也都决定了城市和封建王权的联盟将很难持久。"这种联盟一直持续到它使不断成长的中产阶级感到厌烦时为止，因为此时，中产阶级为了摆脱王室对商业的种种限制、摆脱日渐增加的纳税、摆脱对宗教信仰自由的种种约束，转而起来反对国王。中产阶级的这些目标是英国革命、美国革命和法国革命中的重要因素。"[4]

(二) 联盟中城市力量大小不同对民族国家产生发展的影响

城市在这些王朝国家中的不同分量，也是决定这些国家向民族国家转型

---

[1]　贾恩弗兰科·波齐：《近代国家的发展——社会学导论》，沈汉译，商务印书馆 1997 年版，第 64 页。

[2]　同上书，第 45 页。

[3]　保罗·霍恩伯格、林恩·霍伦·利斯：《都市欧洲的形成》，阮岳湘译，商务印书馆 2009 年版，第 11 页。

[4]　斯塔夫里阿诺斯：《全球通史：1500 年以前的世界》，吴象婴、梁赤民译，上海社会科学院出版社 1988 年版，第 323 页。

及其政体效果不同的重要影响因素。诚如拉德布鲁赫所概括的,大陆国家在现代立宪国家的形成路径上经历了三个阶段:"在大陆欧洲的发展进程,等级国家和立宪国家之间插入了一个专制国家的中间阶段。也就是说,等级国家到立宪国家并不是一步可以达到的。"①与大陆国家不同,英国则是由封建"等级国家"直接进入现代"立宪国家"的,只用了两个阶段,中间没有君主专制。即,英格兰实现了"从没有中间阶段的等级国家向立宪国家的转化。这就是与欧洲大陆相反的两阶段发展,而不是三阶段的发展过程,因为它如此之早地实现了自己的目的,以至它能够成为大陆立宪史的典范"②。在此,城市化因素差异是决定英法两国制度变迁不同的重要因素。城市因素力量对比的不同,决定了是城市约束国王,还是国王控制城市,城市是国王的仆人,还是国王是城市的仆人。城市因素约束国王的政体以英国为代表,国王因素控制城市的政体则在大陆国家更为突出。尽管有所不同,但都是在城市因素推动下走向民族国家的。西方民族国家历史就是城市化、市民化的历史,这是理解民族国家的基石,虽然中间偶有反复,但是民族国家的趋向是势不可挡的。

1. 君主因素占主导使得由封建等级政体向议会民主政体转变经历了绝对主义政体中间阶段

国王控制城市主要发生在意大利、西班牙、法国和德国,而荷兰和英国则是城市约束国王。意大利、西班牙、法国和德意志等国家的城市权力日渐为绝对主义王权所剥夺。"17、18世纪德意志城市,除帝国城市外,都不过是一切听命于上级的地理上的国度(Landstaat)而已。在法国的城市中这种发展甚至出现得更早,而西班牙城市的权力则在公社的暴动中就被查理五世褫夺了。意大利城市发现自己在'君'权的掌握之中,而俄国的城市则从来就没有得到过西方意义上的自由。军事、司法和工业的权力到处都从城市手中夺去了。在形式上,旧有的权利照例都没有变动,但事实上,现代城市的自由被剥夺得彻底,正和古代时期随着罗马统治权的确立而发生的情形不相上下,虽然不同于古代,它们无论在平时或战时总是在绵延不绝的权力之争的情况下受着互

---

① 拉德布鲁赫:《法学导论》,米健、朱林译,中国大百科全书出版社1997年版,第33页。
② 同上书,第34页。

相竞争的民族国家的支配的。"①换言之,大陆国家中的一些城市由于君主专制主义国家的扩张而受到削弱,这些国家的君主专制主义王权扩张远比城市迅速,他们包围城市,迫使城市服从,剥夺城市已经获得的地位,即"对民主的发展来说不幸的是,在 14 世纪中叶以后,主要城邦中的大多数共和政府都让位给了民选政府的宿敌:经济衰败、腐败、寡头统治、战争、征服以及无论是国王、君主还是军人等权威统治者对权力的攫取"②。从而使城市处于依附和从属的地位,城市成为国王的仆人,也造成了城市性质的转变,城市在中世纪所具有的独特的自治文化也逐渐丧失了。如在法国,君主专制主义王朝通过建立一种日益有效的围绕君主的统治机构,权力日渐中央集权化并且在政治上削弱了三级会议,尽管多数行会和团体仍在继续运转,但它们在事实上却是在现时由统治者颁发的精巧的规章之下作为一个治安机构在活动。"在法国,1560 年和 1563 年分别由弗朗索瓦二世和查理九世颁布的敕令禁止了独立的商人法庭的活动,并把它们的司法功能转变给国家司法机构;但是,被禁止活动的法庭原先的成员则被吸收进国家法庭作为陪审法官。法国国王颁布的用以管理商业关系的法令时常从许多先前商人和行会成员为了他们自己的利益而自动推行的法规和习惯中吸收了它们许多内容。"③另外,"从城市因素这方面来说,丧失政治意志和权势清楚地表现在资产阶级为授封贵族而发生的竞争(在法国,这导致建立了'穿袍的贵族',它令人厌恶地使自己远离了城市市民身份,甚至封建的佩剑贵族也不把它们看作是与它地位相等的人);富有的资产阶级仿效封建生活方式"④。

《君主论》便是这种君主专制主义政体的理念基础和政治开场。《君主论》是马基雅维里去职后完成的第一部著作,这是他对自己生活其间城市的"政治实验和激烈的改革"以及自身十多年从政经验的理论性总结。他看到了意大利长期政治分裂的恶果,认为只有建立起统一的中央集权国家,才能防止内讧,抵御外侮。他虽然对共和制度抱有兴趣,但现实政治生活的经验告诉他:

---

① 马克斯·维贝尔:《世界经济通史》,姚曾廙译,上海译文出版社 1981 年版,第 284 页。
② 罗伯特·达尔:《论民主》,李风华译,中国人民大学出版社 2012 年版,第 19 页。
③ 贾恩弗兰科·波齐:《近代国家的发展——社会学导论》,沈汉译,商务印书馆 1997 年版,第 66 页。
④ 同上。

在这个到处都存在着分裂和对立的半岛上,只有建立一个强大的君主政权,才能实现统一。马基雅维里和霍布斯的近代政治哲学的开端在某种意义上都是以战争为前提的。他们不屑一顾于伊拉斯谟和莫尔这对好友在《和平之神的抱怨》(1517)和《乌托邦》(1516)中出于人文主义的对战争的指责。他们几乎一致地接受了普遍的战争状态作为政治架构的现实主义前提。人类自然状态以及现实中作为人格性的君主国之间的战争状态,这是近代政治哲学的核心。对战争这一政治状态的假设,决定了他们的威权主义取向。克里斯马型政体的出现的往往跟战争有关系,乱世容易出现个人魅力式的领导人。马西利乌斯在《和平的保卫者》一书的开头中就痛心地指出,意大利由于内争而引狼入室,四面挨打,濒临被毁灭的危险。这一判断得到了其后辈马基雅维里的高度赞同。马基雅维里看到的意大利依旧是遍地暴君。"在整个 17 世纪,欧洲的和平继续受到两种因素的破坏,一是由宗教改革导致的宗教纷争,二是国王及其对手之间旷日持久的斗争。"①在中世纪,意大利城邦国家的雇佣兵数字位居前列。"雇佣军队时刻都可以调转枪口,镇压可怜的百姓。"②谁有能力供养军队和武器库,谁就是这个城市的主人。这种雇佣兵支持独裁统治,能够把战争从原先间歇性的、暂时短期的军事冲突,转变为一种持续不断的战争和战乱。

不管怎样,"宪政体制与马基雅维里主义是对立的"③。用德国史学家梅尼克的话说,自有《君主论》问世以来,西方的政治学便挨了致命的一刀,其创口或许是永难愈合的。也如卡西尔所指出的,在《君主论》里,"包含着最不道德的东西,将其视为一篇道德论文或一本政治德行手册是不可能的"④。中世纪西方文人写的《帝王宝鉴》之类汗牛充栋,它们几乎无一例外地都是信仰优先的道德文章,基本上都带有宪制主义特征。马基雅维里对以往所有神学政治观进行了彻底的批判,他斩断了政治与宗教伦理的关系。宗教伦理本身不再是一个至高无上的目的和人的社会生活的基础。正如卡西尔所说:"马基雅维

---

① 　迈克尔·莱斯诺夫等:《社会契约论》,刘训练、李丽红等译,江苏人民出版社 2012 年版,第 64 页。
② 　刘易斯·芒福德:《城市文化》,宋俊岭、李翔宁、周鸣浩译,中国建筑工业出版社 2009 年版,第 99 页。
③ 　哈维·C. 曼斯菲尔德:《驯化君主》,冯克利译,译林出版社 2005 年版,"前言",第 1 页。
④ 　恩斯特·卡尔西:《国家的神话》,范进、杨君游、柯锦华译,华夏出版社 2005 年版,第 176 页。

利的思想如快刀斩乱麻一般,隔断了前人将国家拴系在人类存在的有机整体之上的麻绳。政治不仅失去了同宗教、形而上学的联系,而且也失去了与人的道德生活和文化生活的一切其他联系。"①《君主论》的一个最大特色,就是"工具理性"在这里得到了全面的贯彻,重结果不重手段正当性,一旦为了目的而牺牲手段的正当性,这就"等于否认用立宪政府驯化的必要"。② 不择手段,使得中世纪的宪制资源消解殆尽。在此过程中,救赎政治与恐怖政治具有亲缘关系,救赎政治最大的问题是,只有目的正确,手段可以失去束缚。"政治领袖认为自己是拯救者,就不会注意道德和宪法的限制。……宏伟的目标可以使残暴的手段成为正当,救赎政治最终可能成为背叛和恐怖主义的政治。"③由此也使得宪制与马基雅维里主义风马牛不相及,因为宪制强调一个手段正当性优先,不然社会就会腐化变质。《君主论》中君主统治的合法性及权威性,这一点是与古典政治和封建政治时代不同的,也与后来的民主政治不同。

2. 城市因素占主导有利于封建等级政体向议会民主政体的转变

由城市主导的民族国家,其典型是荷兰、英国。与大陆国家城市衰落相比,"在荷兰和佛兰德这些情形极为不同的地方,制造业、商业和金融业的发展有助于创造一个城市中产阶级"④。16 世纪中期至 17 世纪早期,欧洲的城市的重要性可能有所下降,但荷兰和英国城市的地位和影响却得到了明显增强。其一,"贸易在尼德兰是重要的,在英国也一样,至少在 17 世纪末是如此。贸易在法国和西班牙的重要性就小得多,这两个国家仍然是农业占主要地位"⑤。例如,"到 17 世纪早期,荷兰半数的人口居住在城镇和城市之中,已经成为欧洲城市化程度最高的国家"⑥。此时,"西班牙和葡萄牙的城市中心在17、18 世纪衰落了,而荷兰的城市中心人口增长了 4 倍,英国则超过 6 倍"⑦。

---

① 恩斯特·卡尔西:《国家的神话》,范进、杨君游、柯锦华译,华夏出版社 2005 年版,第 173 页。
② 哈维·C. 曼斯菲尔德:《驯化君主》,冯克利译,译林出版社 2005 年版,前言,第 3 页。
③ 格伦·廷德:《政治思考:一些永久性的问题》,王宁坤译,北京联合出版公司 2016 年版,第218 页。
④ 罗伯特·达尔:《论民主》,李风华译,中国人民大学出版社 2012 年版,第 24 页。
⑤ 菲利浦·T. 霍夫曼、凯瑟琳·诺伯格:《财政危机、自由和代议制政府(1945—1989)》,储建国译,格致出版社、上海人民出版社 2008 年版,第 340 页。
⑥ 乔尔·科特金:《全球城市史》,王旭译,社会科学文献出版社 2010 年版,第 111 页。
⑦ 同上书,第 109 页。

其二,"一系列以伦敦为中心、周围城镇网络协作的大规模活动,有条不紊且强烈地冲击着整个英国。至少在 17 世纪早期,这些活动如此之大,足以让人断定以功能为衡量标准的英国城市化正在加速发展"①。相比较而言,"在法国,可得财富基本上是土地——16 世纪末约为 464 000 平方公里,在随后一个世纪里为 514 000 平方公里。国王的臣民——1440 年约为 800 万,1560 年和 1600 年为 16 000 万,旧体制末期为 2700 万——基本上在耕种土地。1500 年估计有 73% 的臣民从事农业,这个数字在接下来的两个世纪只稍微有些下降:1600 年为 69%,1700 年为 63%。相反,在英国和荷兰,至少到 1700 年,似乎较少的人口还在从事农业。在那一年,英国只有 55% 的人在务农,而荷兰只有 40% 的人在务农。这具差距在 18 世纪晚期甚至更大"②。并且,尽管这时期英格兰仍然是农业经济,但它日渐商业化了。③

作为不争事实,在荷兰,"这些城市崛起的关键武器不是它们雇佣的英勇无畏的探险家或武士,而在于银行家、商人和熟练手工业者的世俗性技艺"④。这些城市提升了城市阶级地位和城市治理对国家治理的改造与重塑,"与当时欧洲城市明显成长的区别是,阿姆斯特丹并没有控制在贵族和牧师的手中,而是处于唯利是图的商人和工匠控制之下"⑤。与此同时,"英国人比其他民族更早地逃脱了巴洛克式的政治统治,因为他们及早推翻了斯图加特王朝的独裁者"⑥。这也使得欧洲政治革命的第一个阶段是 17 世纪的英国革命。"从世界历史的观点看,英国革命的主要意义在于确定并贯彻了自由主义的原则。这是可预料到的,因为英国革命实质上是中产阶级的事。"⑦事实上,"伦敦的崛起不仅规模更大,而且从性质上明显有别于其竞争对手如巴黎、马德里、维也纳

① 保罗·霍恩伯格、林恩·霍伦·利斯:《都市欧洲的形成》,阮岳湘译,商务印书馆 2009 年版,第 18 页。
② 菲利浦·T. 霍夫曼、凯瑟琳·诺伯格:《财政危机、自由和代议制政府(1945—1989)》,储建国译,格致出版社、上海人民出版社 2008 年版,第 244—245 页。
③ 参见 R. H. Britnell, *The Commercialisation of English Society 1000 - 1500*, Manchester, 1996。
④ 乔尔·科特金:《全球城市史》,王旭译,社会科学文献出版社 2010 年版,第 109 页。
⑤ 同上书,第 110 页。
⑥ 刘易斯·芒福德:《城市文化》,宋俊岭、李翔宁、周鸣浩译,中国建筑工业出版社 2009 年版,第 99 页。
⑦ 斯塔夫里阿诺斯:《全球通史:1500 年以前的世界》,吴象婴、梁赤民译,上海社会科学院出版社 1988 年版,第 327 页。

或圣彼得堡等城市。和伦敦一样,这些首都都自豪其壮观的教堂、华丽的宫殿和景致优美的公园,以及国家的宏大。而只有伦敦才创立了充满活力的经济机构,用于掌控和管理日益扩大的世界经济"[①]。并且,"16 世纪伦敦城的政治领导权已过渡到市民阶级或中等阶级手中,因而也就不难理解英国革命被不少研究者认为是伦敦与国王的斗争"[②]。"光荣革命"后,英国资产阶级已经掌握了国家权力,他们努力洗清社会关系中的封建残余,先前城市式政治、法律制度开始引入和移植到民族国家的制度之中。对英国而言,不是城市王国化,而是王国城市化,是王国对城市治理方式的全面采用,借由对城市治理的习得,并将城市治理推向全部领土。也就是说,国家制度的城市化在英国的实现比大陆国家要早,英国城市与王权的结盟不只是要扫除封建残余,而是要进一步扩大城市制度。君主政治被资产阶级民主政治所取代,资产阶级、城市主导国家政治化的过程也是国家政治民主法治化的过程。城市资产阶级把自己的制度安排、政治秩序和"文明"强加于国家,城市法中的合理制度因素被国家所吸收。国家继承了城市法的成果和城市制度,一切不符合作为城市价值观的规范或"文明"及文化,都在抗议和否定之列,符合城市资产阶级的市场和法治本性的制度生存下来。无论是荷兰、英国还有其殖民地——美国,都建立起了城市制度主导的政体和政治制度,其中城市起到了尤其关键的作用。从城市本身的发展来看,随着民族国家的兴起,在这些国家和地区,尽管城市的自治权利逐渐丧失了,但城市制度的地位和影响依然存在,日渐成为国家制度本身。尽管从空间上来说,是国家战胜了城市,但从性质上是国家继承了城市的各项制度和精神面貌,是城市改造了国家,从这个意义上讲,城市对这些国家和地区的历史影响不但不是削弱了,反而是增强了。换一句话说,在这些国家和地区作为单个城市的影响作用也许比以前小了,但作为城市制度的影响作用却比以前大了。即,新兴民族国家用城市制度取代了封建制度,扩大了城市制度的影响范围,也即实现了国家制度的城市化。换言之,这些民族国家是将城市管理模式嫁接到国家管理上,实现了国家制度城市化,把城市的特性变成国家的特性。正如布罗代尔所指出的:"城市即便作为城邦国家衰落了,它仍

---

① 乔尔·科特金:《全球城市史》,王旭译,社会科学文献出版社 2010 年版,第 117 页。
② 刘景华:《中世纪城市对近代文明因素的孕育》,《贵州社会科学》2012 年第 6 期。

然占据显要地位；它在事实上或表面上转而为国王服务的同时，继续称王霸道。"①概言之，最初起源于城市的民主法治，后来被逐渐运用到政府管理领域，国家治理开始成为城市治理的一种自然延伸、推广和普及。

通过国家制度的城市化，荷兰和英国也培育了一种新气质和新文化。阿姆斯特丹的加尔文教教义帮助城市培育了以贸易和商业活动为中心的市民文化。加尔文教牧师删去了旧天主教教义中反对高利贷的规定，摈弃了根深蒂固的反对资本偏见并把物质上的成功看成是上帝对他们认可的证明。阿姆斯特丹商业的成功还要归功于城市广大的多元化的人口。该城市宣称诸多教派都可以在那里和睦相处，法国历史学家费尔南多·布罗代尔评价说："宗教包容的奇迹在贸易集中的地区总能找到。"②商业活力与多元人口的结合为艺术、技术和哲学的大胆创新营造了一个理想的氛围。许多启蒙书籍都是在荷兰出版的。"荷兰城市不但容许公开探索和创新，而且也在它们的大学、科学团体和出版物中培育这种精神。"③尽管不久之后，伦敦在商业活力和学术成就两个方面都开始超越阿姆斯特丹。但可以清晰地看到，"荷兰在近代初期已成为欧洲的经济领袖。它们居于中心的地理位置和它们的政府——建立了一个有效的经济组织的政府，说明了这种发展。经济史学家有时不考虑荷兰是最后的大城邦，甚或把它们的相对下降同绝对衰落混为一谈。就事实而论，尼德兰是第一个达到我们所限定的意义上的持久经济增长的国家。而且它们不仅没有下降，相反一直繁荣并在以后若干年甚至几世纪里达到较高的人均收入水平。只不过经济舞台的中心移到了英国"④。英国通过城市制度和民族国家的有机结合，更说明了资本主义已经发展到了一个新的历史阶段，即从城市阶段发展到了民族国家阶段。

---

① 费尔南·布罗代尔：《15 至 18 世纪的物质文明、经济和资本主义》，顾良、施康强译，生活·读书·新知三联书店 1992 年版，第 610 页。
② 乔尔·科特金：《全球城市史》，王旭译，社会科学文献出版社 2010 年版，第 112 页。
③ 同上书，第 113 页。
④ 诺斯、托马斯：《西方世界的兴起》，厉以宁、蔡磊译，华夏出版社 1989 年版，第 159—160 页。

第三节　近代英国的城市化进程与民主法治发展

一、英国城市化完成的时间及表现

首先,是人口层面的城市化。1800 年,英国 2500 人以上的城镇所拥有的人口就占总人口的四分之一,这是城市化启动的开始。19 世纪中期,英国已成为以城市居民为主的国家。1843 年,英国人罗伯特·沃思就已指出,"我们已经进入大都市时代"。[①] 英国在工业革命完成后的 1851 年城市人口总和已经达到全国人口的 50.2%,城市人口已超过农村人口。10 年后的 1861 年,城市与农村的人口之比达到了 5∶4,到了 1881 年,城市人口已是农村人口的两倍。[②] 可以说,"在这一过程中,那些世世代代主要由农民构成,从事管理、制造与贸易的人也许超不过百分之十的社会,在几代人的时间里变化到这一程度:其农业人口比例相对来说只占一小部分。随着职业变化,大量人口迁向城市,在数代人的时间内,将有四分之三或更多的人生活在都市地区"[③]。

其次,是生活方式、思想观念的城市化。生活方式、思想观念的城市化,也相继在英国完成。"1840 年,在劳动力、土地和货币方面都已经有自我规制的市场经济在英国已经完全建立起来了。市场资本主义已经全面地战胜了它的敌人:不仅是在经济理论和实践上,而且在政治、法律、思想、哲学和意识形态上也是如此。它的对手,被彻底地击败了。"[④]生活方式的城市化,可以体现在以下方面。1835 年英国议会通过《城市法人法》,城市成为"自治法人"。1909 颁布的《住宅与规划法》是世界上第一部城市规划法。还有两大事件标志着

---

① 布赖恩·贝利:《比较城市化》,顾朝林等译,商务印书馆 2012 年版,第 131 页。
② 参见拉瓦蒂:《城市革命》,选自陈一筠主编《城市化与城市社会学》,光明日报出版社 1986 年版,第 87—88 页。
③ C. E. 布莱克:《现代化的动力——一个比较史的研究》,景跃进、张静译,浙江人民出版社 1989 年版,第 18 页。
④ 罗伯特·达尔:《论民主》,李风华译,中国人民大学出版社 2012 年版,第 181 页。

1848年是不平静的一年:《共产党宣言》的出版和英国第一个《公共卫生条例》的颁布,《宣言》作了许多城市问题论述,如资产阶级使农村屈服于城市的统治。它创立了巨大的城市,使城市人口比农村人口大大增加起来。同年通过的《公共卫生条例》,尽管适用范围有限、执行力度不强,但也表明公共卫生作为一种城市化现象,需要制度化解决。

再次,是社会问题、社会理论研究范式的城市化转向。英格兰的历史之所以吸引了18、19世纪的一批社会学泰斗,一个原因在于英格兰率先城市化并带动了社会理论对城市化的关注和社会理论范式的城市化转变。卡尔·马克思赖以奠定其学说基础的素材多取自英格兰的城市化历史,马克思解释道:"到现在为止,这种生产方式的典型地点是英国。因此,我在理论阐述上主要用英国作为例证。"①

二、 英国城市化较早发生的原因

其一,地理位置的影响。由于新航路的开辟、经济重心的转移,欧洲城市化的重心也随之转移,意大利城市发展的势头逐渐减缓,其中心地位由新兴的英国所取代。

其二,有限王权传统的影响。城市是一定区域的政治、经济和文化中心,是人口、团体、物质、文化和信息的交汇聚集之地,城市是生产要素的空间聚合体、劳动力的集中地和商品流通的集散地,也是通过聚合降低成本、提高效率的场所。一般说来,城市是按照节约和效率创建了道路、住房、工厂、学校、商店等城市空间元素。而历史很多地区不能商业化、市场化和城市化,很大程度上是因为政治体制抵制其商业化和市场化。这一点在英国表现得较弱,因为"英国的专制制度具有未完成的性质。其表现在于:英国依然保留国会这种形式的等级代表机关和地方自治制度。……也没有分支系统繁多的官僚机构"②。正是由于英国实际上没有遭受过外来的侵略,也很少受到外来侵略的

---

① 转引自艾伦·麦克法兰:《英国个人主义的起源》,管可秾译,商务印书馆2008年版,第52页。

② 康·格·费多罗夫:《外国国家和法律制度史》,叶长良、曾宪义译,中国人民大学出版社1985年版,第112页。

严重威胁,因而英国不那么需要强大的军队(海军所具有的政治分量当然要轻得多),结果王室的权力和威望以及依赖于王室的行政机构的权力和威望也就较小,"由此而造成的最明显的差异表现在古老的半封建制度只是在英国保存了下来,这一事实本身对于我们来说并不重要。特别重要的是,在整个这一时期,英国未能像其他国家那样控制国民生活,尤其是,国民生活的经济部门,包括殖民事业在内,处于较为自主的状态"①。即,"在英语中,根据'社会'(society)与政府(government)这两个术语间的区别来探讨上述两种类型的秩序不仅是可能的,而且长期以来人们也是这样做的"②。可以说,英国一直是市场主导下的政府辅助型城市化,城市化主要是建立在商业和市场机制的基础上,从而与东方城市不同。在东方,是"政治,而不是商业,决定着中国城市的命运。长安、洛阳、开封、南京和北京等城市时运的涨落取决于统治王朝对其位置的喜好。防御的需要或者食物供给的便利程度等因素在很大程度上决定了哪个或者哪些城市成为首都"③。这也使得"在日本、朝鲜、中国、印度或者埃及,中产阶级力量的蓬勃兴起却不曾发生"。因为,"专制政权到处任意征税、没收财产,以宫廷喜好行事,破坏了对企业家的激励机制"④。并且,英国政府也不可能强行阻止人口流入城市。英国是对自由流动权最早作出规定的国家。1215年的《自由大宪章》第41条规定:"战时以及对敌对国家人民以外一切商人能遵照旧时之公正习惯,皆可免除苛捐杂税,安全经由水道与旱道出入英格兰,或在英格兰全境逗留或耽搁以经营商业。"第42条规定:"英国人民除在战时为国家和公共福利得暂时限制外,皆可由水道与旱道安全出国或入国,但监犯与被剥夺法律权利者例外。"另外,英国一般是长子继承,如一块地,有好几个儿子,那么一个儿子继承家业,其他儿子就要走,这就变成自由民,这些人到哪里去? 就聚到一些地方搞工业搞商业,这也是城镇的一个由来。这给予了人类新的迁徙的理由,颠覆了人类那些长期不变的习惯,削弱了人类与家乡土地的紧密的种植关系。这也说明经济自由是英国城市发展的一个重要条件,要

---

① 约瑟夫·熊彼特:《经济分析史》第1卷,朱泱、孙鸿敬等译,商务印书馆1996年版,第227页。

② 弗里德利希·冯·哈耶克:《法律、立法与自由》第1卷,邓正来等译,中国大百科全书出版社2000年版,第70页。

③ 乔尔·科特金:《全球城市史》,王旭译,社会科学文献出版社2010年版,第76页。

④ 同上书,第85页。

让人可以自由流动,如果不准人自由流动,城市就无法兴起和发展。按比较利益原则,自由流动条件下,劳动力、资本等要素从获利低的地区流向获利高的地区,形成工业企业聚集区,构成了城市化的开端。流动的资源和人口会完成一个集聚的过程,会相对稳定到某些空间,这个过程就是城市化过程。英国随着工商业的迅速发展,大量农村人口涌入城市,在工商业发达的地区形成许多新的城市中心。

其三,纺织业的影响。英国纺织业的比较优势,促成了英国的农业商品化、工业化和城市化进程。葡萄酒对于法国农业(也许对 18 世纪整个法国社会)的意义,就像羊毛在 16、17 世纪对于英国农业和整个社会的意义一样,但葡萄酒贸易和羊毛增产在英法两国所造成的经济政治后果是很不相同的。[①]英国纺织业对整个农村结构产生极深远的影响,首先圈地运动是当时英国农业商品化推动的结果,在集中的土地上进行规模化的放牧,比在零碎的土地上耕种的边际收益更高,圈地运动是一种更为公开的农业资本主义化的形式。法国的葡萄酒主要用于国内消费,但英国的羊毛及其制品却主要出口;葡萄栽培及种植,以及葡萄酒生产具有劳动密集型的特点,但英国羊毛纺织却基本实现了技术密集型生产和规模化经营,前者需要更多农民并依附于土地,后者则需要大量的产业工人。经由牧场实现了土地的集中和规模化经营,同时也使大量农民转移至第二、第三产业中去了。越是离开传统的农业,越是发展现代的工业商业,资源和人口在空间上相对就会更加集中。因为农业相对于二、三产业是一种城市化比较弱的产业,而城镇在二、三产业大力发展所带来的规模经济效益和聚集经济方面将表现出巨大的利益引力。

三、 英国城市化对民主法治发展的影响

英国较早完成了城市化并创造了近代英国的"独特性"。在诺曼底入侵之后一个世纪立国的英格兰,起初是一个贫穷的乡村社会,稀稀落落地居住着"农民"和领主,与欧洲大陆各邻国在诸多方面莫不相似。在 16 世纪末叶至 18 世纪中叶之间的某一时刻,英格兰与它的邻居们分道扬镳了。外国观察家们

---

① 巴林顿·摩尔:《民主和专制的社会起源》,拓夫等译,华夏出版社 1987 年版,第 35 页。

已经注意到,英格兰在经济、社会和意识形态等领域与欧洲其余地区有着很大的差异。讨论这个问题的哲学著作和游记可谓浩如烟海,"虽然作者们评论了习惯与行为方式上的多种不同点,不过我们的注意力将集中在五六个中心表征上,因为这几个表征可能直接关系到前文说述过的那个模式。首先,高度成熟的、个人主义的市场化社会,可以导致非同寻常的富足,而且财富会广泛地分布于全民。其次,一种社会流动性极大的局面会出现,流动的基础是财富,而非血缘;同时在职业群体之间、城乡之间、社会阶层之间,几乎没有牢不可破的永久屏障。最后,很可能发现法律之中埋藏着强烈的个人主义意识,并体现为个人权利的概念,体现为思想和宗教方面的独立与自由"[①]。并且,托克维尔在他的著作《旧制度与大革命》中,也比较深刻地考察了 18 世纪英格兰与欧洲大陆国家特别是与法国的差异。他相信,中世纪英格兰在本质上与欧洲其他农业国家完全一样,欧洲域内的种种差异只是在中世纪末期才真正出现的。"中世纪"的政治和法律体系在法国、英格兰和德意志具有"惊人的相似性",同时"农民的状况差别甚微,……从波兰边境到爱尔兰海"都很相似。他总结道:"在 14 世纪,欧洲各国的社会,政治、行政、司法、经济和文学等律制"是彼此酷肖的。然而到了 17 世纪,英格兰"已经是一个非常现代的国家了",它"仅仅将中世纪的某些遗迹保存在心底,犹如涂抹了防腐香膏"。在那些"古老的名字和形式"背后,"你将发现从 17 世纪开始,旧的封建体系彻底废除,阶级彼此交融,血统高贵论让路,贵族晋阶开放,法律面前人人平等,公职对全民开放,新闻自由,言论公开"。这些全都是"中世纪社会闻所未闻的新法则"[②]。而究其这种重大差异的渊源是什么,原因就是英格兰在 17、18 世纪城市化程度同欧陆国家相比较高,城市化程度高是决定英格兰独特的根本性原因。因为高度城市化,使得英格兰成为"现代社会"的主要源头,在这个发展过程中,英国完成的不光是经济和社会结构方面的城市化,而且还有文化和制度、政治方面的城市化。在英国,城市制度最终得以国家化,由农村主导的政治转向城市主导的政治,农村式政治转变为城市式政治,城市文化及制度开始成为近代英国国家的底色。

---

① 艾伦·麦克法兰:《英国个人主义的起源》,管可秾译,商务印书馆 2008 年版,第 216—217 页。

② 同上书,第 219 页。

(一) 城市化在经济层面上带动了乡村城市化和城乡一体化

通过史实回顾,可以清楚认识到英国的城市化既是一个影响到城市现代化又是一个影响到乡村现代化的进程。"无论如何,随着英国城市化的演进,各区域中心,尽管无法与伦敦媲美,但仍与乡村经济并肩发展起来。"①史实规律也表明,城市化水平越高,越有助于带动农业农村和农民的城市化与现代化。乡村的城市化、农业的商业化、农民的现代化日益成为现代化的核心内涵。即使我们简单地把这种现代化的出现看成英国乡村生产力进步促动的结果,我们仍无法否认,这种现代化只有经过城市创造性的活动才能完成,因为城市化对农业农村现代化具有导向、示范和辐射带动作用。近代英国依托于城市的经济、文化、科技、资金、信息、人才等优势,参与农业开发,有利于农业结构优化升级,加快传统农业的改造。乡村生产方式现代化的过程,是通过城市的发展带动实现的,英国的农村逐步城市化改进,即使在最偏远的乡村,日常生活的模式也开始日益城市化。正因为如此,现代性的生成同"农民的终结"必然是一体化的。在城市化的英国,"人们没有要求摧毁任何重要的封建制度;但到十八世纪末,最优秀的评论家们一致认为,大不列颠已经处于农业进步的最前列,并成为欧洲大陆各国的榜样"②。当然,城市化的意义并不在于通过剥夺农村,实现自我现代化,而是城市化尽可能引导乡村城市化。

在英国,由于商业城市的引导,商品流通深入农村,农产品商品化倾向日益加强,农村出现了加工业并得到了很快发展,于是农民由原来自然经济小生产者逐渐转变为小商品经济生产者,即乡村中的封建经济基础瓦解。与此不同,在中国等东方国家,由于城市主要作为政治中心、消费中心,城乡之间商品交换甚少,城市商品主要是农民地租的转化形式,因此,中国等东方国家的自然经济解体缓慢。英国现代化进程中保有的乡村已是市场经济意义上的乡村,而不是自然经济意义上的,乡村已是城市的延伸。此时的农业经济不再是

---

① 保罗·霍恩伯格、林恩·霍伦·利斯:《都市欧洲的形成》,阮岳湘译,商务印书馆 2009 年版,第 158 页。

② 圭多德·拉吉罗:《欧洲自由主义史》,杨军译,吉林人民出版社 2001 年版,第 10 页。

自给自足的自然经济,农民种植牧草不是自己用的,而是作为商品出售的。农业的现代化首先意味着农业中的商品经济取代自然经济的过程,促使农业成为市场和交换而进行生产的商品化农业。通过对英国的研究发现,农业资本化、企业化经营既是其农业生产力提高的结果,更是城市化带动的结果。其中,货币地租的出现和发展就是等级身份制基础——封建自然经济崩溃瓦解的过程。城市愈发展,它们对货币地租影响也愈大。在英国许多地区,由于封建领主的征税即使在农村地区也可以用金钱支付。许多庄园加入了市场的交易,例如 15 世纪时,英国庄园广泛地经营羊毛、粮食、牲畜等贸易,把大宗的这类货物送到伦敦和欧洲大陆。农民和市场的关系也日渐密切。农村中的自然经济就愈益让位给货币经济。"这就使实物贡赋(徭役和物租)为货币地租所代替,并使农民逐渐摆脱农奴的人身依附关系。"①城市内部的社会关系与社会体制也随之向乡村社会渗透,开始了它对封建农村经济的摧毁作用。恩格斯曾明确指出:"凡是货币关系排斥人身关系和货币贡赋排挤了实物贡赋的地方,封建关系就让位于资产阶级关系。虽然在大多数情况下农村中继续存在着古老朴拙的自然经济,但已有整个地区……农民都向主人缴纳货巾,而不是徭役和实物租了;在那里,主与奴都已经向变成地主与佃农迈出了踏实的第一步,因而封建主义的政治制度在农村中也丧失了它的社会基础。"②

　　工业现代化论者在强调乡村工业重要性的同时,也需要认识到城市的作用,原因在于:"在农业改良、地区市场的一体化和工厂制度的发展中,城市发展的促进作用可能比原工业化的促进作用更大。"③推动乡村现代化的主要力量是城市,即许多商人、行东、帮工、学徒从城里跑到农村去组织或从事生产,乡村工业的发展与这些人的到来是分不开的。乡村的商业理念和手艺也多是城市带来的,"城市在训练人才、发展经济,集中力量发展技术等等方面的优势是如此之大,以至于很久城里的商人和工业从来没有想到可以到城外去吸取

---

① 谢缅诺夫:《中世纪史》,叶世雄译,生活·读书·新知三联书店 1956 年版,第 160 页。
② 恩格斯:《论封建制度的瓦解和民族国家的产生》,《马克思恩格斯全集》第 10 卷,人民出版社 1975 年版,第 453 页。
③ K. D. M. Snell, *Proto-Industrialization? Cottage Industry, Social Change, and Industrial Revolution*, pp. 491 - 492.

乡村的廉价劳力,从来不屑于接受乡村的工匠粗陋和低标准的技术设备"①。机器化大工业在占据城市工业部门之后也开始占领农业领域并引起农业革命。随着农业机械化、良种化和化肥化为主要特征的农业工业化进程逐步展开,最墨守成规和最不合理的经营,被科学在工艺上的自觉应用代替了。克里德特看到:"商品性农业只有在高度城市化的地区才能发展起来",因为只有大城市或一系列城市的集中需求,才能"诱使自给自足的农户份地走上专业化道路"。② 大工业在农业中的应用还加速了小农经济的解体,并将大量农业人口从封建宗法关系和土地的束缚中解放出来而进入城市成为产业工人或农业工人。

城市化也使农业生产社会化和城乡一体化成为可能,因为城市本身反映了人口、生产资料、资本、享乐和需求的集中;而在乡村里所看到的却是完全相反的情况:孤立和分散,"资本主义生产使它汇集在各大中心的城市人口越来越占优势,这样一来,它一方面聚集着社会动力,另一方面又破坏着人和土地之间的物质变换"。③ 中心城市能产生强大的辐射效应,带动区域经济的增长和社会经济的全面发展。以各个城市为主要枢纽连接起来,这便利市场经济在城市网络中的形成,城市显然就是这网络中的枢纽和支点,也是人们进行生产生活的主要基地。城市化意味着要摆脱和改变传统农业社会中形成的农村愚昧和孤立分散状态。乡土社会中的人,是以村或庄园为单位互相隔绝的。城市化带动的商品经济摆脱了这种隔绝状态。与分散的农业经营相反,城市将生产、服务、居住、消费等整合为市场,从而产生出巨大的、前所未有的市场引导功能。"城市在一个更大的社会、经济和政府体系中起到了节点的作用。"④城市成为手工业集中地和商品集散地,有利于促进工农和城乡协调发展。"只有使工业生产和农业生产发生密切的内部联系,并使交通工具随着由此而产生的需要扩充起来,才能使农村人口从他们数千年来几乎一成不变地栖息在里面的那种孤立和愚昧的状态中挣脱出来。"⑤城市化引领,"使很大一

---

① 刘易斯·芒福德:《城市文化》,宋俊岭、李翔宁、周鸣浩译,中国建筑工业出版社 2009 年版,第 74 页。

② P. Kriedte etc., *Industrialization Before Industrialization*, Cambridge University Press, 1981, p. 27.

③ 马克思:《资本论》第 1 卷,人民出版社 1975 年版,第 552 页。

④ P. Abrams, *Towns and Society*, Cambridge University Press, 1978, p. 24.

⑤ 《马克思恩格斯选集》第 2 卷,人民出版社 1995 年版,第 543 页。

部分居民脱离了乡村生活的愚昧状态"①,使人摆脱地方性的局限,"使农村人口从……那种与世隔绝和愚昧无知的状态中挣脱出来"②,并最终实现了城乡一体化。

(二) 城市化在文化层面上带动了英国农民和贵族中产阶级化

城市化对乡村的拉动,不仅有经济意义,而且也具有社会文化意义,既是农村社会向城市社会转化的过程,也是打破原来的农业从业人员的思想理念、生产方式、个人素质和收入水平等并使其逐步与城市文明接近,并最终完成城乡一体化的过程。它能把居民从偏僻的、落后的、被历史遗忘的穷乡僻壤拉出来,卷入现代社会生活的漩涡中,它提高农民的文化程度及觉悟,使他们养成城市文明的习惯和规范。城市化是现代文明的重要传导机制,乡村现代化的实质是城镇生产生活方式和城镇文明不断向农村传播扩散的历史过程。截止到16世纪时,从价值观的含义来说,城乡差别就已经开始部分地消除了。

1. 表现

其一,乡村城市化造就了英国农民的中产阶级化。在英国,构成中产阶级队伍的除了城市阶级外还有农业中的中小地主、租地农业家、富裕的自耕农,也有人数众多的遍布城乡的商人、小业主、银行家、殖民者以及自由职业者等。"到了16世纪,我们讨论的英格兰已经不是一个农民社会。"③尽管它也建立在农业基础上,但它已融进了城镇的商品经济形态和市民化的社会结构。"它与东欧农民社会和亚洲农民社会的差别,不仅是程度上的差别,而且是性质上的差别。"④从文化模式上看,它已经完全不属于"农民"的范畴了。

其二,乡村城市化使得贵族势力不但不是城市化的反对者,反而成为积极认同的力量。"连贵族也赞赏这种城市优势:生活和生活所需的全部物品,各种各样的趣味情致,以及对于未可知事物的挑战,一切新奇有趣的东西,都在

---

① 《马克思恩格斯选集》第1卷,人民出版社1972年版,第255页。
② 《马克思恩格斯选集》第3卷,人民出版社1995年版,第215—647页。
③ 艾伦·麦克法兰:《英国个人主义的起源》,管可秾译,商务印书馆2008年版,第105页。
④ 同上书,第214页。

城市里。"①史学家们都认为,在光荣革命中,英国的贵族和绅士阶层与城市中产阶级日渐同质化,"他们组成同一个阶级是因为他们都拥有旨在获利和进一步积累财富的共识"②。托尼曾指出:"'贵族'和'绅士',这些社会集团的界限互相溶合于彼此之中。"③恩格斯曾经对此指出:"从亨利七世以来,英国的'贵族'不但不反对工业发展,反而力图间接地从中取得利益;而且经常有这样一部分大地主,由于经济的或政治的原因,愿意同金融资产阶级和工业资产阶级的首脑人物合作。"④并且,"英国的贵族,经济上强大无比,履行公共职责时热情洋溢,对宫廷与首都的吸引力又无动于衷,君主专制主义反对贵族的武器很快变得徒劳无功"⑤。最终使得"进入国家统一和专制主义时代的英国能够比欧洲大陆更大程度地容忍贵族的、地方的和社团的自治。……这种政治文化使英国在 18 和 19 世纪期间,在没有发生严重中断的情况下,有可能容纳社会结构中多次巨大而迅速的变化"⑥。

2. 影响

其一,乡村城市化造就了英国全民性的中产阶级社会结构。"在欧洲大部分地区以及印度和中国,历史上都存在一小撮有文化的统治阶级——或凭借天赋权利,或因教育而擢升;他们与一大批贫困而无知的乡村生产者之间界限分明,后者常被称为'农民'。英格兰却有一个著名的特点,那就是店主、商人、制造业者、工匠、农业经营者等等构成了一个庞大的中产阶级。他们不是至高的统治者,却也不是农民。"⑦英国早期工农业经济的城市化和商业化发展,导致英国社会在工业革命前就形成了一个庞大的中产阶级,这是英国早期资本主义社会阶级结构的一个突出特征。首先,城乡的资产阶级联盟扩大了民主

---

① 刘易斯·芒福德:《城市文化》,宋俊岭、李翔宁、周鸣浩译,中国建筑工业出版社 2009 年版,第 74 页。

② P. Zagorin, "The Social Interpretation of the English Revolution", *Journal of Economic History*, XIX, 3, 1959, pp. 391 - 392, 388.

③ R. H. Tawney, "The Rise of the Gentry 1558 - 1640", in E. M. Carus-Wilson ed., *Essays in Economic History*, London, 1954, p. 214.

④ 《马克思恩格斯选集》第 3 卷,人民出版社 1972 年版,第 392 页。

⑤ 圭多德·拉吉罗:《欧洲自由主义史》,杨军译,吉林人民出版社 2001 年版,第 10 页。

⑥ 加布里埃尔·A. 阿尔蒙德、西德尼·维伯:《公民文化》,徐湘林等译,华夏出版社 1989 年版,第 7—8 页。

⑦ 艾伦·麦克法兰:《英国个人主义的起源》,管可秾译,商务印书馆 2008 年版,第 4 页。

的社会基础。大体来说，农民、贵族价值观的城市化，对于民主法治发展来说是个好兆头。"他们（土地贵族和农民）对于农业商品经济挑战的响应，成为左右政局的决定性因素。"①有充分的理由认为，这一结果对民主法治的发展过程做出了重大贡献。商品化侵入农民组织结构中，意义最为重大的是社会价值观和制度的城市化，是决定尔后民主法治进程的关键因素。即，"'新市民'并没有发展在一个革命的群体，然而作为社会的中等阶层却在从专制国家演变为公民的法制国家的进程中起着重要的作用"②。这里的意思是如果农民能够积极响应并融入城市化的进程，则农民会消灭"自己"而转变成小资产阶级和产业工人，进而形成"中产阶级"这个支撑现代民主法治的社会结构力量。也即，农民、贵族价值观的城市化，从而具有"中产阶级"平和的心态与妥协精神，会成为和平民主发展的关键性的社会基础。摩尔在这里给出了一个关于民主法治的城市学原理：城市化、商品经济的发达是否与暴力革命的发生频率呈负相关关系，在现代化政治中农村扮演着关键性的"钟摆"角色。因为一般说来，农民会联合哪个阶层和反对哪个阶层，是靠不住的，这是由农民的特有属性所决定的。处于原子化状态的农民具有天然的机会主义的倾向，诸如"可怜之人，必有可恨之处""小农的算计"等底层或弱势人群常见的机会主义行为也会大行其道。农民可以和不同阶级联盟，既可以被民主势力利用，也可以被专制势力利用，但由于人数众多，他们的政治取向对社会进程总能产生重大影响。农民作为一个最为庞大、具有"激进"潜质的、容易被利用或动员的特性，尤其是思想封闭的自给自足的小农易受"动员"。传统的村落仅仅是农户的聚居地，单个农户自给自足，农户之间基本上没有分工与协作，这是农村物品匮乏和社会对抗及暴力频发的根本原因。农村城市化的过程是走向一种协作关系的过程，城市商品经济天然具有整合相关利益群体的功能，这一功能可能会缓减社会冲突发生的频次和强度。乡村民众视野的开阔和知识的增多使其不易被动员，提高了少数野心家动员"革命势力"的成本。商品经济会使农民开阔视野，增强信息量，趋于理性判断，更少采取激进行动。

　　当然，贵族的城市化和商业化也扩大了民主法治的社会基础。"在英国，

---

① 巴林顿·摩尔：《民主和专制的社会起源》，拓夫等译，华夏出版社1987年版，第6页。
② 里夏德·范迪尔门：《欧洲近代生活：村庄与城市》，王亚平译，东方出版社2004年版，第69页。

农村和城市融合的主要目的是对抗王权,这种情况不仅在国内战争以前,而且在随后的很长时间里都是如此。"①而且常常使社会各民族阶级长期地相信共同的敌人是国王,因而使贵族终于变成了各民主阶级的代表,而不再是他们的主要对手。当资产阶级革命到来时,英国贵族势力与新兴资产阶级的对立关系并不十分激烈。贵族势力不但不是消极力量,而且还是积极力量。史学家们都认为,在光荣革命中,"从阶级斗争中找不到英国革命的起源"②。显见,民主的使命不仅仅在于引导人民观念的民主化,而且还要提供切实的、能够真正助益于人民实现"现代化"的机制、措施和路径。自给自足的小农经济无法引入民主法治。只有"城市化小农"与民主法治是相辅相成的。可以说,没有商业、城市化的乡村社会,"民主法治下乡"是不可能的。而"民主起源"实际上是城市化社会结构的起源,当我们转向民主法治的城市化基础时,就会发现,农民和贵族社会价值观和制度的城市化成败,孕育着非常重要的政治结果。当农业向市场生产转变,使城市生活影响渗透农村生活时,民主法治秩序才容易建成。③ 或言之,所谓隐藏在民主法治背后的动力主要指涉的应该是农民和贵族这股社会力量,因为只有这股力量足够城市化,才使促使专制进入民主,才能奠定现代民主制的社会基础——"中产阶级"。现当代许多西方学者(包括相当一部分中国学者)持有的关于"中产阶级"是现代民主议会制度的社会基础的观点,在摩尔这里早就形成了。实际上,关于"中产阶级"有利于民主的出现的这样一种观点也可追溯到 2000 年前的亚里士多德,虽然他不喜欢民主,但是他认为,在中产阶级强大的情况下,社会比较容忍,不会走向极端,有利于民主法治的实现。他在《政治学》中说:当一个社会里中产阶级占主导地位,民主会更安全、更长久。

其二,乡村城市化带来英国社会阶级融合。事实上,这是与英国城市化分不开的。在其他各国,等级间的分化非常严重,其等级会议,正是由这些分化严重的等级组成的,所以易被专制君主分化瓦解掉;而只有在英国,社会各等级之间通过城市化出现了融合。城市化进程中的英国社会,公民"地位的平

---

① 巴林顿·摩尔:《民主和专制的社会起源》,拓夫等译,华夏出版社 1987 年版,第 43 页。
② P. Zagorin, "The Social Interpretation of the English Revolution", *Journal of Economic History*, XIX, 3, 1959, pp. 391 - 392, 388.
③ 参见巴林顿·摩尔:《民主和专制的社会起源》,拓夫等译,华夏出版社 1987 年版,第 373 页。

等"已经得到传播,去掉了等级制度的身份制度与特权制度,让国家公民拥有平等的身份。若干世纪以来,gentilhomme(贵族)在英国已完全改变了含义,而 roturier(平民)一词现已不复存在,在英国,"穿越时间和空间,跟踪 gentle-man(绅士)一词的命运,这词是从法语 gentilhomme(贵族)一词衍化来的;你将看到它的意义在英国随着不同的社会地位互相接近,互相融合而扩大。每一世纪,这词所指的人社会等级就更低一点。它最终和英国人一起传到美国。在美国,它被用来泛指所有公民。它的历史即民主的历史"①。正是在城市化进程中,英国废除了出生、等级、教育和职业等区别,人成了一种高度的抽象,在这个意义上,公民权也是一个城市化构建的产物。英国通过城市化促成了身份特权社会结构的瓦解,各等级身份逐渐淡化,从而走出封建制度。"如果忘掉那些旧名称,抛开那些旧形式,人们便会发现,自 17 世纪以来,封建制度已基本废除,各个阶级互相渗透,贵族阶级已经消失,贵族政治已经开放,财富成为一种势力,法律面前人人平等,赋税人人平等,出版自由,辩论公开。所有这些新原则在中世纪社会中都不存在。然而正是这些新事物一点一滴巧妙地渗入这古老的躯体,使之复苏和免于瓦解,并在保持古老形式的同时,灌输新鲜活力。17 世纪的英国已经完全是一个现代国家,在它内部仅仅保留着中世纪的某些遗迹,犹如供奉品。"②而事实也证明,英国社会各阶级的融合,对英国民主法治发展具有根基性作用。

第一,英国借助没有身份、种族、阶级之分的公民权,实现了规则和机会面前人人平等,并促成了英国现代开放社会的较早形成。"按照一视同仁的方式把义务扩大适用于所有的人,亦就是把义务不仅适用于我们部落的成员,而且也扩大适用于越来越多的其他人直至最终适用于所有的人,实乃是人们在道德方面所取得的一项进步,而我们敢正是依凭着这项道德进步才日益趋近开放社会的。"③对此,"有一个事实使得英国在所有现代国家中显得独特,并且惟有它才能使人们理解英国法律、英国精神以及英国历史的特殊性,然而这个事实并未使得哲学家和政治家倾注更大的注意力,而英国人自己出于习惯也对

---

①　托克维尔:《旧制度与大革命》,冯棠译,商务印书馆 1992 年版,第 122—123 页。

②　同上书,第 57—58 页。

③　弗里德利希·冯·哈耶克:《法律、立法与自由》,邓正来等译,中国大百科全书出版社 2000 年版,第 249—250 页。

这个事实视而不见……使得英国不同于欧洲其他国家的并不是它的国会、它的自由、它的公开性，它的陪审团，而是更为特殊，更为有效的某种东西"。而这个"更为特殊和更为有效"的东西就是，"英国是真正将种姓制度（主要指封建社会中界限森严的身份等级关系——引者注）摧毁而非改头换面的唯一国家。在英国，贵族与平民共同从事同样的事务，选择同样的职业，而更有意义的是，贵族与平民间通婚"①。

第二，英国社会各等级的融合使得他们容易在议会中实现联合并代表人民来制约君主。中世纪时期，"等级会议是没有代表国民全体的性质，只是由于国民当中的某种特别阶级或阶级的代表而成立"②。它们与中世纪调和封建国王与特权集团（而不是个人）利益的制度相联系；这种制度就是阶层或阶级的代表制。"然在实际上，就只有英国一国是从中世的等级会议而发达为真正的国民的议会。"③英国的历史学家缪尔（Ramsay Muir）则将其原因归结为以下几点：(1) 其他各国的等级会议，都是纯粹的地方会议，只热心地方的利害，从而对实现国家的统一构成了障碍。而与之不同，只有英国的等级会议，从其形成之初，没有地方分立的倾向，并具有全国的性质；(2) 一个更重要的原因是在其他各国，阶级的区别非常严重，其等级会议，正是由这些区别严重的阶级组成的。而只有在英国，阶级的区别不严，基于封建制度的人民之阶级会议，在英国并不像在其他国家阶级分化严重，"结果：其等级会议，与其是自始即和其他各国那样严格的意义之下的特权阶级的集合，毋宁具有国民的会议的性质，因此，便成容易发达而成为国民的会议的素因"④。即，在英国，议会能够发挥"一种社会协调功能，使公民具有同等的尊严，避免各等级之间的冲突"⑤。

第三，英国的权力分立学说正是随着城市化和公民权的发展而从混合政体理论中改造和重建出来的。即，"只是在 17 世纪的英格兰，它才第一次作为一种明确表述的、融贯的政府理论而出现，并被竭力声称是'自由和优良政体

① 托克维尔：《旧制度与大革命》，冯棠译，商务印书馆 1992 年版，第 122 页。
② 美浓部达吉：《议会制度论》，邹敬芳译，中国政法大学出版社 2005 年版，第 7 页。
③ 同上书，第 8 页。
④ 同上书，第 10 页。
⑤ 萨尔沃·马斯泰罗内：《欧洲民主史——从孟德斯鸠到凯尔森》，黄华光译，社会科学文献出版社 1998 年版，第 333 页。

的重大秘密'。在英国内战的动荡中,当时的基于国王、贵族和平民之混合的政府制度看起来已不再适用,而需要有一种新政制理论;作为回应,分权学说就应运而生"①。权力分立学说去掉了混合政体的等级、阶级划分因素,并将权力划分的标准不再定位在阶级、等级而是权力机关职能上。也即,"使得均衡政制的制约平衡可以用于基本上没有阶级特征(除了他们的选举资格限制之外)的政府体系"②。分权学说的首要因素是主张将政府机构区分为三个范畴:立法机关、执行机关和司法机关,也就是说权力分立学说去掉了混合政体的等级、阶级划分因素。权力分立学说拒绝君主制和贵族制的阶级划分和身份划分,权力分立明显适应上升中的公民国家的需要,公民国家当时正在抨击君主和贵族的权力,但又希望维护对政府权力行使的限制,即使这个政府是由一个选举产生的立法机构来统治的。因此,那种走向更大程度民主制的运动产生的后果是抽去均衡政制理论中的君主制和贵族制因素,只剩下权力分立作为立宪政府理论的唯一基础。也就是说,"在英国,政府体系中三个分立部门的成长部分地反映了劳动分工和专业化的需要,也部分地反映了这样的要求,即不同的价值应体现在不同机构的程序中,体现在代表了不同利益的分立部门中"③。"宫廷和民间、权力和财产、少数人的统治和多数人的统治将在有限君主制的框架内获得平衡。"④需要注意的是,英国通过权力分立"使得均衡政制的制约平衡可以用于基本上没有阶级特征(除了他们的选举资格限制之外)的政府体系"⑤。也正如一些学者所指出的:"18 世纪,这一从外表看来是不可思议的对社会各主要力量进行制约和平衡以及对政府权力进行分立的在欧洲受到了广泛尊崇。它受到了著名的法国政治哲学家孟德斯鸠的赞赏,也受到了美国宪法之父们的推崇,这些宪法的缔造者希望在美洲创造一个保留了英国制度的优点但去掉了君主制的坏处的共和国。"⑥

---

① M. J. C. 维尔:《宪政与分权》,苏力译,生活·读书·新知三联书店 1997 年版,第 3 页。
② 同上书,第 92 页。
③ 同上书,第 14 页。
④ 尼古拉斯·菲利普森、昆廷·斯金纳主编:《近代英国政治话语》,潘兴明、周保巍等译,华东师范大学出版社 2005 版,第 293 页。
⑤ M. J. C. 维尔:《宪政与分权》,苏力译,生活·读书·新知三联书店 1997 年版,第 92 页。
⑥ 罗伯特·达尔:《论民主》,李风华译,中国人民大学出版社 2012 年版,第 25 页。

(三) 城市化有利于英国走向法治治理

1. 统一公民权法治的形成

从 17 世纪开始英国城市化和社会流动开始加速,人们可以选择留在乡间,或者来往于城乡之间。英格兰成为一个开放的、流动的、市场导向的社会,"社会结构呈现出极其流动的状态,具有大起大落的社会流动性。很可能,人口的四分之一到一半在不同时期是佣工"[①]。身份制的瓦解,公民权的完善减少了城市与乡村的间隔,这一全新社会结构形态正在颠覆以身份等级为基础的传统社会观念。"大多数人已经具有现代经历:通过出卖劳动力谋生,而不是作为农奴为封建领主无偿劳动。这一社会关系的转换是现代社会出现的重要的条件:这种转换承认权力的社会分配,法律的意义,以及带有社会权利与社会责任的形式上自由公民意识的最终出现。"[②]在法律层面上,表现为"资产阶级私法的主要原则,即个人之间在契约、所有权等方面的法律,即使在实践中尚未完全取代、却也已在理论上取代了人际封建关系"[③]。这样一种个人主义的、平等主义的社会,是一个比较典型的城市化现象,并且仅仅局限于 17 世纪以降的英国。城市英国正在代替乡土英国,城市作为一种生存方式日益渗透到整个社会生活之中,城市文明的文明生活方式、生活习惯、习俗从各种渠道传入农村社会之中,此时的法律明显是一种公民权法治和城市化的法律了。

统一公民权,主要表现在获取财产的机会得到了平等保障,促进了英国市场经济的形成和发展。英国的司法体制在一定程度上限制了国王对经济活动的超经济强制干预,对王权的政治行为和特权对经济生活的介入给予了抵制。对经济的自发活动和市场调节提供了一定程度的保护机制。可以说,司法本身就是市场经济体制的重要组成部分。这也正是 1641 年废除特权法院决议中的内容,即"国王和他的枢密院对于臣民的土地、财产等纠纷,没有也不应该

---

① 艾伦·麦克法兰:《英国个人主义的起源》,管可秾译,商务印书馆 2008 年版,第 104 页。
② 艾伦·麦克法兰:《现代世界的诞生》,管可秾译,上海人民出版社 2013 年版,第 7 页。
③ 泰格、利维:《法律与资本主义的兴起》,纪琨译,学林出版社 1996 年版,第 175 页。

有任何司法权。它们应当在法院接受正当法律程序处理"。① "光荣革命"后的英国，"对于自由流通来说，几乎不存在任何政治障碍或阶级障碍：没有任何国内税卡，对不同身份的人的经济活动几乎没有任何限制，不存在任何重大的地位或阶级藩篱。……任何人都拥有财产（尽管数量上有极大差别）。即使他们没有足够的财产，不能投票或参加陪审团，但他们依然能够作为独立的活动者参与经济活动。……而当时其他多数国家的情况不是这样的。因此，在英国这个民族单位中，在 18 世纪晚期大规模的经济增长开始之前，资本主义已经广泛地、平均和有机地在社会结构中扩散"②。并且，市场开始成为英国社会组织财富生产的主导制度。而市场作为一种有效的大规模经济发展动员方式，极大地掀起了英国民众的经济热情。"到 1690 年，英国已经形成了一个流动性的和单一的有钱精英。获得财富和权力的大门，不是像欧洲许多国家一样，限制在陈旧的特权观念和摆脱不掉的关于出身纯正的老框框中。"③

2. 城乡合流及民商法制的统一

城市化意味着为市场而进行的生产取代了传统的自给自足的生产。同时这就意味着在广阔领域确立安定和公平秩序。这就需要通过国家来打破地域性秩序、中间共同体以及人际关系网络的割据，形成统一的国内市场。首先，英国乡村法体系获得了城市性、国家性、权威性和普遍性，从而与民族国家市场的统一和经济生活相适应并提供规约。随着复杂的经济生产方式进入农村，利益关系成为人际关系的主要维度时，传统以长老统治为特点的礼制社会已接近瓦解，乡村经济将全面被现代信用关系所覆盖，城市所拥有的隐私保护和自由心灵空间也将延伸到乡村。这既是最后彻底消灭"小农"、改造传统农民和传统农业生产、生活方式的时代，也是城市价值和城市制度进入农村的时代，是以合同管理、正式规则管理为特征的现代协作关系取代乡村传统协作关系的时代。至此，英国乡村经济得以商业化并能与城市经济合流，英国社会逐渐由农业社会等级分配体制渐变为商业社会市场分配体制。到 18 世纪，关于

---

①　W. S. Holdsworth, *A History of English Law*, Vol. 1, London, 1937, p. 516.

②　迈克尔·曼：《社会权力的来源》第 1 卷，刘北成、李少军译，上海人民出版社 2002 年版，第 662 页。

③　肯尼思·O. 摩根主编：《牛津英国通史》，王觉非等译，商务印书馆 1993 年版，第 316、319 页。

"物",作为无限制的和可以出售的权利已经取得了彻底胜利。① 不动产的诉讼形式变为动产化诉讼形式,迎合了土地货币化和土地买卖需要,加速了社会整合,加速了乡村经济的商业化和城乡经济合流,有利于英国国内市场和国民经济的形成。其次,商法是一种属人性很强的特别法,18 世纪后逐渐失去独立的存在条件而融入英国法律体系之中。当时欧陆各国,仍把商法作为一种特别法,且多半由特别法院执行。光荣革命成功后,贺尔特(John Holt)任高等法院首席法官时,他更是支持光荣革命的精神,在法律上看清了全民商人化和商人公民化趋势,于是规定今后高等法院在受理与商人有关的案子时一概依商业习惯处理。② 同时,各地普通法法庭也开始愿意就商人惯例听取作证,普通法院与衡平法院在处理商业事务问题上已开始统一。18 世纪末,曼斯菲德勋爵已经能够写道:"商人法乃是本土法律。"③

3. 司法和法治成为人们协调和解决社会矛盾的主要方式

"与传统国家相比,大多数民族-国家内部都实现了绥靖,以致于垄断暴力工具通常仅是统治者用以维持其'统治'的间接资源。"④就此而言,城市化国家的治理远不同于传统乡土国家的治理。以暴制暴和战争在传统社会一直具有存在意义和正当性,但城市不同,城市强调法律治理,而"法律的任务被视为协调彼此冲突的人类要求或期望,以便以最少的矛盾和最小的浪费去获取文明的价值"⑤。英国内部绥靖的进展毫无疑问地与城市化和法治的重大进展联系在一起。内部绥靖的另一侧面,源于从社会分工、商品平等买卖、劳动契约这个经济结构体系强化及反对暴力。城市化的英国一直保有丰富的联属网络和相互依存结构。这实系问题的关键所在,"法治究竟能否维系,端赖于此一决定性因素"⑥。城市社会是不可随意把某个阶层从社会分离出去的,因为这一被分离出来的社会阶层的要求得不到表达,必然会引发自发和漫无目标的

---

① C. B. M. Macpherson, "Capitalism and the Changing Concept of Property", in E. Kamenka, R. S. Neale ed., *Feudalism, Capitalism and Beyond*, New York, 1975, p. 161.

② 参见 T. Plucknett, *A Concise History of Common Law*, p. 246。

③ 泰格、利维:《法律与资本主义的兴起》,纪琨译,学林出版社 1996 年版,第 262 页。

④ 安东尼·吉登斯:《民族-国家与暴力》,胡宗泽、赵力涛译,生活·读书·新知三联书店 1998 年版,第 5 页。

⑤ 伯纳德·施瓦茨:《美国法律史》,王军等译,中国政法大学出版社 1990 年版,第 330 页。

⑥ 布鲁诺·莱奥尼等:《自由与法律》,秋风译,吉林人民出版社 2004 年版,第 67 页。

反抗,这种反抗最难以应付,明智的选择只能是妥协共存。城市、城市化"既引导、也帮助了民族性和准民族性的各种法律和政治制度的自觉形成,这些制度不仅得益于贸易,而且为它的运作提供了合适架构"①。

　　一般说来,商业和城市化发达的社会往往也是讲信用的社会。因为,成熟市场关系鼓励持续交易,而持续交易必然鼓励诚信行为。历史事实也一再表明成熟的商品经济、商业有利于发展社会信用与社会信任。如孟德斯鸠在《论法的精神》一书中用整整两个章节的篇幅论述了"法与商业的关系",同时探讨了"商业精神"。孟德斯鸠就看到了商业和"风俗祥和"、国泰民安的关联关系。他写道:"凡风俗祥和的地方,商业就兴隆。凡商业兴隆的地方,风俗就祥和,这几乎是个普遍规律。""塞缪尔·里卡德在其所著的《商业概论》(1704)一书中的见解很有几分真实性:'通过经商,人学会三思而行,学会诚实和良好的生活习惯,学会谨言慎行。由于感到必须明智和正直才能获得成功,他就躲避恶习,或者唯恐信誉受损,他要起码保持严肃得体的外表。这样就不会有丑闻影响社会。也许没有商业,社会会因这类丑闻叫苦不迭。'"②关于城市和商业的诚信功能,芒福德也有着明确的表述,他认为:"人们为了以公平诚信和公共事业为目的的聚集到城市及共和国之中,这些目的即刻通过城市、大众团体和有限公司得以实现。首先,通过这些近距离的交谈,人们从野蛮的状态和暴力中脱离出来,养成某些温文尔雅的礼仪,并实现人性和公正。并因此,他们心安理得的从其对手、下级那里给予和夺取权力,倾听并遵从他们的首脑和上级。同样在住满人的城镇里,凭借着惯常组合在一起的公共设施,上帝的教条获得了更为正确的传播,规诚也从此被更适当地执行;由此,最终能够更有秩序地管理,更加明智地引导这些居民……良好的行为如今仍被称为城市的(urbani-tas 是拉丁词,城市生活、精细、雅致、谦恭、有礼、文明等——译者注),这是因为除了城市在其他地方你无法找寻到它。总之,由于耳濡目染,人们更容易被宗教感化,并全由于他们活在别人的目光里,举例来说,通过为了避免侮辱而养成的羞耻心,他们也更容易培养起正直的品质。"③可以说,"除了上帝以外,

①　泰格、利维:《法律与资本主义的兴起》,纪琨译,学林出版社 1996 年版,第 114 页。
②　阿兰·佩雷菲特:《信任社会——论发展之缘起》,邱海婴译,商务印书馆 2005 年版,第 506 页。
③　刘易斯·芒福德:《城市文化》,宋俊岭、李翔宁、周鸣浩译,中国建筑工业出版社 2009 年版,第 506 页。

同人与人之间的爱和善相比较,联邦国家和王国不可能提供更坚实的基础,这种爱和善在城市中得到紧密的培育与维系。聚集在城市中的人们通过相互交往和相伴的社会,逐渐结盟,组成团体,建立企业"①。而在对现代社会所做的一系列分析中,"英国哲学家赫伯特·斯宾塞(Herbert Spencer)满足地提到,暴力和尚武气质已消弭,被贸易和精明所取代,生活的习惯不再与战争兼容"②。城市化使暴力的合法性在英国人的日常生活中开始弱化。人们对公开暴力秀的兴趣也减少了:处决被移到了监狱的高墙内,移到城市里某个僻静的地方。残忍的犬熊相斗和斗犬戏慢慢消失或转为地下。"街头争吵和家庭暴力虽然还是极其常见,但越来越被视作社会问题,可通过适当法规和改革来解决。"③

另外,英国资产阶级革命对英王军权的剥夺、军费由议会开支、军队交国家掌控,也体现了传统国家治理的直接暴力化特征。由于威廉三世甚至连自己从荷兰带回英国的几千人马都养活不了,只好愤愤不平地加以遣散,把易于"助纣为虐"的军事机构,纳入民主宪政体制中,而以"文官制"予以驾驭。例如,英国1689年的《权利法案》第6条所规定的国王"平时未经议会承认,而在国内征集并维持常备军,则为违法",便是代表人民之议会有控制国家军政之权力"宪法的宣示"。而这种宣示也为欧美各国所仿效。英国人厌倦了国内的动乱,满意于经过前一个世纪的斗争而形成的政府体制。在1675—1725年,英国突然走向政治稳定,就是因为这种妥协、共存成了一种政治原则。布莱恩指出:"在1688年光荣革命与1714年乔治一世即位期间,英国形成了一种新宪政,它解决了内战期间遗留下来的有关主权归属以及议会政府形式的问题……这些对于支持商品与要素市场的运行来说是必需的。"④对暴力否定的另一面,是对"法律与秩序"的肯定。"当我们在处理死刑问题时,我们所争论的不是某一种特殊的死刑,而是在其起源和秩序之中的法律本身。"⑤

---

① 刘易斯·芒福德:《城市文化》,宋俊岭、李翔宁、周鸣浩译,中国建筑工业出版社2009年版,第507页。
② 詹姆斯·希恩:《暴力的衰落》,黄公夏译,大象出版社2011年版,第40页。
③ 同上书,第39页。
④ Roderick Floud, Donald McCloskey eds., *The Economic History of British Since 1700*, *Vol. 1, 1700-1860*, Cambridge University Press, 1994, p. 205.
⑤ 雅克·德里达:《〈友爱的政治学〉及其他》,胡继华译,吉林人民出版社2011年版,第458页。

非暴力推动了诉讼的增多,这表现出人们对法的普遍崇尚,特别是对法治的崇尚,也成为城市化英国给世人留下的最为醒目的历史景象之一。15 世纪末,威斯敏斯特的中央法庭每年处理的新案件达到 3000 件,这在当时人口可能不超过 200 万的英格兰是一个颇为令人注目的数字。随着诉讼的增多,涉及契约和法律的事务增加,律师行业日渐兴旺起来。在 16 世纪末的英国,"没有一个郡、城、镇,甚至没有一个村没有律师",其中最富的年收入高达两三万镑,差的也能达到 1.2—1.4 万镑。斯通把近代早期英格兰诉讼的激增解释为"乡村道德伦理与经济利益裂缝扩大,邻里间的冲突日益加剧"的结果。[1] 由于个人利益的出现和社会利益的分化与冲突的增多,传统的社会伦理秩序必然日渐失效。"现代社会的首要特征是法律有着惊人的增长。"[2]法治秩序开始成为一种维护社会秩序的主导模式。法治的存在……法律诉讼的增加平衡了社会对暴力的承受能力,减少了发案率,它标志着英国向一个以更和平的方式解决问题的文明社会迈出了重要的一步。英国的城市化进程也推动了法律人的膨胀。法律涉及城市生活的方方面面。民众需要在法律上花很多的时间和精力。一个重要的结果是律师阶层的产生。律师职业是在 13 世纪晚期出现的,但"到了 18 世纪末,法律在英国成为一种成熟的职业。该职业的成员将法律看作是一种志职工作,训练学校拔地而起,大学开始授予法律学位,职业社团演变成了律师协会的形式。法律职业要求有执照,而正式的职业伦理规范也得到了确立"[3]。从 1610 年到 1639 年四大律师公会共培养了 1466 名普通法律师。短短三十年间培养的律师总数,与这之前一百年里四大律师公会培养的律师数量大致持平。[4]

法律职业阶层从来就不习惯以暴力斗争主体的面貌出现在这些关键历史时刻中,他们所起的作用都是将激化的社会矛盾以法律的方式予以解决。而这种用法律解决社会矛盾的方式恐怕就是"法治"的精髓。城市化为法治在近代英国的形成奠定了比同时期其他国家和地区更为充分的条件基础。普通法律师数量的增多以及政治地位的提升也使得他们在英国宪政革命中开始发挥

①　L. Stone, *Interpersonal Violence in English Society 1300 - 1980*, New York, 1983, p. 32.

②　弗里德曼:《选择的共和国》,高鸿钧等译,清华大学出版社 2005 年版,第 10 页。

③　史蒂文·瓦戈:《法律与社会》,梁坤、邢朝国译,中国人民大学出版社 2011 年版,第 276 页。

④　参见 Wilfrid R. Prest, *The Rise of the Barristers: A Society History of the English Bar 1590 - 1640*, Clarendon Press, 1986, p. 7.

重要的作用。学者麦克·伦敦指出："17 世纪最重要的政治事件莫过于宪政革命,许多普通法律师都参加了 1603—1689 年的政治论战,其中绝大部分的普通法律师都站在反对王权的一边。"①其关键是以法律和正义作为基本准则,而不是将法律之外的政治观点作为辩护依据。辉格党律师正是在坚持法律的基础上,保卫着整个王国的安全,通过手中的法律限制着任何可能破坏王国安全的因素。无论是国王,还是议会中的上下议院,都必须在法治的框架模式下享受其权利。对此,学者朗顿总结道:"在 1681—1685 年里,是'辉格党'手中的法律而不是议会起到了更为绝对和决定性(absolute and decisive)的作用。"②法治的意思并不是说法律本身能统治,能维持社会秩序,而是说社会上任何人的关系都是根据法律来维持的。"任何人在不通过寻求法律救济的情况下获得他认为是应当得到的东西的行为,均被法律称之为'暴力'"和非法。③在最为基础的层面,法律往往禁止个人的暴力,谴责个人的暴力,"这并不是因为个人的暴力危及这个那个法律,而是因为危及整个法律体系(Rechtsord-nung)。因而危及到了法律的利益。……它宣称要排除一切危及它的秩序的个人暴力,再把暴力意义上的强力垄断起来——而这就是所谓'权威'。法律有'垄断暴力的兴趣'。这种垄断并不保护任何一种特定的正义合法的目的,而是保护法律本身"④。

与此同时,英国人对立法暴力、立法暴政的克制在某种程度上也推动了司法权威的确立。"当立法者插手法律,尤其是民选出来的立法者,他们动辄要创新,要废除或修改法律——这对现有的富人阶层和贵族来说,实在是一个不祥之兆。"⑤英国保守派倾向于使法律的控制权掌握在司法系统手中,这不是出于他们对法官的爱戴,而是他们相信,在维护现有社会秩序方面,司法者比立法者更值得信赖。英国维多利亚时代的自由主义思想家阿克顿(1834—1902)就曾经说过:"任何民主,任何建立在人民主权之上的政府,其命运依赖

---

① Michael Landon, *The Triumph of the Lawyers: Their Role in English Politics 1678 -1689*, Alabama University Press, 1970, pp. 24 - 25.

② Ibid. , pp. 179.

③ 格老秀斯:《战争与和平法》,何勤华译,上海人民出版社 2005 年版,第 81 页。

④ 雅克·德里达:《〈友爱的政治学〉及其他》,胡继华译,吉林人民出版社 2011 年版,第 447—448 页。

⑤ R. C. 范·卡内冈:《法官、立法者与法学教授》,薛张敏敏译,北京大学出版社 2006 年版,第 49 页。

于它在这些相互对立的原则之间所做的选择：一方面是绝对权力，另一方面是法制的制约和传统的权威。把至高无上的地位赋予法律还是人民的意志，是建构一个以义务维系的道德团体，还是一个以暴力支撑的自然团体，就此做出的选择决定着它的兴衰。"①在英国，不管一个人的目的如何，不管他控诉个人或是国王，他都更有把握地使人听到他的控诉，而且在英国，所有的法庭都可找到维护他的财产、自由与生命的最好保障。司法传统对人民主权的确立也产生积极示范作用和影响。"司法习惯在很多方面变成了民族习惯。人们从法庭普遍接受了这一思想，即一切事务均可提交辩论，一切决定均可复议，利用公开性，讲究形式——这些都与奴性格格不入；这就是旧制度留给我们的自由人民教育的唯一部分。政府自己也从司法用语中借取了很多语言。国王认为在发敕令时必然说明缘由，在下结论时必须阐明原因……所有这些习惯，所有这些形式，都是君主专横跋扈的障碍。"②

4. 法治原则下警察治理的形成

随着城市化速度的加快，熟人社会不断缩小，被称为陌生人社会的疆域扩大了，由于人口大规模地从农村迁往城乡，新的城市化人口的急速扩大给"违法"创造了浑水摸鱼的条件。18 世纪以后，随着英国城市化的发展，犯罪、骚乱的形式日益显现出跨地域的特征，传统的方式在应对犯罪方面明显乏力。从 19 世纪早期历年的数据看，犯罪呈持续上升态势。1811 年至 1813 年间伦敦和米德尔塞克斯的犯罪人数年均为 1617 人，被判处有罪的是 961 人，而 1825 年至 1827 年间的数据则分别为 3247 人、2139 人，分别增长速度 101%、123%；在其他地区，这两个平均数据的增长幅度则更高，分别为 172% 和 216%。③ 犯罪问题的严重性在城市表现得更为突出。"18 世纪夜晚的伦敦如地狱般。几乎没有路灯，没有所谓的警察，入室盗窃和暴力抢劫十分普遍。伦敦郊区的公路上充满了抢劫者，有些胆大的，白天也作案，在城市里，还算基本

---

①　阿克顿：《自由与权力》，侯健、范亚峰译，商务印书馆 2001 年版，第 136 页。

②　托克维尔：《旧制度与大革命》，冯棠译，商务印书馆 1992 年版，第 154 页。

③　Leon Radzinowicz, *A History of English Criminal Law and its Administration from 1750*, Stevens & Sons, 1968, p. 70.

安全,除了那些破败的地方。到处都是扒窃者,他们大都是 12 岁以下的儿童。"①工业化开始以后,城市犯罪率更是高于乡村,大城市又高于小城市,成为一种规律。霍勒斯·沃波尔(Horace Walpole)1752 年关于伦敦之旅写道:"即使在中午,也不得不匆匆走开,好像去打仗一样。"在考察了那个时期的英国城市以后,韦布(Webb)夫妇也写道:"对这种场面充满了绝望,譬如违法暴力,粗俗淫荡。而在没有警察的街道上,有无限机会被扒窃与抢劫。"②就是说,直到 18 世纪后半期时,所有的大型城市,其谋杀和武装抢劫的存在额度,与后来相比,依然很高。总之,导致旧的治安模式衰落的最根本原因在于,它无法应对由城市化引发的严重的社会骚乱和犯罪问题。所有这些描述,都说明一个事实:社会需要一种新的、更有效的治安体系。因此,那种特有的将内部治理与合法地使用暴力相结合起来的现代警察制度,既成为可能之事,而且看来也成了必要之物。1829 年 7 月 14 日,《改进大都市及附近区域警察组织法》(An Act for Improving the Police in and near the Metropolis,以下简称《1829 年大都市警察法》)通过。同年 9 月 26 日下午 6 点,新招募的伦敦大都市警察开始上街巡逻。以此为标志,英国现代职业警察诞生。这是一个非同寻常的时刻,新警察是城市变革的产物。

而在此时代,"违法"的概念开始被广泛地使用开来。"'罪犯'按类型来说不再是反叛者,而是'越轨者',变成了有待由公民义务所代表的可接受行为规范予以改造的人物。"③我们在这里面对的是马克斯·韦伯所思考的现代国家限定性特性之一:它垄断了对于暴力的"合法"使用。存在于法律之中的暴力,对暴力实施规范。"根据这些约定规范,我们为自己提供判别合法暴力和非法暴力的手段。"④法治的实施需要与国家的外部军事干预分离开来,这大幅度地降低了武装力量在国家机器的统治手段中的重要性。军队和警察的区分,是这种现象的象征和具体的表达。此处的警察,显然已经是和军队相区

---

①　Patrick Pringle, *Hue and Cry : The Birth of the British Police* , London Museum Press Limited, 1955, pp. 29 - 30.

②　安东尼·吉登斯:《民族-国家与暴力》,胡宗泽、赵力涛译,生活·读书·新知三联书店 1998 年版,第 231 页。

③　同上书,第 225 页。

④　雅克·德里达:《〈友爱的政治学〉及其他》,胡继华译,吉林人民出版社 2011 年版,第 447—448 页。

别的国家权力机关,是维护国家内部秩序(协调人民内部矛盾)的力量,即"警察的目的在于确保商品的廉价、维护公安和保持清洁……"①。杰里米·边沁说:"我们已经知道,损害必定来自外敌,或来自内敌,或来自灾祸……至于来自内敌的损害,避害办法可以分为发现任何具体的作恶图谋以前所用和只能在发现此等图谋以后才用的。前者通常被归入一个可称作治安(警察)预防的部门,后者则被归入司法部门。"②显然,边沁认为,警察和司法是国家进行内政管理、应对来自内敌损害的重要手段,强调警察功能是事前的犯罪预防,司法的功能是事后的犯罪惩罚。国家治理,也就表现为一种法治下的警察治理。

首先,"警察是享有国家授予的在国家领土范围内使用暴力的一般权力的机构或者个人"③。此类概念把握了警察的本质——警察需依法使用强制力。即,"警察维持秩序、执行法律的行为本身要受到法定程序和法律规范的制约。遵守法律是大都市警察的首要要求"④。警察以执行法律、实施社会秩序管理为目的,是一个国家维护社会治安秩序、进行犯罪侦查的主体,其对于社会有序和安全的重要性是不言而喻的。一方面保证警察履行职责,另一方面防止警察滥用职权力。1829年,英国内政大臣罗伯特·比尔(Robert Peel)创建的大都市警察是一支职业的、以应对犯罪和维护秩序为主要职责的、被称为"警察"的组织。尽管法王路易十四于1667年敕令设立警察代替军队维持社会治安,然而,法国警察因其浓烈的军事和政治色彩(其主要目的是打击反对势力)而不被认为是现代警察制度的起源。英国警察则因其警察成员的平民身份、警察行为对法律负责等更符合现代民主国家法治理念的特征(其自建立起就坚持的亲民和守法原则)而被视为现代职业警察的发轫。19世纪英国罗恩和梅恩这两位首任警察局局长非常清楚警察在法律规定的范围内行动的重要意义,虽然他们也希望警察能拥有更多权力,以提高其抵制犯罪的成效。但警察唯有臣服于法律才能获得合法地位,公众对其"威胁自由"的疑虑才会减少。

---

① 坎南编:《亚当·斯密关于法律、警察、岁入及军备的演讲》,陈福生、陈振骅译,商务印书馆1962年版,第31页。

② 边沁:《道德与立法原理导论》,时殷弘译,商务印书馆2009年版,第260—261页。

③ 罗伯特·兰沃西、劳伦斯·特拉维斯:《什么是警察:美国的经验》,尤小文译,群众出版社2004年版,第5页。

④ Robert Reiner, *The Politics of Police*, Oxford University Press, 2000, p. 52.

因此,他们制定了严格的规则,对警察行为进行指导。在 1829 年至 1835 年连续发布的《警察行为指导规范》中,有大量关于警察行为规范的内容。其中包括:"如果不能证实某人违反某法律,警察无权将其逮捕羁押;无论行为人以多么粗俗的语言对警察挑衅,如果没有其他行为,警察无权剥夺其自由;警察要特别注意不要发怒,不要和行为人发生争执……"①违反法律和纪律的警察通常会被解雇。大都市警察局曾经证实:"1830 年 5 月在职的 2800 名警察中,只有 562 人在 4 年后仍然任职的。"②每年都有几百名警察因为违反纪律(特别是饮酒问题)而被解雇,有些则是因为忍受不了严格的纪律约束和辛苦的工作而辞职。

其次,在武器装备方面,英国警察从其诞生之日起就践行"最少使用武力"原则,一般不配备杀伤性武器。新警察建立初期不携带任何警具,直到 1863 年,罗恩和梅恩才允许警察工作时配备警棍(Truncheon),必要时使用。只有在执行危险任务或在危险区域巡逻时,才允许个别警察配手枪和短刀;每一次使用甚至仅仅是携带此类武器都要受到严密监督,如果不是出于合理的自卫而使用武器,警察会被解雇。制服也能体现一些非暴力化特征。一方面,制服具有识别功能,这便于普通公众向警察寻求帮助,对潜在的犯罪人也会构成威慑。另一方面,从纪律约束角度而言,着制服警察如果有不当行为,公众和上级警官也比较容易发现,从而保障纪律约束的效力。但制服本身又具有排斥感和异己感,而使警察与普通公众产生距离,并容易让人联想到暴力特质的军队。为尽可能降低这些负面效应,大都市警察最初的制服是深蓝色燕尾服、黑色高筒礼帽,与当时普通男士着装无异,只是在其衣领上有警号和所属警区的字母。这样的设计显然是为了将警察与士兵区别开,减少公众的反感。由于这种大众性,"公众在距离警察远的时候,或者是在昏暗的光线下,几乎都不能认出警察"③。

再次,强调警察是治安官的继承者。18 世纪的英国经历着由城市化变革导致的治安困境,犯罪数量持续上升。建立职业警察的构想和实践始自 18 世

①　Charles Reith, *A New Study of Police History*, Oliver and Boyd, 1956, p. 141.
②　Clive Emsley, *Policing Its Context 1750 - 1870*, Macmillan Press Ltd. , 1983, p. 63.
③　Elaine A. Reynolds, *Before the Bobbies: The Night Watch and Police Reform in Metropolitan London*, *1720 - 1830*, Macmillan Press Ltd. , 1998, p. 152.

纪中期的菲尔丁兄弟,其后,皮特、苟奎恩等继续积极推动改革。然而,英国强大的地方自治与公民自由传统使他们只能在现行体制下进行组织改变,而不是性质的变革。通过这种继承理论,也让公众更容易接受警察,强调警察是一种民治的力量。警察努力弱化暴力感和相对于社会的异己感,强调"警察就是公众"的治安自治传统。比尔、罗恩、梅恩等现代职业警察开创者也都一再强调,警察并不是新鲜事物,而是治安官的继承者,他们的工具性质是一样的,只是名称不同而已。然而,事实上两者在组织形式上是有区别的,治安官从属于社区,社区对其有控制力;警察则对中央政府负责,地方对其无影响力。新警察在具体工作内容上与旧的治安人员并无太大区别,但差异在于新警察组织形成了一个官僚等级体制,这与原来兼职、地方控制的治安人员截然不同。这也是警察制度初建和推广时期,各社区强烈反对的主要原因。现代警察建立前,社会各界对其普遍持反对态度。可以说,新警察是在极其困难的环境中成长的。然而,这种巨大的压力反而成为限制警察权的良好基础。为了获得公众的好感,警务改革者强调警察自身对于法律的工具性,既不从属中央政府,也不依附地方权势,只是对法律负责,警察依法行为,并且只能依照法律行事。这些都在向公众传递一个信息:警察是法律的维护者而不是暴力的工具。

(四) 英国税制的城市化改造与代议制民主的形成

现代国家就其本质而言是税收国家,现代国家职能的扩充必然导致财政开支的增加,现代国家的起源与税有关。"为了维护这种公共权力,就需要公民缴纳费用——捐税。捐税是以前氏族社会完全没有的。但是现在我们却十分熟悉它了。"①因为支持国家正常运转,需要税收制度得以普及和完善。为了解决民族国家的财政收入,近代以来,英法两国选择了不同的税制形式:法国通过绝对主义建立了国家财政与王室财政并无实质区别的君主集权财政;英国通过代议制将王室财政与国家财政分开,建立了公共财政。正像亨利六世时著名大法官约翰·福特斯所说,法国国王可以不经议会同意而向臣民征税,

---

① 《马克思恩格斯选集》第 4 卷,人民出版社 1995 年版,第 171 页。

英国国王则未经议会同意就不能征税。①

税基性质的不同，直接影响了税制形态和政体形态差异。当国家课征的国民财富大部分是不可移动的时候，民主制度就很难出现。史实表明："法国人从间接税那里所得少得多。因为他们的国家都市化程度较低，农业比重比英国高，可以理解他们更严重地依赖土地税。"②在英国，动产税则居于主导。英国是动产经济，这时期英格兰仍然是农业经济，但它日渐商业化了。③财富的动化化和流动化，对民主制的产生和发展极为重要。"一个能够创造独立国民的分权化经济对发展和维护民主制度是十分有利的。"④也就是说，农业社会中，最重要的财产往往是不动产，浮财很少；而城市社会中，最重要的财产往往是动产，并且不动产也很容易转化为动产，"庙"也可以跑了，因此国家在征税时越来越需要听取纳税人的意见，甚至需要与之合。"制造业、商业和金融业的发展有助于创造一个城市中产阶级，这一阶级由掌握了可观的经济资源的人组成。从此，永远缺钱花的统治阶级既不能忽视这座富矿，也不能不经主人的同意就开征税务金。为了获得同意，统治者召集那些来自城镇和最重要的社会阶级的代表开会。虽然这些集会、议会或'等级会议'，正如人们经常这样称呼它们的，没有直接演化成为今日的国家立法机构，但它们建立了非常有助于这种发展的传统、惯例和理念。"⑤正基于此，使得"英国被描述为第一个建立了现代公共财政体制的国家，而法国通常被视为改革失败的典型"⑥。对此，"某些政治科学家坚持认为代议机构在商人占主导地位的地方更容易发展起来，认为商人可以影响统治者，因为商人的财富是流动的。即使一个贪婪的暴君最好也得同商人就征税问题谈判，而不是用武力征税，然后看到他们的资产外逃。根据同样的道理，代议机构在由农民和地主组成的国家遇到困难；他们的财富是土地，是不流动的，而且容易掠夺。拥有了这种财富，统治者显然有

---

① F. W. Maitland, *The Constitutional History of England*, Cambridge, 1961, p.198.
② 菲利浦·T. 霍夫曼、凯瑟琳·诺伯格：《财政危机、自由和代议制政府（1945—1989）》，储建国译，格致出版社、上海人民出版社 2008 年版，第 334 页。
③ R. H. Britnell, *The Commercialisation of English Society 1000-1500*, Manchester, 1996.
④ 罗伯特·达尔：《论民主》，李风华译，中国人民大学出版社 2012 年版，第 179 页。
⑤ 同上书，第 24 页。
⑥ 大卫·斯塔萨维奇：《公债与民主国家的诞生》，毕竞悦译，北京大学出版社 2007 年版，第 3—4 页。

更少的理由讨价还价"①。

这种基于动产基础上的城市经济为英国代议制民主的进展提供了前提。正是由于英国的城市动产经济不易征税,才使得英王不得不让步——同意建立一个机构,使纳税人的代表能够对政府的收入和支出有所控制,这就是议会的起源。公民通过选举代表组成议会,由议会公开讨论并制定税法,为公共产品定价。"财政需求迫使国王和全国各阶导协商。"②近代以来,英国的政治改革与税制改革是平行的。"最终,代议机构,而不是专制君主,被证明在税收汲取上更为优越。在代议机构拥有最终权威的地方。如在尼德兰或 18 世纪的英国,它们方便了征税。英国国会的代议过程创造了一种纳税的意愿。"③代议制民主的基本原则是人类不应该未经他们及代表同意而被统治,它直接关涉到权力来源与运作的合法性问题。与之相伴,17 世纪英国的社会契约理论也开始发展起来,并成为人民主权理论的通俗表达形式。"契约论在 17 世纪的发展几乎完全是就英国而言的。"④英国的经验也表明,社会契约论和政府从属于人民的意志绝不仅是建立在理念的基础上,而更是建立在动产经济的纳税需纳税人及其代表同意的基础上。事实上,"统治者需要取得被告统治者的同意这一理念,一开始是作为一个征税问题的主张而提出的,这 主张后来逐渐发展成为一种有关一切法律问题上的主张"⑤。社会契约理论体现了这样的观念,主权不在君主或国王,而在于被统治者——民众,这种思想实际上摧毁了君权神授说,把政治权力归于民众。"为了通过说明政府是如何从家庭之外的社会组织还不存在的自然状态中起源的来解释政府的性质,人们已经提出了许多理论。自从霍布斯和洛克运用它们来证明国家的权威是建立在'社会契约'——用来在人们中间形成政治实体并赋予它行使强制性权力的唯一权威的协议——之上以来,这种假设性方案在西方政治思想史中发挥了重要

---

① 菲利浦・T. 霍夫曼、凯瑟琳・诺伯格:《财政危机、自由和代议制政府(1945—1989)》,储建国译,格致出版社、上海人民出版社 2008 年版,第 340 页。

② F. W. Maitland, *The Constitutional History of England*, Cambridge, 1908, p. 70.

③ 菲利浦・T. 霍夫曼、凯瑟琳・诺伯格:《财政危机、自由和代议制政府(1945—1989)》,储建国译,格致出版社、上海人民出版社 2008 年版,第 336 页。

④ 迈克尔・莱斯诺夫等:《社会契约论》,刘训练、李丽红等译,江苏人民出版社 2005 年版,第 102 页。

⑤ 罗伯特・达尔:《论民主》,李风华译,中国人民大学出版社 2012 年版,第 25—26 页。

的作用。霍布斯和洛克并不是把他们的理论当作纯粹抽象的推测来加以构造的，而是为了给他们的处于重大政治动乱时期的英国同胞提供指导。……他们关于国家的基本概念是一样的：政治权威来自它所统治的人民，国家是一种功利性的社会现象，它是人们创造出来以使他们从和平和有序的市民社会中获益的。"①公民权平等，也推动英国社会契约论的形成和确立，因为"只有能够自由地支配自身、行动和财产并且彼此处于平等地位的人们才能缔结契约"②。

　　另外，代议制民主也推动公债收入的扩大。公债只是在战争、重大自然灾害等非常特殊的情况下才可能出现。这也正是恩格斯所指出的："为了维护这种公共权力，就需要公民缴纳费用——捐税。……随着文明时代的向前进展，甚至捐税也不够了；国家就发行期票，借债，即发行公债。"③一般说来，公债收入也是变相的税收收入，因为国家是消费主体，缺乏生产能力，且公债还是要由税收来偿还。因此，"公债国家"用来作为一种税收国家的非正常状态。发行公债是富国利器，但要想发行成功，政府必须获得人民的信任。在"光荣革命"之前，借给君主的贷款由君主自己处理，即君主在是否坚持借贷条款方面享有单方面的决定权。结果，王室履行债务契约的记录很糟糕。"光荣革命"之后，议会为举债立法，这样，对债务的维持不再由君主单方面决定，而需要议会的合作。一般说来，民主政府比专制政府更具这种信任感，原因是"当国家权力由一个人独揽时，要想有很高的公共信用几乎不可能的，因为这种情况下，除意志与诚实外，没有别的保证。但当权力归人民或其代表所有时，就有更多的保证，即人民利益"④。"光荣革命"后英国通过民主改善了政府与民众的关系，增强了相互沟通性和信用性。此时，"信用作为支配宪政运作的原则而出现，说明政治家采用了源于商业和企业家生活中的一个原则：这是英国政治资产阶级化（embourgoisement）过程中的决定性步骤"⑤。"光荣革命"后，

---

① 斯科特·戈登：《控制国家——西方宪政的历史》，应奇等译，江苏人民出版社 2001 年版，第 33 页。

② 《马克思恩格斯选集》第 4 卷，人民出版社 1995 年版，第 78 页。

③ 同上书，第 167 页。

④ 萨伊：《政治经济学概论》，赵康英译，商务印书馆 1997 年版，第 542 页。

⑤ 菲利浦·T. 霍夫曼、凯瑟琳·诺伯格：《财政危机、自由和代议制政府（1945—1989）》，储建国译，格致出版社、上海人民出版社 2008 年版，第 92—93 页。

"投资者认识到，根据特定税进行放贷时，他们获得了议会的保障，这种保障不仅基于特殊基金，还基于整个国家的税收"①。换言之，1689年的"议会主权"一经牢固确立，便使英国公债与议会制度相联系，英国公债与议会制度相联系，从而具有了长期信用。相信国会担保，决不会遭受损失。由于国家信用的加强，"公债的利息准时偿付，不容违约，债权由议会保证还本，这一切确立了英国的信誉，因而借到的款项之大令欧洲惊诧不已"②。"议会担保"这个事件在英国历史上的重要性，实不亚于1688年事件，由于英格兰银行负责公债，结果使得英格兰银行"不是作为一个普通银行在起作用"，"而是作为国家的一个大蒸汽机在起作用"。③ 在光荣革命之前，斯图亚特王朝严重地受制于信贷不足，很少有债务越过200万镑的时候，而光荣革命以后9年，政府的债务剧增到1700万镑。在18世纪每一场持续性战争期间，国家收入、支出和债务都有大幅度增长。1720年，即"光荣革命"三十年后，国家债务高达5400万英镑，是岁入的9倍。到1790年，在英国与法国开战前夕，债务高达2.44亿英镑，是该年岁入的15倍。公共信贷已成为"英国政治的奇迹，使欧洲各国既惊讶又畏惧"，第二届皮特政府甚至自豪地宣称"这个民族的生机及至独立建立在国债基础之上"④，布罗代尔也写道：公债"有效地动员了英国的有生力量，提供了可怕的作战武器"，它"正是英国胜利的重要原因"。⑤

　　税收和公债是国家活动的基础，也是国家能力的基础。正像马克思所指出的："赋税是官僚、军队、教士和宫廷的源泉，一句话，它是行政权力整个机构的生活源泉。强有力的政府和繁重的赋税是同一个概念。"⑥而民主制度有助于财政收入最大化。可以说，在过去200年里，欧洲国家的经济相对成功或失败的案例与早期这些国家解决其财政危机的方式有关。英国财税制度的代议

① D. Ogg, *England in the Reigns of James II and William III*, Oxford, 1955, p. 413.
② 卡洛·M. 齐波拉主编：《欧洲经济史》第2卷，贝昱、张菁译，商务印书馆1998年版，第433页。
③ 阿萨·勃里格斯：《英国社会史》，陈叔平译，中国人民大学出版社1991年版，第188—189页。
④ 约翰·N. 德勒巴克、约翰·V. C. 奈编：《新制度经济学前沿》，张宇燕等译，经济科学出版社2003年版，第278—279页。
⑤ 费尔南·布罗代尔：《15至18世纪的物质文明、经济和资本主义》第3卷，顾良、施康强译，生活·读书·新知三联书店2002年版，第433页。
⑥ 《马克思恩格斯全集》第8卷，人民出版社1961年版，第221页。

制民主化,既抑制了国家权力对生产领域的干预,又扩大了国家的税收来源以满足非生产性的公共服务需要。英国雄厚的公共财政资源正是强化政府在国际生活和国内公共生活能力的基础。作为不争事实,"英国经济的一个重要问题不在于其税收和关税的水平,而在于他们是怎样使用这些税收收入的。在1688 年以后,英国的议会以及议会为了解决皇家债务而建立的银行已经可以确保这些财政收入不会被花费在宫廷和皇帝、皇后的玩乐之上,而被直接用于支付政府赤字和皇家海军的开支。高税收以及税收被用于偿还政府赤字这两点保障了英政府能够得到相当于英国经济规模而言巨额的借款,主要用于在战场上打败英国的那些敌人。英国皇家海军迅速膨胀成为全世界规模最大和战斗力量最强的海军力量,于是又可以保护英国的船只航运,使得英国商人在全世界能够畅通无阻。其结果产生了一个不断自我增强的良性循环,从贸易活动上征收的税收被用于海军建设和军费开支,这又为商人的贸易活动开辟了更为安全和广阔的航路。到 18 世纪中期时,从新大陆开采出的白银有相当大的比例都流入了英国商人的手中,他们掌控着奴隶、蔗糖、烟草、黄金和白银的大西洋贸易,以及欧洲与中国、印度的茶叶、香料、瓷器、棉布和丝织品贸易"[1]。

　　显见,"这些新的安排产生了一个强国,它足以在一个前所未有的程度上以有效的方式获取资源。并且促进了英格兰在国际关系中的强势地位、一个世界性大帝国的产生以及最终形成无人匹敌的格局"[2]。很清楚,"这些制度的演变奠定了英格兰走向不列颠霸权和世界主宰的动力基础。如果没有财政革命,英格兰不可能击败法兰西。这些制度演变同样为工业革命奠定了制度基础"[3]。而相比较而言,"专制的政权,是一个无能的筹款者"[4]。尽管理论上绝对主义国家的国王可以权力无限,但由于绝对主义国家财政体制的公共性不

[1]　杰克·戈德斯通:《为什么是欧洲? 世界史视角下的西方崛起(1500—1850)》,关永强译,浙江大学出版社 2010 年版,第 134 页。

[2]　约翰·N. 温格斯特:《有限政府的政治基础:17—18 世纪英格兰的议会和君主债务》,载约翰·N. 德勒巴克、约翰·V. C. 奈编:《新制度经济学前沿》,张宇燕等译,经济科学出版社 2003 年版,第 263 页。

[3]　思拉恩·埃格特森:《新制度经济学》,吴经邦、李耀等译,商务印书馆 1996 年版,第 303—304 页。

[4]　吉尔伯特·C. 菲特、吉姆·E. 里斯:《美国经济史》,司徒淳、方秉铸译,辽宁人民出版社 1981 年版,第 142 页。

足,使其难以有效地获取公民的税收,结果也就无力动员国家的全部财力。史实也表明,"旧制度正是因为不堪财政困难的重负而垮台的"①。法国王室从查理七世开始,一直保留授予产权和改变产权的权力,直到 1804 年《法国民法典》的出台。作为一种必然,当国王以他的绝对权力进行征税时,作为臣民是无法肯定自己拥有什么的。私人财产权利不保又使得法律社会缺乏大规模财富积累所必需的动力。而税收和公债又来自民间财富。民间财富不能有效积累,国家的财税和公债也没有基础。

(五) 英国对外政策的城市化改造与重商主义

英国是重商主义的发祥地,"王公方面第一个合理经济政策的迹象出现在于十四世纪的英国。这就是自从亚当·斯密以来所谓的重商主义"②。英国重商主义政策既带有城市因素,又"带有国家主权性质。由此开始了赫克舍(G. Heckscher)所说的城市经济民族化进程"③。重商主义的实质在于把城市商业的观点灌输到国家政治中去,尤其是作为国家对外政策的基础。通俗表达就是对外经济政策建立在商业利益最大化的原则上。英国重商主义的一个重要表现,就是英国的扩张并没有采取古代传统帝国的方式,即对毗邻地区实施直接的军事扩张,以占领其土地,掠夺其人口和财物。传统国家一般把对外占领领土作为获取财富的最佳手段,这在农业属性较强的法国表现得较为明显。农业属性的传统国家的对外政策,事实上与西欧封建制度的骑士精神和土地贵族阶级政治有着密切联系。在中世纪,经济形态以农业生产为主,另外,"与征掠土地所提供的有如从天而降的大规模收获相比,在领主眼中,农业、商业的增长实在如同龟行。……因此,如果说封建统治阶级的社会属性是军事性的,完全合乎逻辑。在这种社会结构中,战争有一个特殊的经济合理性:它使财富充分扩大,……贵族是以战争为职业的土地所有者阶级"④。这表现为,

---

① 雷吉娜·佩尔努:《法国资产阶级史》(下册),康新文等译,上海译文出版社 1991 年版,第 264 页。
② 马克斯·维贝尔:《世界经济通史》,姚曾廙译,上海译文出版社 1981 年版,第 294 页。
③ 哈贝马斯:《公共领域的结构转型》,曹卫东等译,学林出版社 1999 年版,第 16 页。
④ 佩里·安德森:《绝对主义国家的系谱》,刘北成、龚晓庄译,上海人民出版社 2001 年版,第 19—20 页。

"在欧洲人为争夺土地而进行的重大军事斗争中,贸易几乎总是辅助力量……这就充分暴露了其衰退的封建主义想象力。直到最后,……一直盯住传统的土地争夺战不肯放手"①。

英国通过对国家制度和对外政策的城市化、商业化改造,逐渐摆脱了封建土地贵族意识,转而实行一种更为独立的、服务于商业发展的民族国家对外政策。"英国向海外的地理扩张完全是商业性的"②,近代以来,英国所坚持的是商业原则。从地盘到商品,这是一个根本改变。土地在历史上都是地盘,建立国家的目标是保护自己的领地和领土范围,但市场经济不把土地当做地盘,而是当做可以开发的资源,这是人类历史上前所未有的价值变化。或言之,资本主义时代的开端是以贸易市场的开辟为标志,争夺贸易市场而不是争夺土地。实际上,重视开辟贸易市场是城市的传统,看到这一点,对理解英国对外政策与其他国家的不同是非常重要的。因为,"贸易拓宽了人与人、国与国的联系,织成相互依存的关系网,要求并支持和平的交易关系"③。伴随城市化、商业扩张,权力从传统的尚武精英阶层转移到商人和生产者手中,此时军事体制主要用于保护商业而不是直接掠夺。于是,相对和平的重商主义政策在英国对外政策中开始居于主导。正如英国教友会成员、企业家约翰·布赖特(John Bright)所指出的,对一个贸易国而言,什么也不会比崇尚武力的政策更愚蠢疯狂,任何形式的和平都好过最成功的战争。贸易世界是个人及企业和平地争取经济利益的世界,不是各国你死我活地斗争的世界。在这个商业领域,英国政治经济学家理查德·科布登(Richard Cobden)写道,市场法则的作用就如宇宙中的重力法则,把人们聚集起来,把民族、宗教和语言的对立斥到一旁,以永恒的和平将人们联结在一起。当这些商业纽带把人们联系到一起,战争和掠夺的角色就必然会弱化。科布登在1842年论道:"通过完善国与国的交际,固化国与国的相互依赖关系,最终必然使政府丧失将民众推入战争的力量。"④英国在对外政策上坚持的是商业的金科玉律:"这条金科玉律的科学基础在于贸易对双方都有利,……在于经济增长所创造的更多的机会,也在于战

---

① 佩里·安德森:《绝对主义国家的系谱》,刘北成、龚晓庄译,上海人民出版社2001年版,第48页。
② 同上。
③ 詹姆斯·希恩:《暴力的衰落》,黄公夏译,大象出版社2011年版,"序",第4页。
④ 同上书,第24页。

争在经济上历来是无益的而且越来越无益这一事实。"①其深层机制在于："资本主义内部的一般竞争手段是经济性的,其结构是典型的加成性:竞争双方仅仅通过对抗就可能同时扩大、繁荣(虽然程度上不会相同),因为制造业的商品生产天生就是可以无限发展的。与此相反,封建主义内部的典型竞争手段是军事的,战场上的胜者为王败者为寇的冲突构成这种竞争,通过这种冲突,赢得或失去一定量的土地。"②对此,孟德斯鸠指出:"英国是成功地把自由精神和商业进取结合起来的独一无二的国家。作为一个岛国,英国得以免受征服的威胁,因而并没有赋予武装力量极大的价值。但是英国确实认真地打理自己的商业,以确保与每一个国家的贸易都对她有利。在英国已建立起殖民地的地方,她总是尽力扩展自己的商业,而不是自己的疆域。她并不妄图于领土的征服。"③

英国对外政策采取的是通过商业和贸易来建立互利平等交往的国家关系模式,尽管这种互利可能是不平等、不公平的,但它与非互利的战争掠夺相比,确实是历史的一个巨大起步。和平是国家间最受欢迎的一种关系状态,商业交换的市场经济和国际贸易都有助于和平的维护和巩固。"从逻辑上讲,自由放任主义一直是'和平主义者',力主国家间的和平可以带来互利的国际贸易。"④并且,"商业把现代世界从过去的侵略性价值中解放出来。商业增进了国家和个人对于正义以及最终和平的敬重",通过转向商业,"世界君主国这个怪物受到鄙弃;代替其位置的是一个仁慈而恩惠的英国商业帝国的观念"。⑤别的国家在对外关系上为占领其他国家领土而积极诉诸暴力,而英国却总是为了商务的利益而放弃过度暴力。对外领土诉求的西班牙和葡萄牙把工商业发展获利的资金用于封建战争和建立"世界罗马帝国",结果拖垮了工商业,疏远了城市和王权的关系,导致政治、经济和对外关系的多方面衰退。而商业化

---

①　乔治·吉尔德:《财富与贫困》,储玉坤、钟淦恩等译,上海译文出版社 1985 年版,第 11 页。
②　佩里·安德森:《绝对主义国家的系谱》,刘北成、龚晓庄译,上海人民出版社 2001 年版,第 17 页。
③　尼古拉斯·菲利普森、昆廷·斯金纳主编:《近代英国政治话语》,潘兴明、周保巍等译,华东师范大学出版社 2005 年版,第 333 页。
④　佩里·安德森:《绝对主义国家的系谱》,刘北成、龚晓庄译,上海人民出版社 2001 年版,第 21 页。
⑤　尼古拉斯·菲利普森、昆廷·斯金纳主编:《近代英国政治话语》,潘兴明、周保巍等译,华东师范大学出版社 2005 年版,第 333—334 页。

的英国运用政治的力量来保护民族工商业和改善国家关系,使得自己的工商业能从全球化经济中受益。不过,无论如何也不能把英国对殖民地的政策与本土的和平与法治等同。如果考察一下英国的殖民史,不论是对北美和澳大利亚的移民式殖民,还是对印度和非洲的一些国家的征战式的殖民侵略,都夹杂着血腥和暴力。正如大卫·克拉克提到的:"即使英国人把他们的普通法推广到了大英帝国的各个角落,仍可以看到在普通法的华丽词藻和殖民地的现实之间有着巨大的差距。例如,在澳大利亚,1788—1823 年,适用的是一套军事化的法规,即使后来法律制度市民化了,建立平民陪审团和代议机构也经历了相当长的过程。"①另外,对北美殖民地与英国本土不一样的税收政策和警察政策。"我们将会看到,尽管为了保护公民的权利,英国警察受到法律制约的严格控制,但英国殖民地的警察体制则大不相同。英格兰的英国警察是不带武器的,而殖民地的警察却有权佩带手枪。"②并且,"正因如此,欧洲最不军事化的英国能同时成为最喜欢用战争来保卫其庞大帝国的国家。生活在维多利亚英国那相对安全有序的环境下,大部分人毫无抗拒地接受了他们的士兵在更广阔的世界中进行的那些'小战争'。因为这些战争是保卫国家利益所需,是国家含义的一部分"③。

第四节　美国的城市化进程与民主法治发展

一、　美国对英国城市化的继承

美国文化鲜明地继承了英国城市文化特征,以至于我们在进行比较研究

---

① John Vorth, "Exporting the Rule of Law", *North Carolina Journal of International Law and Commercial Regulation*, 1998, pp. 74 - 75.

② 罗伯特·兰沃西、劳伦斯·特拉维斯:《什么是警察:美国的经验》,尤小文译,群众出版社 2004 年版,第 53 页。

③ 詹姆斯·希恩:《暴力的衰落》,黄公夏译,大象出版社 2011 年版,第 46 页。

中仍然很容易寻找到美国文化对英国城市文化的继承与发展。如果只从时间意义而不从性质意义上来讲,说美国在几百年间就发展成为一个现代化国家,这种说法可能不是恰当的。因为美国作为一个国家,其历史确实很短暂,只有两百多年,但是它作为一种文化的历史,却是非常悠久的。美国文化的城市精神特质,主要是从近代早期英国继承来的。"当欧洲的各族人民在新大陆登岸时,他们的民族性的特点已经完全定型,其中每个民族各有不同的相貌。"①美国的发展是从 17 世纪初北美殖民地建立时期开始的,而殖民地最初的一切社会关系和习俗主要是当时英国城市文化观念与北美环境相结合的产物。从当时欧洲的社会背景来看,英国文化具有相对的城市性和先进性。作为一个新文化、新文明的美国,"这个新文明最初通过照搬英格兰方式而形成了自己的大部分性格,以后又扩大了自己的影响——它就是美国"②。英国和美国,可以说是一个文化的两个国家。因此,美国文化在产生之初就具有较高的城市性起点。美国文化实际上是在吸收了英国文化中城市精神的长处和优势,去除封建因素不足的基础之上发展起来的。美国的发展从一开始就具备一系列比较优势和基础条件,"美国例外论"正式提出于法国学者托克维尔的《论美国的民主》。在书中,托克维尔将美国与欧洲大陆国家进行了比较,认为"美国人的际遇完全是一个例外"③。即,民主化、城市化对于"美国的社会没有摇篮时期,它在建立时就已经是成年"④。从历史上说,美国是从一个相对优越的起点开始转型的,"在这里中产阶级并不是'兴起'的——在国家建立的时候它就已经存在的"⑤。

(一) 对英国城市化社会结构的继受

我们知道,美国是一个无身份和无贵族的社会结构,"美国的居民从未按特权分成几等,他们从来不知道主人与仆人的依赖关系"⑥。公民权的社会结

---

① 托克维尔:《论美国的民主》,董果良译,商务印书馆 2004 年版,第 31 页。
② 艾伦·麦克法兰:《英国个人主义的起源》,管可秾译,商务印书馆 2008 年版,第 1 页。
③ 托克维尔:《论美国的民主》,董果良译,商务印书馆 2004 年版,第 554 页。
④ 同上书,第 351 页。
⑤ 理查德·派普斯:《财产论》,蒋琳琦译,经济科学出版社 2003 年版,第 283 页。
⑥ 托克维尔:《论美国的民主》,董果良译,商务印书馆 2004 年版,第 850 页。

构是一种城市化现象,17世纪英格兰的那种开放和流动状态的平等公民权社会结构"传到了美国。……它的历史就是民主制本身的历史"①。由此也使得美国社会作为一个完全意义上的现代(即后封建的)社会并没有那些封建等级身份制的问题。即,"英裔美国人把身份平等带到了新大陆。他们当中既没有贫民,又没有贵族。门第的偏见和行业的偏见,均不为人所有"②。这一社会结构意义重大,正像托克维尔所指出:"随着我研究美国社会的逐步深入,我益发认为身份平等是一件根本大事,而所有的个别事物则好像是由它产生的,所以我总把它视为我的整个考察的集中点。"③进而言之:"我在合众国逗留期间见到一些新鲜事物,其中最引我注意的,莫过于身份平等。我没有费力就发现这件大事对社会的进展发生的重大影响。它赋予舆论以一定的方向,法律以一定的方针,执政者以新的箴言,被治者以特有的习惯。"④并认为:"这种社会情况也使他们产生了许多欧洲的旧贵族社会所不知道的思想和观点。它破坏了或改变了昔日的各种关系,并由此建立起新的关系。"⑤作为一个基本事实,"由于社会情况是民主的,民主制度也就不难获得了胜利"⑥。英国人把昔日的身份平等和机会平等带到他们现在居住的土地上,所以民主共和制度必然会在有利的社会结构环境下应运而生。这也使得,"美国人有民主的社会情况和民主的宪法,但他们没有经历过民主的革命"⑦。

值得注意的是,正是城市化精神及其社会结构,使得美国在当时也比欧洲大陆国家更倾向于承认个人的功绩,而不论这些个人出身如何或来自哪一社会阶级。它将注意力集中于当下个人的后天努力,而不允许将注意力集中于身份背景。并且,他们在地理和社会方面是高度流动的,使得美国人比法国人更具有开拓精神。"在法国,人们把趣味单纯、习惯朴素、家庭情感、安土重迁视为国家安宁幸福的最大保证。但在美国,好像再没有什么东西比这些美德更有害于社会了。……他们看来,最值得赞扬的是:不在故土安贫乐贱,而到

---

① 艾伦·麦克法兰:《英国个人主义的起源》,管可秾译,商务印书馆2008年版,第219页。
② 托克维尔:《论美国的民主》,董果良译,商务印书馆2004年版,第355页。
③ 同上书,第4页。
④ 同上。
⑤ 同上书,第513页。
⑥ 同上书,第355页。
⑦ 同上书,第522页。

外去致富享乐;不老守田园,而砸碎锅碗瓢盆到乡去大干一场;不惜放弃生者和死者,而到外地去追求幸福。"①社会流动会给人的上升和发展提供更多机会。"一般来说,正在美国兴起的贵族制绝不是建立在头衔和勋章的基础上的,它纯粹是财富上的贵族制,这不会激起很大的嫉妒,因为每个人都希望有一天自己也能加入这个行列。"②这也有利于减少美国的阶级封闭和对立,即,"在欧洲国家如此强烈的阶级仇恨,在英国和美国却很少见"③。正是这种城市化社会结构,使得"纽约给很多观察家留下最深刻印象的是巨大的社会流动性。美国工厂里的体力劳动者,要比欧洲同行们享有更大的机会跻身于中产阶级,乃至上层阶级的行列,而他们的后代享有的社会升迁的机会比他们更大"④。在美国,每个人只有职业属性和公民权属性,而没有血统身份属性,他们形成了一个以平等而独立的公民权结构的社会。"他们不断互相往来和混合,彼此模仿,互相敬慕。于是,人民就产生了一些在等级森严和社会停滞的时代所不可能有的观念、概念和思想。"⑤

(二) 对英国城市化文化观的继受

美国建国之时如从经济成分和形态来看,那么基本是农业社会,因为只有5％的人口生活在城市,而且 1776 年时,还没有一个超过 3 万人口的城市。但从文化观念和精神状态上看美国则是内含城市精神与文化的民族。一位观察家在 1838 年写道,亚当·斯密的"声音在世界的耳朵里响彻了 60 年,但只有美国听从了这个声音,并推崇和遵循它"⑥。美国不存在传统农业文化,它有农场主,但没有大量的传统农民;它有农场房舍,但没有传统的乡村聚落。既然美国文化主要源于 17 世纪的盎格鲁-撒克逊移民潮,是对近代英国城市文化和制度的继承,这也就不难理解美国的文化了。事实上,绝大多数 18 世纪中叶的殖民地领导人都把自己当成英国人而不是美洲人,他们和母国同胞读的

---

① 托克维尔:《论美国的民主》,董果良译,商务印书馆 2004 年版,第 329—330 页。
② 古斯塔夫·勒庞:《革命心理学》,佟德志、刘训练译,吉林人民出版社 2004 年版,第 260 页。
③ 同上书,第 261 页。
④ 乔尔·科特金:《全球城市史》,王旭译,社会科学文献出版社 2010 年版,第 130 页。
⑤ 托克维尔:《论美国的民主》,董果良译,商务印书馆 2004 年版,第 557 页。
⑥ 乔尔·科特金:《全球城市史》,王旭译,社会科学文献出版社 2010 年版,第 129 页。

是一样的文学、法律和历史著作，大多数殖民者对伦敦发生的事情一清二楚，而对邻近殖民地的事情却常一无所知。许多人相信，当时殖民地的"风俗、道德和娱乐方式同母国的一样，只是在程度上有些稍逊一筹而已"①。即使独立于英国后，杰斐逊在 1810 年致友人的信中仍承认："我们的法律、语言、宗教、政治和风俗习惯是深深地建立在英国的基础上的，我们将永远把他们的历史看作我们的历史的一部分，把它作为我们的历史的起源来研究我们的历史。"②另外，美国是一个移民国家，这也使得美国城市文化的发展没有受到传统农耕及身份等级文化的影响和束缚。自由平等的城市化思想，成为美国文化发展的思想基础。以城市精神为基础形成了独具特色的美国文明与美国文化。那时的美国十分乐于接受移民，这首先是因为美国是一个城市文化的国家。美国是一个以移民为主体的国家，最早的移民来自英国、法国、西班牙、荷兰、德国、意大利、希腊等欧洲各国。移民的大量涌入给美国带来了先进的科学技术和进步的思想文化，也带来了多元、兼容、开放的移民文化，在相互取长补短中不断充实和发展。美国是近代才形成的移民国家，至今仍是每年吸收世界各地移民最多的国家，是世界上种族、族裔、宗教、教派最多的国家。

显见，城市化是理解美国的一个重要视角和线索，可以说，不了解城市化视角，就不能理解美国。或言之，如果不参考城市化，我们对美国的社会或政治制度的理解将是不健全的。美国在历史的过程当中究竟形成了一些什么样的文化特性。城市精神成为美国文化的重要基础和基本内涵，是一种理解美国文化的不可或缺视角。城市化的生活方式和思想情感影响着美国社会，并且长久而深刻地影响着美国的文化。"研究美国历史，可以有很多视角，其中，城市应该是一个很有价值、而且非常独特的视角。在这一点上，美国历史与其他国别史相比，有其不可替代的研究价值；可以说，无论从哪个意义上看，如果撇开城市，美国历史上很多重大问题都将陷入无法解释的境地。"③塑造美国自身胎记和文化识别的城市精神，已经深入经济、政治、社会、文化等各个层面。在此方面，美国领各国之先，城市文化和城市精神是美国崛起之根。美国建国之时，在科技、经济、学术、艺术等几乎所有方面都无法同欧洲和世界其他

---

① 戈登·伍德：《美国革命的激进主义》，傅国英译，北京大学出版社 1997 年版，第 4 页。
② 托马斯·杰斐逊：《杰斐逊选集》，朱曾汶译，商务印书馆 1999 年版，第 573 页。
③ 王旭：《解读美国历史的城市视角》，《史学集刊》2013 年第 1 期。

地区的很多国家相比,但唯独在精神状态、价值观和行为方式的某些领域,即城市化相关的文化和制度是领先的。这正是美国的力量所在,正是这种领先有了今天的美国。可以说,美国是人类近代历史上一场"新文明"——城市化的重大实验,而且这场实验相当地成功,因为这个仅仅只有着两百多年历史的国家,成功地演绎了大国崛起的奇迹,它将世界第一经济强国的位置占据了长达一个世纪之久。正如马克斯·韦伯所言,任何一项历史事业都有一种无形的社会精神气质作为时代的精神力量来支撑。以城市和清教精神为内核的美国文化,成为一代代美国人为自己的国家和民族不懈奋斗的精神源泉,直到今天它们仍然是美国社会所标榜的"美国精神"。对英雄的崇拜、对成功的渴望,以及对未来的不懈追求使得美国的城市文化永远保持发展和创造的活力。这一点同拉美比较体现得更明显。欧洲人到来以前,拉丁美洲地区是最发达的,代表印第安文明的著名的印加帝国、玛雅帝国和阿兹科特帝国都在拉丁美洲地区。西班牙和葡萄牙等率先到达了拉丁美洲地区并在那里开矿及建设附属基础设施,后来又发展起种植业,其他工业也随之发展起来。英属北美殖民地的开发至少比拉美地区晚一个世纪,拉美地区的矿业和种植业都已具有相当水平,人口也达到了三四千万人,而北美却一切都还刚刚开始,人口只有三四百万人。结果呢? 北美顺利地通过城市化精神建立民主法治制度,并且在这个文化和制度的有效保障下,北美实现了蓬勃式发展。

二、 城市化对美国民主法治发展的形塑

(一) 美国人的市镇会议与文治传统

英国北美殖民地建立后,北方城市化就发展很快。而美国独立战争主要是城镇、城市居民发动和领导的。其一,城镇、城市孕育了民族认同感和民主法治精神,也即城镇、城市的"长期的自治经历当然是独立战争的原因之一"[①]。其二,些城镇有一定的财力和组织能力。"准确说应该是 1760 年后——特别是在 1765 年后的 20 年中——殖民地人士对这些问题进行了公开的讨论,并

---

① 王旭:《解读美国历史的城市视角》,《史学集刊》2013 年第 1 期。

寻找更先进的社会政治准则以用于解决他们当下存在的问题。"①在斗争中，北美殖民地有很好的组织基础，这就是市镇会议和议会制度。战争中，以城市居民为主形成一个强有力的领导核心，加之市镇会议的多年熏陶，组织得力，有条不紊，13个殖民地得以协调行动，一致抗英，最后赢得独立战争的胜利。偌大的北美殖民地能组织起如此协调的抗英斗争，如没有先前的城市生活培育则是不可能的。

其三，市镇会议为抗英斗争培养了骨干力量，很多市镇会议的代表成为后来大陆会议的成员。市镇会议是新英格兰地区的发明。由于新英格兰人大多居住在港口附近的村镇中，住地集中，交流频繁，人们往往集中起来讨论决定当地的重大问题，久而久之形成固定体制确立下来，冠之以简单明了的名字"市镇会议"(Town Meeting)。随着新英格兰更多的市镇建立，这种市镇会议成为地方政府的一种固定形式。"新英格兰政治系统中的城镇议会是有其现实意义的，因为它有规模和议员：在特定的建筑，市镇厅中，市民们面对面地接触；他们看见并聆听他们的市民伙伴，并且讨论的问题涉及他们立即能够把握和想象的议题。然而西方世界的人们试图生活在一种抽象、空洞的政治民主之中，除了投票点以外不在当地设置任何其他的官方机构。迄今为止我们缺乏提供必要的会议厅、委员会、永久性办公室的动力或洞察力。"②在移民初期，参与制度的苗壮萌芽即地方自治，已经深深地扎根于英国人的习惯之中。一代又一代的清教徒在这样的社群里学会了自我管理(self-government)和民主参与。其基础与王宫里或主教辖区里崇尚的价值、行为和品性有着霄壤之别。并且，"17世纪还有一个现象，同样也超出了巴洛克文化的范式，这就是新英格兰(New England，这里是指美国东北部沿海缅因、佛蒙特、马萨诸塞、康涅狄格、罗得岛、新罕布什尔等六个州的地区——译者注)的村庄：村庄中心是一处公共性开放空间，往往有当地的议事厅或者市政厅作该中心地的主导建筑物。中心空地和会议厅、市政厅，这三种东西共同构成了本地社会的凝聚核

---

① 伯纳德·贝林：《美国革命的思想意识渊源》，涂永前译，中国政法大学出版社2007年版，第15—16页。

② 刘易斯·芒福德：《城市文化》，宋俊岭、李翔宁、周鸣浩译，中国建筑工业出版社2009年版，第509页。

心"①。为集体活动提供了足够数量的会议室，一种健康有力的政治生活，伴随着有效的集体行动和重新建立的公共责任感，迅速地成长起来。托克维尔高度赞扬美国的这种乡镇自治，认为其正是美国民主的基础和奥秘所在。"毫无疑问，今天统治美国社会的那些伟大政治原则，是先在各州产生和发展起来的。因此，为了掌握解决其余一切问题的钥匙，就必须了解各州。"②而"在欧洲大陆的所有国家中，可以说知道乡镇自由的国家连一个也没有"③。

也正是基于民主的市镇会议和人民主权，二百多年来美国历史并未出现过军人干政的局面。"以美国宪法为框架缔造的军队所创造出的服从和忠诚的纪录保证了美国的政体的有效和稳固，并使世界各国为之向往。"④究其原因，可以概括为以下三点：首先，美国有着根深蒂固的民治传统和文人领军传统，使得军队对美国民主不可能构成威胁。早在独立战争中，美国就确立了由文人政府控制军队的传统。当时文人政府对军队（大陆军）的权威主要是通过立法控制（大陆会议）来体现的。它发布命令，任命军官，提供给养，对大陆军实现了有效的控制。美国 1787 年宪法则正式确立了文人治军的制度，缔国先驱们的一个基本决定就是军事制度在国家事务中应该扮演一个次要角色。在美国，军权由议会和总统共享，宪法仅对总统作为三军统帅做出了规定，军队的建制等具体问题则由国会通过立法予以调控。依据宪法规定，国会享有的权力有：宣战；招募陆军并供给陆军军需；建立海军并供给海军军需；制定陆海军之规章；征税并拨发国防费用；制定其他有关军事之法律。军人对民主政治系统的认同感、责任感，也使他们更自觉地服从文人政府统治。美国军官就职的宣誓词是："我，某某，庄严宣誓，我将支持和保卫美国的宪法，反对一切国外和国内的敌人。我将忠实、忠诚地对待宪法，我自愿承担这一义务，毫无保留和逃避。我会尽力忠实地完成现在承担的职务。上帝助我！"美国士兵的宣誓词是："我，某某，庄严宣誓，我将支持和保卫美国的宪法，反对一切国外和国内

---

① 刘易斯·芒福德：《城市文化》，宋俊岭、李翔宁、周鸣浩译，中国建筑工业出版社 2009 年版，第 163 页。

② 托克维尔：《论美国的民主》，董果良译，商务印书馆 2004 年版，第 65 页。

③ 同上书，第 67 页。

④ Richard H. Kohn, *The Constitution and National Security: The Intent of the Framers*, *The United States Military under the Constitution of the United States*, *1789 - 1989*, New York University Press, 1991, p. 87.

的敌人。我将忠实、忠诚地对待宪法,我将服从美国总统的命令,服从指挥军官的命令,遵守军规和军事司法条例,上帝助我!"从誓言中我们可以看出:首先,从法律和伦理的层面上讲,美国军人宣誓效忠的对象是宪法,军队首先应当忠诚于宪法。美国宪法第三修正案禁止士兵在和平时期驻扎民房,美国很少动用军队执行国内事务。其次,美国有大西洋的天险,在当时的军事技术条件下,大西洋让美国不需要维持人数众多的陆军。如 1789 年华盛顿当选为美国第一任总统的时候,美国全军只有 672 人,此后,仅有的 2 万名陆军大都驻在西部或北部与印第安人毗邻的边境地带。阿基亚·阿玛说大西洋就是美国的"太平洋",保卫美国人自由的不是《权利法案》,而是大西洋,这就是基于地缘政治的不许军人干政的论证。再次,美国的海外军事基地以及频繁的对外战争在客观上也确保军队仅行使战争职能而远离政治职能。战争在美国建国之后的 200 年历史上经常发生,但这些战争几乎都发生在美国的领土之外,有效保持了军人与政治之间的疏离关系。

(二) 美国人的城市经历、法治传统与立宪建国

1787 年是美国真正的建国时刻,因为它所依据的是法治建国。事实上,《独立宣言》的精神与《美国宪法》的风格之间的差异、《独立宣言》的起草人与《美国宪法》的作者之间的冲突,构成了美国建国初期革命与宪政之间的张力。1787 年《联邦宪法》代表了一种试图稳定革命后政治秩序的努力。这种努力是以宪法来构建一套稳定的政治结构。因此,《联邦宪法》所体现出的风格就与《独立宣言》大相径庭:它的色调更为平缓。[1] "我们所得到的宪法如同一个装有相当不同的东西的口袋。像法国人一样,它是成文的;与法国人(而且实际上也与我们的《独立宣言》)不同,它更多地建立在英国政治法律史的制度和习惯做法的基础之上,而非建立在理想主义和革命言词的基础之上。"[2] 美国是一个通过制宪建国的国家,美国本身就是一个宪法共同体,United States 是

---

[1]　See Paul Kahn, *Sacred Violence: Torture, Terror, and Sovereignty*, University of Michigan Press, 2008, pp. 123 - 124.

[2]　卡尔文·伍达德:《威廉·布莱克斯通爵士与英美法理学》,载肯尼思·W. 汤普森编:《宪法的政治理论》,张志铭译,生活·读书·新知三联书店 1997 年版,第 87 页。

通过宪法才 united 起来的。宪法在先,美国在后。美国之所以在革命之后成功宪法建国,而法国在大革命之后动荡不已,正是因为美国坚守了法治传统。

首先,美国革命之所以很快获得对英斗争的完全胜利,并在独立后顺利地向联邦制过渡,与美国受城市政治经济及法治传统熏陶有必然联系。独立战争胜利后,城市领导人积极推动邦联政府向联邦政府过渡,其中,城市代表在制宪会议上居绝对主导地位,从纽约、马萨诸塞、宾夕法尼亚和弗吉尼亚等几个关键州推选的代表中 87% 都有城市经历或联系。在批准宪法的过程中,无论位于何处的城市,都无一例外地赞成批准之,显示出已熟悉市政的居民对联邦体制的高度认同。"在回顾制宪会议辩论的时候,人们很容易对下面明显的事实感到震惊:与会者大体上都曾当过议员,或者是在州议会,甚至是在根据邦联条例建立的国会,甚至曾参加过大陆会议,而正是该会议为革命作了最早的准备,并宣布了那场革命,因而,他们参加辩论是轻车熟路。制宪会议的议事程序……遵照的也是众所周知的国会法程序。"①美国建国者们,"他们在很大程度上都是些有知识的人,同时又拥有在自治政府中工作多年的经验"②。美国国民也有长时间城市自治经验和法治传统。"你会看到,他们对行政制度十分熟悉,而且很懂得法律的机制。美国的居民不从书本去汲取实际知识和实证思想。书本知识只能培养他们接受实际知识和实证思想的能力,但不能向他们直接提供这些东西。"③并且,城市政治和法治传统也强调不应带太多语言"暴力"倾向,因为话语的暴力可能导致极端的形体暴力,美国的建国者们"希望谦恭和绅士派头的言论遍及和塑造这个年轻国家的政治文化。他们清楚,当政治家讨论和争辩当今的重大问题时,争论与冲突是存在的,但冲突不能妨碍克制语言和尊重他人的规范。相反,如果政治冲突要维持非暴力、正常化和礼节化的状态,礼貌是最重要的"④。1787 年夏天费城的制宪大会和次年7 月弗吉尼亚的批准宪法大会都是绅士们礼让政治的例证,"在费城大会以及

---

① 小詹姆斯·R. 斯托纳:《普通法与自由主义理论》,姚中秋译,北京大学出版社 2005 年版,第326 页。
② 苏珊·邓恩:《姊妹革命:美国革命与法国革命启示录》,杨小刚译,上海文艺出版社 2003 年版,第 33 页。
③ 托克维尔:《论美国的民主》,董果良译,商务印书馆 2004 年版,第 353 页。
④ 苏珊·邓恩:《姊妹革命:美国革命与法国革命启示录》,杨小刚译,上海文艺出版社 2003 年版,第 122 页。

其他各种宪法批准大会上,他们总是通过理智文明的辩论,使他们的论据说服其他人改变他们的观点。目的不是征服,而是通过说服使其他人走到一起"①。

其次,为了理解美国独立后的宪法建国,"承认以下这一点是必要的,即(美国革命的)智识领袖(托马斯·潘恩是个引人注目的例外)并不想彻底割断与以往的联系并重新建构政治社会,而是一直想保留发展作为殖民地政治结构之基础的制度和理想。美国独立战争是英国宪政的一个延续"②。在美国,"新的革命宪法无论内容还是形式,都鲜有新意,更遑论革命了。立宪政府观念无论在内容还是来源上,当然都绝不是革命的。它不过意味着一个受法律限制的政府,通过宪法保证来维护公民自由"③。拉赛尔·柯克就曾评价道:"杰弗逊式的《权利法案》不过是对普通法诸原则的一次重申而已。就其起源而论,美国人的个人自由得益于普通法之处多于任何另外的地方。"④美国的文化和制度起源于英格兰,同时又是基于英格兰城市精神与制度基础上的一种创新。"美国革命是对乔治三世及其大臣们的暴政的反抗,所以,美国的《权利法案》比十八世纪的英国实践又前进了一步。然而,它的大部分是对英国经验的实质性内容的复述。"⑤《联邦宪法》中确立下来的权利,同英国宪法性文件中明确表达的价值具有许多共同之处。例如英国《大宪章》第 39 节规定道:"没有自由人可以被……监禁……除非依据与他同等地位的人的合法判决或者依据国家的法律。"很显然,美国《权利法案》中的正当程序条款源于此处。同样有渊源关系的还有 1689 年《权利法案》中要求"言论自由……不应受到责难或质疑"的条款和美国宪法第一修正案确立的保证条款。显见,在美国,革命本身不是目的,宪法的制定实施,意味着革命的完成。正如一些学者所指出的那样,"在美国,由于其自身经历过的历史,人们很清楚革命倾向最终将如何

---

① 苏珊·邓恩:《姊妹革命:美国革命与法国革命启示录》,杨小刚译,上海文艺出版社 2003 年版,第 125 页。
② 斯科特·戈登:《控制国家——西方宪政的历史》,应奇等译,江苏人民出版 2001 年版,第 293 页。
③ 汉娜·阿伦特:《论革命》,陈周旺译,译林出版社 2007 年版,第 126 页。
④ 小詹姆斯·R. 斯托纳:《普通与自由主义理论:柯克、霍布斯及美国宪政主义之诸源头》,姚中秋译,北京大学出版社 2005 年版,第 370 页。
⑤ W. Ivor 詹宁斯:《法与宪法》,龚祥瑞等译,生活·读书·新知三联书店 1997 年版,第 180 页。

导向宪政秩序"①。

　　当年美国人闹革命时,虽然是以洛克的天赋权利说作为反抗的根据,可是仔细读一下《独立宣言》中列举的那些殖民地人民认为受到英国侵犯因而需要捍卫的东西,我们就会发现,它们并没有超出美洲殖民地在隶属英国时已经享有的权利,因此他们只是把反叛视为不得已的行动:审慎的心理告诫人们,不应当为了轻微而暂时的原因改变建立已久的政府;而且过去的一切经验也已表明,当罪恶还能忍受时,人们总是尽量忍受,而不会通过废除久已习惯的政府形式来恢复他们的权利。"尽管从中世纪以来,在西欧国家尤其是在英国,私有财产神圣不可侵犯是不成文的宪法的根本原则,但是殖民地的北美比其他任何地方更尊崇这一原则。这个后来成为美国的地方在世界历史上是非常独特的,因为这个国家是由寻求私有财产的个人所创建的。"②在美国的殖民者的意识里,这一观点成为不言而喻的真理,"那就是,保护财产是政府的主要职能,由此可以得出,没有履行这一职责的政府就应当丧失其统治权。美国大革命的爆发就是为了保护财产这个自由的堡垒,因为人们认为,向殖民者征税却不给他们表示是否同意征税的机会等于强行充公"③。英国的非民主、非法治政策直接危及城市居民的利益,危及殖民地工商业的利益,使之成为主要矛盾。许多为了躲避专制政权而从欧洲到美国避难的政论家,都谈到诸如公民权利、社会发展、民主制度、监督下的政府这类问题。这一点看上去与法国革命相似,但精神实质上却与英国革命暗合。"实质上,与美国革命有关的不是美国社会的分裂,以及人们对这个社会的恐惧、绝望和憎恨,而是在当时世界历史语境中,人们对自由的认识、理解、实现以及继承,以及这种自由对美国未来命运的重要。"④

　　美国革命只是殖民地人为了保卫革命前就已经存在的自由社会秩序。"它集中于努力使个人从压迫性权力的滥用中,从国家专制中解放出来。"⑤他们的这些理念孕育于英国内战动荡时期产生的反专制主义(anti-authoritarianism),美国革命在精神气质上与英国光荣革命　脉相承。"美国革命最为重

---

①　彼得·卡尔佛特:《革命与反革命》,张长东译,吉林人民出版社 2005 年版,第 9 页。
②　理查德·派普斯:《财产论》,蒋琳琦译,经济科学出版社 2003 年版,第 283 页。
③　同上。
④　伯纳德·贝林:《美国革命的思想意识渊源》,涂永前译,中国政法大学出版社 2007 年版,第 15—16 页。
⑤　同上书,"增订版序言",第 1 页。

要的一点是:它是一场在思想意识、宪法以及政治领域所展开的斗争。"①革命,是宪政遭到破坏所引发的,也就是说,革命在后,宪政在前。因为民主法治传统是从英国输入来的,输入之后便一直存在下去。现在,这项权利的行使,已成为美国人的习惯和气尚。从第一部《弗吉尼亚宪章》(1606 年)颁布时起,殖民地居民就得到保证,将享有英国人的权利和自由:所有的自由权、参政权和豁免权等。就全部的意图和目的而言,他们就像出生和始终居住在英国境内的公民一样。1744 年的第一届大陆会议通过的《权利宣言》进一步重申:各殖民地居民享有英国普通法规定的权利。这个历史的事实导致政治逻辑的价值判断产生了一个十分明确的立论:革命是保护法治。美国革命和世界上其他国家的资产阶级革命是不一样的,后者主要集中于国内资产阶级为谋求生产方式的变革而发动的政治与社会革命,而美国革命是反对在伦敦那边的英王统治北美,仅具有对外的非殖民化的意义,在这个意义上北美的革命只能叫资产阶级民族革命,不是资产阶级民主革命。美国革命充其量不过是一场脱离殖民母国的反抗,但并不反对母国的宪政民主。"由革命而树立的许多新制度,大部分不外是基于他们本身的过去经验,或是基于母国的习惯。"②可以说,1787 年《联邦宪法》赋予中央政府一定权力。在没有扰乱人民与那些构成联邦主义基本单位的各个相关政体之间的联系的情况下,联邦政府与它为之服务的人民进行直接接触,建立直接的财税和人事联系。即,联邦政府所依赖的不是各州,而只是各州的公民。在联邦要征税时,它不是向州政府征收,而是向州的居民征收。尽管"1787 年《联邦宪法》取代了《联邦条例》,但保留了对英国普通法传统的基本信奉"③。

(三) 美国的民主政治与宪法规制

通过选举政治,可以减少暴力争权,同时契合人民主权合法性的同意性原

---

① 伯纳德·贝林:《美国革命的思想意识渊源》,涂永前译,中国政法大学出版社 2007 年版,"增订版序言",第 2 页。

② 美浓部达吉:《议会制度论》,邹敬芳译,中国政法大学出版社 2005 年版,第 27 页。

③ Keith E. Whittington, *Constitutional Construction: Divided Powers and Constitutional Meaning*, Harvard University Press, 2001, pp. 3 - 4.

则。美国 1800 年选举政治奠定了美国政权交接方式。杰斐逊称这次选举,就
形式来说,是一次真正的像 1776 年革命一样的政体原则的革命,因为它标志
美国政党政治、选举政治的确立和通过暴力革命获取政权方式的终结,此后
"美国政治制度的一个最大成就,是不存在叛乱发生的土壤。一个自由的两党
制,所有的国民都能享投票权,这已经消除了人们革命的道义权利。在美国,
革命不仅在道义上是错误的,在政治上也是完全没有必要的。如果会有一场
民主革命的话,那也一定是发生在投票箱内"①。以投票箱出政权,代替了以暴
力出政权。"民主不论是被定义为权威的来源或是目的,都会出现含糊不清、
不精确等严重问题,因此这项研究中使用的是程序性定义。在其他政府体制
中,人们可以根据出身、抽签、财富、暴力、选任、学识、任命或考试成为领袖。
民主政治的核心程序是被统治的人民通过竞争性的选举来挑选领袖。"②对于
城市政治和一个城市化国家的政治来说,"选举是非常重要的,因为如果没有
选举,就没有一条简单的途径来判断过渡政府是否真正代表了大多数人。如
果没有选举,在消灭旧政体中没有发挥重要作用的行动者就难以突显出来并
宣告他们的民主授权。如果没有选举,构成新的民主政治社会的、完整的一系
列制度——例如司法、立宪会议和竞争性的政党,就不能形成充分的自主性、
合法性和正当性"③。作为不争事实,在 19 世纪,"美国是唯一一个拥有真正民
主的政府体制的大国,⋯⋯说它拥有真正的民主的政府体制,是指普选现已成
为联邦各州的惯例。尚存的局限之处则无须多虑,从普选中产生出来的,不仅
是立法机构——像欧洲国家那样,美国的普选还产生了(这是问题的关键)所
有的高级行政官员和高等法院法官。在所有各州,州政府最高官员和州长都
是选举产生的,他们的任期是 2 到 4 年——那些行 2 年任期的州同实行 4 年
任期的州的数量一样多"④。但选举只构成了美国政治的合法性基础之一,但
不是全部,最根本的合法性基础还有宪法。"一个选举的专制政体并不是我们

①　苏珊·邓恩:《姊妹革命:美国革命与法国革命启示录》,杨小刚译,上海文艺出版社 2003 年
　　版,第 82、240 页。
②　塞缪尔·P. 亨廷顿:《第三波:二十世纪后期人民有参与国事的民主化浪潮》,刘军宁译,上海
　　三联书店 1998 年版,第 4 页。
③　林茨、泰斯潘:《民主转型与巩固的问题》,孙尤译,浙江人民出版社 2008 年版,第 76 页。
④　桑巴特:《为什么美国没有社会主义》,孙丹译,电子工业出版社 2013 年版,第 41 页。

争取的政府。"①美国宪法起着统一和整合全国的作用。"对我们来说,国家、连续性、统一和共同目标的象征物,就是宪法。"②

首先,民主革命思想与宪制思想的冲突展现在了民主共和党人和联邦党人,尤其是杰弗逊和马歇尔的斗争中。以马歇尔为代表的维持宪法统一性和延续性的宪制思想与以杰弗逊为代表的不断革命、不断修宪的革命思想,构成了美国政治发展的两股潮流。即,杰弗逊的法国式政治信仰和行动与联邦党人的英国作派相冲突。1800 年大选的事件虽然蹊跷,但并不复杂。在这次选举中,前任副总统杰斐逊击败了在任总统亚当斯。这次选举造就了以杰弗逊为首的民主共和党在美国压倒性的优势。民主选举产生的杰弗逊仍习惯并还要用革命的方式行事,杰弗逊是一个信仰"不断革命"的政治思想家,也是美国第一位鼓吹此种思想的政治领导人,他宣扬"十九年来一次革命"的理念,叛乱是"政府的健康所必需的药",他认为宪法应该每十九年重新制定一次,他认为每一次选举政治都是一场用其他手段来进行的革命。③ 杰斐逊想重新塑造美国宪法,他实际上重新诉诸《独立宣言》的革命立场,在 1776 年 4 月的《独立宣言》中宣布:成立一个政府的目的就是为了保障人民的自然权利,如果遇到任何一种形式的政府损害这个目的,那么人民就有权利来改变它或废除它,以建立新的政府。进而可以以"独立宣言"的自由人权的革命原则来否定 1787 年宪法,进而主张建立符合革命原则的新宪法。这就意味着每一代人都是一个新的"人民",先辈与后代之间没有任何政治联系,那么该政治体在时间维度上实际上是处于分裂状态的。而以确立司法审查先例而闻名的马伯里案,首先并不是确立司法至上,而是确立宪法和法治对于革命的优先性。违宪审查的真正意义在于坚持了 1787 年宪法的原则,并取得了胜利。事实上,美国内战的南方试图通过分离来完成一场类似于美国独立革命的内战,因为美国宪法

① 汉密尔顿等:《联邦党人文集》,程逢如等译,商务印书馆 1980 年版,第 254 页。
② 亚历山大·M. 比克尔:《最小危险部门——政治法庭上的最高法院》,姚中秋译,北京大学出版社 2007 年版,第 32—33 页。
③ See R. Matthews, "The Radical Politics of Thomas Jefferson: A Revisionist View", 125, 1984; Thomas Jefferson, "Letter to William S. Smith"(November 13, 1787), in *The Papers of Thomas Jefferson*, J. Boyd ed. , 1955, pp. 355 - 357; Thomas Jefferson, "Letter to James Madison"(September 6, 1789), in *The Portable Thomas Jefferson*, M. Peterson ed. , 1975, pp. 444 - 451.

规定每个州都实行地方自治，如果某个州想退出联邦，这是合法的，这场革命的最终成果是所谓"重建修正案"（The Reconstruction Amendments）的通过。"重建修正案"的通过本身如同 1787 年《联邦宪法》的通过和马伯里案违宪审查一样，是一个宪法坚持与革命抵制。宪法语言成为斗争双方的弹药，不声不响地遏制了潜在的革命。

其次，违宪审查强调的宪法至上和宪法之治，而不是司法至上。正如美国学者路易斯·亨金所指出的："事实上，我认为说宪法和司法审查反民主是不确切的。我们可以说，当司法审查导致某项立法无效时，它否定了立法机关（我们当今民主的主要代表者）的意志和推翻了立法机关的判断，但是立宪者们并不认为这种司法审查是否定了人民的意志。他们认为合众国宪法，或者说尤其是合众国宪法，代表了人民的意志。人们可以说，合众国宪法所代表是作为立宪者（connstritutors）的人民，而立法机关稍逊一筹，它所代表的是作为立法者的人民。因此，诉诸宪法并非反民主，因为这是诉诸作为立宪者的人民，有时甚至是为了反对作为立法者的人民。法院便是真正代表人民的，即代表作为立宪者的人民。"① 并且，"宪政体制为了服务于人民，必须控制人民的统治欲。为了做到这一点，它必须成为某种意义上的主子。只有当人民不漠视宪法的限制，不强迫政府轻率地迎合他们的欲望目标……只有这样，政府才能够依照宪法进行统治。为了做到这一点，人民必须把宪政体制当作目的给予爱护或'崇敬'，认为值得致力于维护这种宪政"②。通过确立违宪审查，美国最高法院充当了人民和宪法的守护者。"毫无疑问，假如最高法院没有行使司法审查权，则最高法院就不可能具有象征性。"③ 但成为守护者，并不等于成为至高无上者。司法者最终受到人民的宪法支配，正是由于这种角色定位，违宪审查机关对立法机关的审查往往持宪法的立场，尽量回避司法动机。美国最高法院是适用宪法的主体，美国最高法院也是遵守宪法的主体。然而，一些论述已经把美国最高法院曲解成了司法至上的历史了。"它们实际上是法律体系

---

① 路易斯·亨金：《宪政·民主·对外事务》，邓正来译，生活·读书·新知三联书店 1996 年版，第 111—112 页。

② 哈维·C. 曼斯菲尔德：《驯化君主》，冯克利译，译林出版社 2005 年版，第 332 页。

③ 亚历山大·M. 比克尔：《最小危险部门——政治法庭上的最高法院》，姚中秋译，北京大学出版社 2007 年版，第 33—34 页。

的正当代言人,这一体系不仅约束人民,也同样约束法官。"①

再次,通过宪法确立了联邦制,也需要通过宪法和最高法院来守护。"在美国制度中每一个问题都最终会成为一个司法问题。这样,在许多联邦制度中宪法法院成为一个永久性的机构,作为维护联盟和非集权化的手段发挥着作用。"②1787 年美国《联邦宪法》的通过和 1789 年的法国大革命分别是联邦制国家的民族主义和单一制国家的民族主义的开端和重要里程碑。"当人们谈论起联邦主义时,如果将统一性和多样性作为对立面提出则是一个错误。统一应该与不统一形成对照,而多样性应该与同质性构成对照,以强调各自的政治特征和含义。"③美国"以联邦制的方式相互联系,也就是说作为合作伙伴,不仅在政治领域,而是在生活的各个方面,在为了共同的利益进行合作的时候还对于各自的完整性表示尊重"④。在这方面,法律不是由从上到下的等级决定的,而是由并行地处于相邻网络中的不同中心决定的。即,"联邦制政体的特点是非集权制的,也就是说,他们内部的政府权力是分散在各个中心的,而不是集中于一个单一的中心。而这些中心及其权限的存在得到了最高宪法的保护"⑤。联邦制体现了一种"联合但不从属"的体制,"我们不是互相压制、约束","而是互相认同、帮助"。⑥ 总之,美国联邦制体现了宪法框架下多重主权、多级组织和复合共和的本质特征:1 个联邦政府,50 个州政府,至少 8 万个地方政府,此外还有大量的公司、合作社、工会、俱乐部、家庭与家族以及其他根据其执照、章程及互相订立的非正式协议管理的自愿组成的社团。它们彼此之间互不隶属,而将它们协调和统合在一起的就是 1787 年宪法。

于是,"宪法不仅仅是联盟条款了,它变成了真正的法律"⑦。必须建立一个最高法院,作为全国性政府的一部分,通过它的上诉管辖权,确保全国范围内对联邦法律之解释的一致性。"联邦法院适用法律解决具体争议的任务,就

---

① 阿奇博尔德·考克斯:《法院与宪法》,田雷译,北京大学出版社 2006 年版,第 127 页。
② 丹尼尔·J. 伊拉扎:《联邦主义探索》,彭利平译,上海三联书店 2004 年版,第 221 页。
③ 同上书,第 76 页。
④ 同上书,第 81—82 页。
⑤ 同上书,第 41 页。
⑥ 罗斯科·庞德:《普通法的精神》,唐前宏等译,法律出版社 2001 年版,第 29 页。
⑦ 小詹姆斯·R. 斯托纳:《普通法与自由主义理论》,姚中秋译,北京大学出版社 2005 年版,第 332 页。

其性质而言,'完全是全国性的',由于在一个案件中适用何种法律取决于案件的性质,而非法院的性质,因而,似乎不大可能提出一个规则,像分割联邦与州的立法权那样相当清晰地分割联邦与州法院的管辖权。"①在此过程中,"当政府的一个分支的权力行为被认为超越了宪法权力,或侵犯了宪法保障的私人权利时,这时应该由司法分支去决定联邦宪法的意义,而为了获得统一性和最终性,联邦最高法院应该是作为最终裁决者的法院"②。尽管存在联邦与地方两套平等的司法体系,但它们与立法与行政两套体系的分立并不一样。联邦与地方,立法与行政两套体系体现的是平等制衡关系,而司法则不然。最高法院凭借宪法的最高权威凌驾于一切法院之上,终审权在任何意义上都不可能以州权的名义或地方的民意去抗衡。在统一的宪法权威及司法标准上,没有州权可言。这一点使得最高法院具有一种终极性权威。"这一创造赋予司法机构一种特殊的任务:仲裁联邦体制内的政府间争端;但是它同时也满足了一种国家的需要。"③对州侵犯联邦权力进行裁决,但不能对各州立法侵犯个人权利进行干涉。内战结束后,第十三、十四、十五修正案的通过提高了国家权威,尤其是最高法院的权威。"从 1865 年之后,所有这些在 1787 年留待未决的宪法问题,无论是联邦政府的授权还是各州的保留权利,最终都将在全国性机构那里获得权威的决定。联邦最高法院成为联邦宪法的最终诠释者。"④当然,"从宪法裁决的创造性意义上看,明智的宪法裁决都从一种微妙的共生关系中汲取了进一步的正当性,当然也受制于这种共生关系的限制"⑤。

复次,美国社会治理是以流动为预设的,公民自由流动也需要宪法保护。美国都是合众国的公民,并且,作为一个共同体中的成员,必须有权利不受干扰地进出国家的每一个地方。而宪法的司法实施保障了所有公民都可以自由地在国家的领土范围内旅行,而不受那些对这种移动施加不合理限制的法律、裁定和规章的约束。以人口自由流动为原则,没有在政策中限制人口流动。"根据贸易条款,如果不具备某种特殊的正当理由,歧视州际商业活动而偏袒

---

① 小詹姆斯·R.斯托纳:《普通法与自由主义理论》,姚中秋译,北京大学出版社 2005 年版,第 306 页。

② 阿奇博尔德·考克斯:《法院与宪法》,田雷译,北京大学出版社 2006 年版,第 384 页。

③ 同上书,第 94 页。

④ 同上书,第 115 页。

⑤ 同上书,第 401 页。

地方利益的政府调控如今被认为是违宪的。"①正如一些州试图保护本地销售者免于州外的竞争，其他的州也企图给予本州居民或地方企业以获取地方资源的优先权。这些行为一般来说都违反了贸易条款。国家的统一不仅要求商品的自由流通，也同样要求人员的自由流动。自由流动不仅包括在合众国的所有地方从事一般职业的机会，还包括迁徙并在一个新地区定居的机会，但所有这些均取决于公民享有免受针对"外部人"或"新来者"的歧视的自由。作为一种宪法上的武器，贸易条款可以被用来攻击单个州对人员流动的限制。费城会议在《联邦宪法》第4条第2款中为此设置了另一个保障：每个州的公民均享有其他州公民的所有优惠与豁免权。在内战之后通过第十四修正案的两个条款在此也是相关的。一个规定：任何州不得制定或实施任何法律，来剥夺合众国公民的优惠或豁免权。另一规定：任何州不得……在管辖区域内对任何人拒绝提供法律的平等保护。正如贸易条款禁止一州在调控私人商业之时给予本地商家以优惠，《联邦宪法》第四条的优惠与豁免条款同样禁止一州要求本地企业在招工时优惠本地居民。

（四）美国内战后的城市化发展与法律职业化

美国在南北战争后，法律职业化进入了一个新发展阶段。尤其是1870年之后，美国法律职业化开始发展成熟，而在此之前，美国法律职业化、专业化程度低。尤其是受到1800年以来杰弗逊民主思想的影响，一些原本不高的职业准入也被视作精英特权而废除，大多数州开始民选法官，并取消律师资格中的专业教育要求。在内战之前的美国，几乎不存在法律职业的准入，多数律师和法官在获准律师执业之前，都不曾受过正规的法律教育。在1800年到1870年间，律师入职的许可权是由地方的法院行使的。律师资格考试本身通常是以口头形式进行的，并且实施方式也很随意。整个18世纪美国的法律教育都不正规。但从1870年开始，哈佛大学的法律教学开始使用案例教学法。哈佛大学法学院长克里斯托弗·哥伦布·兰德尔（Christopher Columbus Langdell）是案例教学法的倡导者，最为重要的是，19世纪晚期，兰德尔的法律教育

---

① 　阿奇博尔德·考克斯：《法院与宪法》，田雷译，北京大学出版社2006年版，第95页。

理念与改革实践，找到了解决提升法律职业标准问题的方式，跟上了法律发展的步伐，适应了社会的法律需求。其一，兰德尔为法律职业设立了一些重要的资格要求。他强调，法律是一种需要严格进行正规训练的科学。其二，兰德尔使得学生的毕业更具难度。先前获得法律学位所要经历的松散的口试被一系列书面的考试所替代，而且这些考试的标准也逐渐规范化。事实证明，这种方法具有吸引力，而且符合法律职业的需要，提升了法律与法律职业的声望。正如学者所指出的，在美国，自 1870 年克里斯托福改革运动最终使法律的从业成为一个受限制的行当，开始了现代职业化的发展。[①]

第五节　法国的城市化进程与民主法治发展

一、 近代法国城市化发展的滞缓及原因

近代法国的城市化与英国相比，起步迟，人口城市化的速度较慢，直到近代结束，城市化的水平仍不高。"与英国相比，法国城市化进程缓慢得多，与其温和的工业革命者及缓慢的人口增长相适应。根据已有的早期数据，在 19 世纪中期，两个英国人中有一个居住在城镇，而法国直到 20 世纪 30 年代才达到同等水平。"[②]城市化，一般以一国城市人口超过乡村人口作为该国基本实现城市化的依据。以此为标准，英国早在 19 世纪中期，德国在 1891 年，美国在 1920 年，法国更迟至 1931 年才实现城市化。[③] 城市化滞缓和不足，也表现出法国各经济体之间的有机联系发展不足。"在这一时期，法国和英格兰历史悠久的区域体系形成了一个颇有意义的对比。在 17 世纪，路易斯十四和考伯特极力推动某些省府的中央集权化进程，如图卢兹、雷恩和一些军港。但由于乡

---

① 参见波斯纳：《超越法律》，苏力译，中国政法大学出版社 2001 年版，第 54—55 页。
② 保罗·霍恩伯格、林恩·霍伦·利斯：《都市欧洲的形成》，阮岳湘译，商务印书馆 2009 年版，第 206 页。
③ 参见菲利普·潘什梅尔：《法国》（上册），漆竹生译，上海译文出版社 1980 年版，第 133 页。

村经济发展缓慢,这些蒙受皇家恩泽的地方贸易并不理想。基于某些客观和制度上的原因,国家市场的整合没能与行政、财政集中化的步伐保持一致。在海上和内陆贸易缺乏衔接的同时,区域之间的联系仍是断断续续、不成规模。总而言之,全面都市化和发展进程不但没有超前,反而出现了一定程度的延迟。尽管在 18 世纪发展较快,巴黎也仅能容纳 15% 的法国居民,不到全国人口的 3%。"①

事实上,就中世纪城市基础而言,法国的基础比要英国、德国都好。法国最早的一批城市形成于高卢-罗马时代。中世纪,尤其在 11—14 世纪产生了第二批城市,16—17 世纪第三批城市又广泛兴起,至此,在法国广袤的土地上已形成了颇为稠密的城市网。19 世纪初,法国在尚未正式开始城市化时,已拥有 17 个 3 万以上居民的城市,当时海峡对岸的英国,同等规模的城市只有15 个。然而,由于以下原因,造成了法国城市化发展滞缓。

其一,绝对主义国家的王权主导,使得法国城市化出现了退化,甚至夭折。在绝对主义国家时代的法国,"有关市政生活的活动已渐稀少,并且全由受委托人代理"②。英国一直是市场主导下的政府辅助型城市化,绝对主义国家法国侧重采用政府主导型城市化模式,近代法国城市化速度之缓慢也就不难解释。近代法国的城市化有两条道路:"一条路是从城市方面来说,这条道路上,源源不断流来房租、供奉、颂歌、赋税,以及对军队和国家的机器的控制。而另一条路是从农村方面来说,这条道路上,源源不断地流来一些身体结实、训练有素、脑满肠肥、门第高贵的男男女女,这些人构成了宫廷的统治者。"③显见,在法国,是后者决定了前者。"我们可以看到国家权力系统强势的支配地位和主导作用,却很难发现除了以发展主义、城市主义为包装的民族主义、国家主义以外,还有哪些新的能有效整合大众的价值资源。"④可以说,在绝对主义国家的法国,"自由城市的时代结束了,那些自由城市的文化分布和传播广泛,组

---

①　保罗·霍恩伯格、林恩·霍伦·利斯:《都市欧洲的形成》,阮岳湘译,商务印书馆 2009 年版,第 158 页。

②　托克维尔:《旧制度与大革命》,冯棠译,商务印书馆 1992 年版,第 134 页。

③　刘易斯·芒福德:《城市文化》,宋俊岭、李翔宁、周鸣浩译,中国建筑工业出版社 2009 年版,第 123 页。

④　陈映芳:《城市中国的逻辑》,生活·读书·新知三联书店 2012 年,第 26 页。

合形式相对来说比较民主,但终究,自由城市还是向专制主义的城市体制让步了"①。并且,"政府主导的城市规划常常表现为巴洛克的形态"②。

其二,绝对主义国家的法国,偏重对城市的军事控制与管理。"战争技术的发展变化给巴洛克统治者一个强大有力的好处,就是他们能够控制组成社会的市政自治机构和团体。在改变城市政体和法规方面,它较之其他任何单一的势力都更有效力。……军队兵营在巴洛克秩序中的地位,与修道院在中世纪秩序中的地位完全一样。阅兵场,如巴黎的阅兵场(Champ de Mars),在新的城市里引人注目,一如文艺复兴时期油画里的战争之神那样。军队的日常操练检阅,成为向平民百姓耀武扬威的盛大场面。号角声声,鼓乐齐鸣,构成新时期城市生活里特有的声音,一如中世纪城市里特有的教堂声声钟鸣。巴黎规划并建造了堂皇壮丽的凯旋大道,供凯旋师行进通过,向观众显示威风。这些都成为新首都重新规划时必不可少的一部分,特别在巴黎和柏林。"③以军事秩序作为城市的基础秩序,"兵役的倡导者都强调军队作为公民学校的功能"④。民众也被要求学习正规军人的政治和社会价值观,虽然军队的存在是为了抵御外敌入侵,但在法国它还有"灌输对共和国政府的尊敬和对合法地位的尊重的任务"⑤。并且,"这支军队以其纪律性为其他方面的政治强制提供了良好的范式作用,人们逐渐习惯于接受训练教官的蛮横吼叫,和上层阶级的野蛮态度。新型的企业主也朝他们的样子模仿,也像至高无上的统治者那样统治工厂"⑥。

其三,君主专制和军事秩序使得城市原有的市场属性开始弱化,而政治特权性开始增强。"巴洛克的城市建设,就其形制而言,就是当时宫廷中流行的戏剧场面和种种戏剧仪式的体现和化身;而就其实质来说,它甚至就是宫廷生活方式和贵族姿态的集大成。"⑦贵族统治和军事纪律,这两种性质交织在巴

---

① 刘易斯·芒福德:《城市文化》,宋俊岭、李翔宁、周鸣浩译,中国建筑工业出版社 2009 年版,第 93 页。
② 同上书,第 167 页。
③ 同上书,第 100 页。
④ 詹姆斯·希恩:《暴力的衰落》,黄公夏译,大象出版社 2011 年版,第 17 页。
⑤ 同上书,第 17 页。
⑥ 刘易斯·芒福德:《城市文化》,宋俊岭、李翔宁、周鸣浩译,中国建筑工业出版社 2009 年版,第 100 页。
⑦ 同上书,第 123 页。

洛克城市生活的方方面面,它们其实是特权意识的延伸,城市变成了权力主导性质的特权城市。"专制国家也就开始把这个趋势当作制定国家经济政策的主要依据。"①这表现在城市的兴建和扩展一直出于统治者的意志、军事或行政的需要。"因而16世纪以后,那些在人口、疆土和财富各个方面都获得了很大发展的城市,正是皇家宫廷所在地的城市,因为宫廷才是一切经济特权的源头。有十几个城市,起初人口只有一小撮,但很快就上升达到了中世纪从未有过的规模。"②食利城市——无论是依靠上升期所积累的财富还是从大量土地中榨取剩余产品开始兴起,规模庞大、富丽堂皇、生活闲散。"大小君主对剩余产品的榨取,刺激了一系列的'迷你型都市'的兴起,但打击或阻碍了乡村及其服务中心地区的发展。"③

其四,城市之间关系的行政等级化也恶化了城际关系并加剧了贫富两极分化滋长。"官本位"的行政等级化区分,使得城市分为三六九等,往往让大型城市获得特权和更多实惠。这可以由巴黎在法国的特殊地位看出。我们知道,伦敦的居民之多,等于一个王国,但它至今未对不列颠的命运产生主导作用。城市化与所在地政府级别没有因果关系。美国也是如此,首都华盛顿并不是美国最大的经济城市。也没有一个美国公民会设想纽约人民能够决定美联邦的命运。即使巴黎,在16世纪末,与王国的其他部分相比,它的人口同1789年的巴黎人口可以媲美,然而,它却不能决定法国的整个事情。巴黎还只是法国最大的城市。但到了绝对主义国家时代,巴黎已成为法国本身。日益取代城市权力的法国君主已经"在法国四分之三的地区取代了所有地方权利,从而将一切事务无论巨细,都系于一身;另一方面……由于必然结果,巴黎以前只不过是首都,这时已成为国家主宰,简直可以说就是整个国家"④。随着君主成为法国的主人,巴黎也就变成了法国的主人和法国本身。严格说来,"首都之所以对帝国其他部分具有政治优势,既非由于其地理位置,亦非由于

---

① 刘易斯·芒福德:《城市文化》,宋俊岭、李翔宁、周鸣浩译,中国建筑工业出版社2009年版,第122页。
② 同上书,第91—92页。
③ 保罗·霍恩伯格、林恩·霍伦·利斯:《都市欧洲的形成》,阮岳湘译,商务印书馆2009年版,第159页。
④ 托克维尔:《旧制度与大革命》,冯棠译,商务印书馆1992年版,第236页。

其宏伟,更非由于其富庶,而是由于政府的性质"①。在这种权力主导的社会经济结构下,城市的发展往往不再基于当地资源条件及生产力布局,而在于政府权力大小,政府权力"级别高低"成了聚集资源最有力的工具,级别越高政府权力越大,所聚集的资源就越多,这个地方就越容易发展,进而导致城市之间市场配置和人口流动机制的扭曲。资源、机会和财富的大部分被权力所抽走,"最后造成这种结局:整个国家是为了少数几十个家族兴办的,是为了他们的福利而运转的;或者是为了少数几百户拥有大量地产的家族而存在的。在18世纪的法国,这些富有家族几乎拥有了全国一半以上的土地。这些人靠工业、贸易以及城市地租房租收入不劳而获,养肥自己"②。并且,"虽然巴黎和其他炫目的首都城市是先进的城市模式和富丽堂皇的典型,但实际上基本处于寄生状态"③。这也造成"巴黎缺乏像意大利竞争者那样的商业活力,甚至不如国内弱小的竞争的对手里昂。巴黎的主要优势在于君主国扩张的权力、大学的兴盛,以及作为全国精神思想中心的重要地位。和同时代中国的帝国城市一样,巴黎是一个政府官僚、牧师、学生、学者云集的城市,巴黎商人阶层的增长并没有依仗于大量出口的商品,而在于向聚集于此的精英们提供服务"④。这就难怪法国的其他地区常常把巴黎看成"吸血鬼巴比伦",它的伟大是以牺牲其他地区为代价的。

其五,在绝对主义国家的法国,人们也不难发现,"巴洛克"城市的生活方式,几乎对城市中每一人的生活都产生极深刻的影响,"巴洛克"表现为"经济和政治统治者们连像样的管理都无法维系;对职位的追求、对特权的追求、对利益的追求、裙带关系、贪污受贿、索取贿赂变得在政府和生意场上都十分普遍。道德冷漠泛滥、缺乏公共责任感,每个集团、每个个体,在只要能侥幸逃脱处罚的限度内大肆索取。生产阶层和消费阶层的隔阂加剧。流氓无产者不断增多,也要求在物质和社会地位方面分一杯羹。过分强调群众体育。在生活的各个方面都追求不劳而获的闲差。武装暴徒和品质恶劣的兵

① 托克维尔:《旧制度与大革命》,冯棠译,商务印书馆1992年版,第111页。

② 刘易斯·芒福德:《城市文化》,宋俊岭、李翔宁、周鸣浩译,中国建筑工业出版社2009年版,第123页。

③ 乔尔·科特金:《全球城市史》,王旭译,社会科学文献出版社2010年版,第107页。

④ 同上书,第103页。

痞征收'保护费';有组织的掠夺和有组织的勒索伴随着商务和市政事业也变成了是'正常'的"①。事实上,一旦城市不再是商业和民主的载体时,城市就会发挥一种完全相反的作用,它会使得社会矛盾和社会问题更为泛化。事实也证明,"在城市的密集杂乱的居住区之中,各种罪孽和缺德的恶行会传播得更快"②。这样一个城市除了受到剥削的乡村对其充满敌意,城市内部的不满也在聚集。这正因为此原因,"1850 年以后,由于拿破仑三世和乔治·尤金·奥斯曼男爵害怕无产阶级的暴动,他们事实上不鼓励在首都发展大规模工业"③。

其六,长期以来,法国小土地所有制占着极大优势,延缓了小农的市民化和自由化。法国是个小农经济占主导地位的国家,近代法国农民的小土地所有制增强了国家对农民,农民对土地的依附,限制了自由劳动力的形成。一方面,长期以来,法国农村普遍的兼业现象使占地过少的农民勉强维生。而1830 年以后工业迅速发展加大了城市的吸引力,兼业行为才逐渐被向城市移民所取代。另外,法国的葡萄酒主要用于国内消费,葡萄栽培及种植以及葡萄酒生产具有劳动密集型的特点,需要更多农民并依附于土地。而葡萄酒对于法国农业(也许对 18 世纪整个法国社会)的影响重大,就像羊毛在 16、17 世纪对于英国农业和整个社会的影响一样。

二、 近代法国城市化发展滞缓对民主法治发展的消极影响

(一) 城市化发展滞缓造成近代法国民主法治发展根基不足

1. 长期以来,法国小土地所有制占着极大优势,延缓了农民的城市化。法国农村文化与城市文化之间只有微乎其微的接触,农民是城市的旁观者,"他们很少离开土地,对我们今天习以为常的都市生活一无所知"④。我们知

---

① 刘易斯·芒福德:《城市文化》,宋俊岭、李翔宁、周鸣浩译,中国建筑工业出版社 2009 年版,第 329—330 页。
② 同上书,第 4 页。
③ 乔尔·科特金:《全球城市史》,王旭译,社会科学文献出版社 2010 年版,第 128 页。
④ 艾伦·麦克法兰:《现代世界的诞生》,管可秾译,上海人民出版社 2013 年版,第 7 页。

道,乡村城市化的构成状况决定着民主法治的深层脉动。英国乡村城市化为英国快速走向现代民主议会制奠定了基础;法国农民与地主的关系身份化,就延缓了法国走向自由民主化进程的道路。马克思把小农构成的法国农村比作一袋马铃薯,并抓住了这种状态的本质特征。托克维尔也描述了18世纪的乡土法国,其民众远离城市和教育,与17及18世纪的英格兰形成了尖锐的对比,并认为18世纪的法国是"一个其全体成员无不贫困、无知和粗鄙的共同体"①。基于这样的社会结构制约,法国的民主法治进程一定会晚于英国,而19世纪与20世纪法国民主制度不稳定,部分缘由即在于此,这一情况也有助于解释与英国相比较法国革命的暴力程度更为剧烈这一现象。法国这些庞大的松散的农民和自由市民具有易于被上层少数精英动员(或被利用)的特征,对极端的意识形态越来越感兴趣,在革命高潮到来的时候,城市和农村的激进主义者能够携手联合。不管城市如何激进,一旦没有农民的支持,它便一事无成。无套裤汉(城市无产阶级)是革命的动力,而农民则成了决定革命能走多远的缰绳。一般说来,农民给予这场革命以群众性的支持,但他们随后又在新政府的统治下成为主要牺牲者。法国农民为摧毁旧建筑提供了动力,然而在以后的再建设工作中却毫无贡献。②

　　2. 城市化不足使得法国贵族的情况也与英国不同,法国贵族的土地性与保守性由于生产和生活方式的乡村化而普遍保存得更为长久。贵族的性质就在于土地性。对于中世纪西欧贵族而言,拥有土地是其贵族地位的"标志"。③事实上,贵族的存在也是离不开土地的,"贵族制度的基础是土地,贵族只有依靠土地才能生存。……土地一旦依靠继承制度相传,就会有贵族"④。首先,法国贵族大都对城市化缺乏适应能力,他们对传统信仰与秩序是不加疑问而信奉的,并且是坚执不疑的;凡是推翻现存社会固有信仰与秩序的事,他们本能上都是仇视的。法国社会上的贵族大部分是这一种人,一切新观念和怀疑各种固有信仰和制度的意见,在他们看来,都是罪恶的,保守的本能造成一种保守的教条,产生仇视新观念的保守精神的种种心理动机又因这种有势力的部

①　转引自艾伦·麦克法兰:《英国个人主义的起源》,管可秾译,商务印书馆2008年版,第219页。

②　参见巴林顿·摩尔:《民主和专制的社会起源》,拓夫等译,华夏出版社1987年版,第389页。

③　参见理查德·派普斯:《财产论》,蒋琳琦译,经济科学出版社2003年版,第156页。

④　托克维尔:《论美国的民主》(上册),董国良译,商务印书馆1998年版,第33页。

分的利益专赖固有秩序及其根据的种种观念而维持不变。其次,法国贵族的身份意识和乡土意识在社会上占的势力甚大,已经阻碍了社会进步,或使社会的进步迟缓了。"在法国历史上,没有哪一个时代,贵族爵位能像在 1789 年那样容易获得,资产者和贵族也从未像 1789 年那样彼此分离。"①或言之,"法国贵族与其他阶级之间的障碍,尽管非常容易跨越,却始终是固定明显的……一旦越过这道障碍,这些非贵族就已享受特权同他们原先的阶层分开了,这些特权对原阶层的人来说是难以忍受和可耻的"②。这也使得,"'gentilhomme'这个词在法国从来就没丢失它的阶级内涵;它是一个只属于贵族的称号。然而,在英格兰和美国,'gentilhomme'这个词却得到广泛的使用,可以运用于任何表现礼貌方式、文雅语言和诚实性格的人"③。从而也可以看到,在法国,"他们没有像英国那样与贵族、上层官僚(穿袍贵族)联合成一个同质的社会上层,凭借着强大的威望在政治上维护正在进行资本积累的阶级利益,并且与国王对抗"④。事实上,"在这一方面,中世纪英国的传统倒是别具一格;当教会与特许城市的代表首次在国会中集会,他们并不另行组织一个阶级,而是与大大小小的地主合并起来,形成后来的上议院和下议院。由于上下两院的利益并非完全冲突,它们便易于组成联合阵线,与王室抗衡"⑤。然而,在法国,每个阶级都有自己的观点、感情、权利、习尚和生活方式,但他们之间没有共同的思想和感情,他们都植根于特殊利益而非普遍利益,他们是"不同等级共同组成了议会,例如法国的三级会议,奥地利和德国的等级会议,意大利的议会和西班牙的国会等等"⑥。并且,"在这些议会中,各等级只为自己讲话而不是为某些所谓的普遍利益讲话,每个等级都捍卫自己的特权而反对其他等级的权利要求"⑦。法国不仅缺乏一个发达的城市化社会结构和与之相伴的公共精神,而且也没

---

① 托克维尔:《旧制度与大革命》,冯棠译,商务印书馆 1992 年版,第 128 页。

② 同上。

③ 苏珊·邓恩:《姊妹革命:美国革命与法国革命启示录》,杨小刚译,上海文艺出版社 2003 年版,第 122 页。

④ 哈贝马斯:《公共领域的结构转型》,曹卫东等译,学林出版社 1999 年版,第 78 页。

⑤ 弗里德里希·沃特金斯:《西方政治传统——现代自由主义发展研究》,黄辉、杨健译,吉林人民出版社 2001 年版,第 53 页。

⑥ See H. G. Koenigsberger, "The Powers of Deputies in Sixteenth Century Assemblies in Estates and Revolutions", in *Early Modern European History* (Ithaca, Cornell, 1971), pp. 176 - 210.

⑦ R. M. 昂格尔:《现代社会中的法律》,吴玉章、周汉华译,译林出版社 2001 年版,第 152 页。

有一个能够在这种公共精神影响下逐渐转变为人民代议机构的等级会议。由是，也使得贵族和身份特权制度成为法国大革命所引发仇恨的首要目标。"这一点在法国大革命当中尤为明显。对贵族的嫉恨是这场革命的一个重要因素，虽然，此前中产阶级在能力和财富上已经超过了贵族，并且已经越来越同贵族相融合，但他们依然有那种被贵族拒之于千里之外的感觉，这引起了他们由衷的愤恨。"①

3. 城市化不足又使得法国君主制得以进一步根深巩固。在城市化不足的背景下，法国君主制容易对社会各阶级进行分而治之。法国君主制一直通过分化政策分离和隔阂社会各阶层之间的融合、团结与合作。法国君主通过各种政策"不断地促使各阶级彼此分离，使它们在共同的反抗中最终既不能彼此接近，也不能取得一致，以至政府在每个时期要对付的只不过是单枪匹马的寥寥数人"②。可以说，"几乎一切罪恶，几乎一切错误，几乎一切致命的偏见，其产生、持续、发展，实际上均当归咎于我们大多数国王一贯采取的分而治之的手法"③。

其一，14世纪后法国国王通过税收政策来分化贵族与城市阶级之间的关系，一方面，通过税收不平等政策进行分化，"所有这些将人和阶级加以区别的措施中，捐税不平等危害最大，最易在不平等之外再制造孤立，并且可以说，使不平等与孤立二者变得无可救药。因为，请看后果：当资产者和贵族不再缴纳同样的捐税时，每年，捐税摊派征收都重新在他们中间划分一条清楚明确的界线——阶级的界限"④。于是，在法国社会已经存在的所有个别的不平等中，"又加上一项更普遍的不平等，从而加剧并维持所有其他的不平等……这样，捐税的不平等每年都使各阶级分离，使人们彼此孤立，其深刻程度越过了以往任何时代"⑤。而"在英国，几个世纪以来，除了有利于贫苦阶级而陆续推行的纳税不平等外，其他捐税不平等已不复存在"⑥。另一方面，通过等级议会很少召开而使得各等级丧失了在公共事务中接触的机会。事实上，"公共事务几乎

① 古斯塔夫·勒庞：《革命心理学》，佟德志、刘训练译，吉林人民出版社2004年版，第58页。
② 托克维尔：《旧制度与大革命》，冯棠译，商务印书馆1992年版，第144页。
③ 同上书，第171页。
④ 同上书，第138、127页。
⑤ 同上书，第138页。
⑥ 同上书，第136页。

没有一项不是产生于捐税，或导致捐税，因此，自从这两个阶级不再平等地缴纳捐税之后，他们便几乎再没有任何理由在一起商议问题，再没有任何原因使他们感受共同的需要和感情"①。也即，法国君主专制时期，由于法国国王获得任意征税权而使得不召开等级会议并使得民众无法参与政治和相互接触。正如托克维尔所指出的，"我敢断言，自国王约翰被俘、查理六世疯癫而造成长期混乱、国民疲惫不堪之日起，国王便可以不经国民合作便确定普遍税则，而贵族只要自己享有免税权，就卑鄙地听凭国王向第三等级征税；从那一天起便种下了几乎全部弊病与祸害的根苗，它们折磨旧制度后期的生命并使它骤然灭亡"②。

其二，法国的君主专制主义并不反对老百姓个人谋利的个人主义，而是反对让老百姓来参与和管理公共事务。法国的君主专制主义确实非常赞成民众个人谋利，赞成个人私利政策，但是严格意义上的政治参与却不能给市民。"专制者不会请被治者来帮助他治理国家，只要被治者不想染指国家的领导工作，他就心满意足了。"③法国君主专制是最欢迎和支持民众的自我利己主义，并"把自顾自己的命名为善良公民"④，因为这样会使一些人只考虑自己，蜷缩于狭隘的个人主义之中，"它使人们的思想从公共事务上转移开"⑤。不过，将公共生活合作驱逐于人们的生活之外，只会阻碍人们对公共生活地位和价值的认识，即"蜷缩于狭隘的个人主义之中，公益品德完全被窒息"⑥。其后果，正如托克维尔所指出的，社会尽管"可能变得富裕、文雅、华丽，甚至辉煌，……在那里可以看到私人品德、家庭良父、诚实商人和可尊敬的产业主；……但是我敢说，在此类社会中是绝对见不到伟大的公民，尤其是伟大的人民的"⑦。

其三，16世纪开始法国的绝对主义王权也颁布了多项禁止结社和出版自由的法令，以防止民众形成合作精神和公共生活的自我管理能力。"旧制度政府事先就剥夺了法国人互相援助的可能性和愿望。"⑧由于结社权的取消和国

---

① 托克维尔：《旧制度与大革命》，冯棠译，商务印书馆1992年版，第127页。
② 同上书，第136—137页。
③ 托克维尔：《论美国的民主》，董果良译，商务印书馆2004年版，第630页。
④ 同上。
⑤ 托克维尔：《旧制度与大革命》，冯棠译，商务印书馆1992年版，第35页。
⑥ 同上书，第36页。
⑦ 同上。
⑧ 同上书，第237页。

王的离间,贵族、教士与市民资产阶级是互相对立、隔离和互不帮助的。"独裁政治主要诉求的是未经组织的群体。……倡导极权主义的人都对这一点心知肚明。极权主义的政权一旦确立,第一个目标便是摧毁或打击任何私人结社,把一切社会活动纳入到仔细管制的权力国家制度之内。"①因为"专制在本质上是害怕被治者的,所以它认为人与人之间的隔绝是使其长存的最可靠保障,并且总是倾其全力使人与人之间隔绝"②。或言之,对专制最为有利的,莫过于设法让民众之间互相猜疑、隔绝与不合作。"这些王朝系统地加深了其臣民之间的猜疑和冲突,并且,为了维护垂直的依附和剥削关系,摧毁了横向的社会团结纽带。"③严格说来,"人们把自己的力量同自己的同志的力量联合起来共同活动的自由,是仅次于自己活动自由的最自然的自由"④。因此,"对个人所属结社组织权利的侵害,或许会比对个人权利的侵害更加具有破坏性"⑤。而法国的庇护制和专制政体有意抑制自发和横向的社会合作组织的出现,来分化和瓦解法国社会各阶级之间的团结,增加他们之间的隔阂。在法国,国王与人民直接相向,不存在中介组织,"人们认为政府是统一的中央政权的当然代表,他们不知道什么是中间权力"⑥。结果造成,"一方面,国王的行动专断恣意;另一方面,人民是没有组织的一盘散沙"⑦。另外,"社团缺乏,组织发展层次低下,乃是政治混乱而动荡的社会的特点",而"传统社会能否得心应手地按现代化的要求改革其政治体制几乎直接依靠它的人民的组织技巧和能力"。⑧一般说来,充分的组织化和信息交流,正是民主不可或缺的一环,有组织为基础的民主才能把粗略的民主转变成有秩序的民主,未经组织化的乌合之众无法靠区区一次选举就具有民主技能和公共精神。

---

① 弗里德里希·沃特金斯:《西方政治传统——现代自由主义发展研究》,黄辉、杨健译,吉林人民出版社 2001 年版,第 226 页。
② 托克维尔:《论美国的民主》,董果良译,商务印书馆 2004 年版,第 630 页。
③ 罗伯特·D. 帕特南:《使民主运转起来》,王列、赖海榕译,江西人民出版社 2001 年版,第 158 页。
④ 托克维尔:《论美国的民主》,董果良译,商务印书馆 2004 年版,第 218 页。
⑤ 弗里德里希·沃特金斯:《西方政治传统——现代自由主义发展研究》,黄辉、杨健译,吉林人民出版社 2001 年版,第 229 页。
⑥ 托克维尔:《论美国的民主》,董果良译,商务印书馆 2004 年版,第 849 页。
⑦ 圭多德·拉吉罗:《欧洲自由主义史》,杨军译,吉林人民出版社 2001 年版,第 221 页。
⑧ 塞缪尔·P. 亨廷顿:《变化社会中的政治秩序》,王冠华等译,生活·读书·新知三联书店 1989 年版,第 29 页。

作为不争事实,民主的基础是对公共生活的熟悉。公共生活可使大多数公民重视邻里和亲友的情谊,所以它会抵制那种使人们相互隔离的本能,而不断地导致人们恢复彼此协力的本性。而法国在君主专制体制下将公共生活驱逐于人们的生活之外,让人们只关注狭隘的私人利益。第一,会使人际关系变得艰难险恶。法国各阶层之间已是"鸡犬之声相闻"而老死不相往来,社会关系较为紧张,彼此互相猜忌。"如果公民不断地把自己拘束于狭隘的个人圈子里,那么我们就有理由担心了。他们终将把自己关在强有力的公众情感之外,这种情感会在国家内制造分歧。"①当人们几乎"不再有共同利益、共同哀怨、共同事务时,那遮蔽双方精神的黑暗就变得深不可测"②。第二,在君主专制体制下,法国个人主义盛行,找不到公共意识,而使得法国公民比任何地方的公民都缺乏在危机中共同行动、互相支持的习惯和传统。社会公共合作精神和能力不发达,就对政府的依赖性大,在没有诸如互助会一类的横向联合的情况下,为了生存而选择垂直的依附,是一种合理的策略,即便依附者意识到它存在缺陷。一般说来,没有集体合作的权利保障,自我保护本能会驱使每一个人争得某个强权者的帮助,易形成腐败。第三,尤其值得注意的是,在这里的政治关系更多地体现每个私人与政治权力之间的关系,体现为寻求权力的"私人帮助"的机会主义;而很少讨论民主性的政策制定与立法,因为妨碍了制度正义的发展。制度正义建立在信任、合作和公共精神的基础之上。法国社会各个阶层之间为了争得政府和皇室的青睐,彼此之间腐败竞争激烈。这里已没有通过普遍联合来为共同利益和制度公正进行斗争,反倒是每个阶层、每个人都在为一己私利搞腐败而强化和巩固这种不公正。"政治参与的动机是个人化的依附或私人化的贪欲,不是集体的目标。……腐败被视为常态。"③而这种庇护和附庸反过来必然会进一步刺激被统治阶级之间的分化、不合作和仇恨。因为任何人在社会财富或智力上只要一超出一般人的水平,就会被认为是特权的结果。作为不争事实,对人的仇恨、对制度的仇恨以及对某些事情的仇恨深深地刺激着大革命时期的人们。"我们知道,正是带着这样一种必欲置对手

---

① 苏珊·邓恩:《姊妹革命:美国革命与法国革命启示录》,杨小刚译,上海文艺出版社 2003 年版,第 245 页。
② 托克维尔:《旧制度与大革命》,冯棠译,商务印书馆 1992 年版,第 170 页。
③ 罗伯特·D. 帕特南:《使民主运转起来》,王列、赖海榕译,江西人民出版社 2001 年版,第 134 页。

于死地而后快的仇恨心理,人们相互迫害,相互残杀:吉伦特派、丹东派、埃贝尔派、罗伯斯庇尔派等等派别概莫能外。"①第四,这种愤恨也包括对归属贵族的司法权。"真正说来,法国贵族很久以来就不再接触国家行政,只有一处是例外,那就是司法权。"②也即,法国司法权是由贵族世袭化、身份化和封闭化所有的,"法国是司法以最纯粹的形式封建化的国家"③,"法官本身属于贵族阶级,他们支持土地贵族反对农民、城市工人和中产阶级"④。也就是说,"这些法院是一些力图使法律服务于封建领主和地方贵族利益的司法机构。它们导致的混乱与不公正使得司法界成了这个王国的最腐败的部分,遂成为革命所要摧毁的对象"⑤。这也是法国大革命时期采取了许多不利于法官权力施展的措施的一个原因。国民会议对贵族司法给以猛烈抨击,称它为"所有贵族制中最危险的一种"⑥。

(二) 城市化发展滞缓造成法国大革命过于理想主义和抽象化

法国"大革命不是由某些事件引导,而是由抽象原则和非常普遍的理论引导的"⑦。当通过革命改变法国时,它的领导权便单独落在哲学家手中,然而不幸的是"法国知识分子只是精通理论,而在政府实践方面是个新手"⑧。自君主专制以来,城市自治和公共生活几乎消失,使得法国知识分子和文学之士的社会治理技能和经验极度缺乏。或言之,虽然法国的知识分子和文学之士成了政治主角,但他们没有政治经验来为其理念作依托和作修正。"他们的生活远远脱离实际,没有任何经历使他们天性中的热忱有所节制……由于根本没有政治自由,他们不仅对政界知之甚少,而且视而不见。……只要见过自由社

---

① 古斯塔夫・勒庞:《革命心理学》,佟德志、刘训练译,吉林人民出版社 2004 年版,第 54 页。
② 托克维尔:《旧制度与大革命》,冯棠译,商务印书馆 1992 年版,第 69 页。
③ 马克・布洛赫:《封建社会》,李增洪、侯树栋、张绪山译,商务印书馆 2004 年版,第 601 页。
④ 约翰・亨利・梅利曼:《大陆法系》,顾培东、禄正平译,法律出版社 2004 年版,第 15 页。
⑤ H.W. 埃尔曼:《比较法律文化》,贺卫方、高鸿钧译,清华大学出版社 2002 年版,第 39—40 页。
⑥ R.C. 范・卡内冈:《法官、立法者与法学教授》,薛张敏敏译,北京大学出版社 2006 年版,第 135—136 页。
⑦ 托克维尔:《旧制度与大革命》,冯棠译,商务印书馆 1992 年版,第 236—237 页。
⑧ 苏珊・邓恩:《姊妹革命:美国革命与法国革命启示录》,杨小刚译,上海文艺出版社 2003 年版,第 49 页。

会、听过其中争论的人，即使不问国事，也能受到教育，而他们连这种肤浅的教育也没有。这样，作家们就敢于更大胆创新，更热爱那些普遍的思想和体系。"①于是，"他们创造着他们自己想象的社会，在这里，任何事情都是简单而符合理性的"②。与此同时，法国民众易接受文学之士的乌托邦式启蒙理论也源于民众缺乏公共生活，缺乏政治经验。事实上，"如果法国人能够像他们几年前的三级会议一样参与到政府部门去，如果他们能够继续通过地区集会加入到国家的日常事务管理中去，他们将不会让作家们的抽象观念牵着鼻子走。人们将会对政治有所见识并对纯理论产生怀疑"③。

　　正是由于法国启蒙思想家过于抽象化、概念化和真理化的观念使法国大革命过于理想主义和抽象了。卢梭、西哀士等人，不仅认为有某种客观的政治和社会真理，还感觉自己有通向真理的特权。西哀士没有任何谦虚之意地评论说："我个人的作用在于引见真理……我的原理是正确的，我的推论是无瑕的，这点毫无疑问。"④尽管有人说，法国18世纪哲学的特点是对人类理性的崇拜，是无限依赖理性的威力，凭此就可以随意改造法律、规章制度和风尚。"应该确切地解释一下：真正说来，这些哲学家中有一些人并不崇拜人类理性，而是崇拜他们自己的理性。……这与英国人和美国人对其公民多数人的情感所表现的那种尊重相去万里。在他们国家，理性对自身充满自豪和信心，但从不蛮横无理；因此理性导致了自由，而我们的理性，只不过发明了一些新的奴役形式。"⑤这些法国狂热的宗派主义者以理性自居，自以为掌握了绝对真理，并且同所有的信徒一样，他们无法容忍异端的见解，而往往以"真理"的名义行动，压制与之不同的意见，以至"试图通过武力推行这些真理；异教徒的观点和意见不必加以考虑，他们被消灭乃是罪有应得"⑥。试图依照他们自己的理性计划来改造社会，而"一般民众只是人道主义善行的被动接受者"⑦。强调通过

① 托克维尔：《旧制度与大革命》，冯棠译，商务印书馆1992年版，第176页。
② 苏珊·邓恩：《姊妹革命：美国革命与法国革命启示录》，杨小刚译，上海文艺出版社2003年版，第37页。
③ 同上书，第38页。
④ 同上书，第78页。
⑤ 托克维尔：《旧制度与大革命》，冯棠译，商务印书馆1992年版，第259—260页。
⑥ 古斯塔夫·勒庞：《革命心理学》，佟德志、刘训练译，吉林人民出版社2004年版，第159页。
⑦ 弗里德里希·沃特金斯：《西方政治传统——现代自由主义发展研究》，黄辉、杨健译，吉林人民出版社2001年版，第135页。

自身理论"'改造'人,使人适合于他的新社会"①。虚幻的理论和设计是不易实现的,于是就一再靠强力压制的升级来推行,"意识形态和暴力的双重强制,一个从内部,另一个则从外部对人实施强制"②。于是,我们看到"革命的建筑师和工程师"们开始毫无节制地使用国家权力来改造人们的习惯、工作、生活,甚至是道德行为和世界观,并认为这是进步与愚昧、理性与迷信、科学与宗教之间的斗争。在此过程中,"那些声称能够改变人性的理论家们,必然要动用一种超过以往任何一位暴君的权力"③。并且,"它总是试图通过暴力推行其自以为真实的幻想"④。对此,亚当斯曾警告说,对于天才人物的崇拜,构成了一个贻害无穷的新的神话,这个神话以不犯错误的人代替了上帝。⑤

法国大革命过于理想主义和激进,不能完全归因于"文学之士"的乌托邦理论,而更应归因于他们城市自治和政治经验的缺乏。参政的切口是税收问题。"众所周知,是内克尔(J. Necker)首先为具有政治功能的公共领域打开了专制制度的缺口:他公开了国家财政预算的收支状况。三个月后,国王解除了这位大臣的职务。但值得注意的是,公众的政治批判作为制约政府的机制却经受住了历史阶段考验而持续了下来,尤其是在资产阶级利益的神经中枢;因为国家的债务状况一方面显示了经济实力和政治无权状况之间的不相称,另一方面也说明了财政依赖和专制统治之间的不相称。……内克尔发表财政报告之后,这个公共领域的政治功能虽然不断遭到压制,但并没有真正被彻底取消。陈情书的方式使公众对公共事务的参与获得了官方认可。众所周知,这就导致了三级会议的召开。"⑥事实上,14世纪后,法国国王获得任意征税权。国王窃取权力任意征收捐税,直接使等级议会很少召开,也使得各等级丧失了在公共事务中接触的机会。也即,法国君主专制时期,由于法国国王获得任意征税权,民众无法参与政治。

事实上,只有城市自治和自由政治制度才能把治国安邦的要术教给政治

---

① 卡尔·波普:《历史决定论的贫困》,杜汝楫、邱仁宗译,华夏出版社1987年版,第55页。

② 汉娜·阿伦特:《论革命》,陈周旺译,译林出版社2007年版,第45页。

③ 古斯塔夫·勒庞:《革命心理学》,佟德志译,吉林人民出版社2012年版,第273页。

④ 同上书,第251页。

⑤ 参见苏珊·邓恩:《姊妹革命:美国革命与法国革命启示录》,杨小刚译,上海文艺出版社2003年版,第44页。

⑥ 哈贝马斯:《公共领域的结构转型》,曹卫东等译,学林出版社1999年版,第79—80页。

家,而"法国是很久以来政治生活完全消失的欧洲国家之一,在法国,个人完全丧失了处理事务的能力、审时度势的习惯和人民运动的经验,而且几乎丧失了人民这一概念"①。结果,"正当的政治权力的源泉和根源在于人民,这是十八世纪两场革命之革命者共同持有的信条,实际后果却有天壤之别。因为,两场革命的一致性仅仅是表象。法国人民,法国大革命意义上的人民,既不是被组织的,也不是被构建的"②。即,尽管大革命把君主制推翻了,但由于君主制对言论自由、结社权及公共生活参与的压制使得法国民众的民治和民主能力不发达,人们无法通过合作实现治理和秩序。"民主革命扫荡了旧制度许多体制,却巩固了中央集权制。"③因为,"实难想象完全丧失自治习惯的人,能够开会选好将要治理他们的人;也无法认为处于奴隶状态的人民有一天会选出一个自由的、精干的和英明的政府"④。而"人们尚无能力实现自治。在等待这一时机到来时,人们不能不将行政权的行使委托给中央政权"⑤。罗伯斯庇尔真诚地呼喊"我就是人民!"⑥时,与自称是法兰西民族的唯一代表的路易十四并无本质区别。"他有权以他们的名义处理一切事务,而不必征求他们的意见。"⑦显见,法国的错误在于,"这是直将到这个时代为止经过几百年历史的专制的君主政体一旦推翻,而想即刻实现民主主义的理想,其变化过于突兀,过于过激,在关于自治的政治完全没有经验的法国人之间,不能够看到成功,是当然的事体;法国革命和美国革命不同的主要特征,便是在这一点。由法国革命所企图的国家组织的改造,在其内容上固然和美国的新制度充分相像,不过在美国方面,民主主义之历史的及社会的基础,业已完全具备,人民有自治的长期经验,惯于由讨论和妥协的政治,这便是美国民主政治得以成功的所以然"⑧。进而可以得出结论:"代议制与议会政府,如果建立在孤立短暂的人民主权行为之上,而不植根于整个民族的公共活动中,就不啻幻想的表现。只有

---

① 托克维尔:《旧制度与大革命》,冯棠译,商务印书馆1992年版,第236页。
② 汉娜·阿伦特:《论革命》,陈周旺译,译林出版社2007年版,第165页。
③ 托克维尔:《旧制度与大革命》,冯棠译,商务印书馆1992年版,第100页。
④ 托克维尔:《论美国的民主》,董果良译,商务印书馆2004年版,第871页。
⑤ 托克维尔:《旧制度与大革命》,冯棠译,商务印书馆1992年版,第301页。
⑥ 苏珊·邓恩:《姊妹革命:美国革命与法国革命启示录》,杨小刚译,上海文艺出版社2003年版,第147页。
⑦ 托克维尔:《旧制度与大革命》,冯棠译,商务印书馆1992年版,第198页。
⑧ 美浓部达吉:《议会制度论》,邹敬芳译,中国政法大学出版社2005年版,第38—39页。

当它与一系列自治机关——从家庭到学校、协会、社区、各省——形成持续的联系，并在这种联系中，通过行使权力而增长权力，通过教育而形成政治能力，才能够适于其自由与自治的最高目标。"①因为一个稳定的和有效率的民主政府，不光是依靠政治结构：它依靠人民所具有的对政治过程的取向——政治文化。托克维尔通过自己的研究，得出一点重要启示，他对此也深信不疑："一个国家长期以来培养和形成的民主习惯至少和它的国家制度一样重要。"②

另外，法国报刊对政治生活的参与与大众启蒙作用也不够。在16世纪的绝对主义法国，对出版物的限制特别严格，出版审查制度就很能说明问题。法国1751年共有82个出版审查机构，1763年上升到121个。对报纸来说，法国在18世纪不仅在出版自由的概念上没有得到改善，反而出现了压制加重的局面。1761年，法国政府颁布了一条敕令，禁止有关财政部的报道；1767年另一份文件又禁止涉及宗教问题。民可使由之，不可使知之，任何时代专制的基础之一总是源自人们的无知与迷信。英国的思想家密尔指出，为了维护君主专制或贵族政体的利益，就要把人民保持在"智力和教育的低水平上，煽起他们之间的不和"③。并且，报刊在法国18世纪的大部分时间里也受到了重要学者的歧视。就连倡导表达自由的思想家也对报纸尤其是大众化的报纸持否定态度。例如伏尔泰在为《百科全书》编撰"报纸"词条时写道：伦敦的报纸，除了宫廷的报纸外，都写满了观念自由所容许的不正派之事。他指责报纸既不正派又轻浮，认为报纸已成为社会的一种祸害和一种不可容忍的劫掠。在该书中，狄德罗表述了类似的观点：所有的报纸都是无知者的精神食粮，是那些想不通过阅读就说话和判断的人的对策，是劳动者的祸害和他们所厌恶的东西，法国现在有大量的报纸，有人发现写一本书的分析要比写一篇好文章容易得多，于是很多思想贫乏的人转而为此。卢梭对报纸的批评则更为尖刻，1755年，当他得知一位在日内瓦的朋友创办了一份报纸时，在给朋友的信中写道："先生们，你们这样便成了期刊作者。我向你们保证这一计划不会令我欢欣，同样也不会使你们欢欣。我很遗憾地看到可以建造纪念碑的人却满足于搬运材料，

① 圭多德·拉吉罗：《欧洲自由主义史》，杨军译，吉林人民出版社2001年版，第197—198页。
② 苏珊·邓恩：《姊妹革命：美国革命与法国革命启示录》，杨小刚译，上海文艺出版社2003年版，第237页。
③ J. S. 密尔：《代议制政府》，汪瑄译，商务印书馆1982年版，第92页。

建筑师却变成了普通工人。报刊是什么？一种昙花一现的作品，既没有价值也没有用处，有知识的人都忽略去读它或是蔑视对它的阅读。它只能供妇女或是没有受过教育的自负的傻瓜们去阅读……"①法国的知识精英们对报刊的不屑态度解释了法国民众政治启蒙和报刊出版自由发展缓慢而落后于英国的主要原因。因为，当不存在大众化报刊进行言论自由和思想交流、辩论时，社会就会错误地认为，会出现一些非常有见识、非常有学问和因智力高超而非常有能力的个人，而同时也会出现一大批非常无知和能力极其有限的人。大众化报刊不足的结果就是人民不能成熟，正像密尔所指出的："曾经有过而且也会再有伟大的个人思想家。可是在那种气氛之中，从来没有而且永不会有一种智力活跃的人民。"②而生活在大众化报刊进行言论自由和思想交流、辩论平等的人，则不会把他们所信服的智力权威置于超人的位置。"至于一个人的智力对一个人的智力的影响，在公民们的素质差不多完全一样的国家里，必定极其有限，因为大家的能力非常接近，谁也不承认别人一定比自己强大和优越，大家都时时以自己的理性进行判断，认为它才是真理的最明显和最近便的源泉。这不仅表明不相信某一特定的人，而且也表示没有兴趣相信任何人的什么话。"③

这种民众对自我自信和对他人不轻信的现象，在美国就极为明显。与法国不同，从建国之初，美国就拥有几乎数不清的报刊。"创办报刊既简单又容易，只要有少量的订户，就足以应付报刊的开销。所以美国定期期刊和半定期期刊的样数多得令人难以置信。"④托克维尔说："在美国，几乎没有一个小镇没有自己的报纸。"⑤报刊的兴起既是城市化产物，同时它们又迅速参与到了"城市化运动"中。培养了具有现代城市意识的"新市民"，消除了社会的隔离状态，开阔了人们的视野，改变了人们认知世界的方式。报刊使任何一个读者都可以及时注意到整个世界，报刊改变了人的心目中狭隘的世界和世界政治形象，形成了今天人们理解世界的开放方式。报刊使人们摆脱了狭隘观念，使人

---

① 让-诺埃尔·让纳内：《西方媒介史》，段慧敏译，广西师范大学出版社2005年版，第42页。

② 约翰·密尔：《论自由》，许宝骙译，商务印书馆1959年版，第35页。

③ 托克维尔：《论美国的民主》，董果良译，商务印书馆2004年版，第519页。

④ 同上书，第208页。

⑤ 同上。

们"通过印刷读物了解道理,所以能建立一种新型的性格结构"①。首先,报刊使得人们找到了把人们聚合到一起的新办法。面对流动性的城市社会,传统组织资源已经不能满足城市认同与秩序维持需要,如何建立超越血缘、地缘的社会关系的信息纽带,支撑起"陌生人"的现代社会信任机制,报刊能起到重要黏合作用。报纸使美国人摆脱原来因年龄、思想、贫富而造成的隔离状态,进而发生相互往来和接触,增加了相互了解、同情和认可。使他们整合在一起的,并非只是他们感觉自己是共同整体的组成部分,而是"他们认识到自己是统一生活方式的共同参与者"②。报刊可使大多数公民重视邻里和亲友的情谊,所以它会抵制那种使人们相互隔离的本能,而不断地导致人们恢复彼此协力的本性,并迫使他们互助。报刊与其说是代表了一种理想的利他精神,不如说反映了一种实用主义的公共精神培育。"它虽然不是直接让人依靠意志去修德,但能让人比较容易地依靠习惯走上修德的道路。"③其次,报刊可以更好地推动平民启蒙。"假如你觉得理性的判断比天才更对人们有利;假如你的目的不是创造英勇的美德,而是建立温良的习惯,假如你喜欢看到弊端少造成一些罪孽,而且只要没有重大犯罪,你宁愿少见到一些高尚行为;假如你以在一个繁荣的社会里生活为满足,而不以在一个富丽堂皇的社会里活动为得意;最后,假如在你看来政府的主要目的不在于使整个国家拥有尽量大的力量或尽量高的荣誉,而在于使国内的每一个人享有更多的福利和免遭涂炭"④,那么就得使人们身份平等和相互交流。通过报刊,可以让民众熟悉公共生活,培育公共精神,美国就是如此。"尽管见不到伟大的献身精神,最高尚、最光辉和最纯洁的德行,但人们的习惯是纯朴的,暴力现象极为少见,残酷更是闻所未闻。人的寿命越来越长,人的财富越来越有保障。生活虽然不光华瑰丽,但非常安逸舒适。享乐既高雅又不粗鄙。不讲究繁文缛节,但没有低级趣味的嗜好。既没有学问渊博的雅士,又没有愚昧无知的平民。天才越来越少,但知识日益普及。人的理性发展将是众人的微小努力的积少成多的结果,而不是某几个

---

① 大卫·理斯曼:《孤独的人群》,王崑、朱虹译,辽宁人民出版社1989年版,第90页。
② 苏珊·邓恩:《姊妹革命:美国革命与法国革命启示录》,杨小刚译,上海文艺出版社2003年版,第106页。
③ 托克维尔:《论美国的民主》,董果良译,商务印书馆2004年版,第653页。
④ 同上书,第281页。

人的强大推动的结果。文艺作品的杰作虽然不会太多,但作品的数量将会大增。"①再次,报刊能产生一些在封闭社会所不可能产生的观念、概念和思想。对美国社会来说,阅读报刊意味着学习,意味着接触各种新东西,意味着能适应变迁。一些学者已注意到报刊所引起的社会变迁和人们价值观的变化,指出"农民的乡村的情感和舆论——如果能够说有这种情感和舆论的话——是受城市的刊物和言论所规定和指导的"②。总之,报刊对于城市化的美国,意义重大。托克维尔以其对美国民主的洞察而闻名,留下脍炙人口的《论美国的民主》,他认为:"如果我们以为报纸仅仅确保了自由,那我们就低估了新闻的重要性,因为它们维持的是文明。"③

三、 基于城市化完善基础上的法国民主法治发展

由于法国城市化不足,其没有通过城市化牢固民主法治的社会根基,从而将民主法治建设任务留给了大革命。"考察大革命本身,人们就会清楚地看到,这场革命的效果就是摧毁若干世纪以来绝对统治欧洲大部分人民的、通常被称为封建制的那些政治制度,代之以更一致、更简单、以人人地位平等为基础的社会政治秩序。"④换言之,从法国大革命后期开始,对于革命者来说,更重要的是改变社会结构,构建民主法治的社会根基,而这一点在英国革命中不存在,因为英国较早完成了社会结构开放和社会各阶级融合。美国也如此,美国"在革命之前就完成了这一改变。……在新世界,'可爱的平等'是自然而然,可以说是有机地生长起来的。美国作为一个完全意义上的现代(即后封建的)社会并没有那些处理现存的、具有与众不同的政治权利的社会等级制度的严重问题"⑤。或言之,"在美洲殖民地,传统的封建法律制度已经丧失产生封建社会经济和社会罪恶的能力",作为不争事实,"大陆法系这场思想革命在反封

---

①　托克维尔:《论美国的民主》,董果良译,商务印书馆 2004 年版,第 883 页。

②　奥斯瓦尔德·斯宾格勒:《西方的没落》,齐世荣等译,商务印书馆 1963 年版,第 207 页。

③　托克维尔:《论美国的民主》,董果良译,商务印书馆 2004 年版,第 208 页。

④　托克维尔:《旧制度与大革命》,冯棠译,商务印书馆 1992 年版,第 70 页。

⑤　苏珊·邓恩:《姊妹革命:美国革命与法国革命启示录》,杨小刚译,上海文艺出版社 2003 年版,第 123 页。

建的倾向性方面比美国革命更为强烈。人们强调自己的财产权以及法律有义务保护这种权利，一定程度上是针对封建制度下人身依附的土地租佃制而发的，……(个人权利)是对封建制度把人固定在一个地方并限制为一种身份这一做法的逆转。革命，用亨利·梅因爵士的名言来描述，是一种实现'从身份到契约'的嬗变的工具。……这场革命在大陆法系国家带有特殊的反封建色彩"。①

　　尽管法国大革命对法国社会结构改造起到了作用，并且，尽管"许多人更敬佩不受感情支配的、不妥协的行为。但是，历史对我们的要求一直不予理睬。在长达两个世纪的试图控制事件的进程(近代行动主义要从法国大革命开始算起)之后，人类几乎被不幸击败"②。因为，单纯通过革命改变社会结构可能会带来一种高度分裂、充满危险的关系状态，法国革命的整个过程都伴随着这种危机。其一，革命的持续必然成为一种持续的和极端的反法治状态。因为，"一切革命情境，一切革命话语，无论是趋左还是偏右，它们都通过宣告建立新法律(无论是在进程之中还是即将到来的法律)，从而辩护暴力诉求的正当性。当这种即将到来的法律在回溯既往的意义上反而给予了伤及正义感的暴力以合法性，这一法律的先行未来就已经将暴力正当化了"③。因而容易造成法律本身的暴力化，即由规范暴力的手段，变为施暴的工具，"它摧毁了既成的法律而建立另一种法律。这个质疑的时刻，在法律之中是一种非法的情形"④。另外，"暴力与制度是相对立的：其中，制度不仅仅假定了形式还假定了形式的连续性，而暴力就表现为常规的中断，时间连续性的破裂，一种威胁社会秩序的不稳定的、不可预测的、不可控制的因素的插入"⑤。并且，在群众暴力活动期间，试图让群众去遵守法律应有的程序，也会不可避免地遭到拒绝。其二，纵观历史，简单地利用暴力几乎从未产生过民主政权。由折中和妥协所产生的政府可以通过折中和妥协来统治，由暴力产生的政府也只能由暴力来统治，"诉诸暴力增加了政府和反对派阵营中擅长使用暴力的专家们的权力"⑥。

---

① 约翰·亨利·梅利曼：《大陆法系》，顾培东、禄正平译，法律出版社 2004 年版，第 16—17 页。
② 格伦·廷德：《政治思考：一些永久性的问题》，王宁坤译，北京联合出版公司 2016 年版，第 270 页。
③ 雅克·德里达：《〈友爱的政治学〉及其他》，胡继华译，吉林人民出版社 2011 年版，第 450 页。
④ 同上书，第 451 页。
⑤ 费伦茨·费森尔：《法国大革命与现代性的诞生》，罗跃军译，黑龙江大学出版社 2010 年版，第 176 页。
⑥ 塞缪尔·P. 亨廷顿：《第三波：二十世纪后期人民有参与国事的民主化浪潮》，刘军宁译，上海三联书店 1998 年版，第 248 页。

　　城市化是民主法治的基础,民主法治所必需的城市化存在不足,不仅会导致转型的不完整,而且会影响民主法治的巩固。法国北部城市化发展滞后,使得民众之间缺少一种协作关系体系,如旺代是法国受商业和近代影响最少的地区,正如人们所料想的,旺代成为恐怖时期无辜牺牲者最多的一个地区。而法国南部城市化较高的"成文法省份"则保留了罗马法学实用性的、"民间的"残存体。但整体而言,法国城市化的不足对民主法治的发展产生了消极影响。"在那种情况下,适当的进程或许不应该是革命,而是有耐心的渐进式的改革。法国将会受工业化、都市化和现代化浪潮的推动,资本主义将逐渐地、非暴力地朝平等和民主的方向进展。"①法国在经历了长期动荡后,临近第三共和国时期法国城市化有了较快发展。1861 年法国的城市人口不过 28.9%,19 世纪末上升到 37.4%,城市化已经使得民主法治在法国成为不可逆转的发展潮流。1870 年,路易·波拿巴在色当兵败投降,9 月 4 日爆发了人民革命,推翻了第二帝国,建立了第三共和国。1875 年,议会通过了确认共和体制、参议院组织、政权组织以及政权机关间关系的一系列法律,史称"1875 年宪法",并且开始真正确立共和体制。1875 年宪法作为一部宪法,它没有和 1792 年宪法、1848 年宪法一样以胜利者的姿态将失败的政治力量的权力剥夺得一干二净。第三共和国在 1880 年就宣布赦免了流亡国外的巴黎公社社员,相信通过宽容而不是暴力来实现共和制度。与第一共和国和第二共和国宪法只书写"胜利者宣言"不同,第三共和国宪法最大的优势就是包容。在第三共和国里,旧贵族不再像雅各宾执政时那样担心会被随时送上断头台,而共和左右两翼用议会的讲坛而不是街垒上的炮火来达到政治目的。1875 年宪法的制定是在斗争与妥协中产生的,它所彰显的协商民主和求同存异的精神为第三共和国历届政府的施政提供较大的发展空间,从街垒到议会,法国宪政民主制度也是在这个时期逐步发展成熟。1884 年,共和国又通过了宪法修正案,规定对共和政体不能提出修改,这意味着,法国的政治制度在经历了专制、立宪、帝制、共和的反复变换后最终确立了共和政体。第三共和国在城市政策的最重要成就就是,建立起全国性统一的劳动力市场,让全国劳动力人口能够自由地、没有歧视地在国内劳动力市场流动。另一个是 1884 年《市镇法典》及其修改,规定法

① 苏珊·邓恩:《姊妹革命:美国革命与法国革命启示录》,杨小刚译,上海文艺出版社 2003 年版,第 40 页。

国市镇具有独立的公法人资格,享有自治权,市镇设议会由市民直接选举产生,并设市镇长作为执行机关。除巴黎等少数区域外,大多数市镇的法律地位一致、性质相同。因此,第三共和国宪法是法国政治制度史上的里程碑,它标志着市场、民主法治本位的城市制度在国家政权中都占据主导,有些历史学家认为这是此政权最大成功之处。城市化为法国民主化培育了开放、平等的社会阶级结构和民族性格,改造了旧的习俗和传统,造就了相应的政治文化。第三共和国也是法国第一个长久而稳定的共和国,它在法国的历史上存在了半个多世纪。

第六节　德国的城市化进程与民主法治发展

一、普鲁士统一对德国城市化的推动

德国作为联邦制国家,起源于历史上城邦之间的联盟。1807 年,拿破仑在华沙公国(1815 年后称"波兰王国")颁布宪法,废除农奴制,农民获得了人身自由。同年(1807 年),普鲁士政府废除农奴制。1848 年,奥地利政府废除农奴制。德国统一加速了大城市的发展。

1871 年德国的统一为城市的发展消除了许多障碍。其一,解决了德意志民族的生存问题,这个问题从 1525 年农民战争失败以来就尖锐地摆在德意志民族面前。统一后德意志民族不再受欧洲列强的欺压和宰割,而进入了独立民族之列;其二,近代法典编纂运动在 19 世纪末达到了新的高潮,德国统一为这场运动注入了新的活力。在 1871 年德意志帝国建立前,德国的各邦国就广泛开展了法典编纂活动,如 1848 年的《德意志普通票据法》、1861 年的《纽伦堡修正法》和《德国普通商法典》。直到德意志帝国建立后,德国才开始在原普鲁士王国法律制度的基础上进行大规模的法典编纂:1871 年制定了《德意志帝国宪法》和《刑法典》;1877 年制定了《民事诉讼法》《刑事诉讼法》和《法院组织法》。1896 年《民法典》得以通过和颁布,并于 1900 年 1 月 1 日与《商法典》同时施行。其三,统一的德国还在许多方面制定了统一的经济法规,如统一的度量衡制,除巴伐利亚和符腾堡外在全国建立了统一的金本位币制,成立了中央国家银行。其四,许多城市中 60% 以上的居民都是外地迁移进来的,这主要是基于德国法律对人口流动的开放态度。《德意志宪法》第 111 条规定,一切德国人,在联邦内享有迁徙自由之权,无论何人,得随意居留或居住于联邦各地,并有取得不动产及自由营生之权。唯根据联邦法律,始得限制以上之规定。第 112 条规定,德国人民有移住国外之权。此项移住,唯联邦法律的限制之。这也适应了德国城市化和人口流动需要,也即在 1907 年德国总人口数为 6000 万的情况下,流动人口即有 2900 万之多,这将近占到了德国总人口的一半。

这些措施为城市和工商活动创造了更加稳定、更加有利的条件。德国 1871 年实现了民族统一,开始步入工业化和城市化快速发展的轨道。从 1871 年起德国城市开始跳跃式增长,在大约 30 年时间内,德国经历了英国用 100 多年才完成的城市化和工业革命,将一个农业占优势的落后国家转变为一个近代高效率的工业技术国家和城市化国家。在德意志,"1871 年还有 64% 的人口居住在农村,仅有 5% 的人口居住在 10 万人口以上的城市中,但到 1910 年,已有 65% 的人口成为了城市居民,而且 21.3% 的人口生活在 10 万人口以上的城市中"[1]。到 1910 年时,10 万以上的城市已经有 45 个。"柏林人口从 1880 年的 112 万增加到 1910 年的 373 万。"[2]就人口层面而言,德国 1910 年城市总人口已达 3897.1 万,占总人口的 60%,基本实现了城市化。德国正是在这个期间"从一个以农业为主的国家转变为以工业为主的国家,从一个'诗人和思想家'的民族转变为以工艺技巧、金融和工业组织以及物质进步为公共生活的显著特征的民族"[3]。德国到第一次世界大战前夕,工业生产提高了 4.7 倍,工业增长速度远远超过英国、法国,仅次于美国。据不完全统计,从 1851 年至 1900 年,在重大科技革新和发明创造方面德国取得 202 项,超过英法之总和,仅次于美国,居世界第二位。

---

① 李工真:《德意志道路——现代化研究》,武汉大学出版社 1997 年版,第 138 页。
② 丁建弘:《德国通史》,上海社会科学出版社 2003 年版,第 237 页。
③ 同上。

二、普鲁士王朝主导城市化的特权性及消极影响

德国的城市化是在德国特定的社会历史背景下实现的,它没有完成资产阶级性质变革。德国新兴的资产阶级由于天生软弱,无法主导城市化和现代化进程。在1848年的争夺领导权革命中仍以资产阶级的失败而告终。恩格斯指出,革命的失败意味着"政治自由主义德国的资产阶级的统治……在德国永远不可能实现了"。1848年革命的失败,使德国资产阶级"由于自己……在政治舞台上遭受可耻的失败以后,就热心地去办大工业,从中求得安慰"①。资产阶级发育不良,因此德国现代化的领导力量掌握在旧统治势力,即容克地主的手里,而不是掌握在先进生产力的代表手中。如德国统一是以王朝战争的方式实现的,容克地主起到了非常重要的作用。德国城市是外向型的,在总的社会关系上还没有形成一个相互依存的社会结构,统一是以王朝战争的方式实现的,统一后容克地主在社会中的地位进一步提高。也就是说,"德国的情况与英国不同,可以归为,等级之间,尤其是贵族与资产阶级之间的界限由于大陆专制主义的维护而普遍保存得更长久"②。对此,马克思将其评价为"一个以议会形式粉饰门面、混杂着封建残余、已经受到资产阶级影响、按照官僚制度组织起来、并以警察来保卫的、军事专制的国家"③。

通过"铁和血"的强硬手段,德国不仅在政治上完成了统一,而且在实践上形成了德国独特的城市化和现代化道路。由于历史上的原因,德国的封建势力一直掌握着国家的主动权。迫于内外的压力,德国的封建主专制势力还算不守旧,相反却乐意接受新事物,例如实行开明专制。容克地主已开始资产阶级化,但其天生的封建性和军国主义等劣根性并不可能根除。如宪法规定帝国实行君主立宪制,但皇帝和首相真正掌握了国家的最高权力,议会只有参与制定法律和预算的权力,体现出浓厚的君主专制色彩。威廉三世是德国帝王

---

① 《马克思恩格斯全集》第19卷,人民出版社1957年版,第192页。
② 哈贝马斯:《公共领域的结构转型》,曹卫东等译,学林出版社1999年版,第82页。
③ 《歌德纲领批判》,人民出版社1970年版,第23页。

史上有名的保守君主,极力推行专制制度,在思想文化的控制上更是竭尽控制之所能。导致了普鲁士国力的大幅削弱。威廉四世即位后,非但没有进行任何改革,反而比他的父亲更加专制。从他的新《书报检查令》中便可见一斑。德国是 19 世纪欧洲书报检查最严厉的四个国家之一(其他三个为俄国、奥地利、匈牙利),不难发现四个国家都是传统势力强大的旧式王国。从新闻事业史来看,言论自由和新闻自由是严重威胁封建统治的。出生于德意志普鲁士的思想家卡尔·马克思 1842 年所写批判普鲁士书报检查制度的两篇论文——《评普鲁士最近的书报检查令》和《关于第六届莱茵省议会的辩论》(第一篇论文),也堪称新闻出版自由的经典论著。事实上,没有充分的信息,民主是不能良好运转的。没有成熟公民和信息对称做保障,选举也是不可靠的。19 世纪的德国一直维持专制体制,长期对思想和文化的压制与在 20 世纪产生希特勒的纳粹体制也有某种必然的联系。为什么德国人会对希特勒的煽动声声入耳呢?"实难想象完全丧失自治习惯的人,能够开会选好将要治理他们的人;也无法认为处于奴隶状态的人民有一天会选出一个自由的、精干的和英明的政府。"[1]换言之,只要书报检查制度继续存在,人民就永远无法成熟。当民众的理性水平不足时,他们便不能够对纷繁复杂的各种意见和观点作出正确的分析和明智的判断,当他们在道德上不能自立时,他们就易于受到各种"危险性"言论的蛊惑,就有堕落的危险。

　　普鲁士的军国主义传统和俾斯麦在统一中煽动的民族主义情绪渗入了德国各个领域中而产生了诸多消极影响。在德国,普鲁士军队实现了 19 世纪民族主义者统一德意志民族的梦想。然而所带来的一个消极后果是,军事机构不但拥有巨大的政治影响力,同时也享有很高的社会声望。[2] 统一后的德国保留着普鲁士的专制主义和军国主义传统,"一个经三次近期战争所打造出的统一的德意志帝国。但他还相信所有国家的起源和存续都依赖战争。……踏上那条从勃兰登堡门途经大学通向王宫的宏伟大道——下菩提树街(Unter den Linden)。在正对历史系图书馆的校门前,是克里斯蒂安·丹尼尔·劳赫(Christian Daniel Rauch)打造的腓特烈大帝(Frederick the Great)骑马雕像。

---

[1]　托克维尔:《论美国的民主》,董果良译,商务印书馆 2004 年版,第 871 页。

[2]　对于军队在战前德国的政治影响力,参见 Gordon Craig, *The Politics of the Prussian Army*, Oxford University Press, 1964。

这位尚武国王的胜利确保了普鲁士的强国地位。劳赫所塑造的腓特烈身着朴素的军官款束腰上衣,这是他的惯用装束——他是最早把军装作为平时公开着装的欧洲君主之一,由此强调了军队作为王权根基的实际和象征意义。和他的后继君王一样,腓特烈承担很多角色——立法者、艺术扶助者、民政裁决者、宗教领袖——但披着战士的装束履行这些职能。他的政治、法律和文化权威依赖于也离不开他对军队的主宰。劳赫让所有人都不会怀疑,军人才是这位君王的第一身份:雕像底部,与腓特烈共享战斗危险和荣耀的将军们占据主要位置。平民人物位居次席;例如,人们不会没注意到,伟大的哲学家伊曼纽尔·康德在国王坐骑的尾巴正下占了一席之地"[①]。威廉一世以四条措施推进军国主义化:(1)只有224万居民的王国,军队人数竟达8万3千人,青年男子10%以上都当兵去了。(2)财政收入的85%用于军队。(3)因为实行的是长子继承制,把除长子以外的几乎所有容克贵族子弟从小就送入王家的军事学堂,使之在利益和荣誉感上成为忠诚于王室的军官。(4)在军队训练中,把纪律、服从、尽忠职守、"国家利益"至上贯彻始终。威廉一世拿着大棒在操场上亲自训练士兵。与此同时,他推行普遍义务教育,在学校中则强制向军队学习,从而使全民军国主义化。并且,随着新武器出现,要求有更松散的队形、更高的战术机动性和更多的个人主观能动性,此时的军纪不能用无尽的操练和残忍的方式建立,而必须是教化、激励和感召的产物。"尽管课程内容大不相同,德国军队和法国的一样,也被期望成为培养政治价值观的学校。德国应征兵在学习虔诚和服从的传统美德之余,还要学习被视为政体基石的忠君忠国思想。"[②]当然,人们也不难发现,军人的价值观和思维行为方式,对于城市的几乎每一方面都产生极深刻的影响,城市接二连三地从军人价值观和思维行为方式中汲取着种种惯例和体制,接着全城的人效仿军人的价值观和思维行为方式。军队让他们首次看到了自家村庄外的世界,一个属于钟表和时刻表、书面规章和标准考评的世界,军队培养纪律性,堪称"工厂的课堂",还灌输责任感,打造"现代工业效率不折不扣的基石"。

经过二百多年的熏陶,德国人形成了这样一种性格反射:只要皇帝命令他们齐步前进,他们就默默服从。显见,"这支军队以其纪律性为其他方面的政

---

① 詹姆斯·希恩:《暴力的衰落》,黄公夏译,大象出版社 2011 年版,第 3—4 页。

② 同上书,第 17 页。

治强制提供了良好的范式作用,人们逐渐习惯于接受训练教官的蛮横吼叫,和上层阶级的野蛮态度。新型的企业主也朝他们的样子模仿,也像至高无上的统治者那样统治工厂"①。不过,历史经验表明:"以战争为中心,大都市的体制和这些定居和城市公共的功能相对立:它让生活服从一种有组织的破坏性体系,因而它必须分编、限制和压缩任何对真正生活和文化的表现。结果是:整个社会的所有高级的行为都瘫痪了;真理被篡改或歪曲以适应政治宣传的需要;合作的机能逐步硬化僵死变成驯顺的反射机制,听从军警和官僚的指令。……显然,一个文明最终变成了对野蛮的崇拜,作为文明已经解体了;而战争都市,作为这些制度的表现形式,已经成为一个反文明的代表:一个非城市。"②

而国家一旦变成了军国主义性质,它就压制市场和贸易,经常诉诸特权和掠夺。这会带来诸多消极影响。其一,寄生式的行为蔓延到德国经济社会的方方面面,"掠夺式的开发取代了贸易和交换对殖民地和边远地区赤裸裸的剥削。战争和备战推进了工业和有问题的投机企业的过度膨胀,随后带来了商业萧条的周期加剧。经济和政治统治者们连像样的管理都无法维系;对职位的追求、对特权的追求、对利益的追求、裙带关系、贪污受贿、索取贿赂变得在政府和生意场上都十分普遍。道德冷漠泛滥、缺乏公共责任感,每个集团、每个个体,在只要能侥幸逃脱处罚的限度内大肆索取。生产阶层和消费阶层的隔阂加剧。流氓无产者不断增多,也要求在物质和社会地位方面分一杯羹。过分强调群众体育。在生活的各个方面都追求不劳而获的闲差。武装暴徒和品质恶劣的兵痞征收'保护费';有组织的掠夺和有组织的勒索伴随着商务和市政事业也变成了是'正常'的"③。其二,不公平的分配系统,也同样适用于城乡之间。"大小君主对剩余产品的榨取,刺激了一系列的'迷你型都市'的兴起,但打击或阻碍了乡村及其服务中心地区的发展。"④乡下人被当作了仆从,甚或更有过者,被看作了外国人,强迫邻近地区的农民向城市提供粮食和工业必需品。"在很长一段时期,建立或巩固中央集权的过程经常影响甚至阻碍了

① 刘易斯·芒福德:《城市文化》,宋俊岭、李翔宁、周鸣浩译,中国建筑工业出版社 2009 年版,第 100 页。
② 同上书,第 319 页。
③ 同上书,第 329—330 页。
④ 保罗·霍恩伯格、林恩·霍伦·利斯:《都市欧洲的形成》,阮岳湘译,商务印书馆 2009 年版,第 159 页。

乡村经济建设。王朝政府如同一台搜刮剩余产品的机器,通过不断抢夺、挤榨,获取资金来发动代价昂贵的战争、修建宏伟奢华的建筑以巩固自己的统治。因此,大城市——尤其是地方和皇室首府——并非建立在繁荣的小城市基础上而是直接从地租受益。"①其三,城市的掠夺性也带来了诸多社会问题。"起初,城市,作为社会上一个单元,还需要努力奋争才能存活,经常性的不安定同时也产生了促进和睦和合作的需要,甚至促使不同阶级不同行业之间要加强团结。他们之间相互谁也不离不开谁,邻里之间的自愿团体就在这种压力下自然形成了。当今新英格兰的一些村落仍然是这样。但是,一旦形成了特权,一旦形成了'成功的富有者'和所谓的'不成功的人'之间在财富上的巨大差异,一旦不仅连财富,甚至连地位也可以经过继承而传世后代,于是,阶级间的壁垒的分割意义突出了,而原先把城市团结得像一个人那样的保护性墙垣则不重要了。"②显然,这样一个城市的增长意味着不安全因素的增长,除了受到剥削的乡村对大都市潜在的敌意,生活在大都市下层民众的不满也在聚集。柏林这个统一后的德国之都被普遍认为是欧洲最现代化的城市,但其军国主义和特权掠夺性质引发了贫民窟式住房、犯罪、层出不穷的违法现象。到1900年,柏林既是欧洲最拥挤的城市,也是激进的社会党人潜滋暗长的主要中心。③ 事实上,"这种情况,自腓特烈大帝(Frederich the Great,普鲁士国王,在位时期为1740—1786年——译者注)伊始,首都柏林就是如此:地价高昂迫使居住条件恶化,居住房屋间距狭小,儿童丧失了游戏场所,光线黯淡,空气污浊,缺少内部设施,以及房租陡涨。不仅乞丐、盗贼、临时工、流浪汉居住在贫民窟里,城市居民的一大部分也居住在贫民窟里"④。与此同时,这些被异化的、贫困不堪的城市居民,对极端的意识形态越来越感兴趣,包括法西斯主义。这也使得德国在反对长期以来存在的腐败现象时,犹太人首当其冲,而没有看到是特权政治制造了腐败,误认为是犹太人制造了腐败。1895年,维也纳这

---

① 保罗·霍恩伯格、林恩·霍伦·利斯:《都市欧洲的形成》,阮岳湘译,商务印书馆2009年版,第157页。

② 刘易斯·芒福德:《城市文化》,宋俊岭、李翔宁、周鸣浩译,中国建筑工业出版社2009年版,第37页。

③ 参见乔尔·科特金:《全球城市史》,王旭译,社会科学文献出版社2010年版,第148页。

④ 刘易斯·芒福德:《城市文化》,宋俊岭、李翔宁、周鸣浩译,中国建筑工业出版社2009年版,第97页。

个德语世界的心理文化之都的选民选举了公开反对亲犹太主义的卡尔·卢埃格尔为市长,卢埃格尔市长在反对亲犹太主义方面所进行的成功的鼓动宣传给一位年轻的乡巴佬阿道夫·希特勒以深刻印象,他们都把犹太人看成是对德国城市中产阶级在经济和道义上的主要威胁。

总之,德国城市化的复杂性也使得德意志文化传统是驳杂的,歌德、席勒、康德、贝多芬等等一系列光辉名字为人类文化增添了绚丽的篇章,他们代表着德意志文化中的自由传统,但是这个民族的文化也包含三个畸形传统:民族主义、军国主义和法西斯主义。19世纪以来,德国绝对主义国家主导的城市化,已使其经济社会发展及价值观出现了片面化和畸形化,并使德国成为两次世界大战的发动者,不仅给世界,也给德国带来了巨大伤害。

三、 二战后德国重回市场、自由、民主法治三位一体城市化之路

事实上,因违背了市场、自由和民主法治三位一体城市化道路而遭受重创的德国,迟至第二次世界大战结束后才走上健康的城市化之路。毋庸置疑,德国的城市化因受专制主义、封建主义、军国主义、民粹主义等因素的抑制而曾导致偏离。二战后,德国才开始按照市场、自由和民主法治三位一体推进城市化,尤其强调民主法治及相应的价值观构建。第二次世界大战后,德国不只是改变主权者,而是改变治理方式,尤其是清理了战争思维和好战的价值观,进而把市场、自由和民主法治作为城市的构成要素,进而巩固新市民和城市社会价值观。

其一,"战后的德国没有为英勇阵亡者举行的悼念、没有对这场巨大失败的颂词、没有公开的纪念或抚慰仪式。……柏林最后的枪声消失后仅仅4年,两个全新的德意志国家就诞生了,都自称代表一个新的起点,与曾经造就纳粹主义的价值观和体制一刀两断"①。表现为:1914年前,征兵制的目标是给平民社会注入遵守纪律、热爱祖国和自我牺牲的美德,1945年后,德国军队受平民世界价值观和习俗的影响越来越深,其结果是军事化的反面,被军事社会学家雅克·范多恩(Jacques van Doorn)称为"民事化",指平民习惯和价值观不

---

① 詹姆斯·希恩:《暴力的衰落》,黄公夏译,大象出版社2011年版,第130页。

断渗入军事机构中的过程,有些人甚至提出:"学校、医院、养老和残障福利机构才是真正的国家课堂,通过在那些场所工作的经历,年轻人能学会照料他人,虽然经常被视为女性的职责,但这才是一个平民社会所需要的技能。"[1]整个 19 世纪加上 20 世纪前半叶,为国战斗,也许还要为国捐躯,是男性公民的神圣义务;公民之为公民的正当性主要来自强加这份义务的权利,也主要以这种权利来表现。1945 年后,强制兵役保留下来,但再也不充斥着英雄主义理想。事实上,"要让这场无形的革命现身,我们只须把 20 世纪初和 20 世纪末的军事欧洲社会中的职能作一比较。1900 年,每座欧洲城市都满是戎装男子,其街道是战争庆典的舞台和过往胜利纪念物的承载。到 2000 年,在所有国家的象征物和典礼中,军队的地位无不下降。公共场所罕有一身军装的人,而且军服自己也知趣地褪去色彩和特征,更像邮递员和公交司机的制服而非战前时代气派非凡的装束。20 世纪初的职业军官让人联想到贵族,是宫廷的骄子,也是晚宴贵宾和理想新郎。而 1945 年后职业士兵的社会地位持续走低。例如,在法国 70 年代中期的民意调查中,有 58% 的被调查者将外科医生选为最佳职业,选择高级军官的仅有 6%"[2]。去军国主义化既涉及物质层面,也涉及精神层面。德国城市的去军事化过程很容易被忽视,因为这是一场几乎无形的革命。"现在由平民体制主宰,专注于民事目标。欧洲各国仍有军队——正如军事国家也有经济——但政治上、象征上和经济上,这些军事机构都从属于为平民所重视的职能服务的机构,这些职能包括:管理货币、推动经济增长、提供福利、保护人们免受无常命运的打击。使用暴力的意愿和能力一度是治国的核心环节,但是已经消弭,创造出新形态的欧洲国家,牢牢扎根于新形态的公众和私人认同。"[3]无论如何,我们应看到二战后的德国,"战争和革命已不再像 19 世纪很多人眼中的那样,是'历史的发动机'、进步的根本源泉或人类生存斗争无可避免的表现形式。战争也不再像两次大战之间时那样被人称颂。政治暴力主要的体制和理念支撑尤其支持军事价值观的激进右翼运动,似乎已因同纳粹恐怖的关联彻底失去人心。这类运动在各地不是被禁就是直接消失于政治舞台。看起来,欧洲人终于从 20 世纪的经历中明白,这种

---

① 詹姆斯·希恩:《暴力的衰落》,黄公夏译,大象出版社 2011 年版,第 161 页。
② 同上书,第 163 页。
③ 同上书,第 197 页。

动荡是一种错乱,是对正常社会的病态侵袭,就像犯罪那样须要与之斗争,将其克服。那些想要抛头颅洒热血的人,不管出于什么理由,现在被视为罪人、狂人或疯子,而不是理想主义者、英雄或救世主"①。

其二,二战后,德国在全面战争遗留下的废墟中,重建秩序。"暴力的专家仍然保留,但总是从属于谈判和妥协的专家。这些平民国家的组织方式服务于和平而非战争;其社会变革被转化为经济生产力而非战争潜力。"②战争曾经定义了德国几个世纪的叙事史,影响了政治、社会和文化生活的每个方面。但二战后,德国开始重新反思战争。开始认识到"战争很可能正在失去对人类的吸引力,趋于不再呈现为调解其不满的可取的和有利的手段,更不用说是理性的手段"③。事实上,"使世界运转的是合作精神而非对抗精神"④。"我们是文化动物,是我们文化的丰富允许我们承认自己无疑的行暴潜能,但尽管如此仍相信它的表现是一种文化偏离。……我们告诉自己,我们的机构和我们的法律已经在人的行暴潜能周围设置了如此的制约,以致日常生活中的暴力将被我们的法律当作犯罪而受到惩罚。"⑤自二战以来,德国开始致力于打造和平与繁荣时光。"他们的历史中找不出任何时期可与之相提并论。从未有过如此之多的欧洲人生活得这么好,因政治暴力而死的人也从未如此之少。永远和平的梦想产生于启蒙时代,熬过了历史上最具毁灭性的几十个年头,现在似乎终于成了现实。"⑥

其三,二战后德国积极参与国际政治,走出自然状态,建立欧盟。我们看到,欧洲在经历了好几百年的战争频仍的苦难,特别是两次世界大战的苦难之后,今天已经习惯于不用战争来解决大国之间的争端了,欧盟的建立已经在一定范围内接近于康德当年所理想的国际自由联盟;从这种血与火的洗礼中培育出一代具有成熟的实践理性的新人来,最终实现理性的和平共处。"欧盟不是战争而是和平的产物。"⑦欧洲在 1945 年后产生了整体性的安全感。欧盟使

①　詹姆斯·希恩:《暴力的衰落》,黄介夏译,大象出版社 2011 年版,第 163 页。
②　同上书,第 156 页。
③　约翰·基根:《战争史》,时殷红译,商务印书馆 2010 年版,第 83 页。
④　同上书,第 509 页。
⑤　同上书,第 3 页。
⑥　詹姆斯·希恩:《暴力的衰落》,黄公夏译,大象出版社 2011 年版,第 201—202 页。
⑦　同上书,第 197 页。

人们为国家战斗和牺牲的献身精神及高压强制已一去不返,世界主义精神得到了增强。"20 世纪初,人们的政治认同由习惯、风俗和体制形成,这一体制旨在强化对某个国家的忠诚和奉献精神。人们在学校和军队学习如何成为法国人、德国人或意大利人,也在每座城市的街头学习,纪念物和民间典礼教授着同样的爱国主义课程。……欧盟本身则从来没有这些。欧盟没有为铸造其成员的归属感进行任何努力,没有要求他们成为欧洲人而非别的什么。相反,欧洲认同是一种散漫的混合体,包括民族、宗教和文化忠诚,其中没有一个元素必然占据主导地位。"①这为欧洲战后时期所享受的繁荣提供了部分政治和文化上的力量。

　　不管用什么标准衡量,欧洲经济在 20 世纪 50 年代的发展速度都堪称史无前例:钢产量翻倍,谷物、乳制品和肉类产量很快达到并超越战前水平。从 1953—1973 年,西德的实际工资几乎翻了 3 倍;英国落后于周边国家,但这 20 年间的工资仍提高了一倍。至 20 世纪 70 年代中期,大部分家庭有冰箱、洗衣机和电视机。曾被少数精英特权阶级独享的商品和闲暇现在不再稀罕:拥有汽车、出国旅游、享受安逸退休生活的人比过去多得多。这一繁荣很大程度上依赖于西欧各国的贸易往来:1953 年,欧共体进口额的 1/4 属于共同体内部的相互贸易,到 1960 年,该比例超过了 1/3。共同体内部出口额在 1970 年为 1000 亿美元,1980 年接近 3000 亿美元,1990 年超过 7000 亿美元。②"欧盟是全球最大的经济圈,其国民生产总值占世界的 1/4 左右,拥有全球 1/5 的贸易额,有 4.45 亿具有生产力的庞大人口,GDP 之和大约为 11 万亿美元,该联盟成员国毫无疑问负担得起一支具有作战效力的军队。但相当可疑的是它们愿不愿为国防投入更大份额的资源,尤其考虑到每个国家都面临越来越严格的政府财政限制。虽然压倒性多数的欧洲人表示想让欧洲成为一个超级霸权,只有 1/3 的人愿意为防务支出更多。同时,军事在政府开支中的份额持续下跌。德国已经是人均军事开支最少的欧洲大国,可 2004 年国防预算还是比前一年减少了 30 亿多美元。"③大部分欧洲国家几乎都没有表现出愿意投入如此巨额资金的迹象。事实上,这也

---

① 詹姆斯・希恩:《暴力的衰落》,黄公夏译,大象出版社 2011 年版,第 195 页。
② 同上书,第 157 页。
③ 同上书,第 194 页。

揭示了她们平民国家的本质。例如罗纳德·英格尔哈特在 1973 年发现,接受调研的人当中只有极少数把"强大的国防力量"列在政治优先目标的头两位——比利时和丹麦仅有 2%、法国有 3%、德国有 5%、英国有 6%。20 世纪 80 年代,英国保守派政府在玛格丽特·撒切尔(Margaret Thatcher)的领导下意图强调国防建设,但民意调查中将此选为首要政治问题的人还不到 20%,而愿意增加军备开支的人更是少得多,尤其反对牺牲社会服务来增加国防开支。[①] 另外,"21 世纪初的欧洲有强大的经济,但对把实力转化为军事力量兴趣寥寥。欧洲各国用经济、文化和法律的实力影响世界,用它们处理各国关系和处理国家与公民关系时至高无上的价值观和体制来影响世界"[②]。在欧洲繁荣的心脏地带给平民国家带来兴旺的历史进程,同样在欧洲周边促成了民主政体的和平涌现。欧盟国家确实是许多周边国家的榜样。欧盟国家价值观、经济实力和政治影响力给希腊、葡萄牙和西班牙的成功民主转型带来强烈的影响。

总之,通过普鲁士统一带动的德国城市化具有二重性,既具有适合城市化快速发展的历史合理性,又具有特权主导的劣根性。这也造成了德国的民主法治发展具有二重性,直至第二次世界大战之后,德国才走上相对完善的市场、自由和民主法治三位一体的城市化之路。

第七节　俄罗斯的城市化进程与民主法治发展

俄国的历史发展与其他欧洲国家之间一个根本性的不同就是城市化发育的不足。无论是在沙俄时期,还是苏联时期和后苏联时代的俄罗斯转型时期,俄罗斯都始终没有实现成熟的城市化,这也是俄罗斯民主法治发展不畅的主要原因。正如费希所言,不存在发育良好与成熟的城市化和市民社会,已严重影响和制约俄罗斯民主法治进程与品格。[③]

---

①　詹姆斯·希恩:《暴力的衰落》,黄公夏译,大象出版社 2011 年版,第 159 页。

②　同上书,"序",第 3 页。

③　Zoltan Barany, Robert G. Moser, *Russian Politics*, Cambridge University Press, 2001.

一、 沙俄时期俄罗斯城市化滞后的原因及对民主法治的消极影响

(一) 拜占庭的乡土文明因素和蒙古的游牧文明因素对民主法治发展的消极影响

　　首先,拜占庭的乡土文明因素对俄罗斯民主法治发展的消极影响不容忽视,"在这个拜占庭——俄罗斯类型的国度中,维系整个社会并使之得以运行的,从来都不是法律本身,而是一个在政治等级体系的支持下进行统治的合法且杰出的领袖"[①]。其次,游牧文明的蒙古因素更是对俄罗斯民主法治发展产生了长远消极影响。"蒙古人通过顺服的王公对俄罗斯实施统治。这一统治方式导致了民主制度被消除殆尽,并且为俄罗斯未来的专制统治奠定了基础。……俄罗斯人确实引入了蒙古人的政治态度:由于长年作为蒙古人的代表,他们逐渐习惯于把他们的国民作为被征服者加以对待,并取消了其所有权利。这种心态在蒙古人的统治结束以后一直存在。"[②]

(二) 俄罗斯城市发展的权力行政化主导使其对民主法治发展的贡献极少

　　俄国城市是军事、行政中心,而非手工业、商业中心。早期俄罗斯大多数城市居民点由国家作为军事行政中心自上而下形成,以保障国家领土开发和发挥地区管理的作用。"沙俄时期征服主要通过军事行政方式,先是哥萨克骑兵的武力征服,建立城堡,人口迁移,而后是赋予城市的行政地位,再此后是使城市具有经济、社会、文化及其他职能。尽管不乏以经济职能为基础形成城市的案例,但在俄罗斯城市发展历史中,行政力量是城市形成的决定性因素,行

---

① 玛丽娜·库尔奇扬:《转型对俄罗斯法律的角色的影响》,载弗雷德·布鲁因斯马、戴维·奈尔肯编《法律文化之追寻》,明辉、李霞译,清华大学出版社2011年版,第116页。

② 理查德·派普斯:《财产论》,蒋琳琦译,经济科学出版社2003年版,第204页。

政因素对城市的社会职能、城市的社会阶层、文化传统以及市民的精神文明都留下了深刻的印记。"①

自18世纪起,彼得大帝开启了俄罗斯国家城市化的现代化进程。1713年创建圣彼得堡,并且,"圣彼得堡是和莫斯科反其道而行之的典型城市。莫斯科是历代沙皇久居的城市,在那里有传统古风旧习和当地人的各种迷信活动,宫廷阴谋以及落后,……圣彼得堡的兴建不仅给俄国地图上增添了一个都会标志,而且也体现了沙皇拒绝其先祖遗产、立志革新的愿望"②。圣彼得堡不仅向城市化的西方打开窗户,而且也造就了后来俄罗斯帝国疆域内城市发展的欧化方向和模式。另外,1775—1785年叶卡捷琳娜女皇时期的行政改革也是俄罗斯帝国城市化发展的重要阶段。通过改革,提高了城市上层——资产阶级的政治地位。值得注意的是1785年城市条例颁布前,由于城市公社的农奴制性质,城市既不是泛等级存在的城市社会,又未实行过真正的自治,而城市条例颁布后,确实为整个城市公民团体的建立创造了条件,赋予了城市广泛自治权。不过,很快城市自治被减少到不能再减少的范围,城市条例设计者并未使城市名副其实,自治机关的努力并未成功。③

事实上,上述城市化政策对俄罗斯的民主法治发展的效果都有限。而究其原因,在于与西方不同的沙皇政府的权力因素在城市化进程中起着主导作用,而商业因素、法治因素和中产阶级因素是贫弱的。俄国历史上所进行的自上而下的城市化改革都没有触及城市化的核心因素——个人权利、市场、自由及民主法治。"自俄罗斯开始工业化以来,其市政体制和基本设施就在封建的历史中徘徊。"④如18世纪彼得大帝的改革,也主要限于向西方学习科学技术,而未深入个人权利、市场和民主法治层面。表现为:"彼得参观英国的造船厂,但是他对英国的议会不感兴趣。他为了集中政治权力,采用了瑞典教会的管理机构,但是并不关心路德教。"⑤另外,俄国市民阶层与中产阶级也非常弱小,

---

① 于小琴:《社会现代化视阈下俄罗斯城市化特点及历史作用》,《俄罗斯中亚东欧研究》2012年第2期。

② 亨利·特鲁瓦亚:《彼得大帝》,天津人民出版社1983年版,第165页。

③ 参见张广翔:《苏联史学界对俄国封建晚期城市研究述评》,《长白学刊》1998年第3期。

④ 乔尔·科特金:《全球城市史》,王旭译,社会科学文献出版社2010年版,第152页。

⑤ Bл.索洛维约夫:《俄罗斯思想》,贾泽林、李树柏译,浙江人民出版社2000年版,第58—59页。

"俄国市民阶层的软弱致使其在民主政治建设方面显得无所作为,市民阶层只是在国家主义的领导下被动地顺应现代化的潮流,而不是像西欧国家那样成为现代化进程的积极主导者。俄国市民阶层无法冲破专制集权主义的束缚,无法建立对权威的有效监督机制,致使俄国的现代化进程一再遭受集权主义干扰,一再被冲断,造成俄国现代化进程的缓慢与曲折"①。

(三)"村社"城市化滞缓对俄罗斯民主法治发展的阻碍

沙皇君主专制时期,俄罗斯城市化及其"村社"城市化的滞后,已成为俄罗斯民主法治发展的羁绊与阻碍。其一,民众的自主意识不发达,习惯于按照上面的意志办事和凡事需要得到来自上面的准许,养成顺从权力的心理和被动的行为方式。其二,广大百姓易陷于愚昧无知,沉溺于蒙昧主义之中。农民一生被局限在狭小封闭的村社天地里,视野狭窄,他们无法认识和获得超出个人、村社经验之外的知识。他们的一切知识均来自长辈的言传身教和村社内的经验。直到 19 世纪上半叶,俄国农民基本还是文盲,缺乏与外界的信息交往。这也是权威崇拜与群众性狂热得以产生的文化土壤,从而将革命与民粹主义,反理性与激进专制结合在一起:领袖可以任意动员群众,"群众则孤独无靠,正可受人利用,他倾向于采取极端行动",而"领袖们"则更容易操纵群众,利用非常时刻的特殊民意进行政治总动员。② 其三,村社组织结构的封闭性和排他性特征对俄国政治中狭隘地方性和派系性特征和行为方式的生成产生了严重影响。民粹主义的主张是,非我族类,其心必异,再加上传统国家对思想自由的限制导致民众普遍缺乏对事物的理性辨识能力和独立的自决能力,因此当社会秩序出现危机时,迫于生计的民众就很容易为各种不同目的的政治派别所利用。其四,俄罗斯乡村地区经常性地向包括首都在内的中心地区施加保守压力,对于各种现代化改革形成了掣肘。正如普列汉诺夫所述,一方面是社会上一部分最高文化阶层的欧洲化,另一方面是亚细亚生产方式的深

---

① 牟沫英:《19 世纪下半期俄国城市化历史进程的特点及原因分析》,《信阳师范学院学报》2008 年第 5 期。

② H. Arendt, *The Origins of Totalitarianism*, New York, Harcourt, 1951, p. 30.

化和东方独裁专制的强化。①

二、 苏联时期城市化进展的有限及对民主法治发展的消极影响

　　尽管苏联时期城市人口快速增长,至 1962 年城市人口占总人口比重达到了 50%,但是,由于苏联的城市化不是因商品货币关系的发展自下而上逐渐完成的,市场因素、自由因素和民主法治因素的缺失,使得苏联实质意义上的城市化进展有限。尤其是从社会文化特点来看,苏联的城市化并未真正实现,科特金就指出:"苏维埃的实验留下了一份灰暗而贫乏的城市遗产。"②斯蒂芬·怀特也认为,苏联的社会文化展现了俄罗斯沙皇体制的广泛延续性,1917 年以前的俄罗斯和 20 世纪 80 年代的苏联,在社会文化特点上具有较强的连续性和一致性,它没有改变俄罗斯社会的村社与专制文化传统。③ 基于此,不少学者称苏联时期的城市化为"准城市化"或"伪城市化",④并对普遍存在的以城市人口数量作为城市化标准的看法进行了批判,强调这一标准不适合苏联,"其根据是量的指标,即城市人口的比例和在大城市中集中的水平,但是没有考虑到我们在上面提到苏联城市化模式的特点"⑤。

(一) 苏联城市化进展有限的原因

　　1. 世界观原因:乡村世界观的自我性与城市世界观的他者性。"村社"被俄国人视为"特殊的俄罗斯精神","村社是俄国人民的特点,侵犯村社就是侵犯特殊的俄罗斯精神"。⑥ 受"村社"文化和世界观的影响,俄罗斯形成

---

① 参见弗兰克:《俄罗斯知识人与精神偶像》,徐凤林译,学林出版社 1999 年版,第 214 页。

② 乔尔·科特金:《全球城市史》,王旭译,社会科学文献出版社 2010 年版,第 158 页。

③ James Alexander, *Political Culture in Post-Communist Russia: Formlessness and Recreation in a Traumatic Transition*, St. Martin's Press, 2000, p. 20.

④ Кантемирова Т. А. Социакультурные особенностиформирования городской среды в России// Социальный журнал. 2008, №3.

⑤ 梅春才:《浅析苏联的城市化模式》,《国外理论动态》2008 年第 11 期。

⑥ 谢·尤·维特:《俄国末代沙皇尼古拉一世——维特伯爵的回忆录》,张开译,新华出版社 1983 年版,第 392 页。

了特有的乡村文化传统,在他们看来,乡村文化传统较城市传统更有优势,尊重乡村文化传统才是崇高的。尤其在俄罗斯与西方的对立中,城市被有意无意地划入了西方化范畴。这多少阻碍了对城市化问题、城市现象的真诚关注。人们总是习惯性地肯定乡村,贬低城市。"事实上,近 70 年的过程中,在党和国家的所有重要文件中,都有一些部分谈到整个国家'生产资料'的分布,规定了哪些城市应该发展以及哪些城市的扩展应该受到制约。就'社会主义'社会而言,'城市化'这个词本身,直到在 20 世纪 60 年代末一直是禁用的。"①

2. 苏联领导人忽视城市的现代化功能。苏联大多数统治者的出身和生活实践经历,使其对农村的体验和经验明显大于对城市的体验和经验,因而很难内行地读懂城市化的现代化功能。"斯大林这位从边远的格鲁吉亚来的乡巴佬并不看好城市的价值,在这一点上他都不如在维也纳和慕尼黑长大的希特勒,也比不上对本国城市历史有偏爱的日本的民族主义者。"②另外,"到 20 世纪 40—50 年代,苏联的城市实际上已为昨日的农民所控制。据统计,1946 年在明斯克州有 855 名领导干部,其中农民出身的为 709(人几乎占了 80%),而工人出身的总共只有 58 人。在苏联,革命和国内战争时期的第一代领导人中城市出生的人的比重最高,而当时恰好市民在国家人口中的比重最低。后来随着城市人口比重的增长,党的精英出身于农村的越来越多。1930—1989 年只有 7% 的党的高层领导人出生于莫斯科和列宁格勒,18% 出生于其他大城市(州或共和国的中心),47.3% 出身于农村,还有 27.2% 出生于就生活方式和生活特点来讲都属于农业地区的小城市和城镇"③。尽管他们后来到城市生活,但他们的世界观、立场、观点、方法是乡村的,对现代化的城市载体等问题的把握也远远不够。这些统治者并不了解也不注重城市的现代化作用与功能,城市化并没有作为现代化发展的发动机。

3. 进一步用权力主导和计划消灭了市场。其 ,在苏联城市化过程中,权力起到了主导作用。作为苏维埃选定的首都,莫斯科重新获得有利地位。"1917 年的共产主义革命标志着起初在俄国、后来在东欧城市发展的另一条

---

①　列昂尼德·科甘:《展望俄罗斯的城市政策》,《第欧根尼》2003 年第 2 期。

②　乔尔·科特金:《全球城市史》,王旭译,社会科学文献出版社 2010 年版,第 155 页。

③　Вишневский А. Г. Серп и рубль: Консервативнаямодернизация в СССР. С. 99.

道路。革命党人相信政府为了人类的更加美好而改造社会的能力,相信应该是充分发挥政府的力量而不是限制它的权力。他们立足于通过政府对商品的生产、交流方式,对教育和科学控制等来重塑社会。"①而苏联政权又没有很好地将自己的权力规范在法律和民主之中。苏联最高法院第一任院长在 1927 年就强调:"共产主义并不意味着社会主义法律的胜利,而是社会主义战胜了任何法律。"在斯大林时代,官方权威的法学家帕舒卡尼斯(E. B. Pashukanis)通过论证进一步使法律原则完全依赖于共产主义革命前景。帕舒卡尼斯的一个核心原则是"在发达社会主义阶段,政策与计划将取代法律"②。究其原因:首先,尽管沙皇、王朝、沙皇象征物在国内已被扫除,但那种把强者、把最高统治者奉若神明的思维方式却遗留下来了。在一个沙皇皇冠荫蔽下度过了几百年的国家,不可能在革命后的几年内像抛弃别的专制垃圾那样轻而易举地抛弃旧的思维方式的重负。其次,严密的书报检查制度也给苏联的政治、经济、文化和社会生活造成了极其严重的负面影响。十月革命胜利后,以列宁为首的苏维埃政权也曾对新闻检查十分痛恨,在斯大林模式建立之前,列宁也认识到权力过于集中于党和国家之手而不受任何监督的危险,曾提出改进意见,特别是以政治体制之外的力量来监督政权。③ 但由于革命形势需要并没有停止舆论管控,反而在 20 世纪 30、40 年代,苏联进入了新闻舆论查禁高峰。综上,由于专制传统的影响,再加上外部没有任何力量对之进行监督与制约,而内部的监督机制又有名无实,使得苏联国家权力在几十年的发展过程中已严重地脱离民主。"在 1917 年革命中诞生的苏维埃政府宣称自己是民主的,但其中明显的虚伪却使它受到民主派人士的更多斥责。实际上,许多人认为苏联正好代表了民主的对立面。"④

　　其二,城市中的市场关系被排除。一般来讲,城市是商品货币经济的产物,而城市的发展又促进商品货币经济的繁荣。但是,苏联时期因权力主导

---

① 布赖恩·贝利:《比较城市化》,顾朝林等译,商务印书馆 2010 年版,"前言",第 176 页。

② Tom Bottomore ed. , *A Dictionary of Marxist Thought*, Harvard University Press, 1983, p. 276.

③ Robert W. Strayer, *Why Did the Soviet Union Collapse? Understanding Historical Change*, M. E. Sharpe, 1998, pp. 43 - 44.

④ 霍华德·威亚尔达主编:《民主与民主化比较研究》,榕远译,北京大学出版社 2004 年版,第 63 页。

将市场机制从社会实践中排挤出去。国家实行无所不包、全面直接、指令性、行政性计划管理体制,排斥市场的作用,"交换游戏"为"分配游戏"①所取代。市场的自我调节机制逐渐萎缩直至消亡,城市的金融、贸易、流通枢纽也丧失了生存与发展的外在环境。无论"俄国沙皇独裁下的暴虐都市,在19世纪已经显现出许多终结过程的征兆,还是在新生的苏联政权身上留下了残暴的印记,继续进行盲目的中央集权、僵化的官僚主义,以及对正当的差异的全面镇压,这使得新的开创事业以及那些合作的形式根本无法进行"。②另外,计划造成的"有城无市"及城市公共生活的缺失已成为普遍现象。③

其三,国家权力机构膨胀。20世纪70—80年代官僚化高度膨胀。1960年俄各类国家机构和经济组织管理人员数量为38.29万,至1985年这一人数增长为175.6万,1960—1980年期间,国家管理机器占整个就业人口的10%—15%。④

其四,地区之间、城市之间、各企业部门之间和民众相互之间联系和依赖的程度偏低。经济社会生活的计划程度有余而社会化程度不足,使得苏联社会经济无法产生聚集效益,同时也埋下了苏联解体分裂的种子。首先,苏联迅速建立起来的计划经济体制使经济发展的条块分割与地区分割限制了国内不同地区间的经济交往,在整个苏联时期,作为城市化重要内容的以市场分工与合作为基础的社会经济系统并没有真正地建立起来。其次,"官本位"、行政等级城市的三六九等,也恶化了城际关系。另外,户口制禁锢了人口流动,疏离了民众之间的相互联系。1932年苏联实行公民证制和公民注册制,限制城市居民人口的自由流动,也形成了前苏联解体时所盛行的地

---

① "在苏联时代达到巅峰状态的极权主义可以溯源于俄罗斯历史上长期实行的'家长式专制'的政府体制。这一体制没有把统治权和财产权区分开来,让沙皇同时担任其王国的统治者和所有者的角色","在这种政体之下,君主拥有并且统治着这些土地以及居住在土地之下的居民,将其王国看成是规模庞大的皇家财产"。参见理查德·派普斯:《财产论》,蒋琳琦译,经济科学出版社2003年版,第3、118页。

② 刘易斯·芒福德:《城市文化》,宋俊岭、李翔宁、周鸣浩译,中国建筑工业出版社2009年版,第332页。

③ "共产党人的城市依然昏暗呆滞,了无生气,自发的商业活动被限制在偶然为之的农民市场或者悄然兴起的。"参见乔尔·科特金:《全球城市史》,王旭译,社会科学文献出版社2010年版,第157页。

④ Полян П. Город и деревня в европейской России: столет перемен. С. 411 - 413.

方民族主义。总之,社会层面上极度分裂化的社会经济和社会关系结构,给苏联的经济发展和社会整合造成严重伤害。"为了完成整合,往往需要超强的整合机制,要么以意识形态形式出现,要么以帝国的形式出现,目的都是为了战胜离心作用力。"①

(二) 只有工业化,而没有城市化

其一,城市化在苏联社会主义框架内并没有自己独立的含义,它只是工业化的手段。1917 年十月革命后,苏维埃政权效仿彼得大帝,发起雄心勃勃的工业建设大跃进。在某种意义上,苏维埃政权的工业政策是成功的,到 20 世纪 30 年代,苏维埃政权的工业生产能力已远远超过沙皇时期的工业生产能力。1960 年,他们已把一个以农村为主的国家转变成一个工业国家。但苏联时期的城市只是工业基地,并不是真正的城市。如马格尼托哥尔斯克崛起为广旷草原上的一个钢铁巨人,是苏维埃新城市的典型,但"没有清真寺、没有教堂、没有自由市场,主要人口构成是被一些狂热的青年共产党人组成的军团驱赶下的强制劳动力"②。

其二,城市化和工业化不但对农村的带动作用不足,反而是通过损害和忽视农业来推进工业化的道路。如通过压低农业产品价格和相对提高工业品价格及计划强制征收农业产品等办法积累工业化资金,使城乡发展的差距越来越大。另外,革命后的苏俄确立的集体农庄的苏联模式带有明显的俄罗斯传统村社宗法文化的色彩。

其三,苏联市民并未形成真正的城市化生活方式和价值观。苏联市民尽管形式上已具有了市民地位,但从政治和社会文化角度来看,其本质上仍不可避免地带有身份性和特权性。因此,苏联时期城市人口属于国家公职人员,多特权性和政治性,非真正意义上的中产阶层。③ 由于不存在真正的城市化和中产阶级,苏联市民也就不可能形成真正的城市的生活方式和价值观。除了一些爱国意识、集体主义观念和纪律外,苏联时期的市民多半仍生活在农

① Вл. 索洛维约夫:《俄罗斯思想》,贾泽林、李树柏译,浙江人民出版社 2000 年版,第 9 页。
② 乔尔·科特金:《全球城市史》,王旭译,社会科学文献出版社 2010 年版,第 156 页。
③ Вишневский А. Г. Серп и рубль: Консервативная модернизация в СССР. С. 109.

村观念和传统中。其中,身份证制度标识出的是一种市民等级特权,因为它赋予了要求获得免费的住房、享受在各个城市都不一样的各种城市福利的权利等,人为地制造了等级壁垒、权利上的不平等。事实上,苏联市民适应城市生活方式,掌握城市文化、相应的价值体系和行为准则的过程还远没有实现和完成。

三、 苏联遗产中城市化的不足及对俄罗斯民主法治转型的消极影响

城市化滞后对于苏联社会发展的消极影响是全方位的。其中,历史遗留下来的城市化不足因素,也是妨碍俄罗斯民主法治正常转型和发展的关键性因素。城市化的根基薄弱直接影响了俄罗斯民主法治建设的进度和成效。

从形式上看,俄罗斯建立以来,已基本具备了西方民主法治的一切形式要素,包括多党制、三权分立、言论自由和结社自由等,但所有这些形式制度要素并没有为俄罗斯带来实质的民主法治,根本原因在于俄罗斯城市化程度的不足。民主法治的制度可以移植,但是在没有类似的城市历史、文化、社会、经济甚至哲学传统的情况下,相同的民主法治制度将在国与国之间有着相当大的变化。作为不争事实,形式的民主法治虽然在俄罗斯社会的实体内建立了,但在法律、思想、民情和道德方面却没有发生相应的变化。或言之,俄罗斯虽然在短期内实现了制度的民主法治转型,但人们的思维方式、行为方式并没有太大的城市化。后者的缺失,使得简单的制度移植必然发生畸变和异化。因为建基在公平正义观念和公共精神上的民主法治,是城市化和社会分工的产物。而城市化的不足和公共精神的缺失使得俄罗斯社会多存在私利,而少存在或不存在超越众多私益之上的公平正义,从而导致了在俄罗斯转型过程中个人之间的恩怨和政治斗争凌驾于公共利益与目标之上,具体可体现在以下几个方面。

其一,公共精神的不发达对俄罗斯媒体民主法治功能的发挥形成了制约。"究竟是什么原因造成了改革过程中俄罗斯大众传媒的运作机制与西方民主

社会有如此大的的差异?"①根本原因在于,俄罗斯城市化共存结构的不足,造成传媒公平正义取向的不足。社会没有公共精神,也就没有公平正义的传媒。一个社会的传媒是一个社会的组成部分,其性质和作用是由该社会决定的。由于缺乏公共精神和公平正义的规范和制约,使得"俄罗斯社会将大众传媒视为玩弄制造'肮脏丑闻'的政治手段的延伸,视为那些根本不关心普通读者日常疾苦的有权有势阶层相互之间进行争斗与清算的工具。大众传媒上制造的气氛所反映的完全不是社会的利益,而是那些脱离国内大多数居民的自我感觉、情绪和愿望的私人利益"②。转型初期的俄罗斯,媒体都有各自的主人,使自己成为狭隘政治集团或者商业机构利用的工具。③

其二,公共精神和公平正义观念的不发达,对俄罗斯市场经济的发展产生了明显的消极影响。俄罗斯在公共精神和公平正义观念不发达的情况下,即使引入了私有制和市场,私有制和市场也难以发挥积极功能和正能量。先前,改革者曾经想当然地认为,"只要砸烂集权专制的经济,市场经济会自动建立起来"④。而大量的实例表明,由于缺失公共精神和公平正义观念的制约与规范,俄罗斯的私有化和市场化既没有根除掉特权腐败,也没有根除掉人际关系中习惯于非法律捷径的做法与文化。与其规模庞大的前身一样,市场经济同样也采用旧的根深蒂固的做法——以非法律的方式来走捷径和非正式地解决问题,并从中获利,市场并不抵制传统的商业界和官僚机构之间互惠的关系网络模式。相反,人们选择了适应这种市场模式并使其为己所用,表现为机会主义行为滋生,有组织的犯罪盛行,健康有效的市场秩序难以建立和存在。⑤

其三,公共精神和公平正义观念的不发达,使得俄罗斯的法治与西方法治仅是"形式的偶合,不是观念的融通"⑥。正像一些学者所指出的:"俄罗斯很难

---

① 安德兰尼克·米格拉尼扬:《俄罗斯现代化与公民社会》,徐葵等译,新华出版社 2003 年版,第 288 页。

② 同上书,第 291 页。

③ Засурский Я Н. СредстваМассовой Информации ПостсоветскойРоссии,2002:4.

④ Потемкин А. П. (Виртуальная экономика и. сюрреалистическое бытие):Россия. Порог XXI века. Экономика. Проза,Москва:ИНФРА-М,2000,с. 35.

⑤ Vladimir Popov,"Shock Therapy versus Gradualism Reconsidered: Lessons from Transition Economies after 15 Years of Reforms",*Comparative Economic Studies*,Vol. 49,2007,pp. 1-31.

⑥ А. П. Деревянко,ЭтнокультурноевзаимодействиевЕвразии,М. :Наука,2006. с. 104.

算是一个成功的国家。在后苏联时代,虽然俄罗斯努力奋斗以赢得经济和社会的稳定,而且其颁布的法律之多,令人印象深刻。然而,俄罗斯的法律制度与堪为法律移植典范的制度相去甚远。另外,俄罗斯的政治制度虽然也有民主之名,但却显出强烈的独裁特质。"①就实质而言,俄罗斯法律与公平正义和公共精神至上的法律还有着很大距离。"法律仍未超越它先前在社会中所发挥的纯工具性的作用,以成为社会的核心组织原则。这并不是说法律文化没有任何改变;事实上它显然处于变化中,而且变化巨大。对法律的使用变得更深入、更职业化、更自觉、更有威信,也更加积极活跃。从事法律业务的企业的数量在增加,与此同时,就职于商业公司中的律师数量也在增加。但我仍然认为,俄罗斯尚未走上通往法治文化的道路。一些全新而且截然不同的东西在形成当中,兴起的法律文化似乎可能是一种兼具西方法律浮华的外表,和俄罗斯传统的更具讽刺性的内在默许的东西。"②

　　正是因为城市化不足、公共精神和公平正义观念的缺失所造成的政治乱象,使得"可控民主"成为俄罗斯走向民主的必经阶段。早在 2000 年 1 月普京选举获胜之前,原《独立报》主编、著名政治评论家维塔利·特列季亚科夫就已经用"可控民主"来概括普京的政治理念了:从本质上依然是民主政治,即有选择性、言论和出版自由、领导人更替等形式,但就实质内容而言却是威权的。③

　　综上所述,可知俄罗斯民主法治发展的困境在于城市化的不足。俄罗斯民主法治建设的危机,也是一场城市化不足的危机。"不断侵袭着正在改革道路上前进的俄罗斯的种种危机,表现为必须实现的任务与我们所具有的文明水平之间的脱节。要提升我们的文明水平,只能依靠城市特别是大都市的战略作用。没有拥有发达的城市文化的名副其实的城市,我们所面临的经济、文化、社会或人权等种种问题,都不可能找到任何卓有成效的解决办法。"④因为民主法治不仅仅是一种制度,更是一种城市化的生活方式。城市化是民主法治的孕育所,城市化是民主法治的介质,不同质量的城市化产生不同的民主法

①　柯提斯·J.米尔霍普、卡塔琳娜·皮斯托:《法律与资本主义》,罗培新译,北京大学出版社 2010 年版,第 185 页。
②　玛丽娜·库尔奇扬:《转型对俄罗斯法律的角色的影响》,载弗雷德·布鲁因斯马、戴维·奈尔肯编:《法律文化之追寻》,明辉、李霞译,清华大学出版社 2011 年版,第 138 页。
③　参见郑羽:《普京时代(2000—2008)》,经济管理出版社 2008 年版,第 12—13 页。
④　列昂尼德·科甘:《展望俄罗斯的城市政策》,《第欧根尼》2003 年第 2 期。

治。这也就决定俄罗斯的民主法治建设必须与城市化相契合。没有城市化的实质性进展就没有俄罗斯民主法治的实质性进展。跨越式发展不等于可以绕过城市化的门槛。制度只是"器",城市是"道"。就整体而言,城市化要素是民主法治更为深层次、更具有隐蔽制约的文明结构要素。"更为准确地说,城市的社会环境和城市化的发展,创建了支撑普遍法律规范和世界文明精神价值的整个文化基础。"①因此,俄罗斯民主法治建设的关键是依托城市化的进度与广度,舍此别无他途。也正如约翰·弗里德曼所说的那样,"不论旧的传统形式的瓦解,还是新的价值准则的确立,都必然经过城市发挥的作用和影响来最后完成"②。而俄罗斯的"可控民主"如能成为俄罗斯未来民主法治发展的通道,那么"可控民主"就必须积极促进城市化发展,以便为民主法治的转型与巩固创造条件。如能如此,方"可以想象,在这些理想类型中,威权主义政体在其晚期可能已经有了一个强大的市民社会,有了支持宪政和法治的法律文化,有了在职业规范内运作的、可资利用的官僚机构和合理化制度化的经济社会"③。显见,城市化是俄罗斯民主法治发展不可或缺的基础与前提,也应成为我们审视俄罗斯民主法治发展的不可忽视的一环。

---

① 列昂尼德·科甘:《展望俄罗斯的城市政策》,《第欧根尼》2003 年第 2 期。
② 陈一筠主编:《城市化与城市社会学》,光明日报出版社 1986 年版,第 92—93 页。
③ 胡安·J. 林茨、阿尔弗莱德·斯泰潘:《民主转型与巩固的问题——南欧南美和后共产主义欧洲》,浙江人民出版社 2008 年版,第 56 页。

第四章　传统中国城市的乡村性
及对民主法治发展的阻碍

第一节　传统中国城市的乡村性及原因

一、　传统中国城市的乡村性

　　传统中国的城市具有乡村性。传统中国城市的乡村性表现为:其一,城市本身"不过是以土地财产和农业为基础的城市"[①]。即,城市在经济上基本是依赖于乡村的,或者说"乡村在经济上统治城市"[②]。换言之,"中国城市是以农为本的文明框架内兴起的"[③]。城市只不过是乡村的延伸,城市与周边的乡村并没有什么本质的不同,"中国的城市尽管规模宏大,却只是形成了更大的农业环境的'质量密集'版而已"[④]。

　　其二,城市社会的各种关系和组织架构模仿乡村的组织。传统中国城市的社会组织、制度和文化同它周围的农村之间并不存在明显的差别。中国传统社会是以自给自足的自然经济为基础的小农社会,人们的生产与生活基本

[①]　《马克思恩格斯全集》第 16 卷,人民出版社 2007 年版,第 480 页。

[②]　《马克思恩格斯全集》第 21 卷,人民出版社 2003 年版,第 189 页。

[③]　乔尔·科特金:《全球城市史》,王旭译,社会科学文献出版社 2006 年版,第 75 页。

[④]　同上。

在家庭、家族的狭小圈子中完成。家国同构是统治权关系的堡垒,依附关系表现为统治和服从。不同于西欧中世纪城市重建了新社会关系和组织、制度形态,中古中国的城市延续和保留着乡村社会组织关系。中世纪西欧的宗法关系限于乡村社会,而我们的宗法关系具有普遍性。中国的制度,起源于血缘氏族制,个人与国家的关系也以宗法关系作为理论基础,政治合法性的基础是家国同构。君主是天下臣民的父母,代表君主治理国家的各级官员是其辖区内民众的父母官,"就像皇帝通常被尊为全国的君父,皇帝的每一位官吏也都在他所管辖的地区内被看作是这种父权的代表"①。一个村庄和一个城市是小的宗法共同体,全天下则是大的宗法共同体。而中国传统宗法体制及文化形成的历史根源之一,便是"中国走向文明的途径,不是彻底地否定氏族制度的'革命',而是经由氏族内部的渐进性转化和'改良'……氏族亲属间的血缘纽带并未因氏族制度的瓦解而松弛,相反仍是沟通家与国、族与宗的一道血缘之桥"②。

其三,农耕社会的家长式权力体系,依然是城市的基本权力模式。并且,中国古代城市后来的发展始终也没有摆脱这种乡土社会家长制权力模式的影响。中国古代城市一方面呈现出维护家长和君主权力的特点,另一方面表现为宗法伦理文化在城市的盛行。古代中国城市的宗教设施,如庙宇、教堂、清真寺和金字塔,也向人们宣示着这些城市的乡村特质。"祖先崇拜在中国连续而持久的城市文明模式的演进过程中扮演了重要的角色。"③并且,"国家的都城既是政治中心,也是祖庙所在之地,而祖庙又是宗主制裁族众的宗族法庭。通过宗法制度使王权和族权直接合而为一,'家'与'国'相通,亲与贵一体,以致祭祀宗庙社稷的'祀',与保卫宗庙社稷的'戎',同属国家最重要的活动……"④。如到了 16 世纪晚期,"明朝皇帝还在王宫里举行以高度舞蹈化的动作来象征丰收的宗教仪式"⑤。历史学家杨宽先生对中国古代都城的形态也作出过一项很有趣的判断:中国古代城市由小城和大城组成,小城是君王的宫殿或地方官的府衙,大城是居民的居住地;西汉长安以前,小城多设在大城

①　《马克思恩格斯选集》第 2 卷,人民出版社 1995 年版,第 2 页。
②　张晋藩:《中华法制文明的演进》,中国政法大学出版社 1999 年版,第 17 页。
③　乔尔·科特金:《全球城市史》,王旭译,社会科学文献出版社 2006 年版,第 10 页。
④　张晋藩:《中国法律的传统与近代转型》,法律出版社 2005 年版,第 129 页。
⑤　乔尔·科特金:《全球城市史》,王旭译,社会科学文献出版社 2006 年版,第 75 页。

的西南隅,东向,反映了"坐西(南)朝东为尊"的以家为中心的礼制,西汉以前的礼制是以维护家族伦理为核心的宗法制度,家族中以西南宅为尊长者居住之处。东汉开始之后,小城多在大城的中央;南向,反映了"坐北朝南为尊"的君臣关系的礼制。[①]

二、 传统中国城市乡村性的原因

(一) 水利农业及农耕文明与游牧文明的冲突,造成了中国城市官僚早熟和商业性不足

　　理解城市和农耕文明在中国既有的生态地理条件下发生的内在原因,其中"水"在中国传统文化中占有特别重要的地位,它是中国农耕文化的核心元素之一。"在东方,特别是中国,灌溉和河渠系统高度发达,农业生产远远超过了西方。"[②]中国是从西周开始正式进入农耕时代,在世界范围看,中华民族是较早进入农耕时代的民族。并且,"治水问题决定了官僚阶级的存在、依附阶级的强制性劳役以及从属阶级对帝王的官僚集团的职能的依附。帝王的权力也通过军事垄断权形式来表达正是亚洲军事组织和西方军事组织分歧的基础。在前一场合下,皇家的文官和军官自始至终都是中心人物,而在西方,这两者原来都是不存在的"[③]。

　　与此同时,农耕文明与游牧文明之间的冲突,也是我们理解传统中国城市乡村化和中国官僚体制早成的重要维度。人类历史上早期的文明冲突,最主要地体现在农耕文明与游牧文明、城市文明之间的冲突中。如果说中世纪西欧偏向农耕文明与城市文明之间冲突的话,那么古代中国则偏向农耕文明与游牧文明之间的冲突。农耕文明与游牧文明的冲突是传统中国历史的重要内容。二者间的交融与冲突曾直接影响着王朝盛衰、世代隆替,同时,也左右乃至规定了它们自身的发展方向。一般认为秦长城是农耕与游牧两大文化圈的

① 参见杨宽:《中国古代都城制度史研究》,上海古籍出版社 1993 年版,第 196 页。
② 乔尔·科特金:《全球城市史》,王旭译,社会科学文献出版社 2006 年版,第 82 页。
③ 马克斯·维贝尔:《世界经济通史》,姚曾廙译,上海译文出版社 1981 年版,第 272 页。

分界线,长城沿线能反映两种文化形态在地理上的差异。古代中原统治者也希望它能成为政治、军事的分水岭,如汉文帝曾致书匈奴单于:"长城以北,引弓之国,受命单于,长城以南,冠带之宝,朕亦制之。"①清代以前,政权的对峙,双方利益的依存与对立都促使游牧民族一次次突破长城,驰骋于长城以南、黄河以北(或以西)的广大地区,通过暴力的征服、劫掠或和平的贸易等种种方式,也将这一辽阔地带变为两种文化交流、冲突的主要场所,即所谓文化接触带。

　　农耕文明与游牧文明之间的冲突,是我们理解传统中国倾向农业文明的重要维度。游牧文明与农耕文明的冲突,直到清朝才得到了根本解决。清代,中国的文明形势发生了前所未有的新变化,那就是农耕文明"大一统"局面的真正形成:彻底结束了以往两大文明对峙的局面,长城从此失去了向北防御的意义。清朝以前所未有地将农耕文化接触带推到长城以北的大漠地区,以和平的方式,交融汇合,蒙古与内地出现了新的一体化趋势,在这种情况下,加强国家统一,就不再是一种单纯的政治抉择,而是植根于文明统一之历史必然。清代,政府在蒙古推行盟旗制,限定各部游牧范围,"既定界,越者坐侵犯之罪"②,对许多蒙古王公和民众来说,接受相对稳定的农耕就成为必不可少的选择。与此同时,南方农耕也面临着许多新的问题,其中最主要的是土地不足和人口相对过剩。在南方已经没有发展余地的情况下,土地辽阔的蒙古就成为它非常自然的选择,而这正迎合了当时游牧民族对农耕的需求,随之而来,两大文化以新的方式交融汇合,北方文化面貌呈现新的景象。清代农耕文化的北上是以内地汉人迁往蒙古为标志的。包括半游牧、趋向农耕的部族,基本上都逐渐融入农耕世界。他们大都走上农耕化的道路——从以游牧为本的经济走向以农耕为本的经济,开始按照他们进入农耕世界时社会发展所达到的阶段和水平,逐步采取和适应了定居地的生产技术、生活方式、社会阶级制度、道德规范、思想、学术、文艺等。中国传统文化最后在清朝定型为农耕文化。满人入关后,他们对农耕文化的先进性产生了一种满足感,觉得吸取农耕文化就可以了。

---

① 《汉书》卷 4、《史记》卷 10。
② 《大清会典事例》卷 994。

（二）传统中国城市的官僚、政治本位抑制了城市工商业发展

可以说，是"政治，而不是商业，决定着中国城市的命运。长安、洛阳、开封、南京和北京等城市时运的涨落取决于统治王朝对其位置的喜好。防御的需要或者食物供给的便利程度等因素在很大程度上决定了哪个或者哪些城市成为首都"①。中世纪西欧对城市的想象是市场、自由与法治，而东方对城市的想象是权力、身份与特权。"中国最重要的城市作为帝国的行政中心而存在。在公元前 1 千纪周王朝的时候，这些中心城市的普遍模式就已形成，贵族宗教功能和军队为城市的主要角色，手工业者和商人的活动服务于上层统治阶级，通常扮演次要的角色。"②在古代中国，为商业而设计的都市远逊于为了政治军事而建造的城市。③《吴越春秋》说"筑城以卫君，造郭以居民"。考察这句话的含义，可以了解中国古代城市产生的情况。在古代中国，"官吏的所在地是城市的一个决定性的特征，而且城市是按官吏的等级分类的"④。城市的大小亦按其作为省、府、州、县等不同等级的治所而有严格的等级区别。传统中国所有城市都被划分为不同的等级，并存在着城市间的等级依附关系。首都是全国的中心，省会是一个省的中心，往下每个城市多是区域的政治中心，城市里就是当地的行政长官。

传统中国的城市供应品主要由农民地租而来，城市是"寄生者"，它们耗费乡村生产的食品和财富。或言之，城市对于乡村具有依附性与剥削性。马克思曾经深刻地揭示："在亚细亚，城市的繁盛或存在，完全是由政府的地方性支出生起的。"⑤他们这样就可以不用交换，每日依靠农民的进贡过着奢侈的生活。中国古代城市的产生方式决定了其城市全然不同于西方，并且没有发展出真正意义上商业本位的城市。古代中国城市首先是政治军事的所在地，是

---

① 乔尔·科特金：《全球城市史》，王旭译，社会科学文献出版社 2006 年版，第 76 页。

② 同上。

③ 参见杨宽：《中国古代都城制度史研究》，上海古籍出版社 1993 年版，第 13—15 页。

④ 马克斯·维贝尔：《世界经济通史》，姚曾廙译，上海译文出版社 1981 年版，第 270 页。

⑤ 马克思：《剩余价值学说史》第 3 卷，郭大力译，生活·读书·新知三联书店 1951 年版，第 448 页。

政治中心,然后,它一般又会成为商业贸易中心、交通中心、文化教育中心、财政金融中心。也就是说,中国的城市首先都是作为地区的政治中心而存在的,一般都是先成为州或府的所在地,然后才成为商贾的汇聚地。可以说,东方是城市内兴"市",而西方,尤其中世纪的西欧是由"市"兴"城"。政治因素是中国古代城市发展的首要因素,一个城市成为首都,就会迅速发展;相反,一旦迁都,就会萧条下去。在中国历史上,这样的例子屡见不鲜。这种王朝兴衰带动的城市发展,虽曾创下了辉煌一时的城市文明,比如盛唐的京城长安、南宋偏安朝廷的都城临安、令意大利人马可波罗目瞪口呆的元大都,都是人口过百万的超级大都市。然而,我们也要注意,中国古代没有商业支撑而受政治影响的城市,其发展具有很大的不稳定性。如果一旦不能成为地区政治中心,城市的发展很有可能就此止步,甚或陷入废弃状态。正如经济史学家赵冈先生所指出的:"第一,中国城市发展的主要因素是政治力量,不待工商业之兴起,所以中国城市兴起很早。第二,政治因素远不如工商业之稳定,常常有巨大的波动及变化,所以许多城市的兴衰变化也很大,繁华的大都市转眼化为废墟是屡见不鲜的事情。"①在中国古代文献中,"城"和"市"是两个不同的概念。"城"是指有防御性围墙的地方,能扼守交通要冲,防守军事据点和军事要塞。"市"是商品交换之所。"中国城市的布局也体现了这种社会特权;统治者的宫殿位于都市中央,市场被置于缺少便利的偏远之处。"②并且,城市生活由帝国官僚严格控制,市场开放和城市宵禁的时间由更鼓来宣布。尽管传统中国首都的变动和伴随而来的臃肿的政府机构,其自身就足以刺激商品经济的萌芽,但城市中的手工业和商业在整个经济不占主导地位,也不能改变以农业为本的状态。

另外,建立在交换价值基础上的工业和商业带来的这种平等其实是对统治者的挑战,所以中国历代的统治者都是排斥工商业的。其一,"士农工商"社会等级的四民理念,使工商业者不得不"以末治财,用本守之",即捐纳买官、光宗耀祖和以保平安。于是,"中国的城市商人利用财富来攀越森严的等级限制,为他们自己或者子女进入贵族或官宦阶层寻找途径"③。这些做法也具有一定的必然性,因为当正式法律制度里没有私有产权的保护机制之时,即使如

---

①　赵冈:《中国城市发展史论集》,新星出版社 2006 年版,第 90 页。

②　乔尔·科特金:《全球城市史》,王旭译,社会科学文献出版社 2006 年版,第 20 页。

③　同上。

同沈万三那样富可敌国的大富豪也无力抵御王权的侵扰,于是,最安全的自我保护之途,就是投身仕途,利用政治权力保护自身。宋、元、明、清的商人参加科举考试进入仕途的比率极大,而且获得"秀才""进士"身份之后并不热心于宦官浮沉,只是借助官场上的关系加强自身保护和扩展生意,这样的事例比比皆是。造成一个负面的效果却是"混淆仕商",一方面,商人没有动力推动制度变革以制定正式的产权保护制度,另一方面,商人投机取巧的社会形象难以得到改变。传统社会对商人这种混迹仕商、图谋私利的憎恶根深蒂固,在这样的行为模式之下,商人无法得到社会的认可。这种社会形态支配下的中国城市的商品经济是不可能健康、成熟地发育和发展的。

其二,我国历朝历代都强调农业的重要性,把农业作为社会的根本,作为社会稳定的根基,甚至不惜采取"重农抑商""崇本抑末"的策略。整体说来,中国政府能随时对任何新兴高利润商业事业实行垄断或课以重税,并且一般不会去主动鼓励工商业的发展,只是在可控的前提下允许它适当发展。中国大一统的专制封建政府历代对商品经济和城市政策在很大程度上以服从政治稳定和保护自给自足的小农经济为目的,并采取重农轻商和对工商课以"重租税以困辱之"的政策。历代对商人的态度一直采取打击与限制的政策,如不许乘马,不许仕宦为吏,不得与士为伍等,商人的社会地位一直非常低下。在隋唐以及辽代,科举对商人、工匠及其子孙是不开放的,但是到了宋代,这种限制已经减轻。当时政府规定,进士级的考生必须结成互保团体,所担保的首要事项就是"身是工商杂类,及曾为僧道者"不得取应。后来的元明清三朝都没有这样低度的限制,明清两代更有一些优待政策,如规定登记为"商籍"人家的子弟可以在商人居住地或经商地参加生员考试以进入学府,而不必像一般人必须回原籍考试。这样一来,商人进入仕途的道路更加通达了。不过,清王朝的雍正皇帝还是"重定四民之序",再次从伦理上强调商人地位的低下。

总之,是"专制集权的强大进一步减缓了亚洲和伊斯兰城市的发展进程。甚至像西班牙的科尔多瓦和中国长安这样宏伟的城市,也随着统治王朝的倾覆而衰落。专制体制也特别使得东方城市容易受到伊本·赫勒敦所描绘的政体的自然'生命周期'的破坏"①。在这样的制度框架下,中国绝不能自动长出

① 乔尔·科特金:《全球城市史》,王旭译,社会科学文献出版社 2006 年版,第 84 页。

中世纪西欧城市中的那种"中产阶级"。或言之,"中国、印度或者埃及,中产阶级力量的蓬勃兴起却不曾发生。专制政权到处任意征税、没收财产,以宫廷喜好行事,破坏了对企业家的激励机制"①。

(三) 传统中国的故土难迁的小农经济阻碍了城市工商业发展

传统中国自给自足的小农经济似乎更为发达、更为持久,家庭生活大部分用品是在一个家庭内通过手工业和农业相结合而创造出来的,而这种家庭完全能够独立存在。政府也鼓励或促进这种农户兼业化,而且这种现象一直伴随着中国传统农业文明长期发展。在小农经济条件下,每一个农户差不多都是自给自足的,都是直接生产自己的大部分消费品,因而他们取得生活资料多半是靠与自然交换,而不是靠与社会交换。中国的村庄与其说是生活和功能性的共同体,还不如说是许多农家的聚居地,这里可以观察到传统中国村庄或村落的社会性质:不是一个内部具有交换关系的生活性社区,而仅仅是一个个单独农户相对聚居。任何一个单独的农户都是自给自足的生活共同体,农户之间基本上是没有分工交易关系的(有一些少量的"换工"也主要是发生在亲戚之间)。聚居而不是散居,其功能可能主要在于患难相恤,而不是为了分工交易,这样的村庄不具有集市的功能。与此同时,(中国)许多村庄在感情上强烈排斥外来户的迁入,原因很简单:缺少土地。传统社会家庭成员一般不远离家庭。孔子说:父母在,不远游。如果一个家庭的成员长时间出离在外,就叫"游子"。"独在异乡为异客,每逢佳节倍思亲""慈母手中线,游子身上衣,临行密密缝,意恐迟迟归""海内存知己,天涯若比邻,无为在歧路,儿女共沾巾""劝君更尽一杯酒,西出阳关无故人",都体现出故土难迁。中国传统社会是以自给自足的自然经济为基础的小农社会,人们的生产与生活基本是在家庭、家族的狭小圈子中完成的。农耕社会的家长式权力体系,依然是全社会的基本权力模式,并靠基于农耕文明的家庭伦理来维系。"家庭生活是共同体的生活方式的普遍基础。"②

---

① 乔尔·科特金:《全球城市史》,王旭译,社会科学文献出版社 2006 年版,第 85 页。
② 斐迪南·滕尼斯:《共同体与社会》,林荣远译,商务印书馆 1999 年版,第 336 页。

　　传统中国,历朝历代也都倾向通过保甲、户籍制把人口固化。其基本思路是,减少人口流动以便控制和统治。从国家层面来说,户籍管理是传统国家实施财政政策的基础,也是进行政治统治的重要方式。因此,历朝历代都通过严格的户籍管理力图将人口的居住固定化,如果脱漏户口,地方长官和家长都要承担刑事责任。应当说,中国社会在人口管理上一直延续着限制人口流动的传统和惯例。中国古时候就开始通过土地依赖和人身依附等方式把农民束缚于狭窄的村落乡里。例如周代就形成了"什伍制"这种严格的人口管理制度,《周礼·地官·族师》中记载:五家为比,十家为联;五人为伍,十人为联。到了秦国,这种"什伍制"就已经发展成为"什伍连坐制",形成了对人口严格的甚至是残酷的控制与固定,秦孝公时,"卫鞅为左庶长,定变法之令,民为什伍,而相牧司连坐,不告奸者腰折,告奸者与斩敌者同赏,匿奸者与降敌者同罚"①。历朝历代类似的人口控制和户籍管理制度到处可见,其核心是固化民众的分散化存在,以便于"分而治之"式统治。这样,整个社会就由一个个封闭的、分散的宗法组织构成,地主、工商业者和小农一样从来就没能形成一种联合的力量。社会力量的这种分散状态正是专制政治得以建立、延续和不断强化的重要条件,也是传统国家极力主张和维护宗法伦理的深层动因。

第二节　传统中国城市乡村性对民主法治发展的阻碍

一、　传统中国城市难以发展出民主法治的治理与技术

　　由于传统中国"城市秩序原理完全不同于西欧,最终无法自发地生长出现代形态的法治"②。中国并未像西方那样促成现代法治的诞生,中国"没有出现类似于现代西方所确立的那种与众不同的法律秩序的东西"③。在西方城市

---

① 《史记》卷 68。
② 舒扬等:《现代城市精神与法治》,中国社会科学出版社 2007 年版,第 81—82 页。
③ R. M. 昂格尔:《现代社会中的法律》,吴玉章、周汉华译,译林出版社 2001 年版,第 96 页。

社会,法律是一种体现全社会基本愿望和基本需求的普遍性规则,具有权威性和客观性,任何个人都必须将法律视为最高的行为准则,自觉维护法律的尊严与权威。法是市民在长期的共同生活中形成的;大多数制定法形式上是基于市民的共同意志而制定的。这些法律对市民意志的尊重,促成了市民自觉守法,并依靠法律解决纠纷,强化了人们的法律意识和法律观念。"现代社会的法律体系更多是一种韦伯意义上的理性化法律体系,强调稳定性、可预见性、程序性、非人情性,中国古代强调乡绅自治的秩序传统。"①在中国传统社会,始终坚持等级人身依附关系政治取向而保持等级人身依附关系的基本性格。在这种差序格局中,有君臣、父子、贵贱、亲疏、夫妇、长幼、上下等差别,每个人都有其相应的位置和身份。中国的道德和法律都是基于身份作出的规范安排,因此"一切普遍的标准并不发生作用",在处理各种问题的时候,"一定要问清了,对象是谁,和自己是什么关系之后,才能决定拿出什么标准来"。② 在宗法文化中,并不存在平等适用的统一的行为规范与道德信条,人们所遵循的行为规范和道德信条不仅因族内和族外而不同,而且在族内也因尊卑长幼的不同而不同。因此,在宗法文化中,一切行为规范和道德信条都具有身份属性。墨家主张"兼爱"即不分对象而一视同仁的爱,被儒家斥为不讲人伦的禽兽之行。与这一社会等级系统相联系的法律体系,必然是确认不同等级人们的不平等的法律地位,极力维护专制君主至高无上的独尊地位。

传统中国城市没有发展民主法治式治理与技术。中国早在 7 世纪和 11世纪就实行过变法,以有训练的官吏代替古文学家来主持行政,但是这种变革由于缺失城市化支持,而不可能取得根本效果和实际意义。遇有旱灾或者意外的事故发生,就颁布上谕,厉行科举,速决讼狱,以安鬼神。礼是传统中国维系社会最基本的规范也是贯穿于传统文化的最核心价值。其内容就是追求宗法关系的和谐稳定,"第一是对和谐、安定和团结的渴求,盖过了对人际利益冲突之认定以及对社会平等的关注,所以说:'礼之用,和为贵。'第二是个人寓于角色之中,突出社会要求,抑制一己情欲,此即孔子所言之'克己复礼'。第三是虚己让人,处处以别人为重。《礼记》有云:'夫礼者,自卑以尊人。'第四是强调对等回报,此即《礼记》所指的'礼尚往来',借以作为民间制裁手段,从而确

---

① R. M. 昂格尔:《现代社会中的法律》,吴玉章、周汉华译,译林出版社 2001 年版,第 95 页。
② 费孝通:《乡土中国》,生活·读书·新知三联书店 1984 年版,第 36 页。

立社会秩序"①。为了稳定,人与人之间的相互依赖和谦让必然被强调,反对为小利而争讼。孔子所云"听讼,吾犹人也,必也使无讼乎!"(《论语·颜渊第十二》)自然成为概括传统诉讼观的经典之语。所以,我们通常所理解的家族社会是无讼的社会,因为"维持礼治秩序的理想手段是教化,而不是折狱"②。首先,争执首先在这些团体里得到亲族或拟制亲族的调解以化解。"家与家间的争端,五服亲长者有劝和的义务,必要时加以仲裁。读过圣贤书的乡绅、族内受敬重的尊长,尤适担任调节者。如果仍然不成,制度化而正式的权威,如族长、乡长、行会领袖就必须扮演调解或仲裁或判决的角色,县衙门只是最后的抉择而已。如此层层类推,才是一个由'私了'渐向'公断'发展的过程。……非至绝路,绝不告官兴讼。"③其次,"传统中国除了纵向的身份等级(差序)结构之外,尚有横向的社会流动和经济交往。正是这种流动和交往,才是传统中国'契约'发生作用的场域"④。即,事关婚姻、田土、钱债之类的纠纷多发生在这种横向场域。在国家诉讼秩序层面,此类案件被称为"细故"而划归州县"自理"案件。所谓"自理",意在对于受理与否及其如何审断,州县官有很大的自由裁量权。而由于司法资源的紧张,这种发生在横向场域的案件往往被再次打回家族内部,从而再次转入纵向场域,再一次被遮蔽或是压抑。总之,古代中国社会及城市都表现为社会对稳定的极度偏好,甚至将之奉为唯一价值。这与城市文明中斗争的合作意向性正好相反。可以说,西方城市文化具有对抗形态的"合作意向性";而中国文化的"深层结构"则具有维持"超稳定"的"目的"意向性。⑤

　　传统中国城市主要作为自然经济的管理空间,"城"要优先于作为市场经济的交易空间"市"。城市的政治管理职能高于、先于、重于城市的市场职能。韦伯、伯尔曼等学者特别重视的商人在城市生活中的地位,在中国也没有特别表现。"这个帝国是一个农业国,所以代表经济生活十分之九的农民氏族——其余十分之一则属于商业和贸易的行会组织——的势力是牢不可破的。事实

①　应星:《大河移民上访的故事》,生活·读书·新知三联书店2001年版,第111页。
②　费孝通:《乡土中国》,江苏文艺出版社2007年版,第59页。
③　林端:《儒家伦理与法律文化》,中国政法大学出版社2002年版,第9页。
④　徐忠明:《小事闹大与大事化小:解读一份清代民事调解的法庭记录》,《法制与社会发展》2004年第6期。
⑤　参见孙隆基:《中国文化的深层结构》,广西师范大学出版社2004年版,第153—154页。

上是万事听其自流的。官吏并不治理政事,只有在变乱或意外事件发生时,方始过问。"①另外,"在古代中国,行政命令和法律规则之间并无明确界线;没有摆脱统治者顾问身份的可辨认的法律职业;没有置身于道德和政策论据之外的特殊的法律推理模式"②。古代中国社会及城市,法随君出,罪刑擅断,权大于法律,不是法律支配权力,而是权力支配法律;中国古代一直处于封建农耕经济,用刑罚和民间礼仪维护君主的统治是中国古代法律思想的总线索。由于农业社会中人群的分散使得很难有一种强大的力量来反对皇权,所以农业社会中统治者的权力会变得非常强大。在传统的人治而非法治的社会环境里,底层民众对于官员的行为缺乏必要的权力制约和抗衡,所做的很大程度上只是期盼所谓的清官"恩典"的出现。在皇权至上、绝对臣服的文化土壤之上,几千年来,老百姓形成了对权力,尤其是中央皇权的高度崇拜和身份依附。正如马克思所言:"小农的生产方式不是使他们相互交往,而是使他们互相隔离。……他们不能代表自己,一定要别人来代表他们。他们的代表一定要同时是他们的主宰,是高高站在他们上面的权威,是不受限制的政府权力,这种权力……从上面赐给他们雨水和阳光。"③这种对"清官"和"青天"浓郁的感情依赖和深厚的感恩心理,凝结成了中国传统文化中的"清官"和"青天"情结,并且深深渗透到民众的内心和骨髓。中国人往往愿意把一个社会治理的希望寄托在一个明君或者一些贤臣、廉吏的身上。在中国传统社会,包拯、海瑞这样的"清官"和"青天大老爷"寥若晨星、难能可贵。

古代中国社会对统治者的信任,"更多地表现了他们的下列愿望:要使得领导者对自己的行动更加负责,以及在领导者不能代表人民时,把他们赶下台"④。西方城市民主法治强调的是对自己的信任,强调自己参与政治制度,而传统中国无论是法家法治还是儒家法治,体现的是对上的寄托,而缺少自下而上兴起的民权或民主政治。中国传统社会也形成一种"要求国家履行其职责的各种压力,形成了一种'协定'。孟子已经讲得很明白:如果国家不能履行其

---

① 马克斯·维贝尔:《世界经济通史》,姚曾廙译,上海译文出版社1981年版,第288页。

② R. M. 昂格尔:《现代社会中的法律》,吴玉章、周汉华译,译林出版社2001年版,第97页。

③ 《马克思恩格斯选集》第1卷,人民出版社1995年版,第693页。

④ 王国斌:《转变的中国:历史变迁与欧洲经验的局限》,李伯重、连玲玲译,江苏人民出版社2010年版,第132—133页。

义务,农民就有'权利'造反"①。于是,传统中国发明和创造出了一种选择好皇帝机制,即暴力"革命"下的王朝变更。② 中国古代,几乎没有人真正相信"王朝永命"。《尚书·多方》说:"惟天时求民主。"也即,"天命不于常"(《尚书·康诰》),上天每时每刻都在为人民寻求合格的君主,这就意味着它随时可能剥夺一个王朝、一位君主的天命。这种革命观既鼓吹唯天子受命于天,认定是天赋予了君主神圣、至尊的身份与权力,同时又注重以民心向背来解释王朝更迭与为君之道。在此革命观看来,天命既是神意的体现,更是民心的凝聚与升华。君主如果不尊天意,不守君道,就将成为苛暴之君,天就会另选贤君明君来取代之。也即,打散之,则天之命便不复降于彼,而降于新兴者,此所谓"既革命亦受命"也。③ 显见,这里的"革命"是暴力方式的"革命",并不是和平方式下的"革命"。并且在这里,对暴君的批评并不是对君主制的否定,而恰恰是对明君、圣主的衬托与企盼。中国古代"变革皇帝"的"革命"论并不具有"彻底更新"意义,"革命"的本意也只是王朝易姓。也就是说,变的是君主,而非君主制度。君主制是中国古代政治合法性的基石,它是"道",是不变的,即"天不变,道亦不变"(《汉书·董仲舒传》)。

由是,作为一种现象,在中国传统社会中,好皇帝的寻找、社会矛盾的化解,多是依靠周期性的农民起义、王朝变更实现的。破坏性太大,几十年上百年积累起来的生产力和社会进步常常因一次王朝更替而付之东流。古代中国人"平素不善于利用合理的渠道来宣泄自己的攻击性,因此当这种攻击性终于迸发出来时,是不受理性控制的。盲目的、破坏性的,而且是没有游戏规则的,是斗死方休"④。古代中国人在一些场景下是恭顺谦让的,但另一些场景之下,他们之间的斗争又是极为无序与殊死的,这种看似截然相反的性格来自儒家的秩序情结及其反动,且不能从根本上解决问题。革命的目的是使有德者居于位,革命的结果只是王权再造。革命不是以变革制度为诉求,而是以变革统

---

① 王国斌:《转变的中国:历史变迁与欧洲经验的局限》,李伯重、连玲玲译,江苏人民出版社2010年版,第132页。

② 在中国传统社会,"革命"论充分肯定了改朝换代的正义性。"革命"一词,在中国来源甚古,所谓"汤武革命应乎天而顺乎人","'革命'者,变更其所受于天之命也"。参见牟宗三:《政道与治道》,广西师范大学出版社2009年版,第3页。

③ 参同牟宗三:《政道与治道》,广西师范大学出版社2009年版,第4页。

④ 孙隆基:《中国文化的深层结构》,广西师范大学出版社2004年版,第160页。

治者为目标,结果中国传统社会始终没有能发展和建立起制度化的社会利益平衡与矛盾化机制。统治者的恣意始终无法通过宪制、法治等权力约束体制得到有效遏制,而其所依靠的只是"革命"威胁下的统治者自我约束。然而,即使这种自我约束能达致最理想状态,其所产生的也只是明主、好皇帝的"人治政府"。而这种"人治政府"最终也决定了盛世总是难以持久,因为只要权力不受限,那么,权力腐败就是很难避免的事情。从绝对权力到绝对腐败,从绝对腐败到绝对革命也就成为顺理成章的结果。史实也表明,正是因为缺乏宪制、法治对权力进行规范和约束,而使得腐败、革命、收敛、再腐败、再革命,在中国的历史场景中总是不断地被再生产着。①

二、 传统中国自身缺乏现代化和民主法治转型的主导力量

毫无疑问,在罗马帝国衰退后的数百年内,传统中国这些的都市大邑是这个星球上最发达并且是最复杂的,但它们在很大程度上并不是真正商业、市场和民主法治本位的城市,多是农业文明时代村镇的扩大版,始终无法化约为现代化启动与民主法治转型的主导力量与载体。社会转型的基础是什么? 是城市及城市化。对此,转型国家两大类:一类是有城市因素的西欧封建国家;一类是缺乏城市因素的东方官僚帝国。前者转型较容易,后者转型比较困难。在这里,城市不是根据它的面积大小来回答的,真正的城市必须是商品交易的中心,为此马克思、恩格斯就指出:"某民族内部的分工,首先引起工商业劳动和农业劳动的分离,真正意义上的城市也就产生了。"或言之,"城市本身表明了人口、生产工具、资本、享乐和需求的集中;而在乡村里所看到的却是完全相

① 刘泽华等人在《专制权力与中国社会》一书中指出:"中国历史上大大小小、形形色色的动乱,几乎和饥荒是一样的多。其中震撼全局、造成一代王朝兴亡和全社会天翻地覆的大动荡,长者二三百年,短者几十年,就要发生一次。……但是所有这些现象的发生,都有一个共同的前提,就是国家政治的腐朽和社会经济的崩溃。"参见刘泽华等:《专制权力与中国社会》,吉林文史出版社 1988 年版,第 291 页。对此,周溯源先生也指出,中国历史上的治乱循环出于类似的原因,产生相似的结果,周而复始,呈现出一定的周期性和规律性,因而可以从中得出一些本质性认识:"为什么会走向动乱衰亡? 因为腐败。为什么会出现腐败? 因为对权力没有监督和制约。为什么会没有监督和制约? 因为是专制和人治。"参见周溯源:《千年忧思——古代思想家政治家治乱兴衰思想论纲》,上海人民出版社 2009 年版,第 247 页。

反的情况:孤立和分散"①。也就是说,乡村社会,占统治地位的"不是社会劳动,而是孤立劳动","按其性质来说就排斥社会劳动生产力的发展、劳动的社会形式、资本的社会积聚、大规模的畜牧和科学的不断扩大的应用"。②而城市则促进社会分工,社会分工促进了社会生产关系的变革,体现着社会分工式生产方式对自足孤立生产方式的历史性超越。而中国君主官僚制社会没有能孕育出这种商业、民主法治本位的城市。即,"亚细亚的历史是城市和乡村无差别的统一"③。这是中国传统社会母体不能产生现代化的根源。中国传统社会缺乏全新的城市因素,社会变革缺乏内部驱动力。有些侈谈什么中国也可以从内部自然生长出资本主义来的人们,忘掉了中国传统社会没有足够的自主性城市力量自行向现代转型。简而言之,传统中国缺乏一种现代化得以产生的某些必不可少的先决条件——城市化。"城乡对立在西欧封建社会的初期和盛期十分明显。而在中国封建社会前期,城市居民包括了皇族、官员、地主、商人和手工业者,以及依附于皇族官员、地主的各种人。商人和手工业者受制于官府,他们摆脱不了官府的控制。中国封建社会刚性体制下,既然没有城乡对立,当然也就不可能产生像西欧那样的城市争取自治地位的斗争了。"④也即,在中国传统社会"不曾出现过城乡的对立,……中国封建社会的城市中的居民不可能形成体制外的异己力量,城市也不可能成为体制外的权力中心"⑤。城市不是体制外的异己力量,因为他们不可能使封建制度改变性质。

传统中国有很多著名的大城市,但因为当时自然经济及君主专制统治仍占统治地位,城市主要是政治、军事统治中心,特权为其基本性格,城市是"寄生者",它们耗费乡村生产的食品和财富。"交换是有限的,市场是狭小的,生产方式是稳定的,地方和外界是隔绝的。"⑥这种"城市"实际上仅具有"城"的含义。马克思、恩格斯指出,"以土地财产和农业为基础的城市只能是王公贵族的营垒,帝国广阔疆界中实现行政统治的独立的岛屿"⑦,"真正的大城市在这

① 《马克思恩格斯选集》第3卷,人民出版社1995年版,第57页。
② 《资本论》第3卷,人民出版社1975年版,第916页。
③ 《马克思恩格斯全集》第46卷(上册),人民出版社1979年版,第480页。
④ 厉以宁:《资本主义的起源——比较经济史研究》,商务印书馆2003年版,第461页。
⑤ 同上书,第455—456页。
⑥ 《马克思恩格斯选集》第3卷,人民出版社1995年版,第313页。
⑦ 同上。

里只能干脆看作是王公的营垒,看作真正的经济结构上的自由赘疣"①。而西方,尤其是中世纪西欧以来的城乡不同,带来商品流通深入农村,农产品商品化倾向日益加强,农村出现了加工业并得到了很快发展,于是农民由原来自然经济小生产者逐渐转变为小商品经济生产者。而古代中国的城市则是一个完全不同的概念,它们是奢侈消费的中心,是政治中心。由于古代中国城市主要作为政治中心、消费中心,城乡之间商品交换甚少,城市的物资供应主要是农民地租的转化形式,城市贸易多是农产品与农产品的简单交换,而不是手工业品与农产品的交易,工商业者力量软弱。因此,农村经济长期没有摆脱自然经济性质而较快地发展为真正意义的商品经济,故此解体缓慢。乡村宗法文化就不能像西方那样地通过城市和商品经济的发展而加以改变。在古代中国,城市都不是体制外的异己力量,其他就更不是了。农民受到官府和地主的压榨,忍无可忍,揭竿而起,尤其是在大灾之年,流民日众,他们聚集到起义者的旗下,组成起义队伍,攻城略地,打击地主势力,甚至推翻了旧皇朝,但他们所建立的政权依然是乡土性质、传统性质的,传统制度并不因旧皇朝被推翻和新政权被建立而退出历史舞台。农民起义军属于传统体制而不是现代体制的原因就在于此。在中央集权势力削弱的情况下,地方封建割据势力纷纷崛起。这些地方封建势力,无论是在他们割据称霸的当地,还是在夺取了中央政权,成为新皇朝的君主以后,都使传统制度延续下来。

也正是因为中国城市文明发展滞后,使得近代中国不敌西方。农耕文明能对付游牧文化,却对付不了城市文明。西方文明近代占据优势的主要原因是基于城市文明。近代伊始中国不敌西方,内含着一定的历史必然性。中国是一个农业大国,源远流长的农耕文明是孕育中华文明的母体和基础,农耕文化是我国从未间断的一种文化,中国传统文化源于农耕文化,最后定型的也是农耕生产中成长的文化。中国传统文化体现和反映了传统农业的思想理念、生产技术、耕作制度以及中华文明的内涵。古代中国尽管有四大发明,明代郑和下西洋等,但这些大都是乡土中国的农业经验成果和帝国政治行为,而不是城市的经验成果和经济行为。近万年的农业生产是中国传统文化产生和发展的社会基础,农耕文化是中华文化的根,它贯穿中国传统文化的始终。农耕

---

① 《马克思恩格斯全集》第 46 卷(上册),人民出版社 1979 年版,第 480 页。

文化中的许多理念、思想和对自然规律的认知(如夏历、二十四节气、阴阳五行等)延续至今。它的形成和发展过程浸透着历代先贤的血汗,凝聚着我们民族的智慧,集中升华了亿万民众的实践经验、教训和成功,反映了中华民族对人与自然之间的关系、规律的认识与把握。农耕社会的文化精神,从正面说,是吃苦耐劳、生生不息;从负面说,常常表现为自给自足的心理、缺少冒险精神、重农轻商等,更为重要的消极影响是阻碍和延缓中国传统社会向现代社会的现代化转型。而西方文明基本是在城市时代产生和定型的,虽然经过后代不断改造,但它的基因属于城市文化。近代西方城市源于已经牢固地建立起来的中世纪的城市传统,而这一传统又是古希腊和罗马城市传统的衍生物。几乎没有其他文明可以有这样深厚的城市化传统和背景。即,"无论出现何种随意性或系统性的间断以及地区性差异,欧洲城市化一直保持着持续发展的势头"[1]。这就注定了中西文化的根本差异。可以说,中国传统文化与西方近代文化之间乃性质之异,而非程度之差,西方文明在近代占据优势的主要原因是城市文明。18 世纪下半叶产业革命始,西欧资本主义国家的城市化进程明显加快,中国近代的城市化水平乃全球范围内最低的水平,贝罗赫在谈到中国城市化时指出:"在本世纪初中国城市化的水平还比第三世界其他地方低得多"[2]。就城市化对现代化的带动而言,欧洲率先经历了这一过程。西方的现代化更多地体现着城市化这一规律。正是基于城市化基础,西方在不到一百年的时间里"所创造的生产力,比过去一切世代创造的全部生产力还要多,还要大"[3]。也正如马克思所指出的:"正像它使乡村从属于城市一样,它使未开化和半开化的国家从属于文明的国家,使农民的民族从属于资产阶级的民族,使东方从属于西方。"[4]

---

① 保罗·霍恩伯格、林恩·霍伦·利斯:《都市欧洲的形成》,阮岳湘译,商务印书馆 2009 年版,第 105 页。
② 保罗·贝罗赫:《1900 年以来第三世界的经济发展》,上海译文出版社 1979 年版,第 221 页。
③ 《马克思恩格斯文集》第 2 卷,人民出版社 1995 年版,第 36 页。
④ 《马克思恩格斯选集》第 1 卷,人民出版社 1995 年版,第 255 页。

第五章　近代中国的城市化
启蒙与民族国家建构

第一节　近代中国的城市化启蒙

一、 近代中国城市化发展境遇的特殊性

近代中国商业属性的城市化是从半封建半殖民地的旧中国上建立起来的，在许多方面仍然保留着殖民主义和乡土政治的色彩。它是在中国自然经济占主导地位的经济结构中发展的，也是在中国沦为半殖民地的特殊历史环境中展开的。正是半封建半殖民地的社会性质决定了近代中国城市的悖论性。

首先，近代中国的城市是在中国自然经济占主导地位的经济结构中发展的，在许多方面仍然保留着乡土政治的特色。近代之前的历朝统治者一般都会严格管制百姓们的私自流动，而此时开始松动。"到了 19 世纪，商业刺激，晚清几场大动乱引发的流离失所伴随着 1860 年代中期开始的后太平天国贸易复兴，终于使自愿流动超过了国家主导下的流动。而且随着时间的推移，统治者越来越不愿意去限制人们通过流动来改善其命运的做法。"①大批移民遵

---

① 苏黛瑞:《在中国城市中争取公民权》,王春光、单丽卿译,浙江人民出版社 2009 年版,第 30 页。

循着普遍的市场驱动规则流动,也就是为追求更好的生活水平而流动。同时,相对比较穷的人都可以自由流动。因为,有些大规模跨区域的流动实质上是普通百姓自发躲避这样或那样灾难的逃难行动。不过,"古老的、陈旧的生产方式以及伴随着它们的过时的社会关系和政治关系还在苟延残喘"[①]。专制政治、发育不全的商品经济、落后保守的传统意识等都成为制约商业化城市发展的因素。

其次,近代中国商业属性的城市化也是在中国沦为半殖民地的特殊历史环境中展开的。中国近代商业属性的城市化始终与被动的开埠通商联系在一起,自 1840 年鸦片战争后,中国在东西方列强的武力胁迫下,先后对外开放了70 多处通商口岸。西方给中国带来的近代城市化更多是殖民主义者的利益。19 世纪 60 年代,曾国藩就讲到,西方列强在中国"广设埠头,贩运百货,亦欲逞彼黠削之诡谋,隘我商民之生计"[②]。随着资本主义国家侵略势力的步步深入,第二次鸦片战争后中国即已形成的口岸城市体系,既是西方列强源源不断地输入本国商品的批发站,又是掠夺输出中国商品的转运站。

二、 近代中国城市化的启蒙性意义

近代中国是鸦片战争后被迫加入第一次全球化,以往的教科书总是从中国作为受害者的角度谈论全球化在 1840 年后对中国的影响,几乎没有从正面的角度谈全球化给中国带来的利益。但实际上,如果我们从过去 160 年的长时间跨度来评估这段历程,我们会看到全球化给中国的好处既广泛又规模巨大,姑且不说像教育、科学技术、医疗、传媒、交通等领域,即使只以中国的工业为例,我们也能看到其好处之大。由于近代西方客观上契合了人类进步和城市化的总体趋势和一般规律,实际上担负了将现代生产方式、生活方式、思维方式和交往方式向全世界播散的历史任务,从而起到了一定的进步作用。对此,我们应当如实地考察城市世界冲击农耕世界的意义,即,城市世界对农耕世界的冲击,对近代中国进步的影响。其一,中国穿朝越代的农业文明稳定性

---

① 《资本论》第 1 卷,人民出版社 1975 年版,第 11 页。
② 曾国藩:《预筹修约事宜疏》,见《皇朝经济文编》卷 74,第 1 页。

成为阻碍中国实现工商文明和现代化转型的内在惰性,并且中国农耕文明的高度发达与自成一体,注定了这种转型不可能自发地产生,而是一场在西方工商文明外力作用下的被迫改革。其二,开埠通商现象对中国近代城市化进程产生了多方面的影响。自 1840 年鸦片战争后,中国在东西方列强的武力胁迫下,先后对外开放了 70 多处通商口岸。在地大物博、幅员广大的中国建立一个由大口岸城市到乡村集市的进出口商业贸易网,以便使中国经济卷入世界资本主义的经济体系之中。商业化的浪潮成为城市化的首要推动力,城市功能发生变化,由单纯政治、军事中心向经济中心转移,与之相适应,市民队伍形成壮大。此后,沿海在中国社会、经济变迁中开始发挥出显而易见的先导作用。改变了传统农本经济的超稳固状态,使部分农业从属于商业,部分乡村经济成为城市经济的附庸,从而启动了中国近代的城市化运动。它也使城市学术、艺术、文学、思想的发展获得了坚实的基础。梁漱溟对此就曾指出:"我可以断言假使西方化不同我们接触,中国是完全闭关与外间不通风的,就是再走三百年、五百年、一千年也断不会有这些轮船、火车、飞行艇、科学方法和'德谟克拉西'精神产生出来。"[1]其三,推动了中国被迫现代化。对此,马克思说得好:"它迫使一切民族——如果它们不想灭亡的话——采用资产阶级的生产方式。"[2]因为,表面上看是坚船利炮打开了近代中国紧闭着的大门,实际上真正起持久作用的是城市化所带来的市场经济和民主法治的力量和生产方式。

三、 近代中国城市化的悖论

无论如何,我们都得承认近代中国的城市处于双重畸形状态:城市的半殖民地半封建性。正是半殖民地半封建的社会性质决定了近代中国城市化的发展特征:特权性、被迫性、民主法治的基础性不足等。近代中国的城市尽管有了一定商业性,但从根本上说来仍处于双重特权状态:城市的封建特权性和外国特权性,而"数以百万计的中国城市居民不得不在肮脏、危险和常常不安全的地方工作。卖淫嫖娼、赤裸裸的贪污腐败、小偷小摸和其他旧中国时期滋生

---

① 梁漱溟:《东西文化及其哲学》,商务印书馆 1999 年版,第 72 页。
② 《马克思恩格斯文集》第 2 卷,人民出版社 1995 年版,第 35 页。

的'邪恶'返回到城市,严重程度有时令人吃惊"①。可以说,近代中国城市化走过了一条与西方城市相去甚远的滞缓痛苦之路。这也造成了近代中国城市化功能巨大的悖论:近代中国的城市化既是中国现代文明的隐喻和现代性经验的标本,又指涉了中国现代化进程中滋生的道德原罪与精神危机;你可以说它是近代中华民族的耻辱,你也可以说它是中国人走向现代的起点。

第二节　近代中国的民族国家建构

一、近代中国民族国家建构的迫切性和历史必然性

近代以来,人类历史发展进程中最为重要的主线,便是建构和发展"民族国家"(nation-state)。民族国家是近代欧洲国家形态演进过程中形成的一种新型国家形态,并关涉西方的现代化进程。近代西方能够率先迈向现代化,一个重要原因就是民族国家的形成及保障。在这里,首先要清楚的是,民族国家的建构是现代化的前提。对于英国而言,"民族-国家似乎是准备并伴随了工业革命"②。像美国这样一个立国不过二百余年的国家会成为世界上最强大的国家,也源于其民族国家的建立。美国在建国后几十年内迅速扩张,最终这个仅250万人的小国跃升为世界大国,拥有人口3.2亿,土地962万平方公里。诸多史实表明,民族国家是现代化得以发生与发展的重要载体。对此,泰格和利维在论述法律与资本主义兴起时就特别指出:"有一种政治形式,即民族国家,特别适合于这种发展,到了15世纪我们便开始看见资产阶级特有的这一制度之出现,按照这种制度,在由单一主权宰制的领土的政治疆界以内,所有妨碍商品自由流通的内部壁障均告消除。"③中国学者也指出:"民族国家

---

① 乔尔·科特金:《全球城市史》,王旭译,社会科学文献出版社2006年版,第219页。
② 吉尔·德拉诺瓦:《民族与民族主义》,郑文彬、洪晖译,生活·读书·新知三联书店2005年版,第67页。
③ 泰格、利维:《法律与资本主义的兴起》,纪琨译,学林出版社1996年版,第177页。

的出现标志着现代化的起点,发展与社会的根本转型都是从这里开始的。"①
而先前,人们多是津津乐道于民族国家是如何随着市场经济发展和现代化的
出现而建立,而没有看到民族国家乃是市场经济发展和现代化得以确立的前
提。按照现代化理论,高度发展的、合理的民族国家是现代化的先决条件。
布莱克就指出:"民族主义本身不是目的而是达到目的——现代化——的手
段。"②也即,现代化的前提是,必须实现国家整合,即由单一的、世俗化的、全
国性的政治权威,取代各种传统的、宗教的、家族的或地域性的政权,形成一
个统一集中而有效运行的中央权威和国家。现代化既体现生产力与生产关系
的深刻变革过程,也表达民族国家作为现代政治主导力量的产生及民族国家
确立与展开的实践过程。近代各个国家现代化的历史也无可争辩地为民族国
家所主导,没有国家的现代化,就没有其他的现代化,而没有民族国家的建构
就没有国家的现代化。

　　通过民族国家建构,实现民族解放、国家独立和迈向现代化,也是贯穿中
国近现代历史的主题。究其原因:其一,西方凭借民族国家优势,已陷古老的
中国于严重的危机之中,使得中国的王朝国家变得难以为继。"从四五百年前
国家在西北欧出现并形成一个国家后,它们不但相威胁,还危及所有其他各种
已有的——无论是其国内地方性的,还是其边界之外的——政治组织。国家
在为战争或其他目的动员和组织资源方面所具备的巨大优势,使得其他政治
组织的生存面临困境。"③继部落、城邦、帝国、封建邦国和绝对主义国家之后,
民族国家成为人类生活于其中的新的"政治共同体",其在合法性上比王权政
治更为合乎大众的理性诉求。民族国家能够唤起觉醒的大众的拥护,使国家
能力得到提升。"民族-国家的胜利始于18世纪末,城邦和帝国在此之后几乎
都没有生存下来。"④中国本土精英们也日益发现中国近代积贫积弱、屡屡失
利的病根,既不在器物方面,也不在制度方面,而在国家形态方面。他们逐步

---

① 钱乘旦:《世界近现代史的主线是现代化》,《历史教学》2001年第2期。
② C.E. 布莱克:《现代化的动力——一个比较史的研究》,景跃进、张静译,浙江人民出版社
　　1989年版,第66页。
③ 乔尔·S. 米格代尔:《强社会与弱国家——第三世界的国家社会关系及国家能力》,张长东、
　　朱海雷等译,江苏人民出版社2009年版,第18页。
④ 吉尔·德拉诺瓦:《民族与民族主义》,郑文彬、洪晖译,生活·读书·新知三联书店2005年
　　版,第84页。

认识到旧的帝国体制下的国家不如西方那些"民族国家"能够凝聚力量，一盘散沙的老大中国甚至斗不过那些只有弹丸之地的民族国家，于是他们希望按照西方的民族国家模式在中国建构民族国家。梁启超就明确提出："今日欲救中国，无他术焉，亦先建设一民族主义国家而已。"①近代中国的救亡图存带来了民族国家的预设，也即，需要"创造现代国家以抵抗西方"②。其二，作为民族国家建构先行者的西方列强，虽然以强大的国家行径对中国进行掠夺与欺凌，但却也明示中国，民族国家形态的重要性。民族国家被证明是一种比启蒙时代典型的王朝的和权威主义的国家更好的统治模式，正是西方民族国家国家形态的优越性，使得"欧洲之外的其他国家则将欧洲国家的这些成就定为其理想"③。民族国家建构先发生于英国，随后激起不断的传播与效仿，而后演变为世界性的民族国家建构运动。即，"民族的拥护者采用民族-国家这一现代模式，后者因此也越来越普及，世界化了"④。民族国家这一国家形态的建构在世界多数地区姗姗来迟并不降低其重要性。"它们如此受到欢迎，恰好证明，在当代世界里，在不同地理背景中，民族国家仍然具有重要性。"⑤其三，中国现代化的实现，需要民族国家建构。或言之，中国现代化进程中的首要条件，便是民族国家的建构。民族国家是决定现代化的发生与发展的重要载体，进而决定了民族国家是不可逾越的。"欧洲以外地区的政治社会即国家建构，是逃不掉民族国家建构的现代命运的。"⑥现代化是从传统农业社会向现代工业社会深刻变革的过程，其中，民族国家是重要的组织者和载体。民族国家建构是现代化的构成要素，同时也是保障和支撑现代化更好发展的条件。有一点是无可争辩的：民族国家是开展现代化（工业化）的主要载体。从主体角度看，工业化和现代化本质上是民族国家的工业化和现代化。也即，"只有在现实中实现

---

① 梁启超：《梁启超全集》，北京出版社 1999 年版，第 899 页。

② 孔飞力：《中国现代国家的起源》，陈兼、陈之宏译，生活·读书·新知三联书店 2012 年版，第 2 页。

③ 乔尔·S. 米格代尔：《强社会与弱国家——第三世界的国家社会关系及国家能力》，张长东、朱海雷等译，江苏人民出版社 2009 年版，第 18 页。

④ 吉尔·德拉诺瓦：《民族与民族主义》，郑文彬、洪晖译，生活·读书·新知三联书店 2005 年版，第 89 页。

⑤ 斯特凡·贝格尔：《书与民族——一种全球视角》，孟钟捷译，浙江大学出版社 2018 年版，第 Ⅴ 页。

⑥ 任剑涛：《从"民族国家"理解"中华民族"》，《清华大学学报》（哲学社会科学版）2019 年第 5 期。

了独立的民族国家理念即组成独立的民族国家,才能够进而真正实现工业化和现代化"①。

上述原因决定了近代中国民族国家的建构具有迫切性和历史必然性。可以说,中国从最后一个封建王朝灭亡到中华人民共和国成立的百余年间,其最核心的问题就是要建立一个现代民族国家。或言之,"近代中国的百年奋斗旨在'救国、建国',即将传统帝制中国拨转为现代民族国家"②。

二、 中国共产党、社会主义与中国民族国家建构模式

(一) 中国民族国家建构的政党路径

1840 年是传统中国迈向现代中国的一个重要时间节点,它标志着传统中国的天下秩序开始瓦解,作为民族国家的现代中国开始孕育。从媒介技术角度讲,西方民族国家是在 15 世纪的印刷媒介逻辑当中建立起来的。③ 即,"在十四五世纪的欧洲,随着文字记载的出现,人类发明了印刷术,现代国家开始出现。民族国家的起源与印刷术的发明是分不开的","可以说,没有印刷术,也就没有现代意义的国家"。④ 由于鸦片战争以来空前深重的民族危机,使得"中国精英们还是发现了通过大众媒介表达民族主义情绪所具有的力量"⑤。他们认识到报刊的重要性,进而群起办报刊使之成为推动中国民族国家和国民形成的有力杠杆。"事实上,在清廷没落、列强环伺的时代,大多数报刊都是为着'救亡'、'强国'、'富国'、'报国'、'立国'等目的而创立的,办报办刊理念几乎都是为建立现代民族国家做言论准备。"⑥然而,尽管近代中国通过报刊

---

① 叶险明:《民族主义·民族国家·社会主义》,《学术月刊》2012 年 第 3 期。
② 许章润:《论现代民族国家是一个法律共同体》,《政法论坛》2008 年第 3 期。
③ 印刷术最早发明于中国的毕昇,但中国活字印刷因模本消耗大、质量差而没有取得完全成功,在世界历史上,一般把成功的活字印刷归功于德国人约翰内斯·古腾堡于 15 世纪中叶在参照东方传来的印刷术的基础上发明的金属活字印刷术。
④ 安东尼·吉登斯:《全球化时代的民族国家》,郭忠华编,江苏人民出版社 2010 年版,第 7 页。
⑤ 斯蒂芬·哈尔西:《追寻富强——中国现代国家的建构:1850—1949》,赵莹译,中信出版集团 2018 年版,第 260 页。
⑥ 姜红:《"想象中国"何以可能——晚清报刊与民族主义的兴起》,《安徽大学学报》(哲学社会科学版)2011 年第 1 期。

媒介传播了新知、教育了国民、重塑了民族国家话语体系,但由于交通的局限,报刊传媒仅限于发达地区和城市,尚未实现全国化,特别是在火车和电报通信设施不发达和文盲率很高的地区,地方主义及其文化仍然保留其影响。由于报刊媒介文化的不足,中国难以直接通过成文宪法建构民族国家。而要完成民族国家建构这一时代性任务,需要在继续推进报刊媒介文化的同时,建构具有动员性和启蒙性的组织与政党。也即,中国报刊媒介文化的不足,形塑了中国民族国家建构的政党路径。就政治功能而言,中西政党存在功能差异。西方现代意义上的政党登台,在时间上要晚于其民族国家的形成,西方国家通过印刷媒介和教育发展积累取得了民族国家建构的成就,其政党形成在民族国家建构之后,主要的任务是选举和在议会争取议席。而中国政党则是民族国家建构的组织者和领导力量。需要通过政党来完成国民启蒙和民族国家建构,这是近代中国在民族国家建构过程中由于报刊媒介文化资源的缺失而必须采取的方式。在此,民族国家是近代中国发展的历史趋势,而通过政党建构民族国家便构成了一个颇具潜力的进路。事实上,无论是 1920 年改组后的国民党还是 1921 年诞生的中国共产党,它们都遵循了以党建国的方针,并在实际效果上将中国的民族国家建构推进了一大步。

(二) 中国国民党与中国共产党在民族国家建构方式上的不同

近代中国的现代化发展和社会转型,内蕴着民族国家建构逻辑,而政党的先进性必然关涉民族国家建构这一重大命题。顺应民族国家建构趋势的政党则会成功,相反的就会失败。近代中国的民族国家,不得不面对西方与东方、现代与传统的内在冲突,在形成方式上必然是反帝反封建的。在此过程中,中国国民党的资产阶级民族国家建构道路,并不能从根本上解决国族建构、反帝反封建、两极分化、被压迫及基层民众的人民主权化动员任务等问题。而中国共产党基于马克思主义中国化和社会主义的民族国家建构道路,最终完成了上述任务,并成为在近代中国民族国家建构中胜出的政党。在此,中国共产党和社会主义也就成了中国民族国家建构及其模式的重要组成部分。"如果说民族独立和国家富强构成了近代以来中国历史的两大主题,那么,中国人民正是为了追求民族独立、实现民族解放和国家富强而坚定地选择了社会主义道路。"①

1. 中国国民党与中国共产党在国族建构方式上存在不同

民族与国家二位一体的同构性，决定了国族建构成为民族国家建构过程中突出的主题。因为自民族国家时代以来，没有国族是不行的。而如何才能建设一个与民族国家相适应的国族，也成为中国民族国家建构的一个根本性问题。而在近代中国民族国家建构过程中，国族建构充满着艰难。中国国族建构的艰难既来自严峻的外部列强压力，表现为西方势力挑起民族分裂；也来自内部，源于多民族的现实和地方势力的威胁以及各地区经济社会发展的巨大差异所造成的不平衡等。表现为近代中国社会被各种利益和冲突所分割，处于长期的内战和贫困，"中华民族"的整合性和一体性也一直难以完成。近代中国之所以出现和存在广为诟病的"一盘散沙"现象，根子就在于缺乏将分散的族群和国民整合为一体化的国族。中国作为传统的统一多民族国家，在面对民族国家建构的新形势时，以何种理念和话语形式来建立与民族国家建构相适应的国族，已成为中国民族国家建构能否成功的关键要素。自民国开创以来，国人虽然在国族认同建设方面也尽了诸多努力，先后创制出"驱逐鞑虏，恢复中华""五族共和""中华民族"等口号和观念，但仍存在不足，这种不足源于中国国民党信奉的是种族内涵的"中华民族"国族建构道路。起初，有关"驱逐鞑虏，恢复中华"的族群国族建构之路，对于中华民族的包容性就有着很大破坏性，并"正中"域外帝国主义思想分裂中国的"下怀"。孙中山在意识到"驱逐鞑虏，恢复中华"的不足后，很快用"五族共和"予以修正，但"五族"也不是一种完善的国族建构之路。正像一些学者所指出的："期望通过'一国一族'的、以汉族为核心的国族的建构以建构民族国家。这种浓郁的种族主义不仅引发了边疆少数民族对'五族共和'的疑虑，也为帝国主义借机策动边疆少数民族上层人物'独立'提供了口实。"②

而在此过程中，中国共产党通过马克思主义中国化和社会主义找到了

---

① 王虎学：《社会主义的价值意蕴与民族国家的价值本性》，《中国特色社会主义研究》2012 年第 1 期。

② 陈建樾：《国族观念与现代国家的建构：基于近代中国的考察》，《云南民族大学学报》（哲学社会科学版）2011 年第 5 期。

一种妥善处理中国内部多元族群关系的恰当方式。中国共产党在当时中国处于"半殖民地"地位和国内军阀分裂的压力面前，运用社会主义融合各民族的办法，开创了"中华民族"国族建构新进程。其一，在社会主义的影响下从民族同化思想转向民族平等思想。社会主义"的确为民族主义注入了新的时代内容，出现了以平等相助、互利互惠为基本特征的新型民族主义"①。通过社会主义，中国共产党建构了一个新的超族群的国族结构，并与孙中山、蒋介石为代表的国民党人关于中国的"国族＝民族＝汉族"的国族建构模式是完全不同的。其二，社会主义奠定了中华民族的人民主权属性。中国传统的民族概念，并不具备人民主权属性。中华民族的民族主权和人民主权属性，建构于马克思主义中国化。马克思主义中国化和社会主义之所以能够成功促进中华民族统一的巩固与凝聚、实现多族的国族新造，其要义恰在于民族解放和人民主权属性。也即，中国共产党在有天然的文化和历史关系的中华民族基础上，通过社会主义和人民主权化重塑，建构出了具有民族国家属性和国族属性的"中华民族"。此时，中华民族的民族主权和人民主权属性已彰显出了有别于传统民族的全新内涵和国族特性。其三，中国共产党作为一个超越各种阶层、各民族、嵌入各个层级的超大型组织，能够有效以社会主义整合和统一多族群，建构作为国族的中华民族。社会主义是超族群的，中国共产党也是超族群的。中国共产党之所以能够凝聚起巨大的力量克服分裂、战胜入侵的异族和最终能力建立新中国，根子就在于能够将社会主义融入了国族——中华民族——的建构之中。显见，马克思主义中国化催生了中华民族意识与社会主义的高度融合。马克思主义中国化既是对中华民族传统的继承，又有力地推动了与民族国家建构相适应的人民主权属性和大众属性的建构与整合；既顺应了民族国家建构的历史趋势，又承接了中华文明的大一统传统。由此，也使得"马克思主义成为中国现代多民族国家重构的主体资源"②。自民族国家时代以来，可以说，得国族者得天下，谁能动员和建构出强大的国族，谁就能在民族国家建构中胜出。在这一点上，中国共产党具有明显优势。

---

① 庞中英、彭萍萍：《关于全球化·社会主义·民族主义关系的对话》，《当代世界与社会主义》2002 年第 4 期。

② 邹诗鹏：《马克思主义中国化与中国多民族国家的现代重构》，《文史哲》2016 年第 1 期。

2. 中国国民党与中国共产党在反帝反封建上存在不同

首先，中国是在西方民族国家的压力下卷入民族国家的兴起与发展的，这就决定了中国的民族国家建构必然要有反帝、反殖民主义和反西方列强的一面。这是因为民族国家形态的西方列强希望中国永远处于殖民地和半殖民地地位，是不可能任由中国建构真正意义民族国家的。也即，作为民族国家的始作俑者的西方，为维护自身狭隘的民族国家利益，往往阻止和瓦解第三世界国家反帝、去殖民化的民族国家建构。这就决定了中国的民族国家建构具有反西方列强的必然。事实上，中国民族国家及民族主义的形成，则与列强的入侵和冲突有着十分密切的关系。中国民族建构的指向性是非常明确的——"以外国人为反抗对象"[①]。而中国国民党对外是从属于欧美强势而默认半殖民地化的处境，由此必然会损及民族国家本应有的独立自主之效应，也难以实现真正的民族解放和国家独立。而中国共产党则根据马克思主义的反对民族压迫的思想，强化了对于西方殖民者的反抗。在我国各民族面临着亡国灭种危机的条件下，马克思主义中国化的核心，是将马克思主义世界解放理论转化一种民族国家解放理论。马克思主义中国化和社会主义成为殖民地和半殖民地反抗西方列强的重要资源。"在多数第三世界国家里，社会主义与民族主义是统一在一起的。社会主义支持了民族解放，也是非殖民化后民族建设的主要发展模式。民族主义与社会主义有时是天然的同盟军。"[②]"中国现代民族国家的重构，显然从属于这一历史进程，并构成了其中的典范。"[③]事实上，建国初期中国对外主张独立自主，注重与广大非西方世界及发展中国家结盟，也是反西方列强的延续，并具有一定历史合理性和必然性。

其次，民族国家的建构和发展离不开人民主权的支持，而其最优形态的人民主权必然是"全民性"的。也即，"民族以人民的名义兴起"[④]，"民族主义在动

---

① 王国斌:《转变的中国——历史变迁与欧洲经验的局限》,李伯重、王玲玲译,江苏人民出版社1998年版,第136—137页。

② 庞中英、彭萍萍:《关于全球化·社会主义·民族主义关系的对话》,《当代世界与社会主义》2002年第4期。

③ 邹诗鹏:《马克思主义中国化与中国多民族国家的现代重构》,《文史哲》2016年第1期。

④ 杜赞奇:《从民族国家拯救历史:民族主义话语与中国现代史研究》,王宪明等译,江苏人民出版社2008年版,第32页。

员群众及大众宣传的政治活动中才体现出力量"①。或言之,"民族运动只有动员广大普通民众即农民和工人的广泛参与,才可能获得成功"②。我们知道,传统中国只是一个士人阶层的国家,"封建中国是文人学士的中国"③。而近代中国民族国家建构和国家主权转型的实质就是要结束 2000 多年的士人阶层的传统中国,建立民族国家的新中国。"中国作为国家的概念正在发生变化,即从原来官绅文化繁荣时期的'天下'概念变成了一个民族的概念。"④在此过程中,中国国民党和中国共产党在反封建和人民主权代表性及实现程度上存在着巨大差异。中国国民党对内代表的是民族资产阶级,主要面向官僚资产阶级和地主阶级,导致对内难以产生空前的集聚效应,不能从根本上解决两极分化、被压迫及基层民众的人民主权化和动员等问题。人民主权不足使得民众对国家忠诚与认同不足,这大大降低了中国国民党的民族国家代表能力、整合能力和动员能力,也难以聚焦力量反帝反封建及建构民族国家。而中国共产党的社会主义建国道路,具有保证人民当家作主的优势。现代民族国家的一项核心原则即主权在民,社会主义更好地实现了这一属性。马克思主义本身所表征的正是一种与无产阶级和广大劳动人民的自由解放息息相关的人民大众主权诉求。中国共产党借助社会主义解放思想,对各族群进行社会动员。翻身解放、人民当家作主是人民主权属性得以奠基的关键所在。人民主权决定了民族国家建构所需要的民众动员、民族整合功能。事实证明,只有当人民成为国家主人,而不再是只有义务没有权利的臣民或子民时,他们才能真正拥有一个属于自己的祖国,热爱自己的祖国。中国共产党也将人民主权建设和降低土地租金及"土改"相结合,"与国民党不同,在乡村地区,共产党成功地将民众动员与政治体制结合了起来"⑤,这样更是极大地激发了人民主权意识和主权保护。总之,中国共产党通过社会主义的人民主权号召,唤起了人民对祖

---

①　吉尔·德拉诺瓦:《民族与民族主义》,郑文彬、洪晖译,生活·读书·新知三联书店 2005 年版,第 84 页。

②　休·希顿-沃森:《民族与国家:对民族起源与民族主义政治的探讨》,吴洪英、黄群译,中央民族大学出版社 2009 年版,第 580 页。

③　约瑟夫·列文森:《儒教中国及其现代命运》,郑大华、任菁译,中国社会科学出版社 2001 年版,第 301 页。

④　同上书,第 35 页。

⑤　斯蒂芬·哈尔西:《追寻富强——中国现代国家的建构:1850—1949》,赵莹译,中信出版集团 2018 年版,第 281 页。

国的热爱与忠诚,打退了外敌入侵,推翻了封建主义,建立了新中国。

3. 中国国民党与中国共产党在组织形态上存在不同

一方面,传统中国只有边陲而没有边界。而造成这一局面的主要原因,一是自然经济的自足性和分散性,二是国家对边远地区的整合度不够。另一方面,传统中国的"民"与民族国家的"民"也存在很大的不同。民族国家的"民"具有一定文化,思想中有民主平等的观念,而传统中国的"民"大多处于文盲状态,骨子里还是"君君臣臣"观念,遵守封建伦理纲常,并且地域观念和族群观念也多是压倒国家观念和公民观念的。在自然经济条件下,中国每一个农户差不多都是自给自足的,因而他们取得生活资料多半是靠与自然交换,而不是靠与社会交换。人们的社会关系,也主要表现为一种口语文化、血缘关系和地缘关系的稳定结合。自然经济、口语文化与我国乡土社会在社会结构、人文特征等方面存在着某种深层次的契合和联动,而与民族国家则存在许多背离之处。由于自然经济和书面文化不足,使得中国人不了解他们作为社会个体应该对国家和社会所承担的责任和义务。普通中国人通常只关心他们的家庭和亲属,而对国家则缺乏关注。毫无疑问,这种以自然经济和口语文化为基础的认同观已经成为阻碍中国民族国家发展的最关键因素。近代中国,无论是国家权力,还是"民"都还停留在传统国家的层面上。中国的民族国家建构需要将社会动员的网络或触角向下延伸,需要通过组织进行动员和启蒙。也即,政党要像吉登斯眼中的现代西欧民族国家一样,把它们的权力强有力地渗透和延伸到整个疆域之内。这是一种印刷媒介文化不充分、民众识字率较低背景下国民动员和启蒙的重要方式。在此过程中,中国国民党和中国共产党也存在组织形态上的差异。

其一,中国国民党在大陆时期始终无法让组织和控制力穿透到基层,国民党的地方自治举措,也多是中央政府与地方的妥协。与国民党不同,"共产党们则是全力以赴、有效地动员数百万的农民和工人参与到国家政治生活中来"[①]。中国共产党凸显了精英与民众结合的家传统。中国共产党有健全和完整的政党组织,而且在政党组织之外还形成许多外围的次级公民社会团体。

---

① 休·希顿-沃森:《民族与国家:对民族起源与民族主义政治的探讨》,吴洪英、黄群译,中央民族大学出版社 2009 年版,第 384 页。

他们办的组织从一开始，就重视对普通民众进行民族主义思想启蒙。中国共产党通过组织向基层民众进行民族主义思想宣传启蒙，使得民族国家建设和民主革命思想的宣传越出了社会上层的圈子，扩展到了社会底层，为民族国家建构打下了深厚的群众基础。

其二，民族国家的信任机制多表现为一种法制型的组织信任与制度信任。以蒋介石为代表的国民党事实上未能完全挣脱传统中国的人身依附关系特征，其组织形态多表现为兄弟忠诚和兄弟义气。而兄弟忠诚和兄弟义气是缺乏理性化和组织化的，是不能被纳入民族国家理性范畴的；另外，兄弟义气注定要冲淡并压倒民族国家理性。也就是说，国民党的组织模式始终存在着"泛人称化"、泛人身依附关系特征，这造成了对民族国家建构的背离，甚至是颠覆。换言之，中国国民党基于个人忠诚、拉拢、利益议价和其他非功绩标准的组织形态限制了其政党理性化发展，使得中国国民党始终未能完成党的整合和党对军队的整合。如国民党的"党军"和"国军"建设也只是昙花一现，不久后在相当程度上又变成了"私军"。① 其实，蒋介石自己亦承认：近来最可悲的现象，为一般皆不知尊重党。② 实践证明，在民族国家构建过程中，一个连本党都难以高度聚合的政党，是无法完成民族国家建构的历史使命的。而在中国共产党的队伍中，从来不存在对个人的"忠诚"，有的是只是对组织的忠诚及组织忠诚下对同志的信任。中国共产党追求"去人称化"的法制型的组织忠诚和制度信任，而这种组织忠诚和制度信任是契合民族国家建构的。事实上，在民族国家时代，除了法制型组织之外的其他组织形态均无竞争力。而共产党之所以能取得民族国家建构的胜利，一方面靠的是信仰坚定、路线正确，另一方面靠的是中国有史以来最强大的法制型组织、政党整合及政党对军队的整合。

其三，中国国民党和中国共产党的另一个重要区别，就是国民党的军队没有中国共产党那样的政工体系，没有政委、指导员一级一级深入基层士兵中，去了解他们的想法，告诉他们什么是主义和理想，让他们知道"为什么而战"。曾经，大革命初期，国共第一次合作的时候，北伐军之所以所向披靡，特别是叶挺的第四军独立团，被称作"铁军"，就是因为当时的共产党干部深入军队、政

---

① 李翔、李国：《主义治军、以党领军与以军控党——论 1923—1926 年国民党军队政工制度的引入与变异》，《江苏社会科学》2009 年第 4 期。

② 《蒋总司令的重要谈话》，《中央日报》1928 年 9 月 3 日。

治工作做的好,每一个士兵都知道自己为什么而战。后来在蒋介石反革命,清党反共之后,军队战斗力一落千丈,原因在于没有了政工体系,没有了民族国家观念灵魂支持。政工体系对于军队的民族国家化建设是不可或缺的。如前文所述,中国传统文化是自然经济和口语文化下的宗法文化,而宗法文化下的人们偏向私人关系的依赖与忠诚。蒋廷黻曾经一针见血地指出:"我们老百姓的国民程度是很低的,他们当兵原来不是要保卫国家,是要解决个人生计问题的。如不加以训练,他们不知道大忠,那就是忠于国家和忠于主义;只知道小忠,忠于给他们衣食的官长,和忠于他们同乡或同族的领袖。"①如没有民族国家观念启蒙及其公共精神建设,宗法文化会导致个人之间的恩怨凌驾于民族国家和政党的利益与目标之上,这也是国民党一直没有克服和解决的问题。国民党的士兵如此,军官也是如此。由于缺乏民族国家观念和公共精神,使得国民党人开始蜕变,把革命当作攫取权力与财富的工具,主义丧失,派系林立,以蒋介石为代表的国民党南京政权从建立那天起,就一直伴随着内部各种势力和派系的纷攘争夺。而中国共产党具备完备的政工体系,并且在士兵教育中除了教导军事技能之外,还要教导新兵为何革命和为何而战,哪怕在长征途中,也一直没有停止这样的教育和学习。政工体系下的教育和学习能把众多的军官和士兵从小农经济等狭隘思维方式中解放出来,完成民族国家意识建构和公共精神启蒙。

三、 作为中国民族国家建构模式的中国共产党与社会主义

近代中国的历史发展,内蕴着民族国家建构和以党建国逻辑。而中国国民党的资产阶级民族国家建构道路有着明显的不足和局限,决定了其民族国家建构的必然失败。毛泽东在《论人民民主专政》一文中就指出:"西方资产阶级的文明,资产阶级的民主主义,资产阶级共和国的方案,在中国人民的心目中,一齐破了产。"②我们不能说中国国民党对中国民族国家建构一点贡献没有,毕竟初具民族国家性质的中华民国的建立,对民族国家在中国的确立、传

---

① 蒋廷黻:《中国近代史大纲》,东方出版社 1996 年版,第 95—96 页。
② 《毛泽东选集》第 4 卷,人民出版社 1967 年版,第 1408 页。

播和认同起到了重要作用。"中华民国的名存实亡并没有给君主制带来什么好处。君主制的种种象征已被如此彻底地消除了。"[①]在近代中国民族国家建构进程中,以毛泽东为核心的中国共产党人看到了建构民族国家已是一种中国需要和世界趋势,并代表和适应了近代中国民族国家建构逻辑,通过马克思主义中国化把握住了中国民族国家建构主线,成为基于民族国家建构而胜出的政党。在《新民主主义论》中,毛泽东表示:"我们共产党人,多年以来,不但为中国的政治革命和经济革命而奋斗,而且为中国的文化革命而奋斗;一切这些的目的,在于建设一个中华民族的新社会和新国家。"[②]

　　1949 年新中国的成立,是中国共产党为中国民族国家建构所做出的最重要贡献。此后,新中国对内以人民为中心塑造国民同质性,对外则以完整的政治共同体参与国际事务。"到 1950 年为止,中国已有了中央政府、现代警察、新式军队、一部成文宪法、五年计划以及教育系统。这些制度的形式和内容无疑与欧美在许多方面是不同的,但即使在西方国家,各国的宪制也是多种多样,而不是千篇一律,并没有一个放之四海而皆准的军事财政国家的模式。"[③]事实上,"我们已经注意到,世界大部分地区现代国家的创立准确地讲是为了建立一个能够支撑技术上强大的军事政权的经济体制"[④],而这一点中国共产党做到了。中国共产党通过一个高效的政党组织,巩固了军事-财政国家。新中国的成立,彻底改变了传统中国"基础权力弱"的局面。国家的汲取能力(这是强调国家能力的政治学者极为看重的维度),也在新中国确立起来了。"中共首先稳定了公共财政系统,然后推进重工业的发展以增强其军事能力。与此同时,政府将其行政管辖范围延伸至乡一级,这在中国历史上尚属首次。"[⑤]中国人民对民族国家的认同也从根本上确立了起来,为建设一个更好国家添砖加瓦的爱国主义热情被普遍地激发出来。"在共产主义革命后的农村地区,

---

① 约瑟夫·列文森:《儒教中国及其现代命运》,郑大华、任菁译,中国社会科学出版社 2001 年版,第 243 页。
② 《毛泽东选集》第 2 卷,人民出版社 1991 年版,第 663 页。
③ 斯蒂芬·哈尔西:《追寻富强——中国现代国家的建构:1850—1949》,赵莹译,中信出版集团 2018 年版,第 285 页。
④ C. A. 贝利:《现代世界的诞生》,于展、何美兰译,商务印书馆 2013 年版,第 305 页。
⑤ 斯蒂芬·哈尔西:《追寻富强——中国现代国家的建构:1850—1949》,赵莹译,中信出版集团 2018 年版,第 278 页。

国家成了每个人生活中更活跃、更积极且更具影响力的存在。"①

　　总之,将中国民族国家建构置于政党路径下考察,可以发现中国民族国家的建构,是中国共产党、社会主义推动的结果。正如毛泽东所指出的:"没有中国共产党的努力,没有中国共产党人做中国人民的中流砥柱,中国的独立和解放是不可能的。"②而"社会主义民族国家的建立,也表明了民族国家不仅仅是资本主义的国家形式"③。在此,民族国家建构所涉论题对于认识中国共产党和中国特色社会主义可谓相当重要,而缺少了这个环节,中国共产党和中国特色社会主义的诸多属性和特质将不易被理解和说清。换言之,只有读懂中国特色民族国家建构,才能真正读懂中国共产党和中国特色社会主义的实质。我们固然可以从多个视点、在多种意义上来对中国共产党和中国特色社会主义进行解读,但我们认为,民族国家建构这个视角,是尤其不能缺少的。中国共产党和中国特色社会主义,始终与中国民族国家建构道路的选择、探索、开辟和发展相耦合。中国共产党和中国特色社会主义,既是中国民族国家建构的构成部分,又是中国民族国家建构的模式所在。

①　斯蒂芬·哈尔西:《追寻富强——中国现代国家的建构:1850—1949》,赵莹译,中信出版集团 2018 年版,第 281 页。

②　《毛泽东选集》第 2 卷,人民出版社 1991 年版,第 663 页。

③　李江静:《马克思主义视野下民族国家的历史构建、当代命运及未来走向》,《学术论坛》2016 年第 1 期。

第六章 新中国前 30 年中国城市化的不足与改革开放以来中国城市化的进步及民主法治发展

第一节 新中国前 30 年城市化不足的表现、原因及影响

一、新中国前 30 年城市化不足的表现及原因

（一）新中国前 30 年城市化不足的表现

新中国前 30 年,我们在现代化和城市化建设问题上存在一定的不足,在理论上对城市在社会主义建设中的重要作用缺乏充分估计,在指导思想上,较长时期是限制城市发展的。表现如下:

其一,"四个现代化"中没有城市化。新中国前 30 年城市化不足,主要表现在现代化战略中没有城市化。我们知道,周恩来总理在 1964 年 12 月第三届全国人民代表大会第一次会议上,首次提出要在 20 世纪内,把中国建设成为一个具有现代农业、现代工业、现代国防和现代科学技术的社会主义强国,即所谓的"四个现代化"。此后在 20 世纪 70 年代后期和 80 年代的中国,"现

代化"(工业、农业、国防、科技四个现代化)曾被执政党阐释为它的执政纲领、国家发展目标。但"四个现代化"中没有城市化,这就使得城市的现代化功能长期以来处于被遮蔽的状态。

其二,将现代化着力点长期定位在农村。"1949 年取得大陆统治权之后,中共领导人毛泽东谋求改变国家的发展模式,发展的重点由'腐败'的沿海商业中心城市转向农村和内陆城镇。"①其切入点首先是小城市和农村,似乎有延续中国革命战争时期的"农村包围城市"的逻辑与余味,是从农村和乡土社会中寻找现代化的支点。

(二) 新中国前 30 年城市化不足的原因

新中国成立后的一段时间内对城市化的现代化功能认识不足,究其深层缘由,可以概括为认识层面原因和政策实施原因。

1. 认识层面原因

其一,受近代中国城市化的悖论性影响,人们在意识形态上将城市看作西方殖民者和国内官僚特权的存在地与化身。正像布赖恩·贝利所指出的:"奉行毛泽东思想的中国,反城市的意识同样很明显,这些有着明显的中国历史根源,如有中国共产党及其 1949 年以前夺取政权的历史,是控制和形成了几乎中国所有的大城市的那些通商口岸殖民主义者们主宰中国的现代史。这些城市还曾是中国资产阶级的家园。"②城市曾是西方殖民者凭借技术与资本优势进行资财掠夺的载体,由此易陷入民族主义和意识形态之争,并因城市"姓资"而遭到批判和否定。事实上,西方殖民掠夺也确实带来了中国城市的媚外性,而国内的四大家族的贪婪、腐败、残酷剥削和掠夺也造成了城市的特权性和腐朽性。上述双重消极因素使近代中国的城市既成为富人的天堂,又成为穷人的地狱,种种城市社会问题层出不穷,展现了一个在金钱法则下日益庸俗化的都市社会生活,都市也因此被想象成人文精神匮乏、物质欲望泛滥及道德荒漠的场所。

---

① 乔尔·科特金:《全球城市史》,王旭译,社会科学文献出版社 2006 年版,第 216 页。
② 布赖恩·贝利:《比较城市化》,顾朝林等译,商务印书馆 2008 年版,第 120—121 页。

现代化与城市化本应相互促进、共同发展，但由于中国现代化启动并发生于特殊的历史时代，即发生于半殖民地化、半封建化并存的特殊背景之下，因而在中国现代化进程中，城市在带来进步的同时，也带来了诸多消极问题。换言之，中国近代的城市化是西方殖民入侵和官僚资产阶级兴起的结果，因此反城市有一种反殖民和反官僚资产阶级的情节。进而出现了以道德义愤、道德批判压倒甚至代替对城市化的历史地位及作用的科学分析，于是城市变成了一种"万恶的"东西。因此也就有了 20 世纪 50—60 年代主流文学在立场上拒斥都市及其所代表的"资本主义文明"，作家们几乎不约而同地向读者陈述了现代都市的道德缺位、心灵迷失以及都市人群的苦闷、沉沦。所以，无论是左翼文化传统下的阶级批判与人道主义批判，还是基于传统文化视域的现代性反思，《骆驼祥子》《子夜》《上海的狐步舞》《上海的早晨》等作品都通过叙写都市的诱惑及其背后的人性异化，建构了一个堕落、虚伪的都市意象。都市是诱惑性、腐蚀性的，都市被描述为轻义重利、世俗化甚至庸俗化的，城市被建构和表述为匮乏、糜烂、退化、失禁的汇集地。这些使人们在新中国成立后很长一段时间内并不认为城市化是人类社会的一个基本走向，而认为这是资本主义社会出现的现象，甚至认为，大城市是资本主义罪恶的根源。

其二，乡村现代化进路的影响。中国有着悠久的农业文明传统，农耕文化一直是中国文化的显性文化、主导文化，它浸润着中国文化的方方面面，相比较而言，都市文化一直是他者。城市文明基本上属于西方样式的文明形态，对中国而言，是一种较为典型的异域文明。即，长期以来农耕文化形成了一整套表述充斥着对都市文化的拒斥性指认。因此，中国在搞城市化和吸收借鉴其他国家的城市文明成果时，总是有一些心理障碍，有一种思想疑虑。另一方面，人们总试图从中国传统性中发现中国现代化的源泉，并将中国传统乡村社会的自我转化视作文化中国再生的前提条件，并力图从"中国乡土性"传统中去寻找抵制"西方现代性"的文化资源。于是乡村应被视为中国现代化的主要着力点，这符合民族主义和契合中国传统的立场，其有历史基础，是向有民族主义特色的乡土传统进行妥协，意在维护与中国传统一脉相通的意念。回到乡土社会，便成了另一种现代化方式的选择。这也正是近代以来许多人对传统文化深深眷恋的重要原因，许多人力倡返乡村以开现代化之新。正如一些学者所指出的："不能不认为，近代以来的当政者和知识分子，通常将'乡村改造'、'乡村建设'设想成一个可以独立于城—镇—乡有机连续以及国家—社会关系而单独进行的社会/文化/政治工程,多少与'乡土中国'的认识局限有关。"①而事实也证明,这种乡村视角的现代化进路在中国确实有着极强的号召力和市场。

其三,这与革命者的知识结构和人生经历也密切相关。首先,一个无法否认的事实是,20 世纪以来的中国革命者普遍缺乏足够的都市经验,他们大部分都受过较为系统的传统教育,并生长在一个传统文化氛围还相当浓的社会环境中,自然而然地产生了乡村文化认同感。其次,如前所述,城市曾是中国革命的假想敌,即,"中共取得政权主要依靠农民的支持。国民党这个被打败的对手的强大后盾则是沿海城市和那里的大都市精英"②。另外,根据革命史的成功经验,人们往往认为中国现代化的生长点在农村,因为中国革命的成功就源于农村包围城市。

其四,也有一些其他认识上的原因。如 20 世纪 60 年代到 70 年代,在"要准备打仗"的思想指导下,经济布局更走上了一条"深挖洞、广积粮"和分散建设之路,集中的城市建设几乎完全停滞。即,"将来的城市可以不要那么大。要把大城市居民分散到农村去,建立许多小城市。在原子战争的条件下,这样也比较有利"③。

2. 政策实施层面原因

其一,小城市和乡村成为现代化的着力点战略。毛泽东关于多建小城市、就地转化农业人口、城乡统筹发展的构想,为中国现代化建设以多建"小城镇"和以乡村为主定下了基调。即,"中国大城市的发展被有意识地进行控制,控制的政策是前所未有的,这些政策限制了大城市的规模,使得产业投资流向原先偏远或者落后区域的新城市、小城市,或者乡村区域"④。

其二,城乡二元户籍制度的影响。1960 年以来,中国不合理的户籍制度从体制上阻碍了农村人口和劳动力向城市的迁移和转移。1949 年到 1978年,人口流动的相对平衡快速地从市场自愿的平衡转变为政府强制的平衡。

---

① 陈映芳:《城市中国的逻辑》,生活·读书·新知三联书店 2012 年版,第 427 页。
② 乔尔·科特金:《全球城市史》,王旭译,社会科学文献出版社 2006 年版,第 216 页。
③ 陈晋主编:《毛泽东读书笔记解析》,广东人民出版社 1996 年版,第 593—594 页。
④ 布赖恩·贝利:《比较城市化》,顾朝林等译,商务印书馆 2008 年版,第 120—121 页。

1949 年后，新的政权有能力去复兴以权力广泛干预人口流动的统制经济传统，并采用一套严格的制度（主要是户籍和公共服务等）将其体现和固化。尤其是 20 世纪 60 年代伊始，国家构建一个在随后的 20 年中将人们锁定在一个地方而不得流动的制度。这些制度通过一系列户口和劳动力就业规定，配以有选择性的实物分配方式而建立起了一个界线清晰和固化的城乡二元结构。强制性的户籍制度等把随着人口增长而土地越分越少的小农封闭在狭窄的土地上和天然的共同体之中。表现为，"40 年来，我国每当从小农文明迈向工业文明的转换中出现了阵痛，习惯使用的办法是，以行政手段把已经流动进城的农村劳动力人口驱赶出城市大门，甚至还殃及市民，下放市民。理由是为了保证城市居民的粮食和副食品等物资的'供应'，减少城市的交通紧张状况和社会治安问题。1958—1960 年的'大跃进'，从农村转移 4000 多万劳动力人口进城，到 1962 年以后，下放城市的劳动力人口 6000 多万，不仅进城的农民要下放，也下放原来就职的工人。又如 1966—1976 年城市知青上山下乡插队 1600 多万，不但无助于农业发展，还花耗一笔巨额的知青安置费，十年后又要花一笔回城安置费。再如 1988 年开始进行'治理整顿'7000 多万进入城镇兼业的农村劳动力人口，刚刚从农村转入城镇从事工商业不到三年，大多数又被迫解甲归农"[1]。

其三，工业化取向的影响。建国后中国的城市不是资本积累的实体，只是国有企业的集群。在高度集中的计划经济体制下，国家集经济管理、社会管理、行政管理等诸多职能于一身，为工业化发展服务。并且，建国后由农业国向工业化转变过程中借农民做出牺牲，为工业资本积累奠定了基础，走了一条损害和忽视农业来推进工业化和只有工业化而无商业货摊的城市化道路。表现为，"变消费城市为生产城市"，城市建设严重偏离市场化维度，指令性经济在资源分配上获得垄断权力。计划造成城市的市场活力受到抑制，普遍存在"有城无市，有场无市"现象，城市的贸易、金融、流通功能丧失了。由于只注重城市的生产功能，忽略甚至限制城市其他的社会功能，从而使得城市化的现代化功能无法发挥和显现。

---

[1]　潘义勇：《论传统农业文明向现代工业文明转换的户籍障碍》，《江苏社会科学》1994 年第 1 期。

二、 新中国前 30 城市化不足的消极影响

新中国成立前 30 年与东亚和其他发展中国家相比,城市化进程都是缓慢的。"1950 年世界城市人口占总人口比例达 28.4% 时,我国城市人口占全国总人口比例为 10.6%(1949 年统计);1980 年世界城市人口占总人口比例为 40.9% 时,我国仅为 19.4%。"[①]中国的城市化水平在 1960 年为 19.7%,1963 年降低到了 16.8%,1978 年为 17.9%,1980 年时也只有 19.4%,比 1960 年还低 0.3 个百分点。城市化水平是一国现代化进程的重要标志,从城市化指标看,中国的城市化从 1961 年到 20 世纪 80 年代末几乎停滞不前,甚至是倒退的。城市化的落伍引发一系列的落伍,此种落伍具有典型的骨牌效应。换言之,城市化滞后对于中国社会发展的消极影响是全方位的,不仅体现在对经济发展的影响上。

(一) 抑制了农村现代化

因为城市对乡村带动的不足,抑制了农村现代化。从根本上说,正是我国实行的背离现代化世界历史潮流的抑制城市化的户籍制度、农业税收政策、计划经济体制造成了"三农问题"。改革开放以来,我们逐渐认识到城市与现代化有必然关系,再次把城市化作为农村现代化的支点和载体,城市化的现代化功能得到了重申和强调,农村的现代化得到了进一步完善,"三农问题"也得到了根本性解决。事实证明,城市化与农村现代化是相互促进、共同发展的。中国人要写就有中国特色社会主义的农村现代化文章,就必须走城市化之路,城市化是中国农村走向现代化一个绝对绕不过去的问题。城市化是中国农村现代化的必要条件和组成部分。"从现代化的表征形式来说,中国的现代化同时也是一个城市化的过程。"[②]改革开放以后,中国的乡村现代化才最终与城市

---

① 刘艺书:《关于我国城市发展模式的争论》,《城市问题》1999 年第 4 期。
② 孙育玮、张善根:《都市法治文化本体的理论探析》,《政治与法律》2005 年第 6 期。

化走上协同发展的良性发展轨道。

（二）对民主法治发展的推动性不足

就民主法治发展而言，城市化不足的消极性也是明显的，表现为"1949 年中国共产党走上了历史舞台的中央，建立起了全新的人民政权，但是与中华民国一样，法律虚无主义赖以生存的经济和政治基础仍然没有受到彻底摧毁。"[①]这主要是因为民主法治赖以发展的平权结构没有建立起来。首先，户籍制度体现了"反城市化"的本性和农民的"非公民待遇"。中国城市仍然是特权的存在。"对普通中国人来说，城市依然意味着上等国民的身份，意味着生存、生活的基本保障……"[②]严格的户籍制度加剧了城乡二元经济的对比，使城乡二元经济结构固化。城市和乡村首先代表着身份和特权的区隔。其次，城市社区被"单位制"取而代之，但这一团体格局与其说是公平结构，不如说是更像一种新的"差序格局"。计划经济时期的"单位制"，可以说是人为地将"差序格局"转化为"团体格局"，城市的发展通过单位制、区域工业布局和户籍限制政策等建立了　种封闭与等级式的社会结构。

（三）对现代化带动性不足

将城市化置于中国现代化之外，这实际上构成了中国现代化困境的一个重要根源。从某种意义上说，新中国 30 多年现代化进程中的波澜起伏，历经挫折和磨难本身，就表明了我们未能很好地认识和利用城市化在现代化中的作用和功能，现代化首先是城市化，失落了城市化的中国，也就失落了现代化，即使有现代化也是不健全的现代化。或许从历史动力的角度来看，城市运动并不是特别显著的历史事件，然而，从现代化转型的角度来看，城市化的确具有不可忽略的载体意义。从这样的视角审视，我们可以发现新中国在现代化战略上存在着一定的不足，这突出表现在对城市化的轻视和对现代化着力点

---

①　何勤华：《新中国法学发展规律考》，《中国法学》2013 年第 3 期。
②　陈映芳：《城市中国的逻辑》，生活·读书·新知三联书店 2012 年版，第 18—19 页。

的乡村定位上。然而,很快实践就证明乡村本位的现代化之路是行不通的,表现在"虽然农村被赋予了极具共产主义浪漫色彩的积极意义,但在城乡双重结构的现实对照下,经由千百万人在城乡之间一次次的下放、回城的体验,对城市的向往,包括对城市户口、城市人身份以及城市生活的向往,成为中国社会主义实践留给所有经历者最真实的社会记忆和基本常识"①。事实证明,城市拥有比农村强出许多倍的更好的基础条件和现代化动力因素,中国建设的路线图必然是从发达地区向不发达地区,从城市向农村渗透的过程,即城市包围农村。但 1949 年以来,中国的现代化与城市化呈现出不协同特征,而直至改革开放以后,现代化与城市化才最终走上相互协调的良性发展轨道。

总之,对新中国前 30 年反思的基本单元不只是阶级斗争和激进主义等,还应包括对乡村和城市两种现代化进路的反思。

第二节　改革开放以来中国民主法治发展进步的城市化之因

一、改革开放以来中国城市化的发展

(一) 城市化的现代化功能得到了再承认

新中国成立后,尤其是 1960 年以后,中国走了一条城市化不足的道路。"文革"结束以后,中国战略中心由阶级斗争为中心到以经济建设为中心,而城市化又与停止阶级斗争和以经济建设为中心互为支持。"毛泽东时期一直受到扼杀的大都市文化又一次回到了城市,尤其是沿海城市。"②改革开放后,中国城市化的速度迅速变快,中国改革开放 40 年其实也是城市化的 40 年。

---

① 陈映芳:《城市中国的逻辑》,生活·读书·新知三联书店 2012 年版,第 18—19 页。
② 乔尔·科特金:《全球城市史》,王旭译,社会科学文献出版社 2006 年版,第 218 页。

党的十二届三中全会通过的《中共中央关于经济体制改革的决定》,对我国城市建设的理论和政策作了新的阐述,《决定》首次肯定城市在我国"社会主义现代化建设中起着主导作用",提出"充分发挥城市的中心作用,逐步形成以城市特别是大、中城市为依托的,不同规模的,开放式、网络型的经济区",将城市建设与区域经济发展结合为一体。《决定》强调加强经济、信息的横向联系,建立城市之间、城乡之间的分工,加速城市和乡村经济共同繁荣,使城市发展建立在坚实的基础上,也为缩小城乡差别创造条件。

1982 年批准通过的"六五"计划中将中心城市作用的发挥作为一项长期的战略方针和改革的重要内容,明确提出"要以经济比较发达的城市为中心,带动周围农村,统一组织生产和流通,逐步形成以城市为依托的各种规模和各种类型的经济区"。之后在全国推行的"市管县"行政体制改革进一步打破了以前的城市与农村相互隔离和封闭的状态,开始形成以城市为中心、以广大农村为基础的城市与农村紧密结合、相互依存、共同发展的新局面。城市与农村之间的封闭和相互隔离状态被打破。

2000 年 10 月 11 日,在中共第十五届中央委员会第五次全体会议通过的《关于制定国民经济和社会发展第十个五年计划的建议》中,正式采用了"城镇化"一词。这份建议里专门用 500 多字阐述"积极稳妥地推进城镇化"。对于城镇化制定了五大政策措施,包括改革户籍管理制度,要求各地可根据当地需要及综合承受能力,以具有合法固定住所、稳定职业或生活来源为基本落户条件,调整城市户口迁移政策。

(二) 通过放松人口向城市流动的管制,推动了城市化发展

回顾历史,对我国城市化贡献最大的,当数 20 世纪 70 年代末,我们解散了人民公社,打破了僵硬的计划体制,长期束缚在故乡和故土上的宝贵生产要素劳动力开始自由流动。从农村人口向城市的流动和迁移看,改革开放之前,农民只有上学和参军才有可能留在城市中就业和居住,农民外出需要向公社和大队请假,并且视乘交通工具的不同,需要开公社(以后为乡镇政府)或者县级人民政府的介绍信。20 世纪 80 年代早期,伴随着社会转型以及计划经济制度和规则的逐渐消退,市场的步伐迈进城市,使得农民有了流动机会。同

时,20世纪80年代初,联产承包制取代了集体所有制,家庭获得了完全自由支配劳动力的权力。成千上万的农民从他们一直所处的人多地少、劳动力过剩的劳动状态下解放出来。20世纪80年代中后期以后,许多农民开始外出务工,外出务工需要县级政府开具务工证,每个务工证,还要向农民收50元左右的费用,农民到城市中务工,还要向户籍、街道、劳动、计生等部门交纳500到800元不等的各种费用;20世纪80年代后期,北京等一些城市还大规模清理过进城务工的农民,造成菜价上升,服务业萧条;只是在20世纪90年代中后期才开始认识到,农民外出务工对农业和城市都是有益的,这些价格低廉的劳动力,从中国四川、重庆、湖南、湖北、河南、江西、云南、贵州、安徽、河北等农业省市流动向东南沿海地区,流动到北京、上海和天津等大中城市,形成中国外贸加工、采煤建筑和城市服务等方面的具有竞争力的要素。

"流动人口正在促使着眼于静态管理的户籍制度向动态管理制度转变。"①1985年,一人一证的居民身份证制度开始在全国推行。2003年,在城乡统筹的思路下,标志着农民工政策根本转折的《国务院办公厅关于做好农民进城务工就业管理和服务工作的通知》出台了,核心是取消农民进城务工的各类行业限制、行政审批和登记项目,各行业和工种的条件要求,而要对农民工和城镇居民一视同仁。这个文件的最大意义在于,给予了农民平等的公民地位。2006年1月国务院又出台了《关于解决农民工问题的若干意见》,涉及农民工工资、就业、技能培训、劳动保护、社会保障、公共管理和服务、户籍管理制度改革、土地承包权益等各个方面,也标志着解决农民工问题进入系统操作和全面启动阶段。社会流动是指社会成员经济社会地位的变动。社会流动的规模大小、有序程度和渠道多少,在很大程度上可以反映一个国家一个民族的活力状况。改革开放前,户籍制、单位制、身份制等种种制度约束使广大的社会成员无法流动,社会流动率很低,先赋因素成为决定人们社会地位的主要因素,社会停滞不前。改革开放40年来,随着城乡二元结构的打破,越来越多的农民走出土地,走进城镇走进工厂。由于对人口的流动和寻找新的机会取消了严格管制,数以千万计的农村人口如潮水一般涌向了城市。从一个较为积极的角度看,也许中国先前的社会主义制度安排给城市生活造成了某种缺口,留下

---

① 苏黛瑞:《在中国城市中争取公民权》,王春光、单丽卿译,浙江人民出版社2009年,第4页。

了一片真空地带——比如，缺少服务业——为外来人口创造了机会，相比其他国家的流动人口，他们更加容易进入城市并发展壮大。一系列经济政策推动甚至鼓励广大农民放弃耕地，勇敢地注入城市，成为自发流动复苏的主体，与带有(中华人民共和国)前 30 年特色的有组织的人口流动不同，国家当前的经济发展策略激发了人们的自我选择，人们都涌向有就业机会和高工资的地方。这种被准予的流动是自愿的，一般是不受任何限制的也不受到任何惩罚。改革开放以来，中国经济增长一个强劲的动力来源是人口和劳动力不断地从农村向城市转移。在不到一代人的时间里，城市的街道生活发生了翻天覆地的变化。以前塞满自行车的街道，市场重见天日，为不断增多的富裕群众提供品种日益繁多的肉类、蔬菜和水果。

(三) 当代中国的城市化与改革开放相伴发展

从元朝开始中国就实行海禁，虽然在不同朝政时期有过放松，但直到 1840 年鸦片战争前，中国基本是对外封闭的。鸦片战争失败，中国被迫开放，但那种开放从没情愿过，排外、鄙外一直是社会的主旋律。入世标志着中国主流社会终于以更正面的眼光接受和融入了全球化。并从被动全球化到主动全球化，确立了主体性和自主性。1978 年后，在外交战略上有两个方面的重大突破：一是中日缔约，一是中美建交。至此，对外开放的政治平台完全形成了，中国获得了进入世界主体市场的通道。1979 年邓小平访美更是总体上有利于中美扩大合作机会、减少经贸摩擦，把中美关系推进了一个新阶段。伴随着改革开放，中国继 1980 年设立深圳、珠海、汕头、厦门等四个经济特区和 1984 年把沿海 14 个城市作为开放城市之后，1992 年中国开始实行全方位的对外开放。2001 年加入 WTO，进一步将主动开放固定为核心国策。中国加入 WTO 的确标志着中国更进一步面向世界了。

另外，中国是世界上少有的几个把英语同自己的语言(指语文)以及数学置于同等重要地位的国家，我们认为这是邓小平的英明之举，为中国改革开放的成功奠定了基础。作为一个全球文化的语言载体，作为一个国际交流的通行语言，英语有着很强的工具刚性。学习英语，是在国门乍开、对外开放的时代大背景下产生的，其本身就可称为中国对外开放的一种折射。既出了"疯狂英语"的李阳,也出了靠英语培训发家的"中国合伙人"。全民学英语当然不是坏事,尤其在中国长期闭关自守多年后,全民学习作为世界各国之间交流排在第一位的英语,更是理所当然,对中国同世界的沟通立下了重要功劳。

二、 城市化与全球化带来了中国经济发展和民主法治快速进步

(一) 城市化与全球化带来了中国经济跨越式发展

城市化的开放精神也有利于我们融入全球化,而融入全球化有利于我们更好地利用国际市场和资源发展自己。就历史事实层面而言,全球化也是城市化发展的结果。全球化不是过去一直存在的,或言之,地理大发现既不是偶然的,也不是孤立的事件,在它背后有深刻的城市化驱动。全球化是城市化开辟的,城市成为地理探险的强大动机并为其提供了稳定持久的资金、技术支持,这才有了地理大发现。而地理大发现反过来又为更加广泛的国际贸易和国际交往提供了可能。地理大发现本质上是城市经济和经济城市化的产物。全球化和世界的历史是城市的历史,是由城市开辟的,是城市的生产方式向全世界扩张的过程和结果。可以说,中国的全球化逻辑也与自身的城市化相伴。从经济特区到沿海开放城市、沿海开放区再到腹地,城市化和全球化逐步扩散开来。城市化和全球化带来的开放精神也有利于平等互利,互谅互让,求同存异。如果说在自然经济和农业文明形成和发展的世纪里,由于农业文明的地域性,使得人们难以超越民族的恩怨和狭隘性,那么城市化和全球化为人们超越民族的狭隘性提供了比以前更为有利得多的条件。

城市化和入世一步棋走活了中国一盘棋,中国获得了经济发展的资本与技术的外部推动力,也获得了体制改革的外部推动力。城市化和全球化战略可以说是改革开放 40 多年来"中国奇迹"的根本性原因。以城市化和全球化为进路的现代化立场和方法论使中国经济摆脱濒于崩溃的危局,奇迹性地一跃成为世界第二大经济体。改革开放以来,城市作为地方经济和文化中心的作用得到了较好的发挥,城市化和全球化已成为改革开放后中国现代化的主要推动力。或言之,应从城市化、全球化的视野看待和审视"中国崛起"。"中

国崛起"是中国是进入城市化和全球化以后形成的,有人甚至把中国的高增长归因于外部因素,认为过去四十年的发展与其说是中国的奇迹,还不如说是世界带来的奇迹,"以中国解释中国决然走不通,直接回到中国传统是幼稚的"[①]。通过搭上了全球化的便车,并恰好遇到了国际社会两个有利的外部历史条件:已成熟的工业技术和有利于自由贸易的世界秩序。在此,通过融入全球化使我们的现代化、现代性得到了快速推进。就此而言,"中国模式""中国道路"如果缺少了相应的全球化动力意识,不仅容易重蹈前些年讨论"东亚模式""东亚价值观"的覆辙,也不利于我们深刻地总结历史经验,正确看待现实中存在的问题,更好地谋划未来的发展战略。

　　全球化就是利用全人类的智慧,不同地区、不同国家的人相互学习,相互合作。任何一个地方都是你中有我,我中有你,没有一个地方可以孤立进步。这导致各个地方、各个民族之间的相互交往和相互依赖取代了各个地方、民族闭关自守的状态。经过市场全球交往而连接成一个整体的结果,它与此前各个民族在相互隔绝的地域中孤立发展的时代有着本质的差别。全球化在本质上是城市化分工在国际上的扩展和延伸。它促使了生产要素在全球范围内的流动,从而推动了世界范围内资源配置效率的提高,全球化促进生产、资源、人员、贸易、投资和金融等生产要素全球优化配置、降低成本和提高效率。在全球化时代,任何一种有利于人类进步的发明创造,无论是科技方面的,管理方面的,政治制度方面的,甚至是文学艺术方面的,不管是哪个民族最先提出和创立的,通过普遍交往就都变成了人类的共同财富或一般财富,可以为全人类各个民族共同享用。在尊重和保障知识产权的前提下,全球化背景下各个民族的文化成果都作为人类的共同财富能够为每个个人所欣赏、借鉴和吸取,同时任何个人的发明创造也都能直接地转变为人类的共同财产,这种新的双向互动机制极大地增强了人类的创造能力,降低了各种发明的创造成本,增加了各种发明的利用效益。实际上,正是由于进入世界历史时代后,许多发明创造都不必在每个民族那里单独进行和从头开始,而可以直接取用或通过转化而使用那些已有的成果,才极大地增加了这些发明创造的价值,也使得人类整体进步以一种加速度的形式在进行。

---

① 雷思温:《中国文明与学术自主:反思二十年人文社会科学》,《原道》第 12 辑。

正是这种不同,决定了现代发展与传统发展的不同。这就是全球化的意义所在。全球化使得人类的合作可以在全球范围展开,这是人类过去 500 年进步速度剧烈加快的主要原因。将全球化作为中国现代化的新道路,体现了党对现代化问题的新认识,这也符合经济发展的社会分工逻辑。即,"一个民族本身的整个内部结构都取决于它的生产以及内部和外部的交往的发展程度。一个民族的生产力发展的水平,最明显地表现在该民族分工的发展程度上。任何新的生产力,只要它不仅仅是现有生产力的量的扩大,都会引起分工的进一步发展"①。总之,改革开放 40 年来中国经济和社会发展能够有今天这样的成就得益于城市化和全球化的现代化功能,未来中国要保持经济长期持续健康发展还必须依靠城市化和全球化的现代化功能。

(二) 城市化与全球化带来了中国民主法治快速进步

城市化和全球化对我国经济社会发展进步产生了相当明显的影响,从经济领域开始,并向政治、文化、价值观念等更多的领域和部门渗透,也必将推动中国民主法治发展。

其一,城市化对民主法治建设具有十分重要的背景性和推动性。确立城市后,市场、民主法治和开放因素在中国社会中的作用越来越大。城市化正在成为推动中国民主法治发展的强劲动力。民主法治发展的一个重要动力来自城市化的推动。中国民主法治实践也多是城市背景下的民主法治实践。中国目前的民主法治发展迅速,并于 20 世纪 90 年代末提出"建设社会主义法治国家"的口号,还如城市化中的农民工问题、郊区农村征地问题、城市开发运动、市民维权运动,及城市社会结构中国家、家庭与个人之间的关系等城市问题日益成为法治热点问题。这也说明民主法治是一种城市化现象和一种城市化需求的产物。城市化不仅是中国社会现代转型的结构性标志,也为民主法治构建与秩序生长提供了全面的机遇。城市化是民主法治建设的加速器,是中国民主法治快速进步的引擎与载体。

其二,在城市化和全球化道路上实现现代化,有利于将世界上其他国家法

---

① 《马克思恩格斯选集》第 1 卷,人民出版社 1995 年版,第 25 页。

律制度中那些反映社会发展规律和经济规律的知识与经验吸收过来，这对于中国的法制变革将具有有益的借鉴和启迪作用。对外开放在引进外资的同时，也引进了一些先进的规则和制度。深圳特区开办之初，就有"按国际惯例办事，和国际市场接轨"的明确指向。主要的不是直接招商引资而是体制改革，包括劳动、工资、价格、土地使用、外汇管理、资本市场等一系列方面。2001年中国加入了世界贸易组织，从制度上和世界接轨，加入 WTO 所带来的政府运作的透明化、法制化、规范化的社会环境，使中国获得了一个前所未有的以开放促发展的机遇期，也成为推动中国一步一步趋向市场化和民主法治的重要因素。尤其是城市化将为法律移植的成功提供土壤。法律移植是实现法制现代化的主要途径，沃森就认为："法律主要通过借鉴而发展，就利用最少的资源获得最好的法律而论，一项具体制度发展的捷径就是仿效。"①但这又是以城市化为预设的，民主法治的发展离不开城市化，法律移植也必须符合城市化的内在逻辑。即，法律移植能否进行在某种程度上也受制于城市化因素。必须看到，今日的中国已经经历过 20 年的城市化洗礼，法律移植因此有着深厚的社会和观念基础，已经得到了城市化的内在支持。

其三，全球化对中国民主法治发展有促进的作用。我国一些基本法律的重大修改以及自主寻求加入一些重要国际组织、国际公约的努力都在深刻改变着原有法律的理念与制度，有利于推进国内市场制度持续发展和完善。可以说，我国法治建设的国际背景正由弱势全球化（国内法的国际化）逐渐转变为强势全球化（国际法的国内化），并且，在国际事务上，从被动的规则接受者转变到积极参与的利益相关者。一些刑事司法原则——比如无罪推定原则、正当程序原则、强制措施司法控制原则、有效辩护原则等为我们所普遍采纳。此种趋势在全球化背景下的显现绝对不是一种巧合，而是刑事司法领域中各国在追求刑事司法制度现代化的过程中所达成的共识，因此构成了全球化进程的一部分。并且，我们不再拘泥于传统的思维定式与陈旧观念，我们不再关起门来维护我们的主权完整（中国近现代史上备受列强欺凌的屈辱历史和以土地为基础农业文明的观念影响，使得政府在意识形态与国际交往中分外看重领土主权），而是在对外开放中寻求主权完整和安全，在参与国际竞争中谋

① 贡塔·托依布纳：《法律：一个自创生系统》，张骐译，北京大学出版社 2004 年版，第 250 页。

求强大,在国际规则的范围内坚决地维护我们的民族利益和公民权利。正是因为中国的民主法治发展既顺应也契合了全球化时代民主、法治与人权的发展潮流,因而也日益成为全球化时代世界民主法治发展的重要组成部分。

第七章　中国新型城镇化战略的时代意义

第一节　新型城镇化战略有利于增强
中国城市化本位的现代化观意识

一、 对城市化的现代化功能需进一步强调

中国正处在现代化的关键时期,城市化的现代化功能需进一步重申和强调。改革开放 40 年以来,城市化已成为中国现代化的基本动力和路向。尽管对现代化的看法不一致,但作为主流的声音,现代化一定是把城市化排第一位的,现代化的第一化在一定意义上就是城市化,没有城市化就没有也实现不了现代化。在党的十八大报告里面,我们注意到有一个新"四化"的提出,报告高度概括了城镇化与工业化、信息化、农业现代化之间相辅相成的融合、互动关系,并进一步指明了现代化的着力点是城市化。现代化战略的着力点由乡村向城市的调整是顺应现代化普遍规律的,这既是对以往中国现代化发展经验的总结,又为我们今后进一步现代化指明了方向。由此,一种符合现代化发展潮流的城市化进路展现在中国面前,中国现代化的发展因此而进入崭新的新纪元。当然,一些认识上和发展上的问题还需要在新型城市化进程中进一步加以克服。

由前文所述,虽然 1978 年起,我们对革命和阶级斗争进行了反思和清算,

但是,实事求是地讲,对反城市化的理论、决策和实践,并没有进行彻底地讨论和清算,以致对城市及城市化的现代化作用没有引起足够的重视,乡村还被一再看作是现代化的着力点和中心。对于现代化着力点这一重要范畴理解有所偏差,必然会导致社会动力在整个社会经济生活当中位置的错误摆放,并很容易引出全局性弊病。"由此所导致的结果,不仅是知识分子对中国的城市现象的失语,还有三农问题研究的内在困境——从被悬置于城——镇——乡有机关系的乡土中国之中,是难以找到拯救三农的有效方略的。"①实践证明,对于中国社会来说,"乡村病"远比"城市病"更为严重、更为致命,例如经济落后、生活水平的低下、信息的闭塞、受教育程度和人口素质的同步低下等等。另外,尽管我国城市化进程中存在这样和那样的问题,但这些问题并不是真正的城市化问题,而是不成熟不完善的城市化引发的问题。改革到了这个时候,对城市化为进路的现代化立场和方法论再不能置疑了。并且,通过继续发挥城市化的现代化功能是破解当前中国深层次经济社会发展矛盾的关键。事实证明,建构和完善经济体系的一个重要路径就是发展和完善城市化。未来,城市、国家和地区之间的经济竞争及社会问题的解决已经不再是仅凭某个企业单打独斗,而是已经发展到了必须依赖于一个产业配套链条相对完整的城市经济体系来解决问题。换句话说,早些年,弘道发展的关键是如何经营好一个企业,而今天则是如何经营好一个城市。

二、 对全球化的现代化功能需进一步强调

基于城市化基础上的全球化,对中国现代化也极具推动功能。对此,前文已有论述。当然,在中国成为世界第二大经济体后势必会遇到一些国家的战略性遏制和围堵,会出现一些更尖锐的国际摩擦,会遇到承担更多国际责任的要求。对于前进道路上的困难和风险,我们必须有足够的预判,但对于融入和参与全球化却是不能动摇和退却的。中国崛起,是全球化时代的重大事件和重要构成内容。未来中国以什么样的方法治理不仅影响中国,也影响世界。进而言之,未来中国能否形成民主法治治理,这不仅是中国人关心的问题,也

---

① 陈映芳:《城市中国的逻辑》,生活·读书·新知三联书店 2012 年版,第 429 页。

是国际社会普遍关注的问题。民主法治是从根本上提升中国国际软实力的办法,真正实现民主法治,让世人不用对中国的崛起担忧。不然,中国越强,其他国家就越难有安全感。民主法治已不再只是中国自己的事,也是世界的事。面对这一局面,我们应当正确应对,并以开放的胸怀和世界性的眼光将中国的民主法治建构置于全球化趋势的语境下加以审视、建设和完善。这样做的回报是中国能够更好地融入和参与全球化,使中国真正崛起。但无论有多少困难,中国也只能顺应经济全球化的大趋势继续向前走,往回退是不可以的了。20世纪60年代由于特殊历史时代背景中国曾经奉行过"独立自主、自力更生"的"孤立主义"政策,而导致中国的经济发展落后了几十年。今天,如果还有人想要主张类似的政策,其后果将不仅仅是国家的又一次落后,而且会立刻诱发严重的国内经济政治危机。积极融入全球化,应对全球化,而不是抵制全球化,才是国家强盛和稳定的途径。现代的国家竞争和经济竞争在很大程度上将取决于谁能更成功地加入经济全球化,谁能更有效地利用这个机会建立适应经济全球化的现代经济结构。

二、 对城市效应的规模性原因需进一步强调

1980年10月,国家建委在北京召开全国城市规划工作会议时,曾提出过"控制大城市规模,合理发展中等城市,积极发展小城市"的城市发展方针。1984年1月,国务院发布《城市规划条例》,第一次以法规的形式确认了这一方针。中国的城市化进程一开始就是控制大城市、积极发展中小城市战略,尤其是重视发展乡镇企业和小城镇起步。然而,最后被事实证明行不通,乡镇企业和小城镇除了在大中城市周边之外的,大多因产业和人口聚集程度不够而无法实现自身的循环造血功能,其物流成本和人力资源都将使得经济处于低效状态,同时造成了生态和环境破坏。1989年,国家将城市发展方针修改为"严格控制大城市规模,合理发展中等城市和小城市"。进入20世纪90年代以后,在乡镇企业与小城镇吸纳农村劳动力的能量有所下降的同时,大中城市重新成为推动我国城市化的主力。实践表明,市场规律作用下的"小城镇、大战略"城镇化思路越来越显得有些不合时宜。城市与农村的区别在于聚集程

度,在人口密集的城市中,至少可以产生下列几项效应。其一,大城市具有规模效应。如钢铁、汽车等资本密集型行业都有很强的规模经济效应。由于需要众多的员工,大型企业不可能建在农村,只能设在人口稠密的城镇地区。资本、土地和劳动力也更容易找到有效的用途,从而获得更高的回报。其二,社会上的专业化分工则需要工厂在某一地区内的聚集。人口和企业的聚集缩短了企业和消费者之间、企业和企业之间的距离,降低了交通运输成本。更为重要的是,信息汇集和传递的速度在城镇地区大大加快,便利了社会的分工与协作,企业更容易发现协作厂家、客户以及所需要的资源与生产要素。其三,人多了,聚在一起,也为思想的碰撞创造了机会,在相互启发和激发中产生新想法、新主意。毫不奇怪,创新多诞生于规模性的城市。

四、 对城市化在解决"三农"问题上的意义和作用需进一步强调

农业、农村、农民的"三农"问题,一直是困扰中国经济发展、社会公平、实现国家现代化的重要问题。从根本上说,正是我国实行的背离现代化规律的抑制城市化的户籍制度、农业税收政策、计划经济体制造成了"三农问题",但长期以来我们不是从城市化,而是从农村解决"三农"问题的。或言之,我们一直是以加强而不是改变传统农业文明的生存模式和运行方式来解决"三农"问题的,这正是中国"三农"问题难以解决的困境之所在。在关于乡土农村的热议中,"人们还试图通过对中国乡村社会的价值发现,以及近代中国乡村改革的总结反思。为陷入'三农'困境的现实乡村社会找到新的出路"[①]。虽然国家投入了巨大的力量,从政策到资金,对解决"三农"问题做出了实质性的贡献,但是就其整体性解决的目标而言,目前仍有很大的距离。除了有限改善乡村表面面貌之外,并没有触动导致农村贫困的深层问题。先前国家倡导调整农业结构,但农业结构调整对于农民增收只具有局部的、暂时的效应,不具有全局的、长久性效应。实际上,真正解决"三农"问题的出路不在于强化传统农业文明,而在于城市化转换。农业、农村、农民的现代化不可能与城市化脱节,离开了城市化,农业、农村、农民的现代化是不可能实现的。工业化、城市化伴随

---

① 陈映芳:《城市中国的逻辑》,生活·读书·新知三联书店 2012 年版,第 419—420 页。

大量移民,不断从低收入的乡村地区移向机会与收入较高的城市,等到更多的农村移民融入城市,城乡之间的人均收入水平就可以趋近。"假如全国能在整体上推进农民工发展促进政策,完成农民工市民化进程,那么农民工问题则将彻底得到解决,'农民工'这一群体也将消失成为中国城市化发展过程中的一段历史。"①届时,城乡壁垒会逐渐被拆除,城乡差别会日益缩小,城乡一体化将会形成。

总之,尽管中国正经历着告别"乡土中国",走进"城市中国",但城市化的规律还没有被充分掌握。许多人习惯性地认为城市化就是高楼大厦和工商业,而没有从现代化的功能角度认知城市化,城市的现代化功能还未普遍地被把握到,城市化与全球化的现代化功能还需要进一步的认识和阐释。

第二节　新型城镇化战略有利于强化中国城市化实践问题认识

改革开放以来,城市化已成为中国现代化建设的重要驱动,并给我国的经济建设和发展带来了巨大的机遇和活力。不过,"中国改革开放30年以来,随着经济的快速增长,城市化率迅速提高,极大地推动了从传统社会向现代社会的转型和发展,但代价和风险也如影随形。正如诺贝尔经济奖获得者斯蒂格列茨所言,新世纪对于中国有三大挑战,居于首位的是城市化问题"②。也有学者认为,"未来20年中国城市社会将面临有史以来最为剧烈的矛盾冲突"③。这就提醒我们,在我们憧憬未来"城市中国"的同时,需对我国城市化进程中面临的问题给予进一步的重视。而当今中国城市社会运行中所呈现的各种风险和问题,在很大程度上都可以说与市场、民主法治和社会保障的制度供给不足有关。中国现阶段的社会矛盾问题多种多样,如果从源头上寻找原因,

---

①　喻名峰、廖文:《城市化进程中农民工社会政策的变迁与建构逻辑》,《湖南社会科学》2012年第4期。

②　彭人哲:《中国城市化进程和潜在风险分析》,《开放研究》2010年第5期。

③　蔡建明:《城市中国之青春期》,《工程研究》2011年第3期。

也主要是这三点。

一、 市场的基础和核心地位需进一步强化

市场属性是城市最基本的属性,欧美国家的城市化由市场主导的特征更为突出,而中国城市的市场属性和市场力量存在发育不足问题。

其一,政府主导和权力干预过多原因。发达国家人口聚集由"市"到"城",是各种经济形态竞相发展、人口自由聚集的产物。他们的城市"化"的过程,是一个自然发展的过程,即使有"城市化"这个名词,也是后人对过程的概括,是逐渐演进的产物。而中国受城市基础薄弱和赶超战略影响,城市化进程主要是由政府推进的。改革开放前,国民经济近乎崩溃,由于政府具有制定城市和区域发展战略方针、规划城市规模、配置城市资源等权力,并且能采取强有力的措施控制资金投向和人员流向,这种制度安排在当时的情况下有其一定的必然性和合理性。即,"以政府为主导的城镇化推进方式,能够集中大量的资本、人力和物力,调动多方面资源,在短时间内实现城镇化的发展目标。这种结构性框架虽然在发展初期有其相对优势,但随着城镇化的深入推进,城镇化持续发展的动力不足等问题逐渐凸显"①。今天中国之所以会有种种经济奇迹,同时又会有那么严重的社会矛盾,都与这种转型方式有关。如,追求土地出让、买卖的财政价值和地产开发的商业价值,使得行政权力与资本在很大程度上紧密地结合起来。对 GDP 的无限崇拜和依此设计出来的诸多执政能力评价体系,导致了一系列的经济政策冲动和对政绩工程的片面追求,盲目贪大求奇的"面子"工程而忽视的"里子"建设,重"城"而轻"市"。随着城市化的发展和深入,城市化的环境发生了变化,"政府主导的城镇化推进模式充分体现了中国的制度创新性及灵活性,但如何更尊重客观经济规律,促进政府与民众良性互动,以实现城市增长的公平正义,亦为亟待研究和解决的重大问题"②。

其二,城市的行政化过重原因。城市化是资源优化配置的方式,但我们是

---

① 李强、陈宇琳等:《中国城镇化"推进模式"研究》,《中国社会科学》2012 年第 7 期。
② 同上。

行政主导的城市化,在计划经济基础上形成的以行政职能为主的城市体制并没有随着市场体制的演进而发生相应的改变,现有体制导致官僚主义和地方保护主义盛行,使国内统一市场效应不能得到应有的发挥。并且,中国的城市体系也是在一个严格的直辖市、省会城市、其他地级城市和县级市的行政层级上运作,导致形成了一种封闭与半封闭式的城市经济圈。在这种权力结构下,城市的经济发展往往不在于当地资源条件及市场布局,而在于政府权力大小,因为政府权力"级别高低"成了聚集资源最有力的工具,级别越高政府权力越大,所聚集的资源就越多。另外,由于城市之间存在行政壁垒,城市间职能分工不协调。中国虽然已经出现城市的区域化和都市圈化的发展空间格局,但是,由于各区域经济体内的城市因政治、机制等因素,城市间的各要素不能有效整合,"诸侯经济"和城市本身的政体结构,使得区域型经济利益不能充分获取。城市与城市之间的经济与社会发展要素整合难度大,无法形成跨行政区域的超级城市。

二、 民主法治的治理方式需进一步强化

当下中国的城市化,也存在治理理念和治理方式转型滞后的问题。而我国现行的城市治理过多注重行政控制,而忽略了其他利益主体参与和民主法治完善,导致城市化不能实现各主体利益的平衡和保障,并由此产生了很多问题。

第一,易导致城市决策风险和劳民伤财。当今城市社会的一些风险,如基础设施风险、能源资源风险、环境污染风险等,在很大程度上与城市发展过程中缺乏科学的规划设计,或者规划设计受着特殊利益、价值观或制度约束相关。"我国城市治理当中公众参与的缺失、公众参与意识淡薄和制度空缺,导致城市规划、建设和经营中决策的非科学性、低效率、高成本,有失公平、伤害公众利益的行政行为多有发生。"[①]很多官员动不动就搞形象工程、政绩工程,动不动都要大手笔、大战略、大思路,造成部分不符合实际,不尊重科学规律,不讲求长远利益和代际公平的所谓"形象工程""政绩工程""世纪工程",而公

---

① 姜杰、周萍婉:《论城市治理中的公众参与》,《政治学研究》2004 年第 3 期。

众、城市老百姓对政府的这种病态的公共治理模式,缺乏有效的控制手段,所以经常会出现劳民伤财的现象。

第二,易造成权力寻租、私下交易等。由于我国城市化进程中政府(政府官员)的权力无处不在,而其他利益主体又没有为自己争利的途径和程序,即政府在放开和引入市场的同时,它本身的管理方式却没有根本改变,政治形态转型滞后。这易造成管理行为具有趋利倾向。现代经验也多表明,阻碍转型的屏障不是经济,而是政治的,所有偏废政治体制改革的城市化,迟早会陷入权力的合法性危机和普遍的腐败困境。因为政府(政府官员)并不是社会公共利益的天然代表,在缺乏监督或政府权力过大的情况下,政府(政府官员)权力会偏离社会公共利益的轨道而寻求自己的利益。事实证明,一个在市场经济条件下不受任何实际约束的政府,可能比计划经济条件下的政府更容易出问题,甚至可以讲更加危险。首先,随着城镇化的日益推进,土地、住房、资源、财富在不同人群、不同社会阶层中发生了重新配置的现象,由此决定城市化过程中利益巨大。"国家在城市发展过程中出现的重构权力,自我增长的巨大能力,包括经营城市、管理城市、控制社会的能力,以及抵制公平正义压力的能力,更成为国内外观察家和研究者的难解的课题。更不用说,在中国经济发展模式中,名实相悖的社会事实比比皆是,城市化运动中的反城市化,市场化运动中的反市场,社会建设中的国家权力强化,诸如此类。"①其次,随着经济决策权力的下放,过去集权体制中自上而下的对官员的纪律约束大大减少了,各个机构或个人获得了充分的活动空间。过去政府机构和官员的目标是努力完成上级指示,以便有机会扩大机构的权力和级别、谋求个人的升迁,现在政府机构和干部们既不是单纯听命于中央政府的"驯服工具",也不是受民众监督的公务员,他们利用执行公务的权力获取额外经济利益。在过渡时期形成了一种转型期独特的制度性文化,"有权不用,过期作废""不捞白不捞,捞了也白捞"。历史上来看,凡是权力主导的城市化,都会造成城市问题恶化。如果说自然经济时代的腐败所造成的危害是部分百姓与某个官员的矛盾,而在城市化时代,腐败问题造成了整个社会运行机制的扭曲。

第三,易造成社会矛盾丛生和难以治理。"在缺乏程序要件的状况下做决

① 陈映芳:《城市中国的逻辑》,生活·读书·新知三联书店 2012 年版,第 21 页。

定,极可能出现机械化和恣意化这两种极端倾向,不容易妥当处理。为此需要有事后的补救措施。当事人可以任意申告翻案,上级机关可以随时越俎代庖。……我国的上访问题除了与社会结构有关之外,在很大程度上是由程序缺陷造成的。"[①]并造成当下中国群众"信访不信法"问题愈演愈烈。而造成这种现象的部分原因,在于我们的很多干部长期习惯于用行政手段、行政权力解决一切问题,久而久之形成一种错误导向,让老百姓觉得,解决问题非得找当官的不可,而且越是大官越解决问题。"由于解决矛盾纠纷主要依赖行政方式,诉讼、复议等法定救济渠道并未充分发挥作用,致使社会矛盾越解决越多,预防化解矛盾纠纷的难度不断加大。为此,应当慎用行政手段,畅通法定救济渠道,有效化解社会矛盾纠纷。"[②]因为,"领导出于维稳需要个别批示、法外解决,误导了广大信访人群,最终导致突破法律底线,用所谓的个案正义损害了社会的整体公平和正义"[③]。最终导致不闹不解决、小闹小解决、大闹大解决的"信访不信法"怪圈。不但不能转化成法律问题,而且使得本来的法律问题转化成了非法律问题。城市居民或弱势群体为表达自己的意见、捍卫自己的利益和提出自己的申诉,常常被迫采取群体自发组织的方式和愤怒的过激行为,表现为种种冲突、对立或对抗。人们都能深深地感到相当多处于纠纷事件中的中国人开始认为与其"大事化小"以隐忍毋宁"小事闹大"以维权。"小事闹大"已成为中国转型时期的独特社会现象,见于各社会领域。诸如国人所熟悉的集体上访、网络发帖、跳楼跳桥、自焚、散步、下跪、示威、游行等,皆可视为其表现形式。在当下市场经济和法治社会的推进过程中,"闹大"似乎仍是中国人维权方式的一种优选,各种"闹大"事件中的参与者多为社会的弱势群体,他们掌握的话语资源极其有限,处于相对或绝对的弱势地位,既无法主动直接或间接影响决策层,也不可能通过参与立法博弈而进入分配正义。在此情景下,通过"闹大"等较为震撼或激烈的方式诉诸公开集体行动,往往成为他们表达诉愿的唯一有效手段,使得"闹大维权"合法性得到了反面的证成。"就此而言,退一万步说,不论导致'群体性事件'的利益诉愿正当合法与否,都不能否

---

① 季卫东:《法律程序的意义》,中国法制出版社 2004 年版,第 124 页。
② 马怀德:《预防化解社会矛盾的治本之策:规范公权力》,《中国法学》2012 年第 1 期。
③ 同上。

认公民集体行动这种诉愿表达方式本身的正当合法性……"①即便我们看到"闹大"维权所具有的某种建设性,都不可否认其"因对法律的漠视、对公共秩序的损害而带有无法推脱的'原罪'"。"闹大"逻辑带来的至多是个案的公正,仅仅满足于个体利益的狭隘性决定了这一维权方式无法给公众带来长远的利益。当下中国社会维权一词被滥用,以维权名义损害法治的现象比比皆是,从维权变为谋利。有学者曾从一些农民上访动机角度对两者做出区分,指出维权型上访是在自身权益或公共利益遭受侵害时而采取的上访,而谋利型上访则属于积极主动争取额外利益的上访,后者导致上访专业户和上访产业的形成。② 其实,在法治社会里,维权不可能脱离法律规则、法律程序、法律评价而独立存在和运行。

　　而造成上述现象的原因可以归纳为以下几点:其一,新中国成立后,我国城市一直沿用管理型的行政模式,但自 20 世纪 80 年代以来,伴随着我国城市化的市场本位变迁,传统的管理型行政模式显得越来越不能适应时代的要求。进入了城市化时代,但还没有进入城市化治理。计划和市场有各自不同的治理需求,不仅使传统的城市治理模式无法有效应对新型城镇化治理的挑战,其自身的合法性也面临前所未有的考验。首先,从计划经济到市场经济,一系列的变革使社会管理具有相当大的难度。其现实逻辑是原有两大社会组织体系的解体:一是传统乡村社会和公社社会组织体系的解体,二是计划经济单位组织体系的解体。这些原有组织的解体把社会搞活了,原来是一个死气沉沉的社会,缺乏生机和活力,现在把生机和活力激发出来了,这是一个很大的变化。就是因为社会的生机和活力激发出来了,生产力发展了。但随着"单位人"向"社会人"转变,人口的大规模、快速度流动,社会治理的环境发生了很大变化。随着城市化的深入,固守乡土的人们有了频繁流动的需要,建立在静态、封闭的管理模式开始动摇。中国人的自由流动已成常态。我国已经进入了动态社会,治理领域必须对此作出回应。其次,快速城市化弱化了先前政府包揽城市管理的一切职能和义务,这是与当时城市主体单一、城市职能单一相适应的。

---

① 许章润:《多元社会利益的正当化与表达的合法化》,《清华大学学报》(哲学社会科学版)2008年第 4 期。

② 参见田先红:《从维权到谋利:农民上访行为逻辑变迁的一个解释框架》,《开放时代》2010年第 6 期。

但随着城市化带来的压力和挑战,原有的政府管理模式难以为继。"国家虽希望能释放市场和社会的能量,但它又意识到必须垄断资源以增强自身的统治能力。"①但政府不再是资源和机会的垄断者。与此同时,新型城镇化的复杂程度大大提高,其复杂程度是计划经济时期无法比拟的;当代中国正经历着从农业社会到工商业社会,从熟人社会到陌生人社会,从计划经济到市场经济的巨大社会变迁,原有的社会规范和社会调控方式出现了"失灵"。

其二,政府主导和权力过多干预原因。政府主导的城镇化推进模式充分体现了中国的制度创新性及灵活性,但以政府为绝对主导的城市管治架构,沿袭了计划经济时期的政治遗产,充满了计划经济时代遗留的长官意志,妄图包办一切,漠视程序法治和公众参与的作用。作为不争事实,改革开放以来法治状况有了很大改善,"尽管现行的城市化法律制度跟改革开放前的主要利用行政手段调控城市化不可同日而语,但两者本质上都是单一的行政权力控制"②。但公权力的法治化规范和运行还有欠缺和不足。正如一些学者所指出的:"城市化与法治化本应形成良性互动关系,而当前我国城市化过程却出现了以违背法治的方式来推进城市化的问题,这无疑是背离世界城市化发展客观规律的,也与城市化目标相去甚远。"③

其三,我们已经接受了决策民主化的理念,但我们没有形成决策民主化的相应制度。尽管我国的基本社会制度为公众参与提供了根本保证,但目前有关公众参与具体如何开展和推行,采取怎样的程序和形式,参与的深度与权限约束等方面都缺乏一系列配套的相关法规,公众参与的权利和地位都没有保障。多数城市的公众参与还是"决策结果被告知"的低级形式。对公众参与只作了原则性规定,缺乏可操作性。与现实需求相比,在公众参与的方式、范围以及保障等方面的制度供给依然不足。公众参与的渠道、程序在相当程度上取决于有关机关的"自由裁量"。公众参与的实际功效无法得到保障。公众参与城市管理只是处于局部的、间断的,而不是全方位、全过程的参与。总之,公众参与的程度低,是当前城市治理出现诸多问题的主要原因。我国是典型的

---

① 于建嵘:《抗争性政治:中国政治社会学基本问题》,人民出版社 2010 年版,第 6 页。
② 蒙连图:《利益实现与中国城市化立法选择》,《湖南科技大学学报》2009 年第 5 期。
③ 陈忠禹:《论城市化与法治化的融合与互嵌——兼及律师参与城市征迁的晋江经验》,《山西高等学校社会科学学报》2012 年第 9 期。

大政府、小社会模式,我国的城市政府包办了大部分的城市治理和服务职能。企业、民间组织和市民参与城市治理的水平低,市民社会单薄。我国城市化法律屡遭质疑,在实施阶段步步艰辛,很大程度上是立法参与得不到承认的结果。而这种状况的原因主要是在立法过程中,各利益主体的利益没有得到充分的交换。在立法中没有实现利益的充分交换,就会导致法律在实施中难以获得理想效果;也即,立法中的利益交换会转移到法律实施阶段进行。具体表现为,利益没有获得补偿的主体会尽可能地阻碍或规避法律的实现。尤其是农民几乎没有参与城市化进程维护自己利益的机会,只是被动地接受来自政府(政府官员)的指令。现实中政府(政府官员)群众对立情绪严重,政府的征地、拆迁,无论是依法还是非法,都或多或少受到群众的反对和阻挠。尤其是当人们迈过温饱阶段,追求增长型利益时,矛盾的表现也会更加多样化。今天城市里很多社会纠纷或社会矛盾,并不完全是因为贫困引起的。

三、 民生保障需进一步强化

　　一段时间以来,中国的城市化是在诉求经济增长的前提下实现快速扩张的,但随之而来的社会保障不足的问题对城市的经济社会发展产生了制约。现在中国城市化中的许多问题,实际上是卡在这上,无论是城市化的持续健康发展,还是建设和谐城市,都对城市化进程中的社会保障问题提出了相当迫切的要求。最为重要的是社会保障不公平和不充分的城市化,不但很难培养人们对城市的"认同",反而更可能引发对立情绪和排外行为,并会造成城市化过程中城市不同社会群体整合的缺陷与不足。当下中国城市化中也出现了一些阶层对立现象,这种现象产生的根源与社会普遍存在的社会极化,一些对城市化不认同、不信任有关。许多人是以其所倾向的社会地位为出发点的,他们选择同情和支持与自己相同、相近地位的人,而不论是非。例如,对于大部分的司法案件,即使是某些极其普通的案件,无论是涉案民众,还是旁观群众,对司法案件往往都有"贫富对抗""官民对立"以及"司法腐败"的情节预设。社会保障不公和不足已经构成了对包括城市化在内的经济社会发展的严重阻碍,甚至对社会稳定也造成了一定的消极影响。近些年来人们逐渐认识到一个好的城市并非完全由经济规模与效益来主导,城市化不仅体现为城市物质设施建设和经济发展,而且更应该体现为社会保障和民生完善。社会保障是保护公民免受市场力量的侵害,并代之以另一种形式的分配原则,以减少市场的影响,对城市化健康运行具有保障性作用和意义。

中国从乡土中国向城市中国的转变,牵涉一个社会保障的重构问题。中国快速城市化,存在着对社会保障的忽视和建设不足,究其原因可以概括为以下几方面。

其一,许多地方政府把城镇化当成房地产开发,由于过度追求经济效益,以致忽视了社会保障和基本民生。这表现为要地不要人,土地城镇化快于人的城镇化。以 1980 年到 2010 年为例,城市区域面积从 5000 平方公里上升为 4.6 万平方公里,面积增加了 9.2 倍,城镇化率为 49.95%,同期城镇常住人口从 1.914 亿增加到 6.7113 亿,增加了 3.5 倍,其中户籍人口只有 4.5792 亿人,人口城市化率只有 34.15%,有 2.1321 亿人没有成为市民。[①] 整个城市化表现为一种在政府(政府官员)利益的驱动下的城市化,"城市政府为了城市经济的发展效益、自身效益或特殊社会集团的私利等,越来越倾向于不顾市民的反对,强行实施土地的开发或空间的更新。这样的城市规划、城市开发成为现代城市的社会危机之源"[②]。

其二,城乡二元户籍制度不利于城市化民生保障。中国的城市户口——确实非常像西方社会的公民权资格所发挥的作用那样——决定了一个人的全部生活机会,包括社会地位、薪水、福利、食物配给(当它还在发挥作用的时候)以及住房保障。城市户口这一基本的城市生活事实确保能够取得城市的公民权,并提供"塑造生活机会的各种好处和机会"[③]。如果没有取得城市户口,任何人都不能享受义务教育,无法获得与国营企业终身就业有关的各种津贴,通常也不能享受公费医疗。在中国,城市人对外来农民的反应和行为,在许多方面与世界上所有接受国国民对待外国移民的做法非常相似。自 20 世纪 80 年代初出现人口流动后,在城市谋生的农民脱离农民行列而成了城里人,但是他们的户口还不是真正的城市户口,而只是城市中的农民。在中国,"城市户口

① 参见陈锡文:《我国城镇化进程中的"三农"问题》,《国家行政学院学报》2012 年第 6 期。
② 陈映芳:《城市中国的逻辑》,生活·读书·新知三联书店 2012 年版,第 25 页。
③ 苏黛瑞:《在中国城市中争取公民权》,王春光、单丽卿译,浙江人民出版社 2009 年版,第 5 页。

其实就是(城市)公民权的标志"①。"把那些在城市拥有法定的官方身份或隶属关系并由此享受国家提供的物品的人,看作是完整的、由国家认可的正式市民。"②这使得户籍制度对农民是一种通行的排外制度,对市民是一种福利制度。长期以来,城市生活基本上受到较早之前中国城市的社会主义体系的强有力庇护和支持,具有明显的排外性。在城乡一体化国家,公民资格的授予仅仅排斥外国人,也就是那些属于其他国家的人。而"中国的户口恰好起到了阻止流动农民在城市履行公民权的作用"③。计划经济将农民拒于城外,用行政的命令从农民那里强征粮食以维持城市和工业人口的生活,主要是确保城市的稳定。"有计划的定量供应制度,它为获得官方认可的城里人这一具有天生优势的群体提供各种物权。"④并且,中国的城里人已经习惯于享用"城市公共物品制度"的好处和权利。我们必须结合城乡二元结构留下来的制度遗产,来理解这一现象。"户口作为一种既有的制度,在经济开始转型之后的很长时间里坚忍不拔地延续着,这源自于支持它的广大社会群体和官方群体,也就是来自绝大部分城里人,连同公安和劳动等强力行政部门以及这个国家比较富裕的、有吸引力的地区对它的支持。因为有如此强大的联合(即使虽潜在的)去维持这种制度,因此,当本世纪即将落幕的时候,市场刺激的影响仍然没有改变官方的城市公民权模式。"⑤首先,将农民排斥在城市公民权之外,就意味着拒绝给予他们市民融合的机会,导致了城市中公民之间的实质性分化,会在城市的社会融合上遇到障碍。其次,更细致的观察表明,这些流动人口仍然受制于国家的长期需求,降低成本推进城市发展和生产力。虽然国家政策越来越开放,推动和允许农民进入城市地区,但并没有使农民成为潜在的市民,相反,这里被奉为圭臬的市场精神将成本意识作为一种价值,将农民作为低薪劳动力来使用。再次,还有城市中的农民工组织不起来原因等。"在当今中国,市民,尤其是包括流动人口在内的城市贫困阶层既无法直接参与公共产品供给政策的决策过程,也难以以组织化行动的形式改变城市制度。"⑥

---

① 苏黛瑞:《在中国城市中争取公民权》,王春光、单丽卿译,浙江人民出版社 2009 年版,第 4 页。
② 同上书,第 8 页。
③ 同上书,第 5 页。
④ 同上书,第 12 页。
⑤ 同上书,第 9 页。
⑥ 陈映芳:《城市中国的逻辑》,生活・读书・新知三联书店 2012 年版,第 32—33 页。

第三节　新型城镇化战略有利于增强
对城市化规律的自觉

一、　尊重城市化的市场规律

城市化的本质特征是资源要素的集聚和优化配置,应充分发挥市场的主导作用。对此,一定要搞清楚城市化的内涵是什么,城市应当是市场的城市,而不是官僚的城市。城市化的基本动力是市场,要走市场的城镇化,而不是市长的城市化、官僚的城市化、有城无市的城市化。城市化的基础是市场,推进城市化的道路选择只有市场化,没有市场化也就没有城市化。城市化是市场经济的空间和高级形式,推进城市化战略,要充分尊重城市化的市场本质规律,坚持需求和市场导向推动城市化,充分发挥市场在资源配置中的作用。"有城无市,只是死水一潭、空城一座,根本无城市发展可言。城市的规划和建设是服务于市场化发展的,是为这些'市'的发展提供物资基础和环境保障的。重'市'是城市化建设的核心。"①对城市发展起决定作用的是市场化水平,市场化水平决定了城市活力、潜力和城市魅力。"城"可以造,大楼可以造,但"市"造不了,"市"需要培育,中国城市化的问题在"城"之外,而在"市"之中,中国很多地方都是"有城没市"。城市化的主体是市场,这就需要打造和纯洁城市化的市场属性,使市场在资源配置中起决定性作用,并在此基础上更好地发挥城市作用。

其一,充分发挥市场在城市化中的内在作用,排除外在人为的干预,让城市化在市场机制作用下自发进行,而政府的职责主要在于健全流转的市场机制。或言之,城镇化的提高并非来自政府主动的和有意识的推动,而是城乡社会、经济、市场、产业和文化发展的自然结果,就像小孩子的身高是自然生长的

---

① 曾哲:《中国城市化研究的宪政之维》,武汉大学出版社 2007 年版,第 60 页。

结果,而不是家长调控的变量。同理,政府也不应自己动手,圈地迁人,按图造城,而应该并且只能是营造有利于城镇化的市场、民主法治和社会保障环境。主要表现为放松管制,减少干预,促进资源的自由流动;公正执法,保障市场自愿交易的顺利进行;提供市场供应不足的公共产品与公共服务。政府今后应该做的是促进资源的自由流动,清除障碍和创造条件。市场有它的规律,可以集聚要素,促使要素发展,这些是政府人为的布点设计所达不到的,所以应尊重城镇积累功能和自我发展机制。资源与要素的自由流动导致城镇化水平的提高。

其二,市场化的关键是在于要打破地方政府在一级土地市场的排他性地位。以往"以地谋发展"城镇化模式的实现关键在于政府在一级土地市场上的排他性地位,而市场化的关键是要打破地方政府在一级土地市场的排他性地位。要明确规定地方政府在土地市场上行为的界限,即只能参与那些涉及公共性的土地。一般经营性的土地征收,政府不得参与其中做中间商,真正杜绝地方政府"经营土地"的行为。同时,也需要放松对银行和金融市场的管制,开放服务业和国有垄断行业,允许资源和生产要素自由流入。

其三,清除城市的权力属性,尤其是去掉城市特权等级属性,让所有城市拥有平等的市场竞争身份。城市是商品经济发展的产物,它的特点是平等而不是特权,是开放的而不是封闭的。应尽量取消城市的行政级别,城市的市场化表明各种生产要素在城市间自由流通,这要求减少城市之间的等级关系和依附关系,城市间等级关系和依附关系会阻碍各种生产要素的自由流通。现在中国的城市具有过多的行政级别,中国城市间不仅存在行政等级关系,而且城市内部也存在着庞大的官僚体系,例如医院、大学、研究院,甚至是企业(国有企业)这些人才的载体都具有行政级别。这种按行政建制分配指标的办法很让人担忧,城市化本身就是对行政疆域和僵化管理体制的突破。以市场、自由流动为本的城市化就是要改变城市以官僚为本的传统。应该通过制度顶层设计制造一个公平的环境,使得无论是世界性的超大型城市还是小型的城市,所有城市都按其经济条件平等竞争和发展。由此,也使得完善国内统一市场是新型城市化进程中的核心环节,而这要求中央政府要有更大作为。全国统一的立法有利于全国法制的统一及全国市场乃至全球市场的形成。地方保护主义及部门保护主义现象需要得到及时的纠正。在城市化进程,强调一些城市的特殊性,在市场经济建设中有特殊的作用,绝不是为了替地方保护主义张目,更不能借此阻碍普遍市场规则的推行。

其四,我们必须继续推进司法制度改革,使司法活动摆脱地方保护主义、部门保护主义的干扰,摆脱行政对审判活动的干涉,保障城市化能在全国统一市场基础上顺利进行。所谓"司法地方化",是指法院的人财物受制于地方,难以依法独立公正行使审判权。由于受地方保护主义干扰,基层司法环境不佳,跨行政区划案件和行政诉讼案件"立案难""胜诉难"和"执行难"现象比较突出。基于此,改革司法管理体制势在必行。《中共中央关于全面深化改革若干重大问题的决定》提出"改革司法管理体制,推动省以下地方法院、检察院人财物统一管理,探索建立与行政区划适当分离的司法管辖制度"。司法权是中央事权,地方法院是国家设立在地方的审判机关,并非"地方的"附属部门。无论在首都北京,还是在西北边陲,每位法官行使的都是国家权力。司法体制改革,剑指"司法地方化"倾向,是落实宪法关于"人民法院依照法律规定独立行使审判权,不受行政机关、社会团体和个人的干涉"的重要举措。我国共有3500多个法院、近20万法官,所有法院的人财物都由中央统一管理,操作上尚有一定难度。推动省以下地方法院人财物统一管理,是相对务实之举。法院经费将由中央和省级财政统筹保障,法院将更有底气摆脱地方保护主义的干扰。需要强调的是,省以下地方法院人财物统一管理并非法院内部的"垂直管理",不是将上下级法院在审判业务上的监督指导关系变成"领导关系",必须严格按照宪法法律,依托各级人大和省级组织、编制机构进行,应当在确保审级独立,坚决避免出现上级法院干预下级法院依法独立审判的情况。为了确保跨省案件和涉及省级利益的案件能够得到公正审理,人民法院还将探索建立与行政区划适当分离的司法管辖制度,如设立跨行政区划的法院,设立知识产权法院等专门法院。通过提级管辖、指定管辖,审理部分行政案件、跨行政区划的民商事案件等。同时加大最高法对全国法院的监督力度,建立巡回审判机制。

其五,健全社会保障,完善劳动力自由流动和全国劳动力统一市场。人口的流动性为城市化新陈代谢不断优化之必要条件。一定数量和较高素质的流动人口,既是城市开放程度和内在活力的标志,也是城市经济不断发展和转型的资源条件。首先,鼓励农民将农地使用权以转让、租赁、抵押、入股等方式自发推入市场交易,形成农地使用权流转市场。土地资源得以确权和流转,与农民作为劳动力资源的流转,就有了松绑的可能性。否则,移民在城市中安家投资的机会受到限制,因为他们在农村的财产不能转移,而且他们没有进入城市信贷市场的资格。当前,我国各种影响城市化的制度都是建立在农村居民直接依附于土地这一前提条件下的。推进土地制度改革,从确认农民土地权利入手,允许集体土地直接进入市场,而且将土地增值的一部分收益从政府转移到农民手中,使他们有可能在城里租房、买房,进入并且真正融入城镇的经济与社会。并且,让农村集体建设用地在符合规划的前提下进入市场,与国有建设用地享有平等权益,实现"同地同权同价",打破现行土地市场的二元结构和剪刀差,有效保障农民的财产权。同时,也有利于形成反映市场供求关系、资源稀缺程度的土地价格形成机制,大大提升土地资源的配置效率。其次,要适应市场化和农民工高流动性要求,尽快实现社会保险权益可顺畅转移、接续。我们现在劳动力流动非常自由,但是相应的权利和福利分配跟不上来。人一流动这个保障就要打很大的折扣,形成了软性约束。随着改革开放的深入,固守乡土的人们有了频繁流动的需要,封闭的管理模式开始动摇,中国人的自由流动已成常态,在此需要建立城乡户籍、就业、社会保障和基础设施建设一体化政策机制。要逐步在全国范围内建立统一的教育、就业、医疗卫生、养老、住房、基本生活保障等公共服务体系,在必要的环节上给予引导和补贴,开展农民转型所需要的教育培训。一方面,确立每个人所应享有的最基本的公共服务权利,另一方面,明确这个责任由中央政府来承担。即使中央政府委托地方政府来操作,但根本责任仍是中央的。要承认并允许既有的公共服务差异现实,各地均可以按照自身的实力和愿望在中央提供的最基本公共服务上提高水平或拓展范围,但当地与外来人口衔接的部分需要由中央最后加以审核,不能由各地自行其是。以社会保障为例,中央政府对于每个人都有一个最为基本的保障额度。考虑到不同地区等具体情况,这个额度会略有不同,但大致水平相当。这个保障系统是由中央政府出钱、出人来维持,每个人都是直接与中央政府的保障系统产生联系,这个最为基本的个人社保关系是可随身携带、全国通行的,如教育、医疗等。如此,农民就可以在不承受住宅、家庭、户籍、伦常四重分离的情况下寻找合适的职业和城市,决定权应该归农民自己,是否进城,进哪个城。

总之,新型城镇化就是尊重和承认市场经济及其价值规律,在市场经济的基础上确立城市化格局。从本质上来说,城镇化的进程是一个市场过程。随着中国土地制度、户籍制度以及相应的其他制度改革的推进,城市化进程中的障碍就会被扫除,城市化就会变成一个自然加快的过程。

二、 尊重城市化的民主法治规律

成功的城市化道路,不仅是与市场相互适应、相互推动的过程,而且也是与民主法治相互支持、相互协调发展的过程。一方面,随着城镇化的日益推进,土地、住房、资源、财富在不同人群、不同社会阶层中发生了重新配置的现象,由此导致了社会利益纠纷、社会矛盾日益突出。另一方面,城市、城市化也是一个复杂的系统和过程,其存在的问题和矛盾只会比乡村社会更多、更尖锐。城市化如不在民主法治的轨道上运行,就必然会导致很多问题。在城市社会中去谋求社会治理变革应当拥有民主法治视野,对于人类社会而言,民主法治并不是亘古就有的,它是人类在城市化进程中的一项伟大的社会发明,它适应的是城市社会的治理要求。从历史上看,在乡土社会,没有民主法治,只有人治。到了城市化时期,人治严重地阻碍了城市化发展,所以,人类发明了民主法治去替代它。民主法治之所以能够成为世界上绝大多数国家共同坚持的政治制度,就是因为它能够在一个城市化时代的利益多元化的社会中让各种民意得到充分的表达,通过民主法治来协调整合和保障不同利益诉求。

其一,随着中国城市化的加快,我们必须积极推进以民主法治为取向的治理创新。由于经济形态差异,乡土社会和城市社会会形成不同的秩序模式,变化的不仅是治理外观,治理的原理和运行方式也随着乡土中国到城市中国的演变而变化。信息化与工业现代化、农业现代化交相辉映,中国国家治理的历史场景发生了整体性改变,构成了人们思考由管理到治理转型与变革的背景。事实上我国对社会管理的重视出现于城市化以后。2011 年,在我国社会生活中,"社会管理创新"逐渐成为一个关键词。推进国家治理体系和治理能力现代化,是十八届三中全会提出的明确要求。十八届三中全会公报指出:"全面深化改革的总目标是完善和发展中国特色社会主义制度,推进国家治理体系和治理能力现代化。"从统治、管理到治理,言辞微变之下涌动的,是一场国家、社会、公民从着眼于对立对抗到侧重于交互联动再到致力于合作共赢善治的思想革命;是一次从配置的结构性变化引发现实的功能性变化再到最终的主体性变化。管理与治理虽非截然对立,但至少有如下显著区别:一是主体不同。管理的主体只是政府,而治理的主体还包括社会组织乃至个人。这一变化意味着,政府不再只是治理的主体,而且也是被治理的对象;社会不再只是被治理的对象,也是治理的主体。管理的运作模式是单向的、强制的、刚性的,因而管理行为的合法性常受质疑,其有效性常难保证。治理的运作模式是复合的、合作的、包容的。治理行为的合理性,将受到更多重视,其有效性大大增加。从一元单向治理向多元交互共治的结构性变化,意味着我们不仅于思想观念上不再走人治的老路,而且于政治生态上铲除了人治隐形存在的可能。强调多元主体之间的共生与互补、协调与互动,从一个更宽泛的意义上来探寻政府、市场和社会各自的作用范围以及相互之间的关系形态,治理创新是一场伟大的改革,涉及面广,问题比较复杂,但必须突出城市化的秩序原理与价值要求。创新社会管理理念,首先要确立以城市化为本的社会管理理念。社会管理主要是围绕城市化的需求展开。领会城市化的本质、满足城市化需求是创新社会管理的一门必修课。摆在我们面前的唯一出路,就是自觉地变革在乡土社会这一历史阶段中所形成的制度、社会结构和行为模式,通过先进的城市理念重塑政府行政观念,改变现行的城市管理模式,将治理与善治理论运用于城市管理,也是我国城市治理和政治体制转型的总体目标。

随着从政府单方管制到官民共同治理的转变,城市治理理念及制度的发展使公众参与不仅成为逻辑上的应然,更是城市化时代我国社会发展、社会管理创新的必然。城镇化是一系列公共政策的集合。[①] 城市治理的核心是市民广泛而积极的参与,在我国,公众参与城市治理不仅是逻辑的必然,也是城市化实践发展的要求。现代城市是一个复杂的社会系统,有人口、资源、环境协调发展的问题,只有发扬民主,广泛听取各方面的意见,进行科学决策,才能更好地解决城市化过程中的各种情况和问题。城市治理涉及广泛性和社会性,公众参与是城市治理的关键因素。城市政府在城市管理过程中的作用固然重

---

① 参见樊纲、武良成:《城镇化:一系列公共政策的集合》,中国经济出版社 2010 年版。

要,但如果没有广大城市利益相关者的积极参与,城市管理的成本不仅十分高昂,城市管理的效率也将非常低下。另外,在复杂的城市化和城市治理中,城市政府的权力和可以利用的资源相对有限。2002 年中共十六大强调"健全民主制度,丰富民主形式,扩大公民有序的政治参与",并提出"各级决策机关都要完善重大决策的规则和程序,建立社情民意反映制度,建立与群众利益密切相关的重大事项社会公示制度和社会听证制度"。在 2007 年 10 月召开的党的十七大报告中指出"扩大人民民主,推进决策科学化、民主化,完善决策信息和智力支持系统,增强决策透明度和公众参与度,制定与群众利益密切相关的法律法规和公共政策原则上要公开听取意见。参与社会管理和公共服务,维护群众合法权益"。明确了我国在公共决策过程中的公共参与机制,进一步提高和扩大了我国管理中的民主范围,使我国公共决策由传统的封闭型公共决策向开放性转变。2008 年开始实施的《城乡规划法》因设定了较多的公众参与程序而引起社会广泛的关注。① 十八大报告则更进一步,提出要"加快形成党委领导、政府负责、社会协同、公众参与、法治保障的社会管理体制"。十八大报告在以往强调"党委领导、政府负责、社会协同、公众参与"的同时,又增加一项"法治保障",体现出中共依法治国的执政理念。

让多种社会力量参与城市治理,"减弱行政权力对城市化的控制,安排各利益主体参与城市化进程,保障各主体利益的实现,是我国城市化的立法选择"②。应当在城市化参与中推行民主化,加强透明度,以使各主体利益在立法阶段得到充分的交换,达成利益共识,从而实现法律的顺利实施和城市化的和谐进程。要从制度机制上完善公众参与,努力构建起城市经济社会发展的法治化平台。完善公众参与的法律保障,建立有效的利益表达机制,强调公众参与的程序法定。民主、合作型的法治发展模式能够统合不同利益群体之间的诉求,吸引多种社会力量的参与,尽力消解城镇化快速发展中的社会分化,构建认同型而不是统治型秩序,真正落实包容性发展,确保立法和决策的科学性与民主性、中立性和公益性。通过公众参与增强公共决策的透明度,促使政府的决策、管理活动由"封闭"走向"开放",增强公众在公共决策和管理过程中的

---

① 参见蔡定剑:《城乡规划需要公众参与》,《新京报》2007 年 11 月 4 日;刘效仁:《怎样保障公民"最看重"的城乡规划参与权》,《观察与思考》2007 年第 22 期。

② 蒙连图:《利益实现与中国城市化立法选择》,《湖南科技大学学报》2009 年第 5 期。

主导作用,有利于实现对公共权力的有效制约,提高行政决策的科学性和正当性。公众通过参与可以提升公民的公共责任感,是培养合格公民的有效手段;参与经历的不断积累会增强公众有效介入复杂的城市管理问题的能力。公众参与的深度和广度是深化城市管理体制改革、提升城市管理水平的重要手段。在社会转型的过程中,各种利益群体不断分化重组,如果没有数量庞大的各式行业协会的组织化表达和参与,合作型、回应型的行政法治都无从谈起。为此,政府应当以社会管理创新理念的提出为契机,大力培育各种行会,使各种利益相关者能够参与决策,都参与进来,共同管理自己生活的城市。事实上,"改革开放以来中国法律变迁发生了从国家单独主导到国家、市场与社会力量共同形成结构性制约的演变"①。

其二,积极建设和完善政府信息公共,完善和强化对权力的公共监督。不受公共监督的权力,无法保证权力的公共性。当下中国城市治理存在的不足是和中国公权力的公共监督不足存在密切联系的,如果公权力不能被置于有效的约束和监督之下,或者他们仍有能力罔顾来自民间的批评,这种彻底官僚化的权力运作体系会给城市化带来危害。公开、透明、国家权力的公共性、制度公正,是市场经济的基础。对此,建立政府信息公开制度是城市化和民主政治发展的需要。因为政治信息不对称主要表现为暗箱操作,是腐败行为得以实现的工具,十分经常的情况是政府在暗中关起门来,放下窗帘运行,不留任何记录。在这种情况下,细菌自然就可以滋生繁殖了。建立一套有效机制来保证信息的公正、公开和有效传递,应成为当前维护公平正义、构建和谐社会的重要任务。我国 1996 年制定的《行政处罚法》、1999 年制定的《行政复议法》和 2003 年制定的《行政许可法》均确立了各自领域的行政公开原则。其宗旨就在于建设一个公开、透明的阳光政府。国务院于 2004 年 3 月发布《全面推进依法行政实施纲要》提出建设法治政府的要求。在法治政府的内涵中明确包括了建设以政府行为公开、透明为特征的"阳光政府"要求。国务院指出:"推进政府信息公开,除涉及国家机密和依法受保护的商业秘密、个人隐私的事项外,行政机关应当公开政府信息。对公开的政府信息,公众有权查阅。行政机关应当为公众查阅政府信息提供便利条件。"2007 年 4 月 5 日由国务院颁

---

① 程金华、李学尧:《法律变迁的结构性制约——国家、市场与社会互动中的中国律师职业》,《中国社会科学》2012 年第 7 期。

布并于 2008 年 5 月 1 日起实施的《政府信息公开条例》表明了我国政府对行政公开原则的确认和贯彻。这部法规确立了一个重要的政府信息公开原则，即政府信息"以公开为原则，以不公开为例外"。言论自由、出版自由、传媒等，也是监督政府的重要举措。城市化的发展使像中国这样的东方国家越来越认识到了新闻自由的重要性，尤其在市场经济和民主法治时代，正确的新闻自由观已成为任何社会不断发展必不可少的一环。

三、 尊重城市化的社会保障规律

新型城镇化的实现不仅要坚持不懈地发展生产力，更要致力于实现社会保障，通过完善社会保障共享城市化成果，以增强城市化的凝聚力。在思考如何缓解城市化进程中的社会分化和社会矛盾时，应当把社会认同与整合作为不可回避的深层问题认真对待。因为，城市化认同过程，也是一个改善民生、促进社会公正的过程。中国社会正从温饱型社会向全面小康型社会转型，人民的诉求也逐步从基本生存层面向追求政治地位、寻求群体认同、谋求社会福利的发展层面转变。我们必须关注社会保障本身的社会影响，而只依靠市场本身是无法为外来人口的公民权问题提供成熟的或者永久性的解决方案的。没有社会保障的城市化是半城市化，会造成经济发展与社会发展之间的长期紧张。过去 40 年，中国并没有从社会的角度考虑推进城市化，而仅仅是从市场角度推进城市化。人与其户籍是分离的，因此与社保也多是分离的。

健康的城市化需要探讨城市公民的社会保障权问题，需要解决伴随市场进入的外来人口存在的社会保障歧视问题。"在 20 世纪后期的中国城市，市场和流动人口结伴而行，共同挑战着城市户口这一最基本的政治制度，因为城市户口其实就是（城市）公民权的标志。"[①]事实上，户籍制度本身不重要，依附在其背后的社会保障权、公共服务权才是最实质的。新型城镇化需要消除城乡之间制度化的社会保障权与公共服务落差，如果这些改革到位，户籍功能必将大大弱化，而其转型的方向就是成为人口登记与人口服务的基础制度。可以消除隐藏在户籍背后的身份差异和基本权利不平等，让户籍回归管理人口

---

① 苏黛瑞：《在中国城市中争取公民权》，王春光、单丽卿译，浙江人民出版社 2009 年版，第 4 页。

信息的本来面目。农民两个字,也将褪去长期固有的身份和阶层色彩,变成一种单纯的职业。制度意义上的城市化,不是让人们全部进入城市,而是使分居城乡的人们都能够得到同等的社会服务,享有平等的公民权益。城乡一体化不是消除生活功能型城乡差异,而是要消除城乡之间资源和机会的特权配置。

通过完善社会保障可以增强个人在城市生活中的安全感,有利于打破宗法结构中血缘和地缘的稳定联系,有利于个人摆脱对宗族和其他团体的依附,建构和完善中产阶级社会结构。在城市化进程中,应尽可能地创造有利于中产阶层发展壮大的社会条件和环境,并利用政策(如保护合法的财产所有权、打击违法犯罪)和社会舆论强化有利于公平合法创业致富的社会环境,促进社会更多的人进入中产阶层行列。必须对中产阶层进行整合引导,拓展政治参与的制度化的合法机会(而不能简单地将他们排除在现行政治体制之外),并依法规范参政的程序和机制。努力培养中产阶层的良好的职业伦理、公共精神、法律素养和务实作风,增加他们对现行社会政治体制的认同,使新兴中产阶层真正成为现行社会政治体制的一个有机组成部分。经过 40 年的市场化改革,我们在建设中国特色社会主义现代化的过程中,在追求公平正义、社会和谐的价值目标时,还是需要"中产阶级"或"中间阶级"这个概念的。扬弃中产阶层的"特权性"品格,培养其理性自由、自主自律的公民意识和文明民主的参政议政观念,以形成与现代民主法治相耦合的价值共识,进而使他们能够承担起促进和支撑民主法治的历史重任。"建设中产阶级社会"的目标,不但可以调和社会大多数群体的物质利益,也可以整合当今流行的各种主要思想派系和意识形态主张,更能够避免极端冒进,使社会进步滑行在历史演进的基本顺序轨道上。民主法治必须以强大的中产阶级为依托。一国的民主法治和城市化发展水平,受制于中产阶级数量和质量。

四、 尊重城市化的城市文化建设规律

城市化还包括城市文化建设,因为随着中国经济体制改革和政治体制改革的推进,中国城市化所遇到的矛盾和阻力不再来自传统的经济和政治体制,而是主要来自传统文化中的一些不足。这种文化的阻滞力在个体的行为方

式、社会的交往方式、社会生活的运行机制等各个方面和层面上显现出来。中国城市化运动的大推进作为一种社会经济领域里的深刻革命和对几千年来传统农业文明社会的巨大改造，肯定会碰到许多新的问题，出现许多新的压力甚至还会遭遇许多从未遇到的困难，这就需要相应的城市文化支持。因此从乡土中国走向城市中国的中国社会，确实需要进行文化的革新。对我们个人来说，进城只走了几十年，而对整个中国来说，乡土文化走了几千年。我国是一个有着深厚传统文化的国家，传统文化中的一些消极东西，如封建专制思想根深蒂固，缺乏民主意识和民主传统，且在很多人心目中还存在官本位思想、等级观念、父母官意识、全能政治观等，对现代政府和社会、政治与市场、公域和私域等缺乏正确的理解，在工作中还存在家长制作风等，这在很大程度上制约了我国城市文化进程，对社会主义民主法治建设存在着不利影响。乡土中国的制度和文化影响依然巨大。文化圈是特定文化比较稳定的存在区域，其内部具有相对统一的历史传统、价值观念、生活方式及社会组织形态。现在我们的问题是，我们进入了城市化的阶段，处在三千年未有之大变局下。但一个人口庞大、乡土传统深厚的中国，城市化道路注定很艰巨。城市化的实质，是农耕文明向工商文明的跃迁，也是与庞大的非农人口集聚相同步的经济、政治和社会的全面转型。尽管中国正经历着告别"乡土中国"，走进"城市中国"，但城市文化没有被成熟。许多人习惯性地用乡土文化处理城市社会问题，因而引发了诸多问题和不适。因此，积极探索和建构城市文化，就成为中国化建设完善的一个重要内容。

五、 尊重城市化的整体性、协同性规律

中国城市化实则是一项浩繁巨大且过程漫长的社会改造和经济生活深刻变革工程，涉及政治、经济、环境、社会各个方面。土地、财税、社会保障、城乡统筹，以及在资源、环境、金融、行政等领域进行的制度改革，共同构成了中国城市化的内在结构基础。但长期以来我们缺乏关注这些制度改革背后的城市化系统认识，在推行某项制度变革时很少从这些制度之间的互补性、协调性的角度去进行创新的制度安排，多是"头痛医头，脚痛医脚"的应急措施或权宜之

计,进而造成城市化制度支持体系改革不配套,无法产生制度聚合效应。这种对制度系统性与互补性的认识不足是我们改革开放以来虽然进行多项制度创新,但往往收不到预期效果的主要原因。要避免陷于各不相干、各自为战的不足,就必须高屋建瓴式地把它们纳入城市化和系统化范式之中。城市化的立场和方法论对于这些制度的整体性、系统性和协调性而言,是奠基性的。城市化是一个系统工程,在构建城市化制度支持体系时必须考虑到系统性,也即,"现代性的各个方面不可分离地相互联系在一起"①。亨廷顿就指出,"作为现代化进程的主要层面,它们的出现绝非是任意而互不相关的",从发生学角度来看,"它们是如此地密切相联,以致人们不得不怀疑,它们是否算得上彼此独立的因素,换言之,它们所以携手并进且如此有规律,就是因为它们不能单独实现"。②

城市化是一场深刻而全面的社会变革,没有整体推进,就会顾此失彼。城市化越不断深入,各领域各环节之间的关联性与互动性就越发明显,城市是一个复杂的制度体系,每项制度都会对其他制度产生重要影响,每项制度又都需要其他制度协同配合。因此,城市化进程中的制度创新不能再搞孤军奋战,必须发挥制度间的协调效应,以形成运转流畅、互为补充、互为促进,共同推动城市化进程的制度体系。推进城镇化,要统筹推进经济、政治、文化、社会、生态文明建设等领域的改革,因为近半个世纪的体制因素所造成的城乡隔离或二元经济结构之影响并不能由于某个环节、某些制度的变迁取消而立刻消灭。对此,必须更加注重改革的系统性、整体性、协同性。这些工作纷繁复杂,千头万绪,必须以城市化为着力点,完善改革的系统性、整体性、协同性,加快发展社会主义市场经济、民主政治、先进文化、和谐社会、生态文明。

总之,进入 21 世纪,中国城市化模式需要进行一场新的深刻的制度创新和变革。党的十八大提出了新型城镇化战略,这意味着城镇化的工作理念、实现路径、协同要素将发生重大改变。新型城镇化的"新"更多体现在更加有效地发挥市场、民主法治和社会保障的作用,让市场、民主法治和社会保障成为

---

① R. M. 昂格尔:《现代社会中的法律》,吴玉章、周汉华译,译林出版社 2001 年版,第 132—133 页。

② 塞缪尔·P. 亨廷顿:《变化社会中的政治秩序》,王冠华、刘为译,生活·读书·新知三联书店 1989 年版,第 30 页。

新型城镇化的核心要素。而中国改革开放 40 多年来，也为培育市场、民主法治和社会保障本位城市化创造了条件和基础。在新型城镇化建设中，城市化能否坚守市场、民主法治和社会保障本位事关新型城镇化建设的成败。而从更深层次角度看，离开市场、民主法治和社会保障本位，所有城市化都只是外延的增长，至多是农业文明时代村镇的扩大版，始终无法"化"为现代商业文明所需内涵的升级版。新型城镇化之路，应该区别于古代中国的传统城市，而更接近于市场、民主法治和社会保障本位的城市化，大致上它应该是工商业的、市场的，社会成员拥有个人的自由，政治系统会有民主法治，社会有私人领域和公共领域，当然还会有市民参与决策的社会参与制度以及有利于实现民主法治的各种社会组织。在经典城市理论中，市场、法治和社会保障是构成城市的基本元素，他们成为维系城市化的基本机制。走新型城镇化之路，就必须建立保证权利公平、机会公平、规则公平以及过程公平的制度体系，发挥市场、民主法治和社会保障的主导作用，就必须在户籍制度、土地制度、城市管理体制等方面进行大刀阔斧的改革。在现代城市化中，成熟的市场经济、民主法治和社会保障这三大原理构成了城市化合法性的来源和基础，也是新型城镇化的重要特征。依此而论，我国城市化道路的选择不应局限于"大城市论、小城市论和中等城市论"的争论，而应注重于城市化的市场、民主法治和社会保障内涵。这就需要改变政府主导型的传统城镇化模式，向市场、民主法治和社会保障主导的新型城镇化模式转变。当务之急是要进行制度的创新，消除一些制度上的障碍，让市场、民主法治和社会保障的作用发挥出来。

机理篇

第八章　城市化进程中印刷书面文化的
发展及对现代化转型的影响

第一节　书面文化在城市社会中的形成与发展

一、城市与书面文化的内在联系

首先,城市社会需要通过书面文化超越传统社会的熟人社会交往方式。当然这也涉及对口头社会组织和书面社会组织不同属性的研究。如果说口语标志着人从自然界中分离出来,那么普及性书面文化则应当被看作是迈向城市文明的重要一步。大众日常生活层面的书面文化普及是城市文明不同于乡土文明的一个重要特征。书面文化对城市社会陌生人交往正常运转是必不可少的,交往空间的扩大和陌生人交往的增加,使人们感觉到需要书面文化,刺激了文字的发展。"当在记号与符号以及特定组织的帮助下,书面的合作形式补充了面对面的直接交流。"①事实上,在基于口语文化的社会联系与社会共识趋向薄弱和导致较少的安全与可预测性时,如在全世界的都市区那样,书面文化将存在优势。书面文化是更大规模社会生活的交流方式。"在陌生地方旅行的不确定性似乎威胁到一个人的镇静时,人类倾向于借助一个文

---

① 刘易斯·芒福德:《城市文化》,宋俊岭、李翔宁、周鸣浩译,中国建筑工业出版社 2009 年版,第 508 页。

本。"①而"没有写作的社会必然存在于村落这种规模的社区中"②。作为特殊信任和"地方性知识"交流方式的口语是与分散、封建、自给自足的社会相协调的,而无法有效应对日益复杂的城市生活。或言之,陌生人所组成的城市社会是无法用乡土社会的口语信任来支撑和应对的。

其次,城市的书面文化需求促进了学校教育发展。"口头语言是最重要的文化技术。其技巧完全可以在家里的非正式场合下教授。几乎每一个人类部落都有口头语言。大多数个体都会在某一个年龄学习说话。书写则不是这样。……不像说话,阅读和写作的技术通常是在教室的环境中学到的。"③表现在,乡土社会的口语文化教育主要是在家庭中完成的,而城市书面文化教育主要是在学校中完成的。"学校是城市中最先分化出来的机构。"④与此同时,教育是帮助人们融入城市化的重要途径。例如,"教育也是中世纪以来城市身份认同的基石。对19世纪的资产阶级而言,子女的教育状况作为一种阶级身份的重要标签而备受重视,而这一情形直接拉动了中学教育的进步(学校往往设在教堂或私人机构),并进一步导致了大学的发展"⑤。与此同时,学校教育也有利于培育城市文化意识。就文化而言,很多刚刚从农村踏入城市的人来说对城市生活要有一个适应和认同的过程。在此过程中,欧洲城镇非常重视人们的学校教育,并以此为基础,进而"推动了其城市身份特性"⑥。

①　丹尼·卡瓦拉罗:《文化理论关键词》,张卫东、张生等译,江苏人民出版社2006年版,第134页。

②　威廉·麦克高希:《世界文明史:观察世界的新视角》,董建中、王大庆译,新华出版社2003年版,第245页。

③　同上书,第346页。

④　刘易斯·芒福德:《城市文化》,宋俊岭、李翔宁、周鸣浩译,中国建筑工业出版社2009年版,第502页。

⑤　彼得·克拉克:《欧洲城镇史:400—2000年》,宋一然等译,商务印书馆2015年版,第305页。

⑥　同上书,第354页。

二、　城市化有利于西方书面文化发展

（一）古腾堡印刷术对西方书面文化发展的推动

近代西方书面文化的发展和普及也得益于古腾堡印刷术。正如纸的发明一样，活字印刷术也是中国发明的。不过，古腾堡对活字印刷术的成熟化和再发展除技术之外，还有两方面基础不同于中国。

首先，古腾堡印刷术的成功有其特殊的城市化背景。即，"早期的印刷商被认为是都市企业家"[①]。古腾堡改进印刷术的世纪，是欧洲城市和商业复兴的世纪。城市生活方式在更大规模上发展出一种测量和计算的敏感性，也发展出以书面文化进行交流的需求，需要书面文化以结束城市建立以前简单的口语交流。从 12 世纪中叶开始，意大利的城市就开始创办市民学校，向市民提供商业生活所必需的读、写、算等书面文化知识，"在文艺复兴时期，商人的子弟们在学校或作坊里可以学到基础数学的完整知识。正是在这些地方阿拉伯数字开始流行"[②]。城市化、商业化刺激了大众对图书的需要，欧洲的商业发展和跨地区贸易刺激了对新闻、耐久的合同契约、可靠和标准的地图的需求。"远程贸易和远程管理进一步促使发明创造并使得一套抽象的符号体系变得必不可少，图形符号、数字表格和字母表。"[③]我们可以说，"在 15 世纪中期，欧洲的知识状况使得印刷术成为必需。这无疑也说明了如此多的人在同一时间、不同地方研究这个问题的事实"[④]。在古腾堡印刷术革命之前，欧洲大约有一万名复制者或专业抄写员被雇用于图书市场，而造纸技术的传入、大量廉价的纸张（12 世纪起意大利就成为造纸和相关技术的中心）也为手稿复制者们

---

① 伊丽莎白·爱森斯坦：《作为变革动因的印刷机：早期近代欧洲的传播与文化变革》，何道宽译，北京大学出版社 2010 年版，第 13 页。
② 理查德·曼凯维奇：《数学的故事》，冯速译，海南出版社 2002 年版，第 100 页。
③ 刘易斯·芒福德：《城市文化》，宋俊岭、李翔宁、周鸣浩译，中国建筑工业出版社 2009 年版，第 327 页。
④ 尼尔·波兹曼：《童年的消逝》，吴燕莛译，中信出版社 2015 年版，第 37 页。

复制图书提供了可能。古腾堡正是基于市场目的和城市需要而改进印刷术的。我们知道,11 世纪中国的炼丹术士毕昇发明了一种用活字印刷的方法,他用一种胶和泥的混合物把一板活字粘在一块金属板上,然后用火烘烤以加固,能再次使用的活字板可以通过热金属板被拿下来。但由于缺乏城市化和降低成本的推动,印刷术在中国并没有达到欧洲那样大众化和低廉化程度,主要限于官用。可见,相同的技术在不同文明中的作用和影响是不一样的,一些进步要素的功能发挥有时取决于技术,但更多的时候还取决于所依托的文明。尽管"机械印刷的基本概念是在大约公元 600 年的中国和朝鲜发展起来的,但是它们的文化妨碍了这种技术像它在大约九个世纪之后的欧洲那样为欧洲人所利用"①。

其次,古腾堡印刷术使用字母活字而不是表意的方块字作"活字"。为什么是欧洲而不是亚洲发展出了成熟的活字印刷和印刷革命,除经济形态和城市文明外,另外一个重要原因在于以字母文字作为"活字"可以更加高效率和低成本。"由于他们的书面文字基于字母系统,欧洲人能够比中国人更有效地开发这一技术。他们书面文字中的字母量很少,这使批量生产变得十分经济,并且可以重复使用每一个活字。"②换言之,"数量相当少的字母使得以低廉的成本铸造在铸模上使用的可以再次利用的金属活字成为可能"③。

可以说,1480 年古腾堡印刷术改进成功的最大意义,在于它推动了书面文化在近代西方社会的普及。古腾堡印刷术出现以前,成文信息的记载主要依靠手抄写,人类虽然有了文字,可是能够拥有文字信息的仍然是社会中的极少数人。或言之,虽然书面语言和文献技术已经在创造和保存人类知识方面扮演了不可或缺的角色,但是它们被视为精英占有的东西。而古腾堡印刷术使得书写文献在随后五个半世纪时间内变得无处不在,社会上每个人都能也都应该识字的观念在 16 世纪末才开始确立起来。先前,羊皮纸的兴起在事实上加剧了知识的垄断,使欧洲中世纪成了一个蒙昧时代。这种垄断直到纸张和印刷术的普及才得以打破。羊皮纸做的书使基督教比其他宗教占有更大的

---

① 罗杰·菲德勒:《媒介形态变化:认识新媒介》,明安香译,华夏出版社 2000 年版,第 53 页。

② 威廉·麦克高希:《世界文明史:观察世界的新视角》,董健中、王大庆译,新华出版社 2003 年版,第 361—362 页。

③ 同上书,第 398 页。

优势。印刷术一旦出现,知识、思想不会再被那些能够买和收藏昂贵手抄稿的少数人所"独占"了。任何思想和文本,都可以进行技术上的复制。文字、思想与活动的世俗化就随之产生。王族和僧侣阶级的知识和权力垄断首次被打破。并且随着学校教育的发展,"到了公元1700年,欧洲的识字率已经上升到30%—40%。到1850年,普及的小学教育使识字率上升到50%,到1930年上升到90%以上"①。此后,只对钱感兴趣的生意人并不能被看作是"理想的商人",而那些有读书习惯和生活方式越来越有教养的人才是"理想的商人"。路德维希于1741年这样刻画了"理想的商人":"这样一个人,具有诚实的无可指摘的生活作风,有着友好的、有礼貌的行为和言谈,具有敏锐的判断能力、果断的决策、可观的财产,孜孜不倦,有健康的体魄,尤其是必须在业务上有丰富的经验——他在年轻的时候学会的算、写和簿记是他获得的一个经验;除此之外,他还要阅读好的德国作家写的关于商业、世界历史和当代历史或者地理方面的书,他要养成阅读每周通告和报刊的习惯。"②

(二) 基督新教对西方书面文化发展的推动

虽然活字印刷术发展的根源可以溯及东方和中东欧,但其兴盛却始自不列颠。受新教改革影响较大的英美两国书面文化发展较快。也就是说,除城市因素影响外,近代欧洲书面文化发展的地区差异还需与新教改革联系在一起思考。作为一个不争事实,"从1517年起,欧洲大陆的印刷商们的迁移方向都是新教的中心城市"③。对依靠相当庞大的阅读公众的出版商而言,新教地区(虽然比天主教地区小,且人口亦较少)对书面文化的支持和需求都较好。尽管迫害塞尔维特和格劳秀斯的人与迫害伽利略和布鲁诺的人的确有相似之处,然而加尔文教徒和天主教徒毕竟不一样,天主教徒在特伦托公会议上胜出以后阻挠通俗语书籍的阅读,或控制世俗人口中的识字率。因为16世纪中期

---

① 威廉·麦克高希:《世界文明史:观察世界的新视角》,董健中、王大庆译,新华出版社2003年版,第451—452页。

② 里夏德·范迪尔门:《欧洲近代生活:村庄与城市》,王亚平译,东方出版社2004年版,第95页。

③ 伊丽莎白·爱森斯坦:《作为变革动因的印刷机:早期近代欧洲的传播与文化变革》,何道宽译,北京大学出版社2010年版,第254页。

后,天主教徒对印刷术开始打退堂鼓,不再鼓励人们识字,他们感到阅读是一个分裂的动因,最后甚至禁止阅读各种书面文化版的《圣经》,并且将阅读跟异端邪说画上了等号,后来出现禁书书目也是很自然的事。相反,加尔文教徒却从来不采取诸如此类的措施,他们积极提供培养阅读习惯(甚至强制儿童快速提高读写能力)。在此,清教徒强调"因信称义",积极鼓励通过自己阅读《圣经》与上帝"交流"和实现拯救,并且《圣经》是所有家庭的必读书,这也必然使得他们识文断字。由此必然使得清教积极鼓励识字和阅读,并认可和发展印刷术。其中,"马丁·路德的一番话是令人信服的最好例证。谈到印刷术,他说,印刷术是'上帝最崇高、最无限的恩典'"①。不难理解,《圣经》是所有家庭的必读书,因为这些人都是新教教徒。在以新教为主的英美两国,由于宗教生活不可或缺,而有宗教生活就有书面文化,这也不难理解书面文化逐渐成为英美两国清教徒日常生活的重要构成部分,这也便使得受新教影响较深的英美两国书面文化发展较快。

比较英国和其他国家就会发现,16 世纪开始,英国到处都是印刷品,有各种形式和大小不一的作品出版,阅读成为这个国家的重要特征。"到了 17 世纪中叶,'无论从哪个层面来看,英国很可能是当时世界上最有文化的社会。'无可否认,到了 17 世纪初,它的政治领袖都是有识字能力的。"②此时,"你发现自己被一套新的文化氛围所包围",外国观察家们已经注意到,英格兰在经济、社会和意识形态等领域与欧洲其余地区有着很大的差异。"当日那些访问或阅读英格兰的外国人,以及那些旅居外国的英格兰人,不可能没有注意到,自己不仅是从一个地理、语言及气候带迁移到了另一个,而且是在出入一个其文化的方方面面都与周边国家迥然不同的社会。"③托克维尔在他的著作《旧制度与大革命》中,比许多作家更深刻地思考了 18 世纪英格兰与欧洲大陆国家特别是与法国的差异。他相信,中世纪英格兰在本质上与欧洲其他农业国家完全一样,欧洲域内的种种差异只是在中世纪末期才真正出现的。"中世纪"的政治和法律体系在法国、英格兰和德意志具有"惊人的相似性",同时,"农民的状况差别甚微,……从波兰边境到爱尔兰海"都很相似。他总结道,"在 14

---

① 尼尔·波兹曼:《童年的消逝》,吴燕莚译,中信出版社 2015 年版,第 49 页。
② 同上书,第 59—60 页。
③ 艾伦·麦克法兰:《英国个人主义的起源》,管可秾译,商务印书馆 2008 年版,第 216 页。

世纪,欧洲各国的社会,政治、行政、司法、经济和文学等建制"是彼此酷肖的。然而到了 17 世纪,英格兰"已经是一个非常现代的国家了",在那些"古老的名字和形式"背后,"你将发现从 17 世纪开始,旧的封建体系彻底废除,阶级彼此交融,血统高贵论让路,贵族晋阶开放,法律面前人人平等,公职对全民开放,新闻自由,言论公开"。这些全都是"中世纪社会闻所未闻的新法则"。[①] 比托克维尔要早一个世纪,孟德斯鸠于 1729 年造访英格兰,并投身研究英格兰的政治制度与社会制度。他无疑发现英格兰的制度十分异样,关于英格兰和"欧陆其余地区"的差异,孟德斯鸠的描述大体上与托克维尔一致。所以他写道:"我已抵达一个国度,它与欧洲其余地方几无共同之处。"[②]书面文化的社会化程度高是决定英格兰独特的根本原因。因为书面文化的社会化程度高的缘故,英格兰的社会、经济和宗教状况全都与别处的不同。这也将书面文化的城市英国与口语文化的乡土欧陆区别开来。英格兰率先发展和普及了书面文化,并在此基础上推动了其他方面现代化的早熟。其独特性开始表现在很多方面,体现在法律、风俗、习惯、公共生活的方式、建筑形式等。英国的社会,经济及法律体系不仅根本不同于亚洲和东欧国民的体系,而且在诸多方面,也有别于欧洲大陆国家的体系。原因在于英格兰的法律和社会体系内含书面文化精神。像培育北美国家这样的斐然成就,我们也应归功于独一无二的书面文化的社会化程度高,也即"一个新文明的诞生,这个新文明最初通过照搬英格兰方式而形成了自己的大部分性格,以后又扩大了自己的影响——它就是美国"[③]。

美国的文化基础是建立在书面文化之上的,即,"建国伊始,美国就爱上了印刷技术,将其用于教育、工业和政治生活中"[④]。书面文化"成为美国生活主导的东西。没有一个欧洲国家曾赋予印刷品如此优先的地位"[⑤]。可以说,"到1800 年,书面文化发展过程的同质化力量,在美国比在欧洲任何地区都已经

① 艾伦·麦克法兰:《英国个人主义的起源》,管可秾译,商务印书馆 2008 年版,第 219 页。
② 同上书,第 220 页。
③ 同上书,第 1 页。
④ 马歇尔·麦克卢汉:《理解媒介——论人的延伸》,何道宽译,商务印书馆 2000 年版,第 398 页。
⑤ 同上书,第 400 页。

走得更远"①。事实上,"18 世纪和 19 世纪的美国也许是有史以来最以铅字为中心的文化"②,"他们的宗教情感、政治思想和社会生活都常常植根于印刷品这个媒介"③,"美国比任何一个社会都痴迷于铅字"④。移民到新英格兰的人大多来自英国文化教育程度较高的地区或阶层,这也使得美国从一开始整个国民的书面文化程度就较高。新英格兰人热爱读书,在 1650 年之后,几乎所有的新英格兰城镇通过了法信令,要求建立"读写学校",一些大的社区还要求建立语法学校。美国生活方式的形成,既以书面文化为基础,又凭借于这个渠道。⑤ 对此,托克维尔不是唯一惊叹于美国印刷业的外国客人。19 世纪中叶,这里高度而广泛的书面文化普及率给他们所有人都留下了深刻的印象。印刷书面文化在英美两国已经逐渐定型和成熟,"例如它影响着人们说话的方式。托克维尔在《论美国的民主》中写道:'美国人不会交谈,但他会讨论,而且他说的话往往会变成论文。他像在会议上发言一样和你讲话,如果讨论激烈起来,他会称与他对话的"先生们"。'这种奇怪的现象与其说是美国人的固执的一种反映,不如说是他们根据印刷文字结构进行谈话的一种模式。既然印刷文字的读者是非特指的,那么托克维尔这里指的谈话无疑正是一种印刷文字式的口语"⑥。这样的语言完全是书面语,即使是用于演讲,也不能掩盖这个事实,使用的句子结构、句子长度和修辞手法也不脱书面语的模式。对此,"理查德·霍夫施塔特提醒我们,美国是一个由知识分子建立的国家,这在现代历史上是罕见的。他写道:'这些开国元勋都是智者、科学家、学养高深之人,他们中的很多人都精于古典学问,善于借助熟知的历史、政治和法律来解决当时紧迫的问题。'这样的人建立起来的社会是不会朝别的方向发展的"⑦。

---

① 马歇尔·麦克卢汉:《理解媒介——论人的延伸》,何道宽译,商务印书馆 2000 年版,第 398 页。
② 尼尔·波兹曼:《娱乐至死》,章艳译,中信出版社 2015 年版,第 30 页。
③ 同上书,第 36 页。
④ 同上书,第 49 页。
⑤ 从建国之初,美国就拥有几乎数不清的报刊。"创办报刊既简单又容易,只要有少量的订户,就足以应付报刊的开销。所以美国定期期刊和半定期期刊的样数多得令人难以置信。"托克维尔说:"在美国,几乎没有一个小镇没有自己的报纸。"参见托克维尔:《论美国的民主》,董果良译,商务印书馆 2007 年版,第 208、209 页。
⑥ 尼尔·波兹曼:《娱乐至死》,章艳译,中信出版社 2015 年版,第 50 页。
⑦ 同上书,第 49 页。

（三）大学对书面文化发展的推动

城市推动了学校发展，学校又进一步推动书面文化发展。"自中世纪以来，城市就已经成为教育的中心，在宗教改革之后的近代早期，这种情况更为明显，就是在那些比较小的城市里也都建立了初级学校，有些大城市还有了大学。受过教育的市民、宗教人士、印刷工人或者是城市的官员，都是以受过教育的社团或者文学社团的形式聚集在城市里。"①作为不争事实，"学校是城市中最先分化出来的机构"②。中世纪学校尤其大学的诞生，是欧洲城市化运动的直接产物，更是城市文明崛起和成熟的象征。欧洲中世纪大学不是产生于城市兴起之外而是之中，这是耐人寻味的。最早出现大学的意大利和法国恰恰是中世纪欧洲商业发达和城市繁荣的地方。城市孕育大学，大学与城市是处于一个互相促进互相依存状态。城市工商业与社会分工的发展，需要各种实用的专业知识、社会知识、地理知识，需要掌握读、写、算基本能力，需要进行行业技巧训练，还需要大量为工商业服务的管理者、律师、医生、教师等专业人员。这样，随着城市的兴起，大致从 12 世纪起，大学也在城市中发展起来。"大城市终究也是科学和教育的城市，作为科学和教育的城市，它千方百计地与商业和工业携手同行，并肩前进。"③事实上，"由于在新局面里教会已经不能再担当新生活理想的源泉了，这个职责就让大学承担下来了。于是，我们看到，大学在现代城市里的地位和作用，就很类似中世纪时代大教堂对大一统的宗教文化所发挥的作用了"④。也即，在城市发展中，"它将学校置于中心地位，这相当于中世纪时教堂在基督教控制区所占据的地位"⑤。大学教育在博洛尼亚（Bologna）始于 1100 年，在巴黎始于 1150 年，在剑桥始于

---

① 里夏德·范迪尔门：《欧洲近代生活：村庄与城市》，王亚平译，东方出版社 2004 年版，第 132—133 页。
② 刘易斯·芒福德：《城市文化》，宋俊岭、李翔宁、周鸣浩译，中国建筑工业出版社 2009 年版，第 502 页。
③ 斐迪南·滕尼斯：《共同体与社会》，林荣远译，商务印书馆 1999 年版，第 335 页。
④ 刘易斯·芒福德：《城市文化》，宋俊岭、李翔宁、周鸣浩译，中国建筑工业出版社 2009 年版，第 39 页。
⑤ 同上书，第 503 页。

1229 年。西欧中世纪后期,伴随着城市学校等一批新式学校的纷纷出现,由教会垄断掌控的知识和思想权逐渐遭到了来自城市自治权的挑战与分庭抗礼。虽然从 11 世纪末开始,教会对于文化领域的绝对控制被逐渐打破,但毫无疑问的是,直至人文主义运动兴起之前,"教育界的人始终是在教会的牢牢控制中"①。

尽管"大学与大教堂和议会一样,都是中世纪的产物"②,但它更多是中世纪城市的产物。其一,城市生活中的社会分工促进了专业化发展。随着城市化的发展,为满足各种社会需求为专长的专业人员需求,行业的自治性联盟即具有专门教育性质的行会"universitas"自此形成。"大学"一词由拉丁文"universitas"(行会)意译而来。如果进一步对中世纪欧洲城市行会的发展历史加以考察,我们将会发现,作为城市行会,其本身就是一个带有职业和行规教育性质的团体。据曾于 1254 年至 1258 年期间担任过巴黎商会会长的亚田·霸罗先生在其所著的《行业志》一书中竟详细"记载着巴黎的一百零一个行会的章程"③。也即,城市化和社会分工的发展,对人们文化水平和专业技能的要求越来越高,有力地促进了现代教育和科学文化事业的发展。"日益增加的劳动分工、市场不断扩大、城市化加速等均需要或产生了以下结果:过去从事农业以及那些原始生产中的非熟练工人,转向了技术型的白领或高层次的职业,这些职业绝大部分在城市集聚区。"④另外,由于日常生活实践需要,计算和书写的方法很早就已经进入了中世纪西欧城市经济生活,"要求他学习计算和书写,掌握和懂得在商人中流行的行话和交谈的方式,掌握必要的外语,区分各种本地的和外地的货币,区分各种度量衡的特点,学会管理簿记经济"⑤。过去,教育机构多为学院和宗教机构集中的地方,教学以神学和文科为主,脱离社会实际。城市革命开始后,学院和大学的课程增加了自然科学和应用学科,使教学更加接近生产实际。学以致用渐渐成为这些地方培养人才的目标。

---

① 让-皮埃尔·里乌、让-弗朗索瓦·西里内利编:《法国文化史 I·中世纪》,杨剑译,华东师范大学出版社 2006 年版,第 105 页。

② 查尔斯·霍默·哈斯金斯:《大学的兴起》,梅义征译,上海三联书店 2007 年版,第 1 页。

③ 汤普逊:《中世纪城市》(下册),耿淡如译,商务印书馆 1984 年版,第 74 页。

④ 布赖恩·贝利:《比较城市化》,顾朝林等译,商务印书馆 2010 年版,"前言",第 5 页。

⑤ 里夏德·范迪尔门:《欧洲近代生活:村庄与城市》,王亚平译,东方出版社 2004 年版,第 92 页。

"后来出现的大学,其目的也是为从事某种职业准备基础条件,同时制定出这一职业应当遵守的规则。最早组成大学的各个重要学科分支,如法律学体系、医学体系、神学体系,当时都已经具有了职业特征。"①教育内容的世俗行业化和技能化,促进了文化的世俗化。知识从修道院中转型出来,成为市民经济、政治和社会活动的必要工具。

其二,随着专业化发展和节约成本的需要,校外的教育机会开始变得不足和效率低下。城市人口的集中,为开办学校和开展其他文化事业提供了成本节约的条件。大学在某一城市建立,在经济上并不依赖于该城市政府,相反,大学还会给所在城市带来可观的经济利益。大多数城市都欢迎大学在该城建校,并且在各方面给大学提供方便。由行会组织负担校舍等学校经费、由学生缴纳的学费来支付教师工资的办学模式,可以冲破贵族、教会对学校教育独占垄断权。过去,教育事业以家庭教师、私人和教会办学为主,前二者费用昂贵,非一般人所能接受,后者主要为教会培养神职人员。大学开始摆脱以上控制,教育更多是为世俗服务,这也有利于在一定程度上推动学生的市民化和大众化。于是,一个以教学,更确切地说同时以写作和教学为职业的人,一个以教授与学者的身份进行专业活动的阶层出现了,"在实现了劳动分工的城市里安家落户"②。知识阶级以及文教设施在城市集中的情况由此开始,城市逐渐聚集起了知识的生产者与消费者,城市不仅是商业中心,而且也是知识生活的中心。"大学就这样通过设立的各种科系,把宗教知识、科学知识、政治知识都结合起来了。这在其他任何时代的文化中都是没有先例的。……大学充分发挥了贮存知识、传播知识和创造性积累知识这些功能。"③可以说,"人类的知识遗产能在过去三个世纪里有那么大的发展和传播,离开了大学的作用是无从设想的"④。

其三,现代生产和管理需要文字技术,更需要科学知识。随着科学技术在城市经济社会发展中的地位日益提高。"在意大利城市的商业和政治社会里,

① 刘易斯·芒福德:《城市文化》,宋俊岭、李翔宁、周鸣浩译,中国建筑工业出版社2009年版,第38页。
② 雅克·勒戈夫:《中世纪的知识分子》,张弘译,商务印书馆2002年版,第5页。
③ 刘易斯·芒福德:《城市文化》,宋俊岭、李翔宁、周鸣浩译,中国建筑工业出版社2009年版,第39页。
④ 同上。

需要实用的知识,需要管理社会生活的科学。"①如 12—13 世纪的社会和文化条件,使得意大利率先出现了近代法学教育的萌芽。博洛尼亚的经济在 12世纪西欧的"商业革命"中迅速成长起来,成为意大利北部著名的中心城市之一。博洛尼亚法学教育就是在这一环境中成长起来的。在当时现有法律中,教会法、封建习惯法(王室法和庄园法)、日耳曼法都不能满足城市自治和工商业发展的需要。这种法律是处理以耕种土地或以土地所有权为生的人们的关系。在司法层面上,传统的法律程序拘泥而狭隘,仍采用神判法、司法决斗等制度。法官一般都是从农村居民中选拔出来的,其对于商业一窍不通,甚至受着宗教影响,厌恶商人阶级。这种法律和司法制度本身具有浓厚的封建色彩,强调着不平等的封建义务。市民阶级是一个由同等地位的人组成的共同体,强调的是平等的权利。很多著作家都已指出,以博洛尼亚为代表的意大利法律学校,相较于西北欧的诸多早期大学,如巴黎大学和牛津大学的法学教育,具有更强的世俗性。这一论点是具有充分证据佐证的。与巴黎或牛津那种纯粹伴侣的阶级式学术团体不同,"博洛尼亚是真正意义上的学生大学,是更加自由的,更加开明的"②,更像是由学者组成的合作团体(Universitas Scolarium)。并且,"相对于僧侣,博洛尼亚的师生更像是市民"③。这种鲜明的世俗性使得 12—13 世纪的意大利法学教育在全欧洲产生了影响力,并推动了文艺复兴。

其四,学校和大学的兴起,为城市文化的合理化和普及贡献极大。一方面,学校的责任在于使人们能够尽快成为熟练的职业者,另一方面,教育所反映的是主导的城市化的政治和经济制度,并使之日益普及。相对于乡村生产关系而言,社会性因素对城市文明将起到越来越重要的作用,具有较高的制度意识和规则意识。超越自在自发的、经验式的日常生存状态有赖于大学教育,特别是大学的城市生活启蒙作用。或言之,只有在大学才能真正完成民众日常的城市化生活方式养成。大学有助于现代主体摆脱自然的和经验的状态,

① 拉希达尔(Rashdall)语,转引自汤普逊:《中世纪经济社会史:300—1300 年》(下册),耿淡如译,商务印书馆 1963 年版,第 12 页,注 2。

② The Rev. J. E. Healey, S. J. , M. A. , "The Medieval University", *CCHA Report*, Vol. 17, 1950,p. 71.

③ THL Isabelle de Foix, "A Tale of Two Mediveal Universities: Bologna and Paris"(January 1996), at http://scholar 76. Tripod. Com/universities2. htm, Mar. 15,2013.

"进入"社会做越必要的准备。现代化进程中,高等教育的大众化和普及化对于最终打破传统封闭的日常生活世界,开拓富有创造性的非日常生活世界,都起到了关键的作用。大学的知识内容越来越贴近市民的需要,新的社会思想及政治思想也随之产生。在大学诞生之前,西欧的教育是以修道院学校为主,除了少数意大利的世俗教育机构外,学校完全掌握在教会手中。无论在学校组织和教学内容上,学校都生存于加洛林王朝时期的原则之上。"这些学校里,课程与教学方法大体上仍是阿尔干(Alcuin)为加洛林王朝所确定的。"[①]与教会学校不同,城市中的大学不但服务于经济生活,而且服务于文化变化过程。市民化是城市化的重要组成部分。市民化必须改变传统的人生态度、价值观念,在思想上走向开放,感情上富有理性,在生活方式与行为方式上的适应主要体现在生活的散漫性和无序性转变为有节奏性和条理性,生产的季节观念转变为严格的工作时间观念,以血缘、地缘为主的人际交往转变为以业缘为主,以面对面的直接交往为主转变为以间接的通信传媒信息沟通为主。只有当市民的城市素质提高以后,才能不断适应城市化的内在要求。市民性格可以通过学校教育来建构和培育。"正像我们可以把修道院或者修道院图书馆比喻成一座消极的大学一样,我们也可以把一所人学称为积极的修道院。"[②]换言之,"大学在现代城市里的地位和作用,就很类似中世纪时代大教堂对大一统的宗教文化所发挥的作用了"[③]。

三、 中国书面文化发展的滞后

其一,在传统中国,书面文化主要是国家统治工具,而不是市民日常生活工具。也即,在传统中国,"书面语言与帝国政府的发展是相伴而生的。一旦政治统治者控制了数量众多和形形色色的人口,部落的习俗就不再能够满足维持社会化秩序的需要。君主需要通过成文法进行统治。他需要税收的记录。尽管难于掌握,表意文字还是具有提供一种共通的书面语言的优势,用于

---

① 雅克·韦尔热:《中世纪大学》,王晓辉译,上海人民出版社 2007 年版,第 5 页。
② 刘易斯·芒福德:《城市文化》,宋俊岭、李翔宁、周鸣浩译,中国建筑工业出版社 2009 年版,第 39 页。
③ 同上。

像中国这样的国家,那里有许多说不同方言的人民。来自于帝国各个部分的不能够听懂相互之间的语言的文人学士可以通过文字进行交流"①。但在传统中国这种书面文化很难发展成一种平民文化。首先,成本较高,不容易普及。"表意书写对于大众教育来说太困难了。只有规模庞大的官僚机构能够负担得起对掌握这种技术的个人的训练。"②其次,这种表意文字"仅限于政治之内",与民众的日常生活和文化生活没有任何关联,"这种书写不会产生一个读书的大众"。③再次,这种表意文字所产生的政治知识垄断,在一定程度上也构成了权力专制的基础。专制统治者往往以书面形式建立自己的信息流通渠道,卡尔·A.魏特夫就指出:"东方政府的代表者把驿站作为一种政治制度来运用,对快速的交通采取独占手段。快速交通和精密的情报系统结合在一起,就成为令人生畏的社会控制武器。"④

其二,作为大众日常生活层面的书面文化和抽象系统信任,既是城市化的产物,又成为城市化的重要构成部分,而中国传统社会,自然经济对信任形式的要求相对较低,熟人信任和口语文化一直长期占据主导地位。并且,在不同的文化背景中同样的印刷术可能会被用于截然不同的目的。我们知道古腾堡既不是印刷术的发明者,也不是活字技术的发明者,这种技术在他出生之前就已经在亚洲出现,古腾堡的成就在于,他将活字印刷术加以完善和改良。而古腾堡印刷术出现在西方的深层原因就在于其具有特殊的城市化背景,即印刷机是"在15世纪的欧洲城镇里运行的"⑤。而传统中国在自然经济背景和环境下,"中国人搞印刷术,不是为市场或价格体系制造统一规格的,可以重复的产品"⑥,由此使其发展受限并难以升级改良和普及化。

其三,如果承认印刷术是欧洲近代一系列历史变迁的根本动力,并承认印

①　威廉·麦克高希:《世界文明史:观察世界的新视角》,董建中、王大庆译,新华出版社2003年版,第356页。

②　同上书,第443页。

③　同上书,第356页。

④　卡尔·A.魏特夫:《东方专制主义——对于极权力量的比较研究》,徐式谷等译,中国社会科学出版社1989年版,第49页。

⑤　伊丽莎白·爱森斯坦:《作为变革动因的印刷机:早期近代欧洲的传播与文化变革》,何道宽译,北京大学出版社2010年版,第437页。

⑥　埃里克·麦克卢汉、弗兰克·秦格龙编:《麦克卢汉精粹》,何道宽译,南京大学出版社2000年版,第196页。

刷术的成熟和普及并不是一个孤立事件偶然在那个时代簇拥着发生，而是一场具有社会文化变迁含义的系统性变化，就只能承认，同一时期的中国并没有发生同样的运动。晚清民国的新文化运动是中国历史上与欧洲印刷术相似性最大的一场变迁，但那已是西风吹来时的事情。

第二节　印刷书面文化对现代化转型的影响

一、　印刷书面文化是推动西方现代化转型的基本线索

近代西方进入现代化的途径，并非只是简单的城市化，而是连带着印刷书面文化的普及。即，西方是通过书面理性来建构现代文明的。"这一原理是理解西方力量的一把钥匙。"①可以确定的是，古腾堡的这项发明，虽然比中国活字印刷术晚了 4 个世纪，一旦付诸应用，便迅速普及开来，在欧洲形成了爆炸性冲击，被后人称之为"古腾堡革命"或"古腾堡星汉"。随着口语时代影响的减退，口语文化的政治、宗教、教育和任何其他构成公共事务的领域都要改变，并且用成文化的方式去重新架构。"在 15 世纪下半叶，印刷技术迅速扩散，全欧洲各主要贸易中心都建起了印刷厂。这是大众传播时代的黎明。它正好一方面符合资本主义生产与贸易早期形式的发展。"②

印刷书面文化本身成为带动近代西方现代化转型最积极、最深刻的力量，"对于早期现代国家以及其他现行的现代性制度的兴起来说，印刷是主要的影响因素之一"③。近代英美两国的理性化和现代化是与印刷书面文化相契合的，印刷书面文化是其现代化的重要基础和模板。近代西方现代性的启蒙、制

---

①　马歇尔·麦克卢汉：《理解媒介——论人的延伸》，何道宽译，商务印书馆 2000 年版，第222 页。

②　约翰·B. 汤普森：《意识形态与现代文化》，高铦译，译林出版社 2005 年版，第 190 页。

③　安东尼·吉登斯：《现代性与自我认同：现代晚期的自我与社会》，赵旭东、方文译，生活·读书·新知三联书店 1998 年版，第 27 页。

度设施、法的观点、合理性和合法性观念,很大程度上就是建立在印刷书面文化基础上的,印刷书面文化极大地重塑了近代西方的社会结构、理性构成和社会制度。爱森斯坦就指出,尽管构成"现代性"要素的端倪可见于16世纪和17世纪,但在围绕马克斯·韦伯主题的争论上,以及围绕雅各布·布克哈特著作的争论上,"我的看法是大致相同的。两人主题的争论都围绕一个难以把握的现代化过程,但两人都掩盖了从手抄书文化向印刷文化过渡的问题"①。并且,作为理性化建构"关键词"的成文化和印刷术,在某种程度上回答了韦伯这位社会学家提出的问题。然而,"特别令人遗憾的是,虽然韦伯关心的发展变化(含理性与科学)正是在印刷术这种新媒介的强大影响产生的,但他的著作给予印刷术的地位却很不引人注目"②。而事实证明,"印刷术发明以后,业已存在于西方文化里的走向理性化和系统组织化的驱动力就能够更加有效地付诸实践了"③。而且,"在研究'理性化'、'现代化'、'集中化'、精英的重组、宗教分裂、向上的社会流动、上升的期望值或企业的组织时,关于识字、读书和新的心灵习惯等富有争议的问题是无法规避的"④。事实上,口语文化和印刷文化生动区分了传统与现代的典型差异。"印刷术加深了书面文化和口头文化的鸿沟,使广览图书的成人和未经学校训练的儿童之间的距离日益加大。……这一点大概同样适用于'理性'和'非理性'、'清醒'和'疯狂'的重新界定。"⑤并且,口语文化和印刷文化生动描绘了乡村和城市两种文明的典型差异。对此,麦克卢汉就认为"印刷文化是现代文化","他把印刷文化的人称为'市民'"。⑥也就是说,西方由传统向现代的社会转型,是通过书面理性取代口语实现的。实际上,印刷术是现代性的重要载体和构成部分。

回顾历史,也可以发现西方现代化所走过的道路,其中最大的一个变化是口语文化向印刷书面语言文化的转变。可以说,现代化的进程也是印刷书面语言的现代建构过程。如果带着这样的问题意识回到传统向现代社会形态变

① 伊丽莎白·爱森斯坦:《作为变革动因的印刷机:早期近代欧洲的传播与文化变革》,何道宽译,北京大学出版社2010年版,第234页。
② 同上。
③ 同上。
④ 同上书,第441页。
⑤ 同上书,第268页。
⑥ 马歇尔·麦克卢汉:《理解媒介——论人的延伸》,何道宽译,商务印书馆2000年版,第8页。

革的历史场景,就会真切而强烈地感受到印刷书面语言问题,并非只是单一的语言学内部问题,它涉及文化、思想、制度、教育等诸多方面。现代化展史上的语言论争也并非仅是文字内部的形式问题,它关系到现代化问题。然而,历史学家的研究中有缺失的一环,也即忽视了印刷媒介产生的思想和社会组织的形态革命。印刷媒介及其基础上纸张的沙沙声是城市潜在的声音,对城市存在而言,这种声音比城市机器轰鸣的节奏更重要。现代性所呈现的社会秩序,在其经济体系和其他制度方面都具有经典印刷术特征。现代性是以印刷书面符号为典型代表的象征系统,现代社会存在着法律、建筑、交通等各种社会领域中无所不在的书面符号系统,并进而带来了思想、文化、学术、政治、经济等全面转型。作为一种特殊的组织和文化形态,通过印刷媒介及其书面文化,现代社会各领域都走上了"理性化轨道"。在经济领域,资本主义经济摆脱了传统宗教的束缚,不断客观化、非人格化,它日益变成以可计算性为特征的形式理性系统。在政治领域,政治生活不断官僚化、专业化,统治合法性由传统型转化为法理型;在文化思想领域,给世界提供"意义"的宗教被给世界提供"因果解释"的现代科学所取代。另外,一切国家的基本制度体系都是通过文本来确立,包括会计方法、财政军事结构,以及更早的国家一般不可能拥有的其他一些东西。印刷媒介及由此带来的书面文化的大众化作为传统社会和现代社会的分界线之一,据此可以发现几百年来西方现代化的转型与发展轨迹。把印刷技术作为西欧现代性起源的一个基本构件来进行研究,有利于立足于印刷术框架阐释现代性理论,印刷术不仅是现代性的现象世界,更是它的本体世界,决定了印刷术对于现代性的认知地位。印刷媒介及其书面文化与现代性确实是紧密连接的,现代性发生的机缘、运作的中心以及内在的动力都是源于印刷术,印刷术成为现代性认识论的哲学基础。即现代化研究的印刷术转向使得现代化研究的主题、研究方法乃至哲学论著整个都发生了巨大的变化。以一个印刷术的视角来认识现代性,可以使一些长期以来纠缠不清的现代化难题将得到一定程度解决。研究现代化与新兴资本主义精神的条件时首先突出印刷术的影响,不囿于研究印刷技术本身,而是专注这场印刷革命的人文影响。欧洲的社会学家认为,欧洲大陆的宗教革命、启蒙运动以及资产阶级革命等重大社会变革,都是在印刷媒介的基础上产生的,受到其直接或间接的影响。

显见,印刷术和书面文化对现代性的构建具有很大影响,无论内在思想与外在形式,都实现了脱胎换骨式的质变。印刷书面文化是与传统社会向现代社会和封闭社会向开放社会的转轨是同时发生的。基于传统共同体口语基础上的交往方式向市场经济条件下基于书面基础上的交往方式的变迁,是理解现代化转型的一条重要线索。印刷术在近代西方的变革当中充当基石的角色,近代的西方民族国家的产生、民族语言的形成、资产阶级革命以及宗教改革都是在古腾堡的印刷媒介的影响之下出现的。在西方,印刷术时代的出现,是传统与现代的分水岭,也"成了变革的动因"①。事实上,"一旦印刷所在许多欧洲城镇里配置以后,印刷术改变社会的力量就开始生效"②。担当起的社会变革功能,影响已远远超出媒介和技术层面。在近代西方现代化的狂潮里,印刷术犹如牛顿学说中力的支点,没有它,民主政治、个人自由、文化发展等都无从说起。J.赫伯特·阿特休尔指出:"印刷机的发明对于毁灭中世纪社会、催生现代主义的作用,远超过其他事件。"③学者们大多都认可,"如果不考虑印刷机的影响,充分了解任何政治、宪政、基督教和经济事件都是不可能的,充分了解任何社会学、哲学和文学运动也是不可能的"④。换言之,"印刷术带来的变革应该被放在更加核心的地位"⑤。可见,真正的现代性和印刷术一道出现,印刷术的出现揭开了西方历史新文化时期的大幕。即,"把手抄书向机印书的转变描绘成以后更大变革的序幕"⑥。从口头表达走向书面表达,这是所谓传统和现代的界标之一。印刷术发挥了社会变革关键性推手的作用,借助于这项威力无比的媒介,西方开始实行叩响现代文明社会的大门。费希尔在《阅读的历史》中说:"印刷术开创了现代文明。"⑦泰勒也曾指出:"或许,这种印刷出版

---

① 伊丽莎白·爱森斯坦:《作为变革动因的印刷机:早期近代欧洲的传播与文化变革》,何道宽译,北京大学出版社 2010 年版,第 437 页。

② 同上。

③ J. Herbert Altschull, *Agents of Power: The Role of the News Media in Human Affairs*, Longman, 1984, p. 4. 该书中译本由华夏出版社 1989 年出版。

④ 罗杰·菲德勒:《媒介形态变化:认识新媒介》,明安香译,华夏出版社 2000 年版,第 5 页。

⑤ 伊丽莎白·爱森斯坦:《作为变革动因的印刷机:早期近代欧洲的传播与文化变革》,何道宽译,北京大学出版社 2010 年版,第 425 页。

⑥ 同上书,第 21 页。

⑦ 史蒂文·罗杰·费希尔:《阅读的历史》,李瑞林译,商务印书馆 2009 年版,第 196 页。

技术,比任何其他方面更多地决定了我们现代生活与中世纪生活的不同。"[1]可以说,正是在印刷术的影响下,"一个全新的欧洲得以诞生"[2]。

站在现代化转型的高度,我们通过交往媒介的变迁,可以了解印刷媒介与现代化的内在联系。在文字出现之前,社会关系的调整主要依赖于习惯和道德规范,在文字大众化产生之后,社会以书面文化为社会关系塑造的手段。印刷媒介的价值深入现代性之中,创造了一个全新的社会和经济制度。通过这个变化可以看到政治体制的演变与变迁的过程。从口语支撑的知识形态和制度向书面语支撑的知识形态和制度的转变。城市社会和民族国家的社会治理是依靠成文化的知识形态和法律制度形态开展的。一切国家的基本制度体系都是通过文本来确立。"印刷术曾经控制政治、宗教、商业、教育、法律和其他重要社会事务的运行方式"[3],书面文化变成调整社会关系的方法,成为社会系统的组成部分。换言之,"书面文化在塑造工业经济中的角色是基本的、典范的角色。在任何时候、任何地方,识字对养成同一的习惯都是必不可少的"[4]。

书面文化是城市文化的产物和组成部分。城市化需要公平竞争下人口和生产要素的自由流动,强调尊重农民的产权、自由迁徙权、自由择业权、自由交易权。而这种自由流动受劳动力价值规律的支配和书面文化的保护。实际上,在城市之下基本不存在世袭的固定的身份制度,从职业选择到土地的买卖、租赁,经济活动的广大领域至少在形式上取决于个人间的自愿的书面文化契约关系。这就需要是以书面理性来适应的,通过书面文化产生了一种新型的人造环境,"在此过程中,他们构建了社会和道德的秩序,超越了此前制约人类关系的老式部族间和亲族间的联系"[5]。书面文化为按照秩序和正义的新概念并把各种商业关系制度化和系统化提供了一种框架。假如没有书面文化这样一些新的法律设计,没有对已经陈旧过时的以往交往习惯的改造,没有书

①　爱德华·B.泰勒:《人类学:人及其文化研究》,连树声译,广西师范大学出版社 2004 年版,第 156 页。
②　史蒂文·罗杰·费希尔:《阅读的历史》,李瑞林译,商务印书馆 2009 年版,第 198 页。
③　尼尔·波兹曼:《娱乐至死》,章艳译,中信出版社 2015 年版,第 112 页。
④　马歇尔·麦克卢汉:《理解媒介——论人的延伸》,何道宽译,商务印书馆 2000 年版,第 398 页。
⑤　乔尔·科特金:《全球城市史》,王旭译,社会科学文献出版社 2006 年版,第 11 页。

面文化的司法和立法,那么,城市化和商业发展就找不到出路。因此,城市、商业革命有助于造就新法律形态,新法律形态也有助于造就城市和商业革命。伯尔曼认为,应该把法律制度看作既是"基础",又是"上层建筑"。① 书面形态法律是伴随着城市和商业的兴起与社会的变迁而逐步形成并发展的法律体系,它渗透到了当时的城市内部以及城市间的交往之中,从而也展现了书面理性对资本主义的不可或缺性。资本主义并不纯粹是一种经济现象,它也是一种书面理性。事实上,面对现代流动性、信息化的社会,传统组织资源已经不能满足,如何建立超越血缘、地缘的社会关系的信息纽带,支撑起"陌生人"的现代社会信任机制,在经济、社会、政治领域形成普遍性的、可扩展的社会秩序,是向现代社会转型必须完成的任务。而印刷媒介的书面文化能维护社会性合作,将信任扩充到家人、封闭团体之外,并能建立维持更大范围社会交往关系的机制。西方人很早就发展出不以亲属关系为基础的社会信任,是与印刷媒介的书面文化发达分不开的。印刷媒介的书面文化已构成商品经济发展的基础,成为西方商品经济的构成部分。

印刷媒介的书面文化可最大限度地消除认知的模糊性与产生的歧义。书面文化认知不但易于标准表达,也有助于提高表达效率。思维的清晰和效率通过量化得到了高度发挥。另外,书面文化认知也有利于通过确定性寻找客观性和安全感。城市生活中所有比较确定和客观的知识都是通过书面文化实现的。并且,书面文化能够实现对信任的量化。传统信任形态是一系列的道德伦理规定,但达到何种程度才为守信很难确定。书面文化和抽象系统信任更为重要的影响是重构了近代西方法制形式,它必然会用最适用于成文化的表达方式去重新定义法律,并以书面的正式规则管理为特征,从而促成了以书面文化为基础的治理转型。毋庸置疑,"现代社会的法律系统和经济系统在趋于法规编纂、可靠性和准确性方面,经历了类似的发展过程"②。由此导致以近代西方传统意义的国家为基础的管理手段越来越让位于以法律为基准的治理体系。即,"产权法、契约法和稳定的发展是西方崛起的关键。这些法律制度

---

① 伯尔曼:《法律与革命——西方法律传统的形成》,贺卫方、高鸿钧等译,中国大百科全书出版社 1993 年版,第 361 页。

② 詹姆斯·S. 科尔曼:《社会理论的基础》(下册),邓方译,社会科学文献出版社 1999 年版,第623 页。

实际上是信任——自然而然地存在于家庭和血亲群体中——的替代物，它们搭建起一个框架，使互不相识的陌生人能够合伙做生意或在市场中顺利交易"①。并且，法律信任和制度思维强调尊重法律（或先例）及其内在逻辑，使得法律具有较强的可预期性和确定性特征，从而能为人们提供更高程度的行为预测性保证，这对现代化的发生和形成意义重大。在书面文化条件下，对于信任的要求则逐渐变得明确而具体，往往存在着用成文形式来确定可靠度。由此，近代西方开始以标准化和普遍性为特征的抽象系统信任，从而有别于乡土社会的以宗教、情感等方式约束的个别化诚信法则。可以说，没有这种抽象系统信任就没有西方现代社会经济生活。即，法律信任不仅是现代化的重要构成内容，也是现代化得以实现的基础。"为什么向现代社会的发展是在欧洲发生，而不是在中国或印度发生，……不管人们如何评价宗教、货币经济和地方差异在这一联系中的意义，但是都不应该忽视，一个重要的发展过程是在法律中，在于法律上为更大的复杂性和不确定性作好了准备。"②对此，韦伯也指出："近代合理的资本主义不仅需要生产的技术手段，还需要一种可靠的法律制度和一种依据于正式规章的行政管理制度。如果没有它们，一种不正常的、阴暗的、投机的和单纯以营利为目的的资本主义以及其他各种为政治所左右的资本主义便可能会产生，但都不会产生个人首创的、具有固定资本和计算精确性的合理经营。"③然而，"特别令人遗憾的是，虽然韦伯关心的发展变化（含理性与科学）正是在印刷术这种新媒介的强大影响产生的，但他的著作给予印刷术的地位却很不引人注目"④。事实上，"印刷术发明以后，业已存在于西方文化里的走向理性化和系统组织化的驱动力就能够更加有效地付诸实践了"⑤。

与限于狭小地域范围内的农业经济时代相匹配的规范方式，主要是基于血缘或地域共同体的礼俗、伦理规范方式。在交往扩展至城市、民族国家范围内的近代，主要是基于印刷术认同的法治规范方式。吉登斯用"脱域化"来形

---

① 弗朗西斯·福山：《信任：社会美德与创造经济繁荣》，彭志华译，海南出版社 2001 年版，第 223 页。
② 卢曼：《社会的法律》，郑伊倩译，人民出版社 2009 年版，第 83—84 页。
③ 马克斯·韦伯：《文明的历史脚步》，黄宪起、张晓林译，上海三联书店 1988 年版，第 12 页。
④ 伊丽莎白·爱森斯坦：《作为变革动因的印刷机：早期欧洲的传播与文化变革》，何道宽译，北京大学出版社 2010 年版，第 234 页。
⑤ 同上。

容农业社会向工业社会的转变。在农业社会中,人的生活被牢牢地束缚在土地上,每一项生活形式和内容都受到了"在场"的支配。也正是这一点,证明了农业社会是一个地域性社会。城市化、商品经济打破了这种地域界限,人们开始流动起来,从熟人社会进入陌生人社会。当经历了从自然的地域性关联中脱离出来的过程,社会所面临的根本问题,是必须用一种新的"人为的"运行机制和运行规则或模式,取代原有的、自然的和经验的社会机制。书面文化最好被理解为时空分延的基本方面的表达,书面文化使在场和缺场纠缠在一起,让远距离的社会事件社会关系与地方性场景交织在一起。陌生人之间的交往成为社会主导,书面语言为众多陌生人之间的交往提供桥梁和媒介,以满足资本主义市场经济体制对生产要素流动化的需求。书面语言使得他们能够有一个共同的媒介,形成普遍性的、可扩展的社会秩序,支撑起"陌生人"的现代社会信任机制。韦伯从信任的角度出发,认为"作为一切买卖关系之基础的信赖,在中国大多是建立在亲缘或类似亲缘的纯个人关系的基础之上的",这是一种难以普遍化的特殊信任。因此对于那些置身于这种血缘家族关系之外的其他人即"外人"来说,中国人是普遍地不信任。相反,西方人特别是受印刷媒介影响的新教徒由于对超世的、彼岸的上帝负有宗教义务,他们把所有的人都视为上帝的子民,把与人共处的关系和行为都当作一种超越有机生命关系的手段和表现。在这种宗教伦理的指导下,新教徒能够冲破血缘氏族纽带的束缚,建立起普遍的信任。在韦伯那里,特殊信任作为一种人格化的信任模式,与口语文化相契合。而普遍信任是以正式的规章、制度和法律等作为保障的,是以书面文化为基础的。如吉登斯所说:"是建立在信赖(那个人并不知晓的)原则的正确性基础之上的,而不是建立在对他人的'道德品质'(良好动机)的信赖之上的。"[①]制度清晰,在一定程度上可以摆脱不断重复,降低成本。制度可以使他人的行为变得更可预见,它们为社会交往提供一种确定的结构。在简单的社会中,道德与法律保持着紧密一致,而随时间推移,法律与道德开始拉开距离。法律相对于道德,表现为一种更明确的信任。实际上,互不相识的陌生人能够合伙做生意或在市场中顺利交易,是因为法律的存在,法律使陌生人之间建立起了信任。"只有当法律所旨在实现的是一种使预期有可能达致彼此相

---

① 安东尼·吉登斯:《现代性的后果》,田禾译,译林出版社 2000 年版,第 30 页。

合的状态的时候,它才可能有助于形成一种以广泛且自生自发的劳动分工为基础的秩序,而……物质财富的不断丰富和增加则正是以这种分工秩序为依凭的。"①

可以这样说,西欧的城市化及商品经济形态是基于书面理性的法律与法治的基础而产生的,它自始至终把书面理性的法律、法治作为自己的基础。对此,塔马纳哈就指出:"对资本主义而言,公开、面向未来并具有普遍性、平等适用与确定性等品质的法律很适合于便利市场交易,因为可预测性和确定性允许商人计算预期交易的可能成本与利益。越来越多的证据表明,在经济增长与可归于这些特征的形式合法性之间存在正相关性。"②而文艺复兴之前,西方文化主要是口语文化。中世纪仍然是一个以口语沟通为主的世界,书写文化主要局限于上层社会。相比较而言,口语文化简单,印刷文化复杂,印刷文化能支持着人类更高级形态的文明。到了中世纪中晚期,海上贸易、工业和商业广泛发展,商品生产通过与书面理性的结合,从一切固有的传统束缚中解放出来而进入自由运用智慧的领域,从而推动了文艺复兴运动的形成和发展、罗马法的复兴浪潮以及宗教改革的进展。考察西欧高级商品经济形态的发展历程,可以发现高级商品经济形态始于商业,成熟于书面理性法律,高级商品经济离不开书面理性法律,书面理性法律成为高级商品经济形态的基本内容和重要标志。因此,要准确地把握中世纪西欧城市的高级形态的商品经济,关键在于了解其书面理性法律、法治支撑的属性。正因为有书面理性法律的保障与维护,西欧的商品经济才迈向了高级形态。

近代英美两国的理性化是与印刷书面文化相契合的,"不论是在英国,还是在美国,印刷术从来没有让理性如此彻底地出现在历史上的任何一个时期"③。英美两国把印刷词语和视觉价值放在重要的位置,并且将其作为组织个人和社会生活的手段。英美两国在教育、政治、工业和社会生活各层次上的整齐划一性,既要以印刷媒介为基础,又要凭借于这个渠道。"先后出现在欧

---

① 弗里德利希·冯·哈耶克:《法律、立法与自由》第1卷,邓正来等译,中国大百科全书出版社2000年版,第173页。

② 布雷恩·Z.塔玛纳哈:《论法治——历史、政治和理论》,李桂林译,武汉大学出版社2010年版,第153页。

③ 尼尔·波兹曼:《娱乐至死》,章艳译,中信出版社2015年版,第64页。

洲和美国的理性时代与印刷文化并存,并不是什么巧合。"①除非考虑印刷媒介书面文化的普及,否则现代性的起点及特质将是模糊不清的。因为社会高度发达的印刷书面文化,是英格兰成为"现代社会"源头的主因。由于大陆国家书面文化的相对不发达,结果使得西方历史上最重要的事情——现代化就没有在那里发生,而是在英国发生。所谓"西方"现代性早发,事实上仅限于英国和若干西欧国家,以及它们在北美和澳洲的后裔,而这主要和它们在印刷术革命中获的技术优势有关。文艺复兴以前,中国具有远比其他地区更优越的文化;伊斯兰文明(冒昧地使用这个词)支配了大部分地中海地区,并在整个现代时期都对非洲与亚洲有重要影响;西班牙帝国在 1492 年之后至少两个世纪里一直是世纪世界国家。印刷革命之前的世界,不论从文化、科学、政治或军事的历史,都无法解释英国从 18 世纪 50 年代到 20 世纪 40 年代无可置疑的"西方"(盎格鲁-撒克逊、日耳曼以及部分的法国)霸权。对此,约翰·布罗威尔(John Brewer)认为,18 世纪英国"印刷革命"的描述不仅包含了"英国出版业的重要变革"所带来的阅读数量和种类的增加,而且还涉及促成这种增长的新机制因素。他认为当时英国的社会发展同印刷出版业的扩张和知识的普及有着密切的关系,同时认为上述因素促成了一种"高雅的近代经济模式"。②

二、 印刷书面文化是线性思维和组织现代化形成的基本线索

(一) 印刷书面文化推动了线性思维生成

印刷文化导致"一种文化中日益倚重视觉的倾向"③。而印刷文化衍生出来的连续律、同一律和可重复律,且呈线性排列。"西方人偏爱序列,把它当成是全面渗透的拼音文字技术的逻辑。"④印刷书面媒介影响视觉,扫描印刷文

---

① 尼尔·波兹曼:《娱乐至死》,章艳译,中信出版社 2015 年版,第 63 页。
② John Brewer, *The Pleasures of the Imagination: English Culture in the Eighteenth Century*, University of Chicago Press, 1997, pp. 137,125,187,191 - 196.
③ 马歇尔·麦克卢汉:《理解媒介——论人的延伸》,何道宽译,商务印书馆 2000 年版,第 150 页。
④ 同上书,第 122 页。

字的线性展开时,人的思维模式会受到影响。"线性结构是随着字母表和欧几里德空间的连续形式进入西方世界的。"①转入线性组织的视觉世界,使人的认知成线状结构,转换成视觉文化的整齐划一,呈现线性的东西或序列的东西。同时,印刷书籍所具有的一成不变的线性特点——一句一句排列的序列性,它的分段,按字母顺序的索引,导致一种跟排版结构非常相似的意识结构。书籍的编码赋予人们线性的思维线索和逻辑,它是书籍和排版结构所固有的价值,也推动对事物的线性组织和认知。

(二) 线性思维对组织现代化的影响

线性思维塑造了西方的工业、社会管理和国家管理的组织安排,如缺少这种技术安排,工业流程和组织的现代化将无法实现。

其一,对工业组织现代化的影响。印刷媒介是延伸视觉的技术,使西方工业社会的组织方式在根本上得以产生。换言之,印刷媒介是一切后工业开发的原形和范形,没有印刷媒介,现代工业主义是不可能实现的。"即使现在,读写能力依然是工业机械化一切计划的基础和模式。……因为这一母体维持机械化社会是非常必需的。"②印刷媒介的组织原则根植于"泰勒主义"(Taylorism)及"科学的工作组织"管理方法中,福特汽车公司是工业时期标准化生产和大量消费的象征。即,"以机械化、装配线的生产过程制造标准化产品,并以特殊的组织形式来控制大范围的市场,该特殊组织形式即为:根据垂直整合原则,以及制度化之社会与技术分式而组建的大企业"③。

其二,对社会管理组织现代化的影响。印刷媒介的线性不但表现在工业活动中,也明显体现在社会的组织管理上。这一技术有助于一个庞大的科层管理制度的兴起。科层制(bureaucracy)是一个被长期误读的概念,由于在十月革命期间被译作"官僚制"而完全变成一个贬义的范畴。其实,科层制原本

---

① 马歇尔·麦克卢汉:《理解媒介——论人的延伸》,何道宽译,商务印书馆 2000 年版,第 435 页。
② 同上书,第 421 页。
③ 曼纽尔·卡斯特:《网络社会的崛起》,夏铸九译,社会科学文献出版社 2006 年版,第 148—149 页。

是一个西方现代社会的行政和生产管理的组织形式的理性化模式。也即,制度化的理性管理取代了传统式的人情经验管理。"即 19 世纪科层制最大的发展正是发生在商业自身的领域。和商业领域内科学层的发展相比,政治科层那点微不足道的增长就相形见绌了。很明显,任何一个在全世界拥有代理机构、商务伙伴、市场经销商、工厂和投资者网络的大公司企业,要想存在都必须依赖于城市里一大批耐心地干着一成不变的案头工作的职员,从速记员、档案人员、会计员、办公经理、销售经理,以及他们各种各样的助手,直到第五副总裁,而他的签名或者同意决定了能否在某项商业操作上加盖责任章。"①彼得·布劳和马歇尔·梅耶在《现代社会中的科层制》中揭示了现代社会大规模的社会组织越来越发达的趋势。他们指出,科层制是指在大型组织中对工作进行控制和协调的组织原则。由于现在大多数的大型组织都需要控制和协调,所以科层制不只是指政府部门,工商组织、志愿者组织,任何组织,只要有行政任务,都有科层制。事实上,韦伯关于科层与现代性关系的分析具有不可磨灭的意义和价值。他从管理人员的专业化、规章制度、档案管理等方面揭示了高度理性化的、高效的行政管理机理。他指出:"纯粹的官僚体制的行政管理,即官僚体制集权主义的、采用档案制度的行政管理,精确、稳定、有纪律、严肃紧张和可靠,也就是说,对于统治者和有关的人员来说,言而有信,劳动效益强度大和范围广,形式上可以应用于一切任务,纯粹从技术上看可以达到最高的完善程度,在所有这些意义上是实施统治形式上最合理的形式。"②

其三,对国家管理组织现代化的影响。一般说来,在市场经济条件下,由于社会分工不断深化和细化,一般来说,单靠个人努力以弥补不对称的信息,由于交易费用巨大已是不可能。在此,需要通过国家形成一套有效的制度机制来保证信息的对称。商品交换和信息交流受保护于一种具有连续性的国家行为,现代政府受制于法律和法律程序。"现代政府承担了错综复杂而且技术性又很强的任务,而这些任务并不适宜于有魅力的、有感召力或赤裸裸的权威来承担;它们要求更规范和更常规的方法,要求秩序和文官政治(科层制),要

---

① 刘易斯·芒福德:《城市文化》,宋俊岭、李翔宁、周鸣浩译,中国建筑工业出版社 2009 年版,第 266 页。

② 马克斯·韦伯:《经济与社会》(上册),林荣远译,商务印书馆 1997 年版,第 248 页。

求遵循法律的处事模式。"①现代经济社会生活的运行和维持,高度依赖分工的严密性、科层制化的专业管理系统。也就是说,"在这样一个进程中,所谓的'民族'形成了——现代国家也建立起了科层制"②。也即,"这个现代国家的特点是,永久性的官僚政治和官僚机构、永久性的法庭、永久性的档案馆、永久性的文书记录以及永久性的建筑物,而且常常或多或少安排在靠近地理范围的中心地带,以便行使管理职务领导全国地区"③。

显见,唯有使用印刷媒介,"才掌握了作为心理和社会组织普遍形式的、连续性的线性序列。将各种经验分解为整齐划一的单位,以产生更快的行动和形态变化(应用知识),始终是西方的力量既驾驭人又驾驭自然的秘密"④。

三、 印刷书面文化是推动西方民族国家形成的基本线索

民族国家的建构需要特有的象征和语言。这与基于人类组织自然演化而形成的"古代国家"不同。"现代国家"具有很强的印刷书面文化逻辑。印刷书面文化既是现代国家建构的基础与前提,也是现代国家维系和繁荣的保障。

其一,"印刷机孕育了整个的民族主义观念"⑤。传统拉丁语市场——有限的上层阶级知识分子——趋向饱和,书商为了刺激市场和消费转而印刷刊登地方语言的书籍,并且这些普及性读物很快占据了市场。在同一个地方,广泛、重复的印刷同一种语言的标准文本,逐渐的,就在这个区域形成一定的认同,最终形成了民族国家意识。"多种语言对照版的《圣经》,把中世纪的拉丁语《圣经》所代表的上帝一家之言,改造成了上帝多家之言。凭借印刷,上帝变成了英国人、德国人或法国人,这完全取决用什么样的语言来表现上帝的信息。这样的结果是加强了国家民族主义,同时削弱了经文的神圣权威。从 18

① 弗里德曼:《选择的共和国》,高鸿钧等译,清华大学出版社 2005 年版,第 47 页。

② 哈贝马斯:《公共领域的结构转型》,曹卫东等译,学林出版社 1999 年版,第 16 页。

③ 刘易斯·芒福德:《城市文化》,宋俊岭、李翔宁、周鸣浩译,中国建筑工业出版社 2009 年版,第 90 页。

④ 马歇尔·麦克卢汉:《理解媒介——论人的延伸》,何道宽译,商务印书馆 2000 年版,第 123 页。

⑤ 埃里克·麦克卢汉、弗兰克·秦格龙编:《麦克卢汉精粹》,何道宽译,南京大学出版社 2000 年版,第 368 页。

世纪到现在,人们对国家的爱取代了对上帝的爱,这完全可以说是印刷带来的一个结果。"①印刷机大批量生产书籍和其他印刷品,把当时的白话语言区转变成规格一致的民族语言的封闭系统。这就是印刷媒介对于语言标准化的规制。古腾堡的印刷术,显然在其中起了一个关键作用,因为它的运用,有助于做到"书同文",也即"国语"的推行。纸张很快成为经济便捷的传播媒介,并催生了"国语"的成长,"国语"的兴起加速了民族主义的发展,反过来,民族主义又加速了"国语"认同的发展。"分散的读者能够同时看到完全相同的形象、地图和图表,这本身就是一场革命。"②印刷术使人以同一性的眼光看待自己的母语,把它看成是规格一致的实体。印刷版以一种近乎完善的形式代表了标准化的字体。字句以一种统一的风格呈现出来,并且均匀地成行排列。印刷在语言的标准化上带来了一次进步,所有这些安排都是为了能够迅速和舒适地阅读,更加高效地学习。"想象的共同体"的形成,借助了民族语言(所谓"国语")的运用以及用该语言写作的历史、文化的著作(包括一些通俗读物)的普及。即便在最小的国家,其成员也没有机会相互见面或认识,甚至于从未听说过对方,但是在每一个人的心中,却存在着一个共享的形象。设想一下,如果当时的大多数人都不识字,各自讲自己的方言,又抱有"天高皇帝远"的心态,那么共同的民族意识,如何通过沟通来形成? 本尼迪克特·安德森在其《想象的共同体:民族主义的起源和散布》中,认为印刷民族语言"在积极的意义上促使新的共同体成为可想象的"③。相同的语言是产生这一想象共同体的有利因素,民族主义作为一种形象需要仰赖印刷品,"我们"这种意识在口语社会很明确指的是同属一地、在面对面交往中形成的共同体,而到了印刷社会,"我们"除此之外,还包括不在一地却分享同样文本的共同体。换句话说,印刷文本能够让不同地区的人们有可能形成彼此联系的象征共同体。"印刷术强化了语言群体之间的障壁,使墙内的语言同质化,摧毁小的方言分歧,为千百万

---

① 尼尔·波兹曼:《童年的消逝》,吴燕莛译,中信出版社 2015 年版,第 50 页。
② 伊丽莎白·爱森斯坦:《作为变革动因的印刷机:早期近代欧洲的传播与文化变革》,何道宽译,北京大学出版社 2010 年版,第 31 页。
③ 本尼迪克特·安德森:《想象的共同体:民族主义的起源与散布》,吴叡人译,上海人民出版社 2003 年版,第 51 页。

的读书写字人而使用语言的习惯用法标准化,使偏远的方言得到遍及的角色。"①吉登斯认为印刷媒介在近代以来民族国家形成的过程中发挥了巨大作用,是民族国家形成的重要中介,"已长久地影响自我认同和社会关系的基本组织"②。

其二,民族国家(nation-state)是一个现代概念,亦是一种主权和法律现象。"在近代国家中,国家和法律的关系特别密切。法律不再被认为是自远古发展而来的习惯遵循的法律规章的集合,或是共同拥有的传统的特权和豁免权;它也不再被认为是依赖于上帝的意愿和'造物主'的命令的正义原则的表达,而国家只是希望能获得和批准实施它的权力。相反,近代法律只是一批制定法;它是成文法,是国家自身在实施其主权过程中根据它的意志制定并赋予合法性的多半是用公开的文件表达的通常是晚近的决定。"③而制定法、成文法在民族国家中占据十分重要的位置,这也得益于印刷书面文化的普及。印刷书面文化的普及有助于将周围地区不固定的方言加以定型,成为一个国家的共同媒介,使其存在、推广以及遵守同一成文法律成为可能。印刷书面文化的普及使得法律、语言或心灵构造受到更加整齐划一的文本的影响。可以说,"近代早期欧洲国家所获得的成就依赖于文字沟通量的增长"④。这是大众传播时代的黎明,它正好一方面符合资本主义生产与贸易早期形式的发展,"另一方面符合现代民族国家的开始"⑤。吉登斯认为印刷媒介在近代以来欧美资本主义国家现代性形成的过程中"明显扮演着核心的角色……已长久地影响自我认同和社会关系的基本组织"⑥。或言之,"在今天,印刷物仍是处于现代性及其全球网络的核心"⑦,"对于早期现代国家以及其他现行的现代性制

---

① 伊丽莎白·爱森斯坦:《作为变革动因的印刷机:早期近代欧洲的传播与文化变革》,何道宽译,北京大学出版社 2010 年版,116 页。

② 安东尼·吉登斯:《现代性与自我认同:现代晚期的自我与社会》,赵旭东、方文译,生活·读书·新知三联书店 1998 年版,第 5 页。

③ 贾恩弗兰科·波齐:《近代国家的发展——社会学导论》,沈汉译,商务印书馆 1997 年版,第 101 页。

④ 迈克尔·曼:《社会权力的来源》,刘北成、李少军译,上海人民出版社 2007 年版,第 710 页。

⑤ 约翰·B.汤普森:《意识形态与现代文化》,高铦译,译林出版社 2005 年版,第 190 页。

⑥ 安东尼·吉登斯:《现代性与自我认同:现代晚期的自我与社会》,赵旭东、方文译,生活·读书·新知三联书店 1998 年版,第 5 页。

⑦ 同上书,第 26 页。

度的兴起来说,印刷是主要的影响因素之一"①。印刷文本反复刊布之后,必然会产生一种新形式的社会认同和社会行为。18 世纪达到饱和的出版物,实现了民族的同一性。"既引导、也帮助了民族性和准民族性的各种法律和政治制度的自觉形成。"②由于印刷品空间作用,使得"法律秩序……被赋予了一种对地域的强调"③。许多惯例的统一化,包括度量衡单位的统一规定,都是经过了印刷媒介化才得以实现的。正基于此,"在欧洲,法律体系是在 16 世纪随着国家体系而形成,并且直到 18 世纪末才得到发展"④。从 19 世纪起,在一个社会分工日益深化的复杂背景下,自发演化的规则生成路径并不是一个有效率的应对,而需要充分发挥以国家为代表的权力中心的比较优势,无论是大陆法系还是英美法系,规则的统一和推广常常是一个大规模国家的公共物品的供给过程。于是,统一的语言、货币、法律、道德规范、政府等就应运而生。统一国家"对于公正的保护,因而也带来了各种看得见摸得着的好处"⑤。这是"基于大规模的政治比小规模的政治在产生福利方面更为优越这一事实"⑥。

四、 印刷书面文化是城市抽象系统信任形成的基本线索

(一) 城市社会的抽象系统信任本质

乡土社会向城市社会的转变并不只是一个经济形态问题,而更是一个用抽象系统信任来取代人际信任的问题。作为不争事实,抽象系统信任是城市社会的重要特征,也是理解城市社会交往的一把钥匙。我们知道,自从人类形成了社会并开始社会交往以来就始终存在着信任问题,只是在不同社会,信任

---

① 安东尼·吉登斯:《现代性与自我认同:现代晚期的自我与社会》,赵旭东、方文译,生活·读书·新知三联书店 1998 年版,第 27 页。
② 泰格、利维:《法律与资本主义的兴起》,纪琨译,学林出版社 1996 年版,第 114 页。
③ R. M. 昂格尔:《现代社会中的法律》,吴玉章、周汉华译,译林出版社 2001 年,第 177 页。
④ 尤尔根·哈贝马斯:《重建历史唯物主义》,郭官义译,社会科学文献出版社 2000 年版,第 251 页。
⑤ 刘易斯·芒福德:《城市文化》,宋俊岭、李翔宁、周鸣浩译,中国建筑工业出版社 2009 年版,第 78 页。
⑥ 斯科特·戈登:《控制国家——西方宪政的历史》,应奇等译,江苏人民出版社 2001 年版,第 2 页。

的类型及信任所依赖的保障机制存在不同而已。根据信任基础的不同,卢曼区分了信任的两种基本类型:"人格信任"和"系统信任"(大体对应于韦伯关于"特殊信任"和"普遍信任"的区分)。其中,前者是对特定人或人格品质的信任,后者则是基于对货币、书面文化等去人格化的普遍性沟通媒介的信任。吉登斯则将"当面承诺和非当面承诺的东西作出区分。前者指的是在共同在场的情形中,由业已建立起来的社会关系所维系与表述的信任(trust)关系;后者则是指在象征标志和专家系统(我把它们归为一类,统称为抽象体系)中的信赖(faith)的发展"[1]。而就社会形态比较而言,乡土社会的信任形态是熟人社会中的当面-在场信任,这种信任有某种血缘、地缘纽带为依托,而抽象系统信任在城市化的演化和发展中占据重要地位,并主要依托于印刷媒介和书面文化。因此,城市的兴起都是伴随着通过抽象系统信任对传统熟人信任模式的突破,从而能够将血缘、地缘、文化传统上大相径庭的各色陌生人聚合在一起,从事着前所未有的商品交换和社会交流。可以说,城市化有赖于抽象系统信任的发展与进步,抽象系统信任是城市文明进化的重要表征。城市文明的进化有多重表征,其中抽象系统信任构成了城市文明进化的一个重要标识。

诸多事实也表明,人类进入城市化以来,抽象系统信任是城市社会得以存在和运行的重要基础。在城市社会中,"对交易中涉及的各种要素,解决信任的关键不再是各种直接性的、人格化的互动关系,而是某种通过同质化和普遍化获得抽象性的关系"[2]。或言之,乡土社会的信任关系主要是一种具体信任关系,信任基于双方的直接关系,而城市社会信任关系主要是一种抽象信任关系,信任双方要是借助某种抽象的一般化的媒介产生关系。在城市社会中,社会关系依旧是一种人与人的关系,但不再是基于熟人之间的信任关系,而是一种基于抽象系统信任基础的信任关系。城市社会的核心特征正在于社会成员和许多不认识的"他人"发生关系,而在这种关系下,许多一般化的抽象系统信任就成为城市社会不可或缺的制度构件。"都市群落不仅被分离了,而且更多非个性化的传播渠道又用新的方式把它们联结起来。在公民职能和都市事务

---

[1]　安东尼·吉登斯:《现代性的后果》,田禾译,译林出版社 2000 年版,第 69 页。
[2]　李猛:《论抽象社会》,《社会学研究》1999 年第 1 期。

中,亲身在场的参与越来越多地被间接参与取代。"①

作为不争之论,城市治理与抽象系统信任之间有着极为密切的联系,抽象系统信任是城市治理体系建设不可分割的重要组成部分,是城市治理的内在构成要素。作为信任形态的一种高级信任形态的抽象系统信任,在城市治理及秩序建构中具有基础意义:其一,城市治理中的法律信任属于抽象系统信任。并且,法律信任是抽象系统信任结构中的重要组成部分。也即,城市社会中的法律信任从根本上来说属于抽象系统信任。"在社会联系与社会共识薄弱、导致较少的安全与可预测性时,如在全世界的都市区那样,形式合法性将提供重要优势。"②其二,抽象系统信任文化发达的地区,人们也多倾向信任法律。"现代性制度的特性与抽象体系中的信任机制紧密相关。"③事实也证明,在抽象系统信任文化发达地区,人们一般倾向普遍性的法律信任和制度信任。即,抽象系统信任的有效性及可获得信任性问题,要以抽象系统信任来维持城市中的普遍信任。首先必须使抽象系统信任的得到遵循,人不信任抽象系统,则抽象系统信任就不能发挥信任支撑和保障功能。城市生活的一个后果是陌生人之间的互动不断增加,这样的互动使人们感觉到需要法律。"这可能正是流动性的本质的一部分。这样的互动使人们感觉到需要法律","法律无所不在这一事实是对一个由陌生人组成的社会的反映"。④ 也即,在城市治理中"人们服从的是一套抽象的规则系统,而非统治者个体的权威。这也就说,统治者与服从者都要服从法律所确立的非个人性秩序"⑤。具体表现为人们倾向"通过创造超个人的行为模式、定义社会角色、确定有限财富的分配、赋予团体和组成必要的规范框架、形成法律定义和法律制度并使其共同组成一个从逻辑和价值上尽可能不相矛盾的体系,来规范和协调人们的行为和期待"⑥。

在城市化及其商品经济发展过程中,抽象系统信任降低了信任风险。在

---

① 伊丽莎白·爱森斯坦:《作为变革动因的印刷机:早期近代欧洲的传播与文化变革》,何道宽译,北京大学出版社 2010 年版,第 79 页。

② 布雷恩·Z.塔玛纳哈:《论法治——历史、政治和理论》,李桂林译,武汉大学出版社 2010 年版,第 176 页。

③ 安东尼·吉登斯:《现代性的后果》,田禾译,译林出版社 2000 年版,第 73 页。

④ 弗里德曼:《选择的共和国》,高鸿钧等译,清华大学出版社 2005 年版,第 65 页。

⑤ 史蒂文·瓦戈:《法律与社会》,梁坤、邢朝国译,中国人民大学出版社 2011 年版,第 253 页。

⑥ 托马斯·莱塞尔:《法社会学导论》,高旭军等译,上海人民出版社 2008 年版,第 171 页。

简单商品经济的市场交易中，避免机会主义行为的主要办法在于借助一种建立在熟悉基础上的关系网络的人际信任关系，而交易的简单性（如商品的简单性）也为检验交易提供了非常方便易行的基础。与现代市场制度联系在一起的是交易本身的复杂性的增加。首先，商品的大规模生产和专业分工，使从生产者到消费者之间的交易链日益延长，不再像传统的农村集市贸易那样使生产者和消费者可以直接"面对面"地进行交易。商业（或贸易）发展的社会学意涵实际上是将传统一次完成的交易分化成由无数次"小交易"联系在一起的交易链。这种漫长的商品交易链，使利用人际信任网络来约束机会主义行为几乎不可能。在城市化和市场经济背景下，由于社会分工不断深化和细化，单靠个人努力难以弥补不对称的信息，由此越来越依赖于抽象系统信任，没有抽象系统信任，就不可能有城市社会的普遍交往。或言之，没有抽象系统信任，"只有非常简单的当场互动的人类合作形式是可能的"[1]，但"不可能构成相当复杂的社会"[2]。于是，我们会在城市社会中发现一系列复杂的制度安排，在这些制度安排中，广泛使用一种将各种交易中涉及的因素予以普遍化的抽象系统信任。建立抽象系统信任的目的，在于监控现代社会匿名化、陌生化交往中必然出现的各种机会主义的失信行为。实际上，互不相识的陌生人之间能够合伙做生意或在市场中顺利交易，是因为有抽象体系中的信任机制的存在。抽象系统信任的普遍约束力可以为城市社会主体在信息不足或缺失的情况下达成行动提供有力的支撑，可以大大简化纷繁复杂的由陌生人组成的、大量的一次性社会互动所需的信息收集与分析的复杂过程，而使得人们无须通过人际信任就能进行可预期的、有秩序的社会交往。这种抽象系统信任对现代社会的发展和进步意义重大，事实证明只有建立起一个人们通过日常生活经验感觉到值得信任的抽象系统，才有可能在全社会确立起普遍的相互承诺及其合理预期的信任关系。

　　显见，抽象系统信任是认知城市社会及城市社会交往的不可缺失的一环。并且，城市化不仅需要重建信任，而且需要把社会从一种信任形态转换成另一种信任形态，这便是用抽象系统信任取代人际信任，抽象系统信任成为城市社

① 尼克拉斯·卢曼：《信任：一个社会复杂性的简化机制》，瞿铁鹏、李强译，上海世纪出版集团2005年版，第117页。
② 同上书，第125页。

会的主要信任形态。抽象系统信任的确立是城市社会出现的重要的条件，正是伴随抽象系统信任使用，才开启了城市化时代转型，改变和重构了我们对生活以及世界的理解及沟通方式。作为城市社会生活的表征，便是城市生活中充斥了各种抽象信任机制，城市社会中的人生活在一个由抽象话语、意识形态或符号制度构成的世界中。正是在这些抽象机制基础上，才发展形成了各种具有城市色彩的经济和社会生活乃至城市制度。然而，一段时间来城市的抽象系统信任本质常被忽视了，一些学者们多习惯从商品经济的视角，去阐述和诠释城市化的发展原因，事实他们忽略了另一个重要因素——抽象系统信任对城市的支撑。在任何地方只要商品经济发展到一定程度，就一定会出现城市化，然而城市化要想达到高级程度，就必须要有一整套书面文化及关于所有权、专利保护、统一市场的秩序，这有利于分工与协作的抽象系统信任机制。即，城市社会涉及与乡土社会全然不同的信任结构，或言之，城市社会之所以是城市社会，是因为它基于抽象系统信任。可以说，只有商品经济形态的城市化，尚不足以保障城市化有序运转。城市化形态始于商业，却成熟于抽象系统信任。也即，城市社会并不只是商品经济的，其生成还需要有一定的信任基础和信任条件，抽象系统信任成为城市社会的重要内容和基本标志。城市社会的抽象系统信任问题，是一个"尽管经常受到忽视，但却不断以各种形式浮现出来的核心问题"①。这也展现了抽象系统信任对城市社会的不可或缺性，城市化并不是一种商品商业经济现象，它也是一种全新信任形态，抽象系统信任已成为城市发展的基础和重要构成部分。

(二) 印刷书面文化推动了抽象系统信任发展

城市化的一个重要特征体现为从传统以熟人社会为主的人际信任慢慢转向以陌生人为主的抽象系统信任。前文已指出，传统的社会结构主要是依靠人格信任系统而得以维系和运作，而在转向以陌生人为主的城市化社会结构后，整个社会的交往将主要依靠抽象信任系统。作为不争事实，抽象系统信任在城市社会中极为重要和关键，但抽象系统信任的重要性是一个问题，而如何

---

① 李猛：《论抽象社会》，《社会学研究》1999 年第 1 期。

建立和实现抽象系统信任则又是另一个问题。这就涉及抽象系统信任如何建立的问题。如何形成、维持以及发展这种抽象系统信任,影响因素诸多,其中,印刷书面文化是城市社会中抽象系统信任形成和进化的一个不可缺失因素。也即,在城市社会中,"在许多具体的互动和认同过程中,往往需要借助各种超越具体情境的框架,特别是各种以书面形式存在的话语体系"①。城市和乡村之间最明显的一个不同,便是城市促进了大众层面和日常生活层面书面文化发展。书面文化是城市生活中重要的组成部分,"充分发育的城市与文字的发展相耦合"②。可以说,城市社会中的交流交往是需要书面文化配合的,书面文化已经成为城市生活不可或缺手段。"纸张的沙沙声和撕裂声是大都市潜在的声音,对都市存在的内在内容而言,这种声音比都市机器轰鸣的节奏更重要。"③因此,研究城市社会中抽象系统信任的进化与发展,书面文化视角是极为重要的,因为城市社会中诸多抽象系统信任的机制与形态都与书面文化相连。城市社会的各项制度(无论是政治体制、经济模式,还是意识形态、法律制度)都多是书面形式的,书面文化是城市文明交流和抽象系统信任建设的重要机制和方式。印刷书面文化产生和推动了信任形态革命,印刷书面文化不仅储存抽象信任,而且也是发展和完善抽象系统信任的重要机制。印刷书面文化推动了抽象系统信任的诞生,促进了抽象系统信任的建立和完善,没有印刷书面文化也就没有抽象系统信任的发展与成就。

在城市化的抽象系统信任形成和确立过程中,印刷书面文化不可或缺。与人际信任是基于熟悉、情感、血缘而直接产生的方式不同,抽象系统信任是一种间接媒介关系基础上的信任形态,其主要体现为一种客观化的符号系统信任。由此可见,抽象系统信任的焦点问题是信任如何成为某种客观化的机制。而在去信任的主观性和人格化方面,可以发现印刷书面文化的重要功能。印刷书面文化着眼点是建立陌生人关系和客观化人际关系,如果说乡土社会这种口语的形成借助面对面的交流,那么在城市社会,印刷书面文化就成为非人格交流的必备媒介。"书面文字的对象从本质上来说是客观世界,而不是某

---

① 李猛:《论抽象社会》,《社会学研究》1999 年第 1 期。
② 马歇尔·麦克卢汉:《理解媒介——论人的延伸》,何道宽译,商务印书馆 2000 年版,第 138 页。
③ 刘易斯·芒福德:《城市文化》,宋俊岭、李翔宁、周鸣浩译,中国建筑工业出版社 2009 年版,第 295 页。

个个体。"①即，"都市社会行为的宁静形式越来越受到印刷术的影响，静默的、非个性化的交流媒介的出现对商品和服务的交换、房地产的交易、慈善活动的安排等的影响越来越大了"②。在城市社会中，信任的客观化和抽象化实现实质上是由书面文化支持的，人们可以反复使用书面文化的客观信用，让大家都相信它的真实有效。如果没有强大的印刷书面文化作为支撑，那么信任实现客观化将很难，至少可以说它缺乏技术条件。

人际信任的交易方式，用通俗的说法，就是"手握着手、眼对着眼"的贸易，体现了"最直接、最透明和监督得最好的交换形式，那里进行的主要是第一手的交易，避免了欺骗"③。但人际信任基础上的交易，显然是一种典型的"特殊主义"(partcularism)信用结构。在城市化的社会生活中，人们须寻找一种新的具有共同性、普遍性的东西来支持扩大了的交易，使其顺利进行。这种经济活动的现实需要，呼唤着一种"普遍主义"的书面文化尺度，这种情况下，书面文化作为一般等价物应运而生，并成为被普遍接受的交换媒介和支付手段，人们对书面文化的信任超过其他商品，一般等价物货币便集中地固定在书面文化上，从而取代其他商品而成为一种信用的表现形式，交换关系简单化了，但交换背后的信用关系却进一步深化。以书面文化为媒介的交易从时间、空间上使交易相分离，通过货币的媒介作用，甲地商品可以和乙地商品交换，今天的商品可以和明天的商品交换。这样，商品交换就不断地向深度和广度发展。这是"普遍主义"(universialism)信用结构的初端。

另外，以书面文化为基础的治理，尤其是以明确的规则、妥当的制裁为特征的法治也往往可以弥补个体间信任的不足之处，对不守信用、破坏合作的行为进行及时而有效的制裁，能为交易安全提供必要的制度保障，并能防止信任的流失。在这个书面文化媒介下，大家说着同一套话语系统，奉行同一套交往规则，书面文字的普遍性、确定性决定了其社会交往的成本就会大大降低，社会交往变得更加便捷。而口语和人治所提供信息的确定程度较低，会因主

①　尼尔·波兹曼：《娱乐至死》，章艳译，中信出版社 2015 年版，第 24 页。
②　伊丽莎白·爱森斯坦：《作为变革动因的印刷机：早期近代欧洲的传播与文化变革》，何道宽译，北京大学出版社 2010 年版，第 79 页。
③　费尔南·布罗代尔：《15 至 18 世纪物质文明、经济和资本主义》第 2 卷，顾良译，生活·读书·新知三联书店 1993 年版，第 21 页。

观动机而变化,会出现人亡政息的中断,会随着具体情境而采取不同的对应,更重要的是转换信任对象较难,人格调查成本很高,并且受到各种特殊情境以及地方性伦理规则的限制。更为重要的是以书面文化为基础的抽象系统信任有利于支撑法治。现代社会的法律信任也是嵌在书面文化信任之中的。或言之,在现代社会,只有基于书面文化信用系统,法律信任才能建立起来。法律信任能够在城市社会生活中生效,很大程度上是因为它的书面文化载体。事实表明,抽象系统信任本身的逻辑发展脉络也大体同城市治理法治化的发展同步。总之,在书面文化的支撑和推动下,城市社会中抽象系统信任的突出特点表现为信任的机制和标准已经极其客观化了,信任不再需要基于个人之间的关系来建构和维持。抽象系统信任不是人际信任的总和,而是一种作为整体的相信并以所有成员的书面共识为前提条件,其高级形态表现为一种成文形态的法律。换言之,"在城市环境的影响下,人们对地方的依恋感情被破坏了,首属团体中原有的抑制作用和道德训诫被削弱了",加之,"由于在情感和了解方面互相远离,……而不是生活在感情亲密的状态中,因而社会控制的条件发生了很大变化",这就使得"原有基于道德的社会控制,将被基于成文法律的社会控制所取代"。①

显见,抽象系统信任在城市社会中承担着一种特殊的社会信任重建功能,并推动着法律信任、法治发展和城市治理改善。以书面文化发展为线索,可以发现书面文化既是抽象系统信任本身和城市化的产物,同时书面文化也参与到了城市的抽象系统信任建设和法治发展完善之中。

(三) 中国的城市化与抽象系统建设

1. 传统中国抽象系统信任的不足

由于中国传统社会的书面文化不普及和抽象系统信任文化难以确立,使得传统中国没有发展出治理的理性化和法治化。中国传统社会的治理多表现为特殊性,而不具有普遍意义和普遍形式。其中,"'礼'是特殊的、具体的行为

---

① R. E. 帕克等:《城市社会学——芝加哥学派城市研究》,宋俊岭、郑也夫译,商务印书馆 2012年版,第 29—30 页。

标准,而不是普遍和抽象的行为标准,它们适用于高度具体的情况并依人的不同身份而各异"①。另外,"只要对中国传统的秩序原理进行一番观察和思考就可以认识到,在那样一种围绕情、理、法、权、术、势的交涉动态和偶然结局中"②。我们知道,律是中国封建法的基本形式,纵观历朝修律,直到唐朝,律都无严格的体例和明确的内容、范畴,逻辑性不强。可以说,直到19世纪中国的法学仍然没有一套科学的法律概念体系,没有从具体的罪名之中抽象出一套通用的法律概念。有学者就指出:"根据清代成案汇编和英格兰法庭记录及法律报告等基本史料,全面比较研究18世纪中叶至19世纪中叶中国和英格兰刑事先例的编集、援引、性质、推理技术及其历史背景,可以看到在这一时期,中英传统的刑事先例在产生影响力和传播的方式、影响力的程度上等方面具有相似之处,但在推理技术上存在深刻差异。英格兰强调先例中蕴含的原则,而清代司法更多关注事实的相似性。"③中国传统社会没有发展出治理的理性化和法治化,这也正是印刷媒介和书面文化不足的原因,同时也是中国传统社会城市化和商品经济难以兴起和发展成高级形态的重要原因。中国的城市化和商品经济为什么不能达到西方那样的高级形态,诸多原因中尤其不能忽视信任形态原因。在很大程度上这是因为缺乏支持城市化和商品经济发展的抽象系统信任与法治。换言之,尽管传统中国社会并非没有城市化和商品经济,但没有能够进一步推动城市化和商品经济的抽象系统信任与法治。也即,"中国缺乏像西方那样的一种自由的、通过协作来调节的商业和手工业所拥有的一套稳固的、得到公认的、形式的、并且可以信赖的法律基础"④。

2. 抽象系统信任不足对当下中国城市治理的消极影响

毋庸讳言,信任危机是当代中国城市化进程中经常感受到的经验事实。信任危机也造成城市治理社会矛盾高发,群体性事件多发,这在某种程度上制约了我国城市化进程。笔者认为,其根本症结在于我国现行的信任机制和形态与城市化需要之间存在着严重不匹配:中国城市化治理的困境恰恰发生在熟人社会正在退出舞台这一阶段,可是我们仍然在使用陈旧的熟人社会的信

任模式来思考问题,而适合城市化需要的抽象系统信任体系还没有在中国完全确立。即,信任危机对当下中国而言其实不只是一种信任危机,而且也是一种信任机制的危机。

其一,传统人际信任形态已经不适应当下中国的城市化需要。传统人际信任不适合当代城市化社会,没有了家族、宗亲作为保持自律性的周围熟人圈,在面对陌生环境中的陌生人群时,不再因限于熟人间的因素而羞于行为。并且,这样的信任关系在陌生人或者社会的公共空间那里是变易不居、难以定型的。此外,传统人际信任在某种程度上还会腐蚀和阻碍抽象系统信任和法治的发展。我们知道,人际信任“总是奠基于纯粹(家族或拟家族的)个人关系之上”①,而人际信任中的血缘关系、地缘关系和个人忠诚等关系因素还在非理性地侵蚀着法治,例如中国式社会关系中的找熟人。找熟人一方面说明了中国制度信任系统还不完善,另一方面说明民众在对已建立的制度的信任方面还是大打折扣。诸多经验表明,越是抽象系统信任文化不发达的地区,熟人社会的色彩越重,从而找关系比诉诸法律更方便。在当下中国,社会公众对政治人、法律人的信任在很大程度上取决于政治人、法律人是否处于其私人关系网络之中。公众对系统信任还是建立在人际信任基础之上,其本质还是一种人际信任。经验证明,法律的权威无从在人际关系信任基础上发展起来,如若法治信任是基于关系信任,那么这无助于社会公众对法治的接受,相反,这还可能会消解法治的公信力。

其二,适合城市化社会的抽象系统信任还没有完全建立。由于长期以来对乡土社会的经验思维依赖,我们对于城市治理结构中的抽象系统信任这个相当独特的信任形态还少有学理关注:“在某种程度上,对抽象社会始终难以获得充分的理解。”②尽管在我们的一些社会理论中不乏对这些现代社会的特征的分析,但却很少具体到城市语境,对于抽象系统信任如何产生、如何营造还缺乏城市化语境的深刻理解与体会。或言之,迄今为止,社会学理论家虽已注意到现代性与抽象系统之间的关系,然而却很少注意到抽象系统信任与城市化之间的密切关系。事实上,当代中国城市化进程中的诚信危机,实质上乃

---

① 马克斯·韦伯:《韦伯作品集V:中国的宗教 宗教与世界》,康乐、简惠美译,广西师范大学出版社2005年版,第320页。
② 李猛:《论抽象社会》,《社会学研究》1999年第1期。

是抽象系统信任不足的危机。实践上,我们今天还套用传统的人际信任模式解决现代问题,我们现在的城市治理领域还没有习惯于用抽象系统信任建设的手段和方法来处理深层次的问题。具体言之,中国当下信任危机之所以频繁发生不在于社会的转型以及风险社会的到来,而是抽象系统信任没有建立起来,或者是抽象系统信任尽管建立起来了但由于不被信任而不能运转(制度不信任对社会信任的危机在很多时候和堵车的情形一样,有时并不是车多的缘故,而是因为有人不遵守交通规则)。中国处于社会经济体制转轨的过程中,从乡土社会走向了城市社会,从封闭走向了开放,商品交换打破了狭隘的时空限制,在时间和空间上都大大拓展了人们行为的自由度,但不在场的城市性交往也是一种风险,且这种风险伴随着抽象系统信任的缺失和不足在某种程度上被放大。抽象系统信任不完善或不信任也是造成当下中国法律信任不足的一个重要原因。当下,虽然中国特色社会主义法律体系已经建成,众多法律制度和机构业已完备,法律从业人员也已初具规模;但不可否认,我们离法治国家这一理想还颇有一定的距离,法律还未成为国家治理必须恪守的运行准则,对于规则的尊重与遵守也还远未成为国人的生活方式。正如一些学者所指出的:"'依法治国'基本方略确立并实施十年以来,我国在法治化进程中取得了令人瞩目的成就。但是,如果从社会公信力的角度来观察,就会发现我们离法治国家之'理想'('理念'或'理想类型')还有相当大的差距。判断一个国家是不是成熟的法治国家可以有多种标准,然而,法治能否赢得社会公众足够的信任和信赖,应当是一个不可或缺的标准。"①造成社会民众法律信任缺失的一个症结,在很大程度上也是由于抽象系统信任的不足或对其缺少信任。现代法律信任是一种抽象系统信任,宪法和法律实施得不好的问题,其根源不只是法律本身,还有法治文化相适应的抽象系统信任文化环境。

我们先前在回答上述信任危机时常见的思路是将恶行归咎于个人"道德滑坡"与世风日下,而就社会现实而言,各类所谓信任危机是个人道德本身所不能够承受之重,或言之,仅从个人道德层面谴责无疑是避重就轻,如何保障城市信任,个人道德固然必要,但从长期和根本上看,城市化的信任急需抽象系统信任保障。城市社会固然不应当否定非制度性个人信任及其效用,但最

---

① 郑成良:《法治公信力与司法公信力》,《法学研究》2007 年第 4 期。

重要的则是确立有效的抽象系统信任,以及在抽象系统信任基础之上的制度信任和法律信任。当然,尽管抽象系统信任成为当下城市化重构社会信任的最为有效的制度机制,并且抽象系统信任作为维护社会信任的主要力量在城市化社会起着极为重要的作用,但这并不是说城市社会中个人之间的信任及承诺就不重要了。城市社会固然不应当否定非制度性个人之间的信任及其效用,但最重要的则是确立有效的制度性信任以及在有效制度性信任基础之上的法律信任。城市强调信任的主体基础是抽象系统而不是个人,这反映了出对抽象系统尤其是优良抽象系统体制与结构的重视,或言之,在城市系统信任中尽管强调优良秩序的主体和基础存在于制度之中,但也不是说不要个人的信任,只不过其落脚点一般只是认为有信任的人一般会更容易遵守和执行制度性信任。因此,要化解我国城镇化进程中的风险和现实困境,需加快推进信任机制转型,关键是推进和完善抽象系统信任建设。

中国的城市治理,理当从城市治理所植根的抽象系统信任出发,重新理解中国城市治理实践的基本特点与应有路径。时代变化了,信任形态及机制也不应当故步自封,相应地会发生范式和形态的转换。即,当经历了从自然的乡土社会地域性关联中脱离出来的过程,城市社会所面临的根本问题,是必须用一种更为抽象的信任规则或模式进行信任再联结和再构。如吉登斯指出,"脱域"于旧共同体的新社会要成功地存在下去,必须用新的理性化的抽象系统信任来进行"再嵌入"。[①] 让抽象系统信任在城市社会中担当其应有使命是各国城市治理建设的基本经验之一,也是衡量一国城市治理现代化水平的重要标志。我们应当提高民众对抽象系统的信任,这才是解决中国城市信任危机的首要途径。抽象系统信任是城市治理的重要组成部分,我们需要通过抽象系统信任,重塑我们对于城市治理的想象。通过抽象系统信任建设与法治重塑社会诚信必然成为我国城市治理的不二选择,同时也是创新社会管理体制、提高社会管理水平的必然要求。为此,我们要把抽象系统信任与法治建设视为实现乡土向城市治理转型和制度变革的必由途径。在中国建立抽象系统信任,很大程度上是城市化发展的必然要求,中华民族正处于一个建设和步入城市文明的关键窗口期,应遵循城市治理法治化的客观规律,促进信任主导模式

---

① 安东尼·吉登斯:《现代性的后果》,田禾译,译林出版社 2000 年版,第 69 页。

由人际信任转向制度信任的过渡，这是现代文明的信任进化过程，也是我们完善城市治理的努力方向。

3. 当代中国的书面文化发展与抽象系统信任建设

为克服书面文化和抽象系统信任不足对近代中国现代化的阻碍，自近代以来，我们就开始了对汉字的简化与完善。"五四"新文化运动最主要的成果之一便是中国书面语系统从文言到现代白话的转换，"白话成为普通大众能够掌握的书写和阅读工具。这场变革带来的现代性意义，不容小视"[①]。其一，有利于提高普通大众的识字权利。文言作为一种书写系统，渗透着政治取向而非平民取向。在中国传统社会，统治阶层垄断着书面语，中国古代有"学在官府""官学合一"的传统，只有少数人才能读书，大部分普通民众则没有受教育的机会。其二，有利于提高文字本身的理性与科学。"当时的新式知识分子用科学的标准来判定文言和白话的优劣。在他们看来，旧的文言是一种诗性语言，传达的信息是含蓄的、朦胧的、模糊的，而白话可以做到精确、清晰、严密，真实地传达信息。"[②]换言之，文言与白话的区别，也"被理解为不科学和科学的区别"[③]。此后1956年新中国的汉字简化运动，更是降低了汉字间架结构的复杂程度，降低了认读难度，并为识字普及和扫除文盲做出了应有贡献。

不过，需要指出的是，并不是有了白话文、简体字和普及教育就能完全实现书面文化信任和抽象系统信任进化。事实上，白话文、简体字和普及教育等仅仅是实现书面文化信任和抽象系统信任进化的前提和重要条件，但并不是充要条件。因为书面文化和抽象系统信任建设并非只依赖社会的识字化变革，而是隐含着更为复杂的城市化需要和诉求。因此，只有白话文、简体字和普及教育是不够的，而唯有城市化才是更为深刻的力量。正如麦克卢汉所指出的那样："媒介研究的最新方法也不光是考虑'内容'，而且还考虑媒介及其赖以运转的文化母体。"[④]事实上，书面文化、抽象系统信任之所以能够在近代西方发展和发扬光大，得益于城市文明在西方的持久存在和日益成熟，得益于

---

① 靳志朋：《白话书写与中国现代性的成长》，《天津大学学报》（社会科学版）2014 年第 2 期。

② 同上。

③ 同上。

④ 马歇尔·麦克卢汉：《理解媒介——论人的延伸》，何道宽译，商务印书馆 2000 年版，第 37 页。

西方具有深厚的城市化基础和背景。即"无论出现何种随意性或系统性的间断以及地区性差异,欧洲城市化一直保持着持续发展的势头"①。因此,书面文化信任和抽象系统信任进化的实现必须依赖城市化对社会复杂性进行简化的需要。因为,在城市化不断提高的社会复杂性的条件下,需要发展出比较有效的简化复杂性的方式。即,"高度分化的社会比简单社会需要更多的信任使其复杂性简化,它们也必须随时准备好相应的比较多样的创立和稳定信任的机制"②。可以说,不同社会能发展和孕育出不同交流手段和文化风格,而城市生活是孕育和创造书面文化和抽象机制及抽象系统信任的重要途径,是远比普及教育更为有效的信任进化动力和推动方式。由此可知,伴随着乡土中国向城市中国的变迁与转型,必然会为中国社会抽象系统信任的兴起和扎根提供必要的基础和条件。由此也可以判断,"在未来 20—30 年内,在中国城市化水平达到 60％至 70％的时候,传统生活方式的变迁,必然导致和带动传统乡村秩序的现代转型"③。

　　总之,城市治理离不开抽象系统信任建设自觉,因为"对抽象体系的信任既是时—空伸延的条件,也是现代制度所提供的日常生活中的安全的普遍条件"④。作为信任形态的一种高级形式,抽象系统信任在城市治理和法治秩序建构中具有重要意义。抽象系统信任不仅是从传统信任形态向现代信任形态转型的标志,也为现代法治的建构与成长提供了条件和可能。抽象系统信任建设是城市治理革新与发展完善中的重要领域,如果不考虑抽象系统信任建设,许多城市治理将抓不到主线,或者建立完善城市治理的努力都可能受挫。城市化时代下抽象系统信任所蕴含的价值与技术值得我们反复体会和发掘,进而在此基础上构建符合城市化时代要求的法律思想和法律制度。

---

① 保罗·霍恩伯格、林恩·霍伦·利斯:《都市欧洲的形成》,阮岳湘译,商务印书馆 2009 年版,第 105 页。
② 尼克拉斯·卢曼:《信任:一个社会复杂性的简化机制》,瞿铁鹏、李强译,上海世纪出版集团 2005 年版,第 112 页。
③ 蒋立山:《中国的城市化与法律问题:从制度到秩序》,《法学杂志》2011 年第 S1 期。
④ 安东尼·吉登斯:《现代性的后果》,田禾译,译林出版社 2000 年版,第 99 页。

第九章　印刷书面文化对近代
西方民主发展的影响

　　"印刷术的出现有时被看作是现代世界的首次民主革命。"[①]可以说,"民主社会的政治体制是与印刷机一同出现的,民主政治形成的过程实际上可以看做是破除对影响社会重大问题的发言权的垄断的过程"[②]。或言之,现代民主的发展得益于印刷术和印刷媒介所带来的书面文化的大众化和普及。"虽然书面语言和文献技术已经在创造和保存人类知识方面扮演了不可或缺的角色,但是它们仍只是在不久前才找到如何走进大多数人生活中的方式。在它们存在的 6000 年的大部分时间内,它们被视为赠予统治精英的神圣礼物。古腾堡发明的书写文献用了五个半世纪的时间才变得无处不在。社会上每个人都应该识字的观念一直到十六世纪末才流行起来;而且一直到工业革命开始,这个观念才为大多数西方文化所接受。"[③]

[①] 艾伦·麦克法兰:《现代世界的诞生》,管可秾译,上海人民出版社 2013 年版,第 7 页。
[②] 安德兰尼克·米格拉尼扬:《俄罗斯现代化与公民社会》,徐葵等译,新华出版社 2003 年版,第 288 页。
[③] 罗杰·菲德勒:《媒介形态变化:认识新媒介》,明安香译,华夏出版社 2000 年版,第 56 页。

第一节　印刷书面文化为近代西方言论、
出版和新闻自由提供了媒介根基

一、天主教会的出版审查制度

　　行使检查权并不是一个新现象，在整个中世纪期间，教会当局都会监督抄写员与录写员的产品以压制异端材料，这在某种程度上反映了抄写作品的数量是有限的。随着印刷术的问世，与手抄书时代相比，印刷使得图书复制变得容易、迅速而廉价和产量更大。在 16 世纪以前，欧洲并没有近代意义的书报检查制度，书报检查制度的形成与印刷术的发明有关。在书籍处于手抄本时代，禁书和焚书是主要的压制手段。1450 年古腾堡发明印刷术后，随着印刷技术的广泛传播，禁书和焚书的效用降低了，于是 1485 年，在欧洲活字印刷发源地美因兹，大主教发布命令，严禁滥用活字印刷术这一"神赠技术"。1489 年，教廷向所有信徒发布了同样内容的敕令。① 教皇亚历山大六世于 1510 年创定出版检查法，以禁止未批准的印刷物，出版审查由此开始。1512 年第 5 届拉特兰宗教会议批准了对印刷品的事先检查制度。检查机构在 1571 年前由宗教裁判所承担，在 1571 年后主要有教廷禁书目录部进行。在活字印刷推行初期，天主教会为了履行传播教义的使命，曾大范围地印制发行《圣经》，然而，为维持宗教垄断，对《圣经》的理解必须达到思想统一，一切传播中的《圣经》必须是钦定的版本；普通人必须接受天主教会对《圣经》教义的讲解而不是自己随意的阅读。强调自己是神人交通的中介，教会自认为神谕的唯一正统的解释者与传布者，不允许其他人染指和插足。在基督教神学思想支配一切的时代，天主教会自认为神谕的唯一正统的解释者与传布者。认为自己是神人交通的中介，因此垄断着真理的解释权和得救的可能性。严禁平信徒阅读

---

① 参见沈固朝：《欧洲书报检查制度的兴衰》，南京大学出版社 1999 年版，第 17 页。

《圣经》原本和未经御准的神学著作。这种蔑视民众理性和道德能力的思想在宗教改革和启蒙运动时期受到了挑战。

二、 近代西方国家反对出版审查制度的斗争及民主发展

在欧洲,书报检查制度的形成与印刷术的发明和印刷品传播有关,但更是专制政治与思想的产物,而"争取出版自由的早期斗争实质上是对国家控制的斗争"①。反对国家管制报刊(不论是公开检查的形式还是印花税的形式)的斗争,成为 19 世纪自由派和民主思想的一个中心主题。废除书报检查制度与废除专制制度基本上是同步的,言论自由、出版自由和新闻自由是民主的生命之根,是民主最坚实的基础。对言论自由、出版自由和新闻自由的要求已不仅仅是说和写的本能自由需求,而是有关政治生活和政治信息的可参与性问题,这也是将言论自由归于政治范畴的原因之一。"最初,言论自由的正当性主要是就政治言论而言的。"②言论自由是一个相对晚近的概念,这一概念的形成与人民主权的确立有着内在联系,其所带来的结果便是"人民权利"的显现。在18 世纪与 19 世纪的民主进程中,自由思想与意见的原则写进了许多西方国家的宪法。"在近代自由主义的狂潮里,新闻自由是推波助澜的时代强音。在思想家们看来,新闻自由犹如牛顿学说中力的支点,没有它,民主政治、个人自由、文化发展等都无从说起。因此,用法律保障和实现新闻自由,就成了近代宪法的一个理想目标。1789 年法国《人权宣言》第十一条,美国 1776 年《独立宣言》颁布后的各州宪法及 1791 年美国联邦宪法修正案(权利法案)第一条,1848 年意大利(萨丁尼亚国)宪法第二十五条,1874 年德国报刊法,以及 1889年日本宪法第二十七条等,都明确宣布了新闻自由。"③在现代法治国家,出版自由连同言论自由、集会自由等被概称为"表现自由"或"表达自由",其典型的方式主要有言论、出版、集会、结社、游行和示威。政府对公民言论自由的限制性权力仅限于法律的授权范围,任何没有法律根据的限制都是非法的。对于

---

① 汤普森:《意识形态与现代文化》,高銛等译,译林出版社 2005 年版,第 270—271 页。
② 弗里德曼:《论现代法律文化》,沈明译,载《清华法治论衡》第 4 辑,清华大学出版社 2004 年版,第 314 页。
③ 夏勇:《西方新闻自由探讨——兼论自由理想与法律秩序》,《中国社会科学》1988 年第 5 期。

言论自由的非法损害可以获得经由独立的司法依正当程度所提供的救济,等等。英国在 1695 年《许可证法》废除以前,整个 17 世纪的出版审查都以事前审查的方式存在。

(一) 近代英国反对出版审查制度的斗争及民主法治发展

就在马丁·路德作品传入英国不到 60 年的时间里,英国的印刷行业获得了巨大的发展。人们开始通过印刷出版的方式要求获知和表达的权利。"那些需要说出自己心中所思所想的人,认识到了印刷文字的力量。那些需要声明自己良知的人越来越相信自由出版是上帝赋予人类的权利。"①开创宗教改革之先声的路德,其因信称义说的重要根据便是私人评断权理论。这一理论主张普通的个人有资格评判神学问题。旨在确立一种自信,即人类可以凭借自己的能力来理解事物。人人皆享有平等的理性,具有一定的认识能力。辨识真理与错误、谎言与事实的权力属于每一个人而非先经选择的少数人。人被视为自由意志的主体,亦即理性的主体。每个人都可以接受一切信息和意见,然后运用理性加以判断。每个人都可以参与真理的发现与发展。这就为言论自由、出版自由和新闻自由奠定了权利基础。

印刷术传入英国以后带来了印刷品的巨大增加,书报检查制度也随之产生。出版审查的真正扩大,是从 1526 年亨利八世颁布第一条禁书名录开始的,该禁书名录虽然仅列了 18 种书,但路德、茨温利、胡斯等新教领袖都名列其中。三年后,目录中的禁书扩大到了 85 种,其中 22 种是路德的,11 种是茨温利的。1530 年出版管制体系的正式确立鼎足了对出版行为的独裁控制。随后的玛丽女王统治时期,1559 年出版禁令将宗教等级制纳入出版管制中心;1586 年斯图亚特王朝设立的星法院针对新闻出版业强加管制。1695 年以后,则改为以出版后检查为主,追惩制代替了预惩制。1689 年《权利法案》第 9 条规定:"国会内之演说自由、辩论自由或议事自由,不应在国会以外之任何法院或任何地方,受到弹劾或讯问。"这条规定的内容虽然不是关于国民的言论

---

① David A. Copeland, *The Idea of a Free Press—The Enlightenment and Its Unruly Legacy*, Northwestern University Press, 2006, p. 25.

自由,而是作为议员享有言论自由的特权,但这种议员的言论自由对英国限制王权和发展议会民主制至关重要,同时也必然会扩展到普通人的言论自由。1695 年出版审查的废除和 1689 年《权利法案》,标志着在英国持续了近两百年的审查制度告一段落。正如布罗代尔所描述的那样,17 世纪末的英国基本实现了其政治目标,"它实际上虽然速度慢且不尽完善,但自由主义的、立宪的国家发展成型,体现了根本的自由(舆论自由,新闻出版自由,以及议会自由;个人的自由以及选举权逐渐扩大)"[①]。即,"英国与其他西方社会中这些产业的随后发展因此就在言论自由的原则得到正式承认的政治与法律架构内运行;人们有权利在自由和独立的报刊上发表意见,只要所说的不被认为是亵渎神明的、煽动性的、下流的、诽谤性的或者侮辱性的(这种限制在不同历史时期和不同国家背景都有不同);对权利的这些限制不能以国家检查或管制来先期加以应用,而只能事后追诉被控以侮辱的人到法庭回答质询"[②]。布莱克斯通在《英国法释义》中就对这种思想有所总结:"新闻出版自由是自由国家的基本属性,但这不应是对出版的事前限制,而应是事后追究的自由。每一个自由人无疑都有这种权利,在公共场合尽情地发表他的观点,如若禁止这种做法就相当于摧毁了新闻出版自由。但是,如果他发表了错误的、有害的或非法的言论,他就必须承担由于轻率所造成的后果。如果像光荣革命前后那样让出版受制于官方的许可权力,那就会使表达自己观点的自由受制于掌控者的偏见,并且会让权力掌握者成为在知识、宗教和政府事务的争议中一贯正确的法官。而如果通过公正的审判,对具有危害性和攻击性的作品予以惩罚,对维持政府和宗教的和平与良好秩序则是必要的。因此,个人仍然有思考和探索自由的权利,能够自由地表达观点,只是滥用这种自由将受到法律的惩罚。"[③]到 1730年左右,表达自由不仅被视为"我们自由的保障",连托利党人表示:"在一个自由且善治的国家,只要不危及国家安全,出版自由不仅是应被允许的,甚至是

---

① 费尔南·布罗代尔:《文明史纲》,冯棠等译,广西师范大学出版社 2003 年版,第 308 页。
② 约翰·B. 汤普森:《意识形态与现代文化》,高铦、文涓等译,译林出版社 2005 年版,第272 页。
③ Blackstone, *Commentaries on the Law of England*, T. Cooley ed., Callaghan & Co., Book IV, 1872, pp. 151 – 152.

值得鼓励的。"①

(二) 近代美国反对出版审查制度的斗争及民主发展

"无可否认,近代革命争取新闻自由,大大推动了民主政治和新闻事业的发展。如美国,独立战争前的报刊不到 10 家,而 1520 年,全国仅日报就有 24 家,日发行量 40 000 份;1870 年,日报达 89 家,日发行量 2 600 000 份,1900 年,日报达 1967 家,日发行 15 000 000 份。"②建国后美国通过宪法保障公民的知情权和表达权,不但能够满足公民的参政议政意愿,更为重要的是体现主权在民的宪政原则。J. 阿特休尔针对美国的情况指出:"的确,对第一修正案思想的信仰之根深蒂固,有如对宗教教义的信仰一般。以至于在美国,人们把它赞誉为'美国生活方式'的本质性的一部分","我们能够很有把握地指出,美国公民的基本假设之一,就是认为民主制度之所以兴旺,某种程度上归因于新闻媒介传播的信息"。③ 作为不争事实,"在美国,自由的大众传播媒介承担着至关重要的民主功能,是联系公众和政府的重要纽带。而民主政府很大程度上是建立在舆论的基础上的,并以公众得到公正和充分的信息为前提"④。在当时,没有哪一国的言论自由较之美国的言论自由更发达。言论自由的存在,使得"美国人是一个一直由自己来管理公共事务的民主的民族"⑤。美国民主之父杰斐逊也为言论、出版和新闻自由做出了最有力的理论贡献,他还留下了一段十分著名的话:民意是我们政府的基础。所以我们先于一切的目标是维护这一权利。如果由我来决定,我们是要一个没有报纸的政府还是没有政府的报纸,我将毫不犹豫地选择后者。杰斐逊坚信,人可以靠理性和真理来治理。所以我们的第一个目标是向他开放一切通往真理的道路。迄今为止所发现出

---

① John Feather, "From Censorship to Copyright: Aspects of the Government's Role in the English Book Trade, 1695 - 1775", in John Feather ed. , *Books and Society in History*, New York, 1990, p. 176.

② 夏勇:《西方新闻自由探讨——兼论自由理想与法律秩序》,《中国社会科学》1988 年第 5 期。

③ J. Herbert Altschull, *Agents of Power: The Role of the News Media in Human Affairs*, Longman, 1984, pp. 18 - 19.

④ Milton C. Cummings, David Wise, *Democracy under Pressure: An Introduction to the American Political System*, 5th edition, HBJ, 1985, pp. 106 - 223.

⑤ 托克维尔:《论美国的民主》,董果良译,商务印书馆 2004 年版,第 535 页。

来的最有效的道路便是言论、出版和新闻自由。由是,他认为"可以放心地信任"人民,"让他们听到每一种真话和谎言,并且作出正确的判断"。①

　　尽管《权利法案》的颁布保护了言论自由,不过,美国《权利法案》颁布后不过几年,亚当斯总统就炮制出《外国侨民及惩治煽动法》,禁止以任何形式批评政府。此法一行,多人被捕,众印受钳。此后约半个世纪,因批评政府而获罪者不计其数。但由于压制言论、出版和新闻自由带来的消极影响,一般美国人开始清楚地意识到,他们的共和国不能没有表达意见的自由。"1800 年托马斯·杰斐逊当选为总统后,所做的第一件事情就是终止他的前任约翰·亚当斯制定的臭名昭著的《客籍法》和《惩治叛乱法》,因为这些法案窒息了政治意见的表达。杰斐逊这么做的理由,看来不仅仅是出于他的信念,也是对那个时代普通美国公民的普遍观念作出的反应。"②美国人视信息权为民主的精髓,早在美国制宪会议记录中就曾反复多次提到知情权,美国制宪会议在讨论国会记录应否公布时,威尔逊就指出:"人民有知情权,了解他们的代理人在做什么,做成了什么。"③麦迪逊曾经这样论述人民的知情权对民主体制的重要性:如果一个全民政府没有全民信息,或者说缺乏获取这种信息的途径,那么它要么是一出闹剧的序幕,要么就是一出悲剧——也可能两者都是。信息对称是民主的基石,信息多者将永远统治信息少者,想要成为自己的主人的人民必须用知识将自己武装起来。原美国司法部长拉姆兹·克拉科说:"如果政府是属于人民、来自人民、为了人民的话,人民就应该详细了解政府的活动。没有什么能比秘密更毒害民主政治的了。只有公众拥有信息,市民自治、广泛参加国家事务才有可能。我们如果不了解信息,怎么才能进行自我统治!"④

　　言论、出版和新闻自由是美国民主中不可或缺的部分。其中,报纸是民主社会的必需品,甚至比民主政治机构更具社会性和政治意义。事实证明,美国的政治措施和法律,必须始终能受到舆论的监督。对此,托克维尔认为"报刊

---

① 梅利尔·D.彼得森:《杰斐逊集》(下册),刘祚昌、邓红风译,生活·读书·新知三联书店 1993 年版,第 1325 页。
② 罗伯特·达尔:《论民主》,李柏光、林猛译,商务印书馆 1999 年版,第 11 页。
③ 詹姆斯·麦迪逊:《辩论:美国制宪会议记录》(下册),尹宣译,辽宁教育出版社 2003 年版,第 500 页。
④ 刘迪:《现代西方新闻法制概述》,中国法制出版社 1998 年版,第 57 页。

是保护自由的最佳民主手段"①。他说:"我越深入研究出版自由的主要成果,便越深信它在现代世界里是自由的主要成分,也可以说是自由的基本组成部分。"②同时,"出版自由在民主国家比在其他国家无限珍贵"的原因是"只有它可以救治平等可能产生的大部分弊端"。任何出于"制止自由滥用"而采用出版检查制度的国家,结果发现都把人民"带到了一个暴君的脚下"。③ 最能说明问题的是,1848 年欧洲革命失败后,马克思恩格斯流亡英国,并为美国进步报刊《纽约每日论坛报》撰稿竟长达十五年零两个月。恩格斯曾为此自豪地说:"在欧洲革命的所有政党中,我们是向英美公众阐明自己事业的唯一的政党。"④真正明确保护言论自由的法律是 1791 年批准生效的美国宪法第一修正案。它规定:"国会不得制定法律剥夺言论或出版自由。"这项条款成为新闻自由史上的里程碑。

通过不懈努力,美国最终从媒介"特权"和"垄断"的藩篱中逐渐脱离出来,媒介成为社会共有物。"公众事务是通过印刷品来组织和表达的,并且这种形式日益成为所有话语的模式、象征和衡量标准。"⑤当然,这种自由强调不得预先限制出版物,而在出版后涉及犯罪事项则没有免责的自由。一如既往,权利也伴随着责任产生了。当低俗的报纸践踏人们隐私权或诽谤其名誉时,法律规范就会出现以保护人们的隐私权并允许他们对文字诽谤提出上诉。并且,言论、出版和新闻自由也是有底线的,可以通过言论自由否定政府,但不可以通过言论自由否定民主法治。新闻自由可以用来指责政府,咒骂总统和议员,但不能用来推翻造就了这些政府、总统和议员的民主法治制度。如 1920 年美国的本杰明·吉洛特在左翼社会党人机关报《革命的时代》上发表《左翼宣言》,号召无产阶级革命,纽约州法院和上诉法院判定吉洛特犯有煽动推翻政府罪,联邦法院最后以 7 票对 2 票维持原判。判决书上说,《左翼宣言》"所认定革命的群众性罢工,将自然导致经济制度的不可避免的变革。《宣言》的主张意味着使用非法的暴力。这是不能允许的"⑥。1966 年《公民权利和政治权

---

① 托克维尔:《论美国的民主》,董果良译,商务印书馆 2004 年版,第 876 页。
② 同上书,第 215 页。
③ 同上书,第 875—876 页。
④ 《马克思恩格斯全集》第 28 卷,人民出版社 1962 年版,第 230 页。
⑤ 尼尔·波兹曼:《娱乐至死》,章艳译,中信出版社 2015 年版,第 50 页。
⑥ 夏勇:《西方新闻自由探讨——兼论自由理想与法律秩序》,《中国社会科学》1988 年第 5 期。

利国际公约》第 20 条也规定:"任何鼓吹战争的宣传,应以法律加以禁止。"任何鼓吹民族、种族或宗教仇恨的主张,构成煽动歧视、敌视或强暴者,应以法律加以禁止。

(三) 近代法国反对出版审查制度的斗争及民主法治发展

法国 1789 年发生大革命,提出了"自由、平等、博爱"等理念,各等级、各阶层纷纷上书要求新闻出版自由。雅各宾派的罗伯斯庇尔则是世界新闻史上第一位阐发新闻自由立法的政论家。启蒙思想家的主张深刻影响了法国大革命后的意见,在他们的敦促下,法国于 1789 年通过了著名的《人权宣言》。《人权宣言》中宣称,"思想和意见的自由传播是人类最可宝贵的权利之一"。然而,随后的实践却多与之相悖。1793 年,执政的雅各宾派对反对派的报刊实施了无情镇压,罗伯斯庇尔公开表示:"对新闻实行严格的监督,毫不留情地制止新闻界乱说。"①1800 年 1 月 17 日,即拿破仑在政变两天后,干脆取缔了出版自由,查封了全部反对派的报刊和独立党派的报刊。除官方的《导报》(Moniteur)外,他只允许三家报纸存在,而且它们还要受到严格的检查。并于 1810 年成立出版管理署,设立新闻检查官,正式恢复书报检查制度,大力砍杀对立的报纸,积极扶植发行官报。他认为,"四家有敌意的报纸比一千把刺刀更可怕",他对警察总监富歇说:大革命时代已经结束,在法国只能存在唯一的党派,我决不容忍报纸说出或做出有损于国家利益的事情。正如马克思在《1848 年至 1850 年的法兰西阶级斗争》中所讥讽的:资产阶级自由报刊已从过去还受到人民信任的"社会舆论的纸币"变成了再也无人相信的"单户期票"了。②并且,拿破仑极力实现对报纸的控制,使其为己所用。而面对由政府控制的法国报纸,德国政治家梅特涅曾感叹说:"法国的报刊值拿破仑的 30 万大军。"其后,复辟的波旁王朝设立《钦定宪章》,表面上保护新闻自由,但不久又抛出《七月赦令》,宣布全面停止新闻自由。"波旁王朝复辟时虽然宣布将尊重出版自由,但 1814 年 6 月颁布的《宪章》声明:'法国人有公开发表自己观点的权

---

① 热拉尔·瓦尔特:《罗伯斯庇尔》,姜靖译,商务印书馆 1983 年版,第 364 页。
② 《马克思恩格斯全集》第 7 卷,人民出版社 2008 年版,第 117 页。

利,只要他们遵守防止滥用这种自由的法律.'因此,反对派只能极其谨慎地发表意见。"①在此之后几十年内,随着复辟势力和革命势力力量的消长和反复,新闻检查制度也时而取消、时而恢复。法国新闻自由的确立是以 1881 年 7 月 29 日《新闻自由法》的公布为标志的。该法承接了《人权宣言》的规定,全面否定了先前与新闻自由相冲突的所有做法,特别是预先检查制度。该法还规定,判断新闻出版活动是否合法应当由法院而非政府来裁决。不过,《新闻自由法》所规定的新闻自由长期以来仅仅局限于印刷媒体,广播电视仍长期由国家控制,而这一状况直到 1980 年代才得以改变。1981 年社会党上台后,通过法令允许建立私人广播电台,放弃国家对广播电视媒体的垄断。至此,法国获得历史上最充分的新闻自由,这个过程接近两百年的演变历程。正如一些学者所指出的:"从 1789 年《人权宣言》至 1881 年《新闻自由出版法》的近百年间,法国人除了在 1790 年、1791 年以及 1848 年二月革命后的一段时间里享有短暂的新闻自由外,全是在新闻受钳制下挨过的。其中,封建势力短暂地卷土重来固然是原因之一,但吉伦特派、雅各宾派和热月党人对言论的钳制,'自由帝国'、'议会帝国'时期资产阶级议会对言论自由的扼杀,以及后来对巴黎公社的血腥镇压,则是很难用封建复辟来解释的。"②

(四) 近代德国反对出版审查制度的斗争及民主法治发展

在欧洲,书报检查特别野蛮和持久的国度之一,就是德国。德国是 19 世纪欧洲书报检查最严厉的四个国家之一(其他三个为俄国、奥地利、匈牙利)。不难发现四个国家都是专制势力强大的旧式王国,它们未曾有过大规模的资产阶级革命的洗礼与启蒙,因此更多地保留了传统君主政治的封闭与专横。从民主法治实践来看,言论、出版和新闻自由是严重威胁君主专制统治的。在此,"1871 年德国的新闻检查废止令束缚不了俾斯麦的铁腕,在他所谓'新闻业应当为建设德意志帝国而牺牲新闻自由'的哄骗与胁迫下,新闻界沦为政府的奴才"③。1878 年 10 月,俾斯麦政府颁布了《反社会党人非常法》,对"危

① 哈贝马斯:《公共领域的结构转型》,曹卫东等译,学林出版社 1999 年版,第 81 页。
② 夏勇:《西方新闻自由探讨——兼论自由理想与法律秩序》,《中国社会科学》1988 年第 5 期。
③ 同上。

害公共安宁特别是危害居民各阶级和睦的、旨在破坏现行国家制度和社会制度的、社会民主党的、社会主义的或共产主义的"各种协会、团体、出版物、会议等统统予以取缔。① 根据《非常法》，德国政府肆意镇压工人运动，查禁工人报刊，封闭工会，逮捕、监禁、流放、驱逐社会民主党人。《非常法》原定的期限为两年半，但俾斯麦却操纵议会一再延长，直到 1890 年 9 月才宣布失效。事实上，没有充分的信息交流和对称，民主是不能良好运转的，没有成熟公民和信息对称做保障，选举也是不可靠的。19 世纪的德国一直压制言论、出版和新闻自由，结果造成了希特勒的纳粹政党通过选举上台，因为"实难想象完全丧失自治习惯的人，能够开会选好将要治理他们的人；也无法认为处于奴隶状态的人民有一天会选出一个自由的、精干的和英明的政府"②。民主社会的大众传播不能允许传播只为政府和少数权势集团所垄断，从而形成对人民大众一边倒的强制性灌输，否则"公民一旦丧失了表达自由，很快就会对政府的决策议程无能为力。沉默的公民或许会成为独裁者的理想臣民，但对于民主的制度来说，却是一场灾难"③。事实上，只要书报检查制度继续存在，人民就永远无法成熟。没有言论、出版和新闻自由是法西斯上台的重要原因。④ 因为在一个完全没有言论自由、法治传统和地方自治的国度，少有"成熟的民意"。没有新闻自由的民主毫无意义，这不是民主体制本身的过错，而是没有"充分民意"造成的。专制国家实行严密的新闻管制，鼓励对国家民族的文明进步极为有害的"极端民族主义""狭隘国家主义"和"排外意识"，绝大多数民众除了不明真相外，还普遍浸染了"极端思维"。这也说明，民众的民主生活历练也是必要的。一个国家在民众中普及"真相、常识和逻辑"的前提是言论、出版和新闻自由。

事实也证明，希特勒上台后对于书报的审查更为严厉。1933 年 1 月希特勒被任命为总理之际，内阁中只有三名纳粹党员，处于少数地位。但他们利用 2 月 27 日的国会纵火案，立即下达紧急法令，终止了言论、出版、集会和结社自由。与此同时，报纸和广播等大众传播手段也开始成为法西斯主义政党控

---

① 孙炳辉、郑寅达：《德国史纲》，华东师范大学出版社 1996 年版，第 38 页。
② 托克维尔：《论美国的民主》，董果良译，商务印书馆 2004 年版，第 871 页。
③ 罗伯特·达尔：《论民主》，李柏光、林猛译，商务印书馆 1999 年版，第 106 页。
④ 参见巴林顿·摩尔：《民主和专制的社会起源》，拓夫等译，华夏出版社 1987 年版，第 362 页。

制社会的有力工具。希特勒曾得意地说:我的新闻组织是一个真正成功的例子,我们已经消除了任何人想说什么就有权利说什么的政治自由的观念。墨索里尼也得意地说过:我认为法西斯新闻理论是我的交响乐。在极权政治下,对广播媒介的垄断成为实行极权统治的最有力手段。希特勒之所以能出现在政治舞台上,这和他利用广播对公众发表谈话有直接的关系。或言之,在纳粹党人当选这件事情上,广播喇叭起到了决定性的作用。"无线电广播现在已然出现,使得作领袖的人能够亲自征服万民,并且谁也不能预言今后的政治战术还将发生什么变化。"[①]"与 20 世纪新媒体——电影、广播和电视相比,报刊出版业中经济集中及其技术-组织协调的程度看来还是比较弱的。当然,这些新媒体所需要的资本十分巨大,所产生的新闻威力也相当惊人,因此,在有些国家里这些媒体一开始就受到政府的管理或控制。"[②]在纳粹德国,"新闻媒体很快就完全被用来维护统治"[③]。从这个角度看,"纳粹主义确实是最有渗透力量和存在最为普遍的传媒暴力,在政治上利用了交流语言、工业语言和工业的语言,以及和规范符号与形式化登记的逻辑紧密联系的现代技术"[④]。从这个意义上说,法西斯主义是大众传播时代的产物。报纸和广播等大众传播手段曾成为法西斯主义政党控制社会的有力工具。也正是这一点,使当代的极权政治对人民的精神奴役和控制远远超过古代任何形式的专制。"现代的极权主义的民主主义政治是依靠民众热情支持的独裁主义政治,因此,完全不同于君权神授的独裁体制下或篡夺权力的专制下的暴君行使的绝对权力。它是一种基于意识形态和大众热情的独裁统治。"[⑤]

最为重要的是,"法西斯国家的定义也许可被表达固化为一种永久形式的权力国家所实施的战争独裁政体:战争审查机构控制着意见的表达,军事高压统治控制着行动,所有的法律,无论公开的还是秘密的,都被修改为军事管制法。在某种意义上,任何一个白痴都能管理这样一个社会;但也只有白痴会将

① 奥斯瓦尔德·斯宾格勒:《西方的没落》,齐世荣等译,商务印书馆 1963 年版,第 717 页。
② 哈贝马斯:《公共领域的结构转型》,曹卫东等译,学林出版社 1999 年版,第 223 页。
③ 同上书,第 20 页。
④ 雅克·德里达:《〈友爱的政治学〉及其他》,胡继华译,吉林人民出版社 2006 年版,第 479 页。
⑤ 雅各布·托曼:《极权主义民主的起源》,孙传钊译,吉林人民出版社 2004 年版,第 8 页。

这样一种方式误认为是行政管理"①。战争是新闻自由的天敌。事实上,秘密政治无论在战时还是平时都是十分有害的。"这实质上是旧权力主义的复活,是为政府专横提供依据。这表现在新闻法制上就是,政府任意封闭消息来源,掩盖有关军事、政治、经济、外交等方面的事实,仅仅发布适合于宣传的部分,使新闻自由变成无源之水,从而建立一种将保密权凌驾于新闻自由权之上的新闻法律秩序。在官方调查权与'消息来源保密'的记者特权发生冲突时,政府常常以'政府的要求就是公众的要求'为由,强迫记者透露消息来源。这些无疑是把新闻自由权变成政府的特许权,把新闻法律秩序纳入秘密政治秩序。"②在极权政治下,对大众传播媒介的垄断成为实行极权统治的最有力的手段。对快速的交通采取独占手段,快速交通和精密的情报系统结合在一起,就成为令人生畏的社会控制武器。

要警惕在科技发达时集权主义借科技上台来控制人民比原来更方便,通过新技术产生一些新的权力寡头。希特勒曾掌握世界上最先进的科学技术和强大的科技力量,但最后也都变成世界上最凶恶的魔鬼。科技解放了生产力,但控制民众也更方便。科学技术也需要民主法治来驾驭。民主法治是迄今为止人类逐步形成的最好的制度和公共生活规则。德国人就是因为摆脱了民主法治的约束才犯下大屠杀的滔天罪行的。第二次世界大战以后,人类从法西斯统治的教训中认识到社会公众、新闻媒体等对政府行为监督的极端重要性,提出了言论、出版和新闻自由"政府公开""行政公开""政府在阳光下""提高政府行为透明度"等口号,并陆续制定了各种相应的法律、法规。最为重要的是 1966 年联合国《公民权利与政治权利国际公约》的第 19 条:"人人有自由发表意见的权利,此项权利包括寻求、接受和传递各种消息和思想的自由。"

---

① 刘易斯·芒福德:《城市文化》,宋俊岭、李翔宁、周鸣浩译,中国建筑工业出版社 2009 年版,第 419 页。
② 夏勇:《西方新闻自由探讨——兼论自由理想与法律秩序》,《中国社会科学》1988 年第 5 期。

第二节　印刷书面文化为近代西方
代议制民主发展提供了媒介基础

一、印刷书面文化是近代西方代议制民主发展的媒介基础

近代西方代议制民主正是借助印刷媒介的普及而建立的。"今天的代议制议会民主是印刷社会的产物。"①应该承认，在印刷媒介出现之前，西方就存在民主了（如雅典），只不过是通过广场实现的。古希腊、中世纪和文艺复兴时期的城邦皆存在过民主政体，但从不曾产生地域大国的民主。广场式、面对面、口语媒介的直接民主只适合较小的政治单位，"正是在公元前 500 年的古希腊和罗马，有广大公民参与其中的政府制度第一次建立在一个十分牢固的基础上"②。在古希腊和罗马，基于口语媒介的直接民主持续了几个世纪，随后，它走向了衰落。"在公元 1100 年左右，民众统治又出现在意大利北部的许多城市。民选政府这一次还是出现在相对较小的城邦，而不是出现在面积广大的地区或国家。"③并且在很长一段时间内，人们一直认为，"民主只能是一种市镇会议式的民主，而代议制民主这一名词本身就自相矛盾"④。甚至，"到了 18 世纪，权威的观点依然认为，民主的或共和的政府就意味着人民的统治，而要实行这种统治，人民必须聚集在某个地方，就各项法令、法律或政策举行投票。……人们说起共和国或者民主政体的时候，无论是否明说，隐含的意思都是，它实际只能在一个乡镇或城市那样的小单位中存在。持有这种观点的作者们，比如孟德斯鸠和卢梭，也完全意识了小国的弱点，尤其面对大国军事优势的时候，这种弱点更加明显。所以，他们感到，要实行真正的民主，前途十分

---

① 理查德·萨斯堪：《法律的未来》，刘俊海等译，法律出版社 2004 年版，第 13 页。
② 罗伯特·达尔：《论民主》，李柏先、林猛译，商务印书馆 1999 年版，第 13—14 页。
③ 同上书，第 18 页。
④ 同上书，第 102—103 页。

渺茫"①。可以说,在 19 世纪以前,人们一直是把民主治理局限于一个小范围的乡镇或者城市,认为这是实行民主所可能的,或者是可采用民主的政治单位,而对于范围更大的现代国家实行民主则不可能。

19 世纪以后,随着代议制民主在英国的实现,对上述古典民主理论进行了修正,并开创了大国民主的实践与理论。"今天我们已经习以为常的民主体制,它的一些政治制度仅仅是最近几个世纪的产物。"②我们也应该承认,在印刷媒介出现之前,就存在民主了,只不过是通过广场实现的。先前民主主要是通过广场、通过口语实现信息交流和对称。而现代国家的代议制民主则是通过印刷媒介和文字构筑了人们信息传播、交往、沟通和对称的平台来实现民主。信息对称视角揭示了印刷媒介在大国民主的发展进程中所扮演的重要角色。印刷媒介的出现是实现代议制民主的重要环节,印刷媒介可以成为独立自主的民意汇聚者和表达者。我们知道在现代地域国家的征税和立法机关里,作为民主的同意只能通过代表来表达。这与古代雅典的做法完全不同,代表的产生不是通过抽签或随机挑选的方式,而是通过选举的方式。"让公民通过选举来选择代表,授予他们立法权,同时又能罢免他们,这种做法无论在民主的理论上或者实践上,直到不久前人们都相当地陌生。"③民主需要政治支持,但也需要技术支持。即,"由于缺乏一种公开的交流,希腊和罗马的民主实验失败了。因为印刷媒介制造出一个明达的公众,民主政府在文艺复兴之后的欧洲取得了成功"④。印刷媒介提供了方便、快捷、有效的载体,它为民主参与政治提供了广泛的平台,这为英国大国民主的实现创造了条件。没有印刷媒介,现代国家的代议民主是很难发展起来的。也正基于民主参与形式由广场向印刷媒介尤其是报纸的转换,现代大国的代议制民主才能得以形成和为民众所认可。在政府和社会的相互关系中,社会可以通过报纸形成公共舆论对政治生活进行参与和监督。西方报刊种类和数量之所以发展很快,主要得益于城市社会对经济、政治和社会的信息需要,"18 世纪的报纸是典型的城市

---

① 罗伯特·达尔:《论民主》,李柏光、林猛译,商务印书馆 1999 年版,第 102—103 页。
② 同上书,第 64 页。
③ 同上书,第 102 页。
④ 威廉·麦克高希:《世界文明史:观察世界的新视角》,董建中、王大庆译,新华出版社 2003 年版,第 364 页。

产物"①,可以有力地实现选举者和被选举者之间充分的信息互动和信息对称,最终建构一种代议制民主。杰斐逊就曾评述道:"代议制度,或者说代议制度政府,可以说是一项新发明,一项在孟德斯鸠的时代还闻所未闻的发明……代议制民主作为一种民主制度,在很长一段时间、很大一片领土上都是可以适用的。"②1820 年,詹姆斯·斯图尔特·密尔把"代议制度"称为"现时代的重大发现""新发明""重大的发现"。③

其一,报纸在一定程度上克服了广场民主固有的局限性,使大众的广泛参与和有效表达成为可能。在印刷术出现之前,民主只不过是通过广场实现的。先前民主政治意味着一些人聚在一个公开的地方,一个公共场所,他们在那里面对面讨论共同关心的问题。报纸的发展使政治参与的平台改变了,由广场转向了报纸而不再有空间限制。在现代国家,国家公民人数那么多,地理上那么分散,从而让所有公民们要在一个地方集会,顺利地参与法律的制定,这简直不可能。在传统广场民主受到局限的情况下,民众通过报纸可以自由及时发表自己的言论,参与国家大事的讨论,对政府机关和官员提出批评与建议。报纸突破地理空间限制,提升了社会参与能力和沟通能力。在传统政治时代没有做到的大国民主,在印刷媒介时代做成了,人们通过报纸说理和论辩来讨论问题、反对或支持一些立场,支撑代议制民主。

其二,报纸推动了政党选举。小共同体的选举信息在传统乡村社会都是比较容易得到的,不需要通过政党竞选来传播信息。只有在现代国家,选举信息才需要专门的政党竞选过程来传播。政党选举过程的本质在于,通过竞选活动向选民众传播政治信息。"由于各党派和候选人都热心向选民提供各种信息(不时也会掺入一些虚假信息),告诉选民他们的履历和意图,从而,各政党的竞选者之间的政治竞争又增加了信息的供给。而且,由于政党和利益组织的存在,公民充分了解情况、积极参与政治、提高政治效能所需的信息数量,现实中已经降到了 个非常容易实现的水平。其中的原因在于,一个政党,它以往的历史通常选民都有大致的了解,它当前的取向一般都是过去的延

---

① 里夏德·范迪尔门:《欧洲近代生活:村庄与城市》,王亚平译,东方出版社 2004 年版,第 132—133 页。
② 罗伯特·达尔:《论民主》,李柏先、林猛译,商务印书馆 1999 年版,第 113 页。
③ 同上书,第 114 页。

伸,而它的未来也大致可以预见。因而,选民们不必了解全部重要的公共问题,相反,他们只需要把票投给他们所选择的政党的候选人,而且可以相信,这些代表一旦当选,通常都会执行大体符合他们利益的政策。"①而选举的结果,胜者可以告诉少数派自己的力量状况,使社会得以稳定。失败者通过信息反馈过程和找出不足。

其三,通过民主选举与公共舆论关联,把代议制度嫁接到全民上,进而实现了代议制度新生和民主制度创新。尽管代议制民主有利于大国民主的实现,但代议民主制也有很多问题。"人们之所以对代议制度持批评的态度,不仅仅是由于有充分的理由怀疑这种制度能否称得上民主,他们还有个更基本的观点。在一个小的政治单位,比如说乡镇,人们能够得到他们所希望的机会参与对自己的管理,而一个大单位中的代议制政府却做不到这一点。"②当时一些支持民主的人心里想的还是古典民主,一些人走到一起进行直接参与才是民主,而代议制则不是民主。因为,代议制民主的民主性存在可疑,参与过于狭隘,把许多人都排斥在外,即,"议会把统治者和被统治者分隔开来,使前者处于统治地位,后者处于从属地位"③。选举上的代表可能不受约束。民选的代表一旦当选就不自觉地将人民隔离在官僚体制之外。代议制是一种间接参政的方式,尤其是选民"被代表"的问题——被选出来的代表在行使权力时可能会背叛选民的意愿。受选举制度不完善以及选举信息较封闭等因素的影响和制约,选举本身很难保证所选出的代表真正代表民意,并忠实地执行民意。要想改变这一现状,进一步实现人民当家作主的要求,应当探索一种新的途径。民主社会中的大众传媒是民主政治发挥作用的一个不可或缺的机制。"在政权和社会的相互关系中,大众传媒可以有效地弥补代表民主制存在的局限性。"④作为不争事实,英国之所以能成为欧洲民主化较成功的国家,也主要得益于英国最早确立了议会与公共舆论的关联。1830 年,下议院议长开始正式允许记者在议院楼上旁听(而在近一个世纪的时间里,他们只得不合法地偷

---

① 罗伯特·达尔:《论民主》,李柏先、林猛译,商务印书馆 1999 年版,第 193—194 页。
② 同上书,第 112 页。
③ 萨尔沃·马斯泰罗内:《欧洲民主史——从孟德斯鸠到凯尔森》,黄华光译,社会科学文献出版社 1998 年版,第 333 页。
④ 安德兰尼克·米格拉尼扬:《俄罗斯现代化与公民社会》,徐葵等译,新华出版社 2003 年版,第 288 页。

听）。1834 年火灾后新建的议会大厦有了记者席。因此可以说，英国"议会功能的变化不能仅仅归结为国王由于受到权利法案的约束而降为议会中的君主。议会与公共领域之间的新型关系最终导致议会活动彻底公开化，并且把议会制和过去体制从本质上区别开来"①。

显见，大众传媒乃是代议制民主的重要组成部分。一般说来，民主发达的国家，新闻界往往和民众站在同一立场。"同其他权力分支一样，大众传媒是独立自主的民意的表达者。"②在此过程中，一个强大的、多元的、活跃的、参与式的舆论监督将使国家更加负责任地行动，并对公民的政治信息需求更快地做出反应。通过媒体的报道公开政治信息，会使被报道者和那些还没被报道的人都会产生自律的心理，让每人都感到有媒体在监督他，从而约束其行为。如果公共舆论发达，一旦公权力偏离了行为模式设定的既有轨道，他的行动就很容易落入由流言蜚语织就的信息监督之网。也即，"关于开放社会，我仅仅意指这样一个社会：在这个社会中，法律机构、权力组织和政府机关的构造应有利于方便它们在某种程度上暴露于公共舆论和公众压力之下；而且该社会中的此类机构在某种程度上对这些压力做出实际回应"③。美国宪法第一修正案的制定者们的兴趣在于政治自由，在于使美国宪法是"开放公共领域的宪法"④。这是与大革命时期法国宪法的最大不同。"法国公共领域被认为属政府管辖"⑤，而美国则认为公共领域独立于政府之外。最高法院大法官本杰明·卡多佐（Benjamin Cardozo，任期 1932—1938 年）形容言论自由是"母体，是几乎一切其他形式的自由所不可缺少的条件"⑥。也正如美国最高法院大法官波特·斯图尔特（Potter Stewart）在 1974 年的一次演讲中指出的那样，第一条修正案的基本宗旨在于"创造一个独立于政府之外的第四个机构，从而对三个官方部门（行政、立法和司法）进行额外的检查"⑦。另外，美国"不能接受共和政体是代议制政体的预设。选举和代议制也许是共和政体的基本特

① 哈贝马斯：《公共领域的结构转型》，曹卫东等译，学林出版社 1999 年版，第 73—74 页。
② 安德兰尼克·米格拉尼扬：《俄罗斯现代化与公民社会》，徐葵等译，新华出版社 2003 年版，第 288 页。
③ 弗里德曼：《选择的共和国》，高鸿钧等译，清华大学出版社 2005 年版，第 23 页。
④ 文森特·奥斯特罗姆：《美国联邦主义》，王建勋译，上海三联书店 2003 年版，第 213 页。
⑤ 同上书，第 214 页。
⑥ 高一飞：《媒体与司法关系规则的三种模式》，《时代法学》2010 年第 1 期。
⑦ 同上。

征,但是拉丁语 res public 的含义类似于一个开放的公共领域(open public realm)"①。也正是认识到代议制民主并不完全能够真正代表民意,美国宪法将集会、游行、示威、罢工作为人的基本权利加以规定,给予极为尊崇的优先地位。其主要的理由就在于,集会、结社、言论、出版及其他一切表现之自由为最基本之权利,并有利于弥补代议制度的不足。"美国的立法者们认为,只在全国实行代议制,还不足以治愈社会机体在民主时期自然产生的而且危害极大的疾患。他们还认为,使国内的各个构成部分享有自己的独立政治生活权利,以无限增加公民们能够共同行动和时时感到必须互相信赖的机会,是恰当的。"②

二、 印刷媒介的反腐功能

印刷媒介的大众传媒乃是现代民主和反腐的组成部分。印刷术革命使书面语的应用更加广泛,自此,文字文化向着民主化和公共性的趋势发展,只有神职人员和政治精英识字的时代结束了。文字及印刷媒介开始成为民治和民主的力量和手段。施拉姆就曾指出:"书籍和报刊同 18 世纪欧洲启蒙运动是联系在一起的。报纸和政治小册子参与了 17 世纪和 18 世纪所有的政治运动和人民革命。"③自由的报刊就像是一个社会论坛,有助于各种意见、观点、利益和政治立场的表达、分类和归纳。由此可以形象地说,民主社会的政治体制是与印刷机一同出现的。伯克写道:"在一个自由的国度时代,每一个人都认为他和一切公共事务有着利害关系;有权形成并表达自己的意见。对于公共事务,他们反复探究、认真讨论。他们充满好奇、渴望、专注和猜忌;通过使这些事务成为他们的思想和发现的日常话题,大量的成员获得了一种相当不错的知识,有些还获得了相当重要的知识……而在其他国度里,只有那些具有职位的人才被迫关注和思考公共事务,而且不敢彼此交流意见,在任何生活阶段

---

① 文森特·奥斯特罗姆:《美国联邦主义》,王建勋译,上海三联书店 2003 年版,第 21 页。
② 托克维尔:《论美国的民主》,董果良译,商务印书馆 2004 年版,第 631—632 页。
③ 威尔伯·施拉姆、威廉·波特:《传播学概论》,李启、周立方译,新华出版社 1984 年版,第 18 页。

中,这种能力都是极其欠缺的。在自由的国度里,人们在商店和工厂里比在其他国家由贵族组成的内阁中更能够发现真正的公众舆论和智慧,因为在那些国家里,一个人只有进入了内阁,才敢于发表意见。"①

这里需要强调的是,印刷术的民主法治意义不仅表现为民主价值观的内容传播而且还表现其媒介本身的价值。因为,民主法治并不神秘,民主法治只是一种政治信息相对透明的政治体制。正如一些学者所言:"民主过程有项基本的标准,那就是充分的知情:在合理的时间范围内,所有成员(公民)都应该具有同等的、有效的机会,以了解各种相关的替代政策及其可能的结果。"②或"使公民有机会对政治事务获得充分的知情,这既是民主定义本身的一部分内容,又是民主的一个前提条件"③。印刷术的发展极大地增加了大众可以得到的新闻和信息的数量,而这是近代西方民主出现的一个先决条件。将民主法治放到政治信息对称的语境中考察,可以发现,在任何一个社会中,政治领域信息对称都是衡量民主法治的重要尺度。事实证明,"公开原则是制止自由裁量权专横最有效的武器"④。没有基本的政治信息对称,公众对政府活动缺乏了解,就不可能有效地监督政府,公平正义将受到妨碍。由于出版检查和民主是互相对立的,无法在同一个国家的政治制度中长期共存下去。因而政治领域中的信息对称与相对公开,正是在民主与专制几个世纪的对抗、反复与实践中逐步发展而成的,是民主法治思想发展史上最为重要的内容之一。政治信息权是一项重要的民主自由权利,是公民诸多民主自由权利的核心,从近代开始,知情权、政府资讯公开开始成为各国民主法治的重要组成部分。

一般说来,民主国家的新闻界往往和民众站在同一立场,以当民众喉舌为荣,以做政府仆役为耻。政府不得妨害新闻自由,既是近代自然法主义的根本要求,也是实际新闻自由的关键所在。历史和现实的经验均证明,一切腐败现象和腐败行为最大的特点在于其行为的秘密性,现实中行政管理制度和行政管理行为的非公开性在一定程度上为腐败者的秘密交易提供了可能的机会。阳光是最好的反腐剂,在多数情况下,言论、出版和新闻自由是社会反腐能否

---

① 哈贝马斯:《公共领域的结构转型》,曹卫东等译,学林出版社 1999 年版,第 112 页。
② 罗伯特·达尔:《论民主》,李柏光、林猛译,商务印书馆 1999 年版,第 193 页。
③ 同上书,第 86 页。
④ 王明扬:《美国行政法》(上册),中国法制出版社 1995 年版,第 109 页。

取得效果的根本保障。"在这里,言论自由不属于一种价值范畴,而是作为任何一种反腐政策必不可少的技术条件。如果国家最高权力机构有意遏制腐败,为此采取了一定的措施,而且很希望核查这些措施的成效如何,那么,这个最高权力机构就应该意识到,在一个腐败成风的国家里,官僚主义的监督一定会被腐败同化,因而是毫无用处的。因而,只有一种可能——民众监督,但没有新闻自由,民众监督是无法实现的。"①随着新闻自由的发展,权力的不可见性和决策过程的隐秘性在某些方式上有限制,权力更加看得见,决策过程变得更加公开。作为不争事实,报纸和新闻自由的兴起大大改善了公众的言论自由和全面参与反腐的能力。报纸和新闻自由不仅仅有信息传播的功能,还有很强大的组织动员功能,报纸和新闻自由可以即时性、超地域性地使分散在各个角落的腐败暴露出来并形成社会组织性和舆论性压力。面对公众零散的批评,权力的滥用和腐败可以对此不屑一顾,但面对报纸和新闻自由强大的传播与组织功能,腐败和权力滥用是必须要收敛的。

显见,新闻媒体也被赋予监督政府、防止权力的滥用的功能。也正是基于这种认识,媒体作为"第四权力"的论点被提出并被广泛讨论,并被作为民主制度的一个重要、不可或缺的组成部分。公共舆论无疑为公民监督国家权力开辟了一条新的途径。"一切有权力的人都容易滥用权力,这是万古不易的一条经验,有权力的人们使用权力一直到遇有界限的地方才停止。"②长期以来,对行政权的监督控制,有宪法、法律的保障,但实际上效果却不尽如人意。历史和现实的经验均证明,一切腐败现象和腐败行为最大的特点在于其行为的秘密性,现实中行政管理制度和行政管理行为的非公开性在一定程度上为腐败者的秘密交易提供了可能的机会,要充分实现这种国家权力的制约,光靠权力内部制约远远不够,外部制约尤其是公民对国家权力的监督显得十分关键。新闻媒介是公众舆论的真正的手段,是一切善于利用它、必须利用它的人手中的一种武器和工具,它对社会状况的事件和变化进行令人不寒而栗的批判,具有广泛的力量。

---

① 萨塔罗夫主编:《反腐败政策》,郭家申译,社会科学文献出版社2011年版,第78页。
② 孟德斯鸠:《论法的精神》(上册),张雁深译,商务印书馆1997年版,第154页。

第十章　印刷书面文化对近代西方法治发展的影响

第一节　印刷书面文化对近代西方法律形态成文化的影响

一、印刷书面文化是现代法律成文化的媒介基础

印刷媒介有利于文字文化发展，文字文化发展有利于语言政治与法治的发展。在人类的早期社会，人与人之间是通过暴力、武力解决纠纷的，充斥着战争、复仇等血腥活动。所以，当人们学会通过话语解决纠纷、通过说理维持社会秩序的时候，应该说，人类步入了一个崭新的时代。在语言协商的鼓舞下，人类探索和平的治理模式。语言政治是人类寻求共存与追求和谐的基础，那就是对"言"的和平政治及其运行方式的认同与确认。当社会治理经由暴力向语言转换时，法律的重要性就凸显出来。印刷时代之前，语言缺乏系统性和体系化。印刷时代之后，语言的条理一贯系统严密，不至有前后参差，或彼此抵触。文本开始成为法律的载体，这是印刷书面语言的表现形式，也是一种语言话语体系。印刷文本之上存在着一种价值，就是我们平常讲的和平、非暴力价值。近代以来，一些国家的基本制度体系都是通过印刷文本来确立的，进而形成了动口不动手的语言政治，全社会形成了在书面理性轨道内解决矛盾冲

突的共识,尤其是形成了通过法律论证解决矛盾和冲突的共识。司法在法律论证中充当法律语言组织和翻译者的角色。在法庭中,作为最有权力的法官可以随心所欲地讲话和打断他人却不被他人打断,可以在他们希望的任何时候开始一个新的话轮;证人则只能等被给予"话题",他们对自己何时说话、说些什么没有选择,不能自主;律师可以打断证人,但是证人却不能打断律师。这些话语转换规则展现出一种法理性的社会结构,常常假定以维持法庭秩序为前提,在法官主持法庭中,法官往往控制着话题与话轮,有时甚至不惜违背谈话对象的意愿。

相比较而言,口语文化简单,印刷文化复杂,印刷文化能支持人类更高级形态的法律。"如此一来,法律语言的复杂性、密度和正式程度与这样的事实密切相关——法律语言主要是书面的语言。"①法律产生之初,其公布和传播依靠人类自身的口耳相传,即以人脑的记忆作为载体。当时,人的大脑充当法律载体,在记忆法时代,法律的数量很小,公布法律于硬质材料上,因载体质地、数量、面积等因素的限制,不可能承载过多的法律条文,法律调整的社会关系领域非常狭窄。另外,在记忆法时代,法律的发展极为缓慢,"当时手工抄本(总是易于产生错误)是法律变化频度的自然限制"②。一般地说,"法规之形成,与文明之程度为正比例而加速"③。通过书写增进人类的记忆能力,因而法律的数量能够并的确有所增加。造纸术、印刷术以及其他附属技术的运用,大幅度地扩展了信息容量,立法者可以根据需要设置法律条款,将其意图干预的社会关系尽可能地纳入法律调整范围。由于功能强大的文字处理机的使用,法律在包含复杂社会关系方面几乎没有限制。在"法律膨胀"的今天,纸张承载越来越多的法律文本,法律数量增多,调整社会关系程度加深,大大拓展了法律服务的广度、深度。

语言不仅代表某种特定的交往手段,而且也在建构特殊的法律形态。"语言是法律发生作用的媒介。这种媒介的性质对法律目标的实现和实现程度有着重要的影响。"④法律既是语言的产物,也依赖于语言,法律和语言都是一种

---

① 彼得·蒂尔斯马:《彼得论法律语言》,刘蔚铭译,法律出版社 2015 年版,第 144 页。
② 理查德·萨斯堪:《法律的未来》,刘俊海等译,法律出版社 2004 年版,第 85 页。
③ 穗积陈重:《法律进化论》,黄尊三等译,中国政法大学出版社 2003 年版,第 312 页。
④ 布赖恩·比克斯:《法律、语言与法律的确定性》,邱昭继译,法律出版社 2007 年版,第 1 页。

规范性存在,都是一种规范性的社会现象。"法与语言的相似是很显然的。二者都是以规范规定的并有强制力的人们交往手段(语法有自己的规则和例外,有自己的许可错误程度,甚至还有自己的认定合法)。语言和法都是社会现象,同时又都是规范性的现象。"[①]法律本身必须依靠语言来建构,被用来表达和建构法律的语言就成为贯穿于法律的制定、研究和运用全过程的关键性系统。因此,通过语言载体视角,可以更好地认识法律、理解法律。语言对于法律不仅具有载体意义,理解语言的性质还有助于我们理解法律的性质,或者说,法律的性质与语言的性质密切相关。法律本来就是语言之律。"语言不只是我们随意支配的工具,语言也支配着我们。"[②]为了理解现代法律的形式、结构与运作逻辑,需强调印刷语言之形式、结构与运作逻辑。印刷语言的采用已经致使法律语言发生了巨大的变化。先前,"这种在口头基础上进行运作的法律制度常常被称作习惯法"[③]。而此时,"语料转写涉及将口头语言转换成书面语言。问题是说和写属于不同的媒介,具有不同的特质"[④]。媒介载体的变化,必然会导致法律形态和法律思想的一场深刻变革。印刷语言不仅储存和表征法律,而且把法律从一种形态转换成另一种形态。印刷语言是考察法律形态现代化的重要手段。毫无疑问,印刷语言将自身媒介特征带到了现代法律之中,使法律和法学不可避免地带有印刷语言的逻辑和特征。在法律现代化进程中,口语语言向印刷语言变革的助益作用是不能被忽视的,印刷语言抛弃了中世纪的口语知识形态,代之以书面理性世界观,使法学方法经历了革命性变革。对于法学来说,印刷语言变革也是引进时代发展新内容的重要方式,是法学实现新形式创造的重要途径。近代以来,纸张成为最主要的法律文本载体,成文法发挥着越来越大的作用。表面看来,法律形态的成文化似乎只是法律存在方式上的进化,但实际上,法律由无形的声律语言转变为有形的印刷语言,对法律乃至社会的历史发展产生了深远的影响。法学本来就是语言的艺术,法律载体的变化也必然会导致法律思想的一场深刻变革。现代法律内蕴书面理性,现代法律的发展日益与口语形态相疏离,而受印刷语言形态话

---

① 让·卡博尼埃:《法律社会学》,李衍、王威译,西南政法大学科研处 1995 年版,第 47 页。
② 大卫·梅林科夫:《法律的语言》,廖美珍译,法律出版社 2014 年版,第 19 页。
③ 约翰·吉本斯:《法律语言学导论》,程朝阳等译,法律出版社 2007 年版,第 18 页。
④ 同上书,第 32 页。

语的影响。

法律载体的印刷媒介和印刷语言化,是理解传统到现代法律形态转型的一条重要线索。法律形态的印刷语言化和成文化,彰显和证明了印刷术在法律和法学层面所具有的现代性意义。要了解和掌握法律形态的成文化转型的本质,印刷媒介及印刷语言是很好的视角。法律现代化建构于印刷语言的话语体系之中,它们是通过印刷文化而建构起来的,打上了独特的印刷文化烙印。没有印刷术语言,就没有现代法律革命。法律现代化正是印刷语言的理论或方法的继续和发展,都可以在印刷语言的理论和方法中找到他们存在的根基。现代法治的源头就是印刷语言模式的法律观,现代法律形态的结构性特征及其内在机理,蕴含在印刷媒介结构之中。但它不是印刷语言与法律的简单相加,而是以印刷语言理性为基础,用来改造传统法律,进而改变传统法律的工作方式以及思维方式。因此,需要我们深入印刷语言结构之中,通过观察印刷语言结构的特点和规律,来把握现代法律的结构特点与规律。

16 世纪开始,西方法律日益开始注意用清晰度和逻辑性较强的书面文化进行表述,进而完成了法律形态的现代性重构。普通法系是通过判例汇编方式实现成文化的,大陆法系是通过法典化方式实现成文化的。无论成文化模式有多大差异,但法律形态的成文化的意义和价值已经受到基本的承认和关注。即,"成文法的作用就是提供法律保障。与无记录的规范相比,书面记载的法律更加精确、清楚和稳定"①。人们也开始确信法治可以通过成文化的法律形态建立起来。法治的观念最初产生时就是用预先制定好的法律规则指导并约束人的社会行为以避免人的任意性,法律对每个人都一视同仁,每个人也就有义务服从法律。对统治者是如此,对一般人也是如此,任何人都不可以逾越法律而自行其道,但有了理想还不等于实现了法治,如果没有体现法治理想和法治原则的书面文化支撑,很难想象这种法治的理想能够得到最大程度的实现。换言之,法律形态的成文化,是法治实现的一个重要条件。成文法的内容比较具体、明确,容易施行;成文法的体系比较完整周密;成文法系针对一定事物预为规范,让人民能知所遵循,不致动辄触法。借助于文字语言,法律的内容得到了相对确定,可以抑制司法的恣意擅断,它的公开性使其具有对立法

①　托马斯·莱塞尔:《法社会学导论》,高旭军等译,上海人民出版社 2008 年版,第 320 页。

者和守法者共同的约束性。在印刷媒介的协助下，"现代社会的法律系统和经济系统在趋于法规编纂、可靠性和准确性方面，经历了类似的发展过程"①。

印刷语言与现代法律存在紧密关系，提供了创造和维持现代法律的媒介基础。近代以来，人类的大规模法律改革第一次用上了印刷媒介的力量，制定法是印刷媒介时代的产物。印刷媒介是近代西方法制改革的媒介基础，为传统法律的转型与升级提供了一次巨大的机会，推动法律发生了革命性的变革。欧洲法律的近代化是以法律形态的成文化模式开启的，现代法治是通过书面语言来建构和表达的。法律从内容到形式都在发生改变，对于整个法律的实践，甚至法学教学都产生了非常深远的影响。"近代法律只是一批制定法；它是成文法"②，"法学也是文本学，它涉及法律文本、法院的判决和制订新文本的计划"③。法律的媒介基础的转换在这一转换中扮演了一个非常重要的角色，其实西方近现代法律大变革的主角之一是印刷术语言及其思想影响。"法学也是文本学，它涉及法律文本、法院的判决和制订新文本的计划"④，"文本是法学的基础，是书面语言的表现形式，也是一种语言话语体系"⑤。印刷媒介把法治这一非常复杂的社会现象或者文明秩序简化为书面化体系，并认为法律须清楚、公开、连续。"法律意识首先是指人对制定法的概念进行与其涵义相符的体验。"⑥现代法律革命产生的原因是多重的，但是从社会改变的动因上看，此时欧洲已经由手抄时代转变为印刷时代。印刷媒介及其所组织的新的文化生产形态极大地推动了现代化的转型，法制的变迁也深深地嵌入在这一脉络中。"印刷技术不仅使生产和市场机制的整个过程理性化，而且被用于法学、教育和市镇规划。"⑦正是因为欧洲的媒介变革，从而促进近代欧洲的法律革命，迎合了时代的需要。这使得近代法学的发展获得了书面文化知识

① 詹姆斯·S.科尔曼：《社会理论的基础》（下册），邓方译，社会科学文献出版社 2008 年版，第623 页。
② 贾恩弗兰科·波齐：《近代国家的发展——社会学导论》，沈汉译，商务印书馆 1997 年版，第101 页。
③ 伯恩·魏德士：《法理学》，丁晓春、吴越译，法律出版社 2003 年版，第 140 页。
④ 同上。
⑤ 韩大元：《认真对待我国宪法文本》，《清华法学》2012 年第 6 期。
⑥ 伊·亚·伊林：《法律意识的实质》，徐晓晴译，清华大学出版社 2005 年版，第 17—18 页。
⑦ 马歇尔·麦克卢汉：《理解媒介——论人的延伸》，何道宽译，商务印书馆 2000 年版，第370 页。

上的支持,用这种方法构建法律的时代被称为"印刷术范式"时代。

二、 印刷书面文化推动了英国和大陆国家法律形态成文化变革

印刷媒介、印刷书面文化,对近代西方法治的发展和法制现代化影响巨大。曾依据具体案件的判决而形成"不成文法"的普通法,开始通过这种印刷文字的判例保留下来,传播起来。在英国,始于16世纪,"在英格兰、威尔士和苏格兰逐渐形成了一种汇编高等法院判例的做法"①。普通法系,通过判例将司法经验上升至一般法理。通过遵循先例,普通法实现了"法律"的明确和确定。故此,可以说,先例颇似大陆法的制定法规则。② 而大陆法系通过印刷机制实现了法典化建构,对此,比利时法学家卡内冈曾给出了很高的评价:"若立法以法典的形式体现,则是把该确定性发挥到了极致,因为不仅普通人能轻易得知法律是如何规定的,而且法典综合完善的性质,也使得人们不必担心何时会冒出一些陈旧与几乎被遗忘的习惯法规则,以致使其合理的法律预期破灭。"③

(一) 印刷书面文化对英国法律现代化的影响

1. 英国英语的书面化发展

虽然印刷媒介的根源可以溯及东方和中东欧,但其兴盛却始自不列颠。印刷媒介及相关书面文化的早熟,为现代法治在近代英国的形成奠定了比同时期其他国家和地区更为充分的条件基础。英国普通法的现代化是基于以现代英语为载体而发生。"现代英语的时代是印刷业的时代"④,"现代英语开始于1500年。现在,人们对于莎士比亚作品的欣赏在某种意义上证明了人们对

---

① 尼尔·麦考密克:《法律推理与法律理论》,姜峰译,法律出版社2005年版,第8页。
② 参见 K. 茨威格特、H. 克茨:《比较法总论》,潘汉典、米健等译,贵州人民出版社1992年版,第469页。
③ R. C. 范·卡内冈:《法官、立法者与法学教授》,薛张敏敏译,北京大学出版社2006年版,第124页。
④ 大卫·梅林科夫:《法律的语言》,廖美珍译,法律出版社2014年版,第165页。

现代英语的划分这一学术潮流的正确性"①。或言之，"伊丽莎白女王时代和詹姆斯一世时代特点丰富的文化，是口头传统和新型的印刷文化交汇的结果。口头传统退居次要地位"②。并且，"这一时代比起以往而言更大程度上是书面语的时代"③。英语的书面化也让英语语言更理性化，也使得由英语承载的普通法更加理性化，即"英语从绘声绘色且不受约束的单词组合转变为更为规范（也许还是那么灵活的）言语的过程至少该得到同等重视"④。事实上，从说到字的转向给法律性质带来了非常重要的变化。作为法律载体的语言也是法律的一部分，"这不仅仅是法律的历史也不仅仅是英语的历史，而是自法律语言形成直至今日两者相互交织的结果"⑤。从口语载体到书面载体的转变对法律的影响是极为深远的，促进了英国法律的根本性革命，使英国法律从中世纪真正进入了现代阶段。最为根本性的是书面文化使孕育普通法的口语传统开始发生改变。在这个时代中，法律响应梅特兰所言的"复苏（Renaisssance）、变革（Reformation）、接受（Reception）"⑥。此后，"英美法院在坚持原则的前提下开展工作，这些原则要求它们（在需要对遗嘱、信托、契据、法令或合同作出解释的情况下）专注于文本，而非专注于附随情况。语言，而非行为或背景，被看作法律意义的关键"⑦。

2. 英语书面化对英国法律形态成文化的影响

印刷书面文化带来了中性化、客观化诉讼。诉讼程序的变革反映了英国法律形态书面化后的重要影响。"在普通法法院，书面诉状在 15 世纪开了个小头，但直到 16 世纪才普及开来。"⑧尽管书面诉状的形式反映出其口头诉状的补充，但业已有自身特质。"正如法庭书记员的笔录是以第三人称来讲述律

---

① 大卫·梅林科夫：《法律的语言》，廖美珍译，法律出版社 2014 年版，第 163 页。
② 埃里克·麦克卢汉、弗兰克·秦格龙编：《麦克卢汉精粹》，何道宽译，南京大学出版社 2000 年版，第 94 页。
③ 大卫·梅林科夫：《法律的语言》，廖美珍译，法律出版社 2014 年版，第 165 页。
④ 同上书，第 44 页。
⑤ 同上。
⑥ 同上书，第 164 页。
⑦ 同上书，第 613 页。
⑧ 同上书，第 140 页。

师所说的话,当时的书面诉状也是以客观的第三人称来陈述各方的争论事实。"①诉状从口语到书面语的转变带来了诉讼程序的中性化和客观化。

印刷书面文化带来了先例的原则化和制度化。在印刷媒介文化的影响下,"书面传统、油印件和机印书传统日益重要,与此同时,法庭的地位有所下降,法律的性质有所变化"②。法律性质变化的一个重要方面便是先例的原则化和制度化,并开始成为英国司法的依据和中心。一般说来,"口头诉状能够在审判席上的律师的指导下被作出和被修改。书面诉状则如同令状一样是在法庭外准备的,而且案件成功与否可能决定于某个词语措辞的恰当与否。这里人们极力主张用以前用过的词"③。"书面诉状制度的目的在于减少片面的决断。这些决断成为词中之词(word of words),即'先例'(precedent)。这个词(来源于法语的'preceding',当时意为'先前的')在16世纪晚期之前并未被用作法律用语,且它的法律用语的地位饱受争议……直到18世纪,编辑们才将'先例'(precedent)及与之相似的'遵循先例'(stare decisis)收入法律英语字典。……它是印刷文字的产物。"④

可以说,正是因为印刷术的应用和普及,英国才有了16世纪以来标准型、复制型的法庭记录和法庭判决,并由此对司法进行了"改造"。因为有了印刷文字记录,就可以对判决的过程进行复核,从而限制了法官的专断。近代以来英国普通法系强化遵循先例原则就是强化法律的可预期功能的司法技术规范。"布莱克斯通开创了从'口头传统'为基础的旧的普通法,转变为一种在很大程度上以某种形式的'实在'法为基础的近代法律体系道路。"⑤其实质就是,"普通法被塑造成一种稳定的体系,规则可以从一般的原则中产生"⑥。作为普通法系的英国,在近代经历了一个强化判例的趋势。"普通法系国家中有许多伟大的名字属于法官:科克(Coke)、曼斯菲尔德(Mansfield)、马歇尔(Mar-

---

① 大卫·梅林科夫:《法律的语言》,廖美珍译,法律出版社2014年版,第167页。

② 哈罗德·伊尼斯:《变化中的时间观念》,何道宽译,中国传媒大学出版社2013年版,第104页。

③ 大卫·梅林科夫:《法律的语言》,廖美珍译,法律出版社2014年版,第167页。

④ 同上书,第167—168页。

⑤ 卡尔文·伍达德:《威廉·布莱克斯通与英美法理学》,张志铭译,《南京大学法律评论》1996年秋季号,第14页。

⑥ Michael Lobban, *Common Law and English Jurisprudence 1760 - 1850*, L. Q. R., 1992, p. 689.

shall)、斯托里(Story)、霍姆斯(Holmes)、布兰代斯(Brandeis)、卡多佐(Cardozo)。普通法系的最初创建、形成和发展,正是出自他们的贡献。他们逐案严密地进行推论,建立了一个法律体系,使得其后的法官只能遵守'遵循先例'的原则,依据相同的判例审理类似的案件。"①以致在 18 世纪时,英国普通法"发展为一种纯粹的形式主义的法律观点,而且这种观点的发展一起延续到今天"②。

　　作为不争事实,在印刷和遵循先例的影响下,此后英国司法运作开始受制于形式和先例的规范与制约。事实上,"将法律语言和案例联系在了一起,这就是先例传统本身"③。或言之,"在法律中,读写能力的标准化影响是巨大的。如果一种语词形式被认为是充分地满足了某个特定的法律目标,例如某个特定的语言在法庭上被认为是创立了一项有约束力的承诺,它便成为在后来的允诺中再次使用该语词表达的一个充分理由。事实上它起到了一种先例的作用。一旦法律行为通过书面文字确立下来,它们便可得到商讨,相关要素可以得到复制。在法律中,这促进了格式文书(Form Books)的发展,它们提供被人试用过并得到检验的语词形式,法律学者们可以将它们汇编在一起形成操作性文件"④。尽管在普通法制度中大多数诉讼过程都是口头进行的,但是在印刷媒介的驱动下所做的记录都是用书写完成的。通过对公开的判决书进行书面文字处理,不仅可以方便律师了解法院对类似案件的判决习惯、说服法官实现裁判统一,还可以对律师曾经办理的诉讼案件进行汇总,对律师的诉讼水平起到促进作用。伴随着法律的数量剧增,案例的汇编、索引的数量大增,律师养成了对案例彻底和系统地阅览的习惯。"不光是关于格式的著作被印刷出来,判决的报告蛮是如此,这些都扩充着供法律求助的汗牛充栋的记录。律师们'依据先例'行事。"⑤于是,"从蹒跚的 16 世纪和 17 世纪开始,法律行业就对先例的规则有着强烈的热情"⑥。由于"印刷术与书面诉状的制度使起诉和

---

① 约翰·亨利·梅利曼:《大陆法系》,顾培东、禄正平译,法律出版社 2004 年版,第 34 页。
② S.F.C.密尔松:《普通法的历史基础》,李显冬等译,中国大百科全书出版社 1999 年版,第 27 页。
③ 大卫·梅林科夫:《法律的语言》,廖美珍译,法律出版社 2014 年版,第 435 页。
④ 约翰·吉本斯:《法律语言学导论》,程朝阳等译,法律出版社 2007 年版,第 27 页。
⑤ 大卫·梅林科夫:《法律的语言》,廖美珍译,法律出版社 2014 年版,第 167—168 页。
⑥ 同上书,第 435 页。

辩护格式能轻易获得。这些记录越多,律师能吹毛求疵的小功节就越多,'先例'的数量也就越多"①。由是,"至少在过去的三个世纪中,在英格兰、威尔士和苏格兰逐渐形成了一种汇编高等法院判例的做法;在其他西方国家也有类似的情况。显然,汇编案例做法的一个特殊原因是,在英国的法律制度中先例乃是法院制定判决的重要和正式的法律渊源之一(从历史的角度来看,英格兰比苏格兰体现得还要明显些)"②。

　　印刷书面文化促进了英国法律教育学校化和专业化。伴随印刷媒介和书面文化的发展,英国律师学院的老师队伍对法律教授的影响被书面法律打破了,成功的出庭律师们太忙而无暇顾传授知识。"他们不再提供法律教育,取而代之以包含常用形式和'简化的'法律准则的书籍。"③并且,印刷术出现之后,从事新技术训练的学校制度才能够创造出来。于是,长期的学徒训练已经开始被学校教育所代替,其中最为重要的代表布莱克斯通在牛津大学所开的维纳讲座取得了巨大的成功,布莱克斯通首开在大学讲授英国本土法律的风气。"印刷术引入英国,法律在英美发展为一个职业。"④事实也表明,主要是通过书面理性及逻辑来裁判案件,需要记住的是原则和方法,而非单纯的个案。案例确实有用,但是其最大的用处是解释原则。如果在学习的过程中,他们没有被教授如何通过案件寻找原则,那么这种学习方法就是在浪费时间。

(二) 印刷书面文化对大陆法系成文化的影响

　　对大陆法系而言,"是书写的发展使法律制度的法典化成为可能"⑤。在法典化之前,习惯法虽然有自己内在的逻辑以及思维结构,但是更为细节的逻辑安排仍然体现很多感性色彩,缺乏理性的引导和逻辑的推敲。在日耳曼法系与罗马法系的分水岭当中,在法律现代化的道路上,大陆法系选择了罗马法系这一更具有逻辑化的成文法典方式。从西方法律历史的演变来看,在古罗马

---

① 　大卫·梅林科夫:《法律的语言》,廖美珍译,法律出版社 2014 年版,第 167—168 页。
② 　尼尔·麦考密克:《法律推理与法律理论》,姜峰译,法律出版社 2005 年版,第 8 页。
③ 　大卫·梅林科夫:《法律的语言》,廖美珍译,法律出版社 2014 年版,第 232 页。
④ 　同上书,第 140 页。
⑤ 　约翰·吉本斯:《法律语言学导论》,程朝阳等译,法律出版社 2007 年版,第 20 页。

时代,成文法盛极一时,要考察法律科学在罗马诞生的原因,就必须了解罗马文字。可以说,要是没有书面文化,就没有罗马法的科学化。导致法律科学于罗马社会诞生的主要因素就是书面文化,是书面文化使得法律概念既被融入了前所未有的思考,也被赋予了完全崭新的构造。"在人类的法律文化史上,正宗法律科学之发育肇始于罗马社会。"①真正的法律科学既是在罗马社会诞生的,也是在罗马社会发达的。"在受罗马法影响的地区,直到今天,人们都认为,对罗马法的研究不仅可以为现代法学家提供必要的字母元素,而且可以在法律思想上输出文法。"②这种成文性和概念性已经显示了法律的科学性,而随后罗马法律科学之肇兴,显然是从它们那里得到了启示。罗马法学家在解释法律中所运用的科学方法,至今仍然在为我们现代法律科学的发展提供充足的养料。这种研究的共同特征主要有:将研究对象定位为法律规范本身,尤其是那些成文化的"书本法律",它们由此成为法律科学发展的最主要源泉。《法国民法典》素以其条理清晰,逻辑严密、概念精确著称于世,从中不难看出其成文化及其依据成文化的罗马法的影响。《德国民法典》更是以其概念的细密精致、用语的严格准确、行文富有逻辑性而著称。其对罗马法的推崇就体现在罗马法中对于概念的界定、法律体系的安排上,因此其在指导《德国民法典》时,采用了五编体例,这是对罗马《学说汇纂》的继受。

潘德克顿法学派指导了《德国民法典》的制定。概念的构造是整个潘德克顿法学派理论主张和实践的基础。如果将潘德克顿法学派的模式进行分解,概念则是其中最为基本的单位,因此,在潘德克顿法学派当中,对于概念的强调非常侧重。潘德克顿法学派产生时,德国制定统一法典已非常迫切,"而要制定法典,必须对一些基本概念和术语进行清楚明确的界定,因此一些学者认为法律是一个金字塔式的封闭体系,可以从简单的推理中得出逻辑上正确完善的法律规则"③。在此基础上,潘德克顿法学派对《学说汇纂》进行研究,并撰写《潘德克顿教科书》,从言语、体系、逻辑结构几个主要方面,对罗马法进行继受,指导《德国民法典》编纂。潘德克顿法学派强调以逻辑结构严密、体例章节

---

① 洛伦佐·伽利雅迪:《法律科学的诞生》,赵毅译,《求是学刊》2016 年第 3 期。
② 同上。
③ 李少伟:《潘德克顿立法模式的当代价值和我国民法典的模式选择》,《河北法学》2009 年第 5 期。

固定的模式构建法典,法律概念明确、固定。从中,概念语义分析、逻辑结构构建就与印刷媒介所带来的影响有不可割裂的联系。潘德克顿法学派在 19 世纪兴起,其渊源要追溯到历史法学派。历史法学派创立者为胡果,其代表人物为萨维尼。历史法学派的观点认为法律是被发现的,其固有地存在于社会当中,立法者们发现法律,将其成文化、明确化,而不是自己创制法律。"法律之形成,犹如习惯法之形成,先是肇始于习惯和通行的信仰,然后由于法学的淬炼而底于成。"①主张通过清晰、明确、抽象的法律概念,构建法律系统,在逻辑上形成一个完美严谨的结构,法官在适用法律时,可以通过对概念的语义进行分析,判断事实,进行相关的逻辑推理和论证。每个概念之间都有着独特的含义,以抽象的民法概念为基础,构建一个环环相扣的《德国民法典》。司法实践是以逻辑和概念体系的紧密切合为依据,从法律固有的语法、逻辑、体系对其进行解读,温德沙伊德认为法官应该"根据法律所建立的概念体系做逻辑推演,遇有疑问时,则应探求立法者当时所存在的意思,予以解决"②。

由于每个概念之间都有着独特的含义,概念不能够互相替代,同时,也有着严谨的顺序性和逻辑性。这种概念法学体系,使得法律术语晦涩而严谨,有着很强的专业性,在实践当中,只有经过专业的学科训练的人才能够明确而精准地适用法律,逐渐地就形成了一定的职业群体。该学派对于物权和债权严格的界定,其实是将债权行为和物权行为做出区别。债权基于合同,而物权基于处分行为。同时债权、物权本身,就是一个专业性的概念,需要通过专业语言的设计,才能够使这个概念具备法律上的意义,成为法典当中的基石单位。由此,也使得"这部法典不是要用之于普通公民,而是要用之于法律专家,它有意识地放弃了通俗易懂性和民众教育的作用,却处处以一种抽象概念的语言取代具体清楚的逐件逐节规定,而这类语言不仅对于门外汉甚至于常常对外国的法学家也都必定不可理解"③。

《德国民法典》被奉为民法典典范,也是成文法的最高成就之一。潘德克顿法学派,作为极端强调理性逻辑以及概念的学派有十分鲜明的特色,"一是

---

① 梁慧星:《民法解释学》,中国政法大学出版社 1995 年版,第 351 页。
② 同上书,第 353 页。
③ K. 茨威格特、H. 克茨:《比较法总论》,潘汉典、米健等译,法律出版社 2003 年版,第 267、220 页。

对概念的分析阐述非常完善,二是注重构造法律的结构体系,尤其是温德沙伊德《潘德克顿教科书》确立的五编制的民法学体系,成为《德国民法典》的渊源,三是以罗马《学说汇纂》作为其理论体系和概念术语的历史基础,四是在一定程度上,具有脱离现实、从概念到概念、从条文到条文的倾向"①。换言之,由于潘德克顿法学派所提倡通过高度抽象的概念构建进行严密紧密的逻辑推理,和现实生活之间有一定距离,当个案事实多样化、现实状况改变,固态的法律概念难以对事实进行涵盖,法律推理也难以为继,因此需要"类型化"的法律方法,因而在 20 世纪,以耶林为首的法学家批判潘德克顿法学派过于僵化的概念体系以及形式逻辑。但无论如何是潘德克顿法学派的这种概念-法典的模式,最终构建了真正逻辑和科学主义的成文法系统。当其被价值法学和类型法学注入,这种有着严密逻辑和高度抽象的法律模式避免了形式逻辑和僵化的结局,更为开放和灵活,而构成现今的法律体系。《德国民法典》在法律文本上将潘德克顿法学派的书面理性逻辑体现得更为明显。潘德克顿法学派所构造的法律文本,从整体上看,要形成一个内在统一、绝对不矛盾的体系,这个内在统一而绝对不矛盾的法律体系,就是以概念的界定来构造的,同时逻辑体例的安排为其搭建应有的骨架。对于法典的编纂,是一种绝对逻辑的体现,而这种成文法典的绝对逻辑,就是书面理性当中的逻辑性。书面理性的种种思维方式,如专业化、逻辑化、体系化的理性表达,构建了潘德克顿法学派以概念为基石,层层累积的法律体系,最终形成一个逻辑的法律结构方式,使法律内部、法律概念之间协调统一,而在法律实践过程当中,通过层层逻辑推理,一级一级的法律概念运用,得出最终法律结论。

三、 交往媒介形态的书面化有助于确立成文法律的权威

(一) 印刷书面文化之客观化特质

其一,"面对面口头语言与书面文本之间的另一个重要差异是口头话语能够参与说话者之间共享的周遭语境,而书面文本只能参与文本自身之内的东

① 何勤华:《西方法学流派撮要》,中国政法大学出版社 2003 年版,第 35—37 页。

西或者其他文本"①。书面文字的去语境化导致法律文本的高度自治(autono-my),因而常常显得客观、中立、普适,个人的、情绪化的东西较少。印刷文本独立于特定语境,使它能够为更大范围不同语境中的读者所分享和理解,为文化的传承与创新提供了一种整体性的视野,使人们倾向于上升到一个更具普遍性的规范和认同。"书面文字的对象从本质上来说是客观世界,而不是某个个体。"②显见,书面文化与口语文化的根本差异,不仅在于传达媒介的形式方面(文字或者声音),也在于其意义的生成与语境的疏密关系。"书面语在语气上往往显得个人的、情绪化的东西较少(因为它不是'面对面'的)……在感情上呈现出一种中立的、非个人的语调,特别是在抽象的文本中。"③书面文本一般具有独立自主品质,"书面语言往往比言语更独立自主一些"④。事实上,"书面文字是作者深思熟虑、反复修改的结果,甚至还经过了专家和编辑的检查。这样的文字更加便宜于核对或辩驳,并且具有客观的特征"⑤。显见,书面文字比口头语言更易表达和建构客观化、中立性的理论和制度。如此使主客观分离的好处,可以在外科大夫的身上看到。如果在手术过程中让自己的情感卷入,他反而会手足无措。我们学会了以完全超脱的态度去完成最危险的社会动作的艺术。印刷术给人馈赠的最重要的礼品,是超脱和不卷入的态度。文艺复兴以来的科学高扬着这一赠品,它的任务是非人格的——以形式理性去发挥某种功用。

其二,印刷文本对象是社会广大公众,也就是受众的广泛性、普遍性和无差别性,具有口语媒介世界中不具备的人人平等的内在品质。因为,社会不平等的标志——特别是性别、种族和年龄,而且还有地方口音和身体特征等——全部隐藏在了以文本作为主要交流工具的网络世界的背后。社会化的主体尽可以用文字完成交往,丝毫不用担心私下表情的流露,这就强化了交往媒介的客观性、平等性,构建出一种与传统交往模式有着极大差异的新型交往模式。印刷媒介交往模式的逻辑基点是平等,而非传统等级模式的差序。印刷媒介

①　约翰·吉本斯:《法律语言学导论》,程朝阳等译,法律出版社 2007 年版,第 24 页。
②　尼尔·波兹曼:《娱乐至死》,章艳译,中信出版社 2015 年版,第 24 页。
③　约翰·吉本斯:《法律语言学导论》,程朝阳等译,法律出版社 2007 年版,第 26 页。
④　彼得·蒂尔斯马:《彼得论法律语言》,刘蔚铭译,法律出版社 2015 年版,第 144 页。
⑤　尼尔·波兹曼:《娱乐至死》,章艳译,中信出版社 2015 年版,第 24 页。

交往模式改变了传统交往模式的等级属性,而突出其自身的平等属性。以书面文化为新媒介,一种不同于传统阶层关系或私人关系的"新关系",逐渐建立起来了:这种关系以书面文化为媒介纽带,人与人之间跳脱纵向阶序,以一种平等的、非个人的交往模式,这种"新关系"无疑会在很大程度上改变人们的自我角色认定,使他们能在传统的人际交往网络之外形成一种新的进入社会以及组织人际关系的方式。也基于此,或者可以说,印刷媒介形成了新的社会结构,可以发现,原有的士农工商四民分类及社会结构模式被打破,各种碎片化的社会力量开始自觉不自觉地聚集在新的整合平台上,形成了新的社会组织方式,也因此,形成了不能用传统的四民体系来加以归类的新的社会主体——公民权。在此过程中,印刷书面文化在很大程度上,扮演了社会结构重构的中枢角色。印刷书面文化重构了新的社会阶层和社会关系网络。印刷媒介功能作为显著的特征就是经由平等形成了一种与传统的"乡土社会"迥然有异的公民型共同体。在印刷术发达或完结的情形下,我们可以将联接公民与国家之间的共同体称之为公民型共同体,这种公民型共同体能够使得都市的居民生活于一种新型的人际关系之中。即,它是一个由非人格化关系主导的社会。其特性与制度不再取决于领导人或执政联盟的身份。在书面理性的公民国家,非人格化关系不但塑造了社会结构,也塑造了社会生活,书面理性的公民国家如何对待个人,包括其权利、特权、租金与义务,取决于公民身份,因此,这些权利、特权、租金和义务在个人之间通常是平等的。在法律统治下,人们的自由有固定的规则可以遵守,对社会上每个人都是相同的。如英国向新型的经济模式的转变得益于其书面文化清除了天主教等级制度及其广大地产,打破了中世纪的等级依附秩序,英国社会的特点也随着社会的转型而产生了变化,由封闭逐渐转向开放。他们形成了一个以平等而独立的个人为成员的社会而非以被统治者的身份形成一个本质上等级森严、俯首帖耳的社会。社会进入了一个交换为媒介的商业社会,作为一种奇怪而独特的体系,在 16 世纪以前尚不为人所知。这样一种个人主义的、平等主义的社会,是一个比较晚近的书面文化现象,并且仅仅局限于 16 世纪以降的英国。对此,哈耶克指出:"现代个人自由,大体上只能追溯至 17 世纪的英国。……在过去两百年的岁月中,个人自由的维护和完善渐渐成了英国的支配性理想,而且英国的自由制度和传统也已然成了文明世界的示范。"①

其三,印刷书面文化促成了公民权国家发展,而这个公民权的根本原理就是在国家范围层面废除封建的人身依附关系,建立人与人之间的自由和法律面前的一律平等。中世纪英国社会被看作是一个等级社会,是一个按照等级来划分和划分了等级而形成了制度的社会。这个等级社会是在中世纪形成的,直到中世纪末期因为公民权的出现而解体。如城市化和书面文化进程中的英国社会,公民"地位的平等"已经得到传播,去掉了等级制度的身份制度与特权制度,让国家公民拥有平等的身份。城市化和书面文化废除了出生、等级、教育和职业等区别,人成了一种高度的抽象,在这个意义上,公民权也是一个城市化和书面文化构建的产物。公民实现了社会各阶级之间的融合。英国借助没有身份、种族、阶级之分的公民权,实现了规则和机会面前人人平等,培育了人们的平等意识,并克服了歧视,促成了英国法制现代化的较早形成。法制现代化的一个重要特征是,法的对象永远是普遍的,它绝不考虑个别的人以及个别的行为,其本质特征表现为:法律的统一及平等、普遍适用。"统一、一致与普遍被看成是近代法律文化的典型特征。"②法律现代化,要求法律平等适用于各种人等,而不分身份、等级。"为了取得适用上的一致性,现代法律必须在整个领土管辖范围内均具有效力,而不是因人的身份而有所差异。"③在这一点上,"现代的法律和许多古代国家有很大不同,甚至和有些晚近文明的法律也有所不同。以前的法律,例如杀人罪,根据杀人的或被杀的属于较高或较低社会等级,是贵族、自由人或奴隶,男人或妇女,同族或异族,公民或异邦人,所判的罪行也不同。而根据现代的解释,法律面前的平等,不仅意味着杀人罪的刑罚,无论是什么,都应公平地执行,而且还意味着无论杀人的和被杀的是谁和是什么人,其刑罚应该是一样的。它意味着每个人的生命和肢体在法律之下是被同等保护的,伤害生命和肢体的每个人被同等地判刑。在现代法律中,人身和财产的保护一般被认为是所有人的平等权利……,这是现代法律的精神"④。普通法平等适用于所有英国人,意义重大。诚如哈耶克所言:

① 弗里德利希・冯・哈耶克:《自由秩序原理》(上册),邓正来译,生活・读书・新知三联书店1997年版,第203—204页。
② H. W. 埃尔曼:《比较法律文化》,贺卫方、高鸿钧译,清华大学出版社2002年版,第3页。
③ 同上书,第243—244页。
④ 伦纳德・霍布豪斯:《社会正义要素》,孔兆政译,吉林人民出版社2006年版,第79页。

"按照一视同仁的方式把义务扩大适用于所有的人,亦就是把义务不仅适用于我们部落的成员,而且也扩大适用于越来越多的其他人直至最终适用于所有的人,实乃是人们在道德方面所取得的一项进步,而我们正是依凭着这项道德进步才日益趋近开放社会的。"而在中世纪西欧,社会是由教士、贵族和平民等不同的等级集团组成的,与之相应,形成了封建化、多元化的法制体系。"法律关系仍然是一张由某些人的特权和对其他人的保护规定组成的网;法律规定是具体的而不是一般的。"①社会各阶层在法律上不平等,例如贵族、教士等享有很多特权,法律可能规定杀死贵族的平民处死刑,杀死平民的贵族则可减刑,其适用在不同的阶级之间有所差异。西欧各国的法律统一及平等、普遍适用,往往被封建等级集团所产生的社会分化所阻碍。

(二) 印刷书面文化之客观化对现代法治形成的影响

1. 有利于成文法的普及

法律的认同是需要一定的媒介文化支持的。罗杰·科特威尔就曾指出:"一切有关法律制度和法律概念的特征的问题都需要与产生法律的社会条件相联系来加以领会,在这种意义上,法律的确是文化的一种表现形式。"②作为一种文化现象,法律被认为是人生活于其中的人造世界的一个部分,它不但能够被用来解决"问题",同时也可以传达意义。其中,成文法之法治文化是一种关于制度信任和规则信任的文化,而其关键是"一个(套)社会规则是通过怎样的过程而成为一个社会全民共享的标准的"③。首先,印刷书面文化导致了一种新的类型的公共经验的诞生。"出版的文字被赋予的权威性和真实性远远超口头语言。"④古腾堡印刷术以来,西方社会日益开始习惯于用白纸黑字的书面文化来表明态度、表达思想、制定法律、规划管理、销售商品等,书面文化日益成为基本交流媒介。这种对印刷书面文化的信任,事实证明对成文法认同与信任的确立意义重大。一般说来,印刷书面文化信任是成文法和成文制

①　H. W. 埃尔曼:《比较法律文化》,贺卫方、高鸿钧译,清华大学出版社 2002 年版,第 4 页。
②　罗杰·科特威尔:《法律社会学导论》,潘大松、刘丽君等译,华夏出版社 1989 年版,第 16 页。
③　杰克·奈特:《制度与社会冲突》,周伟林译,上海人民出版社 2009 年版,第 18 页。
④　尼尔·波兹曼:《娱乐至死》,章艳译,中信出版社 2015 年版,第 24 页。

度信任得以存续和发展的必要条件,在没有形成全民族的印刷书面文化信任之前,是很难实现对成文法和成文制度的信任的。也即,成文法信任与成文化信任有着特殊的亲缘关系,成文法信任在人们的日常生活中占据重要位置,很大程度上得益于印刷书面文化在日常生活中占据重要位置。也就是说,印刷语言与成文法认同有交互作用和契合之处。例如,对《五月花号公约》的信任,就基于书面文化的"清教徒发展了一种以自由谈判合同为基础的社会关系"①。当文字表达由于印刷术的普及而覆盖到全社会的方方面面,书面文化也就成了新的知识论和真理观的基轴。它使书面文化的稳定性和权威性在最广大的社会层面上获得了认可,"在这个世界上,只有被印到纸上的东西才是真实和显而易见的"②。全社会形成了书面交往习惯。只有在这个时候,用文字符号去表现或传播人生的各种经验才能成为大部分民众的选择,人们通过口语来传达信息的比重逐步下降,更多地用文字书面符号表达自己的思想和感情。关于识字、读书和新的心灵习惯也越来越清晰地形成和巩固了自己的认知观和世界观。如 1787 年美国宪法的制定和实施,在很大程度上与美国从建国开始就没有文盲而是一个成文化普及的国家有关。独立之初,"美国及各州都有一部明文的宪法"③。书面语有助于将周围地区不固定的方言加以定型,使得它们能够有一个共同的媒介。独立后,"查尔斯·比尔德说过,保护自身的经济利益是美国宪法制定者的首要动机。这也许是对的。但我们也应该想到,制定这样的法律也许是因为他们认为参加公众生活必须具备驾驭铅字的能力。对于他们来说,没有高深的文化程度,要想成为一个成熟的公民是不可能的,这就是为什么美国大多数州将选举年龄定为 21 岁,为什么杰弗逊认为普及教育是美国最大希望的原因"④。印刷语言本身既是构成法治共同体的基本力量,也是形成法治化社会关系的文化基础。法治首先是文本之治,不尊重文本就不可能有法治,因为文本是法治建构的基础。

　　印刷媒介不仅产生了成文化的交往形态,而且产生了成文化真理观的心理和政治特征。接受了现代知识模式,现代社会的法律结构就这样合理并且

---

① 阿兰·佩雷菲特:《信任社会》,邱海婴译,商务印书馆 2005 年版,第 490 页。

② 刘易斯·芒福德:《城市文化》,宋俊岭、李翔宁、周鸣浩译,中国建筑工业出版社 2009 年版,第 295 页。

③ 尼尔·波兹曼:《娱乐至死》,章艳译,中信出版社 2015 年版,第 70 页。

④ 同上书,第 76 页。

合法化了。媒介"有时影响着我们对于真善的看法,并且一直左右着我们理解真理和定义真理的方法"①。对于真理的认识是同表达方式密切相连的。真理不能,也从来没有毫无载体地存在,认识论都是某个媒介的认识论。波兹曼强调了真理的定义至少有一部分来自传递信息的媒介的性质,而"在 18 世纪和 19 世纪,印刷术赋予智力一个新的定义,这个定义推崇客观和理性的思维,同时鼓励严肃、有序和具有逻辑性的公众话语"②。不同媒介代表着不同的认识论和真理观。随着媒介从口头语言转向书面文字,认识论和真理观也在不断改变。印刷媒介强调文本具有控制力,是一个必须被依从的权威。尽管仍然有一些传统是基于口头语言是真理的重要载体而被保留下来,但大多数情况下,"大学里对于真理的认识是同印刷文字的结构和逻辑密切相关的"③。换言之,揭示真理的力量最终存在于书面文字有序展开论点的力量之中,对于印刷机统治人思想的那个时期,"我给了它一个名称,叫'阐释年代'"④。对此,"我们也不难证明,18 世纪和 19 世纪的美国公众话语,由于深深扎根于铅字的传统,因而是严肃的,其论点和表现形式是倾向理性的,具有意味深长的实质内容"⑤。它其实是代表了文化建构的方式,受制于更加严格的"以书为准"的纪律,其所"要做的事情就是从书本里找出公认的真理"⑥。可以说,我们现代人对于智力的理解大多来自印刷文字,"我们对于教育、知识、真理和信息的看法也一样"⑦。

从印刷书面文化认同这一维度来观察法治认同的形态,可以勾勒出印刷术构建法治认同的理论依据和作用机制。印刷文化塑造了现代法律的文化和政治特征。印刷术的兴起,塑造、更新了社会公众的法律意识和法律知识,也赋予了法律知识传播、普及的新形式。印刷文化塑造了法治文化的心理和社会性特征,其源头就是印刷术理性模式的法律观。当然,随着岁月的流逝,转换成印刷文化刻版的"定型"(stereotype),人的思想和社会都受到印刷术的影

---

① 尼尔·波兹曼:《娱乐至死》,章艳译,中信出版社 2015 年版,第 21 页。

② 同上书,第 63 页。

③ 同上书,第 23 页。

④ 同上书,第 78 页。

⑤ 同上书,第 64 页。

⑥ 凯文·凯利:《失控:全人类的最终命运和结局》,东西文库译,新星出版社 2010 年版,第 688 页。

⑦ 尼尔·波兹曼:《娱乐至死》,章艳译,中信出版社 2015 年版,第 33 页。

响,所采取的方式和思想形式植根于印刷术结构之中,"在整个近代国家发展进程中法律的争论,即人们就自己的要求求助于公正和正义,构成了政治过程有特色和有意义的(尽管很少是决定性的)部分"①。

或言之,成文法在人们的日常生活中占据了十分重要的位置,也得益于文字的创造,使其有了存在、推广以及遵守的可能。每一种制度都有某种媒介性,一旦市民分享了它,便会使他为一种媒介素养所支配。现代法治的确立,得益于印刷媒介在社会上传播已逐渐广泛,在文化认同上逐渐成型,书面阅读、社会契约以及学校教育比起中世纪时期更加普及,书面文化在很多领域成为社会交往的主导,逐渐替代传统社会的血缘纽带和感性思维,文字的控制力逐渐塑造了新的文化。印刷媒介把人类的书面语言变成了一种"日常生活语言",人类由此进入了"书面文化"时代,进而逐步取代口语文化下的具体的思维模式,它潜在地影响着人们对成文法律的接受与认同。当成文法在社会上流行的时候,印刷书面语言和书面文化所存在的逻辑性和标准性的要求已经在民族之间传播。成文法象征着这个社会已经开始尝试着通过精确的语言和严谨的逻辑思维来规制和调节。即当文字表达由于印刷术的普及而覆盖到全社会的方方面面,那么文字表达的法律也就成了新的文化的基轴。另外,近代西方书面文化的发展为各阶层的人们打开了同样的信息之门,它使知识和社会信息的流动进一步大众化、平民化。"新兴的书本文化——用英尼斯的话来说——打破了'知识垄断',它使神学、政治和学术方面的秘密变得能为广大的公众所获得,而这在以前是无法做到的。"②书面文化开始成为民主化的一种推动力,更为重要的原因在于它有利于全民参与、全民监督法律运行。书面文化及书面法律的全民性有助于人民全体更有效地关注对法律的共同使用,因为人们能够分辨出法律是否倾向于维护一个人或少数人的利益而不是维护多数人或社会的利益,从而能够对此提出异议,从而促进了市民自觉守法,并依靠法律解决纠纷,强化了人们的法律意识和法律观念。

---

① 贾恩弗兰科·波齐:《近代国家的发展——社会学导论》,沈汉译,商务印书馆 1997 年版,第 86 页。
② 罗杰·科特威尔:《法律社会学导论》,潘大松、刘丽君等译,华夏出版社 1989 年版,第 16 页。

2. 有助于成文法权威的确立

"制定法承担着向人们指明'客观上最好的'外在行为方式并用这一指示将人们'联合'起来的重大任务。"①并且,"从由书写形成的语境中脱离开来可以导致法律文本中的高度自治(autonomy)……这一概念是被称作文本主义(textualism)的法律思想流派的核心观点"②。印刷媒介交往模式最为重要的面向乃是经由客观平等和公民权去塑造法治的精神气质和制度结构。而口语文化下,易使法律"拥有"者凭借特殊的地位而成为法律载体,而这个时期普遍存在的司法专断、枉法裁判等弊端,就与口耳相传的法律传播方式密切相关。而在印刷媒介和印刷语言的影响下,现代法律向着民主化、明确化的法治趋势发展。

其一,在印刷语言影响下,法律的客观性由法官使用的第三人称得到增强。如法官把自己称为 court(本庭),而不是 I(我)。法律规定的广泛以及无人称的陈述和做某事,就体现了赋予法律以无上公正的气息。在他们看来,法律文本是一种公共媒介,尽量选用该文字的客观含义或公共性含义。与人的记忆相比,文字能准确地传达信息,使得法律内容更加明确、客观,改变了原来由特权阶层垄断法律的状况。即,"制定法是作为具有客观意义的法得到体验的"③。法律的非人格化属性,即法律的确定性和可预期性,包括政府不能任意滥用法律来对付个人、透明度以及政府在法律面前必须把个人作为公民来平等对待等,都需要成文法的明示和保障。"制定法的内容应该这样'抵达'人民,即要让每一个人在任何情况下都能毫不费力地明确自己的法律权利、义务和禁令;它应该实实在在地、明明确确地、清清楚楚地、毫无歧义地深入人民的意识。法律意识首先就在于,人知道制定法的'存在'和自己要受它的约束;其次,他知道制定法的涵义是统一的和确定的,是不会因为个人的任意和偶然的利益而改变的,知道它的内容就是'这样的'。必须让每一个人都知道,法为他规定了'可以'、'应该'和'不能',让他像亲手触摸过自身法律'地位'的界限那样确信,这些界限可能依法而改变,但不能违背法律和规避法律去改变。"④

其二,通过印刷书面文化的客观性来控制法官者的恣意解释和自由裁量。

---

① 伊·亚·伊林:《法律意识的实质》,徐晓晴译,清华大学出版社 2005 年版,第 19 页。
② 约翰·吉本斯:《法律语言学导论》,程朝阳等译,法律出版社 2007 年版,第 26 页。
③ 伊·亚·伊林:《法律意识的实质》,徐晓晴译,清华大学出版社 2005 年版,第 19 页。
④ 同上书,第 17—18 页。

法律文本具有天然的抽象性特征，决定了法律解释的必要性。法解释学，顾名思义，就是如何解释法律文本的学问。法官应主要依据法律文本自身的语言来解决法律问题。应该由文本来引导判决和文本自身的理解，而不是其他考虑因素。在解释学的发展史上，围绕着"作者""读者""文本"这三者之间究竟应以何者作为解释学的中心，存在着"作者中心""读者中心"与"文本中心"这三种不同的主张。前者是口语时代的思维，后者是真正书面时代的思维。而最后形成和发展起来的"文本中心"，一方面反映了解释学从主观到客观的转化，另一方面也反映了解释学开始服膺于科学主义，并在相对中立的立场上展开分析。解释只能是对既成的法文本进行解释，解释只能是发现性的和解读性的，不能是创造性的。这种尊重法文本权威的法学基本立场和遵循法解释学方法的学术规范对于现代法学的成熟起到了积极的推动作用。应该说仍然属于法解释目标理论中的"客观说"，也就是认为法解释应该以法文本的客观含义为目标。法律文本是控制法官的恣意和自由裁量的基本要素。为了维护法的安定性，法官不可以依据自己的"正义确信"去作出判决，而只能从法律文本中发现和建立规范，然后依据此规范作出判决。"从文本开始"是控制法官判决，保证法律安定性的基本规则。另一方面，解释之本意就是对文本的理解与说明。"从文本开始"是控制法官判决，保证法律安定性的基本规则。"作为法学最初形态的法教义学，主要是对法律这一权威文本的理解和认识的学问。"[1]事实上，"大陆法学之最初形态是法教义学，也就是以授业为目的的，从成文法开始的理解和阐释法律规则的学问。法教义学的目的是教授法律，法律文本被看作是真理的表达，具有绝对的权威，法教义学的目的就是使法律学习者理解和认识这一权威文本"[2]。另外，法官所接受和批准的仅仅是法律文本本身，是被作为制法权主体的人民所批准的。对于法文本提出各种修改建议也不是一个法官的工作，或者不是法官的主要工作。法文本主义者认为，法官的基本任务是从法文本的阐释中去发现规范，为法解释提供依据，而在大体上承认法律文本的正当性，在某种意义上是法官的宿命，由于不怀疑法文本，因此，即使法是有缺陷的，在人民发动修法或者重新制法之前，法官的工作也只能是在法文本的笼罩之下去弥缝补苴。法官对于法文本是忠诚的。在他们看来，遇到法问题的时候，不要在法文本之外寻找答

---

① 张翔：《宪法学为什么要以宪法文本为中心？》，《浙江学刊》2006 年第 3 期。
② 同上。

案,而是要在法文本当中寻找依据。

其三,印刷书面文化对行政法治、行政理性化具有塑造作用。在印刷书面文化的推动下,国家治理易发展为一种连续性的规则和制度治理。即,"法律一方面是政府的工具,同时也是约束政府的条件。……即政府应当行法也应当守法。它本身应当显示出一种根据理性来调节的组织系统"①。而人们对国家的信任也是建立在法律和制度规范基础之上的,没有事前的法律和制度规范,就不足以有效防范和及时制裁国家的失信行为。洛克曾一再强调,统治者"应该以正式公布的既定的法律来进行统治"②。汉密尔顿指出:"浩瀚之法典乃是关系自由政府优点的必然现象。"③其中,现代国家法治主要"以宪法和行政法为其主要组成部分,而把国家作为它所涉及的主要对象。这种法律思想形式最好的产物是构成了一种新的微妙的'关于统治的用语'"④。由此,也使得"在国家和法律之间存在一种近乎一致的关系。只允许在少数国家活动领域不受法律限制,尤其是与严格的政治利益(外部安全,保持社会秩序)有关,或者关于事实上有限的对行政工作必要和便利的非规范的考虑;但是这些领域本身必须用法律加以列举和限定"⑤。并且,统治的既成形式,就是成文法,即"近代法律只是一批制定法;它是成文法"⑥。

具体言之,在这种制度和规则之治中,国家权力在合法性上来源于法律,因而受法律的制约,这种法律之治实际上就成了权力运行的客观化特征,表现为"通过权力实施的非人格化而使权力变得驯服"⑦。这种制度和规则之治使得先前政府官员的行为依据就从以往统治的意志变为了法律的规则程序。在此,韦伯关于现代治理科层制的论述具有极大启示性,因为韦伯已隐约意识到了成文化和档案管理所具有的意义,并指出纯粹的官僚体制的行政管理,采用档案制度的行政管理,精确、稳定、有纪律、严肃紧张和可靠,也就是说,对于统治者和有关的人员来说,言而有信,这是实施统治形式上最合理的形式。韦伯

---

① A. N. 怀特海:《科学与近代世界》,何钦译,商务印书馆 2012 年版,第 15 页。
② 约翰·洛克:《政府论》(下篇),叶启芳、瞿菊农译,商务印书馆 1996 年版,第 88 页。
③ 汉密尔顿等:《联邦党人文集》,程逢如等译,商务印书馆 1980 年版,第 395 页。
④ 贾恩弗兰科·波齐:《近代国家的发展——社会学导论》,沈汉译,商务印书馆 1997 年版,第 86—87 页。
⑤ 同上书,第 101 页。
⑥ 同上书。
⑦ 同上书,第 100 页。

提出的官僚制六项原则之一就是"公务必须以文件的形式来进行",这一在常人看来似乎太不起眼的问题之所以能成为韦伯的法理型统治(或法治)的"原则",原因就是成文化便于辨识和确定责任。① 而史学家布洛赫对此也有过关注和强调,即,"形诸文字的习惯及对这种习惯潜在意义的不断重视,使国家可以建立档案,如果没有档案,政府工作的真正连续性就不会存在"②。现代政府承担了错综复杂而且技术性又很强的任务,而这些任务并不适宜于有魅力的、有感召力或赤裸裸的权威来承担;它们要求更规范和更常规的方法,要求秩序和文官政治(科层制),要求遵循既定法律的处事模式。由此,在偏重印刷书籍的文化里,法律人士常常成为行政专家。对此,通过把掌握法律知识和技能的程度作为录用官吏标准,使法的精神渗透到科层制中。如近代西方的行政法治和行政理性化也是通过与"法学家结成同盟来达成的……受这种法律训练的官吏却是优于其他一切官吏的行政专家。从经济史的观点来看,这一事实是意义深长的,因为国家和形式法学的联盟间接有利于资本主义"③。另外,"法律和法律推理足以使律师有信心地去预测政府官员的行为"④。

其四,由于成文法律和规则之治创造了一个隔离带,有利于建立制度信任,并将官员的私人及公共角色区分离开来,由此也使得"人不会感到自己与行政官或法官的关系是一种人身依附关系"⑤。因为,现代文官制度中的每一个官员"按章程办事","受规则约束",它遵循"非个人的制度",是"形式主义的非人格化的统治","不因人而异"。⑥ 文官是西方国家权力结构中的一个重要组成部分,其英文"Civil Servant"原意是"公仆",我们把它意译为"文官"或"公务员"。英国是世界上最早实现政务官和文官两官分途的国家。17 世纪末自议会开始限制国王的任命权起,在一定程度上就带有两官分途的印迹。1694年,议会规定新成立的税务局官员不得参加议会;1710 年,规定政府邮政部门雇员不得参加议会选举活动;1805 年,财政部第一个设立常务次官职务,不与

① 参见马克斯·韦伯:《经济与社会》(上册),林荣远译,商务印书馆 1997 年版,第 248 页。
② 马克·布洛赫:《封建社会》,李增洪、侯树栋、张绪山译,商务印书馆 2004 年版,第 673 页。
③ 马克斯·维贝尔:《世界经济通史》,姚曾廙译,上海译文出版社 1981 年版,第 290 页。
④ 史蒂文·J. 伯顿:《法律和法律推理导论》,张志铭、解兴权译,中国政法大学出版社 1999 年版,第 3 页。
⑤ R. M. 昂格尔:《现代社会中的法律》,吴玉章、周汉华译,译林出版社 2001 年版,第 173 页。
⑥ 马克斯·韦伯:《经济与社会》(上册),林荣远译,商务印书馆 1997 年版,第 243—251 页。

内阁共进退,以后逐渐扩大到政府其他部门,发展到常务次官以下的官员都不与内阁共进退。在 1870 年,英国政府进行吏制改革和建立近代文官制度,就是以公开考试和择优录用为突破口的。自 1870 年英国以枢密院令形式宣布,凡未经考试并持有合格证书的人一律不得从事任何事务官职,并在法律上保障从事政府事务性工作的官员"无过失不受免职处分",即"职务常任"原则。这一原则不仅在政治理论上界定了政治与行政之间的关系,而且在实践中实现了政务官与事务官的分途。根据"职务常任"原则,政务官实行职务任期制,与政党共进退;事务官实行职务常任制,不与政党共进退,这就避免了政府在大选期间的震荡和瘫痪。同时,在"职务常任"原则下,由于文官长期在岗和任职,使其有更多的时间和机会熟悉政府业务,积累工作经验,这不仅保证了文官的高素质,而且也保证了政府的工作效率。在以法规范权力和政务官与文官二分的社会中,社会公众对政治人、法律人的信任主要来自法律本身的权威,即公权力机构中的政治人、法律人与普通民众的关系,不是人与人的关系,而是法与人的关系,从理论上讲政治人、法律人是一种制度化的社会角色,因此社会公众对政治人、法律人的信任应当是基于制度化的权威。显见,印刷书面文化的发展一方面规范了国家权力,另一方面则促进了国家治理的理性化。在这里政治问题的解决不只是谁拥有权力,还包括通过书面文化使得权力可以计算和衡量,从而提高了权力运作的理性化程度。就合法性而言,民主作为整个国家治理体制的基础,仍然容易使治理流于随意性,而只有通过成文法"驯化"它们,才能建立一个治理更为有效的治理体制。对于市民来说,它需要的并不只是一个守夜人式的弱国家,而是一个拥有从事连续性的日常政治管理能力的强国家。通过法律来进行管理的地方,专横地实施它的机会便减少了,相应地也就减少了在自由地实施统治权能时人与人关系中的依附因素。从本质上说,个人在其政治关系中不是相互遵从而是遵从法律。

　　总之,基于印刷媒介、印刷语言和成文法,现代国家应被视为一种永续性的组织和制度。永续性(perpetuity)的意思是,给国家持续创造一些新的保障,使之能够超越当政者的生命期限而延续下去,这样,国家的制度就不必依赖于当政者的人格特征。该定义与典型的由人格化关系主导的自然国家形成了鲜明对比,人格化统治之下的自然国家,其制度和政策依赖于统治联盟的人格特征和谁在统治这个国家,自然国家难以创建法治所必需的可预期性。永续性一个尤其重要的方面是创造永续的组织,即那些存续期可以超越其创始人生命的组织,形成永续性是法治的一个核心特征,在法律主治下人们的自由有固定的规则可以遵守,对社会上每个人都是相同的,而不必受制于其他人变化无常的、不确定的、专断的意愿。更一般地讲,永续性在一个社会确立长远视野的过程中发挥了核心作用。这些保障依赖于法律的确定性,它本身又依赖于国家的永续性,它是建立一个超越个人人格化统治的国家所必需的组成部分。事实上,公司制也是一种永续组织。如作为 19 世纪中期以前历史上占主导地位的商业组织,合伙制要求当某个合伙人死亡或自愿离开时必须解散或重组该合伙组织。公司制的创立解决了这一问题,由于其股份可以转让,并且股东可以在死亡时将股份传给继承人,从而创造了永续存在的商业组织。由于公司制允许实质的风险分担,所以比合伙制具有长得多的生存期限。

第二节　印刷书面文化对近代西方法律科学化的形塑

一、印刷书面文化对近代西方科学观和科学认知的塑造

（一）印刷书面文化使得对科学的探究即对规律的探究

传统农业社会,稳定不变象征着安全和稳定。然而,城市社会培育了另一种对安全的解释:一个有规律、有秩序的世界被认为是一个安全的世界,对世界规律性的认识被认为出自寻求安全的动机。或言之,传统社会,通过不变性寻找安全感,而城市社会是不可能不变的,所以只能通过客观性和规律性才能寻找安全感。在对城市化进程中的"安全"阐释时,规律和掌握成了新的基点。而近代科学的诞生,所采取的方式和思想形式植根于印刷术结构之中,并在精神气质上都高度地契合。"印刷术的传播点燃了人们的希望,至少人们可以理

解、预测和控制这个世界以及存在于这个世界上的种种奥秘。"①人们相信,世界是规律的,人类社会是可以认知规律的,这是当时启蒙思想家们的共同信念。人们相信,人类社会本质上和自然界一样,也是按照自己固有的客观规律运动和发展的,历史中存在像自然科学一样确定的规律,人们一旦发现了这种规律就可能找到确定性和安全,这就是近代科学所坚守的信念和科学观。

　　首先,什么是规律?严格地说,规律无非是一套可供证明、推演和预测的必然系统。没有必然则不能预测,不能预测则不是科学。换言之,不能预示必然的理论不是科学理论。而预示必然,非归纳和演绎莫属。而随着印刷术学术的发展,科学开始意味着有定量表达并有像定律那样精确陈述的逻辑完成系统:给一个相关的初始条件,这就可以用于(当然是在一定限度内)预测某系统的未来状态,正像诺伊曼所指出的:"人们把理论理解为'在一系列变量中确定性关系的明确表达,借助此表达,大部分经验上可确定的规律性(或规律)可以被阐释'。"②也即,对已知事实的阐释,具有对未知事实的预测功能。可以说,"阐释与预测是科学理论的互补性功能"③。即,将事物及其属性还原为某种可测量数值,然后依据数学公理对这些数值进行运演计算,接着再遵循已知定律对有关事项作出合理解释并就其运动变化进行准确预演,而预测的结果则为最后实施有效技术控制提供了重要基础。

　　其次,作为探究规律的科学,其主要探索对象不仅限于经验世界,更主要的是经验世界现象背后事物发生发展的因果机制。单纯经验不能告诉我们"必然性",能告诉我们"必然性"的必然是经验归纳和理论演绎的结果。另外,研究的目的在于揭示事物的规律和必然并将这规律和必然表述出来,即以概念和命题的形式展现出来。依照黑格尔的看法,经验是称不上知识的,知识包含着普遍性与必然性,经验并不提供必然性联系,因为经验没有达到观念化符号化有序性组合的高度,不能提供必然性推理结构。知识一方面需要以经验和知觉活动提供的关于外部世界的"个别无限杂多材料"作为主体同化客体的外源性信息内容,另一方面需要以主体认识图式尤其是对标识事物类属及相

---

①　尼尔·波兹曼:《娱乐至死》,章艳译,中信出版社 2015 年版,第 63 页。

②　乌尔弗里德·诺伊曼:《法学的科学理论》,载阿图尔·考夫曼、温弗里德·哈斯麦尔主编:《当代法哲学和法律理论导论》,郑永流译,法律出版社 2002 年版,第 456 页。

③　同上。

互联系的概念化和体系化的观念图式。但与口头媒介相对应的文化形式是经验主义思维,其多是实用型的碎化体系,难以形成推绎的、抽象型的逻辑严谨的理论体系,也就难以形成规律认识。

再次,科学知识之所以能体现规律,还在于它具有概念化、符号化特质并具有一定独立性和自主性。理论来源于实践,但又不止于实践,理论研究即以概念和逻辑化的方式揭示事物的"规律"、阐释其所包含的必然的一种思想(或者思维)活动。从思维层次来说,理论知识高于经验知识和技术知识,因为经验知识所提取的信息储备内容是直接从感知活动中获得的,而未加以概念化和体系化。用概念去思考,可以超越那眼花缭乱的多变经验,了解事物存在和发展的底里及其本质的联系,即厘清因果关系,在偶然的事态里面求索其必然的趋势。另外,书面文化作为符号文本,拥有自身相对独立的意义,即驻留在、沉湎在自己自成一体的观念系统之中。通过归纳与演绎,最终在思维行程中形成一个"自主的结构",是一种可以用适当语言和逻辑形式再现出来的结构,而一旦现实被符号化了,陷入了符号系统之中,事物本身就会呈现于词语、概念之中,而不是呈现于直接的物理现实。事实上,规律是与社会现实保持距离的,区别于日常经验,并通过这种科学知识而界定自身。由于书面文化中的普遍理性部分更加远离直接的物质生产领域,知识分子更易于超越个人自身的事务,而从非实用非功利的方面去寻求、注视具有普遍性的形象、意义和价值。总之,将概念、抽象和理性用来描述规律和必然的本源,这种思维方式为科学研究的发展开辟了道路。受此影响,之后数百年里科学与技术发生了翻天覆地的变化,使科学研究获得了极大的成功。

(二) 印刷书面文化对近代西方科学认知的塑造

1. 印刷书面文化有助于科学思维的形成

近代科学思维基于印刷术心智。可以说,只有到了近代,特别是 19 世纪,随着印刷术的诞生,规律和必然研究中才逐渐发生了明显的科学化和理论化的倾向。许多历史学家容易看到近代社会发展对科学的影响,却忽视语言变革对科学的影响,他们喜欢把科学进步说成是仅由社会生产力发展的结果,而看不到它是由语言、观念、理论、思维或数学技巧促成的。正像默顿所指出的:

"可以肯定,那种认为任何时期的科学同其社会和文化环境不可分离的观点已经成了一种十足的老生常谈,但对于这些确实成立的联系所做的经验性研究却寥寥无几。"①解释近代西欧科学的起源,事实上需要说明欧洲与亚洲诸大文明在语言结构及变动性上的基本差异,而这些差异不仅要能说明何以近代科学只在欧洲发展,还要能说明抽象、概念思维等。印刷语言的应用,是分析近代科学思维形成的重要线索。如果说,在中世纪的黑夜之后,科学以意想不到的力量一下子重新兴起,并且以神奇的速度发展起来,那么,我们再次把这个奇迹归功于口语向印刷的变迁。是什么原因使得科学在近代西欧得以兴起? 有了对自然界的兴起是不够的,有了受控实验是不够的,有了经验性归纳是不够的,有了日月食预报和历法计算是不够的,所有这些中国人都有过,在此唯有印刷书面语言能做到口语语言做不到的事情。印刷书面语言发展正适合了科学发展需要,科学具有很强的概念性和逻辑性。印刷书面文化无疑会极大地丰富对科学研究之文本形态问题研究的广度与深度,同时亦有助于提升学术方法本身的复杂性研究,它向社会科学领域贡献了概念、量化、逻辑和形式理性等。"所有这些能使人类精神的进程更加迅速、更加确实和更加便利的手段,也都是印刷术的恩赐。"②西方科学化革命就是在这种气氛中完成的,正是因为有了印刷语言的世界观和方法论作指导,人类才能在认识史上开创了科学时代。而用口语加工如此复杂的信息是不可能的,口语媒介倾向非形式化、非自治化,进而科学思维落后,口语思维方式对于科学发展不相适应。"即根据皮亚杰的理论,只有口头语言的人在智力上不及有书面文字的人。"③

科学运动并不是一套固定的纵令信条,而是一种思维方式。科学思维是借助印刷语言所实现的理性认识过程,也就是说思维活动及其模式的建构是在语言直接参加的条件下完成的。不同的语词则产生不同的思维,我们学会了什么语言,我们就学会了如何思考。现代科学在很大程度上,也可以归因于印刷语言的作用。印刷语言不仅仅是人类对信息的约束力的延伸,而且也是知识内容、人类思维方式的转变,当然也是知识形态的转变。印刷语言与近代

①　罗伯特·金·默顿:《十七世纪英格兰的科学、技术与社会》,范岱年等译,商务印书馆 2000 年版,第 28 页。
②　孔多塞:《人类精神进步史表纲要》,何兆武、何冰译,江苏教育出版社 2006 年版,第 87 页。
③　尼尔·波兹曼:《娱乐至死》,章艳译,中信出版社 2015 年版,第 30 页。

科学伴随而生。"印刷术是早期近代学术和科学发展的必要前提。"①在印刷语言的协助下,学术和科学领域都取得了令人惊叹的大量的革新,带来了人们思想结构或认知能力的变化。正如一些学者所指出的,早在 16 世纪,人们的认识论就发生了巨大的变化,我们现代人对于智力的理解大多来自印刷文字,"我们对于教育、知识、真理和信息的看法也一样"②。近代以来,西方整个科学技术发展所取得的成就,虽然不能完全归结为印刷语言的贡献,但印刷语言全面深刻地改变了整个学术生态。印刷语言不仅仅是话音的回声,这完全是另一种声音,"当远古、中世纪甚至文艺复兴时期的书籍呈现在现代读者面前时,不仅其中的文字有了改变,而且其文本也被转移到现代印刷品的空间"③。印刷语言可以凸显出现代科学的基本特征,科学思维和印刷文本逻辑相互构造和彼此涵蕴,以致我们不难发现,书面文化骨子里都是科学的,而科学又都是生存于印刷书面文化之中。哥白尼是在 15 世纪末诞生的,许多科学家如安德亚斯·维萨里、弗朗西斯·培根、伽利略、约翰内斯·开普勒、威廉·哈维和笛卡尔,他们都出生在 16 世纪;也就是说,现代工业科学的基础是在印刷术发明以后的 100 年内奠定的。

2. 印刷书面文化有助于标准化、专业化的形成

其一,印刷文本的思维方式更倾向于分割思维,这种分割思维正是学科分化与专业化形成的关键所在。印刷媒介的社会,"是功能切割、知识专门化、行动专门化的社会"④。印刷书面文化的分割式思维使人用分析切割的方法去认识世界,而将世界分割成不同环节。或言之,面对一个复杂的现象或事物,有效的解释方式之一是,将复杂物予以拆解,弄明白其各部分的构成关系以及各部分相互作用的机制。即,把社会及社会现象切割成了不同的面向,让社会科学家们以学科细微分析切入社会。知识分子被纳入各式各样的知识机构

① 伊丽莎白·爱森斯坦:《作为变革动因的印刷机:早期近代欧洲的传播与文化变革》,何道宽译,北京大学出版社 2010 年版,第 65 页。
② 尼尔·波兹曼:《娱乐至死》,章艳译,中信出版社 2015 年版,第 33 页。
③ 凯文·凯利:《失控:全人类的最终命运和结局》,东西文库译,新星出版社 2010 年版,第 685 页。
④ 马歇尔·麦克卢汉:《理解媒介——论人的延伸》,何道宽译,商务印书馆 2000 年版,第 375 页。

中,在这种机构中,专家型的知识分子拥有固定、狭窄的学科领域,拥有特定的方法和问题。这种解释通常被称为"分割解释",它在科学、工程技术等领域都得到广泛应用,使科学研究获得了极大的成功。"整个 20 世纪的科学研究,大部分都是依照简化论进行的。简化告诉我们,要想了解自然,就必须将其拆为分散的零件。这一想法的前提设想是一旦我们理解了各个部件,就容易抓住全局了。因此,许多年来,我们都是被迫以微观的方式,观察自己身处的世界。我们所受的教育,就是通过观察研究超弦和原子来了解宇宙;通过研究分子来了解生命;通过研究基因来了解复杂的人类行为;通过研究预言来观察时尚和宗教的起源。"①

其二,印刷术"为各学科编写分级的教材本身就促使人去重新评估继承下来的教学程序,去重新安排各领域里不同的方法论"②。通过分类和不同印刷文本,知识被分割到稳定的、可以划界的课本中,这导致了 19 世纪以来的学科细分和专业化。"用书籍来衡量专业领域的范围并非一个偶然性的尺度。书籍必须是关于某个领域的,就好像专家必须精通某个方面。书籍,跟专家一样,因其包含的知识而具备价值;专家了解某个领域的方式,就像书籍的封面和封底涵盖某个话题的方式一样。……现代人对知识和专家的看法是因为印刷术的发明而形成的。"③即,某个专业领域的范围大概跟图书馆里一个书架的图书涵盖的范围差不多大。"他们的'训练'可能不过是仔细研读了几本书而已。"④当用印刷文本来构造自己学科和理论体系的基本单位时,整个学科混同的现象逐渐分出,而开始了分工化和专业化。学科混同现象跨越了十几个世纪,到了 16、17 世纪,一些学科才逐渐分离出来,如法学、历史学、政治学等。在此,印刷文本也赋予专业化与众不同的术语和概念。印刷文本书面语言的标准化促进了专家术语的产生、发展和标准化,导致专业语域的形成。如果没有专业话语,科学化和专业化根本就不可能形成,它不仅简明并因而充满效率,而且最重要的是,它将物质现实观转化成观念知识。著名人类法学家霍

---

① 艾伯特·拉斯洛·巴拉巴西:《链接:网络新科学》,徐彬译,湖南科技出版社 2007 年版,第 7 页。

② 伊丽莎白·爱森斯坦:《作为变革动因的印刷机:早期近代欧洲的传播与文化变革》,何道宽译,北京大学出版社 2010 年版,第 60 页。

③ 戴维·温伯格:《新数字秩序的革命》,张岩译,中信出版社 2008 年版,第 215 页。

④ 大卫·梅林科夫:《法律的语言》,廖美珍译,法律出版社 2014 年版,第 605 页。

贝尔(E. Adamson Hoebel)指出：一个探索者在任何领域中的工作总是从创造该领域中的语言和概念开始。显见，科学化和专业化的重点主要是构成专业的词语。即，当我们说到专业时，它不仅是指作为社会存在的个体为自我的生存和发展而从事的一种工作，它的含义远丰富的多。专业化不仅意味着专门的技能训练、工作经验的积累，"而且还要有一套专门化的但相对(有时则是高度)抽象的科学知识或其他认为该领域内有某种智识结构和体系的知识"①。事实证明，学科之间分离的前提是专业语言的出现，一个专业的语言如果有着自己的独特性，那么其就能够同其他专业相互分离，在此专业与彼专业之间产生间隔。但在专业内部产生认同，同一个专业群体的人，会更熟悉某种表达方式，甚至会在彼此之间形成具有特殊指代意义的词语，专业的概念和语言由此而来。同一个专业的人，具有相同的思维导向和意识，有着熟悉的语句表达方式和习惯，形成一定的职业群体，职业群体之间的交流让专业化程度愈加严重，很多专业知识、概念外行人已经难以准确理解，专业的分离也根源于此。

其三，作为一种控制力，印刷媒介对语言和文本所形成的标准化的表达，使群体之间的交流有一个统一标准，让一切有典范可循，更容易在群体之间形成统一而标准的规范价值和思维方式。而口语语义结构的多值不定，会消解哲学思维的明确释义与线性逻辑。印刷术出现之前，人们没有稳妥的办法实现学术发展规范化，也即"一些艺术和技能的不断精细化能够发生且的确发生了。但没有任何精深的技艺能够牢牢地确定下来、永恒地记录下来并储存起来为后人检索。尝试解释进步'理念'之前，我们不妨更加近距离地审视复制的机制，这一机制使一连串改进的版本成为可能"②。印刷技术使以一种前所未有的忠实地保存标准文献成为可能，而先前把文字抄写下来的任务，每一个抄写时不仅会抄错，而且可以随心所欲地添加、删减、澄清、更新甚至根据自己的需要对抄写的内容进行改写。就连英国《大宪章》这样珍贵的文献，虽然每年会在英格兰各郡被通读两次，但是到了1237年，它已成为争议的焦点，原因是人们无法确定几个版本中哪一个是真的。印刷术让文本形成了一个统一的模式和典范，使其具有一个统一的标准，呈现一种规范的表达方式，这是一个

---

① 理查德·A. 波斯纳：《超越法律》，苏力译，中国政法大学出版社2001年版，第10页。
② 伊丽莎白·爱森斯坦：《作为变革动因的印刷机：早期近代欧洲的传播与文化变革》，何道宽译，北京大学出版社2010年版，第73页。

机械化的复制过程,所有的复制都是基于最初的一个活字印刷模板。在传统时代,手抄书千变万化,每个人的字体不同、错别字不同,可能抄写的版本也是不同的。阅读起来,可能会在这些硬性标准的基础上,产生分歧更大的理解,这就导致了差异性的存在,并且难以形成一致性。显见,从经验变成经验科学,完成标准化、科学化使命,与印刷术带来的标准化和社会性有关。关注符号化意义是印刷媒介系统的产物,又得到这个系统的支持。"由印刷时代塑造成型的知识产生了这一特殊观念的准则,反过来又暗指出一套核心的基础原理——用油墨定型再进行完美复制。"[1]这标志着知识信息交流的标准化时期到来,而标准化降低了知识信息的解码成本。大量的法律、自然科学、医学以及人文学者的著作被印刷和流传。印刷术的应用和发展使得文献的外在形式统一、版面标准化、字体固定、校勘仔细。抽象的概念、术语也只有通过一定的固化和普及才能被人们理解。语言可以很容易地被标准化,而标准化语言反过来又可能导致可靠的、可预测的标准化解释。"哥白尼体系以及维萨里解剖学,之所以成为可能,是因为印刷书籍的可大量复制性、标准化和稳定性。"[2]或言之,正是由于印刷术的固化功能和标准化功能,"使西方思想源泉的准确知识得到广泛的传播"[3]。在手抄写年代,书籍和手抄本是通过抄写员艰难地生产出来的,每一本抄写的书与原版本都有细微的差异。印刷书是标准化生产,上千份复制品一个样。这些概念通过印刷术的文本固化和普及化,"印刷书籍以印刷术在视觉秩序上的同一性和可重复性为基础,它成为最早的教学机器"[4]。由于使用印刷品和纸张的习惯,思想获得线性、抽象、分类、规范的属性,而用口语语言加工如此复杂的信息几乎是不可能的。

其四,在西语中,discipline 既指学科,又有"规训"的意思,进入一个学科和从事研究工作就意味着接受其学科的严格规训。因为专业概念是一种高度抽象的文字方式,概念本身要抽象概括,只有抽象的概括,才能够形成高度浓

① 凯文·凯利:《失控:全人类的最终命运和结局》,东西文库译,新星出版社 2010 年版,第 688 页。
② 玛丽娜·弗拉斯卡-斯帕达、尼克·贾丁主编:《历史上的书籍与科学》,苏贤贵等译,上海科技教育出版社 2006 年版,第 3 页。
③ 伊丽莎白·爱森斯坦:《作为变革动因的印刷机:早期近代欧洲的传播与文化变革》,何道宽译,北京大学出版社 2010 年版,第 46 页。
④ 马歇尔·麦克卢汉:《理解媒介——论人的延伸》,何道宽译,商务印书馆 2000 年版,第 222 页。

缩的概念。这种抽象,从表述上看也许只是几个字,其内在含义却需要专业的解读。而概念本身制定的过程,即是逻辑结构浓缩的过程,当概念被抽象出来,解读者即需要运用自己的专业素养再去逻辑化地解读某一个概念的内涵。这也就需要将一种语言的符号和记号加以共识化,以便于在特定圈子中普及和进行教学。因此,学习并不只是一个简单的"破解密码"的过程,还必须培养一种即刻的识别能力,即印刷文字对于我们的身体和大脑都提出了相当苛刻的要求,你要接受一个抽象的世界,因为书里词组和句子要求你联想具体的形象,聪明意味着我们不借助形象就可以从容应对一个概念和归纳的领域,这需要读者具有相当强的分类、推理和判断能力。在现代社会,职业化还意味着某一特定的行业不是一个可以自由进入的领域,而是一个受到诸多限制的工作领域:职前训练;经过权威机构的特别许可;须具备良好的职业技能和职业道德。专业化训练,"发展出了一种特殊的认识世界和解释世界的方式以及一种表达这一理解的专业语言"[1]。

3. 印刷书面文化有助于抽象思维的形成

科学的思想体系一般都是由普遍性和抽象的概念和理论体系来建构的。印刷语言与抽象思维有一种天然的同构性,二者都"具有一种竭力主张加强概念分析的倾向"[2]。经验是获得知识的重要途径之一,但是在伽利略之前,人们获得的经验是素朴经验和概念。正如哲学家胡塞尔所说:"就外部自然的认识而言,从素朴经验到科学经验,从含糊的日常概念到完全明晰的科学概念,这个关键性的步骤乃是通过伽利略才得以完成的。"[3]把所有科学结论都奠基在科学实验和学术概念的基础上,则应归功于伽利略。"从这个意义上说,伽利略才应当是'整个现代实验科学的真正始祖'。"[4]自然经济环境下,经验主义思维长期占据主导地位,思想和技术多是实用型的碎化体系,而没有形成推绎的、抽象型的逻辑严谨的理论体系。印刷语言一方面便于记录、存储和传递知

---

① 约翰·吉本斯:《法律语言学导论》,程朝阳等译,法律出版社 2007 年版,第 42—43 页。

② 贾恩弗兰科·波齐:《近代国家的发展——社会学导论》,沈汉译,商务印书馆 1997 年版,第 86—87 页。

③ 胡塞尔:《文章与讲演》第 7 卷,倪梁康译,人民出版社 2009 年版,第 25 页。

④ 炎冰:《"祛魅"与"返魅"——科学现代性的历史建构及后现代转向》,社会科学文献出版社 2009 年版,第 242 页。

识,实现了脑外知识的复制,极大地扩展了存储的知识内容,另一方面又易形成抽象思维。透过口语向印刷语言的转换,我们看到所谓思维方式的转型实际上就是由传统的经验思维方式向现代的抽象思维方式的转换。口头叙事侧重于语境,文字叙事关注符号化意义。口语思维,重特殊具体情况,缺乏抽象概念和原则,缺乏概念锻炼,缺乏理论提炼。媒介学者波兹曼就认为那些缺乏读写能力的人无法从事抽象的、批判性的思考,也无法将自己从当下的经验中抽离出来,而印刷文本及语言的出现,使人逐渐有了理性思维和思考能力。对此,"我们不能忽略一个事实,即一个有识字能力的民族能够开发出比文盲更高层次的抽象思维的能力"①。因为抽象的概念和术语思维受到此文化技术支持,丹尼尔·贝尔曾经说:"印刷不仅强调认识性和象征性的东西,而且更重要的是强调了概念思维的必要方式。"②印刷媒介使人类进入了一个读写时代,也使人类开始拥有了现代人的品质。的确,人的现代思维是印刷媒介塑造的。印刷媒介的出现,使人逐渐有了理性思维和思考能力。印刷文字意义丰富,内容严肃,逻辑性强,在印刷文化中,阅读、写作是智力的最主要指标。自从有了印刷术,未成年人必须通过学习识字、进入印刷排版的世界,才能变成成人。印刷术下的理论发展,"已经超越自然,到了自然人工再生('保存')成为文化形式的地步"③。这也是人类逐步从以感受为核心的"视觉文化"转变为以理解为核心的"概念性文化"时期。我们首先必须认识到一个明显的事实,那就是:"印刷机的定位是一个方便的抽象概念。"④它将物质现实观转化成观念知识建构世界,"就是按照这些抽象概念进行的"⑤。在概念世界中确实存在对概念和术语的需要,这种概念技术是我们今日熟知之西方哲学与科学的发展基础。所谓的新智状态,即"以概念思考的心智",促使概念性论述成为可能,提供了心智层次的基础设施。这造成了人类沟通上的质变,对于那些已经习惯于用图画、雕塑或其他具体形象表达思想的人,会发现他们无法去膜拜一

① 尼尔·波兹曼:《童年的消逝》,吴燕莛译,中信出版社 2015 年版,第 57 页。
② 丹尼尔·贝尔:《资本主义文化矛盾》,赵一凡、蒲隆等译,生活·读书·新知三联书店 1989年版,第 156—157 页。
③ 曼纽尔·卡斯特:《网络社会的崛起》,夏铸九译,社会科学文献出版社 2006 年版,第 441 页。
④ 伊丽莎白·爱森斯坦:《作为变革动因的印刷机:早期近代欧洲的传播与文化变革》,何道宽译,北京大学出版社 2010 年版,第 19 页。
⑤ A. N. 怀特海:《科学与近代世界》,何钦译,商务印书馆 2012 年版,第 194 页。

个抽象的神。人们通过文字进行最精妙的抽象思考。

印刷语言及文本带来了思想的重要历史转折：转向凭借概念来探讨社会政治、经济和科学等社会问题。在现代经验科学中，能否接受概念和术语方法，已经愈来愈成为该学科成功与否的主要标准。古代科学是生存经验的记录和概括，到了近代，素朴经验被科学经验和科学理论替代了，大规模的科学观察和学术概念出现了。欧洲人经历了对知识认知的重大转变，提炼出了概念工具及其理论范式，实现了形而上学飞跃。《形而上学》这本书的书名如果直译的话，意思是"超越物理"。正是因为他对这些概念的精心安排才使得思维实现了划时代跳跃。在启蒙运动之后的世界中，学术的使命是构建知识体系。概念是人类知识进步的最基本的工具之一。形象经验是照片式地把世界表现为一个物体，而语言则把世界表现为一个概念。即使最简单的命名，也是一个思考的过程——把一样东西和其他东西进行比较，选择共同的某些特征，忽略不同之处，然后进行归类。理念论把世界分为理念世界和可感世界，把万物共有的某种属性作为世界的本原，属于理念论。其强调通过理性思维才能把握的事物的深层次本体，形而上学是研究形式的，赋予形式符号以意义，"这也意味着形式符号可以把握现实世界"①。与形体语言相比较，概念的主要区别是摆脱了物质材料限制而借助于概念来表示、记录和传递知识。实现了知识载体和知识形态的"脱胎换骨"；与之相关，作品形态由"经验体"向"概念体"转变。更深层次的突破则表现在思维上，由传统的"经验思维"转变为"概念思维"。以概念为基础的知识将从根本上不同于以物质关系为基础的知识。形象经验是一种只描述特例的语言，形象经验无法提供抽象和规律性把握这个世界的观点和概念。概念化意味着这种潜在结构比其表面结构更为根本，因而可以对实在提供更为深刻的认识。这就是思维方法在以文字为中心的文化和以口语为中心的文化中的不同体现。

4. 印刷书面文化有助于逻辑思维的形成

印刷文本所形成的另一个认知和思维特质，就是逻辑思维和体系思维。逻辑思维和体系思维也是印刷文本的一部分。即，"铅字那种有序排列的、具

---

① 道格拉斯·霍夫斯塔特:《GEB——一条永恒的金带》,乐秀成译,四川人民出版社 1984 年版,第 278 页。

有逻辑命题的特点"①,偏重的是作为逻辑和理性认知的推理链。印刷书面文化所偏重的理性是逻辑理性,而口语更多倾向于感性和直观。在口头语言表述中难以保证的逻辑,通过印刷书面语言的管控就可以轻易地达成。印刷文本的特性在于,文字表达可以做到斟酌、修改,可以通过这些字斟句酌的环节与结构体现逻辑的控制力。阅读文字意味着要跟随一条思路,读者也易发现逻辑错乱问题。日常口语的特性是随性,随时随地说,随时随地交流,随时随地补充。而书面用语的特性则要求明确,有一定的格式要求,对于意思的表达,要做到在有限的字数之内尽可能地精简和有逻辑。正是在印刷书面文化的基础之上形成逻辑的思维模式,印刷术之后,逻辑认识论成为认知和真理的重要组成部分。在概念运用上,要求语言表达出的内容精准,词语所连贯出来的句子之间,要符合语言表达的逻辑要求。注重语义分析和逻辑推理,在概念、原则、规范、体系、解释等方面深化着论证的科学与严谨程度。印刷文本与逻辑思维具有一种天然的一致性。而口语媒介下知识的产生通常只发生于当下且比较具体,很难产生抽象性思维和演绎推理等"高级"知识。印刷术产生后人们开始有更多的时间和精力使文字精练准确,也要求前后内容连贯。在口语表达当中,语言的停留时间较短,没有实际的载体为依托,常常听了就忘,难以形成前后连贯的思维,因此,在口语语言表达为主的环境当中,思维是碎片化的。而书面文化则不同,其以文字以及书写材料为载体,将内容固定在载体之上,这就使得语言得以固化而减轻和不需要记忆负担。书写形式的创作往往可以被更好地计划,使用更长的句子,并需要逻辑结构更加清晰。由是,"书面记录的持久性激励人们谨慎措辞"②,"从16世纪的伊拉斯谟到20世纪的伊丽莎白·爱森斯坦,几乎每个探讨过阅读对于思维习惯有什么影响的学者都得出一个结论,那就是阅读过程能促进理性思维"③。要理解和认知逻辑思维的内在机理,需要考量印刷文本的内在特性。在印刷文本之后,逻辑成为认识论的基础。"印刷术对展示可能具有最为强烈的偏执:拥有从事概念性、演绎性与序列性思考的复杂能力;拥有对理性与秩序的高度评价;不容许矛

---

① 尼尔·波兹曼:《娱乐至死》,章艳译,中信出版社2015年版,第62页。
② 彼得·蒂尔斯马:《彼得论法律语言》,刘蔚铭译,法律出版社2015年版,第144页。
③ 尼尔·波兹曼:《娱乐至死》,章艳译,中信出版社2015年版,第62页。

盾;达致超然与客观的优秀能力;并且能够容忍延迟的反应。"①这对人们的逻辑思维产生了很大的影响,"所有成熟话语所拥有的特征,都被偏爱阐释的印刷术发扬光大:富有逻辑的复杂思维,高度的理性和秩序,对于自相矛盾的憎恶,超常的冷静和客观等待受众反应的耐心"②。印刷术加深了书面文化和口头文化的鸿沟,这一点同样适用于逻辑性和非逻辑理性的重新界定。对此,波兹曼就指出:"我并不是说在书面文字存在之前分析思维是不可能的,我这里所指的不是个人的潜力,而是一种文化气质的倾向。在印刷术统治下的文化中,公众话语往往是事实和观点明确而有序的组合,大众通常都有能力进行这样的话语活动。在这样的文化中如果作者撒谎、自相矛盾、无法证明自己的观点或滥用逻辑,他就会犯错误。"③

再者,印刷术也有将一本书分成章节和次级标题的习惯,这也是其逻辑性的重要体现。"我们这里所要说的是,排版绝不是信息的中性传递者,它导致了学科的重组,强调逻辑和清晰。"④印刷文本强调各个章节之间的逻辑关系,强调因果关系的流畅性。印刷文本会"促使人去重新评估继承下来的教学程序,去重新安排各领域里不同的方法论"⑤。印刷文本的认知是树形秩序,"尽管不曾言明,但纸张是以树形结构呈现知识的主导力量"⑥。树形思维方式已经延续了许多个世纪,它巩固了这样一个认知传统,认为树形结构不仅方便,而且反映了宇宙的组织形式。当你利用书籍来承载知识时,你必须用以卷、本、章、节、段落和句子构成的树形构架来容纳那些知识。当你通过安排写有信息的纸片来组织知识时,你只能绘制出一张每一片叶子都各就其位的树形图。当你在纸上拒绝知识的描绘时,你必须绘制出清晰的边界而不容许模棱两可的情况出现。"当然,杂乱无章的状态一直都伴随着我们。但是,我们的文明却在不遗余力地对抗它,甚至以人类征服杂乱的程度来衡量文明进步的程度。我们从小就被教导,每件东西都有其恰当的位置,而我们掌握,也就是

————————

①　曼纽尔·卡斯特:《网络社会的崛起》,夏铸九译,社会科学文献出版社 2006 年版,第 313 页。

②　尼尔·波兹曼:《娱乐至死》,章艳译,中信出版社 2015 年版,第 78 页。

③　同上书,第 63 页。

④　尼尔·波兹曼:《童年的消逝》,吴燕莛译,中信出版社 2015 年版,第 47 页。

⑤　伊丽莎白·爱森斯坦:《作为变革动因的印刷机:早期近代欧洲的传播与文化变革》,何道宽译,北京大学出版社 2010 年版,第 60 页。

⑥　戴维·温伯格:《新数字秩序的革命》,张岩译,中信出版社 2008 年版,第 83 页。

理解这个世界的方式就是辨识出这一个个位置，然后强制实施这种秩序。"①
显见，简单、统一、分类、有序而且清晰，这是整齐的定义，也是对印刷文本所塑
造的认知形态的定义。这种认知形态的好处是显而易见的，我们都可以很快
找到现有的物品，并很容易将新的物品添加到已经存在的类别当中，整齐的环
境还给我们一种掌控一切的感觉。整齐已经成为印刷认知和知识的一个重要
特征。如门捷列夫通过化学元素表找到了一种将所有元素放进周期表的办
法。杜威将世界上所有的书籍都整合进了十个大类别，然后又将这些类别以
十为单位不断细化。知识属于那些不但将物品和知识放进恰当的位置，而且
总是创造出人们所能够想象出来的最简单、最体面的归位方式的人们。如果
我们把目光投向认知系统，也同样会发现："人们不会怀疑把书组织成章节的
形式成为公认的组织课题的方法：书籍呈现材料的形式演变成该学科的原理。
爱森斯坦列举了法学领域里一个有趣并显而易见的例子。中世纪时，由于很
少有老师完整地看过《法典大全》(The Corpus Juris)，因此教授《法典大全》的
老师既不能向学生，也不能向自己说明每一个法律的组成部分是如何跟完整
的原理相联系的。但从 1553 年开始，以印刷为目的的一代法律学者着手编辑
整部手稿，包括重新组织各个部分，根据内容把它们归入不同的段落，以及为
引文编制索引。通过这样做，他们使这部古典文献变得完全可以为读者所用
了，文体上明白易懂，内在逻辑通畅。也就是说，他们彻底改造了这个学科。"②
如果更仔细地研究这些变化，我们就能够更好地解释印刷文本认知形态对近
代法学科学化的意义。当然，也就不难理解，"使法律典籍化、编纂书目等工作
为何到 16 世纪末都发生了革命性变化"③。

　　总之，基于印刷文本的认知及表达方式，比口语证据更体系、更逻辑。印
刷文本注重文本自身的逻辑意义及修辞效果，改变了传统思考问题时片段化
的思维方法，有助于养成一种新的"有条不紊的思维方式"。当事物各就各位
而不是随意分散时，找起来就容易得多了。有了印刷术以后，思想的体系化就
成为可能。就如同对某个问题的论证，从口语表达来看，往往会前言不搭后

① 戴维·温伯格：《新数字秩序的革命》，张岩译，中信出版社 2008 年版，第 185 页。
② 尼尔·波兹曼：《童年的消逝》，吴燕莛译，中信出版社 2015 年版，第 45—46 页。
③ 伊丽莎白·爱森斯坦：《作为变革动因的印刷机：早期近代欧洲的传播与文化变革》，何道宽
　译，北京大学出版社 2010 年版，第 66 页。

语,用词繁多,内容却不够连贯。在书面表达当中,则要求,句子之间,有着一定的因果、递进、转折等逻辑联系,篇章之间有逻辑结构和体系安排,将某个问题论证清楚、明确,形成一个闭合的思维链条。印刷媒介的文本体现了人类思维的逻辑性,具有相对严密的逻辑结构,形式上大都以章节等方式提示了阅读的路径和顺序,阅读以连贯性为特征,这是与印刷媒介的连续性特点紧密关联的。这种阅读要求读者具有较高的逻辑程度,并能够耐心"坐下来"阅读和思考。

5. 印刷书面文化有助于数学和量化思维的形成

数学和量化认知,是奠定科学思维的重要基础。正如一些学者所指出的:"17 世纪终于产生了一种科学思维体系,这是数学家为自己运用而拟定出来的。"[①]科学时代也是一个数学和量化思维时代。[②] 而数学和量化思维的出现,与印刷书面文化和货币经济发展相关。与印刷书面语言一样,数字也是一种符号化的表达形式,"和印刷材料的接触磨砺了人的计算能力和抽象能力"[③]。并且,城市社会中的货币经济也极大推动了数学和量化思维的发展。因为,货币能在异质性的价值对象之间建立一种同质性的数量关系。这就是说,"货币使一切形形色色的东西得到平衡,通过价格多少的差别来表示事物之间的一切质的区别。货币是不带任何色彩的,是中立的,所以货币便以一切价值的公分母自居,成了最严厉的调解者。货币挖空了事物的核心,挖空了事物的特性、特有的价值和特点,毫无挽回的余地。事物都以相同的比重在滚滚向前的货币洪流中漂流,全都处于同一个水平,仅仅是一个个的大小不同"[④]。通过货币化,物品在交换过程中也被同质化和量化了。货币化起了特殊作用,充当了一般的交换手段,为商品交换服务。货币经济的实质是在生产领域之外的商品与货币、货币与商品的交换,货币经济引发了认知的量化、数学化。货币是量化语言,在城市社会的商品经济中,每个人的生存无不与货币联系在一起。于是,人类共同认同的符号体系不再是商品,而是货币。可以说,正是通过货

① A. N. 怀特海:《科学与近代世界》,何钦译,商务印书馆 2012 年版,第 54 页。

② 同上书,第 55 页。

③ 伊丽莎白·爱森斯坦:《作为变革动因的印刷机:早期近代欧洲的传播与文化变革》,何道宽译,北京大学出版社 2010 年版,第 89 页。

④ 齐美尔:《金钱、性别、现代生活风格》,顾仁明译,学林出版社 2000 年版,第 8 页。

币作为普遍等价物的盛行,文化、习俗等自然经济所造成的传统社会的间隔和特殊性被彻底打破了。"人们彼此间的世界主义的关系最初不过是他们作为商品所有者的关系。商品就其本身来说是超越一切宗教、政治、民族和语言的。它们的共同语言是价格,它们的共性是货币。"[①]

在数学和量化思维的影响下,启蒙时代的理性在很大程度上就是用数学的眼光看待一切。此时,科学对神敬而远之,即使对神亲近的科学家也往往把数学看作神的化身,如自然法虽然是上帝创立的,但上帝也得受自然法的支配,因为上帝自己不能使二加二不等于四。作为理性的数学开始排挤感情、宗教、传统艺术与道德——一切不能进行数字计算的东西都被无情地抛弃了。于是,数学成为一种理性的样板和模式,著名数学家克莱因认为:"在最广泛的意义上说,数学是一种精神,一种理性的精神。"[②]数学的影响不仅表现在方法上,更重要的是体现在理性及对本质的理解上,强调真正的理性和本质是数量关系。"定量的、科学化的方法构成了科学的本质,真理大多存在于数学之中。"[③]人与其他动物的区别就在于知道如何计算,而一旦丧失了计算的世界将会完全被盲目的无知所支配。在此,"用数学概念及量化了的公式,还有能导到公式的数学推导重铸了整个17世纪的物理学牛顿的光辉业绩呈现给人类一个崭新的世界秩序。和一个用一套普遍的,仅用数学表达的物理原理控制的宇宙"[④]。此时,理性和科学就是"摒除故弄玄虚、神秘主义和对自然运动的杂乱无章的认识,而代之以可理解的规律的决定性一步是数学知识的应用"[⑤]。也就是说,除排序与度量以外,数字还被用于进行认知。通过数学不仅可以建立抽象概括的知识体系,而且还可以培育一种以逻辑证明为主要特征的理性思维,为思考和认知提供数量分析和计算的方法。数字的本质只是一种符号,具有抽象功能,数字是一种高度形式化的符号,人们在使用数字时并不关注或者并不过分关注数字所代表的那些实体,如怀特海所言,数字是从形式化的个体作抽象的过程中对形式进行研究。数学思维所体现的主要是数学的思想方法而并非具体的数学知识,主要体现为形式主义地、抽象地看问题、

①　《马克思恩格斯全集》第13卷,人民出版社1962年版,第142页。
②　蔡曙山:《论技术行为、科学理性与人文精神》,《中国社会科学》2002年第2期。
③　M. 克莱因:《数学:确定性的丧失》,李宏魁译,湖南科学技术出版社1997年版,第50页。
④　同上。
⑤　同上书,第3—4页。

思考问题、分析问题，强调立论有据，推理有章。与此同时，数学和量化思维也带来了对世界的"祛魅"。"祛魅"，是韦伯思想中的一个重要概念，在韦伯看来，"祛魅"是货币计算理性排除了存留于传统宗教中的经由教会、圣礼以及其他繁琐的神秘仪式获得救赎的可能，从而使信仰和行为按照一种量化的尺度纳入了融贯有序的合理系统。现代化的实质就是把世界理性化、世俗化，马克斯·韦伯称其为"世界的祛魅"（Entzauberung der Welt），即"把魔力（magic）从世界中排除出去"，"使世界理性化"，其主要强调，"人们可以通过计算来掌握一切，这就是世界之祛魅。人们可以不必再像相信神秘力量存在的野蛮人那样，为了控制祈求神灵或求助于魔法，而是通过技术和计算来掌控一切，来为人类服务。这就是理性化要义"。① 此后，人们在计算理性的推动下，不断把宗教及宗教伦理生活中一切带有巫术性质的知识视为迷信与罪恶加以摒弃。并将自身的合理性、合法性建立在计算、技术、知识的基础上。"从原则上说，再也没有什么神秘莫测、无法计算的力量在起作用，人们可以通过计算掌握一切，而这就意味着为世界除魅。……技术和计算在发挥着这样的功效，而这比任何其他事情更明确地意味着理智化。"②

　　作为不争事实，近代西方社会科学的进步在很大程度上就与数学化、量化认知有关。尤其是"在所有现代学术成就当中，牛顿物理学对启蒙思想影响最大。牛顿对他观察到的天体运动赋予了数学假说，利用极为简单的运动定律，成功解释了地球与天体的现象。这一杰出成就使人们产生了过分夸张的观点，以为宇宙都是依一些有限且可为理性所了解的法则建构起来的实用机械。聪明而善意的人易于发现并应用这些法则；而一旦发现并应用这些法则，便可以永远解决人类生存的问题"③。此时，任何理论只有其中包含数学的部分才是真正的科学。正如休谟所说的那样："如果我们拿起任何一本书，例如，关于神学或学院形而上学的著作。让我们问一下，它包含任何涉及量或数的抽象推理吗？没有。它包含任何涉及事实和存在的经验的推理吗？没有。那就将

① H. H. Gerth, C. Wright Mills ed., *From Max Weber: Essays in Sociology*, New York, 1946, p. 139.

② 马克斯·韦伯：《学术与政治：韦伯的两篇演说》，冯克利译，生活·读书·新知三联书店1998年版，第173页。

③ 弗里德里希·沃特金斯：《西方政治传统——现代自由主义发展研究》，黄辉、杨健译，吉林人民出版社2001年版，第81页。

它们付之一炬，因为它含有的不过是诡辩和幻想。"①康德也曾经指出："我坚定地认为，任何一门自然科学，只有当它能应用数学工具进行研究时，才能算是一门发展渐趋完善的真实科学……而且一门科学对于数学工具的应用程度，就是这门科学渐变为真实科学的发展程度。"②这就是说，在现代社会，科学化的发展，在很大的程度上要靠数学推动。印刷媒介确立以后，数学思维和方法也大大推动了人文学科的科学化进程。事实上，"洛克在写书时是能够理解牛顿力学的"③。

二、　印刷书面文化对近代西方法律科学化的塑造影响

通过探究印刷书面语言、印刷书面文化对近代西方科学观和科学认知的影响，就能找寻出法律科学化的原因及机制特点。印刷媒介引起了法律形态的重新塑造，既包括制度形态层面的，又包括思维层面的。除了制度形态的之外，印刷媒介带来了法律科学观和科学思维塑造。可以说，印刷媒介构造了潘德克顿法学派的同时，也构造了近代法学的体系结构和思维模式。新的传播技术不仅给予我们新的制度内容，而且给予我们新的思维方式。现代法律的理性特征，线性技术、抽象观念和逻辑与书面理性之间存在着非常密切的联系。法学科学化的过程也是训练人们超越具体和个体的经验，接受一般规则，接受标准化的行为模式的过程。"在现代西方法治的历史上，有一个压倒一切并包容一切的问题，即法律中的形式问题……最广泛的意义上而言，形式仅仅意味着一种法律制度的特殊标记：追求一种具有普遍性、自治性、公共性和实在性的法律。"④形式法律观认为，作为普遍性、自治性、公共性和实在性规则体系的法律的核心，即使不能充分实现，也可以限定官员和私人可以做些什么。"的确，法律推理的一种风格愈是形式化，它就愈容易以律师们装作不考虑的利益的名义加以操纵。"⑤显见，"合理的预期乃是对实在法律施行批评的基础，

① 伊·拉卡托斯：《科学研究纲领方法论》，兰征译，上海译文出版社 1986 年版，第 2 页。
② 莫里兹：《数学的本性》，朱剑英译，大连理工大学出版社 2008 年版，第 125 页。
③ A. N. 怀特海：《科学与近代世界》，何钦译，商务印书馆 2012 年版，第 53 页。
④ R. M. 昂格尔：《现代社会中的法律》，吴玉章、周汉华译，译林出版社 2001 年版，第 196 页。
⑤ 同上书，第 197 页。

因而也是处于生成过程中的法律的基础"①。因此,界定什么是法学科学就不能不考察法律的预期和确定性的实现方式。

(一) 标准化、专业化对法律科学化的影响

印刷文本中语言的标准化促进了法律术语的产生,即"读书能力也帮助创立了一种法律语域,因为它促进了专家法律术语的发展、记录及其长期使用与实现标准化"②。术语化主要体现为从使用基本来自日常会话的语言进行的口头互动性的争端解决发展到一种专业化的专门语言风格,因为"口语社会在相当程度上所缺少的是一种法律语域的概念。法律上的争辩主要是用日常词言加以处理"③。而印刷书面语言,带来了语言固化和法律术语固定化,术语可减轻交流负担,提高交流效率。"在这种环境下自然很容易产生出一种高度专业化的'法言法语'(legalism)。"④印刷媒介所构造的法律语言,是一种专业化的抽象语言,这种抽象语言的适用面向于专业的群体。"我们把它视为一个自足的科目,从而与其他知识领域相区别。"⑤法律术语在法律职业内部创建和巩固了凝聚力,促进清晰和准确的交际,有助于提高准确性和效率性,专门术语能够让律师长话短说。

法律的专业化主要表现为用法律术语来思考,需要通过对法律语言的掌握,才可以实现法律的专业化,而对专业语言的掌握需要专业化训练。例如,专业语言使得潘德克顿法学派所主导的法典,成为一种专业性很强的规范,需要通过专业的法律训练的人以及法律职业群体当中的人,才能够对相关概念进行解读和界定,寻找出概念本身所指向的含义,进而运用到实践当中,进行逻辑的推理和结论导出,而外行人则难以理解这种语言。当法官或者律师在谈论某个案件的时候,通常会说权利、义务、责任、违法、自首、犯罪终止等等术语,说明他们是用专业法律术语进行推理和思考的。并且,法律语言的稳定性

① 弗里德利希·冯·哈耶克:《法律、立法与自由》第2、3卷,邓正来等译,中国大百科全书出版社 2000 年版,第 102 页
② 约翰·吉本斯:《法律语言学导论》,程朝阳等译,法律出版社 2007 年版,第 21 页。
③ 同上书,第 20 页。
④ 大卫·梅林科夫:《法律的语言》,廖美珍译,法律出版社 2014 年版,第 605 页。
⑤ 洛伦佐·伽利雅迪:《法律科学的诞生》,赵毅译,《求是学刊》2016 年第 3 期。

被书面法律的同一化受训方式所强化。例如,"美国的法律教育是一种高度整齐划一的教育,各个法学院在教学质量上可能相差很大,但在课程设置上却有着蹊跷的同一性。它们都强调法律教育的某些'基本原理',他们通常遵循或试图遵循相同的教学方法。新的律师——不管是耶鲁大学法学院的毕业生还是某个最差劲的独立法学院的毕业生——都业已掌握一套基本的法律词汇,具有相同的'法学研究'和法律训练的经历。和同一学校的校友或同一教派的成员一样,所有的律师都可以相互交流,不仅在概念层面,而且在情感层面"①。他们的共同训练只不过是都研读了"地方成文立法、布莱克斯通的作品以及一两本其他书籍——但是,它是一种相对整齐划一的训练"②。

(二) 抽象性、概念化对法律科学化的影响

抽象性和概念化思维深刻地影响着法律的科学化,从实质上看,法律的科学化就是从历史和现实的各种具体而实在的法律存在及其运行的事实出发,在归纳、概括和抽象的基础上形成相应的概念,通过概念本身的展开和运动,最终获得逻辑完备的法律体系。先前的习惯法由于缺乏分类,缺乏体系,难以应付复杂的社会交往,法律成文化后虽然"规定"明确,但是面对不可穷尽的事实,妄图以一一对应的法条来加以规制,必然不可能。为了应对多种复杂的社会关系,实现类型化和抽象化,体例编排和逻辑结构分类成为法律规范化和法律体系建设的重要内容。现代法律建设突破了对事实进行单一讨论的模式,现代法律是依据一定的基本原则或者概括性原则而建立的,从而促进法律的结构化和体系化。现代法律的要素是以文字形式存在的概念、原则和规范为基础。我们是通过建构法律语词来认识我们的世界的,这种倾向创造出了包括债、契约、所有权、侵权责任、委托、代理、过错、不当得利、无因管理、监护权、亲权、抵押权等在内的一整套科学的法律概念体系。比如原告、被告、公诉人、辩护人等词汇,使我们很容易地就可以辨认出我们在相应场景中的位置和角色,知道自己该说该干什么。法律命题的成立有其确定的要件,如合同的成

---

① 大卫·梅林科夫:《法律的语言》,廖美珍译,法律出版社 2014 年版,第 603 页。
② 同上书,第 605 页。

立、法人的成立要件、犯罪的构成要件等。一旦法律语词通过文字的形式被规定下来，它们便可得到复制，这对法律的适用也很有帮助。即标准化的处理论据的方法，练习时，学生被要求制作一个可适用于人所共知的范畴的实例的一般结论，例如浪费、通奸或暴君，形成了这样的模式后，可减轻法律人的认知负担，提高依法解决问题的效率。

(三) 逻辑性对法律科学化的影响

印刷文本的逻辑性和体系性为现代法律科学化贡献了方法、逻辑和形式理性等。庞大的成文法法律体系是搭建在印刷文本基础之上的。现代法律科学化，是将印刷文本的逻辑性和体系性运用到法律推理和法律体系建设上。如果没有印刷文本的逻辑性和体系性，我们不可能想象现代法律的学科体系、理论体系和方法体系的建立。印刷文本的认知及表达方式确实是法文本不同于口语载体的特殊性所在，但这一特殊性却不是法学者有意识的选择，而是印刷文本的认知及表达方式创造出来的。或言之，不是所有的社会都能够形成法律的科学化，这个社会最典型的特征就是高度的印刷文本化。也即，若言及法律科学，那么印刷文本的存在将是一个首要条件。即，"在某种特定的背景下，法律科学要想存在，就必须要有一套通过体系化的原则组织起来的完整的规范作为前提。诚如鲁道夫·冯·耶林(Rudolf von Jhering, 1818—1892)评论的那样，一套原则构建的体系和一套规则组成的体系之差别，就犹如用拉丁字母构成的文字和表意文字的差别"①。

其一，印刷文本的体系性范式对现代法律的制定产生了重要影响。现代法律注重法律规范内部的逻辑演绎和规范分析，强调成文法体系结构的完整性。现代法律主要关注于如何使法律体系系统化，寄希望于运用印刷文本的认知及表达方式来构建一个逻辑严谨的法律体系，而这实际上可被视为印刷文本的认知及表达方式的影响。口语法是无序的，而书面法内生的是逻辑性和体系性。书面法比口语证据更体系、更逻辑，事实上没有印刷文本及其概念和抽象逻辑思维，现代法律或法学的科学化是难以实现的。就法律体系而言，

---

① 洛伦佐·伽利雅迪：《法律科学的诞生》，赵毅译，《求是学刊》2016 年第 3 期。

印刷时代前后有较大的不同。印刷时代之前，缺乏系统性和体系化。印刷时代之后，条理一贯系统严密，不至有前后参差，或彼此抵触，并意图建立一个内在一致的法律概念体系。严密的法律体系，其实是以一种印刷文本的认知及表达方式为基础的，在内在逻辑上，不仅注重立法的体例编纂，更考虑到法律作为调整社会关系的方式所应有的体系逻辑。它的作用是要形成一种统一的、逻辑上必然是同质的、有凝聚力的、没有裂隙的法律体系。依照印刷文本的认知及表达方式加以构建，通过原则、公理、定义将学科组建起来，并在内部形成层级严密的推理架构。书面化从原则到公理再到规则条文、结果的层层推理论证，使得法律体系内所有事物的系统性和一致性更加显著。大量逻辑严密、内在协调的概念、原则、规范和条文构成了各个不同的法律部门，并且要形成法律的内在一致性。"由于其与文本其他部分而非与外部世界之间的联系，文本的逻辑结构或论证变得更加明晰，更少用'和'（and）而更多地用'因此'（therefore），更少用'接着'（next）而更多地用'第一（first），第二（second），第三（third）'。"①事实上，以印刷文本的认知及表达方式为基础构筑的法律，"不仅有助于概观及实际的工作；它也成为借助那些——透过体系才清楚显现的——脉络关联以发现新知的根源，因此也是法秩序继续发展的基础"②。而口语法很难做到这点，因其"只研究个别问题，而没有能力发现较广脉络关联的学问，并不能继续发展出新的原则"③。比如中世纪的老师讲授《法典大全》时，他们"不关心法典的部分与总体的逻辑联系"，部分原因是，很少的老师有机会看到《法典大全》的全貌。1553 年《法规汇集》的出版是一件大事，居雅斯的校订从"简单的文本错误"到"时代错乱"都有，他还"为引文做索引"。到 16世纪末，整个编纂工作完毕，《法规汇集》的校订本问世，并附有索引，基于印刷文本认知及表达方式重构之后，这一古籍在风格上更连贯，内容上更一致。④

其二，逻辑性和体系性范式不是单纯局限在立法上，它同样也具有操作层面上的意义。与之相关的是法律职业的对抗性质，也刺激着法律逻辑性和体系性的完善。这意味着，对其挑剔的对方当事人急于利用漏洞或含混不清推

---

① 约翰·吉本斯：《法律语言学导论》，程朝阳等译，法律出版社 2007 年版，第 24 页。

② 卡尔·拉伦茨：《法学方法论》，陈爱娥译，商务印书馆 2003 年版，第 45 页。

③ 同上。

④ 参见伊丽莎白·爱森斯坦：《作为变革动因的印刷机：早期近代欧洲的传播与文化变革》，何道宽译，北京大学出版社 2010 年版，第 60—61 页。

掉协议或对遗嘱持异议。司法也不例外,必须预见到对方的逻辑攻击,因此,他们一门心思设法缜密周全,堵塞每个漏洞。在法律的运行上,也必须依赖高度形式化的法律程序和证据制度。通过逻辑性和体系性认知不仅可以建立抽象概括的知识体系,而且还可以培育一种以逻辑证明为主要特征的理性思维,促进法律实现方式和实施步骤的标准化。尤其重要的是印刷术法律模式着重于对法文本中各种法律概念的分析,是一种自足的法律逻辑和分析方法,其特点是不需要将目光游离于法文本之外,仅凭法概念(规范),通过法律推理和逻辑涵摄在概念(规范)与事实之间建立联系,就能得出结论,认为"从法学的内部联系出发,运用演绎推理方法,能够得出精确的法学概念和规则"①。强调法文本中规范和原则的先定性和正当性,将研究对象定位为法律规范本身,尤其是那些成文化的"书本法律",重法律规范内部的逻辑演绎和规范分析,强调成文法体系结构的完整性,接受成文法的那套概念、思维和逻辑判断。如果我们掌握了正确的文本分析方法,这些细节就是可以依据法文本得到确认的。我们不能用超出法文本含义范围的东西来取代法文本,将法律原则与演绎方法结合起来,使得法律适用的主观性大大降低。表现为"法规则系存在于一特定的规整脉络中;多数规定彼此必须相互协调、逻辑一贯,以避免产生相互矛盾的决定"②。主张对各种实在法律制度的共同原则、概念作纯粹逻辑的分析,使法学(至少是法的一般理论)的研究真正成为一门专有的科学,在科学之林跻居一席之地。注重缜密的逻辑,必须符合同一律、不矛盾律等形式逻辑,法律论证能以演绎方式展开,法律结果就会具有可预测性、确定性和可理解性。事实上,一旦将普遍接受的法律原理与推论演绎的印刷文本的认知及表达方式联系起来,法律事实上就成了一门科学。而运用演绎方法构建法律体系和得出判决结果,法院尽力从法律规则和原则中找出正确的答案,保持法律不过分人情化、个人化、主观化和反复无常。法律逻辑指供法学家,特别是供法官完成其任务之用的一些工具,方法论工具或智力手段,正如《牛津法律指南》所言:"法律研究和适用法律要大量地依靠逻辑。在法律研究的各个方面,逻辑被用来对法律制度、原理、每个独立法律体系和每个法律部门的原则进行分析和分类;分析法律术语、概念,以及其内涵和结论,它们之间的逻辑关系,⋯⋯

---

① Alessandro Passerin du Entrèves, *On Natural Law*, Transaction Publishers, 1965, p. 47.
② 卡尔·拉伦茨:《法学方法论》,陈爱娥译,商务印书馆 2003 年版,第 6 页。

在实际适用法律中,逻辑是与确定某项法律是否可适用于某个问题、试图通过辩论说服他人、或者决定某项争执等相关联的。"①霍姆斯在《普通法》开篇说道:法律的生命不在于逻辑,而在于经验。但霍姆斯大法官也承认:"律师受到的训练就是在逻辑上的训练,类推、区分和演绎的诸过程正是律师们最为熟悉的,司法判决所使用的语言主要是逻辑语言。"②

其三,注重过程论证,而不只是结论,采用这一进路的司法若背离形式论证,将会招致不受欢迎的质疑。所谓法律人的思维,就是"用逻辑去构建法律论证意见"③。像法律人那样思考——其实是文本阅读、法律推理(类比推理)、法律解释、教义学分析——要求遵循规则中的逻辑,尤其是证据规则。法律人所追求的真相、真实、真理,是程序和证据中的"真",特别是得讲理清楚、逻辑通畅。通过史实考察可以发现,"口头文化的国家在法律程序中偏重于审问,俄国、法国、爱尔兰都是如此。相反,书面传统宠爱的是将详细的证据过筛"④。一般说来,在印刷书面文化背景下,"法官、律师和被告都认为谚语或俗语不适合解决法律纠纷,正是在这一点上,媒介—隐喻关系把他们和部落首领区分开来。因为在以印刷物为主的法庭上,法律文书、案情摘要、引证和其他书面材料决定了寻求事实的方法,口述传统失去了共鸣——但不是全部。证词是口头的,因为人们认为口头表述比书面表述更能真实地反映证人的思想状况。确实,在许多法庭上,陪审员不允许记笔记,也不提供法官解释法律条文的书面材料。陪审员要听事实,而不是看。所以,我们可以说我们对于法律事实的理解存在共鸣的冲突:一方面,人们仍然相信口头语言的威力尚存,只有口头语言才可以代表真理;另一方面,人们更愿意相信书面文字的真实性,尤其是印刷文字"⑤。事实上,"在以印刷品为基础的文化中,律师往往受过良好教育,相信理性,擅长论证。在美国历史上,……那就是如亚历西斯·托克维尔所说的,律师这个职业代表了'脑力劳动的一个特权团体'。……美国法律界的大

---

① David. M. Walker, *The Oxford Companion to Law*, Oxford University Press, 1980.

② Oliver W. Holmes, Jr. , "The Path of the Law", in *Collected Legal Papers*, ed. Mark de Wolfe Howe, Harvard University Press, 1910, p. 181.

③ R. J. Aldisert, S. Clowney and J. D. Peterson, "Logic for Law Students: How to Think Like a Lawyer", *University of Pittsburgh Law Review*, Vol. 69, p. 1.

④ 埃里克·麦克卢汉、弗兰克·秦格龙编:《麦克卢汉精粹》,何道宽译,南京大学出版社 2000 年版,第 297 页。

⑤ 尼尔·波兹曼:《娱乐至死》,章艳译,中信出版社 2015 年版,第 22 页。

牌人物,比如约翰·马歇尔、约瑟夫·斯托里、詹姆斯·肯特、戴维·霍夫曼、威廉·沃特和丹尼尔·韦伯斯特,都是崇尚理性、学识渊博的知识分子典范"①。即,"法律条文的制定非常明确严格,这更要求法律界人士必须具有开明、理性和清晰的头脑。律师需要具备超过常人的读写能力,因为理性思维是判断法律事宜的主要依据。约翰·马歇尔无疑是'理性思维的杰出典范',……他是印刷术时代的优秀代表——冷静、理智、崇尚逻辑、憎恶自相矛盾"②。

其四,法律的逻辑化有利于将政治和社会问题转化为法律问题而得以解决。在法律的逻辑化和科学化程度较高的美国,"几乎所有的政治问题迟早都要变为司法问题。因此,所有的党派在它的日常论战中,都要借用司法的概念和语言……司法的语言差不多成了普通语言;法学家精神本来产生于学校和法院,但已逐渐走出学校和法院的大墙,扩展到整个社会,深入到最低阶层,使全体人民都沾染上了司法官的部分习性和爱好"③。事实上,"在一个社会中,法治能否取得成功,直接依赖于该社会的公共决策者和私人决策者是否普遍接受了与法治理念相适应的思维方式,是否能够按照这种思维方式去形成预期、采取行动、评价是非,是否肯于承认并尊重按照这种思维方式思考问题所形成的结论,尤其是在此种结论与自己的意愿、计划和利益相抵触的时候。无论是对一个个人而言,还是对一个社会而言,如果在这些问题上不能自觉地给予肯定的回答,就只能说明法治的理念并没有真正被这个人或这个社会所接纳"④。

(四) 数学、量化思维对法律科学化的影响

与印刷媒介相伴的数学和量化思维对法律科学化也产生了重要影响。"数字成了启蒙的规则。同样的等式也支配了资产阶级的法律和商品生产。"⑤现代法制的一个重要功能就是"给人以确定性"⑥。"资本主义所需要的

---

① 尼尔·波兹曼:《娱乐至死》,章艳译,中信出版社 2015 年版,第 69 页。
② 同上书,第 70 页。
③ 托克维尔:《论美国的民主》,董果良译,商务印书馆 1997 年版,第 310—311 页。
④ 郑成良:《论法治理念与法律思维》,《吉林大学社会科学学报》2000 年第 4 期。
⑤ 马克斯·霍克海默、特奥多·阿道尔诺:《启蒙辩证法:哲学片段》,洪佩郁、蔺月峰译,重庆出版社 1990 年版,第 5 页。
⑥ 布鲁诺·莱奥尼:《自由与法律》,秋风译,吉林人民出版社 2004 年版,第 14 页。

是一种类似于一台机器让人可以预计的法；礼仪的—宗教的和魔法的观点不许发挥任何作用。"①在此，数学和量化思维，不仅是一个科学问题，事实上，也成为合理性和合法性问题，它直接关涉到法律的合理性与合法性基础的变革。近现代以来，数学已经取得了神学那样的地位，具有意识形态的作用，对政治、经济、文化、社会生活都具有莫大的影响。所以，在数学和量化思维的引领下，法律的科学化也会数学化的，数学化与法律的科学化不谋而合。因为数学化不但易交流，也有助于思维的效率。凭借数字的严密性和简洁性，许多比较复杂的思想就可以被准确地表达出来，这些思想如果用普通语言表达出来，就会显得冗长不堪。思维的经济原则通过数字得到了高度的发挥，数字的力量却在于它避免了一切不必要的思想而采取了最为经济的思维方式。序号被称之为数，这就已经形成了一种奇妙、简单而又经济的认知系统。一些在法律条文中表述得比较模糊的内容，包括"情节严重""合理方式"或"较大影响"等，司法实践中往往通过数字化的方式予以明确。数字符号的使用保证了法律的简洁性、效率性，还可最大限度地消除法律中的模糊性与产生歧义的可能。司法实践却并不耐烦去详细考虑每个个体在酒精代谢能力、酒精耐受能力方面存在先大差异的事实，转而采纳了一个概率统计上的数字作为判断标准依据。从而将一道评价行为人意识能力的"主观论述题"化简为检测行为人血液中酒精含量是否达到标准的"客观判断题"。面对一杯水，当我们说它很热时，那些没有触摸它的人并不知道究竟有多热，而一旦引进了数的定量概念比如"60度"，这就赋予了个体感觉以确定性，从而解决了不同主体之间如何去传达的问题。回忆当时烧到多少度就很难，只有看病历上写的"38度"才能清楚。因此，如果没有数字的话，精确知识的产生和传播将不可能。

数字赋予法律以科学性、客观性及正当性。如果欲通过法律制度来为人们创造一个可知、可预测的社会，那么法律制度就必须具有量化和可计算特征。口语媒介，与数理逻辑及科学语言不同，其意义通常并不十分明确、清晰，不存在一个可以准确把握的边界。印刷书面文化无疑更符合量化认知理性的要求，使之具有高清晰度和透明度，给它们强加上越来越大的精确度和可预期

---

① 马克斯·韦伯：《经济与社会》（下册），林荣远译，商务印书馆1997年版，第723页。

性。印刷媒介时代,开始将信任问题转变为书面法律问题,开始以标准化和定型化形式展现制度信任的普遍内涵,从而有别于乡土社会的以宗教、情感等方式约束的个别化诚信法则。数学化和量化乃是传统法制与现代法制的基本分野所在,韦伯就把数学化和量化作为法律理性和现代性的重要构成内容和集中体现。罪刑法定主义思想和原则的产生,也不能说没有印刷书面理性的影响。"编纂刑法的唯一目的就是要确立一种量刑幅度,因为习俗本身已经越来越受到人们的怀疑了。"①18 世纪中叶,古典主义刑法理论的奠基者贝卡利亚,力倡罪刑法定。他主张法官的使命就是逐条地遵守法律,通过确定的法律判定公民是否违法,而后从法律中寻找罪名和刑罚。并郑重地强调只有法律才能规定刑罚,实施法律规定之外的刑罚便是一种不正义的刑罚。贝氏虽未明确提出"罪刑法定",但此时已是呼之欲出。1810 年费尔巴哈在其《现行德国普通刑法教科书》中首次使用"罪刑法定"概念。在法典的编纂运动中,法国率先将罪刑法定制度化为专门的法典。1789 年法国的《人权宣言》在第 8 条规定:法律只应当制定严格地、明显地必须的刑罚,而且除非根据在其违法行为之前规定、公布并且合法地适用的法律,任何人都不受处罚。这一罪刑原则在法国的刑法典和欧洲其他国家的刑法典都得以具体体现。1810 年《法国刑法典》第 4 条明确规定了罪刑法定原则:没有在犯罪行为时以明文规定刑罚的法律,对任何人不得处以违警罪、轻罪和重罪。此后,法典化的德国和意大利等大陆法系国家纷纷作出了类似的规定。

　　事实上,数学化和量化直接影响到了立法和司法。如边沁是近代西方立法理论的集大成者,他反对用带有定性色彩的道德来立法,主张法律与道德分离,立法是一个量化的艺术而非是定性的、道德的明细化,并强调立法科学要取得进步就必须舍弃这种"激发情感的名称"。边沁在其《立法原理》一书中对其量化、计算式的立法观念作了进一步阐述,并指出:"立法者应以公共利益为目标,最大范围的功利应成为他一切思考的基础。了解共同体的真正利益是什么,乃立法科学使命所在,关键是找到实现这一利益的手段。"这种手段在边沁看来,就是"发现一种道德算术,这种算术可以使我们得到普遍同意的结果"②。这种道德算术实质上就是对人们的快乐和痛苦进行计算、度量和权威,

---

① 埃米尔·涂尔干:《社会分工论》,渠东译,生活·读书·新知三联书店 2000 年版,第 38 页。
② 边沁:《道德与立法原理导论》,时殷弘译,中国人民大学出版社 2004 年版,第 1 页。

来为立法者提供立法依据。为此,边沁开列出了 15 条快乐和 11 条痛苦,并开始对它们的相互制约、相互影响进行计算、权威。如此一来,"立法因此便成了代数问题"①。对"苦"与"乐"的大小或多少加以定量计算,不仅是必要的,也是完全可行的,即"如果我们能将苦乐还原为一定的量度,并确立一种关系,据此证明整体的量值取决于这些个别因素,我们就找到了一种解决办法。那时我们就能制定出计算感觉和情感的公式,其精确性不会亚于算术、几何学和物理学"②。作为数学化和量化的法律,也表现为对规范的诠释可以在任何情况下通过可验证的逻辑程序进行。其思维方式和逻辑规律及其操作规程,都是可预期和明确严缜的。萨维尼曾经指出:"三角形三个角之间关系是确定的,所以知道任意两个角的度数,我们就能够通过演绎方法推理得出第三个角的度数。同理,如果法律的各个部分已经明确,通过第一原则,我们也可以得出合理的结论,这就可以被定义为是一条公理。"③法律的数学化和量化可有效地规范自由裁量权。这就是专业性原则。法官必须是经过系统法学训练、具有法律专业知识并通过专业司法考试的专职法官。行为依据就从以往的人情事理变为了法律的规则程序,官员必须具备的知识素质也从实践常识变为了法律知识。它实现了法治测度的相对客观性和可比较性,使得法治发展程度更为直观、具体。现代社会的治理已经日益转变为韦伯所言的法理型治理,政治系统的正当性或可接受性就建立在其是否通过颁布法律并依照法律来办事这一基础之上。一是"严格的形式"(特别是法律程序),另一就是维系制度的目标、理念的延续和演进的专业化的职业法律家集团。"我们近代的西方法律理性化是两种相辅相成的力量的产物。一方面,资本主义热衷于严格的形式的,因而——在功能上——尽量像一部机器一样可计量的法,并且特别关心法律程序;另一方面,绝对主义的国家权力的官僚理性主义热衷于法典化的系统性和由受过理性训练的、致力于地区之间平等进取机会的官僚来运用的法的同样性。两种力量中只要缺一,就出现不了近代法律体系。"④

---

① 边沁:《道德与立法原理导论》,时殷弘译,中国人民大学出版社 2004 年版,第 62 页。
② E. 卡西尔:《启蒙哲学》,顾伟铭等译,山东人民出版社 1988 年版,第 145 页。
③ Alessandro Passerin du Entrèves, *On Natural Law*, Transaction Publishers, 1965, p. 47.
④ 马克斯·韦伯:《儒教与道教》,王容芬译,商务印书馆 1995 年版,第 200 页。

第十一章　城市时间观的兴起
及对现代法文化的形塑

第一节　中世纪西欧城市时钟时间观的兴起及影响

一、中世纪西欧城市时钟时间观的兴起

作为不争事实，西方的现代性时间观也产生于城市。至 14、15 世纪，机械钟已被点缀于欧洲许多城市市政厅的塔楼，成为现代性时间观兴起的象征。机械钟首次在米兰出现，每小时报时一次，随后欧洲其他城市也陆续开始了以机械钟和小时来计时，并成为一种重要的社会生活组织手段。并且，一些学者已注意到近代西方在由乡土社会向城市社会转型中，时间观变革起源于钟表时间的影响。也即，不假思索地接受视时间为一种可以测量的钟表时间观念，是城市文化的产物，而在乡村中则看不到这种景象。对此，古列维奇就指出："在 14 世纪、15 世纪，时钟点缀着许多欧洲城市市政厅的塔楼。尽管它们是不精密的，而且没有分针，但它们却标志着社会时间观的一场真正革命。"①也即，城市的钟表时间作为一种特定城市现象产生了深远的历史影响，而成为传

---

① A.J.古列维奇：《时间：文化史的一个课题》，载路易·加迪等：《文化与时间》，郑乐平、胡建平译，浙江人民出版社 1988 年版，第 333 页。

统向现代时间观转型的起点和重要组成部分。如果说前现代社会的时间隐喻是借助各种自然现象以及各种农业劳作(有很多即便在今天仍然有影响)来界定的话,那么在城市社会的时间隐喻则是钟表,并且"时钟在西方兴起的历史就是新的生活方式和扩展公众生活舞台的历史"①。

　　自中世纪晚期开始,机械钟大量出现在西欧城市的公共建筑上,并将洪亮的报时钟声不断传递给市民和工商业者。这种现象想来并不是偶然的,我们知道人类社会的时间不仅是计时方式,也是群体成员社会协作方式。作为深层结构形式,时间不是孤立个人的行为和意识的产物,而是被以生产方式为核心的社会存在(文明)与社会组织化塑造的结果。关注乡土社会向城市社会转型中时间观的转换,尤其是城市时钟时间观的兴起,需要关注城市、技术和文化教育等影响因素。

　　其一,机械钟出现在欧洲城楼上,是城市生产生活交往和工商业发展的需要。也即,在欧洲社会,"出现并建立了另一种社会生活中心:城镇,其特征是具有一种特殊的节律,在时间测量中需要更高的精确性,以及更为关心时间的花费"②。也就是说,"起源于 13 世纪的机械钟,却与一个新的政治背景,与一个刚刚摆脱了教权的城市权力更密切相关,与精密技术系统的因素则联系较少"③。机械钟的出现是城市生产生活社会化必然的结果。日出而作、日落而息的自给自足农耕社会里,不需要大规模社会协作,不要求对社会时间有精确的掌握与协调,而"城市作为一种社会发展的协调和开拓因素,不断地在其广大的空间范围内实现着一种统一的社会秩序"④。随着城市生活的社会化,人们对社会化时间产生了更精确掌握和利用的需要。如果城市社会化生活和交往已成为前提,社会化时间就必然产生。也即,随着城市化进程和交往的扩大,地方性、现象性的自然计时体系越来越不适合了,或言之,随着交往领域的扩大,生物的自然时间(例如庄稼的成熟)再也不能够成为一种时间参与的框架。最后,作为全球化的天文时间,成为一种新的时间参照,也就成为一种必

① 布尔斯廷:《发现者》,吕佩英译,上海译文出版社 2006 年版,第 106 页。
② A.J. 古列维奇:《时间:文化史的一个课题》,载路易·加迪等《文化与时间》,郑乐平、胡建平译,浙江人民出版社 1988 年版,第 332 页。
③ 布鲁诺·雅克米:《技术史》,蔓菁译,北京大学出版社 2000 年版,第 149 页。
④ 拉瓦蒂:《城市革命》,载陈一筠主编:《城市化与城市社会学》,光明日报出版社 1986 年版,第 92—93 页。

然。在我们这个更加全球化的社会里，天文提供了计量时间的"客观"方法，那些基于天文观测和数据精确即技术进步的普及，从而使得钟表时间的使用和普及具备了参照可能。与此同时，机械制造业不仅从工艺技术条件上，而且首先是从观念形态的生产意义上生产出了现代时间的计量工具兼象征物：机械钟。城市生活和商业交往使得人们的社会交往和社会化空间加大，对协调的追求，导致了机械钟计时的需要。借助时钟联系在一起，采用标准化的社会时间增进了时间的统一性，克服了地方时间的差异。"14 世纪时，机械钟迅速流行，钟楼上、塔楼上和城门上都有，使劳动和贸易有了节奏，使城市的新秩序有了节奏。"①

其二，城市生活对自然节奏及其时间观的依赖弱化了。这在很大程度上是因为城市生活的社会属性增强而自然属性减弱。在城市社会中，"职业的规则，日复一日，与自然的现象没有什么关系了；它在很大的程度上是由机器体系的速度所支配的，而体系的节奏并不遵循生活的节拍"②。城市社会脱离了乡土时间节奏和制约，并开始成为一个新的时间秩序。农民天然地依赖自然界的周期节律，而城市创造的各种社会性交往，形成了一个独立于自然界而运行的人工世界。城市社会中，市民生活和工商业者的生产周期已不再由季节更替所决定，人们已经更多地受到自身建立的人工系统的控制。"正是在欧洲城市中，时间有史以来第一次开始被'分离'为一种处于生活之外的纯形式。"③有证据表明，在"城市和市镇，人们用时钟来管理"④。我们有必要区别时钟和日历参照与太阳、月亮、潮汐等自然标志，后者作为自然节律性的形态，其标志是变化性循环。而前者是一种人为创造。

其三，在讨论钟表时间观形成时，还需要关注的一个事件就是古腾堡印刷术的诞生及影响。印刷媒介是现代钟表时间观建构的一个重要组成部分，在夺取教会对时间的控制权的斗争中，印刷媒介做出了重要贡献。"印刷机支持宗教改革，摧毁了教会对时间的垄断，虽然对时间的兴趣在宗教节日中还是保

---

① 布鲁诺·雅克米：《技术史》，蔓君译，北京大学出版社 2000 年版，第 151 页。
② 约翰·哈萨德编：《时间社会学》，朱红文、李捷译，北京师范大学出版社 2009 年版，第 36 页。
③ A. J. 古列维奇：《时间：文化史的一个课题》，载路易·加迪等：《文化与时间》，郑乐平、胡建平译，浙江人民出版社 1988 年版，第 334 页。
④ 约翰·哈萨德编：《时间社会学》，朱红文、李捷译，北京师范大学出版社 2009 年版，第 99 页。

留了下来。"①但在此过程中，"纸和文字，对教会时间的垄断所造成的冲击是显而易见的。其表现是，俗语地位上升，产业和贸易发展"②。并且，在时间的客观化和地域协调化的过程中，古腾堡印刷术也发挥了重要作用。"比如，时间的客体化是英语其他均质欧洲语（Standard Average European Languages）的结构特征，这个客体化的过程产生了机械钟表、年历、数字表、时间卡、夏时制、迟到受罚、记事册、约会，还产生了数以千百计的其他人造物、习俗和文化价值；所有这些东西都产生于一个投射的过程，我们把时间映射到一个想象的视觉空间里，使时间能够在那里被切分、计数。"③为实现跨地域的有效交流，包括时间交流，需要有某种机制不时地校正和统一文字。为确保交流更为客观、准确，印刷术营造着的文字统一，有利于在空间上形成最为广袤的文化圈，即人们在信息的共创、共享的过程中，也易在时间认同上趋向统一。"这种符号标记——文字记录——是时空中无与伦比的最有效的延续经验的方式。"④诸多国家和地区在印刷媒介的强力支持下，建构了国家统一时间。还有一个现象需要注意，那就是欧洲在 19 世纪有了铁路以后，因为要给不同地方的车站编制列车运行表，进一步强化了统一时间的需要，再加上电报等通信工具的发明，使不同地方实行标准时间成为可能。

与此同时，英国还完成了对世界时间的统一化。1884 年英国以本初子午线作为划分世界时间的标准，就是其重要体现。为什么要采用格林尼治的子午线，在经济和政治上有压倒性理由，却不必然有地理和天文上的迫切理由，换言之，象征现代时间的机械钟表之可能最终以格林尼治时间统一（普适）全世界，其真正深刻的根据并非眼前直观的机械工序进程，而仍在于英国对外贸易的世界性。当然也包括，英国借助在近代史上的成功以及在经济、政治、军事等领域的强势而不断向后发展中国家渗入，也成为世界时间走向趋同和一体化的力量。也即，"到了 19 世纪后期，西方的长途旅行围绕着格林尼治标准时间而组织起来，这正是大不列颠帝国霸权的物质表现"⑤。但整体而言，经济

① 哈罗德·伊尼斯：《传播的偏向》，何道宽译，中国传媒大学出版社 2013 年版，第 59 页。
② 同上书，第 101 页。
③ 林文刚编：《媒介环境学》，何道宽译，北京大学出版社 2007 年版，第 222 页。
④ A. Giddens, *A Contemporary Critique of Historical Materialism*, Macmillan, 1981, pp. 38 - 39.
⑤ 曼纽尔·卡斯特：《网络社会的崛起》，夏铸九译，社会科学文献出版社 2006 年版，第 403 页。

全球化的到来,社会生活节奏的协调和时间观念的统一这个大趋势是不可避免的。芭芭拉·亚当等人就指出:"世界时间的制度成为全球贸易、金融、运输和通信网络的实质性先决条件。"[①]在全球社会中,不同群体和地区的交往的协调和彼此适应,准时、可计算、精确,是迫切需要的,时钟时间使得自然经济所造成的传统社会的间隔和特殊性被彻底打破了,它使得人们的生活在很大程度上进入一种刻意精确和彼此统一的时间过程之中。这是世界时间的开始,地球上无论何种国家、民族、地区、群体或个人,要进行全球贸易就需要舍弃地方性时间而接受大致统一的世界时间的规范,"世界结构的诸本质性关联与公共时间联系在一起"[②]。这也可以通过那些追求全球范围内的同时性状态的技术清楚地表现出来,世界上到处都安置了同时性装备,人类的时间感觉和空间感觉也发生了根本性变化。"地球上越来越广袤的地方开始接受一个统一的时间。推动这一事实形成的,不仅仅有全球范围内经济和政治活动的日益交织以及为更快、更大规模的物、人、信息交流提供保障的现代技术,还有因工业生产方式的普及而逐步接近的生活方式。不仅诸多事情在世界各地同时发生,而且,我们确实能够了解地球上其他地方同一时间里发生的事件和进程,这都推动人们在社会共同生活中接受统一的时间。"[③]

其四,钟表的发明和普及也为城市、工业社会时间观的养成提供了基础。时钟及怀表的出现,是社会交往史和文化观念史上的一件大事。17 世纪起,资产阶级房间中一个标志性的东西,就是"放一座钟"。[④] 作为不争事实,"从 1658 年起,家用时钟开始在英国普及。祖父钟(落地式大摆钟)也是在 17 世纪 60 年代之后才开始普及的。不过,此时怀表还很罕见。直到 1674 年,对控制摆和盘旋平衡弹簧的改进才使怀表成为精确的计时仪器,而不再是单纯的炫耀品,到 1680 年,英国钟表制造业在整个欧洲已经举足轻重,并在 1796 年

---

① 芭芭拉·亚当、理查德·惠普、艾达·萨伯里斯:《时间设计与管理:传统、发展和机会》,载理查德·惠普、芭芭拉·亚当、艾达·萨伯里斯编:《建构时间:现代组织中的时间与管理》,北京师范大学出版社 2009 年版,第 19 页。

② 海德格尔:《存在与时间》,陈嘉映、王庆节译,生活·读书·新知三联书店 2006 年版,第 468 页。

③ 赫尔嘉·诺沃特尼:《时间:现代与后现代经验》,金梦兰、张网成译,北京师范大学出版社 2011 年版,第 11 页。

④ 雷吉娜·佩尔努:《法国资产阶级史》(下册),康新文等译,上海译文出版社 1991 年版,第 13 页。

达到了顶峰。因此,到 1750 年时,钟表已经在整个英国,尤其是较大的城镇得到广泛普及。例如,1718 年,法国使团看到'现在伦敦有很多时钟,所以丝毫没有必要再在家里安放时钟;但是,这种艺术品在这里是那么普通,也相当流行,几乎每个人身上都有一块表,几乎家家户户都有摆钟'。但是,从钟表的价格来看,几乎可以肯定,拥有这种新时间的人仅限于中上阶层人士、雇主、农场主和商人等"①。在这里,时钟或便携式的怀表代表了标准化和协调性的基本建构,即"计时系统反映了群体的社会活动,它具有集体性起源;坚守它们具有社会必要性"②。或言之,"个体适应社会的基础不可能是个人的不可靠的时间经验,而必须是对所有的个人来说都是不变的和共同的时间,只有在这种时间的基础之上,经济和社会活动中的合作才是可能的"③。于是,便携式的时钟或怀表帮助城市居民创造了一种精神生活,这使得他们能够以在复杂的城市生活中达到的一种精确性来协调他们的日常事务,而在农村,时间是以更多的自然节奏(如公鸡打鸣)为标志的。与农民不同,城市居民必须使他们的手表与其他千百万人的手表保持同步和协调。"在现代社会中,不遵守准确的时间,就是冒丧失社会能力的危险。"④

其五,在城市和工业社会中,守时是一种美德,而学校是培育公民养成守时习惯的一个重要体制性力量。对于城市学校的生活,我们可以一目了然地发现,一切都是守时和定时的。在学校里,所有的人,无论是教师还是学生,全都加入由铃声、作息时间表、课程表、校历等组成的秩序之中。在学校,所有的活动和互动都是根据时间表、进度表和最后期限之间的协调一致而被精心设计的;列入每天时间安排的不仅仅有课时,还有科目内容:在有限的时间资源和成堆的时间表整体结构中,要针对预先设定的时长来安排活动;它为所有参与者提供了一个常规的程式,精心安排的学习、教学、考试、评估、管理、行政、清洁、烹饪、吃饭和娱乐,都能在其中有条不紊、按部就班地进行。这个程式的规律性已经被响铃和制度安排所强化,就像修道院的钟声一样,学校的响铃和制度安排保证了规律性的集体节拍。"但与修道院钟的不同之处在于,学校的

---

① 约翰·哈萨德编:《时间社会学》,朱红文、李捷译,北京师范大学出版社 2009 年版,第102 页。
② 同上书,第 45 页。
③ 同上书,第 35 页。
④ 同上书,第 73 页。

铃声建构的是世俗时间,一种不再属于上帝,而是属于人类集体的时间。这是对在其中安排儿童教育的当代标准化抽象的物质表达。学校的响铃把法语老师的时间与地理老师的时间区分开来,把学习时间与娱乐时间区分开来,把学校时间与私人时间区分开来。它把全体教工和学生捆绑到一个共同的计划,其中他们各自的活动都是有步调、定时的。"①它培养学生在城市化时代的时间感,只有具有这种时间感,他们在未来的生产生活中才能实现顺畅。

其六,时间性惩罚也是时间观规训的一个重要辅助。时间性惩罚也是随着工业资本主义的出现而发展起来的,并带来一些处罚现象的时代反差。如1757 年 3 月 2 日,达米安因谋刺国王而被判处在巴黎教堂大门前公开认罪,其强调的是地方性和现象性,而紧接着,福柯将其切换到 80 年后,列昂·福歇制定了"巴黎少年犯监管所"规定,这个规定的第 17—28 条具体地列举了犯人的作息时间表。犯人们每天起床、祈祷、劳动、进餐、学习、休息甚至是洗手的时间,都有细致的规定,具体到几时几分。② 值得在此强调的是,在 1757 年之际,法国尚未发生资本主义革命,法国社会的基本形态仍然是君主统治下的农耕社会;但是,到了 80 年之后的 19 世纪上半叶,法国早已完成了资本主义革命,社会形态也随之转变成了城市社会。因此,如果把 1757 年现象性的酷刑看作是自然时间及其主导下的农耕社会的产物的话,那么,80 年后的那份改造少年犯的作息时间表,就是人工时间及工业社会的产物。

总之,城市钟表时间及其时间观不断扩展其使用范围,渐渐地,时钟时间就与人们的日常生活融为了一体,成为人们生活方式的重要内容。钟表的发明和普及为人们社会活动的时间安排提供了便利,并开始自觉或不自觉地融入社会生活的群体节奏当中去。"当蒸汽力、电力及人工照明使工厂昼夜不停进行工作的时候,当黑夜可以转化为白昼的时候,人为的钟点,亦即时钟上标明的钟点,对每个人都成为不变的生活规则。"③经过长期的时间观规训,工业化社会成员的时间观日益已经社会化。社会性生活也开始根据时钟和日历来组织。"人类的时间世界不再与潮起潮落、日出日落以及季节的变化相联系。

---

① 芭芭拉·亚当:《时间与社会理论》,金梦兰译,北京师范大学出版社 2009 年版,第 12 页。
② 参见福柯:《规训与惩罚:监狱的诞生》,刘北成、杨远婴译,生活·读书·新知三联书店 1999年版,第 1—6 页。
③ 布尔斯廷:《发现者》,吕佩英译,上海译文出版社 2006 年版,第 106 页。

相反,人类创造了一个由机械发明和电脉决定时的人工的时间环境:一个量化的、快速的、有效率的、可以预见的时间平面。"[1]这种时钟时间观的形成不能仅仅归因于这些技术手段和媒介,需要清楚的是,对时钟的采用,社会因素要大于技术的因素。时钟时间之所以能够成为现代最具支配力的计时方式,是与城市生活息息相关的。

二、　中世纪西欧城市时钟时间观兴起的影响

其一,城市钟表时间是对基督教时间观的反叛。"时间就是权力,这对一切文化形态的时间观而言都是正确的。"[2]时间秩序就是人类社会生活的秩序,对时间秩序的控制也就是对人类社会生活的控制。在任何一种文化形态中,控制时间体系和对时间的解释者,就是社会生活的控制者和立法者。如欧洲中世纪的时间观指向某种神圣性的最高存在,在中世纪,教会是社会时间的主人,牧师决定了整个计时方法,有关历史时间的时历是从创世和基督诞生算起的,主要表现为在《圣经》的世界里,"末日"的时间观,以审判或清算的名义,约束着整个基督教世界。这也解释了为什么在中世纪,对统治阶级的反抗常常呈现出一种抗议教会对时间控制的形式。[3] 中世纪晚期开始,城市开始争夺时间控制权,可将其定义为从神圣历史到世俗历史的转变。事实上,城市运动是一场摆脱教会的"世俗化"运动,而按施特劳斯(Leo Strauss)的解释,"世俗化"(secularization)其实就是"时间化"(temporalization)的同义语。对此,布尔斯廷指出:"时钟始终被世俗化——也就是为大众所用就我们所知,最早的欧洲时钟是供修道院的修道士按时祈祷之用,但当时钟搬上教堂尖塔或市镇钟楼时,它就进入俗世。"[4]也如古列维奇所言:"城楼的钟声象征着'世俗时间',它与用来测量宗教礼仪时间的教堂和修道院钟声形成了鲜明对比。……依雅克·勒·戈弗(Jacques Le Goff)的话,就是那时开始了从'圣经时间'向

---

① 　J. Rifkin, *Time Wars*: *The Primary Conflict in Human History*, Henry Holt, 1987, p. 12.

② 　吴国盛:《时间的观念》,北京大学出版社 2006 年版,第 99 页。

③ 　参见 A. J. 古列维奇:《时间:文化史的一个课题》,载路易·加迪等:《文化与时间》,郑乐平、胡建平译,浙江人民出版社 1988 年版,第 330—331 页。

④ 　布尔斯廷:《发现者》,吕佩英译,上海译文出版社 2006 年版,第 106 页。

'商人时间'的转变。"①因此,"在中世纪的城镇中,'商人时间'已经开始取代'教会时间'。但是,这个过程是漫长的。例如,在考文垂(Coventry),从 1450年到 1550 年,这两种时间的对抗形成了对峙的局面;半年遵循宗教惯例,半年履行市镇事务和礼仪习俗"②。对此,中世纪史学家雅克·勒高夫曾指出:"在教会时间和商人时间之间发生的冲突,堪称这数世纪里思想史上的主要事件之一。"③

由于城市有了自己特殊的时间观和节律,城市成了自己时间的主人,城市的钟表时间,日益成为一种"世俗时间"的象征。④ 就这样,钟表不断由具有神圣意味的宗教领域而进入世俗生活之中。最终,世俗国家在同教会争夺时间控制权上取得了胜利。如英国通过世俗国家政权实现了国家时间的统一化,"标准时间于 1848 年到达不列颠,成为人类控制漫无章法自然力量的终极表现"⑤。事实上,在英国,钟表时间是在 18 世纪最后三分之一的时间时被引入生产过程中的。现在看来,从这一时间一直到 1880 年。在布里斯托尔,改用格林尼治时间的决议已经在 1852 年 9 月 14 日的议会会议上获得通过。此后不久,普利茅斯、巴斯和德文郡也改用了格林尼治时间。此时,西南地区和全国其他地区实现了时间上的同步性。一种全国的、各地统一的普适的时间体系,开始取代从前当下的、临时性的、局域性的计时体系。此后,上帝不再是时间认知的主导性隐喻。在机器时代,我们自己的时钟在很大程度成了时间认知主导性隐喻,人是时间的真正主人,人在时间层面成为真正自由平等的人。"在欧洲,人为的钟点,即机械的钟点,取代了历法世界的计时,冲破了占星学的半阴影,进入明朗的日常生活。"⑥

其二,钟表时间对工业化社会的兴起和发展有着根本性作用。"工业社会

---

① A. J. 古列维奇:《时间:文化史的一个课题》,载路易·加迪等:《文化与时间》,郑乐平、胡建平译,浙江人民出版社 1988 年版,第 333 页。

② 约翰·哈萨德:《时间社会学》,朱红文、李捷译,北京师范大学出版社 2009 年版,第 100 页。

③ Jacques Le Goff, *Time, Work, and Culture in the Middle Ages*, University of Chicago Press, 1982, p. 30.

④ 参见施特劳斯:《自然权利与历史》,彭刚译,生活·读书·新知三联书店 2006 年版,第 324 页。

⑤ 克拉克·布列斯:《时间的秘密》,范昱峰译,上海人民出版社 2004 年版,第 5 页。

⑥ 布尔斯廷:《发现者》,吕佩英译,上海译文出版社 2006 年版,第 106 页。

最关键的机械就是时钟，而不是蒸汽机。"[1]或言之，"时钟，不是蒸汽机，成为现代工业时代的关键机器"[2]。霍尔就指出："如果没有时间表或某种类似一次做一件事的(M-time)体制，我们的工业文明能否发展到它现今的样子是令人怀疑的。"[3]工业社会主要是由钟表时间(clock time)所组织和支配的，进而言之，工业体制运转需要钟表时间组织。在工业和机械体制下，每个人的工作无不与钟表时间联系在一起，以保障大规模的流水线。"从更深的意义上讲，对当代工业化社会而言，时间是根本。工业化社会的成员不仅使用时间概念来综合思维、身体、自然与社会生活的种种形态，而且把时间作为全球测量、协调、管理和控制标准化的准则。"[4]19世纪和20世纪早期的科学管理运动继承了这种时间规制的传统：泰勒进行工时定额研究是为了取得对工作的控制权；亨利·福特采取的大规模生产系统使得工人服从于流水线的传送机皮带。这里体现了组织时间中的严格性，即在工厂以及许多其他类型的组织中，生产是按照由许多时期和阶段所构成的一种固定次序来安排的。这一过程的某一阶段花的时间太长，这就会打乱其他阶段的时间安排。在农村环境中无精确时间观的行为方式，对于城市工业社会来说是一种威胁。这时，"与预定时间的哪怕最小的延迟或偏差，也会使运输和技术体系失常，会导致全面的误会，甚至事故和灾难"[5]。明白了这一点，我们就再也不会怀疑，绝大部分西方工业组织都是定时的。"劳动被按区域大量而精细地分布在空间和时间之中，这是工业主义的特征。劳动的这种分布要求根据预先确定的时间间隔来对活动进行一种小心翼翼的协调，而且会把机器时间(mechanical time)的越来越细的限制强加给人们，而机器时间是以分分秒秒来计算，也是以分秒来区分的。"[6]其中，工人按时上下班的时间高峰场景常被认为是对遵守严格时间规制的典型描述。资本主义制造系统也利用时钟和时钟时间来管理工人，并使之内化成新的工作习惯。"在工业化和正在工业化的国家中，不仅活动被同步化，而且同

---

① 罗伯特·列文：《时间地图》，范东生、许俊农译，安徽文艺出版社2000年版，第89—90页。

② 海因茨·沃尔夫冈·阿恩特：《经济发展思想史》，唐宇华、吴良健译，商务印书馆1997年版，第11页

③ E. T. Hall, *The Dance of Life: the Other Dimension of Time*, Doubleday, 1983, p. 48.

④ 芭芭拉·亚当：《时间与社会理论》，金梦兰译，北京师范大学出版社2009年版，第9页。

⑤ 约翰·哈萨德编：《时间社会学》，朱红文、李捷译，北京师范大学出版社2009年版，第36页。

⑥ 同上。

步自身也已经被嵌入时钟时间坐标。"①在此,"不仅劳动的时间,吃饭、娱乐甚至休息的时间也都由城市时间表的严格要求所准确地确定的"②。

工业化对钟表时间的依赖,影响了劳动规制。最重要的是,现代工业若要实现工人与机器的结合,就需要对工人进行时间规训,现代人的确经历了一种强有力的时间观重构。主要表现为通过钟表时间来使社会的行为做到同步和协调,就是要以钟表时间为基础在不知不觉中进入彼此和谐的状态,钟表计时体系用以规范和协调社会生活,守时成了技术时代的美德,不守时是技术时代的大忌。也就是说,形成钟表时间观,是现代化过程的题中应有之义。时间规制的内在化过程也是一个使人适应工业社会生活的关键要素,这个转换包含一种从自然的、无规律的、容易被人们理解的时间,向一种被时钟和定时工作严格控制的非自然的时间转变。"习惯的这种变化,对于城市中个人的生存,像对机械化的城市——工业社会的效率一样,非常重要。仍然不适应城市环境速度的农村居住者,现在就是一个不适应环境的人了。这无论对他自己还是对社区来说都是一种危险,在社区中,某一单个的个人的过失都可能使城市整个机械化的体系处于失常的状态。所以,现代工业社会制定了许许多多的法律和规章来检查不正常和不准时的个人。"③起初新的时间规制是从外部强加的,即通过把时间与劳动力沟通的制度以及强迫工人在工作日连续工作来实现的。之后它们逐渐内化为劳动者的日常时间观念,并且在可靠的机械时钟得到普及的同时,这种时间观念也日渐成为社会的主导观念。

其三,钟表时间对现代性的兴起和发展有着根本性作用。钟表时间是一个与欧洲城市化、工业化同发展的时间观,也是欧洲现代性的基础。"'现代性'指大约从 17 世纪开始在欧洲出现,此后程度不同地在世界范围内产生影响的社会生活或组织模式。"④每一种文化往往都包含有由某种共同的和彼此理解了的时间观所构成的内在关系,现代性也是一种关于时间观的历史与文化。彼得·奥斯本说:"现代性是一种关于时间的文化,19、20 世纪的欧洲哲

---

① 芭芭拉·亚当:《时间与社会理论》,金梦兰译,北京师范大学出版社 2009 年版,第 129 页。
② 约翰·哈萨德编:《时间社会学》,朱红文、李捷译,北京师范大学出版社 2009 年版,第 37 页。
③ 同上。
④ Anthony Giddens, *The Consequences of Modernity*, Stanford University Press, 1990, p. 1.

学是这种时间文化的重要组成部分。"①事实上,没有什么能比钟表时代这种新时间观念更能表征现代性本质的了。伊夫·瓦岱把广义上的现代性与一种新时间意识对应,认为现代性的起源应该是一个更广泛更深远的时间观念上的根本性转变,也即,"现代性是一种'时间职能';没有比这更好的说法了。从定义上而言,现代性价值表现在它与时间的关系上。它先是一种新的时间意识,一种新的感觉和思考时间价值的方式"②。可以说,时间观变革是现代性起源不可或缺的组成部分,其部分记录了贯穿那一时期的重大社会转型。不论从最明显的过程来看还是从更一般的社会意识来看,时间观变革都是西方近代社会转型的重要性维度。不只是社会转型的反映(reflection),也是社会转型的本质,或言之,是社会转型的一个关键变量。并且,社会转型的时间观变革不只是一种语境变量,也是一种文化变量。也就是说,时间观变革是我们理解文化转型的关键所在。时间观转型在西欧乡土社会向城市社会过渡的过程中发挥着重要作用,时间观变化构成了一切社会变化的最基础的变量。透过时间观转型,可以窥见农业文明与工业文明不同的人文景观。时间观变革是透视乡土社会向城市社会转型的主要视角,也是把握这一转型特征及其发展变迁的重要支点。事实上,社会的一切结构性和过程性的变迁,不仅都是在时间观维度上进行的,而且时间观还构成了一切社会变化的最基础的变量层面。对此,一些学者已注意到在乡土社会向城市社会的转型中,"时间观是决定人类活动的一个重要因素。它作为人际关系和文化行为中的一个重要变量,在社会变迁过程的研究中,这个概念还可能被证明具有特殊的重要性"③。因此,时间观应被看作社会发展和社会转型研究的基本视角。进而言之,现代化运动,依托于这种新的时间观,时间意识是现代性中的基础性问题,时间观念构成其基础性的一环,必须强调从时间意识来理解现代性。改变时间观念等于改变世界,启蒙运动时期,人类观念发生天翻地覆的变化,也是通过对旧时间观的改造实现的。这种新时间观为西方经济理性和政治民主后来的发展创造了必要条件,蔓延到世俗社会的经济、政治、法律、文化等各个领域,实质性地改变了生产、经验、权力与文化。新时间观带来了生活方式、价值观念和人们

---

① 彼得·奥斯本:《时间的政治》,王志宏译,商务印书馆 2004 年版,第 5 页。
② 伊夫·瓦岱:《文学与现代性》,田庆生译,北京大学出版社 2001 年版,第 43 页。
③ 约翰·哈萨德:《时间社会学》,朱红文、李捷译,北京师范大学出版社 2009 年版,第 201 页。

追求的变化,其结果是,文化被重构,人生的追求被赋予了新的形状和意义。

钟表时间观的确立是城市文明代替农业文明的标志,也是人类走向现代文明的重要特质。时间观变革可以看作是人类开始接受现代观念的重要一步,甚至也是迈向现代社会的重要一步。或言之,受到社会实践所塑造的时间转化,乃是进入现代社会的基础条件之一,现代性就是按照新时间观建构起来的。从以神为中心转变为以人为中心,从以末世为重心转变为以现在为重心,就此而言确可说世俗时间观是对基督教时间观的一种反叛。城市时间并不是什么自然的产物,而是一种人为产物,是一种人造社会关系。人工时间观是把时间作为人工控制的结果,以机械钟表与脉冲定时,他们所接触的不再是与生俱来的社会关系,而是相互建设而得来的社会关系。坚守时间的属人性,人类才有可能超越"命运决定论",以人取代神导致了终极价值意义的变动。城市代表着人类不再依赖自然界的恩赐,而是另起炉灶,试图构建一个新的、可操控的秩序。城市的历史是追求着人有目的活动的产物,"人有目的性的活动被设计和构想成为更重要的高潮部分"①。既然时间是一个人造的"事实",那么就意味着人为时间就成了现代化规则的一个组成部分,我们生活在自己的时间里面。人的能动性被突出出来,人们生活在人类创造物的时间之中,人是一种积极性的存在,这就是人的主观能动在时空关系上产生的影响。因为人具有了自我意识,现代性思潮的一个首要理念就是,把对于自然的支配当作人类解放的一个必要条件。当然,此处的时间不仅仅包含"城市"概念意义上的物质性要素,还包括"都市"概念意义上的精神气质要素。人以自己具有"创造性"逐渐改变自己周围原有的"自然"环境,通过人为时间观安排使人自己的生活(即生命活动)越来越便利和舒适。与中世纪的宗教文化相比,它不再以神或人的宗教义务为中心,而是围绕人的本性,基于人的时间观、经验和理性来解释和构造外在世界。可以说,西方城市人文主义开出的是一个以人的时间观、经验和认知理性为基础的人的世界,其价值体系主要是围绕人的时间观及理性构建起来的。城市化的胜利,展现了人类由天然自在的自然状态走向自为自觉的社会联系的伟大进程。以人的时间观、能力、尊严和自由发展为价值准轴,重人事而轻宗教,是城市人文主义的基本特质,被称为人文主义之父的

---

① 刘易斯·芒福德:《城市文化》,宋俊岭、李翔宁、周鸣浩译,中国建筑工业出版社 2009 年版,第 507 页。

彼特拉克就指出:"我是凡人,只要凡人的幸福。"①

第二节　城市时间观对现代法文化的形塑

一、时间观的文化意义

时间观除了人们习以为常地将其视为一种与人类生产和生活密切相关的计时协调或秩序规范外,它本身也是一种文化,时间观是构成文化的一个极其重要的组成部分。"时间观是一个社会中各种价值观的整合部分,个体要根据与其共享价值观的群体确定现在和未来的行动方向。"②时间观承载着丰富的文化意义和价值意义,通过时间观可以窥视一个社会的文化世界和价值世界。换言之,人们的生活节奏、生活内容、生活期待与生活规划等,大部分是由时间观来控制和调整的,而且,对个人命运和社会命运的看法,也都不能不受时间观的制约。一般说来,时间观是长期逐渐形成的,在一定时期内是相对稳定的,正如美国文化学家爱德华·霍尔所说:"我们的正式时间系统是我们不愿意改变也不许别人篡改的整个系统中的一部分。"③但它们也并不是一成不变的,"时间基本上是一种社会建构,不同的社会之间有很大的不同"④。时间观是社会系统的构成性特征,它既深嵌于最为稳定的社会生活中,也包含于最为极端或者最为激进的变化模式中。

时间观是内在于文化的广泛而持久的、整体性的观念和价值体系。"从许多表现形式来看,人类经验中最基本的和最习以为常的侧面就是时间。"⑤时

---

① 加林:《意大利人文主义》,李玉成译,生活·读书·新知三联书店 1998 年版,第 9 页。
② 约翰·哈萨德:《时间社会学》,朱红文、李捷译,北京师范大学出版社 2009 年版,第 190 页。
③ 爱德华·霍尔:《无声的语言》,刘建荣译,上海人民出版社 1991 年版,第 153 页。
④ A. Bluedorn, R. Denhardt, "Time and Organizations", *Journal of Management*, Vol. 14, 1988, pp. 299 - 320.
⑤ 保罗·戴维斯:《关于时间》,崔存明译,吉林人民出版社 2002 年版,"中文版前言",第 1 页。

间观特指人类社会时间,或者叫作文化时间或社会时间,是各个群体社会生活的节奏本身,有什么样的社会形态就有什么样的社会时间。"尽管社会科学家们的理论存在分歧、争执并且相悖,但他们都坚信时间的根本性在于社会建构。"①不同的社会形态、不同的生活样式和文化都与不同的时间观紧密相关联,"家长制社会、封建社会、古代城邦、资本主义和集体主义社会,都试图以不同的方式和谐地组织它们的社会时间"②。社会时间属于人的建构,时间观与"社会精神"紧密相联,是"社会精神"的重要构成部分,黑格尔就指出,"历史本质上是精神的历史;这一历史在'时间中'演进"③。事实上,时间观无孔不入地渗透于人们的生活与心灵世界,成为社会和社会主体特有的人格组成部分,成为人基本的思维方式、情感方式、活动方式、人生方式。某一种文化和生存模式总是与特定的时间观相辅相成,任何一种独特的文化之所以成为这种文化而非那种文化,其中固然有许多复杂因素的作用,但其稳定的特质显然当是它的成熟期时间观上所拥有的东西。文化是一种时间观的凝聚与表达方式,因此时间观也可以被视为整个文化的倾向或特性。在一定意义上,时间观是一种"文化的尺度",可以把时间观作为基本的文化现象,从时间观的角度阐明文化。人类历史的发展经验也表明,时间观凝固于文化的深层,是文化最根本的精神与本质之一,没有时间观,文化便无法生存,时间观规定了文化之本质,成为塑造文化的存在、型构人的"生活"并制约着现实的人及其生活的关键性因素或者可以说决定性因素。时间观相同,人们看待问题、思考问题的方式和行为方式相似,表现出价值观念和行为准则的一致性(正当的、可接纳的行为的准则和习俗),而时间观不同,则会导致人们的价值观和行为方式的不同。显见,人类生活在特定的时间观之中,体现出时间观与文化的密切关系。人类社会里的时间观并非物理意义上的时间观,而多是指向着文化意义上的人的时间观。

需要注意的是,作为文化的时间观和自然所展示的时间并不是一回事,社会科学研究虽然也关注自然时间,但是更关注社会的时间和文化的时间观对

---

① 芭芭拉·亚当:《时间与社会理论》,金梦兰译,北京师范大学出版社 2009 年版,第 52 页。

② 赫尔嘉·诺沃特尼:《时间:现代与后现代经验》,金梦兰、张网成译,北京师范大学出版社 2011 年版,第 12 页。

③ 海德格尔:《存在与时间》,陈嘉映、王庆节译,生活·读书·新知三联书店 2006 年版,第 483 页。

于人的社会生产、生活及人的价值观建构的重要意义。人类社会及人的存在形式不仅只有自然时间，还包括一种更为本质的内在于人的文化时间观。社会关注的不仅仅是时间观，更在于这个时间观所隐藏的生活意义与文化。时间观并不是简单意义上的时间和空间的刻度，物质运动的标尺，时间观也是人类存在的方式，是文化模式的一种深刻反映。因此，时间观作为认识和研究文化现象的重要手段，对于思考社会中的文化具有重要的启示意义。文化的本质特征必定建立在一定的时间观基础之上，因此对文化的把握就必须格外重视其特定的时间观。时间观是社会群体活动节奏的一个象征结构，是社会现象的内在因素，它对于形成社会行动、社会过程具有构成性意义。换言之，时间观秩序就是人类社会生活秩序，人类生活必须要通过一定的时间观结构来加以组织，因此对时间观的了解也就是对人类社会生活秩序的了解。由于时间观对于人以及人们的生活的全面塑造与深刻影响，它在事实上对于作为人的生存方式与生活方式，甚至对于整个人类生活，都作了确证与界分。因此，在对人类文化和社会现象进行认知和研究的过程中，不考虑时间观及其变化是不足的。一切社会活动都在一定时间观中进行，社会运行必然要包含丰富的时间观，时间观对于理解文化和解释这些社会活动具有重要意义。"对社会时间的探究，是对人的社会性一种基本特征的探索"[1]，剖析社会运行的时间观可以更加准确地厘清社会运行的文化逻辑。通过对时间观这个象征性结构的研究，揭示在不同文明之间以及在转型中出现的时空观念的差异和冲突有利于真实描述人类社会生活结构和生存特点。或言之，要研究文化，必然要研究时间观，因为透视一个时间观，可以看出文化中隐含的许多东西。时间观可以帮助我们更好地理解文化，"每一种文化都有它自己独特的时间指纹。认识一个民族，其实就是去认识它如何使用时间"[2]。而令人遗憾的是，以往学者在评述文化和社会运行理论时，往往忽视了时间观维度和视角，即"大多数社会分析学者仅仅将时间和空间看作是行动的环境"[3]，而缺乏文化的思考。鉴于此，沃勒斯坦等学者都指出："如果我们把时间和空间的概念看成是世界（和

---

① 约翰·哈萨德编：《时间社会学》，朱红文、李捷译，北京师范大学出版社 2009 年版，第 82 页。
② 罗伯特·列文：《时间地图》，范东生、许俊农译，安徽文艺出版社 2000 年版，第 1 页。
③ 安东尼·吉登斯：《社会的构成》，李康、李猛译，生活·读书·新知三联书店 1998 年版，第 195 页。

学者)借以影响和解释社会现实的社会变量,我们就面临着发展一种方法论的必要性,从这种方法论出发,我们可以把这些社会结构置于分析的前台。"①即,在进行社会现象和文化问题研究时应重视时间观维度,并以此作为透视社会秩序和社会文化的前提与核心。

二、 城市时间观的文化特质

(一) 城市时间观带来了"以时间驯化空间"的时空观变革

在自然经济社会,地方的时间与地方的空间是一体的。然而,随着城市化和民族国家时代的到来,随着机械钟测定时间的应用,地方的时间和地方的空间出现了分离。机械钟表使时间标准化、统一化,时间的精确化和统一化使得对时间的测量和计算不再依托对地点(空间)的参照,统一的时间成了控制地方空间的基础,地方的空间与地方的时间分离了。自时钟发明以来,我们可以说,统一的时间秩序日益扩大,地方的时间和空间开始出现了分离,在乡土社会向城市社会转型中可以目睹这种地方时空分离的演变。正像吉登斯所指出的,"直到用机械钟测定时间的一致性与时间在社会组织中的一致性相适应以前,时间都一直是与空间(和地点)相联系的",而机械钟表在社会中的运用与推广,"对时间从空间中分离出来具有决定性的意义"。② 这种"以时间驯化空间"使得地方不再是时间的载体,传统地方时间的条块结合制已让位于统一时间的集合体。这种对时间的新的界定会被城市和政府用于全国性的控制和协调中去,会渗透到普通人的实践经验意识中去,并铲除旧的地方节奏和时间观念,在那里社会关系形式可能发生改变,改变了地点与经验、熟悉与陌生的纽带。此后,人类活动被协调到机器时间的共同节拍中,并且调整到了一个标准化、可预期的安排,更多的文化和同一性开始由钟表时间衍生出来。显见,城市化和民族国家时代的一个重要特征是奠基于"对时间的控制,对节奏性的控

---

① 华勒斯坦等:《开放社会科学》,生活·读书·新知三联书店 1997 年版,第 82 页。
② 安东尼·吉登斯:《现代性的后果》,田禾译,译林出版社 2000 年版,第 15 页。

制在工业化与都市化的巨大运动里,殖民了疆域,转化了空间"①。在城市生活中,钟表的标准时间逐渐在人们的生活中占据支配地位,空间和时间正被转化,也即"时间驯服了空间"②。或言之,"在物质层面上,现代性可以被构想为时钟时间对空间与社会的支配"③。城市时空观表现为在空间扩展并在时间上收缩,因而存在一种非常突出的"在场可得性",也可称"用时间去消灭空间"④。

而这种"以时间驯化空间"和由同一的机械时间来衍生文化的趋势在前现代社会里是不明显的。在前现代社会里,地方的时间和空间是统一的,昼夜的更替抑或季节的转换,均被当作地方时间的标志。并且,在前现代社会,地方的时间和地方的空间总是一致的,时间表现为地方性。这与自然经济的文化积淀有关,在自然经济中,从生产资料到生产过程与生产产品,自然条件是主要或重要的生产要素,从而自然地成为生产—生活的时间节律。如,自然季节之于中国农历节令,这些自然节律时间不仅标志着、而且深层制约着自然经济形态的人类契合自然的生产—生活方式。农业生产,本就是一种根据地方节气、物候、气象等条件而进行的具有强烈季节性特征的劳作活动,其时间的地方性是很强的。乡土文明表现为地方性和分散性特征,地方的分散的自给自足的农业文化缺乏必要统一时间。生产生活方式的自给自足(特别是自然经济的自给封闭对交换—交往的限定)、气候的地区差异,从而造成了古代时间具有非匀质性、具体性和情境化的特点,无法产生普遍与统一的标准时间。乡土社会逐渐形成了自己独特的"地方时间"观念,一条河上下游、一座山南北面,甚至各个村镇,都各有自己的时间。乡土社会的时间观也具有一定的统一性,但这种统一性的关联并非经济协调和分工链条上的关联,而是指向某种神圣性的统一性存在,偏向政治性。如在《圣经》的世界里,"末日"以审判或清算的名义,约束着整个基督教世界。在传统中国,"奉正朔"是维系帝国大一统统治秩序的重要措施。

以时间驯化空间,从根本上重塑了社会交往和经济社会关系,使社会诸关

---

① 曼纽尔·卡斯特:《网络社会的崛起》,夏铸九译,社会科学文献出版社 2006 年版,第 432 页。
② 同上。
③ 同上书,第 403 页。
④ 《马克思恩格斯全集》第 1 卷(下册),人民出版社 1995 年版,第 33 页。

系的延伸成为可能。因为借助了时间驯化空间使社会关系以及社会纽带更倾向于时间性而更少具地方性。社会的与个人的时间结构化中的质性变化、时间对空间的压缩正在深刻地改变着人类的交往以及经济的和个人的关系。先前地方的经济结构、政治结构和社会生活方式正在经历着翻天覆地的巨变,使在更大的时空尺度内筹划和管理现代社会广泛的生产与再生产过程成为必要和可能。这带来了生产和生活经验中的重大变化,人拥有了更多的"远距离联系的机会",标准时间取代了自然时间的功能,成为设定贸易、商业和社会化劳动的标准。大部分人与大部分的空间都位于一个共同的时间性里,在共享时间里组织,以前遥远的空间关系,现在成为日常互动的一部分。在此过程中,他们构建的新秩序,超越了此前的地方之间的隔离与隔绝。也就是说,以时间驯化空间,使得统一时间日渐成为文化的纽带和机制。在此过程中,统一时间已催生了生产社会关系的新手段,造就了新的认同形式。统一时间不但否定了原本习惯性地服从的地方传统权威力量,而且还形成新的文化、交往和认同格局。在城市生活中,是时间逻辑而不是空间逻辑成为生产和生活的支配性逻辑,并表现为一种共享时间的社会实践。"所谓共享时间的社会实践,我指的是空间把在同一时间里并存的实践聚拢起来。"①共享时间和通信技术有能力重构感知和经验的时空参数,从而使我们能够远距离地看到、听到甚至有所行动,所以它们改变了以前地方被想当然地视为自然的(即使不是不变的)存在框架。正是这种共享时间的社会实践,使得时间相对于空间更具有社会性意义。这表现为共享时间已变成了都市生活的主要体验,加剧了地方认同感的销蚀,人们把注意力转向了时间,在那里社会关系形式正发生新的改变。在更深的层次上,空间正向时间转化,并环绕着共享时间而组织起来。它们都被牵连在一个复杂的去时间边界化,大部分人与大部分的社会性都建构于一个共同的时间性里。时钟时间的逻辑拔除了作为地方意义之背景的地方时间、经验、历史与特殊文化,并非地方消失了,而是它们的地方时间消失了,淹没在看不见的共享时间逻辑之中,地方并未消失,但是地方的逻辑与意义已被吸纳进共享时间之中。此后,文化表现抽离了地方,超越每个地域的历史特殊性,地方性文化将在不断与共享时间摩擦过程中改变自身的形态。人类共同认同

---

① 曼纽尔·卡斯特:《网络社会的崛起》,夏铸九译,社会科学文献出版社 2006 年版,第 383 页。

的符号体系不再是地方时间，而是钟表时间。新的生活模式是由新的时间观构成的，不同地方的人在共同时间上形成新的共同文化特征。当钟表时间赋予"遥远"与"边缘"新的定义时，便引领着人们时空观念和生活理念的转变。可以说，正是通过钟表时间的盛行，文化、习俗等自然经济所造成的传统社会的间隔和特殊性被彻底打破了。这表明时间不仅改变了信息传播的技术载体，还对人的感知产生影响，其中也包含对人们世界观、社会观和人生观的重塑。时间文化同一性的再造，就是将时间作为控制机制，现代时间观念已经深深植入城市和民族国家共同体意识之中。现代时间观指向民族共同体，并在印刷资本主义的强力支持下，建构出现代民族和民族主义。通过民族国家的时间观建构和实施，人与地方的神圣性、血缘纽带、共同遗产等时空关系被完全抽空，人、事件、组织、秩序、认同不再简单地与单一的地方或特定的时间相关联，而与民族国家的统一时间观相连。

（二）城市时间观带来了进步主义取向变革

1. 乡土社会与城市社会在时间的循环和进步取向上存在的不同

乡土社会向城市社会的转型开启了一个重要变革，那就是人类的时间观经历了一个由循环论到线性论的转变。"18 世纪启蒙运动使人类社会无限进步、线性发展的观念深入人心，19 世纪进化论的创立及其被广泛的接受，更使线性观念彻底取代了循环观的支配地位。"[①]事实上，线性时间观就在城市的时间特性和乡土社会的时间特性之间建立了区别，体现了"把古代神话文化的时间意识与现代西方社会的时间意识区分"，"这种方式就是要分别强行利用循环性时间和线性时间"。[②] 我们知道，乡土社会是遵循循环时间观和尊古守旧的。乡土社会遵循循环时间观的原因在于，"既受到基督教年历中的节日循环的控制，也受到社会习惯和农业生产所要求的劳动节奏的制约"[③]。正像一些学者所指出的："在传统的乡村社会，生产节奏以自然现象为基础，太阳的循

---

① 吴国盛：《时间的观念》，北京大学出版社 2006 年版，第 95 页。
② 芭芭拉·亚当：《时间与社会理论》，金梦兰译，北京师范大学出版社 2009 年版，第 160 页。
③ 赫尔嘉·诺沃特尼：《时间：现代与后现代经验》，金梦兰、张网成译，北京师范大学出版社 2011 年版，第 25—26 页。

环,季节的往复。"①换言之,在农业文明阶段,人们的时间表"是由农业实践的常规所决定的","而农业的常规又是由自然的节奏和周期"所支配的。② 自然经济的农耕文化,奉行"日出而作,日落而息"的时间制度与时间节奏,春耕夏种秋收冬藏。"一个在乡土社会里种田的老农所遇着的只是四季的转换,而不是时代变更。一年一度,周而复始。"③周期性循环提供了自然节律时间,促成了古代时间观最为重要的特征,对自然界周期现象的观察使人们把时间理解成一种周而复始的循环运动。"有反复出现的社会事件和活动的节奏,强加在个人对生物和心理延续的独特经验之上,这种节奏决定着社会之中的时间计算。"④生活中所遇着的问题几乎都大同小异,其时间形态是一个圆圈,一切事物经历一个周期后都可以回到初始状态,以致人们在整个一生中都感觉不到变化。可以说,"在日常中运演着两种可替代性和替换。日常中的每一天都可以换为相应的另一天,日常使这个星期四与上个星期四或去年的某星期四毫无区别。……同时,每一给定日常主体都可以为另一任何主体所替换:日常的主体是可以互换的"⑤。或言之,"时间的悠久是从谱系上说的,从每个人可能得到的经验说,却是统一方式的反复重演。同一戏台上演着同一的戏"⑥。

并且,乡土社会的循环时间观实质也是一种尊古守旧的时间观。事实上,"循环时间"不仅显现为把古代社会定位在循环之中,而且所有文化的合法性从根本上都是基于过去的,而把与过去的关联变成了生存的本质。"在宗教仪式中,就像在神话中一样,原初时刻得以再生,并且在它们的重复中。"⑦乡土社会对于开放的未来兴趣不大,这和现代社会对未来的理性计算和预测的态度是不一样的。如中世纪民众"能够以一种悠闲的态度存在,因而也不会为控制未来而操多大心"⑧。中世纪的时间观念反对教徒对未来的关心,未来属于上

---

① 布鲁诺·雅克米:《技术史》,蔓茗译,北京大学出版社 2000 年版,第 150 页。

② 雷德哈卡马·马克吉:《时间、技术和社会》,载约翰·哈萨德编:《时间社会学》,朱红文、李捷译,北京师范大学出版社 2009 年版,第 35—36 页。

③ 费孝通:《乡土中国》,生活·读书·新知三联书店 1984 年版,第 51 页。

④ 约翰·哈萨德:《时间社会学》,朱红文、李捷译,北京师范大学出版社 2009 年版,第 35 页。

⑤ Karel Kosik, *Dialectics of the Concrete*, D. Reidel Publishing Company, 1976, p. 44.

⑥ 费孝通:《乡土中国　生育制度》,北京大学出版社 1998 年版,第 21 页。

⑦ 芭芭拉·亚当:《时间与社会理论》,金梦兰译,北京师范大学出版社 2009 年版,第 164 页。

⑧ 基尼奥内斯:《文艺复兴对时间的发现》,载卡林内斯库编:《现代性的五副面孔》,顾爱彬、李瑞华译,商务印书馆 2002 年版,第 25 页。

帝,任何对未来的规划都是对上帝的僭越和不敬。由于对神的敬畏,导致他们放弃对未来的追索,而只局限于当下状态的把握,形成他们独特的尊古与"当下"的生活方式,而对未来目标的规划能力和对现实的整体驾驭能力都寄托在神的身上。虽然人们习惯着"年复一年""节复一节"地过着节日,但其每一个节日却自始至终被淹没在传统之中,习惯于借着经验、传统、常识、习惯而生活。"前人所用来解决生活问题的方案,尽可抄袭来作自己生活的指南。愈是经过前代生活中证明有效的,也愈值得保守。于是'言必尧舜',好古是生活的保障了。"①如对中国古代天学有着研究的李约瑟就对中国历法下过这样的定义:"所谓历法,只不过是把时日组合成一个个周期以适合日常生活和文化或宗教习惯的方法。"②

　　而城市时间观瓦解了传统社会一成不变的守旧观念,至少对"各种可能性"充满了信仰,相信未来,更加重视前景而不是过去,并认为进步构成了人类历史的总体框架。可以说,进步的观念,位于现代文化与社会的根源地位。其中"现代"概念是在未来中呈现自己意义的,它体现了一个为未来而生存的文化。或言之,"现代性是某种形式的历史时间,它把新异(the new)当作不断自我否定的时间机制的产物。……它们的时间逻辑与司空见惯的传统中的时间逻辑大相异趣"③。杜赞奇就指出,启蒙思潮传递给人们这样的现代性理念:"线性的、进化的历史不仅是我们体验时间的主要方式,也是我们存在的主要方式。"④这一时间意识也必然推导出变化和变革具有历史合理性的结论。整个现代性的历史也可以说就是肯定进步、变革、革命的历史,现代性总是包含和制造着进步,这是现代性历史的存在方式。作为时间术语的"modern"一词,其含义由贬到褒的衍变本身就反映出了这一重大社会价值变革。英文形容词"modern"最初是在 16 世纪末开始通用的,它源于拉丁文的 modo,意指"刚才"。起初"modern"用于指"目前",或用于指与遥远过去相对的"最近",而后这个英文字日益指"新式的""不陈旧的,未过时的",到 17 世纪,尤其是在

①　费孝通:《乡土中国　生育制度》,北京大学出版社 1998 年版,第 50—51 页。
②　李约瑟:《中华科学文明史》第 2 册,柯林·罗南改编,上海交通大学科学史系译,上海人民出版社 2002 年版,第 193 页。
③　彼得·奥斯本:《时间的政治》,王志宏译,商务印书馆 2004 年版,第 8 页。
④　杜赞奇:《从民族国家拯救历史:民族主义话语与中国现代史研究》,王宪明译,社会科学文献出版社 2003 年版,第 3 页。

18 世纪,"modern"具有"较佳的"之意。① 透过对此词意义衍变的考查,我们便能大体观察到此时的社会价值观变革和文化变革。可以说,现代的褒义化,已是成熟的现代性时间观和历史观标志,它造成对变化和新奇的渴望与肯定,而"传统因而日益显得呆板滞重,正统机制如家庭和教会都被迫处于守势,拼命掩饰自己的无能为力"②。先前观念是迷恋过去,认为远古不仅与现在相像,而且是教训与此类的宝库,是智慧、神圣事物与公理的源泉。时间观念的变化还带来了对未来的新态度,其中之一就是崇尚未来和进步的观念。也即,"一国的幸福专赖它的能稳固不摇和一切习惯制度的能保守不变的那种信仰,到晚近才得革除的"③。换言之,"现在"与"过去"决裂开来,目的归根到底是指向"未来"的。即,"'现代'世界与'古代'世界之间的对立,就在于它是彻底面向未来的"④。现代时间与古代时间的断裂,也体现在对未来的信仰方面。或言之,引导现代时间运动的中枢并非时下许多论者所以为的"现在",而是"未来"。"现在"的意义(significance)是未来,现代性及现代时间要求对"现在"的直观必须转换为对"未来"的追求,现代性心性气质依托未来方才确立。

从 17 世纪开始,崇尚未来的进步思想在英国社会已变得广泛流行了。"正是这种对进步的信仰——这在十七世纪的英格兰逐渐地变得显著起来——对给予变革以肯定的评价产生了巨大的影响。乔治·黑克威尔、培根、霍布斯、波义耳、格兰维多和其他许多人都从相信世界是退化的并预计要毁灭的这种信仰转向相信一个即将来临的和无比光辉的未来。"⑤事实上,进步更为本质的动源是时间意识。在此以后,"过去"被束之高阁,或仅仅是未来的参照。现代人的时间观是线性时间观,他们坚信个体有能力控制环境——促使社会的进步。⑥ 有价值的不是已有的昨天,而是可以按照自己的愿望努力加以改变的明天。我们知道,所有生命存在物从根本上都是基于过去和未来的,

---

① 参见乔尹斯·阿普尔比:《历史的真相》,中央编译出版社 1999 年版,第 46 页。

② 丹尼尔·贝尔:《资本主义文化矛盾》,赵一凡、蒲隆译,生活·读书·新知三联书店 1989 年版,第 36 页。

③ 伯里:《思想自由史》,宋桂煌译,吉林人民出版社 2010 年版,第 2 页。

④ 哈贝马斯:《作为未来的过去》,章国锋译,浙江人民出版社 2001 年版,第 179 页。

⑤ 罗伯特·金·默顿:《十七世纪英格兰的科学、技术与社会》,范岱年等译,商务印书馆 2000 年版,第 281 页。

⑥ 参见爱德华·C.斯图尔、密尔顿·J.贝内特:《美国文化模式》,卫景宜译,百花文艺出版社 2000 年版,第 101 页。

"而我们与过去和未来关联的潜力已经把存在问题变成了生存的本质,变成了向着未来而生存的本质,伴随着对过去的认识和反思性监测,伴随着创造性的计划和大胆的冒险"①。也正如托夫勒所说:"在我们这个时代,我们已经释放出一种全新的社会力量———一种变化的潮流,它来势如此迅猛,直接影响到我们整个的时间概念,从根本上更新了我们日常生活的步伐,甚至触动了我们'感知'周围世界的方式。我们再也不像过去的人那样来'感知'生活,这就是同过去的根本性差别,也是区别真正的当代人和别的时代的人们的不同之点。"②

2. 城市社会能确立一种线性进步主义取向时间观的原因

其一,城市需要变化,并且变化是城市发展的助推器,在城市生活及时间观下,一方面,经济发展和社会生活处于动态发展之中,"生产的不断变革,一切社会关系不停的动荡,永远的不安定和变动,这就是资产阶级时代不同于过去一切时代的地方"③。换言之,在城市化进程中,"一切固定的古老的关系以及与之相适应的素被尊崇的观念和见解都被消除了"④。

其二,城市钟表时间发展出了一种线性时间观。作为历史进步的观念和发展演化的观念,这些启蒙运动高扬的旗帜,只有在线性钟表时间观念中才有可能。正如卡林内斯库所指出的,只有在一种线性不可逆的、无法阻止地流逝的历史性时间意识的框架中,进步性这个概念才能被构想出来。事实上,西方近代以来,把人类经历的时间分为"古代、中世纪、近代与现代",就是线性时间观的表达方式。⑤ 线性时间观便逐渐被植入关于进步的信念:因为在时间的每一步进展中,都会生成新的、超越以往的历史成果。由于线性时间孕育的进步本来就是一个在时间的流程中新质战胜旧质的过程,并由此建构了一种目的论史观,从而使得现代成为"一个为未来而生存的时代,一个向未来的'新'敞开的时代"⑥。作为城市时间观的一个标志,便是"历法便以线性的、同质的、连续的时间代替了实际的时间"⑦。作为不争事实,"现在"时间观,就是借使用

---

① 芭芭拉·亚当:《时间与社会理论》,金梦兰译,北京师范大学出版社 2009 年版,第 162 页。

② 托夫勒:《未来的震荡》,任小明译,四川人民出版社 1985 年版,第 13 页。

③ 《马克思恩格斯选集》第 1 卷,人民出版社 1972 年版,第 254 页。

④ 同上。

⑤ 卡林内斯库编:《现代性的五副面孔》,顾爱彬、李瑞华译,商务印书馆 2002 年版,第 18 页。

⑥ 汪晖:《韦伯与中国的现代性问题》,载王晓明编:《批评空间的开创》,东方出版社 1998 年版。

⑦ 戴维·哈维:《后现代的状况》,阎嘉译,商务印书馆 2003 年版,第 315 页。

钟表进行的定期表明自身为未来而努力的当前化。或言之,钟表使用的生存论时间性意义表明自己以当前化方式追随指针的位置,"日复一日地计算着'时间',并借天文历法调整这种'计算',难道这一实际不也属于生存着的此在吗?"①也就是说,"现实的时间是有指向性的,它永远处于流动之中,永远指向新的现在"②。也即,"时间随时对人人都作为'现在、现在、现在'来照面"③。线性时间观蕴含着变化的可能和人的期望在这种变化中实现的可能,在日常生活中变化和进步意义的时间体验结构被强化了。这些过去在黑暗的时间轮回中重复着悲惨命运的人们,从此踏上线性时间中的进步行程,此一时间观念暗含着对于进步的信任。从固定不变的观念和一成不变的常规中解放出来,人们越来越清楚地意识到,在现实的此岸世界中人们是可以创造出美好的未来和生存的。

其三,基督教文化比任何其他文化更加偏向线性时间观。这种对于未来的重视在意识形态上有利于线性时间观的发展。事实上,直线矢量时间在犹太—基督教救赎史观与启蒙进步主义恰是一脉相承的。现代性时间意识中有一个着眼于未来、求新求变的线性时间图式。历史感是线性的、发展的,作品表达的是一种"一代胜过一代"进化论时间意识。基督教在经过置换后被启蒙进步主义所承续,依托于以科学、技术、生产、交换为核心的现代化生产方式及其世界化市场后,直线矢量时间观就普世化为社会主流观念。④ 城市钟表时间以世俗形式承继了基督教时间观的内在结构。

其四,更为重要的是,达尔文主义凭借如日中天的科学权威,以科学客观规律名义为线性时间观的确立提供了一种"知识"保证。但这"知识"实属"信仰",在一定程度上达尔文主义正成为 19 世纪以后取代末世救赎观的现代性时间—历史信仰的科学普及版。⑤ 这造成绵延数千年的古代时间—历史观与

---

① 海德格尔:《存在与时间》,陈嘉映、王庆节译,生活·读书·新知三联书店 2006 年版,第421 页。
② 埃德蒙特·胡塞尔:《内在时间意识现象学》,杨富斌译,华夏出版社 2000 年版,第 117 页。
③ 海德格尔:《存在与时间》,陈嘉映、王庆节译,生活·读书·新知三联书店 2006 年版,第470 页。
④ 参见李约瑟:《中国与西方的时间观和历史观》,载潘吉星主编:《李约瑟文集》,辽宁科学技术出版社 1986 年版,第 96—108 页。
⑤ 参见达尔文:《进化——广义综合理论》,闵家胤译,社会科学文献出版社 1988 年版,第 24—25 页。

教会时间意识解体和进化论新型时间观的重构。

(三) 城市时间观带来了时间金钱化取向变革

在城市生活中,也产生了"时间就是金钱"观念①,而这种观念是以前乡土社会所没有的,并且也是被乡土社会所禁止的。如在中世纪观念中,"认为应该为贷款人等待还钱所造成的时间上的损失支付报酬时,宗教法规学者们就以'时间是公共财产,不应被出卖'作答复"②。并且,还认为"时间属于上帝一人;出卖时间(借贷时收取利息)也就是出卖不属于自己的东西"③。而此时"时间就是金钱"的时间观出现,是与旧有的宗教共同体的衰退相伴随的,也是旧式上帝的时间观被人的时间观所取代的结果。时间就是金钱的观念,构成了近代西方城市化和资本主义文化的独特价值表达。

三、 城市时间观对现代法文化的影响与塑造

任何一种秩序和制度都是一种时间观的反映和体现。也就是说,制度合法性不仅发生在时间观之中,而且本身就存在于人们所形成的特定时间观之中。由于时间观不同,制度和法律的价值和文化观也存在着不同。时间观对于理解制度和法律的特质有着重要的意义。也即,"社会时间应该被解释为在互动的过程中建构起来的人的意义的另一种形式,虽然受有机体和自然的物理实在性的限制,但它是每一社会中的制度和组织的组成部分"④。要理解凝固于一个社会的秩序及相关法律制度,必须深入时间文化之中,时间文化的特性与秩序和法律制度的特性是相联系相统一的。时间观是社会秩序的构成部分,其本身也具有规范功能和强制意义,在某些时候,时间观的不可抗拒性还甚于法律。从时间观的观点看,法律总是与一定时间观文化相对应,法律不仅

---

① 巫宝三主编:《欧洲中世纪经济思想资料选辑》,商务印书馆1998年版,第202页。
② 同上。
③ 费尔南·布罗代尔:《15至18世纪的物质文明、经济和资本主义》第2卷,顾良、施康强译,商务印书馆1992年版,第643页。
④ 约翰·哈萨德:《时间社会学》,朱红文、李捷译,北京师范大学出版社2009年版,第82页。

是时间观文化的产物,而且也是维系时间观文化和促进时间观文化发展的工具。法律既是在时间观结构中存在的,又是在一定的时间观中形成和发展的,一定的时间观构成了法律的精神、原则、规则、表现形态以及效力和实效的规定性。也即,研究制度变迁和变革必须要考虑时间观变革,考虑所研究的那个时期人们对时间观的态度。我们知道,时间观不同,法律主张和实践通常有与之相应的不同朝向,时间观引入法制形态认知,或许更加符合历史面貌,能更加揭示出传统法制与现代法制不同的深层原因。在现代化进程中,一种新制度的建立和实施离不开城市时间观的支持,当然,城市时间观的确立也离不开现代法律制度的保障与推动。城市时间观既是现代法律制度的价值基础,也是现代法律制度的形式合理性基础。如欲对现代法律制度给予恰当把握和准确理解,应结合城市时间观来理解。从乡土社会向城市社会转型带来了时间观变革。时间观变了,人们的生存方式不同以往,制度的合法性当然也要变。实际上,无论是鲍曼、戴维·哈维,还是安东尼·吉登斯,事实上都认为时间观是现代性及现代制度的重要构成。"现代性正是时间与空间的演变,或者至少可以说,这样一种演变处于摧毁传统秩序的体制性推动力的核心。"[1]基于时间观的视角来看,近代西方时间观存在着明显的变革和断裂,进而可描述和分析时间观的变化对近代西方法律制度变迁的影响。城市社会的时间观除了客观上为城市和工业发展提供时间安排外,也为新制度确立一个坚实的合法性依据和文化基础。在此,需要"说明与现代性有关的时间的独特社会联系、结构和制度"[2]。

(一)"以时间驯化空间"的时空观对现代法文化的影响

其一,带来了偏向统一时间的法律制度变迁。现代性制度变迁是一段基于以时间驯化空间的文化变迁。吉登斯特别强调时间驯化空间在现代社会的民族—国家建构、新制度认同方面的重要性,并把以时间驯化空间作为现代性

---

[1]　包亚明主编:《现代性与空间的生产》,上海教育出版社 2003 年版,"前言",第 10—11 页。

[2]　芭芭拉·亚当、理查德·惠普、艾达·萨伯里斯:《时间设计与管理:传统、发展和机会》,载理查德·惠普、芭芭拉·亚当、艾达·萨伯里斯编:《建构时间:现代组织中的时间与管理》,北京师范大学出版社 2009 年版,第 17 页。

制度的特性和重要推动力量。以时间驯化空间为现代社会关系和社会秩序的重组和重构提供了坚实的基础。从某种意义上说，现代社会因素、社会关系、社会组织跨越地方空间的联合重组是基于时间对空间的驯化及时间统一的基础上的。正如吉登斯所观察到的："现代社会组织设想了人类在物理空间中有一方不在场的情况下许多活动的准确协作；这些活动的'何时'与'何地'直接关联在一起，但不是像前现代时期那样，要通过地点作为中介。"①与"以时间驯化空间"相连的是社会制度的抽离化与再联结机制，是将社会关系从地方性的场景中"挖出来"并使社会关系在统一的时间中再联结。事实上，严格的统一的时间秩序对于理性化官僚制的建构起到了基础性作用。"要注意到，我们这个由社会性创造的官僚体制的时间组织，不仅围绕时钟建构，而且与人造机械时间的性质和品质具有最惊人的相似之处，二者都包括时长、顺序、同步化、周期性和速率。"②事实上，现代性就是西方工业社会在以时间驯化空间中生成的，并与传统农业社会的经验本性和自然本性区别的一种理性化的文化模式和社会运行机理，它是人类社会从自然的地域性关联中"脱域"出来后，依据人为的统一时间所形成的一种新的、"人为的"理性化的运行机制和行为规则。

其二，带来了偏向客观性和抽象性的法律制度变迁。可以说，这种钟表时间的客观性与统一性也是一种新秩序模式。早期的社会时间往往遵从植物生长、四季轮回、天文星象等自然地理现象，以直接的感官和个人经验作为可参照的时间体系，这种地方时间的精确性、抽象性和客观性不够，具有现象化倾向。因为地方时间是基于自然现象的，自然现象本身也易成为人们理解时间、自然乃至社会的基本范式。人们总是用拟人或者比喻的方式来表达对于社会现象的理解和认知，这也就决定了地方时间所倡导或建构的社会秩序，在很大程度上立基于人的感官经验和具有现象化特征。基于钟表时间的"以时间驯化空间"是现代性体制发生发展的机制媒介，并只有当"以时间驯化空间"时，现代性去语境化的制度才能存在和发展。一旦人类生活在一个由钟表时间所象征的环境中，钟表和日历就会调节、计算和定量地评价人们的诸多行为和活动。换言之，近代钟表的诞生，时间终于摆脱地方自然时间本身的束缚，开始

---

① 斯科特·麦奎尔：《媒体城市》，邵文实译，江苏教育出版社 2013 年版，第 6 页。
② 约翰·哈萨德编：《时间社会学》，朱红文、李捷译，北京师范大学出版社 2009 年版，第128 页。

借助于外界更加精密精准的仪器进行度量、标识,这意味着从此时间成为一个独立的、机械的、可计量的存在。结果是,一方面,使得协调变得准确和高效,而另一方面,也"使得人们的交往在很大程度上成为生态性的,即,非个人的,匿名的,以及在不断进行计算的事情"①。它把时间从地方分离出来,并在国家和世界层面将时间统一化,人的生活节律开始由机械控制,其法律也更多表现为客观性和机械性。现代性的过程就是理性化的过程,就是按照可量度、可通约、可计算、可预测的严格程序对自然和社会进行改造、控制和组织管理的过程。这一场变革的工具之一是钟表时间,因为它具有"一种认知偏向,倾向于视觉、线性和统一表现空间的方式"②。这些具有很强客观性和抽象性的法律,成了时间对空间驯化的抽象、严格表现。事实上,非地方化不但塑造了时间,也塑造了法律。现代法律是如何被组织起来的,得到了哪些时空观的支持?当一个社会从基于地方向基于非地方转轨时,抽象的法律就易形成,法律作为转轨的一部分就会逐渐显现。

(二) 进步主义取向的时间观对现代法文化的影响

在进步取向的时间观进入历史之后,历史顿时发生翻天覆地的变化,现代法律制度不仅摆脱了"乡村时间",而且也摆脱了以"乡村时间"对法律的理解。一般说来,在循环和尊古时间观的支配下,无所谓法律的"发展"或"现代化"问题,因为,当下所经历的一切,只是上一个循环和在下一个循环周期同样要再次出现,现在的法律并不高于过去的法律,将来的法律也不高于现在的法律。这种秩序并不是没变化,而是否认改变的存在及对其进行改造的可能。法律的功能往往表现为对既有秩序的维护,循环时间观具有崇拜过去的情结,只有面向过去,在过去的秩序中寻找行动的规律与根据。在这里,发展和进步的概念是多余的,甚至是不被允许的。没有不停地创新、创造,有的只是在对已有经验、知识的重复。基于循环时间观的人,大多人墨守成规,很少看到那种勇于冒险、进取、超越、否定和僭越现存的规范和惯例、标新立异的特征,而是中

---

① 芭芭拉·亚当:《时间与社会理论》,金梦兰译,北京师范大学出版社 2009 年版,第 37 页。
② 同上书,第 38 页。

庸、温和、不争、无为、安于现状、满足已有的保守特征。循环时间观倾向于过去的取向,他们崇拜祖先、尊重历史,这种时间取向容易因故步自封而衰退,但同时也造成团结与稳定。

在城市生活及线性时间观下,一方面,经济发展和社会生活处于变化和发展之中,"生产的不断变革,一切社会关系不停的动荡,永远的不安定和变动,这就是资产阶级时代不同于过去一切时代的地方"①。另一方面,城市时间所独具的未来向度让现代人深深体验到一种不确定感和风险感,人的生存感受变得躁动不安,人们享受着进步主义的便利和机遇的同时,也因为提前支取了未来而面对着各种现实的与潜在的风险。于是设定一个相对确定性的治理成为构成进步主义取向社会所不可缺少的维度。另外,在进步主义下构筑的现代性叙事,不仅是一种时间体系,而且也是一种合法性观念。也即,进步主义成为一种新的意识形态和合法性,"进步观念既是一种历史发展的规则,一种历史哲学,作为其结果又是一种政治哲学"②。于是,进步和预期,成为现代政治、道德、法律领域的基本出发点,进步和预期最终进入了现代法律制度,并构成了现代法律制度之合法性的必然要素。事实上,没有一种线性的、进步的时间叙事,没有古今之争与今胜于古的信念,没有对现代的肯定,没有对未来的期望与许诺,就没有现代性法律。也就是说,由循环时间观转向线性时间观,在现代性法律话语的背后,隐藏着一个值得认真对待的时间观念:线性时间,现代性法律是一种线性时间的体验方式和保障方式。进步主义和未来线性时间观预设也构成了现代法治的预设,现代法治是建立在线性时间观的基础上,"就最广泛的意义而言,法治就是指相互关联的中立性、统一性及可预见性观念"③。现代法治的合法性来源更主要是人类基于未来的开启和保护。"合理的预期乃是对实在法律施行批评的基础,因而也是处于生成过程中的法律的基础。"④由此,"一切法律只应该对未来有效,而不应该有追溯既往的效力"⑤。

---

①　马克思、恩格斯:《共产党宣言》,载《马克思恩格斯选集》第 1 卷,人民出版社 1972 年版,第 254 页。

②　乔治·索雷尔:《进步的幻象》,吕文江译,上海人民出版社 2003 年版,第 11 页。

③　R. M. 昂格尔:《现代社会中的法律》,译林出版社 2001 年版,第 171 页。

④　哈耶克:《法律、立法与自由》第 2、3 卷,邓正来等译,中国大百科全书出版社 2000 年版,第 102 页。

⑤　哈耶克:《自由宪章》,杨玉生等译,中国社会科学出版社 1999 年版,第 251 页。

线性时间观逐渐被接受,并被纳入现代法律制度之中。这很好地揭示了在进步主义时间意识与现代法律制度的形成之间有着密切的关联,把确定性、可预测性等引入对社会生活的调控,这有利于保障发展的未来性和进步性。现代法律制度内蕴一种以当下性和线性为核心并向未来开放的世俗时间意识,当新法律制度沉浸在占支配地位的时钟时间的线性意识中时,才是制度变迁取得成功的重要标志。现代法律主要是以一种积极的姿态为未来发挥作用,这主要体现在以下几方面。

其一,通过量化和客观性的制度建设,使得法律制度有预期,尤其是通过法律限制专断的权力,使之服从国家的法治框架。还有,废弃传统的世袭制和终身制,而以任期制和选举制代替之,预期最终可以进入权力运作体系,并构成了权力之合法性的必然要素。例如1688年"光荣革命"后的英国,一个政党只要赢得了议会换届时的国民大选并占议会的多数,这个政党的首领就自然成为国家的首相,而暴力夺权将不必要也不再被允许,因为民主制度保障各利益集团都有通过时间预期和选举而获得政权的机会。这也许是民主的最大功绩,以时间预期和选举出政权,代替了以暴力出政权。"它可以保证在不使用暴力的前提下使政府符合被统治者的意愿。假如一个按照民主的原则组成不遵照大多数人的意愿执政,人们不用打内战就可以将它推翻,并将那些受到大多数人拥护的人推到政府的执政地位。民主的国家体制中的选举机构和议会就专司此职,它们使政府的更迭得以平稳、无摩擦、不用武力以及不流血地加以完成。"①美国也正是由于1800年具有分水岭意义的选举政治改变了美国政权的交接方式,杰斐逊称这次选举就形式来说,是一次真正的像1776年革命一样的政体原则的革命,因为它标志了美国政党政治、选举政治的确立和通过暴力革命获取政权方式的终结。此后,"美国政治制度的一个最大成就,是不存在叛乱发生的土壤。一个自由的两党制,所有的国民都能享投票权,这已经消除了人们革命的道义权利。在美国,革命不仅在道义上是错误的,在政治上也是完全没有必要的。如果会有一场民主革命的话,那也一定是

---

① 路德维希·冯·米瑟斯:《自由与繁荣的国度》,韩光明等译,中国社会科学出版社1995年版,第81页。

发生在投票箱内"①。

其二,通过承认法律可以变化和可人为"立法"以适应变化和保障预期。我们知道,通过立法机构以一定数量的选票便能产生一部法律,是现代性时间观产生以后的事情。尽管人类历史上也曾经有过大规模的"立法",但是,以前的"立法"更多是对习惯法的汇纂,只有近代以来,才出现了专门的立法机构,才开始了大量的现代意义的立法。② 承认现代"立法",显然继承了启蒙运动的进步观。首先,抛弃了先前的极端观点,即认为法律是固定和一成不变的。其次,依据线性时间观,法律不再是社会秩序的被动接受者与执行者,而是进步秩序的参与者与建设者。在现代的工商社会中,新事物层出不穷,社会生活节奏加快,社会的组织方式不断变化和更新。正因如此,在此变动不居的条件下,法律不可能经久不变。因此,需要以理性设计的方式颁布法律、设定社会规则,法律不但适用于当前也适用于将来。不过,一旦法律制度变革太快,尤其是造成制度断裂,又可能会不利于预期。不管今天的制度和权利多么富有吸引力,如果明天的当权者可以随意改变它们,从长期看它们就没有什么好的。正像一些学者所指出的那样:"'法律必须稳定,却不能静止不变。'我们总是面临这一巨大的悖论。无论是静止不变,还是变动不居,如果不加以调剂或不加以制约,都同样具有破坏力。法律如同人类,要活下去,必须寻觅某些妥协的途径,将法律引向这两个方向的趋势应当拧在一起,使其步调一致。这两种趋势的结合,必须依靠某种智慧。"③在此,我们需要将法律的发展视为一个连续统一体,以寻求一套稳定前进的规范。"我们时代的法律面临着双重需要:首先是需要某些重述,这些重述从先例的荒漠中找出法律的确定性和有序性。这正是法律科学的任务;其次是需要一种哲学,它将调整稳定与进步这两种冲突的主张,并提供一种法律成长的原则。我们深切地感受到并广泛认可了第一种需要。第二种需要尽管还未受到普遍重视,也越来越获得人们的充分认识。"④法律必须巧妙地将过去和现在勾连起来,同时又不忽视未来的迫

---

① 苏珊·邓恩:《姊妹革命:美国革命与法国革命启示录》,杨小刚译,上海文艺出版社 2003 年版,第 82、240 页。

② 参见 F. A. Hayek, *Law, Legislation, and Liberty*, Vol. 1, University of Chicago Press, 1973。

③ 本杰明·N.卡多佐:《法律的成长》,李红勃、李璐怡译,北京大学出版社 2014 年版,第 4 页。

④ 本杰明·N.卡多佐:《法律的成长》,李红勃、李璐怡译,北京大学出版社 2014 年版,第 4 页。

切要求。

其三,再就是宪法对一般立法的规制,如美国联邦法院法官是终身制的,而议员和行政官员却是任期制的,前者对原则的永恒恪守,为后者对规则的即时变动设定了方向和有效范围。宪法对立法的规制,也是对一般法律的保护,这种保护的功能在于,使作为具体规则的法律不会偏离宪法。立法权的开放使每个普通公民的意愿都可能通过自己的代表进入立法程序,尽管这些普通公民并不具有远见和超凡的品德或者能力,但是,受宪法的规制,他们的共识并不会对社会整体的长远利益构成威胁。

总之,现代法治可以说既是一种未来时间意识的产物,也是历史经验的智慧与对未来可能发生风险的评估结合在一起的产物。换言之,对现代法治的建立起作用的,既有在时间之流中形成的智慧和习俗,又有为规避风险而对未来不确定的有害因素施加的限制。基于长远考虑,使得法治不是用来破坏预期的,而是为了保护预期,就像买卖保险不是为了制造风险,而是要减少风险带来的损失一样,这大概也是人们喜欢法治的一个最重要原因。即,依据进步主义合法性和线性时间观,现代法律不只是预期,而是一个能够保障进步实现的预期。向遥远未来的延伸,必须与以消除和控制未来不确定性为目的。这样一来,制度驯服了预期,对未来时间的开拓在现代社会中被制度化了,这又进一步推动了人们对进步的认同。事实上,不只是法律制度,现代诸多制度和技术革新,如银行、保险等机制都构成了"未来拓展化"的部分。尤其明显的是,"保险指的是以应付未来的不测为导向的风险管理计划———一种处理(可预见的)危害的手段"①。未来因素对企业的影响,大概在保险业表现得尤为突出。保险公司的精算师们为了确定险种的价格,要对过去的各种事故率做尽可能精确的统计,要对客户的现状有细致的了解,以便算出可能发生的成本;还要算出投资的预期收益,这是保险公司能否赢利的前提。从它所服务的客户来说,购买保险同样是根据自己所积累的财产或身体的现状,用一定的付出来防范可能的风险造成的损失。从这里可以看出,一方面是历史的知识,另一方面是基于这种知识和当前处境而对未来的理性预期,这两者对现代法律制度是同样重要的。现代法律制度一个突出优势,就在于它能与进步主义时间

---

① 安东尼·吉登斯:《超越左与右》,李惠斌、杨雪冬译,社会科学文献出版社 2000 年版,第141 页。

观联系在一起,建立了有利于保护未来的预期保障机制。正像吉登斯所指出的:"通过计算将来的利润与成本也就是计算风险,现代资本主义将自己融入到作为连续过程的将来之中。"[1]

(三) 金钱主义取向时间观对现代法文化的影响

其一,推动了时间可产生利息的法律制度发展。我们知道,大部分持"时间就是金钱"者都是新教徒,他们都知道时间是金钱,而推动时间产生利息法律制度发展的也正是这些新教国家。"正如人们所料,进行宗教改革的国家,率先正式修改了法律中有关金钱利息的关键条款。英国于 1571 年完成了这件事,有关高利贷的法令被废除。"[2]史实表明,1578 年和 1619 年,英国还有几起利息诉讼案,之后再也没有了。

其二,推动了商品价值论和劳动产权发展。商品交换以等价为原则,但前提是商品的价值必须能量化。在商业社会里,商品的价值首先是以劳动时间的方式量化,马克思曾提出以社会必要劳动时间作为衡量一件商品价值的标准,这表明,商品是借劳动时间而获得价值量的,即"作为价值,一切商品都只是一定量的凝固的劳动时间"[3]。当然,这个劳动时间并不是具体劳动时间,而是可量化的社会必要劳动时间。这里可交换的不是具体劳动,而是社会必要劳动时间,此时时间"不仅具有(使用)价值,还具有交换价值。一种无处不在的时钟时间,不但重塑了工人的时间感。与此同时,时间也变成了一种形式化的、可计量的数值,而这足以使它成为一种商品"[4]。也即,"时钟就是商品化时间的表达"[5]。依据等价交换原则,社会必要劳动时间是一个前所未有的商品范畴,它是商品生产与交换的拱心石,即时间就是把劳动转化为其抽象交换价值的中介,"它已成为了生产的必要组成部分"[6]。时间一旦商品化和金钱化,

① 安东尼·吉登斯:《失控的世界》,周红云译,江西人民出版社 2001 年版,第 20 页。
② 雷吉娜·佩尔努:《法国资产阶级史》(上册),康新文等译,上海译文出版社 1991 年版,第 388 页。
③ 《资本论》第 1 卷,人民出版社 1975 年版,第 53 页。
④ 约翰·哈萨德编:《时间社会学》,朱红文、李捷译,北京师范大学出版社 2009 年版,第 107 页。
⑤ 芭芭拉·亚当:《时间与社会理论》,金梦兰译,北京师范大学出版社 2009 年版,第 200 页。
⑥ 同上书,第 134—135 页。

也促进了劳动产权的发展。在现代社会,劳动时间被赋予了价值,它使劳动时间变成了一种形式化、可计量的数值,成为一种商品,所有的人都是通过出卖自己的时间而获取报酬,所有的报酬都标明时间量,正是在这种形式中,它被用作工人和雇主进行交易的中介,从而带来了更大规模的人口流动和社会分工。事实上,"只有我们把人造日历和时钟时间描述为时间,时间才变成了要填充的容器,要使用和分配的资源,以及要在劳务市场上出售和交换的商品"①。当然,时间的个人商品化,也促进了现代人的独立意识和自主意识。

其三,时间的商品化和金钱化,也增强了人们对未来时间安排的能动意识和命运主人意识。新的时间意识"赋予未来时间一种经济价值","未来的时间都是金钱"。② 在此,对未来时间安排,就成为人们改变命运和实现自我的重要基础,这与传统社会表现出了根本性不同。我们知道,农耕文化孕育出从容、悠闲的生活方式,在相应的时节还未到来之前,农业生产也无法提前进行或完成,必须耐心地等待作物的成熟或成长。哈布瓦赫特别指出,农业时间具有这样一种"等待性"的特点:"农民必须等待,直到稻谷结穗,母鸡下蛋,马驹长大,奶牛产奶。没有任何机制能够加速这些过程。"③不同的节气对应着不同的农业生产任务,必须在相应的时间内完成各自的生产安排,无法追赶也不能懈怠,它内在于生物生长的节奏之中。自然时间倾向于承认超自然力量的存在,并承认其对世界的绝对控制力,它将社会引向一种被规定了的秩序状态。个人在这样一个世界里便成了微不足道的尘埃,他想靠自己的努力来影响世界的变化是徒劳无益的,"在整个中世纪,人们相信命运是不可抵御的"④。从发生学的意义上讲,听天由命意识的产生是出于农业生活的重复性以及人类认识水平的低下等原因,其以"天不变道亦不变"为基本观念,"'命运之轮'以及'主宰女人命运'等古代观念被留存了下来,并得到了复兴"⑤。而时间就是金钱的观念,必然会催生人们的能动意识和命运主人意识,因为安排和规划好自

---

① 芭芭拉·亚当:《时间与社会理论》,金梦兰译,北京师范大学出版社 2009 年版,第 131 页。
② 奈杰尔·思里夫特:《资本主义时间意识的形成》,载约翰·哈萨德编:《时间社会学》,朱红文、李捷译,北京师范大学出版社 2009 年版,第 114 页。
③ M. Halbwachs, *The Collective Memory*, Harper Row, 1980, p. 116.
④ A. J. 古列维奇:《时间:文化史的一个课题》,载路易·加迪等:《文化与时间》,郑乐平、胡建平译,浙江人民出版社 1988 年版,第 327 页。
⑤ 同上。

己的未来时间,也就是在安排和规划好自己的命运。

其四,推动了专利等相关时间金钱化的制度发展。如在 17 世纪,英国就有了使技术创新收益的时间化倾向,即专利保障观念与制度的出现。"和创造发明有关的一项积极改革是第一件合理的专利权法,也就是包括现代法令的一切主要规定在内的 1623 年的英国法律。直到那时为止,利用创造发明向来是通过一项作为酬答的特别赠与来安排的。而 1623 年的法律所不同的则是将创造发明的保护限定为十四年,而以原发明人抽取适当的专利权税作为企业主嗣后利用该项发明的条件。没有这项专利权法的刺激,对于十八世纪纺织工业领域内资本主义发展具有决定性的那些创造发明就未必会有可能。"[①]事实上,无论是专利、商标还是著作权,其效力的存在都是以某一时段为前提的,几乎所有的诉权都被规定了一个时间上的有效期间,即时间可以消灭诉权,另外诸如基于票据、证券,甚至大多数不动产的权利,在其定义中也加入了时间的要素。

其五,推动了一种效率型秩序的发展。一旦时间商品化和金钱化,就会影响生产方式、生产形态和社会生活安排。正如古列维奇所指出的,在这个新兴的社会中,"工作逐渐按照时间(或更确切地说是时钟)加以测量,它威望陡增,成了生产的一种基本因素"[②]。这也表现在时间被看作是一种资源,在许多方面,"社会关系是基于理性和效率,不再是基于传统"[③]。首先,当时间商品化后,几乎所有的技术发现和装置都与获取或节约时间有关。对于管理而言,效率和收益就和时间挂钩了,对时间的控制与使用就成为管理的焦点。在生产领域,人们尽量缩短生产环节的时间并加快资源流通的时间以追求生产的效率,以延长工人的劳动时间或者提高单位时间的劳动强度的方式生产更多的商品,并对时间进行细致地划分和充分地利用以力求在单位时间内创造更多价值。在过去的农业社会,人们只是遵循自然节律,仰望天堂里不动的时间,过一种心平气和、细水长流的时间生活,但在城市生活中,城市中的小工厂主们渴望在尽可能短的时间内更多地生产,增加工人的工作时间,更少地发放工

---

① 马克斯·维贝尔:《世界经济通史》,姚曾廙译,上海译文出版社 1981 年版,第 264 页。

② A. J. 古列维奇:《时间:文化史的一个课题》,载路易·加迪等:《文化与时间》,郑乐平、胡建平译,浙江人民出版社 1988 年版,第 100 页。

③ 布赖恩·贝利:《比较城市化》,顾朝林等译,商务印书馆 2008 年版,"前言",第 12 页。

资以节约成本;工匠们关心对工时的精确测量,提高收入与工时的效率比;小商人们则在关心货物流通的速度和货币回笼的时限,他们都渴望对时间作更精确细微的划分。其次,人们对于时间测量的精度也有了提高。时间的混沌意味着文化的混沌,文化越是发达,时间的刻度越是细化。一旦时间商品化和金钱化,人们越来越采用较短的单位来计量时间,并在时间的安排和使用上比较精确。一般来说,经济越发达,社会的节律越快,社会生活和交往默认的最小时间单位就越短,相反,经济越落后,社会节律越慢,社会生活和交往默认的最小时间单位就越长。为了节约和使用时间,人们学会了测量时间并精确地对其加以分割,将时间分成等量、等值的标度。时间标准化及进一步细化,这也是效率意识的一部分。最初的钟表只有一根时针,1550 年左右增加了分针,1760 年左右出现了秒针。在钟表将时间计量得越来越精细时,社会生活的节奏随之被加速。随着越来越小的时钟时间单位被赋予越来越重要的意义,日常生活可能也就越被精确控制的紧密的时间结构化了。"伴随这种紧密性而来的是越来越大的压力、紧张和对时间减少的担忧。"①

---

① 约翰·哈萨德编:《时间社会学》,朱红文、李捷译,北京师范大学出版社 2009 年版,第 73—74 页。

第十二章　城市化进程中的社会
保障与社会法建设

第一节　城市化为什么需要社会保障

一、城市化使得传统社会保障机制弱化

在城市化以前,社会保障主要建立在家庭和家族基础上,这是与自然经济组织单位的家庭化相适应的。自然经济中家庭和家族相对稳定,家庭、家族成为各种保障的提供者,除了严重自然灾害时期政府提供给灾民的少量赈灾救济和国家对官员的退休保障外,没有其他类型的社会保障。家庭和家族在养老、生育和救济等方面承担着基本的福利保障功能。例如,"家庭保障在中国农村沿袭已久,它是几千年来自给经济的组成部分"[①]。传统社会中,其他保障也多是仿家庭保障形态的。传统社会中"一切人与人的关系都被当作家族关系的社会状态中"[②],在传统社会,拟家庭的邻里、社区相扶的机制广泛存在。作为不争事实,城市化弱化了家庭的经济职能和社会保障功能。随着城市化进程,"家庭制度陷入衰落瓦解。这类大城市愈是能够更多地和更长久地发挥

---

① 王国军:《中国城乡社会保障制度衔接初探》,《战略与管理》2000 年第 2 期。
② 梅因:《古代法》,沈景一译,商务印书馆 1984 年版,第 96 页。

它的影响,家庭制度的残余就愈是必然成为偶然的现象"①。或言之,"在村庄里,家庭是自主的和强大的;……但是在大城市里,它变得索然无味、狭窄和毫无价值,而且降低为纯粹的住所的概念"②。

其一,城市化改变了生产方式。城市化带来了由家庭为单位的自然经济向以社会分工为特征的社会化生产的转变。对此,可以表述为"家庭的去经济职能化"或"经济生产的去家庭化",家庭的去经济职能化必然会削弱生产资料的家庭所有和家庭的生产职能,随之带来的,是传统的以家庭为主体的养老制度面临着巨大冲击。"随着家庭财产减少为仅仅由唯一的养家糊口得受雇用的收入构成,家庭便失去了在危急时期照料它自己以及像昔日那样供给自己的能力……"③并且,随着自然农本经济体制的消失,"家庭还逐渐失去了养育、教育、保护、道德的支持和指导、初级的口耳相传和适应的功能"④。

其二,随着土地的商品化,土地的养老保障功能的逐渐丧失。传统社会保障是"家庭保障"与"土地保障"相结合。在自然经济社会,土地被家族所共同拥有,为其保障功能的发挥奠定了基础。而在城市化中土地成为可以交换的商品。城市化"使土地可以自由出租、买卖、交换、抵押和让与"⑤。随着土地的自由买卖,土地的养老保障功能逐渐丧失。英国《济贫法》就是因为当时有许多人"由于农业体系的革命而陷入了贫困"而出台的。⑥ 16 世纪下半期,在伊丽莎白女王治下的英国,大批农民因失去土地和家园而破产和流浪,导致了城市贫民和流民的激增,酿成了十分严峻的社会问题。1572 年,英国都铎政府通过了强制征收济贫税的条例。1601 年,伊丽莎白女王政府颁布《济贫法》,1723 年,英国议会通过立法规定各教区可设立"济贫院"。

其三,城市化带来了从稳定性农业到变动性行业的职业变动,激发了大量的城乡人口流动,日益瓦解家庭结构。更为重要的是,随着城市化,一个以血缘、宗法关系为基础的社会,转变为一个以市场关系和金钱关系为基础的社

① 斐迪南·滕尼斯:《共同体与社会》,林荣远译,商务印书馆 1999 年版,第 337 页。
② 同上书,第 233 页。
③ 贾恩弗兰科·波齐:《近代国家的发展——社会学导论》,沈汉译,商务印书馆 1997 年版,第 123 页。
④ 同上。
⑤ 亨利·皮雷纳:《中世纪的城市》,陈国樑译,商务印书馆 1985 年版,第 79 页。
⑥ 艾伦·麦克法兰:《英国个人主义的起源》,管可秾译,商务印书馆 2008 年版,第 63 页。

会。在乡村和小城市中,这种关系仍然带有宗法色彩,而在比较大的城市里,则早就失去了几乎全部宗法色彩。当人们脱离了血缘、宗法关系的限制时,每个人都致力于自己的福利、享乐及其工作,生活变得更加的自主,但同时也更加艰辛且有更多的不测。"一切传统的血缘关系、宗法从属关系、家庭关系都解体了;……突然被抛到全新的环境中(从乡村转到城市,从农业转到工业,从稳定的生活条件转到天天都在变化的、毫无保障的生活条件)的劳动阶级大批地堕落了。"①与此同时,在城市化中,保障制度难以完全让企业以家庭的形式承担保障功能,因为市场竞争必然导致企业不断优胜劣汰,雇主为提高经营效率而奉行"优胜劣汰"亦无可厚非。

二、 城市化下的市场化生存及其问题

市场化资源配置方式,使社会生产力有了突飞猛进的发展,"资产阶级在它的不到一百年的阶级统治中所创造的生产力,比过去一切世代创造的全部生产力还要多,还要大"②。在此,市场的作用不容忽视。市场配置下的社会化大生产在带来经济发展和社会财富增加的同时,也带来了许多新的社会问题。市场只讲竞争和效率而多忽视社会团结。博兰尼对"市场脱嵌于社会"的历史社会学考察,其实也适用于我们对城市化的分析。根据他的说法,在乡土社会(传统社会),资源配置方式主要是互惠和再分配,市场作为一种补充性配置手段而被"嵌入"社会之中;但随着与城市化相适应的劳动力、土地和货币的虚拟商品化,以及由此产生的自主性市场的出现,市场逐渐"脱嵌"于社会,成为主导的资源配置方式。③ 这个意义上,城市化的进程在很大程度上就是市场不断"脱嵌"于社会的历史过程,是市场手段在资源配置中越来越占据主导地位而社会不断弱化的过程。从分配角度讲市场有利于资源公平、有效地配置,从而在一定程度上也有利于社会财富的公平分配。但由于交易者所拥有的经济力量、谈判能力、信息等不同,交易结果并不一定合乎人性、人道和社会性。此

---

① 《马克思恩格斯选集》第 3 卷,人民出版社 1995 年版,第 729 页。
② 《马克思恩格斯选集》第 1 卷,人民出版社 1992 年版,第 277 页。
③ 参见卡尔·博兰尼:《巨变:当代政治、经济的起源》,黄树民、石佳音译,远流出版事业股份公司 1989 年版,第 382 页。

时如果没有公权力的介入来保护弱者的利益,将使社会关系的失衡状态加剧并最终导致社会分裂和社会瓦解等严重的社会问题。即,"资本主义,可以定义为产品和劳动力在其中都是商品的竞争市场体制",而"不受制约的资本主义市场依然有许多马克思所拽出的破坏性后果"。①

其一,市场自由竞争在推动社会生产力巨大发展的同时,在全社会中迅速分离出一个失业、流浪和困苦的社会阶层。市场化始终是一种非均衡过程,可以说,贫富分化与市场存在着高度的相关性。市场经济会自发地导致强者越强、弱者越弱。财富越多、支配他人的能力越大,这反过来就产生更多财富。市场机制的天然缺陷及激烈的市场竞争直接导致了社会各阶级和阶层迅速向两极分化:社会财富伴随着市场化,集中到少数资产者手中,贫富差距拉大,极少数富人拥有社会财富的绝大部分,而广大工农大众则在贫困线上挣扎。"历史资本主义创造了空前的物质产品,同时也创造了空前的报酬两极化。"②另外,市场对财产的获取、占有和享有只是机遇平等或形式平等,而非真正的平等。从实质正义的观点来看,自由主义并不意味着一切人的自由,它使某些人(享有经济权力的人)获得了支配其他人(没有经济权力的人)的自由。事实上,"如果某个人或某个集团由于社会力量而处于不平等的竞争地位,那么,以形式上平等相待就只不过确认事先已经存在的不平等,因而显然是不公平的"③。

其二,社会本身也面临来自市场的破坏。市场社会中,效率、利润和剩余成了追逐的目标,市场是利润至上的而不是社会至上的。加上市场竞争有时弱肉强食,你死我活,市场使社会变成了一个角斗场,造成社会冲突对立、隔阂分裂、冷漠无情。更可怕的是,市场原则会腐蚀公民的价值观,不少人盲目崇拜盘剥劳工的资本大亨,将弱肉强食视为理所当然的丛林规则,整个社会弥漫着"适者生存"的社会达尔文主义。而那些竞争中的不利者几乎难以避免贫困的威胁,使得一些个人和群体生活陷于贫困甚至绝望。即,那些贫穷、能力较

---

① 安东尼·吉登斯:《超越左与右》,李惠斌、杨雪冬译,社会科学文献出版社 2000 年版,第 11 页。

② 伊曼努尔·华勒斯坦:《历史资本主义》,路爱国、丁浩金译,社会科学文献出版社 1999 年版,第 25、42 页。

③ 布雷恩·Z.塔玛纳哈:《论法治——历史、政治和理论》,李桂林译,武汉大学出版社 2010 年版,第 98 页。

小、受教育更少的人们，或者那些社会的弃儿，在自由主义制度下备受冷遇。一个彻底的市场统治的社会将造成收入上的严重不平等，并因此而威胁社会的凝聚力。"生死存亡都取决于天然的或人为的生产条件的优劣。失败者被无情地淘汰掉。"面对不平等的社会事实，难怪促成世界上第一部工厂法出台的英国罗伯特·皮尔爵士曾警告说：谋求财富，在这个地方是以压倒一切的热望来追逐的，但太过分了，会引起上天的报复。①

三、 城市化下的劳动力化生存及其问题

城市社会中，"劳动力成为市场中重要的生产要素之一"。② 可以说，生产要素的劳动力化也正是城市化启动的第一块基石，近代西方城市化兴起的深层机制，正是生产要素由土地向人的劳动的转变。马克思、恩格斯指出："城市和乡村的分离还可以看作是资本和地产的分离，看作是资本不依赖于地产而存在和发展的开始，也就是仅仅以劳动和交换为基础的所有制的开始。"③而"资本的生存条件是雇佣劳动"①。

城市化进程与生产要素的劳动力化及劳动力的自由流动密切相关。首先，城市制度的历史进步性，主要在于使劳动者成为自身劳动力的所有者，使劳动者拥有了对自身劳动的产权。"商品实际上只能是自己的劳动的物化，并且正像自己的劳动实际上是对自然产品的实际占有过程一样，自己的劳动同样表现为法律上的所有权依据。"⑤劳动也由此从根本上失去了从前的低级性质，并获得褒义性肯定。即，"只有劳动才能创造财富和丰裕，它为人类的内在繁荣奠定了外在的基础。……建设性的劳动是我们人类独有的特点"⑥。这一点在以清教徒思想立国的美国表现得更为明显，即"从殖民地时代起，劳动和

---

① 保尔·芒图：《十八世纪产业革命》，杨人楩、陈希秦、吴绪译，商务印书馆 1983 年版，第 383 页。
② 布赖恩·贝利：《比较城市化》，顾朝林等译，商务印书馆 2008 年版，"前言"，第 12 页。
③ 《马克思恩格斯文集》第 1 卷，人民出版社 2009 年版，第 557 页。
④ 《马克思恩格斯选集》第 3 卷，人民出版社 1972 年版，第 263 页。
⑤ 《马克思恩格斯全集》第 46 卷（下册），人民出版社 1979 年版，第 464 页。
⑥ 路德维希·冯·米瑟斯：《自由与繁荣的国度》，韩光明等译，中国社会科学出版社 1995 年版，第 65 页。

个人成就的尊严、对贵族赋闲的鄙视,一直都是美国公民自我认同的一个重要组成部分"①。其次,劳动力的自由流动意义重大。城市生产力的发展高度依托于劳动力资源在地理空间上的自由集聚,即需要劳动力能够自由流动。"前资本主义社会建立在个人服从——附庸对领主的服从、学徒对师傅的服从、臣对王公的服从——的基础上。相反,资本主义的本质在于,个人能够自由地发挥其创造力。与之类似,公民身份则起源于个人权利的抽象。"②其中,劳动力自由流动有助于形成最佳社会分工。正如一些学者所指出的:产生社会化生产新的工业秩序的那个"伟大转型"的起点是劳动产权。可以说,正是劳动产权使劳动力能自由流动,投之于不同的用途(也是更佳的用途),重新组合,成为其他结构(也是最佳的结构)的组成部分。③ 可以说,19 世纪前劳动力的自由流动和雇佣劳动制度依赖于这样一个基本的假定:"勤劳"与对"劳动"给予肯定的新社会伦理观结合在一起,"贫穷"并没有被界定为没有资源的状况,而是不"勤劳"的结果。任何一个成年人,都能够在完全自由竞争的市场中凭借自己的劳动获得供养自己及家人的报酬,因而国家的义务仅在于维持公平有序的竞争秩序。但历史证明这一假定并非绝对正确。因为市场化下的劳动力生存,会导致大规模的无产阶级化和诸多不确定的生存风险。

其一,造成工人没有生产资料与大规模的无产阶级化。即,"在这些城市里,每个人的唯一财产,除开他随身带着的几乎全是最必需的手工劳动工具构成的那一点点资本之外,就只有他的特殊劳动"④。由此就出现了马克思所深刻揭露的社会状况:"你们一听到我们要消灭私有制,就惊慌起来。但是,在你们现存社会里,私有财产权对十分之九的成员来说已经被消灭了。"⑤

其二,城市化和市场经济使维持基本生活的经济收入的周期系统发生了变化,完全改变了自给自足的农业时代中依靠土地,依靠实物为主和以年度为时态的收入周期系统。在城市生活中,绝大多数社会成员依靠出售体力脑力劳动的雇佣就业为生,不得不依靠货币工资维持生活,收入可靠性降低,衣食住行等生活资料完全货币化,并面对市场价格波动,全面扩大了个人和家庭维

① 莱迪·史珂拉:《美国公民权》,刘满贵译,上海人民出版社 2006 年版,第 3 页。
② 德里克·希特:《何谓公民身份》,郭忠华译,吉林人民出版社 2007 年版,第 5 页。
③ 参见齐格蒙·鲍曼:《个体化社会》,范祥涛译,上海三联书店 2002 年版,第 4—5 页。
④ 《马克思恩格斯文集》第 1 卷,人民出版社 2009 年版,第 557 页。
⑤ 《马克思恩格斯选集》,人民出版社 1972 年版,第 267 页。

持基本生存的脆弱性。即,"工薪阶层不拥有生产性资产,而他们的工资不是资产,因为他们的工作并没有保障"[①]。产业工人,他们除了赖以为生的可供出卖的劳动力外,别无他物。对于靠出卖劳动力换取生活资料的人们,其生计维持和福利开支很大程度上取决于市场和雇主。历史进程表明,当市场和劳动力生存成为普遍的社会现象,人们的生存越来越取决于市场,而市场又是不稳定和不受保障的。劳动力市场受到竞争原则和供求规律的支配,竞争中的不利者几乎难以避免贫困的威胁。一旦遇到疾病、衰老、失业、工伤等天灾人祸,他们立即就面临生存危机。换言之,会受到各种生存风险限制:工业事故、失业、疾病以及退休等。

其三,造成了人的工作异化和职业异化。城市生活中职业分工"使城市居民受到各自专门手艺的奴役"[②]。"大工业的机器使工人从一台机器下降为机器的单纯附属物……,一切'有教养的等级'都为各式各样的地方局限性和片面性所奴役,为他们自己肉体上和精神上的短视所奴役,为他们的由于接受专门教育和终生从事一个专业造成的畸形发展所奴役……"[③]城市化进程中,分工的加细使得人们的社会生活显得狭小、压抑。西方早期城市化留下的是贫乏单调的城市景观。与此同时,城市同乡村社会比较而言,具有更高的自杀率。

综上可知,市场化生存本身存在不足,特别是当劳动力进入自由市场后,把人的社会属性统统忽略,将人变成单纯的生产要素,人成了经济手段之后,市场的不足就更明显了。对此,一些学者已认识到,"纵观历史,市场是分配社会物品的最为重要的机制之一,但它从来不是,今天在任何地方也不是,一个完善的分配系统"[④]。或言之,"如果听任市场经济按照它自己的规律发展,必将产生巨大而持续的灾难"[⑤]。诸多事实表明,市场自身并不能完全解决公平正义问题,尤其是社会民生领域的公平正义问题。市场机制侧重激励和效率,不能自发实现社会正义,更不能自发实现对社会弱势群体的保护。概言之,保

---

① 理查德·派普斯:《财产论》,蒋琳琦译,经济科学出版社2003年版,第257页。
② 《马克思恩格斯选集》第1卷,人民出版社1995年版,第104—330页。
③ 《马克思恩格斯选集》第3卷,人民出版社1995年版,第642—643页。
④ 迈克尔·沃尔泽:《正义诸领域》,褚松燕译,译林出版社2002年版,第2页。
⑤ 卡尔·波兰尼:《大转型:我们时代的政治与经济起源》,冯钢、刘阳译,浙江人民出版社2007年版,第112—115页。

障和改善民生,不能单纯依靠私有制、市场,因为"市场是没有心脏和大脑的,因而不能指望市场自身能够自觉地意识到它所带来的严重社会不平等,更不能指望市场来纠正这种不平等"①。只有市场而没有社会保障的城市化和经济增长一般不会带来社会状况的自然改善,反而是经济增长与社会发展之间存在悖论:即使经济有一个较为快速的增长,但社会中的大部分人并不能从中受益,社会每前进一步,就有一部分人沦为贫困阶层,被边缘化,成为体制外的人。只有市场而缺乏社会保障的城市化必然会恶化社会关系,从而阻碍城市化可持续发展的实现,甚至会导致城市化中社会、经济、政治危机的相互联动和总爆发。根本原因在于,"这里是生产资料和产品过剩,那里是没有工作和没有生活资料的工人过剩;……生产和社会福利的这两个杠杆不能结合起来"②。西方经济学家认识到"我们争取的真正的社会进步受经济资料限制",需要"进行某些巧灵的社会手术"。③出发点是要打破传统的市场中心主义,引入社会保障意识。即,只有市场而无社会保障固然涉及经济问题,但绝对不局限于经济问题。事实上,经济问题在本质上与社会问题密切相关,如果社会问题不能得到妥善解决,经济发展问题则很难实现。或言之,人类建立有效的市场组织能力是极大地增强了,而与此同时,社会和谐均衡的能力却并未与市场的成就同步发展。而随着经济生产组织能力的增强,人类却需要同时增强总体社会的亲和力与和谐水平,具体办法是建立基本社会保障,增强人们最基本的合作与团结。

四、西方城市化中社会保障滞后引发的问题

西方城市化升级转型,走的是一条先市场放任而后社会保障跟进的模式,先市场放任而后社会保障跟进的模式使西方城市化付出了高昂的代价并引发了诸多问题,事实表明,只有市场而缺乏社会保障的城市化,最终引发了19世纪以来

① 李会明:《非市场失灵理论与中国市场经济实践》,上海立信会计出版社1991年版,第17—18页。
② 《马克思恩格斯选集》第3卷,人民出版社1995年版,第759页。
③ 经济合作与发展组织秘书处编:《危机中的福利国家》,华夏出版社1990年版,"序言",第2页。

西方社会的诸多问题,并成为一个社会问题增多的时代。即,"'社会问题'在19世纪这种措辞用来指谓一系列由国民经济的商业化和工业化产生的问题"①。而这些社会问题,"几乎完全是新问题"②。并且,"在'工业'城市,存在着现代社会中各种重大冲突,而且这种冲突往往被扩大、被激化"③。严格说来,社会问题的主要根源在于只有市场而无社会保障的城市化,社会整体缺乏化解市场风险的机制和制度安排。由于城市化的实质是加快财富效率和风险在城市的同步累积,只有市场却缺乏社会保障的城市化,其收益一般被资本集团占有而代价则势必由全社会承担,由是社会问题的产生也就在所难免。换言之,随着市场本位城市化的不断深入,会出现形形色色的社会问题,虽然不完全与社会保障不足有关,但社会保障的缺乏难脱其咎。很多国家在城市化率超过50%后便掉进了"社会问题"陷阱而难以自拔,主要原因是没有能够承载危机代价、使城市化实现经济发展和社会进步平衡的社会保障与社会法。即,适应城市化的社会保障制度没有建立,出现社会福利与社会救济的断层,并由此引发诸多问题。

其一,社会犯罪的增加。城市化以后,城市犯罪率高于乡村,大城市又高于小城市,成为各国的普遍规律。例如英格兰从1805年到1848年,法庭审判的盗窃、抢劫等罪犯人数由4605人上升到27 816人。在美国,1880年到1890年,全国犯罪率上升50%。仅芝加哥一市从1881年至1898年,杀人案件由1268起增加近6倍,达到7480起。④ 如何解释城市化造成犯罪率高呢? 其中,犯罪发生的一个深层社会原因往往可以追溯到破碎的家庭、失业、贫困等。由于缺乏社会保障,19世纪后期这些国家都有很大比例的进城人口无法在城市体面安居,国家无能力为他们提供充分的保障,表现出来的就是触目惊心的城市贫民窟。社会上一些衣食无着的人铤而走险,致使盗窃、抢劫、图财害命的犯罪案件呈上升趋势。由此可以发现社会有一定的责任:一些看似个案的问题,其背后实质是一个结构性的社会问题。这也总是将这些问题前面加上

---

① 贾恩弗兰科·波齐:《近代国家的发展——社会学导论》,沈汉译,商务印书馆1997年版,第112页。
② 同上书,第113页。
③ 萨尔沃·马斯泰罗内:《欧洲民主史——从孟德斯鸠到凯尔森》,黄华光译,社会科学文献出版社1998年版,第198页。
④ 杨生茂、刘绪贻主编:《美国内战和镀金时代》,人民出版社1990年版,第303页。

"社会"两字的原因,即犯罪中所表现出来的病态通常也是社会病态的一部分,而不只是罪犯个人的病态。虽然对于同样的危害结果应当给予同样的法律责难,但也存在许多不能非难行为人的情况,"主要有身体缺陷、理解错误、知识不足、经验欠缺、年龄的增加导致身体的衰退,以及存在行为人无法解决的特殊的情境困难"①。

其二,经济政治危机的频繁。比较典型的城市化问题便是经济和政治危机的频繁发生。首先,经济危机几乎"把资本主义带到一个万劫不复的危险境地"②。其次,政治危机最为突出的是工人运动。众所周知的西欧工人运动正是发轫于经济发展和社会进步的不和谐,并且也在此时酝酿出某种一触即发的怨恨与革命。"站在资产阶级政治思想理论家后面的,是一大群准备将温和自由主义革命转变为社会革命的群众。处在资本主义企业家之下和周围的,是被迫离乡背井、满腹怨言的'劳动贫民',他们摩拳擦掌,跃跃欲试。"③也表现为,"在19世纪过程新形成的社会主义运动,主张公正地分配经济的产品和解放工人阶级。……其渊源在法国"④。再次,政治危机的一个重要负面因素就是为法西斯滋长准备了厚实的土壤。"'纳粹'是国家社会主义德国工人党的德语缩写。纳粹主义,像其他形式的法西斯主义一样,具有许诺工作和福利的虚假的社会主义要素。"⑤而"纳粹"崛起和发展的关键就是社会失业问题,"失业是关键所在:失业的人越多,纳粹的得票越多"⑥。

其三,国内矛盾向国际的转移。19世纪的国际社会只是经济共同体,而不是社会共同体;只是一个由多个国家杂合而成的国际社会,而不是一个共同福利标准的一体化世界。由于只有经济的全球化而没有社会的全球化,使得各国千方百计吸引、挽留、偏袒市场机制,市场机制把机会主义本能发挥到极致,逃避法

---

① 汉斯·海因里希·耶赛克、托马斯·魏根特:《德国刑法教科书总论》,徐久生译,中国法制出版社2001年版,第714页。

② 艾瑞克·霍布斯鲍姆:《极端的年代:1914—1991》,郑明萱译,江苏人民出版社1999年版,第125—126页。

③ 艾瑞克·霍布斯鲍姆:《资本的年代:1848—1875》,张晓华译,江苏人民出版社1999年版,第2—3页。

④ H.科殷:《法哲学》,林荣远译,华夏出版社2003年版,第27页。

⑤ 迈克尔·罗斯金:《国家的常识:政权·地理·文化》,夏维勇、杨勇译,世界图书出版公司2013年版,第179页。

⑥ 同上书,第178页。

律义务、社会责任。另外，国家对外扩张的主因之一也是将国内社会矛通过对外扩张而转嫁和释放。德国是相对英国城市化较迟的国家，对外转移困难，因此也是最早实现社会保障的国家。如 1881 年，德国首相俾斯麦首先提出关于建立社会保险的议案，1883 年国会通过了《疾病保险法》，1884 年帝国议会通过了《意外灾难保险法》，1889 年国会通过《老年和残废保险法》。但随后还是要转移国内劳资矛盾和社会风险，导致由德国挑起了资本主义世界的两次世界大战。

第二节　城市化进程中社会保障制度与社会法的建立

一、　社会保障观念的转变

19 世纪中叶以前，西方城市化进程中所探讨和所主张的基本问题是市民社会与政治国家适度分离的市场自由原则问题，总体上是相对忽视国家的社会保障功能和社会法建设的。"至十九世纪中叶前，人与人间的经济关系，被视为系与国家割离的社会关系，赋予此社会关系秩序的私法，性质上异于规律国家的生活关系之公法，纯粹是以合理调整经济与家族生活关系中的当事人、关系人之私的利害为目的。创造、维持此私法秩序者，虽同为宪法所组织的立法权、裁判权，但国家彻底被排除于社会之外。在保障任何人均有平等机会的近代私法下，有胜者有败者，有巨富亦有无家可归者，此被认为系肇因于个人努力与机制的差异，国家无责任可言。"①这也表现在此时的基本权利只包括"消极的"民事权利，而不包括"积极的"社会权利，并认为提供社会权利的宪法可能会削弱宪法防止政府权力滥用的功能。当时的基本观念是，宪法应该被视为用来保护公民个人利益不受政府的侵害，而不是授权政府给个人提供权利。即，"普通政府的权利和责任不应该扩展到对个人遭受到的、与公共服务或公共利益没有适当联系的不幸提供援助……应该坚持不懈地强调这样一个

---

① 阿部照哉等：《宪法》（下册），周宗宪译，中国政法大学出版社 2006 年版，第 201 页。

经验,那就是,尽管人民供养了政府,但是政府不应该供养人民"①。

　　然而,19 世纪西方城市化进程中持续的经济危机和政治动荡深深震动和变革着社会,也包括对社会问题的思考方式,首当其冲就是社会问题归责原则的变化,即开始出现归责的社会化。当经验现实告诉人们,社会问题远远超出个人解决能力时,"促进了人们重新审视过去被认为理所当然的观念。促使人们对原来贫困概念有所反思和改变:即更多地从经济增长和社会秩序的角度来考虑贫困和与之相关的问题,从谴责穷人的懒惰或者无能转向考虑经济结构本身的问题,即强调穷人通过自助和艰苦工作摆脱困境转而强调政府干预以支持穷人摆脱经济困难的必要性"②。最为重要的是改变了过去由个人自负其责的观念,开始承认社会问题是社会的责任,认为制度结构应对城市化造成的大面积集体贫困现象负责,工人阶级处境悲惨的原因不应该到个别的缺陷中去找,而应该到制度结构本身中去寻找。

　　归责社会化的直接社会效果就是推动了社会保障制度和社会法的理性发展。当然,在城市化进程中,社会保障、社会法并非完全源于社会成员的理性自觉、理性建构,而是社会矛盾运动过程中,各方主体利益博弈、力量合成的结果。城市化的社会保障制度已经由一种被动的、消极的、事后的补救性机制,转变为一种主动的、积极的、事前与事后相结合的保障机制。城市化社会的保障制度不再是原来制度的修修补补,而是制度性的彻底转型与重建。随后,社会保障制度也从长期试验性状态走向定型、稳定、可持续发展。19 世纪后期开始,尤其是二战以后,以社会保障为核心内容的各种形式的"社会保护运动"在城市化发达国家的社会政策中已占有重要地位。即使是在 20 世纪 70 年代中期以后里根-撒切尔时代,美国共和党和英国保守党都遵循新自由主义的自由市场政策,政府用于健康和社会保障方面的开支总额仍然得到了提高。1979—1984 年间,英国用于健康方面的开支增加了 16%,用于社会保障方面的开支则提高了 26%。1980—1984 年间,美国用于健康方面的开支提高了38%,用于社会保障方面的开支则增加了 12%。③

---

① 　理查德·派普斯:《财产论》,蒋琳琦译,经济科学出版社 2003 年版,第 266 页。

② 　赵虹:《英国十九世纪的社会立法》,《楚雄师范学院学报》2002 年第 2 期。

③ 　德里克·希特:《何谓公民身份》,郭忠华译,吉林人民出版社 2007 年版,第 7 页。

二、 城市化进程中社会保障的原则

（一）社会民生的非市场化

19 世纪初，西方城市化中市场与社会保障之间的结构性失衡所引发的诸多社会问题，提醒人们要通盘考虑城市化进程中经济发展和社会团结的关系。社会保障、社会法建设的关键是必须区分经济领域的市场化和社会民生领域的非市场化，必须对市场化原则施加必要限制，将其约束在经济生活领域中而不应成为社会民生领域的原则。或言之，市场配置起决定性的作用只能局限于经济领域，而不应成为社会民生领域的原则，比如住房、教育、医疗等关系到全体国民民生的公共服务领域则不能过于市场化。而以往正是这些社会民生领域的过度市场化，才导致了经济和社会的失衡。一个人可以拥有许多钱财，但不允许用钱财占用过多的国计民生的资源。具体言之，一个社会如果有多余的财富，那么可以炒黄金白银，可以炒珠宝这些奢侈品，但是像粮食、房子、药品、医疗卫生、教育，这些国计民生的公共产品，是不能够被垄断起来牟取暴利的，国家的法律与政策必须保证这些东西在社会上的相对公平使用。社会保障体现的是去市场化功能，使城市社会中的人能获得基本生存保障，能够不完全依赖于市场和出售劳动力而生存。大多数国家的社会保障属于"社会开支"，是通过国家的税收、用非市场的手段来保障的。社会保障是以社会权利、社会法的形式确定下来，是国家通过收入再分配而实现社会民生保障的一种正式的制度安排，也是以制度化的方式保护社会。规定凡达不到国民最低生活标准的社会成员都有权从社会获得保障，"失业、不幸的事故、疾病、年老和养家糊口者死亡的风险必须在很大程度上倚靠国家的福利制度来克服"①。当然，政府也可以引入市场机制来提高公共服务供应的效率，但这里的市场机制和经济领域的市场机制全然不同。社会福利是一种公益性与普惠性的社会

---

① 贾恩弗兰科·波齐：《近代国家的发展——社会学导论》，沈汉译，商务印书馆 1997 年版，第123 页。

性事业,福利制度可以利用市场机制提高效率,但却不可由市场机制所取代。"福利措施或服务常常体现了信任和团结的信念,如果出现了市场引导的、更有'商业色彩'的取向,那么这些信念肯定就会受到侵蚀。"①

(二) 社会民生的权利化——社会权利

在现代社会,任何一种要求如要合理化都需要用权利来表述,社会民生也是如此。19 世纪末 20 世纪初,民生话语亦从一种公共话语嬗变为权利话语——社会权利。宪法是否应该尽量保证人们不至于极度贫困的社会权利,它是否应该创设免受饥饿或者免受无家可归权? 这些问题的答案反映了 18世纪末与 20 世纪初宪法权利之间最明显的差别。事实上,美国许多年来,有关社会和经济权利是否属于宪法权利,一直存在争议。作为不争事实,美国宪法以及 20 世纪以前大多数国家的宪法都没有设置最低生活条件的权利。"在美国,大多数人并不认为这些属于宪法权利。"②19 世纪以前,宪法丝毫没提到食物、住处以及医疗保健权利。从 19 世纪末到 20 世纪,形势发生了变化。"要把美国建设成福利国家的呼吁是由罗斯福总统在公元 1941 年向国会发表国情咨文时提出的。"③罗斯福新政的成功之处就是颁布了公元 1935 年的《社会保障法》,以对老年、残疾和失业的人提供帮助。《社会保险法案》在美国建立了第一个全国性的社会保险体系。此后,社会权利的发展基本上体现为由一般的法律权利上升到法律基本权利,再上升为宪法权利。

可以说,社会权利的确立进一步完善和丰富了公民身份。马歇尔关于公民身份的分析比较著名,他把公民身份分为三个组成部分,即公民权利、政治权利和社会权利。因为有了社会权利的保障,公民才能获得最低意义上的生活的物质保障,也才有可能反过来支持公民身份的巩固。"宪法应该保护社会和经济权利吗? 当然应该,因为如果连基本的需求都满足不了,人们就不能真

① 安东尼·吉登斯:《超越左与右》,李惠斌、杨雪冬译,社会科学文献出版社 2000 年版,第17 页。
② 凯斯·R. 孙斯坦:《设计民主:论宪法的作用》,金朝武译,法律出版社 2006 年版,第 256 页。
③ 理查德·派普斯:《财产论》,蒋琳琦译,经济科学出版社 2003 年版,第 286 页。

正地享有公民地位。"①或言之，"生活在绝望中的人——例如缺少财产权的人——不能享有作为公民地位前提的安全感和独立性。这样，对食物和住房权利的保护就类似于对个人财产权利的保护"②。并且，向弱者适度倾斜的原则不仅不违反公民身份原则，恰恰是坚持、捍卫和发展了公民身份原则，并最终贯彻了公民身份原则。正像没有人反对为老年人、残疾人、孕妇、儿童提供优先服务，因为贫穷终将对公民身份行使造成妨碍，所以，必须通过社会保障以使相对贫困之人能够真正享受公民身份。马歇尔指出了公民身份中每种权利的大致发展时期，尽管彼此之间有所重叠：公民权利发展于 18 世纪，政治权利发展于 19 世纪，社会权利发展于 20 世纪。公民权利或者法律权利（例如财产权）作为对绝对主义的反应主要发展于 17 世纪，并且随着法院、人身保护权、平等审判权的发展而制度化。在 19、20 世纪，政治权利随着现代议会民主的演变权而发展起来，政治权利包括投票权、结社权和参与政治的权利，它们随着以竞争性政党为主导的议会制政治体系的发展而制度化。最后，在 20 世纪，包括失业救济、健康保险和教育供给在内的社会权利得到进一步扩展，公民身份的社会权利形式在福利国家中被制度化。③

（三）社会民生的法律化——社会法

宪法对于社会权利的肯定与认可对法制结构变革产生了重要影响，突出表现在社会法的产生上。私法与公民的经济生活息息相关，无法分开；公法与公民的政治权利相互交融，难以割断。社会法与公民的社会权利紧紧相连，不可分离。"从某种程度上讲，社会法的价值在于维护公民的社会性权利。"④在无社会权利的传统法制结构中，民商法和经济法主要调整一国的经济生活，侧重于保护公民的民事权利；宪法和行政法主要规范国家的政治生活，保护公民的政治权利。一般说来，这也是一种有市场而无社会保障城市化的产物。有

---

① 凯斯·R. 孙斯坦：《设计民主：论宪法的作用》，金朝武译，法律出版社 2006 年版，第 272 页。
② 同上书，第 278 页。
③ 参见布赖恩·特纳：《公民身份与社会理论》，郭忠华、蒋红军译，吉林人民出版社 2007 年版，第 7—8 页。
④ 王广彬：《社会法上的社会权》，《中国政法大学学报》2009 年第 1 期。

市场而无社会保障的城市化是以公法与私法的区分为特征的二元法制结构，二元法制结构偏重私法与公法互补与结合的治理，它的实质和功能，在于维护市民权利、限制国家权力。"通过一个行之有效的私法制度，它可以界定私人或私人群体的行动领域，以防止或反对相互侵犯的行为、避免或阻止严重妨碍他人的自由或所有权的行为和社会冲突。通过一个行之有效的公法制度，它可以努力限定和约束政府官员的权力，以防止或救济这种权利对确需获得保障的私人权益领域的不恰当侵损、以预防任意的暴政统治。"① 然而，随着无社会保障的城市化所带来的诸多问题，及社会权利和社会保障的逐渐产生和确立，作为与经济、政治并列的社会民生领域的事务也日益需要法律加以调整，于是，社会法应运而生。社会法是二次分配的法，旨在给市场、自由竞争迅速加大社会贫富差距提供底线保障。根据《元照英美法词典》的解释，社会法"是对具有显著社会意义事项立法的统称，例如涉及教育、住房、租金、保健、福利、抚恤养方面的法律"②。社会法把社会保障建立在一套完善的法律制度基础之上的，社会法又被称为"民生之法"。③ 以"民生"问题为中轴，可以说是抓到社会法之核心所在。社会法是特有属性的法律群，社会法所解决的问题主要存在于社会民生领域，民生属性是社会法区别于其他法的最基本的属性。由此可见，"社会法"这一表述并不确切，因为所有的法律都具有社会性。广义社会亦称人类社会，是指在一种特定物质资料的生产活动基础上形成的由人群组成的、以人与人之间的交往为纽带的、有文化有组织的系统。而社会法所指的社会是狭义社会，是与经济、政治相并列的民生领域的社会。在市场、国家和社会三元背景下，社会法既考虑私法与公法的法律调整漏洞，也超越了二者思维，克服了二者不足。

三、 城市化进程中社会保障的平衡机制

城市化进程中，为了既保护社会，又不损于经济发展；既救济贫困，又不损

---

① E. 博登海默：《法理学：法律哲学与法律方法》，邓正来译，中国政法大学出版社 1999 年版，第 233 页。
② 薛波主编：《元照英美法词典》，法律出版社 2003 年版，第 1267 页。
③ 参见余少祥：《社会法：维系民生之法》，《今日中国论坛》2009 年第 1 期。

于竞争和效率,就必须采取一种结构性平衡。城市化进程中的结构性平衡也体现在美国法学家富勒的下述主张中:"社会设计中的一个普遍存在的问题便是如何把握支持性结构与适应性流变之间的平衡","我们所关心的不仅仅是个人是否自由或安全或是感到自由或安全的问题,而是作为一个整体的社会中的各种(通常默默展开的)过程之间如何达致和谐与平衡的问题"。① 需要指出的是,这些平衡和协调并不是对立、对抗和冲突,而是要将各种要素和原则控制在一定的范围和框架之内,它们是互补的,它们侧重于从不同角度满足社会的丰富性和人的需要的多样性。毕竟,"一个通过节制各种自由来解决它们之间冲突的制度,要比一个在其中一些自由被压制而其他自由也得不到很好保护的制度强"②。

(一) 经济领域市场化与社会民生领域非市场化之间的平衡

经济领域市场化与社会民生领域非市场化之间平衡的核心观念承认私有制和市场本身存在不足,需要社会保障进行补充性干预,其主要是通过所得税帮助低收入者维持最低生活水平,但它不是完全否定私有制和市场。在讨论民生问题的过程中,有人往往把民生问题和私有制、市场对立起来,这种看法是不对的。这不是私有制、市场本身的错误,而是私有制、市场不恰当地用在社会民生领域的错误。正确的做法应该是:在经济领域,承认和确定生产资料的私有制和市场经济的优先和主导地位,因为在经济领域中无法取消私有制、市场,而恰是通过私有制、市场进行资源配置才创造出了大量社会财富并为社会保障提供了物质基础;在社会民生领域,确立非市场原则和国家干预分配的优先和主导地位,以避免一些民生问题在市场化下恶化,并将社会差距控制在法律与道德的承受范围之内。显见,关键问题是处理好二者之间的平衡与互补,"就近百年而言,现代社会由一种双向运动支配着:市场的不断扩张以及

---

① 富勒:《法律的道德性》,郑戈译,商务印书馆 2005 年版,第 35—36 页。
② 约翰·格雷:《自由主义的两张面孔》,顾爱彬、李瑞华译,江苏人民出版社 2005 年版,第 109 页。

它所遭遇的反向运动(即把市场的扩张控制在某种确定的方向上)"①。具体言之,市场经济具有产生更大不平等的趋势,而福利国家则存在着创造更大平等的趋势和意图,两者之间的平衡是持续性的。作为不争事实,经济领域市场化和社会民生领域非市场化的平衡,为我们提供了既利于社会安全、社会保护,又有利于经济生产与发展的政策与制度模式。我们不得不承认兼顾社会民生领域的非市场与经济领域市场的模式是最不坏的模式,即"自由和社会保障是同胞姊妹"②。

(二) 民事权利、政治权利与社会权利之间的平衡

把社会权利补充到权利复合体中,也增加了权利冲突的潜在可能性。"对自由的消极解释就产生了一种对权利的自由至上主义解释,即把权利解释为免受他人的干涉;而一种积极的自由概念则产生了福利权利,这种权利要求我们为他人提供某些产品与服务。这两种自由观产生的不仅是两套不同的权利,而且是两套不相容的权利。"③需要指出的是,社会权利本质上仍属于自由主义,无论如何它只是一种修正和补充,并不是对"免于国家干涉的自由"的否定。"福利国家中,社会权利的增长没有从根本上改变其阶级体系。"④在此结构中,各种权利虽彼此不同但却不是孤独地存在着,其目的"是个体生活与集体生活或个人生活与政治生活之间的相互联系,而不是彼此间的分离和对抗"⑤。同时,民事权利、政治权利及社会权利的并存既是现代社会结构和权利形态的基本特点,更是避免国家走向垄断和专制的权利结构设计。必须指出,就社会法的价值立场而言,它易用整体价值观念压制个人的民事权利、政治权利,因此必须为个体民事权利、政治权利的保护设计救济制度,以防有人借福

---

① 卡尔·波兰尼:《大转型:我们时代的政治与经济起源》,冯钢、刘阳译,浙江人民出版社 2007年版,第 112 页。

② 伍尔芬:《德国社会法概况》,载杨燕绥等编著:《劳动法新论》,中国劳动社会保障出版社 2004年版,第 281 页。

③ 贝拉米:《自由主义与现代社会》,毛兴贵、檀秀侠等译,江苏人民出版社 2008 年版,第 373 页。

④ T. H. 马歇尔、安东尼·吉登斯等:《公民身份与社会阶级》,郭忠华译,江苏人民出版社 2008年版,第 349 页。

⑤ 菲利普·汉森:《历史、政治与公民权:阿伦特传》,刘桂林译,江苏人民出版社 2004 年版,第113 页。

利之名相侵害。在今天,对个体民事权利、政治权利的威胁主要不是来自君主专制,而是来自民主专制。即,"出于良好意愿的民主社会福利措施同样也侵犯了财产和自由——采用了更为隐蔽然而确实更不具有暴力色彩的,但是从长远来看其危险性不见得更小的方式"[①]。

(三) 私法、公法和社会法之间的平衡

社会法所解决的问题主要存在于社会民生领域,在社会民生领域,社会法较之公法和私法更具有优势。但整个法律体系是由不同法域构成的一个系统体系,各法域的功能是互补的。就性质而言,作为对私法和公法的不足进行补充的社会法,并不是对私法和公法的否定,而只是对二者的补充。由此,我们也可以把法制结构划分为三种类型。一元法制结构,即公法上的权力渗透到社会一切领域的一种法制结构:市民社会与政治国家实际上是重合的,在社会生活舞台上只活跃着国家一个主体,任何带有独立倾向的社会力量不是被镇压,就是被吸纳,整个社会经济生活中只有无处不在的国家和无所不在的国家权力。二元法制结构是以公法与私法的区分为特征的法制结构,突出的是市民社会与政治国家的共存与平衡。三元法制结构是指公法、私法与社会法并存的法制结构,强调的是市场、国家和社会民生三方面的共存与平衡。

四、 城市化对社会保障和社会法的支持

(一) 城市化对社会保障和社会法的支持

城市化中的社会化生产带来的社会性生存,也催生了社会保障发展。社会性生存是城市化发展的必然特点,也使得人们由以往较多地依靠家庭、家族解决生活中的问题转而更多地依靠社会解决。即,城市化进程的推进意味着大批农民结束了过去一村一户分散而居的农业社会生活方式,许多生活必需

---

① 　理查德·派普斯:《财产论》,蒋琳琦译,经济科学出版社 2003 年版,第 258 页。

品的供给从原来一家一户各自解决的方式转变为公用品、公用事业的供给方式。社会性生存使得每个人的福利都依靠着一个保障体系,没有它,任何人都不可能有满意的生活。即,随着城市化的推进,家庭的经济和社会功能不足以抵御和化解生存风险,家庭制度对这些规模化的社会风险已经无能为力。在摆脱了乡村领地这个自然组织之后进入了城市生活的人,必然要寻求建立另外一种团体,借以保障个人的基本生存安全。这样,过去私人组织在社会保障上扮演主体,走向了福利国家的时代。"失业、不幸的事故、疾病、年老和养家糊口者死亡的风险必须在很大程度上倚靠国家的福利制度来克服……家庭的每个成员依靠社会来保证它基本的要求,……在此之外还有紧急状态下的需求,社会还需要提供其他生存方面的需求。从住房到就业设施、职业和教育计划、健康检查,等等。"[1]换言之,个人生存保障与生活的基础,很大程度上已经不再建立在传统民法意义上的私人财产所有权上了,而是需要建立在每个人的工作以及参与分享由国家提供的生存保障与社会救济的基础上。对此,拉伦茨就指出:"今天,个人在经济上的保障,与其说依靠自己的努力以及由他们自己采取的预防措施,不如说更多靠的是某个集体、国家或社会保险公司所提供的给付。"[2]

作为不争事实,建立在生产资料私有制基础上的城市化和社会化大生产,更是离不开社会保障。由前文已知只有私有制、市场的城市化而无社会保障的城市化不能令人满意地发挥作用。生产力和社会财富高度增长与社会冲突危机不断的强烈反差,凸显了私有制、市场自身并不能完全解决社会化生存问题。社会整合是与社会分裂相对应的社会学范畴。19世纪西方的社会整合危机是基于私有制、市场本位城市化而造成的。因此,仅在经济领域就事论事,无法作出满意回答,必须综合考虑经济发展和社会进步的交互作用,健全和完善社会福利体系是解决社会问题的有效措施。或言之,私人占有生产资料与社会化大生产之间的结构性矛盾应当通过国家社会福利、卫生、教育、娱乐、住房等政策进行纠正。具体言之,"国家自觉地试图克服自有资本主义无

---

① 贾恩弗兰科·波齐:《近代国家的发展——社会学导论》,沈汉译,商务印书馆1997年版,第123页。
② 卡尔·拉伦茨:《德国民法通论》(上册),王晓晔、邵建东等译,法律出版社2003年版,第70页。

政府主义地追求利润所造成的使社会分裂的后果,国家力求使生产关系免除传统的劳资冲突"①。也就是说,由于生产资料私有制与生产的社会化之间存在根本对立,所以需要建立一个平衡机制,其中最重要的是应由国家提供社会保障福利,同时增加公共设施建设以形成更多的投资和就业机会,并以此刺激消费,推动经济发展。在此过程中,国家向贫困的家庭和个人提供公共物品、实施社会救助等,这些是市场无法做到的。国家积极干预经济和社会民生领域是正常的,同时也是应该的,因为公共权力在一个民主社会中代表着集体意志。

　　显见,社会保障、社会法在本质上是集体主义的,只有在集体主义价值观的基础上才能得到实践与发展。城市保障制度的集体主义基础是城市本身所具有的社会性,"城市问题首先不是政治性的,而是社会性的"②。在自然经济社会,如果发生社会冲突,可以解决的方法是退出,不能与其对象生活在一起的个人或集团只要分离开或者离开就可以,就像离婚一样。虽然退出在某些情况下对个人也是可能的,但是它通常不适用于城市社会,没有一个人能够成功地把自己独立于城市之外。因为城市社会中的人,息息相关,联为一体,其中哪个人出了问题,都会影响到他人,所以,城市中的个人问题同时也是社会问题,必须从社会整体的角度去思考和解决之。而这正是城市社会中保障制度和社会法最为重要的社会性基础。城市社会的保障制度和社会法就是将个人生存问题社会化思考、社会化解决的制度安排。"城市设计的任务当中包含着一项更重大的任务:……我们必须创造一种有效的共生模式,……最终让人们生活在一个相互合作的模式当中。"③如庞德就是从社会连带思想论述社会权利理论的,而昂格尔将这一现象归结为合作主义(corporatism)对社会法的影响,他认为合作主义有助于一套打破传统公法与私法界限的规则的形成。④

---

① 约翰・基恩:《公共生活与晚期资本主义》,马音等译,社会科学文献出版社 1999 年版,第100 页。

② 萨尔沃・马斯泰罗内:《欧洲民主史——从孟德斯鸠到凯尔森》,黄华光译,社会科学文献出版社 1998 年版,第 198 页。

③ 刘易斯・芒福德:《城市文化》,宋俊岭、李翔宁、周鸣浩译,中国建筑工业出版社 2009 年版,第 8 页。

④ 参见 R. M. 昂格尔:《现代社会中的法律》,吴玉章、周汉华译,译林出版社 2001 年版,第194 页。

(二) 城市化对社会保障和社会法支持的原因

城市化与社会保障、社会法之间是相互关联、相互促进的系统工程。城市化既为社会保障、社会法提出了内在要求,也对社会保障、社会法具有促进作用,主要表现为其提供了坚实的"社会性"基础。

其一,城市化对"社会"的孕育。

城市具有天然的"社会"属性。"历史地看,人类文明经过狩猎文化向农耕文化的过渡,人口增加,有可能促成了乡村社会向城市社会的转变;贸易通道的拓展,以及职业种类的增多,也都有可能发挥促进作用。但是,仅仅从城市的经济基础层面是没有办法去发现城市的本质的。因为,城市更主要是一种社会意义上的新事物。"[①]一般说来,城市社会的本质及产生的标志,就是社会分工存在与否,不是建基于社会分工的社会形态,就不是城市社会。进而言之,社会分工和交换对城市社会产生具有决定性作用,没有社会分工和交换,也就没有城市社会。也诚如涂尔干所指出的那样,社会分工的作用不仅限于改变和完善现有的社会,而是使社会成为可能,也就是说,没有这些社会分工,社会就不可能存在,也即,"如果说分工带来了经济收益,这当然是很可能的。但是,在任何情况下,它都超出了纯粹经济利益的范围,构成了社会和道德秩序本身"[②]。

从城市的角度来考察和认识"社会",可以发现二者具有同构性。城市作为一个整体和"社会"的内部结构有共同性,这就是城市也有社会分工和交换。城市的实质就包含着复杂的社会分工和交换关系,"一切发达的、以商品交换为媒介的分工的基础,都是城乡的分离"[③]。因此,城市化不仅实现了从传统农业社会转向现代社会的重要变革,而且加深了生产、生活的社会化程度,促成了人们相互性依赖,进而推动了"社会"的形成,城市生活具有相互依存性。马

---

① 刘易斯·芒福德:《城市文化》,宋俊岭、李翔宁、周鸣浩译,中国建筑工业出版社 2009 年版,第 5 页。

② 涂尔干:《社会分工论》,渠东译,生活·读书·新知三联书店 2005 年版,第 24 页。

③ 《马克思恩格斯全集》第 23 卷,人民出版社 1972 年版,第 390 页。

克思对此就指出:"城市本身的单纯存在与仅仅是众多的独立家庭不同。在这里,整体并不是由它的各个部分组成,它是一种独立的有机体。"①美国城市社会学家 R. E. 帕克也指出:"可以把城市——包括它的地域、人口,也包括那些相应的机构和管理部门——看作一种有机体。"②可以说,城市的发展不是各部分简单的相加,而是形成了各部分相互作用的网络,城市常常是从人们彼此持续保持密切关系的需要中发展起来的,"他们完全生活在相互依存的状态"③。换言之,城市化的深刻内涵在于,它不是简单的家庭和人口的集合,而是提升其社会化的产物。城市化的发展所带来的社会分工和社会化大生产,意味着要建立一种全新的人类组织形态——"社会"。

而小农社会表现为相对孤立和分散。孤立生产是小农社会的基石,占统治地位的"不是社会劳动,而是孤立劳动"④。小农社会是一种自给自足、封闭运行的经济,每个生产者"差不多都是自给自足的,都是直接生产自己的大部分消费品,因而他们取得生活资料多半是靠与自然交换,而不是靠与社会交往"⑤。小农社会不具有社会分工、整合和协作意义。小农社会"创造出了一个未开化的阶级,它半处于社会之外"⑥。因此,"农民社会是　种半社会,农民文化也是一种半文化"⑦。滕尼斯就把小农社会概括为"共同体",以区别于城市的"社会"。即"共同体是古老的,社会是新的,不管作为事实还是作为名称,皆如此"⑧。

其二,城市化对社会合作精神的培育。

社会合作的性质和形式是与一定的经济形态和社会结构有关的。自然经济的小农社会及相对隔离的社会结构决定了合作的地方性和有限性。基于社会化分工与交换的城市社会带来了合作的广泛性和社会性。在小农社会,其有限的合作形态是与分散、封建、自给自足相协调的。到了城市化时代,自然

---

① 《马克思恩格斯全集》第 46 卷(上册),人民出版社 1979 年版,第 480 页。
② R. E. 帕克等:《城市社会学——芝加哥学派城市研究文集》,宋俊岭等译,华夏出版社 1987 年版,第 2 页。
③ 同上书,第 26 页。
④ 《资本论》第 3 卷,人民出版社 2004 年版,第 916 页。
⑤ 《马克思恩格斯选集》第 1 卷,人民出版社 1995 年版,第 677 页。
⑥ 《资本论》第 3 卷,人民出版社 2004 年版,第 917 页。
⑦ 艾伦·麦克法兰:《英国个人主义的起源》,管可秾译,商务印书馆 2008 年版,第 20 页。
⑧ 斐迪南·滕尼斯:《共同体与社会》,林荣远译,商务印书馆 1999 年版,第 53—54 页。

经济所造成的间隔开始被打破,社会性合作成为一种必要和常态。由于社会分工和社会化生产需要,合作共生和相互包容是城市化发展的客观要求。"合作运动在城市中有着长期的传统"①,或言之,"城市作为一种特殊的环境出现,有利于合作联系"②。沿着城市化发展轨迹,可以搜寻社会合作不断进化与进步的原因。城市化越不断深入,各领域各环节的依赖性和互动性就会更进一步增强,就更需要协同配合,因此合作意识也会进一步增强。这种合作的进化和进步也表现为在城市社会中的人们必须放弃孤立生存的看法和做法,必须从共存的角度去理解和建构彼此之间的社会关系。由于城市化的推动,"社会是一个不断前进的公平合作体制"③。合作性也是城市更能够推动公正和民主法治发展的重要原因。因为城市是一个有机体,它的健康发展必须依赖公平合作,能否实现公正和公平合作从根本上决定着社会分工的存在与否,公正和公平合作是社会分工合作的基础,有公正和公平合作则有分工和城市,反之,无公正和公平合作则无分工和城市。由此,也使得在城市社会中"公平与协作的问题较之于统治具有更普遍的意义"④。显见,公正和公平合作作为一个不可或缺的因素参与了城市化进程,进而推动了相互妥协和协商成为城市社会和政治生活的一个明显而重要的特征。即,随着城市化和社会化大生产的不断深入,"城市正走向一个利益相关者共同治理的道路"⑤。正如库珀(Phillip J. Cooper)所说,"不管我们做什么,趋势总是日益从使用权威机制走向协商治理"⑥。值得注意的是城市生活促成了投票民主制度的发展,因为城市公共利益的规定没有那么绝对、清晰和明确。"要知道公共利益的要求是什么,最简单最可靠的办法是召集全体公民,咨询他们。……无论何事都要投票,需要征求大家的意见,才可知道公众的利益何在。投票变成了政府的重要

① 萨尔沃·马斯泰罗内:《欧洲民主史——从孟德斯鸠到凯尔森》,黄华光译,社会科学文献出版社 1998 年版,第 221—222 页。
② 刘易斯·芒福德:《城市文化》,宋俊岭、李翔宁、周鸣浩译,中国建筑工业出版社 2009 年版,第 318 页。
③ 约翰·罗尔斯:《作为公平的正义——正义新论》,姚大志译,上海三联书店 2002 年版,第 10 页。
④ R. M. 昂格尔:《现代社会中的法律》,吴玉章、周汉华译,译林出版社 2001 年版,第 203 页。
⑤ 伯尔曼:《法律与革命——西方法律传统的形成》,贺卫方、高鸿钧等译,中国大百科全书出版社 1993 年版,第 476 页。
⑥ 菲利普·库珀:《合同制治理——公共管理者面临的挑战与机遇》,竺乾威、卢毅、陈卓霞译,复旦大学出版社 2007 年版,第 50 页。

方式,成为制度的来源、权力的原则,决定何为有用、何为公正。它高于官员及法律,是城市的真正主宰。"①而从城市的发展来看,城市社会中的公正含量越高、公正文化基础越好,城市的发展、城市化质量就越高。

　　城市既表现为对"社会"的孕育,也表现为对公正和公平合作的推动,显见,城市具有极强的社会化功能。社会的构建来自城市,城市既是一种规范现象又是一种社会现象。我们不应忽视人类建立大型社会及其规范的艰难,要在如此分散、自由且易变的人群中建立起一种社会纽带不是那么容易的事情。为了将人们纳入社会之中,建立规范并确保遵守,为了让理性战胜激情,为了将个人权利服从公共权力,肯定需要某种东西,而这应该是一种比物质力量更强大,比实际的利益更具稳定性的东西,这种东西还应共同植根于人们的认同中,并对所有人都具有权威性,这种力量就是城市。城市使得人们认识到自己不是孤立的个体,而是社会有机体的一分子,并且有维系社会的互让互助、彼此承认和尊重、团结一致等义务。城市是我们创造的结果,却比我们更有力,它强加给我们的义务,我们必须遵守。现代道德的养成依赖于这样一种城市共同体的存在,"德行不是现为行动与教条主义规范的一致,而是置身于'复杂而超个人的集体价值'网络之中的生活经验的一种品质'德行'具有这种品质,并最终以惊人的方式展示自身"②。首先,城市会打破人们的狭隘性,培养一种公共精神,这种含有社会性和社会合作观念的公共精神在城市中得到培育与维系。即"过去那种地方的和民族的自给自足和闭关自守状态,被各民族的各方面的互相往来和各方面的互相依赖所代替了。物质的生产如此,精神的生产也是如此"③。其次,城市自身也为居民的社会化提供了孕育场所。即,城市"作为社会核心的学校"④,"关于城市,一个最核心最重要的事实是,城市,作为一种社会器官,通过它的运行职能实现着社会的转化进程"⑤。苏格拉底基于希腊城邦经验,表达和肯定过城市的这种社会化功能:"乡村的旷野和树木不

①　菲斯泰尔·德·古朗士:《古代城市:希腊罗马宗教、法律及制度研究》,吴晓群译,上海人民出版社 2012 年版,第 336 页。

②　菲利普·汉森:《历史、政治与公民权:阿伦特传》,刘桂林译,江苏人民出版社 2004 年版,第 313—314 页。

③　《马克思恩格斯选集》第 1 卷,人民出版社 1995 年版,第 276 页。

④　刘易斯·芒福德:《城市文化》,宋俊岭、李翔宁、周鸣浩译,中国建筑工业出版社 2009 年版,第 499 页。

⑤　同上书,第 5 页。

能教会我任何东西,但是城市的居民做到了。"①

　　其三,城市化对社会义务观念的培育。

　　城市化推动了社会义务观念的生成。在城市化初期社会义务观念并不突出,有的只是个体意识及个体之间的义务观念,这根源于人们生存的孤立性和个体性。此时,所理解的财产权利主要包含了个体性生命、自由以及物品的权利,这种观念起源于17世纪的英国,并被普及到18世纪的美国。当时的英国和美国,人们的生活方式主要是经济独立的个人和家庭,并依靠其自由持有的土地、商业活动或者手艺活动来谋生。洛克认为财产是把个人劳动运用在无主的物品之后而获得的报酬,这非常正确地反映了他那个时代英国的总体情况。同样杰弗逊提出了建立以拥有土地、自力更生的农民阶级为基础的共和国的理想,也反映出了他那个时代美国的情况。当时大约有80%以上的美国白人居住在他们自己的农场上,他们只关注自主生存,相对忽视了相互依存和社会团结。此时,把财产权利置于个人主义基础之上而缺乏社会义务,反映的也并不是道德上的冷漠,而更多的是这样一种生存个体性和孤立性事实。其中,财产权的基本功能是"保障个人在财产法领域的自由空间,并由此使其型塑自我负担的生活成为可能"。"在这种条件下,每个人或家庭都能做到自给自足,人们不指望国家或者半国家的组织能够提供什么帮助。"②即,"穷人之所以穷,责任完全在于他们自身"③。城市化初期,社会义务观念的淡薄既表现在财产权利的私人性与无社会义务性上,也体现在以个人主义为基调的市民法原理上,诸如法律人格的平等、所有权的绝对、契约自由、过失责任原则等。总之,"基于个人主义立场对人性基本认识的阐释仍然弥漫在现代法律制度中"。④ 与此相对应,公法主要调整国家各机关的行为,防止国家侵犯市场和市民社会自治。古典自主义观念由于专注于防止政府暴政而持一种消极的政策主张,其主旨是对政府设立限制、让个人做他们乐意做的事情。这一观点反映在奥利弗·温德尔·霍姆斯(Oliver Wendell Holmes,Jr.)法官在洛克纳诉纽

① 乔尔·科特金:《全球城市史》,王旭译,社会科学文献出版社2010年版,第29页。

② 卡尔·拉伦茨:《德国民法通论》(上册),王晓晔、邵建东等译,法律出版社2003年版,第66页。

③ 陈晓律:《英国福利制度的由来与发展》,南京大学出版社1996年版,第21页。

④ 玛丽·安·格伦顿:《权利话语——穷途末路的政治言辞》,周威译,北京大学出版社2006年版,第92页。

约州案中宣布的对面包师的工作时间设限——不允许超出一天 10 小时或者一周 60 小时——的无效上,依据是它侵犯了雇主和雇工的自由,他们有权订立任何工作时数的契约,只要他们双方乐意。①

社会义务观念形成的背景与城市化的深化密切相关。伴随着城市化和生产的社会化,大规模的资本主义农业加上工业生产和公司化企业的发展导致了个体经营持续缩减。城市化带来了生产、生活方式由孤立性向社会性的根本性转变。社会义务的产生与发展主要源于城市社会中人类生存呈现出的更加紧密的社会关联。城市化带来的人类生存愈加相互依赖,并且愈加容易相互侵扰的事实。城市化的生产、生活方式催生了财产权利的社会义务,使得排他的、绝对的、任意的私有财产权观念被财产权应承担社会义务的观念所取代。正是伴随着城市化推进,所有权的绝对、契约自由、过失责任原则等观念引发了深刻的忧虑和激烈的批评。耶林在其《罗马法精神》一书中断言:不存那种不考虑社会利益的绝对所有权。同一时期的基尔克、门格等人也对德国民法典草案体现的强烈的个人主义特征提出批评,认为所有权绝对的理念是一种违反社会、违反文化的一种荒谬。② 由此,在深度城市化及相互依存的影响下,尽管保障个人自由仍是法律制度的核心内容,但无论如何,个人自由开始承担社会义务。在强调个人自由的同时,也同样重视自由与社会相容性。受此影响,现代法律制度在依然坚持私有财产保护、契约自由和过失责任的原则下,更加注意其社会义务。例如现代法律规定财产权的社会义务,与古典自由主义式的财产权绝对的理念与规范逻辑完全不同,以保护私人自由为中心的传统财产法理念,开始让位于将财产权的社会关联性予以同等强调的理念。《魏玛宪法》关于财产权更为根本的、革命性的变化是在第 153 条第 3 款规定:所有权负有义务,财产权的行使要以公共福祉为目的。

事实也表明,城市化要获得经济发展和社会团结的平衡,就必须要把社会义务考虑进去,以满足城市的社会性需求。"一个城市的物质组织形式,其产

① 参见布雷恩·Z. 塔玛纳哈:《论法治——历史、政治和理论》,李桂林译,武汉大学出版社 2010 年版,第 100 页。

② 参见罗尔夫·克尼佩尔:《法律与历史——论〈德国民法典〉的形成与变迁》,朱岩译,法律出版社 2003 年版,第 243—244、238 页。

业和市场,其通信和交通的线路,都必须服从于它的社会需求。……必须将社会核心看作是每个可行的城市规划中的基本元素。"①因此,只重视个人自由性、市场性而无视社会性的城市化政策开始被修正。19世纪后半期,任何资本主义国家皆不得不修正自由放任主义,"其结果是社会政策重心的转移:自由和财产的重要性开始变得小于社会公平和平等的重要性"②。自由资本主义时期的私有财产神圣不可侵犯的宪法原则被修正为私有财产权行使的限制原则。以1919年德国的《魏玛宪法》最为明显。该法第151条规定:"生计生活之秩序,应与公道大原则,人类生存维持之大目的相合,在此范围内,各个人享有生计上之自由。"③这就意味着自由包括财产权利要受社会共存原则的限制,于是整个法律制度无疑已经"抛弃了那种个人利益无论如何都应高于社会整体利益的财产权制度",即,抛弃了"每个人都拥有一种基于正义的不可侵犯性,这种不可侵犯性即使以社会整体利益之名也不能逾越"的理念。④ 当然,这种个人权利与社会义务观念的协调不仅体现在经济层面,而更体现在对社会原则及社会性的恢复上。"如今的问题在于如何实现协调,如何在那些更重要、更基本的人类价值观念的基础上,而不是在人为财死鸟为食亡的权力欲和利润欲的基础上进行协调。而协调的最终目的是为人类社会职能和社会机理的实现创建一个宿主、一个载体。"⑤也正如吉登斯所指出的:"在一个高度反思的社会中,个人必须获得一定程度的行动自主性,以作为能够生存和构建自己的生活的前提,但是自主不同于利己主义,而且此外意味着互惠和相互依赖。重建社会团结的问题因此不应该被看作是一个在利己主义的市场环境下保护社会和谐的问题,它应该被理解为在包括经济领域在内的各种社会生活领域中调和自主和相互依赖的问题。"⑥

① 刘易斯·芒福德:《城市文化》,宋俊岭、李翔宁、周鸣浩译,中国建筑工业出版社2009年版,第508页。
② 理查德·派普斯:《财产论》,蒋琳琦译,经济科学出版社2003年版,第266页。
③ 张嘉森:《新德国社会民主政象记》,商务印书馆1922年版,第159页。
④ 约翰·罗尔斯:《正义论》,何怀宏、何包钢等译,中国社会科学出版社1988年版,第3页。
⑤ 刘易斯·芒福德:《城市文化》,宋俊岭、李翔宁、周鸣浩译,中国建筑工业出版社2009年版,第8页。
⑥ 安东尼·吉登斯:《超越左与右》,李惠斌、杨雪冬译,社会科学文献出版社2000年版,第13页。

五、 社会保障和社会法建设对城市化升级转型的意义

19世纪以后,尤其是二战以后,市场与社会保障之间的包容和互动是西方城市化升级转型的必要内容和条件。有社会保障的城市化,使得西方先前那种城市化已经发生了质的变化,标志着西方城市化的升级转型。西方城市化升级转型的成就绝不仅仅是经济方面的,更不是什么生产主义的,城市化中的重建社会团结被看作是在市场环境之外建立的社会和谐。凯恩斯主义出现之后,西方城市化和市场经济的国家干预和国有化程度更是有了相当的发展,市场所有者失去了很多权力,国家控制了很多从前掌握在个人资本手中的决策权和资源。此后,尽管城市化还有无法预测性、人为的不确定性、碎裂的一面,但在相反的一面是从社会相互依赖的环境中产生的共享的价值。或言之,城市化中出现火难性情况是可能的,但是在现实中也存在着相反的趋势,就像存在着对抗道德虚无主义的力量一样,推动着社会团结。即,有社会保障的城市化,必然最终改善城市化中经济发展和社会进步之间的关系。总体说来,如果没有社会保障制度、社会法,这些西方国家城市化的升级转型是不太可能的,社会保障、社会法是西方城市化升级转型的重要基础和制度保障。事实也证明,建立健全与城市化水平相适应的社会保障和社会法体系,是升级城市化形态、强化城市化认同和实现社会稳定、国家长治久安的必然要求和重要保证。

其一,社会保障、社会法有利于推动对城市化的认同。社会保障、社会法有利于恢复人民对城市化的信心。长期以来,由于社会保障、社会法的"欠账",不少人未能充分享受到城市化的成果,日渐对城市化失去了认同感。一般说来,社会保障、社会法建设的一系列措施,对象是最基层的市民,保护的是最基层市民的利益,这使得城市化是一种普惠性的城市化。有社会保障的城市化是实现国民共享城市化发展成果的基本途径。可以说,有社会保障的城市化是一种比较接近理想状态的城市化,工人、农民、私营企业主都能从城市化中获益。这将有利于坚持城市化的正确方向,使城市化成为多数人认同的

城市化。有社会保障的城市化既能增加市民对城市化的认同感,又能增强城市化的公信力。城市化认同,是城市化存在和发展的前提。"没有一个被广泛接受的信念体系,城市的未来将很难想象。丹尼尔·贝尔(Daniel Bell)表示,即使在后工业化时代,城市的命运将依然围绕'公共道德概念'和'城邦的古典问题'而展开。"①

其二,社会保障、社会法是城市化得以不断摆脱危机、实现转型和实现新生的柱石。从本质上而言,社会保障、社会法的生成是城市化升级转型的产物,反过来社会保障、社会法也是城市化升级转型的重要组成部分。社会保障、社会法在西方国家已经有近 200 年的历史,尤其在二战以后,为这些国家经济发展与社会进步的协调提供了有力保障。甚至可以认为,以社会保障制度、社会法为核心的制度调整,实实在在地"挽救"了西方城市化。西方城市化的矛盾运动产生了多次危机,有的危机足以影响城市化的生死存亡。二战以后,西方一些国家的城市化之所以能够持续发展,社会比较稳定,虽然其原因是多方面的,但根本原因在于社会保障与社会法重建了城市化中经济发展与社会进步协调机制。"在二次大战之后的最初几十年里,政府所提供的福利曾经使很多个体、群体和社会免受毫无限制的市场的蹂躏,……只有当市场的个体主义逻辑和竞争逻辑受到限制,取而代之的是,在一些重要领域的决策和资源分配以社会和协作的方式进行,只有这时,我们才能获得更大的平等、和平和稳定。"②有社会保障的城市化容易受到大多数人民的支持,缓解社会矛盾,缓解社会上广泛存在的对立情绪。在城市化社会中,有了社会保障制度,不一定就会有和谐的劳动关系,但没有社会保障制度,就一定不会有和谐的劳动关系。放眼那些真正的长治久安的国度,就不难发现,社会保障愈完善,则社会愈健康。如吉登斯所言:在过去 100 多年的时间里,社会保障与市场一直处于尖锐对立的状态,"但是,胜利的是前者,尽管这种胜利可能并不全面,但阶级斗争的威胁已经不再足以瓦解资本主义秩序了"③。吉登斯也不得不承认:"它

---

① 乔尔·科特金:《全球城市史》,王旭译,社会科学文献出版社 2010 年版,第 245 页。
② 托马斯·E. 维斯卡夫:《马克思的危机理论与 20 世纪后期资本主义的矛盾》,李朝晖译,载李惠斌、李朝晖主编:《后资本主义》,中央编译出版社 2007 年版,第 195 页。
③ 安东尼·吉登斯:《批判的社会学导论》,郭忠华译,上海译文出版社 2007 年版,第 40 页。

们确实弱化了阶级冲突所带来的张力。"[1]

总之,对西方城市化升级转型的理解不能脱离城市化进程中的经济与社会互动,尤其是社会保障和社会法框架。回顾西方发达国家社会保障制度和社会法的建设发展,进而探讨其与城市化升级转型的关系,可以看出,健康、持续、稳定的城市化离不开社会保障制度,成熟城市化的国家都有一套较完整的社会法和社会保障体系。也即西方城市化国家尽管社会保障制度和社会法各不相同,但从总体上看,城市化需要社会保障和社会法。

第三节　当代中国城市化升级转型中的社会保障与社会法建设

一、当代中国的城市化面临升级转型

城市化已成为中国现代化的基本战略和路向。在十八大报告里面,我们可以注意到有一个新"四化"的提法,即,城镇化与工业化、信息化、农业现代化。城市化是现代化的必要条件和组成部分,中国人要写就有中国特色社会主义的现代化文章,就必须走城市化之路。这既是对以往中国现代化发展经验的总结,又为我们今后进一步现代化指明了方向。而当下中国城市化又面临着升级转型。其一,先行城市化国家的经验已经告诉我们,城市化率达到50%以后,一般都要实现城市化的升级转型。2011 年对于中国的城市化进程来说是具有里程碑意义的一年(城市化率已达到 51.27%)。在这一年,城镇人口占总人口的比重首次超过了 50%,这对于一个有着上千年农业文明历史的农业大国来说无疑是非常重要的历史转折点,同时也是中国城市化升级转

---

① 安东尼·吉登斯:《民族-国家与暴力》,胡宗泽、赵力涛译,生活·读书·新知三联书店 1998 年版,第 248 页。

型的重要历史转折点。其二,由于社会保障滞后及引发的问题,中国城市化也确实需要升级转型。一般说来,可以将改革开放后中国城市化的转型分为两个阶段,"计划向市场"的第一次转型和"市场向市场与社会保障相协调"的第二次转型。或言之,中国城市化面临着从政府主导向市场主导,再到市场与社会保障相协调主导的第二次转型。

我国目前城市化水平相当于19世纪中叶的英国、19世纪末的德国和20世纪初期到中叶的美国和法国。英国1851年城市人口已超过的农村人口;德国在1891年基本实现城市化;美国城市化高速发展的阶段出现在内战以后,1920年基本实现城市化,城市人口比例达到51.2%;法国稍迟,1931年城市化水平才达到51.2%。目前我国的城市化水平,正与这些西方国家城市化的那段历史相吻合。欧美等发达国家此历史阶段的城市化也都面临升级转型的紧迫性和必要性。一般说来城市化率达到50%以后一般都会进入一个问题与机遇都将急剧增大的时代,从发展阶段来看,也为重要"分水岭"。而欧美等发达国家此历史阶段城市化升级转型的真正开辟,则与社会保障、社会法的出台与完善是分不开的。"现代社会保障和福利体系是工业化、城市化的产物,从德国19世纪80年代开始建立社会保险制度算起只有约130年的历史。"①社会法既是城市化的产物,也是城市化升级转型的基础。大规模的社会法出现在19世纪末和20世纪。英国1834年通过了《济贫法》的修正法案,即新《济贫法》;俾斯麦政府以国家立法的形式通过了社会保障的三部法律——《疾病保险法》(1883)、《工人赔偿法》(1884)和《伤残、死亡和养老保险法》(1889);法国的《工伤保险法》(1898)、《养老保险法》(1910);美国罗斯福新政中诸多社会法的出台。作为不争事实,这些发达国家城市化的升级转型与社会法密切相关,社会法是其基础,更是其组成部分。

当下中国城市化急需升级转型的另一个影响因素是社会保障滞后。改革开放以来,中国城市化进程步伐的加快主要受市场推动。1978年以后,中国的市场逐渐在资源配置中发挥基础性作用,劳动力的非农化和地域转移开始在市场的作用下有序进行。从大的制度类型看,市场体制较之计划体制更有利于城市化进程。在市场化体系中,生产要素特别是劳动力是按照市场机制

---

① 王延中:《中国社会福利制度的发展及其对城市化的影响》(上),《中国社会科学院研究生院学报》2010年第3期。

进行配置的,各种经济要素和人口通过比较利益的选择无障碍地在空间上自由流动和聚散,进行有效组合。但中国城市化在经过市场化驱动之后,遇到了一些障碍。其中,在农村人口城市化的过程中,农村土地制度、城镇户籍制度等,无不对农民的城市化造成阻碍。不过,中国共产党十八届三中全会《关于全面深化改革若干重大问题的决定》通过赋予农民房屋所有权处分权能而保留宅基地使用权的房地分离的制度创新。与此同时,户籍制度阻挡劳动力流动的作用也已经不太明显。农村土地制度、城镇户籍制度对城市化阻碍性已减弱。就目前情况判断而言,可以说社会保障制度的不完善已成为中国城市化的最大障碍。中国城市化进程中社会保障滞后限制了城市化的可持续发展。既有的研究普遍认为中国未来一段时间城市化仍将保持高速增长,甚至于加速增长。然而这样的乐观估计仅仅是对过去城市化发展轨迹的简单的趋势外推,并不是建立在对客观现实深入观察的基础之上的。事实上,社会保障不足的弊端直接影响到我国城市化的可持续发展和社会的和谐稳定。就有学者指出,尽管未来一段时间局部省区的城市化水平仍然会保持快速提升,但中国城市化水平的总体增长将会放缓。究其原因,首先,社会问题增多将阻碍城市化进程。当前市场主导的城市化,过度重视城市的生产功能与财富扩张,城市化进程中的经济发展和社会进步出现不协调。正是由于这种社会建设与经济建设的不同步性,导致中国城市化中的各种问题十分突出。其次,"半城市化问题"阻碍城市化进程。[①] 只有市场化层面的城市化而没有社会保障制度层面的城市化,造成许多农业转移人口在城市化过程中并没有实现真正城市化,并没有与城市实现真正的社会融合。即"目前的城市化,是一种表象的城市化,而非实质的城市化,中国的城市化水平远未如城镇人口比例所展示的那样高。原因在于被统计为城镇人口的农民工群体的生存状态无法与作为城市化主体的市民相称"[②]。事实也证明,"市场的诞生并不会那么轻易地将外来者转化为市民,这之间不是简单的线性关系"[③]。城市化不仅是经济进步的历程,也是十分复杂的社会变革进程。城市化既是一种经济现象,同时也是一种复

①　何为等:《半城市化:中国城市化进程中两类异化现象研究》,《城市规划学刊》2012 年第 2 期。

②　刘爱玉:《城市化过程中的农民工市民化问题》,《中国行政管理》2012 年第 1 期。

③　苏黛瑞:《在中国城市中争取公民权》,王春光、单丽卿译,浙江人民出版社 2009 年版,第 2 页。

杂的社会现象,影响城市化发展的因素错综复杂,因而不应局限于市场。一般说来,市场在城市化的起步阶段发挥着重要作用,而在城市化的中后期社会保障将起重要作用。社会保障对城市化进程的确有着巨大影响,这是不容置疑的客观事实。社会保障制度是与城市化发展密切相关的一个重要制度,没有社会保障制度、社会法支撑的城市化就没有真正的城市化。为了实现国家"十二五"规划提出的"不断提升城镇化的质量和水平"的要求,中国城市化确实需要升级转型。城市化升级转型需要新的理念支持和制度保障。作为不争之论,中国城市化的升级转型必须走经济发展与社会保障相协调道路,其中社会保障、社会法的支撑地位与作用将会得以凸显。

当下中国城市化出现的社会问题,与对城市化规律的认识及实践偏差有关。改革开放头三十年,我国实际走的是一条以市场化为主的城市化道路。其原因和表现主要体现在:首先,把"发展是硬道理"片面理解为经济发展是硬道理,对社会发展没有给予足够重视。城市化进程中,改革的重心被放在了经济上,如"加快城市化进程,不断扩大内需","使城市化成为促进中国经济发展的新引擎"等,过度重视城市的经济功能而与城市化相关的社会领域建设却十分缓慢。其次,福利恐惧症的消极影响。"改革开放以来,伴随对计划经济时代'平均主义'、'大锅饭'的否定,加上自由主义在一定程度上的泛滥,以及对福利国家局部问题的无限放大,福利在中国的现实语境中似乎成了一个贬义词,福利国家与福利社会在一些场合几乎等同于'福利病',进而患上了'福利恐惧症'。"①福利恐惧症看法与观点的流行,导致了中国社会保障事业发展的缓慢乃至退步。再次,完全市场化的消极影响。改革初期,人们过度强调市场的作用,认为市场机制可以替代社会福利。一方面,造成公共服务市场化,导致把市场原则引入社会和民生领域。近年来虽然对医疗部门增加了财政投入,但由于其运行机制的过度市场化、商业化,造成医疗机构以逐利为目标,造成过度诊疗、药品回扣等愈演愈烈。另外,保障性住房供给不足,收费教育愈演愈烈等,都是过度市场化引发的结果。同时,完全市场化必然使得企业想方设法弱化其社会责任,因为企业无社会责任可以使其用较低的工资水平雇用工人,从而形成所谓"低劳动力成本"优势。由此,可得出基本认识,市场化为

---

① 郑功成:《中国社会福利的现状与发展取向》,《中国人民大学学报》2013 年第 2 期。

主的城市化道路在为中国现代化建设做出了历史性贡献的同时,也带来了诸多社会问题,这些问题使得我国的城市化面临更多陷阱与困境,如果对此仍然缺乏清醒的认识,则可能会使风险累积加大。

诸多迹象表明,中国城市化正在走向拐点。中国的城市化正面临升级转型,传统城市化是一种要财富不要人的市场型城市化,其弊端是经济效益至上。如大量"农民工"进入城市,成为经济建设的主力,但未能实现市民化,造成这一后果的主要原因在于只有市场的城市化,政府长期以来都没有把农民工城市化置于社会发展的宏观构架中去考虑,而是视其进城经商务工为一种发展经济的手段。再加上,新中国成立以来我国关于社会保障的制度安排是以固化城乡二元社会经济结构、二元户籍结构壁垒为前提的,事实上这些都导致中国出现了失衡与跛足的城市化,城市化的"不可持续性"问题也日趋明显。可以说,未来一段时期内,是社会保障而不是市场,决定着中国城市化的升级转型与命运。因此,要实施新型城市化战略,就必须提供城乡一体化的社会保障制度。新型城市化,不光是市场化,更重要的是解决好后续的就业、医疗、教育以及社会保障等问题。新型城市化强调以人、以社会为本的城市化战略。城市化不仅仅是土地的城市化和劳动力的城市化,更重要的是人的城市化,而没有健全社会保障,就没有人的城市化。在已经到来的中国城市化升级转型新阶段,中国应该走市场与社会保障相协调的城市化道路,社会保障制度的完善已成为中国新型城市化成功与否的关键。2014年3月发布的《国家新型城镇化规划(2014—2020)》就提出要"统筹推进户籍制度改革和基本公共服务均等化","促进人的全面发展和社会公平正义,使全体居民共享现代化建设成果"。

二、 在理念上重新认知和挖掘社会主义保障制度的优越性

通过考察近代中国现代化失败及新中国现代化成功的原因,可以发现社会主义保障制度的优越性。一方面,近代中国现代化不断失败,就有社会保障缺失的原因。从1840年到1949年的一百多年,特别是洋务运动和国民政府时期,资本主义生产方式和资本、技术、现代工业等要素在中国都已大规模出

现，但是却未能启动现代化进程。旧中国未能成功启动城市化和现代化，主要障碍不是经济因素，而是社会保障因素的缺失。从清政府到国民党，都不缺资金、技术、市场和精英人才，但是他们没有意识、能力和动力进行现代化和城市化的基础工程建设，即建立和完善现代社会保障制度，因而不可能带领中华民族走上现代化之路。经过反思和早年游历欧美，孙中山目睹尖锐的社会矛盾，于是提出了"社会革命先于经济革命"的设想，并在晚年成为一名社会主义者。另一方面，新中国现代化的相对成功源于其社会保障建设。1949 年新中国成立时，中国现代经济的比例不到 10%，仍是典型的农业国，中国共产党用 20 多年时间，就初步实现了工业化。原因在于，新中国走了一条截然不同的路，那就是在社会保障基础上启动现代化。中国共产党能做到这一点，是由于其自身不可替代的特质：马克思主义和国际共产主义运动始终是"社会保护运动"的思想和动力来源，马克思主义诞生于 19 世纪 50 年代的第一次"社会保护运动"。当然，也包括对传统文化的继承，历史上"自孟子的时代开始，中国人的治国之道就为政府预设了一个更前摄的地位，政府被赋予推动经济福利和安全的期望"[①]。新中国的社会主义做法，诸如组织农村救灾救济和医疗、教育、养老、治安等公共事业，保障农村基本民生，改变了几千年来的小农经济结构，避免了士绅、豪强、工商资本对农民的剥夺，为工业化、城市化创造了最重要的社会条件。

今天有人认为，新中国搞社会主义改造，耽误了城市化和现代化发展。事实上，这话恰恰说反了。耽误城市化和现代化的不是社会保障，而是过度否定私有制和市场，因为无论是苏维埃社会主义共和国 1936 年宪法，还是中华人民共和国 1954 年宪法都强调公有制和计划经济。事实证明，否定市场和私有制，无视人与人之间能力的差别和人的追逐私利的本性，来实施这一保障制度，更多的是理想性成分，其结果非但很难达至共同富裕的目标，而且往往导致共同贫穷。改革开放后，我们在经济领域逐步引入了私人产权和市场原则，事实证明它极大调动了人的积极性和推动了中国社会经济快速发展。但这里也涉及私有财产权条款进入我国宪法后所带来的内在张力。私有财产权保护在 2004 年修宪时进入宪法，是与我国经济体制的市场化改革相适应的。不

[①]　裴宜理：《中国人的"权利"概念：从孟子到毛泽东延至现在》（上），《国外理论研究动态》2008
　　年第 2 期。

过,它也和先前社会主义思想存在冲突,即与《共产党宣言》"消灭私有制"的目标根本不同,这也导致了我国宪法中私有财产权条款和市场条款与社会主义条款的紧张关系,2007年物权法草案的违宪争议就是集中的体现。另外,还有社会中不同思潮借此宪法上的紧张关系作为意识形态争论的场域,甚至已然造成了社会中左派与右派分裂的局面。我们要化解这一张力,就是要清楚"社会主义原则"是基于社会民生领域的,二者不是矛盾的,而是互补的。对于当下中国城市化而言,应在坚持社会民生领域社会主义原则下,在经济领域引入产权、市场,并实现二者的平衡与互补。社会保障和产权、市场相辅相成,不可偏废。

事实上,积极挖掘和发展我国社会主义宪法中的社会保障精神和制度,是极为重要的。因为社会主义在社会保障方面具有极大的优越性。社会主义保障理念和制度传统并非中国城市化和现代化的负担与累赘,而是制度红利。作为一个发展中国家,在城市化方面,中国要比印度成功得多,甚至比任何一个发展中国家都成功,其原因恰是这种社会主义保障制度。中国式城市化的特殊性在于,在城市化之前就进行了几十年的"社会保护运动",建立了完善的社会基础,从而使得中国在城市化、市场经济初期比这一时期的俄罗斯、印度等要高速、平稳和公平。中国城市化和市场经济之所以能凯歌行进就是因为在此前已经奠定了坚实的社会保障基础。

并且,今天西方国家也更多是在坚持经济领域私有制和市场的基础上,在社会民生领域引入社会主义原则。实际上,1919年《魏玛宪法》关于财产权的社会义务及社会性规定,很大程度上是受社会主义理念及思潮的影响。尽管《魏玛宪法》并没有像1918年苏俄宪法那样极端地废除私有制和进行大规模的国有化,但在很多方面都体现了追求社会正义、限制经济上的强势者、扶助社会弱者的社会主义理念,体现在德国法上就是"社会国原则"。[1]二战以来资本主义模式更是作了重大调整,资本主义模式不同程度地吸收了社会主义国家的社会保障方案,"社会主义者收养并养育了并非完全是他们自己后代的福利国家"[2]。而社会主义也开始借鉴资本主义的生产手段,"生产

---

[1] 英格沃·埃布森:《德国〈基本法〉中的社会国家原则》,喻文光译,《法学家》2012年第1期。

[2] 安东尼·吉登斯:《超越左与右》,李惠斌、杨雪冬译,社会科学文献出版社2000年版,第143页。

主义与资本主义有着密切的关系"[1],以发展社会主义国家的社会生产力。中国在改革开放中把产权市场机制引入原来的社会主义结构,而且在实践中取得了巨大的成功。事实表明,社会主义和资本主义之间开始找到一种融合,社会主义与资本主义的对立已经不像过去那么简单和单一了,其原因是人们在社会发展中发现了原有理论和政治模式的局限。自由派和社会派由于其本身的片面性,不可避免地要走向它们各自的反面。原来的自由派和社会派争论始终是把市场与社会保障对立起来,都是只从一方来寻找解决问题的方法,结果常常是不仅没有解决老问题,反而带来新的问题。应该摆脱自由派和社会派的对立并使其互相汲取营养,把市场与社会保障的不同积极方面都发挥出来,结合在一起。

三、　在制度上加强社会法建设

当下中国走市场与社会保障相协调的新型城市化之路是遵循城市化一般规律的客观要求。而要想成功实现市场与社会保障相协调,就必须通过社会法的渠道。近年来,我国有关城市法治的研究主要是围绕着私法与公法,而对城市化所依赖的社会法论述不充分,并且在相当长的历史时期内,社会法在中国法律体系中是最为孱弱的一脉,尤其是与高歌猛进的民商法形成了巨大反差。城市化的升级转型不仅要依靠传统的公法、私法加以保障和推进,更要依赖社会法的支撑和推动。城市化时代,也是一个社会法勃兴与发展的时代。先行城市化国家的经验已经告诉我们,要缓解乃至扭转城市化进程的各种失衡现象,实现城市化的升级转型,就必须通过社会保障这只"看得见的手"建立针对市场的社会纠偏机制。作为不争事实,城市化升级转型与社会法存在原初的同构性,城市化的升级转型催生和推动了社会法产生,社会法本身也是城市化升级中的重要组成部分。在乡土中国向城市中国的转型过程中,社会法肩负着重要使命。最近十年间,社会法作为独立法律部门的崛起,既是中国特色社会主义法律体系中最为引人注目之

---

[1]　安东尼·吉登斯:《超越左与右》,李惠斌、杨雪冬译,社会科学文献出版社 2000 年版,第 260 页。

事,也是中国城市化升级转型的新气象。当下我国社会法学"由冷转热"的背景,是基于我国新时期城市化以经济建设为中心转向经济建设与社会建设相协调为中心(第一次重大转型即以阶级斗争为纲转向经济建设为中心)的转型。正由于第二次重大转型的启动,社会法的发展进入"黄金阶段"。社会法的兴起既是中国法治发展的一次历史性转型,也将为城市化升级转型不可或缺的基石。而目前中国社会法建设的关键,是处理好以下两方面问题。

(一) 进一步加强社会法的"独立法域"建设

我国受大陆法系公私二元法制结构的影响,在相当长的历史时期内,社会法是"缺席"的。新中国成立后尤其是改革开放以来,我国在社会领域虽然制定了一些法律,但均散见于民法、经济法、行政法等部门法之中,社会主义法律体系并不包括社会法这一独立的法律部门。这极大影响了对社会法重要性的认识及社会法的功能发挥。在以社会公正、民生保障为主旨的"后改革时代",在民生问题极为突出的现实语境下,法制结构并不应该仅仅束缚于二元疆界,应变二元法制结构为三元法制结构,增加社会法法域。社会法是公法、私法之外的第三法域。在传统法理中,私法、公法二元法制结构是基于市民社会与国家分离而划分的。深度城市化以后,以保护劳工权益和实施社会救助为主要内容的社会问题,开始逐渐扩展为以增进全体国民福祉为宗旨的福利性社会立法。三元法制结构确立和推广后,作为新兴法域的社会法,其重要性和功能将得到极大提升。作为不争事实,改革开放以来,尤其是近十年来,社会法在我国作为法律体系中的七大法律部门之一,已初显社会法法域的自主性和独立性。尤其是第九届和第十届全国人大都将"社会法"列为中国特色社会主义法律体系的七个法律部门之一。

(二) 进一步完善社会法制定过程中的民主参与性,提高立法质量

毋庸讳言,"在当今中国,市民,尤其是包括流动人口在内的城市贫困阶层既无法直接参与公共产品供给政策的决策过程,也难以以组织化行动的形式

改变城市制度"①。因此,城市化进程中社会法的立法民主意义重大。一方面,与民众利益息息相关的社会法不断走向立法民主轨道,不仅能最大限度地表达社会诉求,而且能有效动员社会力量监督可能发生的"立法不公",而这恰恰契合着社会法的社会性及公平正义价值取向。另一方面,从与民众民生利益息息相关的社会民生领域入手有利于调动人们的参与热情,有利于建立政府和普通群众直接对话的机制。既便于提高政府威信,又有利于培养群众对公共事务的参与精神和能力。

总之,探讨城市化升级转型,可以有很多视角,然而,社会保障、社会法应该是一个很有价值的视角。作为不争事实,社会保障、社会法是城市化升级转型的根基所在,其本身也是城市化升级转型的主线。而中国城市化的升级转型必须走经济发展与社会保障相协调的道路。其中,努力改革不适应城市化需要的社会保障制度,应当成为推进城市化升级转型的重要任务。当前亟待重新审视社会保障、社会法在城市化进程中的重要性与不可替代性,并且要用社会的原则和价值来搞社会保障和社会法建设,避免和克服先前用经济思路指导社会建设所引发的南辕北辙。经济发展与社会保障相协调的城市化道路具有重要理论指导意义,这一点正像芒福德所指出的那样:"虽然光是理想架构的合理定义本身并不能引起必要的转变,但它是改变盲目过程的方向,……没有目标,就没有方向;没有根本性的计划,就没有共识,也就没有有效的实际行动。如果今天社会止步不前,那不是因为缺乏手段而是因为缺乏目的。"②

---

① 陈映芳:《城市中国的逻辑》,生活・读书・新知三联书店 2012 年版,第 32—33 页。
② 刘易斯・芒福德:《城市文化》,宋俊岭、李翔宁、周鸣浩译,中国建筑工业出版社 2009 年版,第 336—337 页。

结　　语

一、 城市化是推动西方民主法治发展的基本线索

(一) 经验线索

1. 城市及城市化是西方现代化转型的载体

现代化的基础是什么？经验和史实证明，就是城市及城市化。现代化的历史就是城市化的历史、市民化的历史。城市化是现代化的载体，也是理解现代化的基石，如前文所述马克思、滕尼斯、韦伯等学者都特别重视城市及城市化在西方现代化中的地位和作用。马克思曾经指出：“城乡之间的对立是随着野蛮向文明的过渡、部落制度向国家的过渡、地方局限性向民族的过渡而开始的，它贯穿着文明的历史并一起延续到现在。”[①]现代化的发展史也就是城市迅速扩张并最终战胜乡村的历史，也即“现代的历史是乡村城市化，而不像在古代那样，城市乡村化”[②]。史实也表明，西方近三四百年来的现代化也是与城市化相互契合的，城市及城市化是贯穿西方现代化的载体和线索，并一直延续到现在，尤其是工业革命后“建立了现代化大工业城市（它们像闪电般迅速地成长起来）来代替从前自然成长起来的城市。……它使商业城市最终战胜了乡村”[③]。即，“资产阶级使乡村屈服于城市的统治”[④]。滕尼斯也认为，现代化的历史是一场城市运动的历史，“这个运动从中世纪开始，而且本身是城市的

---

① 马克思、恩格斯：《德意志意识形态》，人民出版社 1961 年版，第 47 页。
② 《马克思恩格斯选集》第 46 卷（上册），人民出版社 1972 年版，第 480 页。
③ 《马克思恩格斯选集》第 2 卷，人民出版社 1972 年版，第 67 页。
④ 《马克思恩格斯选集》第 1 卷，人民出版社 1972 年版，第 255 页。

运动,运动深深地打上了城市生活、商品和交往、艺术和科学的发展的烙印"①。
韦伯也曾发问,用于解释西方现代化的基础应是什么,是什么将他们的社会,
与所有其他社会相区别,是什么标记着西方现代化的启动与现代性的经历,而
后得出结论:这个基础和载体就是城市,"真正的城市是西方特有的一个制
度"②,"西方之外没有城市"③。并且,城市化较早完成也是西方在近代世界得
以胜出的主要原因,正如马克思所指出的:"正像它使乡村从属于城市一样,它
使未开化和半开化的国家从属于文明的国家,使农民的民族从属于资产阶级
的民族,使东方从属于西方。"④

2. 城市及城市化是西方民主法治兴起与发展的重要基础

就民主法治发展而言,西方率先经历了这一过程,因此对于民主法治发展
史的考察,西方必然是重要思考的对象。而当我们思考和追溯西方民主法治
的根源时,史实告诉我们,西方民主法治的兴起和发展是由城市及城市化作为
底蕴推动的。城市及城市化是西方民主法治兴起与发展的重要根基,纵观西
方民主法治进程,可以发现民主法治发展与城市及城市化进程具有高度同构
性。或言之,城市及城市化是西方民主法治进程中的内在基础,西方民主法治
的形成与发展主要受驱动于不断开放和演进的城市化,并与城市化有着内在
的契合性。可以说,没有任何因素可能会比城市及城市化,更能反映出西方民
主法治文明的特质,必须确认,城市及城市化是西方民主法治的社会根基所
在,而其本身也是其民主法治发展的主线。因此,在了解西方民主法治时,需
要纳入城市及城市史线索。西方之所以能走上了民主法治道路,城市及城市
化在其中做出了重要贡献。古代希腊和罗马的人民选择了城市作为组织社会
生活的主要形式,因此发展出了不同于其他文明的独特的秩序范式。雅典之
所以能够实行民主政治,在于城市化较早,没有城邦作为土壤,希腊的城邦民
主就无从产生。古罗马之所以发展私法之治,也源于"在某种意义上,罗马化
成为城市化进程的同义词"⑤。尤其是 1500 年以来,欧洲逐渐从传统的农业社

①　斐迪南·滕尼斯:《新时代的精神》,林荣远译,北京大学出版社 2006 年版,第 4 页。
②　马克斯·维贝尔:《世界经济通史》,姚曾廙译,上海译文出版社 1981 年版,第 274 页。
③　马克斯·韦伯:《文明的历史脚步》,黄宪起、张晓琳译,上海三联书店 1988 年版,第 170 页。
④　《马克思恩格斯选集》第 1 卷,人民出版社 1972 年版,第 255 页。
⑤　乔尔·科特金:《全球城市史》,王旭译,社会科学文献出版社 2010 年版,第 47 页。

会向现代的城市社会转变,更是近代西方民主法治发展的深层基石。如果没有 16—18 世纪欧洲的城市化进程,也就没有近代西方的民主法治。近代西方的城市化是以中世纪的城市为基础,当西欧城市在封建社会母体中发展到一定程度后,它便要求彻底冲破封建制度束缚,历史也就由封建社会进入了近代社会。或言之,后封建时期的欧洲为什么及如何发展出那样一种独一无二的法律秩序,对该问题的城市化回答可能有助于人们理解近现代西方民主法治的特质。总之,深究西方民主法治兴起与发展的根源时,我们不难发现,它们与城市及城市化密切相关,城市及城市化是西方民主法治兴起和发展的重要基础与基本动力。

3. 民主法治也是西方城市及城市化的重要构成部分

西方的城市化发展,不仅是与市场相互适应、相互推动的过程,而且也是与民主法治相互支持的过程,民主法治是西方城市化健康发展的重要组成部分。可以说,没有民主法治的参与与协助,西方的城市及城市化也是不能健康发展的。如中世纪西欧城市正是由于拥有日益增长的民主法治属性,才显得与众不同和独特。也如伯尔曼所指出的:"11 世纪晚期和 12 世纪新的法学是按照秩序和正义的新概念把各种商业关系制度化和系统化提供了一种框架。假如没有诸如流通汇票和有限责任合伙这样一些新的法律设计,没有对已经陈旧过时的以往商业习惯的改造,没有商事法院和商事立法,那么,要求变化的其他社会经济压力就找不到出路。因此,商业革命有助于造就商法,商法也有助于造就商业革命。"[①]由此,也使得民主法治已构成城市化的基础,成为西方城市化的构成部分,展现了民主法治对城市化发展的不可或缺性。在任何地方,只要商业文明发展到一定程度,就一定会出现城市,然而要想达到更高级更成熟的城市化,就必须要建构和发展民主法治。

4. 城市属性是西方现代国家制度的重要品性

城市属性,也是西方现代国家的重要品性。正是基于对西方现代国家的城市品性强调,韦伯指出:"只有西方懂得什么是现代意义的国家,它既有专职

---

① 伯尔曼:《法律与革命——西方法律传统的形成》,贺卫方、高鸿钧等译,中国大百科全书出版社 1993 年版,第 409 页。

行政机关又有专业化官员和以公民权利义务的观念为基础的法律。这个制度要想在古代以及在东方发端是绝无发展可能的。只有西方才懂得什么是法学家所制定并予以合理解释和适用的合理法律，只有西方，才有公民权和义务的观念，因为也只有西方才有那种特殊意义的城市。"①城市及城市化充当了西方现代国家建构的基础与条件。西方现代民族国家的创立和治理是按照城市化需求进行的，其民主法治的形成深深打上了城市品性烙印。近代西方民族国家的兴起是城市中商人和市民阶层要求建立一个统一的市场，一个强大的、统一世俗国家的结果。城市化的进一步发展需要领地统一和社会内部的和平以及自由迁移流动，为了保护公民权利，并且为公民提供他们所需要的其他基本服务，国家必须有能力有效地行使其所宣称的在其领土上垄断而合法使用暴力的权利。即，现代国家转型体现了城市品性和逻辑，城市品性和逻辑在很大程度上也决定着现代国家治理体系和治理能力的方向、品质和质量。法治对人治的胜利，民主对专制的胜利，最终是城市社会对乡土社会的胜利，是城市品性、逻辑和力量的显示。城市化不仅从根本上改变了经济生活、社会生活和政治生活的逻辑，而且重塑了现代国家的政治、经济和社会关系。城市化社会形态的演进，对近代西方的震动和影响是巨大、深远、深刻的。换言之，城市化是西方国家治理体系现代化的起点，西方现代国家治理体系的现代化是通过城市制度国家化完成的。即，"民族-国家的发展预设着传统国家中相当基本的城乡关系的消解"②。也即，确立了现代国家治理体系建设的城市品性和城市逻辑。如城市化的英国，"在劳动力、土地和货币方面都已经有自我规制的市场经济在英国已经完全建立起来了。市场资本主义已经全面地战胜了它的敌人：不仅是在经济理论和实践上，而且在政治、法律、思想、哲学和意识形态上也是如此。它的对手，被彻底地击败了"③。斯宾格勒也强调了城市的现代性意蕴及民族国家的城市品性，并指出："一切伟大的文化都是市镇文化，这是一件结论性的事实，但此前谁也没有认识到。……民族、国家、政治、宗教、各种艺术以及各种科学都以人类的

---

① 马克斯·维贝尔：《世界经济通史》，姚曾廙译，上海译文出版社 1981 年版，第 136 页。
② 安东尼·吉登斯：《民族-国家与暴力》，胡宗泽、赵力涛译，生活·读书·新知三联书店 1998 年版，第 5 页。
③ 罗伯特·达尔：《论民主》，李柏光、林猛译，商务印书馆 1999 年版，第 181 页。

一种重要现象——市镇——为基础。"①

(二) 经验启示

1. 现代化离不开城市及城市化

在诸如马克思、布罗代尔、布莱克、芒福德、韦伯、斯宾格勒等伟大的理论家那里,城市及其城市化是他们观察和分析现代化和现代社会的一个重要视角,而他们的现代化理论也都包含着一种城市背景和预设。即,"城市——作为现代性的一个中心舞台象征,⋯⋯为 19 世纪和 20 社会理论提供了一个无可逃避的背景和主题,尽管这背景和主题是心照不宣的或隐而不彰的"。② 事实上,这些理论家们也总是把现代化的起源、现代社会问题的分析与城市、城市化联系在一起,如果不能充分认识到城市及其城市化之于现代化的意义,就无法真正理解他们有关现代化的论述与理论。例如在美国现代化问题研究专家布莱克所提出的现代化的 10 项指标中,多项就属于城市化的内容。③ 马克思、恩格斯曾明确指出,城市及城市化"聚集着社会的历史动力"④。布罗代尔在晚年总结其学术思想时,也再一次明确表达了一种有城市化的现代化观:"可以说,城市,还有货币,造就了现代性,⋯⋯城市和货币既是发动机,也是显示器;它们引发变化,它们也显示变化,它们又是变化的结果。"⑤或言之,"城市是一些能够适应变化,能够强劲助变的增殖器"⑥。另外,一些学者也都强调,西方人的现代性和创新精神不是天生的,而是靠城市化孕育和激发出来的,城市化最大限度地释放和催生了现代文化和创新文化。城市是个多元社会,是不同思想观念的交融点,城市又是个开放系统,每天都要进行大量的交流和交换,城市文化也更具有开放性和适应性。"在城市当中,通过市场、聚会场所等介质的交融手段的浓缩强化,人类的生存方式逐渐形成

---

① 奥斯瓦尔德·斯宾格勒:《西方的没落》,商务印书馆 1995 年版,第 199—200 页。

② 艾拉·卡茨纳尔逊:《马克思主义与城市》,王爱松译,江苏教育出版社 2013 年版,第 10 页。

③ 参见 C. E. 布莱克:《现代化的动力——一个比较史的研究》,景跃进、张静译,浙江人民出版社 1989 年版,第 141 页。

④ 《马克思恩格斯全集》第 46 卷(上册),人民出版社 1979 年版,第 238 页。

⑤ 费尔南·布罗代尔,《资本主义的动力》,生活·读书·新知三联书店 1997 年版,第 10 页。

⑥ 同上。

了各种替代形式：乡村中根深蒂固的循规蹈矩渐渐地不再具有强制性，祖传的生活目标渐渐地不再是唯一的生存需求满足；异国他乡到来的男男女女，异国他乡传入的新奇事物，闻所未闻的神灵仙子，无不逐渐瓦解着血缘纽带和邻里联系。一艘远方的帆船驶入城市停泊，一支骆驼商队来到城市歇息，都可能为本地毛织物带来新染料，给制陶工的餐盘带来新奇釉彩，给长途通信带来其所需用的新式文字符号体系，甚或还会带来有关人类命运的新思想。"①

2. 民主法治离不开城市及城市化

就城市化对民主法治的带动而言，西方率先经历了这一过程，这一过程既呈现出鲜明的西方色彩，又包含着基本的一般特征。民主法治无疑有其独特的西方化背景，但同时更有城市化背景。实际上，民主法治问题的实质，并不是"西方化"问题而是"城市化"问题，而将民主法治一味地西化，易掩盖其城市的本质规定性。西方民主法治以其诸多新特性展示了与其他社会的不同，如开放、创新、理性启蒙、工业革命、市场经济体制、自由民主政治、法治秩序、民族国家等，这些特性与其说是"西方"特色，毋宁说是"城市"特色。固然，分解其中的元素，在许多社会中都能找到，但只有到了城市社会，它们才被如此地选择出来，关联成体系，得到极大的扩展与实现。通过城市化对民主法治的框定有利于扭转以西方标准对民主法治的认知。具体言之，尽管近代民主法治主要是西方城市文明发展造就的后果，但走向民主法治的实质却不是西方化的，而是城市化。民主法治是城市化的判断，便可牢牢把握住民主法治的基本特征和走向，而不会误入歧途，经营好城市化，即经营好民主法治。

由于所有的现代化及其民主法治都是由城市化达致的，西方的现代转型及其民主法治，与世界其余大部分地区正在发生的现代转型和民主法治建设性质有相似之处，都有城市化特质，只不过西方发生的时间提早了几个世纪而已。由于西方文明的这个现代化转型及其民主法治建设可类比于今日世界各地发展中国家所面临的转型，所以，城市化视角和原理并没有丧失它的启发

---

① 刘易斯·芒福德：《城市文化》，宋俊岭、李翔宁、周鸣浩译，中国建筑工业出版社 2009 年版，第 3 页。

性。毋庸讳言,后发现代化国家的现代化和民主法治进程中遇到的某些问题与西方世界曾经遇到的有相似之处,而西方国家城市化时期民主法治建设的共性特征、基本经验和一般规律仍有诸多启迪与借鉴意义,但最重要的学习和借鉴是其城市文明内核。"在汲取外界现成经验的过程中,怎样采用西方的科学和技术成果,这个问题不难解决。技术成果在某种程度上是可以即时取用的'现货',因为技术往往自成体系,比较容易描述,也比较容易掌握。难就难在如何认知社会和政治的基本结构,即一个文明的文化内核。"[①]这里,托克维尔在1848年所论述的借鉴原则仍不失启发意义:"我们把视线转向美国,并不是为了亦步亦趋地仿效它所建立的制度,……我们所要引以为鉴的是其法制的原则,而非其法制的细节。法兰西共和国的法制,可以而且最好是应当不同于治理美国的法制;但是美国的各项制度所依据的原则,即遵守纪律的原则,保持政权均势的原则,实行真正自由的原则,真诚而至上地尊重权利的原则,则对所有的共和国都是不可或缺的。"[②]

　　因此,对于后发现代化国家而言,最急需的不是西方式的民主法治制度而是其城市化,不断侵袭着正在民主法治道路上前进的发展中国家的种种危机,表现为制度与我们所具有的城市文明水平之间的脱节,要提升我们的文明水平,只能依靠城市特别是城市化的战略作用,没有拥有发达的城市化,我们所面临的经济、文化、社会或人权等种种问题,都不可能找到任何卓有成效的解决办法。无论是法学理论的进口,还是法律的移植,都只能限定在小范围之内,因为城市生活本身是不可能移植的,本固而标实,源活则水旺,有了城市化基础,民主法治就会生长、发展,否则即使有民主法治制度也会变异。民主法治是一项复杂的社会工程,问题的解决不仅依托于一个良好的法律制度的设计,同时它还必须有赖于城市化社会结构的支持,只有实现从农业文明向城市文明的转型,才能从总体上彻底解决民主法治建设的社会根基不足问题。

①　艾伦·麦克法兰:《英国个人主义的起源》,管可秾译,商务印书馆2008年版,第5页。
②　托克维尔:《论美国的民主》,董果良译,商务印书馆2004年版,第3页。

二、 中国民主法治建设的城市化之路

(一) 对中国现代化与民主法治发展城市化不足的反思

由前文可知,新中国成立后曾有一段时期走的是一条失落城市化的现代化道路。失落城市化的原因,可以概括为以下几点:其一,中国传统的权力、身份与特权的城市观。中国传统的城市是在以农为本的文明框架内兴起的,市场本位和法治本位不足,城市主要是政治、军事统治中心,它们耗费乡村生产的食品和财富,特权为其基本性格,城市是"寄生者"。其二,意识形态化的影响。将城市化看作是西方的、意识形态敌视的东西。城市及城市化因素被置于中国现代化之外,这样中国现代性就成为无本之木,这实际上构成了中国现代化困境的一个根源所在。失落城市化,使得我们对于城市的现代化功能认识不足,这是造成我们对于"什么是现代化、如何建设现代化"这个时代课题理论上"不太清楚"、实践上走了很多弯路的重要原因之一。或言之,失落了城市及城市化,是新中国初期现代化失误的重要原因。失落了城市及城市化的中国,也就失落了现代化。城市及城市化滞后对于中国社会发展的消极影响是全方位的,不仅体现在对经济发展的束缚和对生产力发展的阻碍上。目前对现代化和民主法治的着力点,还存在着一定的乡土农村现代化进路逻辑误读。因此,反思的基本单元不只是阶级斗争、革命思维等,还应包括乡村和城市两种现代化进路。

其一,"人们还试图通过对中国乡村社会的价值发现,以及近代中国乡村改革的总结反思,为陷入'三农'困境的现实乡村社会找到新的出路"[①]。现代化属性与城市化进路的遮蔽,不仅不利于人们对现代化做整体性把握,也不利于乡村社会问题的解决。一段时间以来,我们一直在加固和强化乡村作为中国现代化的载体,这正是中国"三农"问题的困境之所在。虽然国家投入了巨大的力量,从政策到资金,对解决"三农"问题做出了实质性攻克,但就其整体

---

① 　陈映芳:《城市中国的逻辑》,生活・读书・新知三联书店 2012 年版,第 419—420 页。

性解决的目标而言,目前仍有很大的距离。实际上,真正解决"三农"问题的出路不在于强化传统农业文明,而在于城市化转换。"三农"问题被悬置于城市化之外,是难以找到拯救"三农"的有效方略的。事实上,除了对农业提供政府补贴,对农村提供应有的公共设施、公共服务以及建立社会保障体系外,主要还是要设法转移农村中过剩的人口,转移农业中过剩的劳动力,发展规模化的现代农业,提高农业的劳动生产率,以此来缩小城乡发展和收入差距。概言之,真正解决"三农"问题的出路不在于强化传统农业文明,而在于城市化转换。"三农"问题最终还是要通过工业化和城市化来解决,从世界经验来看的确如此。农业、农村、农民的现代化不可能与城市化脱节,离开了城市化,农业、农村、农民的现代化是不可能实现的,三者的现代化必须与城市化进程连在一起。

其二,一段时期内我国还存在着将农村放在民主法治发展的首要位置,形成由农村的变革与实践来引导民主法治的创立与变革路径。究其原因,可能是"根据革命史经验,人们往往认为中国政治的生长点在农村,革命期间'农村包围城市',改革开放期间'联产承包'发端于农村,基层民主也肇始于乡村。所以,中国民主政治的生长点似乎也在农村。但是,通过更为仔细的观察,可以发现,中国政治发展(改革开放后用'现代化'话语,解放前用'革命'话语)更多具有人为设计主观色彩。……人为设计策略往往有'政策试探'倾向,而不是社会领域的自发发展,故而,具有相当策略性而不是必然性"①。而事实证明,以乡村为中心来探索中国民主法治进路,从乡土社会寻找民主法治的起点和支点,这是对民主法治规律的误读,在一定程度上是背离现代化和民主法治发展规律的。以费孝通先生的《乡土中国》为立场和方法论,此种视角有利于认识传统中国,但并不利于建设现代中国,也即"费先生的乡土说对现代的中国也没有多少意义"②。因为,经验证明,世界上"没有一个国家的民主政治制度是从农村开始的,更没有在与中国相似的历史条件下从农村开始进行政治改革的经验"③。或言之,"对这个判断的实证支持,是中外传统乡村社会从没

① 王向民:《城市民主:中国政治发展的生长点》,《南京工业大学学报》(社会科学版)2007 年6 期。

② 黎四奇:《对中国法治理论研究方法的批判与反思——以"乡土社会"为视角的分析》,《内蒙古社会科学》2007 年第 3 期。

③ 党国印:《村民自治是民主政治的起点吗?》,《战略与管理》1999 年第 1 期。

有出现民主政治这个历史事实(非社会主义的);落后农业国的民主政治一律徒有其名,一律是寡头独裁政治"①。也就是说,"在传统乡村社会,可以有'自治',但不会有'民主自治';真正的传统乡村社会不存在对民主政治的需求"②。

其三,缺失城市化,使得我们民主法治文化建设举步艰难。传统宗法文化的长期存在,产生了对市场经济和民主法治的不适应性,严重阻碍了城市化和民主法治发展的进程。近代以来以人文学者为主导,发起的一场又一场立法式变革和国民性观念改造。从近现代中国历次法制转型的历程来看,一些先驱者(如魏源、康有为、梁启超、沈家本、孙中山)的思想文化观念固然推动了中国民主法治进步,但由于缺乏深厚的城市化基础,结果都不尽如人意,充满反复与曲折。换言之,由于对城市、市场经济法治所倡导的平等、自由、竞争、正义的主体价值缺乏普遍的体认,便会使其以所留恋的传统秩序观来误读现行法律原则和规范,使其内含价值受到一定程度的左右,因而也必然影响现代法治价值的确立和实现。"法律生活的近代化,决不只意味着引进近代国家的法制进行立法",更重要的是"把这种纸上的'近代法典'变成我们生活现实中的事实"。③ 事实上,农村如没有城市化的引导,自身是很难发生变革的。没有生活空间发生转移,没有农民生活方式的改变,也无法培养民主法治意识。假使以为发布几百个法令就可以改变农村的全部生活,那就过于简单化了。事实上,当代普法效果也是如此。"由于现代法治是城市文明的产物,所以,我们在'依法治国,建设社会主义法治国家'的过程中,一定要大力促进城市化进程。过去多年,我们曾经进行过'普法',曾经'送法下乡',企图让公民树立现代法治意识。不能说这些做法全无意义,但收效不大却是毫无疑义的。为什么会发生这种种下龙种收获跳蚤的尴尬局面呢? 一个重要原因在于我们没有搞清楚现代法治是城市文明的产物。现代法治只有在城市的生存方式中才能生存,而在农村的生存方式中则无法生存。"④

从人类发展史来看,民主法治的基础在于城市社会而非乡土社会。城市化引发民主法治,已经为历史和现实所证明,我国的民主法治发展之路也不能

---

① 党国印:《村民自治是民主政治的起点吗?》,《战略与管理》1999 年第 1 期。

② 同上。

③ 川岛武宜:《现代化与法》,申政武等译,中国政法大学出版社 1994 年版,第 52 页。

④ 何柏生、潘丽华:《城市化与现代法治》,《社会科学战线》2005 年第 4 期。

违背。在生存方式没有彻底改变的情况下,花大气力去普法,效果不会很显著。现代法治文化的铺垫,需要理性成熟的公民文化、法治意识,而这种法治文化的养成则需要相应城市化进程和城市文化支持。城市化是中国国家治理体系现代化的首要前提。要在城市启蒙下,以实现民主法治建设诉求和目标。如果说中国革命的路线图是沿着农村包围城市的话,那么中国民主法治建设的路线图却必然是从发达地区向不发达地区,从城市向农村渗透的过程,即城市带动农村。城市是民主法治的根基,城市民主法治建设对全国民主法治建设具有重要的示范和带动作用。"优先建设城市法治文化是中国法治文化建设的必由之路。"①客观上,由于城市与乡村之间在文化、经济等方面的差距,民主法治从一开始就不是"农村包围城市型",而相反,即城市引领的产物,进而城市带动农村。"通常,乡村政治改革应该是全社会政治变革的最后一个环节,乡村社会很难产生推动全社会政治变革的力量。"②

(二) 中国现代化与民主法治发展的城市化再嵌入

改革开放以来,中国城市化本身经历了从总体受限到逐渐被承认和迅速推进,与此相应,城市的现代化功能也经历了从受到遮蔽到日益凸显的转变。城市化勾勒了现代化变迁的基本脉络,即"所有的道路都通向城市"(苏力语)。城市化进路,是从文明类型更替的维度对现代化之路的省思。在此,我们除了要关注城市的物质意义之外,还必须关注城市化对现代化的立场和方法论意义。即,对于城市化我们应该有新的思考和更宽阔的认识,城市化在中国不只是经济发展的数据指标,它还是价值规范体系和社会建设的目标。不应只把城市化当作发展经济的手段,而是应将城市化作为社会前进、社会文明的动力。理解、发掘城市及城市化潜在的现代化和民主法治驱动意义,对于我国现代化和民主法治的理论和实践建设都是非常必要的。一个时代现代化及民主法治发展的困境往往源于立场和方法论的失误,"迄今为止所有的改革,其实都集中在动力机制上。所有的改革举措,所着力解决的,都是以往动力机制上

---

①　杨军、蒋仕梅:《略论城市法治文化建设路径》,《北京城市学院学报》2009 年第 1 期。
②　党国印:《村民自治是民主政治的起点吗?》,《战略与管理》1999 年第 1 期。

的缺陷。因此,改革开放,实际上是社会运行机制的大调整"[1]。在此,通过城市化再嵌入,确立一种有城市化的现代化观与民主法治发展观,既是直面中国问题的基点,亦是化解现代化和民主法治困境的方向所在。

1. 积极确立一种有城市化的现代化观

我国正处在现代化的关键时期,城市化的现代化功能需进一步重申和强调。现代化的基础是什么? 就是城市及城市化。城市化是一个走向现代化的普适性问题,没有城市化就没有现代化,城市化是现代化的必要条件和组成部分。由此,也使得城市化是中国走向现代化一个绝对绕不过去的问题,"从现代化的表征形式来说,中国的现代化同时也是一个城市化的过程"[2]。城市化指明了现代化的着力点,是现代化的应有之义,是中国走向现代化的必经之路。将城市和全球化的现代化功能引入视野,将大大改变先前中国现代化进路的局限性,深化对现代化的理解。党的十八大后,新型城镇化再度被提升为国家战略。在党的十八大报告里面,我们注意到有一个新"四化"的提出,其中就有一个叫作新型的城镇化。报告高度概括了城镇化与工业化、信息化、农业现代化之间相辅相成的融合、互动关系。党的十八大提出了一系列新观点、新论断,明确要求将城市化作为现代化的基本方式,提高运用城市思维和城市方式深化改革、推动发展的能力。换言之,党的十八大后,城市化,尤其是"新型城镇化"成为中国社会转型中的关键词,也被视作未来中国社会经济变革的驱动力量。这是有史以来,我们第一次明确将城市及城市化定位为中国现代化的基本方略,进而明确了现代化的城市化方向,而不再在这个方向上摇摆不定,即不再是城市化与否的争论,而是如何更好地实现城市化的争论,从而完成了我国自建国以来,关于城市建设和发展问题上的重大理论突破。这既是对以往中国现代化发展经验的总结,又为我们今后进一步现代化指明了方向。我们认为这标志着当代中国思想界的一次重大的突破性进展,因此必须得到充分的强调。现代化是由城市化带动和主导的。用城市化的立场和方法论来审视现代社会转型的动力和条件本身就是一种理论范式突破,具有重要的理论和现实意义,展现了新时期中国现代化的基本立场与思路。现代化战略的

---

[1] 李忠杰:《论社会发展的动力与平衡机制》,《中国社会科学》2007 年第 1 期。

[2] 孙育玮、张善根:《都市法治文化本体的理论探析》,《政治与法律》2005 年第 6 期。

着力点由乡村向城市的调整,充分肯定和说明了我们已经走出了现代化认识上的"误区",认识到城市及城市化是现代文明的中心,是经济、政治、科技、文化、教育的中心,是社会先进生产力体现的平台。城市及城市化本位的现代化理论与乡村本位的现代化论者在理论建构的立足点上有很大的不同,意味着现代化依赖的基础发生了重大变革和调整。城市及城市化构成了当代中国的新现代化战略,是现代化立场及其方法论的一个重大革命。如果我们不确立城市及城市化之于现代化的立场和方法论意义,就没有办法更好地参与和推动现代化。改革到了这个时候,不能再对以城市及城市化和相应的全球化为进路的现代化立场和方法论进行置疑了。中国的现代化走到今天不应该再完全寄情于乡村的更新,城市及城市化和相应的全球化正在成为促进现代化变革的中心。通过继续发挥城市及城市化和相应的全球化和全球化的现代化功能是破解当前中国深层次矛盾的关键已成为各界共识,城市及城市化和相应的全球化是实现我国现代化的重要手段,也是现代化的重要构成内容。

2. 积极确立一种有城市化的民主法治观

（1）城市化是民主法治发展的社会根基

城市化不仅是一种特定的经济社会发展变迁,而且还具有现代化基础和民主法治发展的立场和方法论意义。但长期以来,城市化作为一种民主法治发展的立场与方法尚未受到应有的重视。对此,需要确立一种广义的民主法治发展理论,该理论能整合和把握民主法治与城市化发展之间的同构关系。我们知道,立场和方法是与人类有意识、有目的的活动相联系的,是一种历史观、社会观和世界观。历史经验也证明,现代化的成功往往直接取决于某种典型的、确定的、有效的城市化的立场和方法论。在这里,城市化并非一个特定的研究对象,而是作为一种社会理论,凸显的是一种认识立场与方法论。即,城市化是现代化和民主法治发展的载体,因此不应只把城市化当作发展经济的手段,而是应将城市化作为现代化和民主法治发展的方法论。城市化是现代化的载体,也是民主法治发展的常规方式,确立一种城市化与全球化的民主法治观,对作为"后发型"现代化国家的现代化建设和民主法治发展具有重要的立场和方法论意义。

其一,城市社会的社会结构、基本精神和基本制度成了民主法治的重要内容。现代民主法治所涉及的法治传统、公民身份、国家与社会关系、民主与法治、传媒的自由与限度、舆论与民意等很多领域,都与城市及城市化相关。城市化和市民社会通过孕育诚实、信用、公平的契约精神推动着法治秩序的形成。城市化以市场经济为基础,是一种经济交往体系,市民社会以个人自由、平等、权利、契约为根本原则和价值,实行法律面前人人平等。

其二,城市化有利于社会冲突的非暴力合法解决、仲裁和协调。因为城市化涉及与他人合作的社会性活动,可以通过一种连贯的、复杂的、有着社会稳定性的人类协作活动方式来维持合作和抵制暴力。"城市本身表明了人口、生产工具、资本、享乐和需求的集中;而在乡村里所看到的却是完全相反的情况:孤立和分散。"①乡村社会,占统治地位的"不是社会劳动,而是孤立劳动","按其性质来说就排斥社会劳动生产力的发展、劳动的社会形式、资本的社会积聚、大规模的畜牧和科学的不断扩大的应用"。② 城市社会是一个相互依存的网络社会,治理手段民主法治的"文明化"集中体现为在处理人民内部矛盾意义上的"非暴力化",这必然要求在解决社会经济等问题上越来越多地依靠法律、行政以及市场等机制和手段的综合配套。民主法治是建立在分工基础之上的,社会分工、社会成员之间联系越紧,这些规范就越牢固。从乡村封闭状态到城市开放共存状态展现的正是人之理性所创造的历史世界,它是一部不断趋近于永久和平的实践理性的世界。总之,城市化将其兴趣集中到了货币与数字、劳动分工与有机团结和社会理性的关系之上。城市化可以提供对诸如道德凝聚力的整合(涂尔干)、计算理性的增长(韦伯)。城市化以其特殊功能发挥着引导、诠释与促进的妥协与合作,成为民主法治发展的不可或缺因素。

其三,城市治理体系中,各种媒介信息技术迅速地运用于城市治理之中,是强化城市监控体系的重要手段。借助新媒介技术的运用不断提高城市治理能力,拓展了国家治理能力。信息传播的便利,为公众利益诉求的表达提供了便捷途径,对城市管理者而言,可以迅速知晓社情民意,也可以迅速做到上情下达。同时也有利于社会舆论的形成,面对陌生人,如果信息不充分,违反法律并不觉得难为情,因为法律离他相对遥远,如果信息充分,则可能会感觉到

---

① 《马克思恩格斯全集》第 3 卷,人民出版社 1960 年版,第 57 页。
② 《资本论》第 3 卷,人民出版社 1975 年版,第 916 页。

尴尬。

其四，城市化将逐渐生成一种全新的文化经验、思想境界和价值追求，它把公平、正义、自由、平等、人权等这些最为基本的价值要素作为自己不懈的目标追求，进而成为民主法治文化的实质内涵和重要依托。民主法治实践中诸多问题产生的根源其实就在于文化本身。但文化与传统都不是一成不变的。这种新的民主法治文化的养成则需要相应的城市化进程支持。法国学者托克维尔在《论美国的民主》一书中写道，有助于美国维护民主制度的原因有三：自然环境、法制和民情。按贡献对它们分级，自然环境不如法制，而法制又不如民情。① 城市化是民主法治文化认同的有效机制，民主法治乃是城市生活经验的总结与需要，是城市精神的产物，需要城市之生活习性的支持。由于对城市、市场经济法治所倡导的平等、自由、竞争、正义的主体价值的普遍体认，便会使其产生一种民主法治文化。相比较而言，建构一项制度容易，培育一种文化则非常之难。文化只有形成于一种长时间、大范围的人类协作，逐渐受到大多数人的认同，才能沉积成一种潜在的思维习惯和行为模式。或言之，民主法治文化的形成需要一种有效的转化机制，这一转化机制就是城市化。城市自身不仅负载了实用的生产活动功能，而且为居民的社会化提供了场所。城市是将人变成有社会化和教化的动物的最伟大的基础。苏格拉底表达过这种城市的社会化功能："乡村的旷野和树木不能教会我任何东西，但是城市的居民做到了。"②沃尔特·巴尔指出："城市改造着人性，城市生活所特有的劳动分工和细密的职业划分，同时带来了全新的思想方法和全新的习俗姿态，这些变化在不多几代人的时间内就使人们产生巨大变化。"③韦伯在《新教伦理与资本主义精神》中提出了"资本主义'精神'，以及奠定于资本主义的这种文化的哪些具体层面可以溯源于此一力量"④。城市化的最高产物并不是一种新型城市，而是一种新人。斯宾格勒就认为，"真正的奇迹是一个市镇的心灵的诞生。一种完全新型的群众心灵"⑤。芒福德也指出，"城市是一个为了'世俗的

---

① 参见托克维尔：《论美国的民主》，董果良译，商务印书馆 2004 年版，第 321 页。

② 乔尔·科特金：《全球城市史》，王旭译，社会科学文献出版社 2010 年版，第 29 页。

③ L. 沃思：《城市社区研究书目提要》，载 R. E. 帕克等：《城市社会学——芝加哥学派城市研究文集》，宋俊岭等译，华夏出版社 1987 年版，第 265 页。

④ 马克斯·韦伯：《新教伦理与资本主义精神》，广西师范大学出版社 2007 年版，第 69 页。

⑤ 奥斯瓦尔德·斯宾格勒：《西方的没落》，商务印书馆 1994 年版，第 200 页。

和精神的力量'之间的相互作用的场地。就像康德所言：它是一个浓缩的社会化环境"①，"关于城市，一个最核心最重要的事实是，城市，作为一种社会器官，通过它的运行职能实现着社会的转化进程"②。可以说，文化并不是社会结构的原因，而是社会结构的后果。换言之，我们不同意把文化看成是一种信仰，相反，文化是人们生活在社会结构下以后通过学习而发展形成的。

（2）中国的民主法治发展离不开城市化

城市化是民主法治兴起与发展的基本规律，就是指大凡民主法治搞得比较成功的国家，无一不是较好地坚持和依托了城市化。从历史上看，城市化为民主法治建设提供了有力的社会条件，而在一个农业国家，是难以建成成熟的民主法治的，此认识可以从社会学和历史的角度找到坚实的证据，而并非戴着有色眼镜去看待城市和农村。或言之，民主法治是适应城市社会之需，与城市的经济社会形态相适应的社会秩序与生活秩序。从民主法治发展史来看，民主法治的基础在于城市社会而非乡土社会，尽管世界各国的民主法治纷繁复杂，多种多样，但成功的民主法治总是基于城市化，呈现出一部民主法治的发展史也是一部城市化的发展。现代民主法治以城市化为起点，城市化为民主法治的形成、发展、演进和主要特征提供了内在根据。

民主法治本质上属于城市化条件下的民主法治，其确立和运行，当然需要城市化支撑。城市化研究需要向社会传达一种新的民主法治发展观，即突出强调城市的民主法治功能。从城市化的民主法治功能角度来讨论民主法治之路，城市化不仅是民主法治的重要步骤，而且也是实现民主法治的重要一环。城市化以其特殊功能发挥着引导、诠释与促进民主法治的作用，成为民主法治发展的不可或缺因素。因此，欲兴现代化和民主法治必先兴城市，城市化构成现代化启动和民主法治发展的主体和主要空间依托。民主法治是一种城市现象，其实践必然受城市化背景及城市化成熟程度的制约，只有在城市化条件具备的情况下，民主法治才能得到较为良性的持续运转，否则即使建立了城市，也难以长期维持下去。或言之，民主法治固然离不开一定的法律制度来实现，但法律制度并不是实现民主法治的根本基础，那种以为只要我们确立了一些

---

① 刘易斯·芒福德：《城市文化》，宋俊岭、李翔宁、周鸣浩译，中国建筑工业出版社 2009 年版，第 499 页。

② 同上书，第 5 页。

法律条文,民主法治就可以大功告成的看法,太简单化了。制度经济学派也一直强调一个观点:"仅仅拘泥于法律的文字(法律实证主义)和正当程序的正规性,但违背社会上广泛持有的基本价值和伦理规则,是建立不起法治的。"[①]进而言之,"一般而言,当法律被用作社会变迁的工具时,它需要社会的支持"[②]。这种本质上属于城市历史条件下的民主法治,其确立和运行,当然需要城市化支撑。城市化是民主法治发展路径不可缺失的一环,城市化成为民主法治发展的不可或缺因素。城市化不仅与民主法治是相通的,而且还是民主法治发展的另一个形态,城市化的创建与完善是达到民主法治国家的必经途径和必备条件。法律制度影响生活的程度不取决于法律制度本身,而是与整个社会的城市化需求紧密关联。民主法治秩序也是城市生活秩序,城市生活秩序无法从书本上照搬照抄,而必须立足于实践,这意味着城市化生活方式、生活态度、价值体系是民主法治的构成部分。民主法治的发展与建设,不仅基于法律自身的发展与完善,更是一个城市需求问题,本固而标实,源活则水旺,有了城市化基础及需求,民主法治就会生长、发展,否则即使有法律制度则也会变异,即"皮之不存,毛将焉附"。

　　换言之,民主法治要有依托,它根本不可能被主观地构成,被任意地设计出来,甚至也不可能按照假借的现成模式来加以复制或订造,民主法治不能自己产生自己,民主法治要根基于城市及城市化。民主法治固然离不开一定的法律来实现,但民主法治的发展与建设,不仅基于法律自身的发展与完善,更是一个城市需求与支持性问题。历史经验证明,民主法治进展的有效性往往直接取决城市化实践及其价值观念体系和意识形态的存在。离开了城市及城市化这块基石,民主法治的文明与进步将成为一句空话。故此,应当在完善和推广城市化的前提下推进民主法治,城市化必将能够为民主法治提供最广泛的社会基础,只有将民主法治融入城市生活逻辑中,植根于城市现实,才能够走出一条实践化的民主法治之路。即,民主法治的可能性只能孕育在城市化进程中,而不能依赖于凭空而来的制度设计。当然,城市化对于民主法治的深度影响并非单向度呈现,民主法治的建构也在影响和推进着城市化的发展和变化。真正的城市化内含着民主法治,并与民主法治相互依存,互为支撑,相

---

① 柯武刚、史漫飞:《制度经济学》,韩朝华译,商务印书馆 2000 年版,第 203 页。
② 史蒂文·瓦戈:《法律与社会》,梁坤、邢朝国译,中国人民大学出版社 2011 年版,第 257 页。

得益彰。城市化与民主法治之间的协同发展事关重大,将民主法治建设纳入城市化之中,才能赋予民主法治更深刻的内容和更强大更永恒的生命力。

对此,我们可以发现城市化要比单纯制度和法条因素对民主法治的建构起着更大的作用。对此需主张城市及城市化是民主法治的基石,并进而提出和确立一种城市本位的民主法治观。不过,一段时间以来,民主法治建设多偏重法律的规范、条文、程序及其运行机制等制度建设,许多人习惯性地认为民主法治就是制度和法条,而没有从城市化角度认知民主法治,而忽视了法治的城市化动力建设,使得民主法治生存无根、变革和发展无力。这种危机的根源在于其法治观的形而上学与社会基础的缺失,它遮蔽了对法治的城市根基思考,忽视了法律赖以存在的社会环境,它表明法学研究方法可能具有某种缺陷。民主法治问题绝非法律制度本身的问题,就是说,民主法治的形成仅仅从法律制度上做文章是有不足的,民主法治固然离不开一定的法律制度来实现,但法律制度并不是实现民主法治的根本基础。伯尔曼明确坦言:"由于把法律概念界定得过于狭窄即把法律界定为规则体,而有碍于对西方法律传统的产生和西方历史上数次重大革命对这种法律传统的影响的理解以及对这种传统现在所处的困境的理解。"①我们认为,民主法治秩序的建立不能单靠制定若干法律条文和设立若干法庭,重要的是社会结构和思想观念上还得先有一番改革,不然,民主法治仍然未能摆脱一种"无根"栽培的困境。实践证明,解决问题的关键可能就在城市化。民主法治,"正如生命一样,源自一系列独立因素的交互作用,通常是不能化约为一些有限期的制度的"②。从制度机制来探寻某种民主法治的原因看起来简单化,而城市化理论或许有助于弥补这一缺陷,城市本位的民主法治发展进路,有利于避免形而上学,扎根于实践。我们的民主法治发展要对城市化的价值进行再发现和再承认,就是要以城市为视角,尝试对城市的民主法治形成过程和要素机制展开讨论,以此为民主法治发展研究在深度上作出一些推进与补充。当然,我们绝不是要宣扬"制度无用论",只是想批评"制度决定论",在当下的"制度决定一切"的神话中,人们的着

---

① 伯尔曼:《法律与革命——西方法律传统的形成》,贺卫方、高鸿钧等译,中国大百科全书出版社 1993 年版,序言,第 6 页。
② 卡尔·波兰尼:《大转型:我们时代的政治与经济起源》,冯钢、刘阳译,浙江人民出版社 2007年版,第 4 页。

眼点多数在制度上，幻想只要改变了制度，一切问题就会迎刃而解，或者根本不用再在社会基础上下功夫，这越来越成为一个明显的知识缺陷。回顾历史就会发现，制度本身也并不是完全能靠得住的，民主法治所依靠的并不只是制度，还有城市化下的力量对比和暴力均衡。民主法治并不只是制度技术因素，还应考察城市化因素，而这恰是以往研究未予充分注意的问题。

　　显见，民主法治的成长环境应该比民主和法治本身更为重要。民主法治首先是一种城市现象、城市产物，其次才是一种相对独立的制度技术体系。民主法治并不是一个完全独立自足的现象，而是嵌在城市及城市化之中的。换言之，民主法治并非一种孤立的发展，而是深刻地受着城市化因素的影响和制约，不以城市化为导向的民主法治建设多偏技术性改革一些，而非结构性改革，而民主法治要成功非结构性改革不可，从传统法制向现代法制转型不仅是法律体系的构建完善问题，更是一个城市社会的建构问题。也就是说，民主法治不只是制度现象，而更是一个城市文明的转型现象。因此，西学中用也好，法律移植也好，都无法替代民主法治根基——城市化的作用，城市化是民主法治建构的载体，如果一个国家的法学知识体系长期依附丁概念话语而不立基于城市生活世界，其构建法治秩序的正当性力量就难以呈现。城市是民主法治的温床、是其根基，故此发展民主法治都必然需要先厉行城市化。城市化构成民主法治启动的主体和主要空间依托，城市化决定着民主法治的基础和要素，无论是民主的成熟、成长，还是法治的完善，最终都取决于从乡村向城市的现代转型。当然，有城市化的民主法治观并不否定制度的作用，宣扬制度无用论，只是对制度拜物教的思潮加以反思和批判。我们不仅要重视制度的作用，也要重视社会形态和城市化的德性建设，才能使制度发挥最大效用。

（三）注重城市化对中国民主法治实践发展的创新驱动

　　民主法治建设必须遵从民主法治发展的一般规律，现代民主法治的起源与发展应由城市启动和带动。自古代以来，我国的民主法治进程之所以屡经危机和挫折，其根本原因在于我们还没有建立起民主法治的社会基础——城市化。因此，只有把实现民主法治的战略放在城市化这个基点上，我国才能逐步进入民主法治社会，并避免发生历史性逆转。换言之，先前由于城市化的不足和对城市化没有给予足够的重视，才造成了我国民主法治发展的被动局面。近代中国人真正开始了解外部世界、西方，是从坚船利炮这样的器物开始的。晚清以来的民主法治探索在很大程度上是形势所迫之下所作出的应急选择，对西方科学、民主和法治的深层次背景并不是十分了解。近代人们大多只盯住西方的科学技术和先进的制度而忽略了其内在土壤与基础——城市化，特别是在传播西方科学技术、法治、民主制度的时候，忽视了作为支撑西方科学技术、法治、民主制度的城市化根基，走上了一条重"表"轻"里"、舍本求末的道路。另外，法学学人更多的是跟随西方法律的概念主义思维，而遮蔽了对法治的城市根基思考。对此，应确立一种有城市化的民主法治观。民主法治建设不仅是体制上的建设，而更多时候还是认识的建设。知识建设、思想建设和方法论建设，也是民主建设的一个重要组成部分。在此种背景下，能够指导中国法治发展的理论，应该是一个注重法律与城市发展的法治理论。必须将城市化视为民主法治发展的一种内生的、必不可少的基础结构。因为不考虑民主法治的城市化根基，而仅靠法律知识普及，不足以支撑中国的民主法治。城市化是影响民主法治发展的重要因素，就现实处境而言，中国民主法治的构建受制于城市及城市化国家这一近代历史任务。因此，实现城市化与民主法治之间的融合和互嵌已经成为我国民主法治发展的核心课题。民主法治建设有很多方面的具体工作，但从根本上说遵循城市化的立场，是一切工作的首要前提，即以城市化的深度社会转型促进民主法治发展。如果民主法治产生于一种城市环境是不可或缺的，那么，我们必须寻找一种民主法治发展最为适宜的城市环境，城市化、全球化应当成为中国今后民主法治建设乃至现代化发展的一个真正的基础和着力点。通过城市化建立起民主法治发展的寓所，使其作为一个重要的内在动力发展参数而大大推进民主法治进程。城市化视角对于深入思考我们当代的法文化现代化转型及科学、民主和法治的产生与发展，具有不可低估的意义。民主法治不仅仅是一种政治制度，更是一种城市化的生活方式。因此，城市化蕴含的民主法治意义值得我们反复体会和发掘，并以此重构我们对于今后中国民主法治的价值想象和制度操作。

作为不争事实，城市化的强力推进已成为新时期我国社会变迁和民主法治发展的重要动力。中国现代意义上的民主法治生长与城镇化发展正好同步。如执政党提出"依法治国、建设社会主义国家"的战略目标，20世纪90年代末"建设社会主义法治国家"的口号,都是中国城市化发展到一定阶段的产物。在当下中国城市化的关键时刻,民主法治建设处于特别重要的地位,应立足城市观、运用城市系统理论反思和完善我国民主法治。十八大报告作出了"全面推进依法治国"的重大决策。在这一大背景下,"法治思维"和"法治方式"首次被写进十八大报告,成为全党上下的共同要求。党的十八大报告强调,"提高领导干部运用法治思维和法治方式深化改革、推动发展、化解矛盾、维护稳定能力"。也即,中国目前正在进行的快速城市化,不仅是中国社会现代转型的结构性标志,也对民主法治构建与秩序生长提供了全面的机遇。城市化是中国民主法治建设的加速器,是中国民主法治建设的引擎和载体。"在中国政治发展路径的选择中,城市民主显然具有先天合法性,无论是城市与民主自治的历史关联,还是当前中国政治发展的物质需要和主体能力,都显示出城市民主将成为中国政治发展的生长点。"①成功的民主法治国家是与城市化存在互动建构的。"城市化既对社会主义民主政治建设提出了更高的需求,同时也为我们更好地进行民主政治建设创造了良好的条件。因此,在城市化背景下进行民主政治建设具有十分重要的现实性。"②并且,今后我们不宜再套用"乡土"来推动中国民主法治建设了,应本着城市精神去指导民主法治建设,使民主法治精神和城市精神结合统一起来,在城市法与乡土法的关系处理上,并非城市法向乡土法妥协,相反,是相关乡土法向城市法靠拢与协调。但不是强制性改造,而是引领性进化。有理由预见,只要我们在战略上对城市化予以足够的重视,策略得当,城市化必然会成为中国民主法治发展的主导性力量。城市中国将成为民主法治振兴的载体,城市化不仅是中国未来保持高速发展的根本动力之一,更关切市场经济、公平正义和政府法治。城市化决定着现代化的基础和要素,无论是市场体系的成熟、民主法治的成长,还是政府治理结构的完善,最终都取决于从乡村向城市的现代转型。

1. 城市化将成为推动中国国家治理体系和治理能力创新的基石

在中国城市化进程的历史场景中,国家治理体系现代转型的关键在于城

---

① 王向民:《城市民主:中国政治发展的生长点》,《南京工业大学学报》(社会科学版)2007年第6期。

② 黄湘怀、余树林:《城市化与社会主义民主政治建设》,《中国特色社会主义研究》2003年第4期。

市治理的转型。首先,长期以农村色彩为基调的中国正在转变成为以城市色彩为基调的中国。中国正经历着告别"乡土中国",走进"城市中国"。改革开放以来,中国社会经历了快速城市化的过程。到 2011 年城市化率达到51.27%[①],这意味着在中国历史上城市人口首次超过农村人口,对于一个有着数千年农耕传统的国家来说,这无疑是巨大的文明变迁。随着由乡土中国向城市中国的文明变迁,必须进行治理模式的创新。治理所处的环境已经发生了很大的变化,迫切需要对以往的管理理念、管理模式提出修正,迫切要求人们探讨一种新的治理体系和治理机制,以适合于城市化和全球化的要求。或言之,"城市的兴起和发展,将改变中国社会中个人与社会的联结方式,以及人民的生活方式"[②]。在进入城市化之后,中国的经济基础发生了变化而治理模式和价值体系仍是陈旧的,因此,才出现了一系列失序问题。中国传统社会和计划经济条件下形成的城市发展理论难以适应新的发展。乡土社会所具有的只是一种低度复杂性和低度不确定性的特征,如果说宗法伦理关系理念在处理乡土社会中的复杂问题上显示出积极意义的话,那么在城市社会的高度复杂性和高度不确定性条件下,可能发挥的将是消极作用。因此,需要通过先进的城市理念重塑政府行政观念,随着由乡土中国向城市中国的社会转型需要,必须实现治理理念和治理模式创新。中国城市化运动的大推进作为一种社会经济领域里深刻革命和对几千年来传统农业文明社会的巨大改造,肯定会碰到许多新的问题。经过 40 多年的改革开放,制约我国城市化的政策、制度障碍正在逐步消除,但还有很多不能适应社会主义市场经济的发展以及中国面临全球化国际竞争的需要。中国当下的社会转型是比 40 年前的改革开放更大的转型,包括理论、理念、方法、工具上的挑战都比以前大。我们需要一套全新的方法、理论、理念解决它。党的十八届三中全会通过的《中共中央关于全面深化改革若干重大问题的决定》对推进国家治理体系与治理能力现代化进行了全面战略部署。而推进国家治理体系现代化,不断提升国家治理能力,积极有效地应对由于乡土中国向城市中国急剧变迁而遇到的诸多挑战,是圆满实现中华民族伟大复兴中国梦的必由之路。其次,城市化的问题几乎构成中

---

① 《中国统计年鉴 2012》,"表 3 - 1:人口数及构成",http://www.stats.gov.cn/tjsj/ndsj/2012/。

② 陈映芳:《城市中国的逻辑》,生活·读书·新知三联书店 2012 年版,第 20 页。

国经济社会发展中的核心问题。我们关注的也多是城市背景下的民主法治实践。城市化中的农民工问题、郊区农村征地问题、城市开发运动、市民维权运动及城市社会结构中国家、家庭与个人之间的关系等城市问题日益成为治理的核心问题。再次，城市治理创新，城市治理现代化，也是推进国家治理体系和治理能力的核心内容。城市治理现代化无疑是国家治理迈入现代化的门槛和桥梁，现代国家治理体系现代化主要是通过城市制度国家化完成的。现代国家治理是城市治理的延伸和拓展，要更好地理解国家治理的概念，就应该把国家治理当作是城市治理的一种自然延伸、推广和普及，深入研讨城市治理的特征和逻辑。一国特别是大国要成功实现现代化，必须以城市化为引擎，世界发达国家成为强国的过程就是其城市化率带动的结果。城市化进程中的治理制度的变迁和成长，在很大程度上决定着现代国家治理体系和治理能力的方向、速度和质量。

其一，强化城市的市场本位性。城市是市场和交换经济的产物，是商品交易的中心。城市首要的基础并非军事和政治权力，而是市场和商业。就城市的发展来说，基本的共同原则：城市的原动力和积极因素，应是贸易。改革开放以来，中国城市的内涵和外延不断扩大，由最初单一政治中心和工业中心发展为商业、制造业、服务业、政治、经济、文化、交通等多方面的中心，但还应继续强化市场的基础性和决定性地位。

其二，强化治理方式的民主法治化。当前城镇化和城市工作的一个突出问题是，随着城镇化的快速推进，管理体制改革严重滞后。"我国城市现代化水平，不仅仅在经济实力、资源利用率、市民生活质量指数上落后，与此相比较，在治理水平、法治化程度上，都有不小的差距。"①城市空间分化的特征决定了社会管理一定要回答一个问题，即如何在这些分化的群体之间建立起一种有序的关系，重建社会秩序的问题。市场和商品经济进程在提高城市地位的同时，还推动了城市治理的兴起及城市治理对传统国家治理的改造与重塑，城市治理需要从等级科层制走向平面型的协调网络。城市规模扩大，社会公共事务不仅数量增加，而且日趋多样和复杂，只靠行政的力量不足以管好，必须动员社会力量一起参与，由管理到治理是必然选择，通过治理协调国家与社

---

① 舒扬等：《现代城市精神与法治》，中国社会科学出版社 2007 年版，第 96 页。

会、政府与市场之间的关系,从国家单方面支配社会,过渡到国家与社会的有效互动,在党的政治领导和政策推动下,全面深化改革,构建政党—政府—市场—社会之间、人—自然—社会之间的和谐互动关系。公众参与城市治理不仅是逻辑的必然,也是城市化实践发展的要求。2007 年 10 月召开的党的十七大报告指出"扩大人民民主,推进决策科学化、民主化,完善决策信息和智力支持系统,增强决策透明度和公众参与度,制定与群众利益密切相关的法律法规和公共政策原则上要公开听取意见。参与社会管理和公共服务,维护群众合法权益"。明确了我国在公共决策过程中的公共参与机制,进一步提高和扩大了我国管理中的民主范围,使我国公共决策由传统的封闭型公共决策向开放性转变。并且,2008 年开始实施的《城乡规划法》也设定了较多的公众参与程序。民主参与既是实现超大规模社会的社会整合和有效治理的重要资源,也能维系动态的政治稳定。为适应城市的市场本位社会经济生态的变迁,我国城市政府必须实现从管理型行政模式向治理型行政模式的转型。要全面贯彻依法治国方针,依法规划、建设、治理城市,促进城市治理体系和治理能力现代化,要健全依法决策的体制机制,把公众参与、专家论证、风险评估等确定为城市重大决策的法定程序,要深入推进城市管理和执法体制改革,确保严格规范公正文明执法。

其三,完善社会保障。以中国城镇化率过半为契机,立足城市观、运用城市系统理论反思和完善我国社会保障体系。要把"社会公正""公共福利""自由与活力"置于与"经济效率""增长和发展""秩序与稳定"同等重要的地位,让发展成果更多更公平地惠及全体人民,以确保城市化的顺利推进与平稳制度转型。同时,要把人口流动视为常态,淡化按照地域和单位身份的社会保障,城市保障中一个突出的问题就是建立一种与人口流动相适应的社会保障。

其四,强化城市治理管理过程中的整体性和协同性。现在城市面对的问题很多,并且越来越具有综合性。城市化运动实则是一项工程浩繁巨大且过程漫长的社会改造和经济生活深刻变革的工程,城市化不是由单一的经济因素决定的,而是处于文化、政治、法律和经济等多种因素的交互影响之中。伴随着城市化发展,中国也面临着一系列的问题和前所未有的挑战:制度建设问题、就业问题、教育与培训问题、流动人口问题、公共安全问题、交通问题、城乡差距问题等。事实上,城市化制度支持系统是由土地制度、户籍制度、社会保障制度、就业制度、教育制度、产业政策共同构成，彼此影响，交互作用，常常互为因果，诸种现象并非独立的、各不相干的孤立存在。但长期以来我们缺乏制度背后的城市化系统认识，在推行某项制度变革时很少从这些制度之间的互补性、协调性的角度去进行创新的制度安排，多是"头痛医头，脚痛医脚"的应急措施或权宜之计，使城市化制度支持体系改革不配套，无法产生制度聚合效应。城市工作要树立系统思维，从构成城市诸多要素、结构、功能等方面入手，系统推进各方面的工作。整体性和协同性立场和方法论对于城市治理和城市制度建设具有重要意义。

总之，中国城镇化进程既有与世界城镇化普遍规律相一致的特点，又具有反映本国具体国情的特殊性，我们必须在借鉴相关经验和方法的基础上努力构建适用于中国国情的城市治理。当然，每个国家的城市治理都有自己独特的文化传统、地域特色和城市民风，但无论是什么样的城市化，市场、民主法治和社会保障本位都是其中不可或缺的选项。对一座现代化都市而言，钢筋水泥勾勒出城市成长的外表，市场、民主法治和社会保障则真正构成了城市运转的脉络。在新型城镇化建设中，城市化能否坚守市场、民主法治和社会保障本位主导事关新型城镇化建设的成败。因此，必须更加尊重城市化规律，注重发挥市场、民主法治和社会保障之间的整体性和协同性，推进城市化与城市治理的健康发展。

2. 城市化对法治文化具有建设与启蒙作用

在当前和今后相当长的时间里，中国民主法治建设所主要面临的问题，是快速建立起来的民主法治制度与民主法治文化生长缓慢之间的矛盾。随着经济体制改革和政治体制改革的推进，中国民主法治建设所遇到的矛盾和阻力主要不再来自传统的经济和政治体制，而更多来自传统文化消极因素的深层阻碍。这种文化的阻滞力在个体的行为方式、社会的交往方式、社会生活的运行机制等各个方面和层面上显现出来。对我们个人来说，进城只走了几十年，而对整个中国来说，乡土文化走了几千年。乡土中国对当代中国的制度和文化的影响当然是巨大的。我国是一个有着深厚传统文化的国家，传统文化中有诸多积极因素，但也有一些消极的东西，如封建专制思想根深蒂固，缺乏民主意识和民主传统；如很多人心目中还存在官本位思想、等级观念、父母官意识、全能政治观等;如对现代政府和社会、政治与市场、公域和私域等缺乏正确的理解;如在工作中还存在家长制作风等。这些都在很大程度上制约了我国民主法治建设的进程。从传统走向现代,确实需要新的文化建设。

从传统走向现代的中国社会,确实需要新文化建设。在中国,几乎全民都学习过《藤野先生》,所以都能讲出鲁迅弃医从文的典故来——"以手中的笔作解剖民族劣根性的手术刀,来医治国人麻木的精神疾病"。这种以笔作刀,试图改造国民性的尝试就成了鲁迅的标志。改造国民性就成了鲁迅毕生努力的目标之一。国民性是族群的群体内在特征与外在表现形式,有异于他族的个性。鲁迅并非国民性改造学说的始作俑者,也不是探讨该问题的最后一人;可以说,探讨国民性改造方面,晚近中国前有梁启超、辜鸿铭等"古人",后有柏杨、李敖等"来者"。据统计,20世纪二三十年代的乡村建设运动,全国从事乡村建设工作的团体和机构有700多个,先后设立的各种实验区有1000多处。其中以晏阳初领导的中华平民教育促进会(平教会)在河北定州开展的实验,和梁漱溟领导的山东邹平乡村建设运动最为著名。这些团体和机构性质不一,情况复杂,但精英知识分子放下身段,走进农村,关心乡村,立志救济乡村,则是他们的共同点。但试图通过为精神做手术来改造国民性的努力,明显忽视了国民性来自城市实践性这一特征。公民传统有一个自身的城市实践逻辑,没有城市实践支撑的公民文化建设本身就是本末倒置的。传统文化也好、现代文化也好,都是基于实践性而形成的。公民传统要有一个依托城市化的自我演变过程,有自身的城市逻辑,而没有城市化支撑的公民文化建设本身就是个伪命题。

中国建设民主法治所要思考的,应是用城市实践的方式来支撑人们价值观和行为方式的改变。因为没有日常生活方式的变革和生活空间的转移,民主法治就只能成为形式和表面的。农民化的生活方式没有改变,也无法培养民主法治意识。换言之,文化尽管表现为形而上,但它的基础却是实践的。很多人习惯于从形而上的文化上去寻求解决问题的答案。事实上,过多沉溺于形而上的文化讨论,往往会模糊对问题本身的认识。可以说,我们在过去一个世纪间建立起来的现代性都反映的是观念世界而非生活世界,它用纸面取代了现实。先前村社宗法文化是特殊环境养成的,所以要改造、要改变的是实践环境。现代性精神不是通过观念就能得到的,它是城市社会的创造,必须是伴随着城市生活逐渐形成的。现代性启蒙不仅需要观念知识,更需要实践知识。在中国长期封建时代发展起来的宗法文化,其所以具有韧性,缘于深深扎根于日常生活之中,不易一击即溃。这主要是由于传统道德总的来说是从乡村社会发展起来的,这种传统农本社会的文化模式和社会结构本身是中国社会运行和活动方式的深层的、隐性的根基。它的状况如果不从根本上松动和改变,也即以城市化作为其替代,无论我们如何努力,现代性都摆脱不了"无根基的"浮萍状态。启蒙不仅需要观念知识,更需要实践知识。民主和法治的文化是从实践的城市化中生成和发展的而不是从书本学来的。城市化将从根本上对农村文化和生活形态构成冲击,在此过程中,承载乡村秩序以及乡土文化的土壤发生松动是不可逆的。而"任何不将这些体验作为关键因子的教育系统和城市环境都远不能被认为是令人满意的"[1]。或言之,"城市作为天然的舞台,它向周围的广大农村人口提供了许许多多全新的人生体验,这一点在远离大都市或文化中心的地区是无法获得的"[2]。正如约翰·弗里德曼所说的那样:"不论旧的传统形式的瓦解,还是新的价值准则的确立,都必然经过城市发挥的作用和影响来最后完成。"[3]无法否认,公民建设与其把希望寄托在说教上,不如将希望寄托在城市化实践上。也如韦伯所指出的:"柏拉图的卓越的才华,连同作为他思想中占主导地位的如何使人成为有用公民的那个问题,在城市的环境以外是不可思议的。"[4]现代社会不但是以都市文化为中心文化和优势文化,而且现代化的过程在某种程度上是以都市文化为中心不断向边缘推进和渗透的过程。"乡村人口不仅保守,而且充满着错误与偏见,他们受到的启蒙来自于城市。"[5]从整个人类的文明史来看,思想洗礼型的文化思潮从来都是先源于城市,而后以城市为中心向周边扩散。"毋庸置疑,大城市就是进步的中心。城市总是孕育着各种新的观念、时尚、道德和需要,然后流传到其他地区。所谓社会变化,就是对城市的追随和效仿。"[6]

---

[1] 刘易斯·芒福德:《城市文化》,宋俊岭、李翔宁、周鸣浩译,中国建筑工业出版社 2009 年版,第 421 页。

[2] 乔尔·科特金:《全球城市史》,王旭译,社会科学文献出版社 2010 年版,第 232 页。

[3] 拉瓦蒂:《城市革命》,载《城市化与城市社会学》,光明日报出版社 1986 年版,第 92—93 页。

[4] 马克斯·维贝尔:《世界经济通史》,姚曾廙译,上海译文出版社 1981 年版,第 268—269 页。

[5] 布赖恩·贝利:《比较城市化》,顾朝林等译,商务印书馆 2008 年版,"前言",第 9 页。

[6] 涂尔干:《社会分工论》,渠东译,生活·读书·新知三联书店 2005 年版,第 253 页。

令人欣喜的是,城市化正在从根本上触动和改变中国传统的文化结构和文化模式。目前中国有将近四分之三的劳动力正在往城市里转移,乡土中国正在走向城市中国,这将极大地动摇乡土中国的文化根基。城市化正通过人们的生活方式的变迁使民众从传统经验文化逻辑中挣脱出来,随着城市文化的冲击,宗法秩序必将逐步剥离与解体。尽管文化观念一经形成便获得相对独立的性质和自我延续的功能,即使当时的社会背景已经消失,它仍然能够发挥作用,在无形中左右着人们的行为。但无论如何,人们所牢固的家庭和体制信仰——或是古代的民间宗教,其社会基础已经被侵蚀了。当越来越多的人走进城市,旧的传统、宗教和神话就开始失去它们对集体想象的控制。民主法治,是城市社会在调整社会成员之间相互关系的基础上所形成的一套行为规范和价值标准。"法治文化总是在都市社会环境中最先产生,以都市法治文化为先导,而后再向都市以外的空间扩展。因为法治的存在需要以一定程度的商品经济、民主制度和理性文化为条件,而这些条件首先是在都市环境里形成和具备的。中国目前正在进行的'新型城镇化'发展道路,为把法治文化由城市向广大农村扩展和扎根提供了必要的基础和条件。"[①]通过这种人口流动,进城的农民开始从实际生活中领悟出先前习以为常的"小国寡民""田园牧歌"般的日常生活世界的封闭性与狭隘性,认识到"再也不能那样过,再也不能那样活"。随着城市化的发展,传统中国的乡土性将被现代性所取代。鉴于当代中国城市化的展开以及将来必然会扩大的趋势,必然导致和带动传统乡村秩序的现代转型。这也是民主法治中国建构的基础,即"随生产方式的变革,人口的流动,应当说使宗法关系或变相的宗法关系得以强化的经济制度基础将不断削弱。我之所以强调借助中国的本土资源建立现代法治,正是在经流畅体制变革这一根本前提下"[②]。

显见,城市化的生活方式具有文化革新和文化启蒙作用,启蒙的最佳地点就是城市。城市是现代文化的基本样态和生态模型,是实现启蒙的重要条件。因此,各类城市应根据城市的规模和综合承载能力,以就业年限、居住年限和城镇社会保险参加年限为基准,制定公平、公正的农民工落户标准,尽量降低而不是抬高城镇化门槛,尽量降低进城务工和落户条件和成本,将符合条件的

---

① 孙育玮:《中国特色社会主义法治文化的理论与实践》,《学习与探索》2014 年第 4 期。
② 苏力:《法治及其本土资源》,中国政法大学出版社 2004 年版,第 16 页。

进城务工人员转化为城镇人口。在中国城市化的理论争论和社会决策中,反对加快城市化或者主张抑制大城市化、发展小城镇的主要理由是对所谓"城市病"的恐惧。"城市病"担心不是多余的,但是,对于中国社会来说,"乡村病"远比"城市病"更为严重、更为致命,例如经济落后、生活水平的低下、信息的闭塞、受教育程度和人口素质的同步低下等。事实上,乡土社会"兼有原始社会形态的一切粗野性以及文明国家的一切痛苦和穷困"①。而"城市病"也并不是不可改变的宿命。当然,城市化不仅表现在传统意义上农村农民经济收入的非农业化,更多的是表现在农村农民社会生活观念和生产方式的变革与现代化。城市化是指一种从农村向城市的生活方式、思想行为等的发展过程,它不仅意味着随着城市人口不断的发展而出现的城市生活方式的不断变化,而且意味着城市化就是农村意识、农村生活方式和行为方式转变为城市意识、城市的生活方式和行为方式的过程。城市化说到底是生产方式和生活方式的城市,而不只是居住地的城市化。城市化可改变转移农民的价值观念、生活方式和行为方式,促进转移农民的市民化。如美国学者索罗金认为,城市化就是变农村意识、行动方式和生活方式为城市意识、行动方式和生活方式的全部过程。② 农民市民化既不仅仅是农民社会身份和职业的一种转变(非农化),也不仅仅是农民居住空间的地域转移(城市化),而是一系列角色意识、思想观念、社会权利、行为模式和生产生活方式的变迁,关键是形成城市化的文化与心理。

　　总之,城市化有利于回应民主法治的实践需要,也为中国民主法治走向"生活世界"提供了路径。这也为我国更好地借鉴和移植发达国家民主法治文化创造了条件。我们知道,民主法治文化属于全人类,而不只属于西方。但民主法治文化移植要取得成功,必须与社会状况有一定的关联性。"一个国家可以向另一个国家提供特定的制度上的建议。但是,在没有类似的历史、文化、社会、经济、甚至宗教条件与哲学传统的情况下,民主——甚至建立的可能性——将在国与国之间有着相当大的变化。"③尽管,在人类历史上有许多民主法治文化移植失败的例子,但历史上失败的例子不足以证明现在民主法治

① 《资本论》第 3 卷,人民出版社 1975 年版,第 917 页。
② 参见崔功:《城市地理学》,江苏教育出版社 1992 年版,第 68 页。
③ 霍华德·威亚尔达:《民主与民主化比较研究》,榕远译,北京大学出版社 2004 年版,第 7 页。

文化就不能成功或永远不能成功。因为在当时的历史条件下，没有接受被移植的民主法治文化的土壤。但现在不一样了，城市化基础的提高为民主法治移植提供了土壤。当前中国应致力于社会主义市场经济体制、民主政治制度和市民社会的完善，为民主法治的生长提供肥沃的条件。也正如李慎之先生所言：改革开放的最大的成就就是通过城市化为启蒙准备了条件，"这在五四的时候是不具备的。我的观察是：五四那点启蒙的力量实在不足以撼动中国两千多年根深蒂固的专制主义传统。现在中国的社会条件已经大不一样了"①。在此，城市化将动态地提高人们的权利意识和法律意识。城市化过程中，人们的权利意识、平等意识、契约意识、参与意识、民主意识将得到加强。民主法治建设与权利意识应当是一个"水涨船高"的关系：民主法治建设源于公众政治文化观念的变化，观念水位变化的一个重要标志就是：以前在人们眼中不是问题的问题，开始变成问题了。比如政府部门财政预算公开——我有记忆以来，政府财政预算向来含糊不清，人们长期对此气定神闲，但最近几年它突然变成了"问题"，媒体上常常出现讨论和批评。比如国企被优待问题，公众之前对此似乎并没有意见，但是近几年这样的嘀咕却开始屡见不鲜。民主法治的观念基础无非是两点：问责意识和权利意识，而上面所提及的观念变化，几乎都指向这两点。随着城市化水平的不断发展，公民民主、权利意识的觉醒，必将对整个地区经济、社会管理发展产生广泛而深刻的影响。与此同时，应顺应城市化对民主政治建设提出的要求，适时而有序地推进我国的社会主义民主法治建设。城市化进程促进了经济发展水平、社会流动性和开放度的提高，既调整城乡之间经济关系、缩小东西部发展差距，促进城乡经济与社会融合过程，也是消除二元结构、实现社会公平的必由之路。新型城镇化建设不仅是中国未来保持高速发展的根本动力之一，更关切市场经济、公平正义和民主法治。良性的城镇化进程，不仅能够带来经济总量的膨胀，更可伴随着城乡平权的脚步，使一系列因制度歧视所引发的社会问题迎刃而解。

---

① 李慎之：《新世纪　老任务——答客问》，《书屋》2001 年第 1 期。

（四）注重城市化对中国民主法治理论研究的创新驱动

城市化不仅仅具有民主法治建设的认识论和方法论意义，而且还有着推动中国法学井底基础重建意义。城市化给民主法治提供了新的范畴体系、理解框架和理论背景，意义重大，影响深远。不同的时代孕育出不同思想体系。传统中国的儒家"原精神"是由农业文明的本质决定的。孔子是创造这一"原精神"的重要代表。古人有云："天不生仲尼，万古如长夜。"欧洲城市化转型产生了今天我们所看到的大多数社会科学家和思想家，包括马克思、韦伯和杜尔凯姆。中国的城市化可以说为中国现代思想和文化转型及学术基础重建提供了一个绝好的社会条件。伴随着中国社会由乡土中国发展到城市中国，中国将进入一个全新的法学时代并将产生一批新的法学家，法学人将大有所为。城市视角为理解民主法治的原理及机制提供了新的观察视角，从事民主法治研究，需要有洞穿城市化史的眼光。民主法治发展要有城市根基，民主法治研究要有城市化意识和理论。从城市化维度研究民主法治既是民主法治实践的探索和反思，也是对民主法治理论丰富和发展。当下中国法学人应建立一种明确的城市化自省意识，重新审视自己的民主法治发展观和重构中国法学的理论基础。

城市及城市化无疑是一个观察和研究现代化及民主法治发展的独特而有益的视角，但就中国当下而言，它又是一个有待充分认识和开发的学术视角。就当下中国学术界而言，城市及城市化显然还是一个相对薄弱的领域。中国学术研究中，最成熟的研究领域是乡土社会学。中国学术界关于乡土社会的规律认识已经有比较长的历史，而对城市及城市化相关规律的揭示则是相对晚近的事情。如"近年来，我国农村政治研究引起了空前关注，研究成果层出不穷；但遗憾的是，城市政治与行政学却一直没有能够及时回应城市中正在发生的各种变化，更遑论对这些变化给以细微的关注与精确的解释"①。城市学的不足，体现在现代化和民主法治中的城市规律还没有被充分掌握，城市化的

---

① 　陈映芳：《城市中国的逻辑》，生活·读书·新知三联书店 2012 年版，第 27 页。

现代化功能和民主法治意义还没有被充分阐释。尽管国内学界开始从城市化层面关注法哲学、秩序原理研究,但多限于一些碎片化探讨,就整体而言,还尚未被系统性研究。对现代化和民主法治的城市原理与属性还没有充分讨论,城市化对于现代化和民主法治的根基性意义还未普遍地被把握到。另外,我们更多的是借鉴西方理论资源,有关城市化与民主法治关系的研究在我国并没有形成自己的理论流派和本土化认知框架。正是因为我国目前现代化和民主法治研究中城市理论自觉性、自主性不足,对于城市化背后的东西或城市化所蕴含的更深层意义开掘不够,影响了城市方法论意义的发挥和当代价值的彰显。许多具体现代化和民主法治问题的研究,之所以难以由表及里,透彻地洞察其发生的机制和逻辑,就在于对现代化和民主法治的实质及其实际运作逻辑缺少城市化的理解和判断。也即,如果对城市及城市化没有一个相对饱满和一定深度的了解,就不可能真正了解现代化和民主法治的来龙去脉。换言之,不理解现代化背后的城市及城市化,我们就不可能理解现代化和民主法治本身;不充分认识到城市及城市化之于现代化和民主法治所具有的意义,就无法真正说明现代化和民主法治的社会根基与内在逻辑。显见,当下中国的城市及城市化理论的不足与贫困已经远远不能适应现代化和民主法治发展的客观需要了,我们需要重新认识城市及城市化,重新认识现代化和民主法治城市化的深层次内涵。如今中国有了更多自己的城市及城市化经历与实践,将会极大提高现代化和民主法治的分析、判断和解读能力。

城市化是理解现代化和民主法治发展的钥匙,只有经过与之相适应的城市化的解读,才能在更深层次上把握现代化和民主法治的实质。也就是说,只有从城市及城市化角度,才能发现现代化和民主法治"何以如此"的真正原因和内在根据。现代化和民主法治是以城市化为载体展开的,现代化和民主法治的走向、规律及其独具的特征,是由城市化设定并可由城市化解释的。现代化和民主法治是一种城市现象和城市化产物,只有借助于城市化视角才能深度理解现代化和民主法治。换言之,城市化对现代化和民主法治诞生起到了至关重要的作用,在多数情况下,所起到的更是根基性的作用。因此,从城市及城市化角度探讨民主法治起源与发展的历史,就绝不是可有可无的工作。因为舍此,现代化和民主法治的形成及它们在思想和治理方面有别于传统治理的主要和重要特征将很难获得合理、深入和历史性的解释。城市化视角可以弥补我们对现代化和民主法治发展线索了解的不足。通过对城市化的关注,有利于增进人们对现代化和民主法治的认知,有利于我们对现代化和民主法治的生成根据及条件进行深层追问,从而能使我们对现代化和民主法治的生成和发展,有一个从根基到制度,从宏观到微观,从系统到具体更为全面、更为完整的认识。对城市化的关注,有利于我们找到现代化和民主法治发展的重要根源,同时,许多重要的现代化和民主法治现象也可以获得更加合理的解释。就现代化和民主法治而言,城市化成为一种重要的理解视角,现代化和民主法治的诸多方面都跟城市化相关:思想、知识、逻辑等议题的研究,无不需要预设特定的城市化视角和立场。城市化是一种理解力,可以揭示现代化和民主法治的原理与运作机制,民主法治的原理、原则也都可以在城市化上找到起因和归属。城市化作为独特的社会论题、话语系统和价值载荷,对于揭示现代化和民主法治原理更具启示性。深入探讨城市化与现代化/民主法治发展的互动关系及其规律,不仅能揭示城市化变迁所营构的普遍的现代化和民主法治发展的社会环境,而且还能发现包括民主法治载体和民主法治原理等历史成因,并作出准确的阐释和评价,进而可加深对民主法治发生和演变以及基本特征的认识。

　　总之,对于城市化与民主法治之间关系的历史考察与理论提炼,不仅有利于对西方民主法治经验及理论进行再认识,而且也有利于对中国民主法治发展的立场与方法论进行再澄清,进而有利于推动中国的城市化与民主法治走上良性互动和协同发展的道路。

参考文献

A. E. J. 莫里斯:《城市形态史:工业革命以前》,成一农等译,商务印书馆 2011 年版。

C. E. 布莱克:《现代化的动力——一个比较史的研究》,景跃进、张静译,浙江人民出版社 1989 年版。

H. W. 埃尔曼:《比较法律文化》,贺卫方、高鸿钧译,清华大学出版社 2002 年版。

J. S. 麦克里兰:《西方政治思想史》,彭淮栋译,海南出版社 2003 年版。

R. M. 昂格尔:《现代社会中的法律》,吴玉章、周汉华译,译林出版社 2001 年版。

R. E. 帕克等:《城市社会学——芝加哥学派城市研究文集》,宋俊岭等译,华夏出版社 1987 年版。

埃米尔·涂尔干:《社会分工论》,渠东译,生活·读书·新知三联书店 2013 年版。

艾伦·麦克法兰:《现代世界的诞生》,管可秾译,上海人民出版社 2013 年版。

巴里·尼古拉斯:《罗马法概论》,黄风译,法律出版社 2010 年版。

巴林顿·摩尔:《民主和专制的社会起源》,拓夫等译,华夏出版社 1987 年版。

芭芭拉·亚当:《时间与社会理论》,金梦兰译,北京师范大学出版社 2009 版。

保罗·诺克斯、琳达·迈克卡西:《城市化》,顾朝林等译,科学出版社 2009 年版。

彼得·奥斯本:《时间的政治》,王志宏译,商务印书馆 2004 年版。

彼得·布鲁克:《现代性和大都市》,杨春丽译,江苏教育出版社 2015 年版。

彼得·克拉克:《欧洲城镇史:400—2000 年》,宋一然等译,商务印书馆 2015 年版。

彼得·斯坦、约翰·香德:《西方社会的法律价值》,王献平译,中国法制出版社 2004 年版。

伯尔曼:《法律与革命——西方法律传统的形成》,贺卫方、高鸿钧等译,中国大百科全书出版社 1993 年版。

布赖恩·贝利:《比较城市化》,顾朝林等译,商务印书馆 2012 年版。

布赖恩·比克斯:《法律、语言与法律的确定性》,邱昭继译,法律出版社 2007 年版。

布雷恩·Z.塔玛纳哈:《论法治——历史、政治和理论》,李桂林译,武汉大学出版社 2010 年版。

布鲁诺·莱奥尼等:《自由与法律》,秋风译,吉林人民出版社 2004 年版。

曾哲:《中国城市化研究的宪政之维》,武汉大学出版社 2007 年版。

陈映芳:《城市中国的逻辑》,生活·读书·新知三联书店 2012 年版。

大卫·梅林科夫:《法律的语言》,廖美珍译,法律出版社 2014 年版。

大卫·斯塔萨维奇:《公债与民主国家的诞生》,毕竞悦译,北京大学出版社 2007 年版。

戴维·贾奇等编:《城市政治学理论》,刘晔译,上海人民出版社 2009 年版。

菲利浦·T.霍夫曼、凯瑟琳·诺伯格:《财政危机、自由和代议制政府(1945—1989)》,储建国译,格致出版社、上海人民出版社 2008 年版。

菲斯泰尔·德·古朗士:《古代城市:希腊罗马宗教、法律及制度研究》,吴晓群译,上海人民出版社 2012 年版。

斐迪南·滕尼斯:《共同体与社会》,林荣远译,商务印书馆 1999 年版。

斐迪南·滕尼斯:《新时代的精神》,林荣远译,北京大学出版社 2006 年版。

费尔南·布罗代尔:《15 至 18 世纪的物质文明、经济和资本主义》第 3 卷,顾良、施康强译,生活·读书·新知三联书店 2002 年版。

费尔南·布罗代尔:《资本主义的动力》,杨起译,生活·读书·新知三联书店 1997 年版。

费孝通:《乡土中国》,生活·读书·新知三联书店 1984 年版。

弗里德里希·沃特金斯:《西方政治传统:近代自由主义之发展》,黄辉、杨健译,吉林人民出版社 2011 年版。

戈德斯通:《为什么是欧洲?世界史视角下的西方崛起(1500—1850)》,关永强译,浙江大学出版社 2010 年版。

格伦·廷德:《政治思考:一些永久性的问题》,王宁坤译,北京联合出版公司 2016 年版。

亨利·皮雷纳:《中世纪的城市》,陈国樑译,商务印书馆 1985 年版。

霍恩伯格、利斯:《都市欧洲的形成》,阮岳湘译,商务印书馆 2009 年版。

简·德·弗里斯:《欧洲的城市化:1500—1800》,朱明译,商务印书馆 2015 年版。

勒内·达维:《英国法和法国法》,舒扬等译,中国政法大学出版社 1984 年版。

里夏德·范迪尔门:《欧洲近代生活:村庄与城市》,王亚平译,东方出版社 2004 年版。

厉以宁：《资本主义起源研究：比较经济史研究》，商务印书馆 2003 年版。

刘易斯·芒福德：《城市发展史：起源、演变和前景》，宋俊岭、倪文彦译，中国建筑工业出版社 2005 年版。

刘易斯·芒福德：《城市文化》，宋俊岭、李翔宁、周鸣浩译，中国建筑工业出版社 2009 年版。

卢建军：《法治认同生成的理论逻辑》，法律出版社 2014 年版。

路易·加迪等：《文化与时间》，郑乐平等译，浙江人民出版社 1988 年版。

罗伯特·达尔：《论民主》，李风华译，中国人民大学出版社 2012 年版。

罗伯特·D. 帕特南：《使民主运转起来》，王列、赖海榕译，江西人民出版社 2001 年版。

罗斯科·庞德：《普通法的精神》，唐前宏等译，法律出版社 2001 年版。

罗斯托夫采夫：《罗马帝国社会经济史》，马雍、厉以宁译，商务印书馆 1986 年版。

马歇尔·麦克卢汉：《理解媒介——论人的延伸》，何道宽译，商务印书馆 2000 年版。

迈克尔·A. 豪格、多米尼克·阿布拉姆斯：《社会认同过程》，高明华译，中国人民大学出版社 2011 年版。

迈克尔·罗斯金：《国家的常识：政权·地理·文化》，夏维勇、杨勇译，世纪图书出版公司 2013 年版。

迈克尔·瑞斯曼：《看不见的法律》，高忠义等译，法律出版社 2007 年版。

曼纽尔·卡斯特：《认同的力量》，社会科学文献出版社 2006 年版。

米歇尔·福柯：《安全、领土与人口》，钱翰、陈晓径译，上海人民出版社 2010 年版。

莫诺·卡佩莱蒂：《比较法视野中的司法程序》，徐昕等译，清华大学出版社 2005 年版。

乔·萨托利：《民主新论》，冯克利、阎克文译，东方出版社 1998 年版。

乔尔·科特金：《全球城市史》，王旭译，社会科学文献出版社 2010 年版。

让-诺埃尔·让纳内：《西方媒介史》，段慧敏译，广西师范大学出版社 2005 年版。

让-皮埃尔·韦尔南：《希腊思想的起源》，秦海鹰译，生活·读书·新知三联书店 1996 年版。

史蒂文·瓦戈：《法律与社会》，梁坤、邢朝国译，中国人民大学出版社 2011 年版。

舒扬等：《现代城市精神与法治》，中国社会科学出版社 2007 年版。

斯蒂芬·哈尔西：《追寻富强——中国现代国家的建构：1850—1949》，赵莹译，中信出版集团 2018 年版。

苏黛瑞：《在中国城市中争取公民权》，王春光、单丽卿译，浙江人民出版社 2009 年版。

苏力：《道路通向城市——转型中国的法治》，法律出版社 2004 年版。

泰格、利维：《法律与资本主义的兴起》，纪琨译，学林出版社 1996 年版。

泰勒：《人们为什么遵守法律》，黄永译，中国法制出版社 2015 年版。

汤普逊：《中世纪城市》，耿淡如译，商务印书馆 1984 年版。

托马斯·雅诺斯基：《公民与文明社会》，柯雄译，辽宁教育出版社 2000 年版。

王国斌：《转变的中国：历史变迁与欧洲经验的局限》，李伯重、连玲玲译，江苏人民出版社
　　2010 年版。

夏皮罗：《政治的道德基础》，姚建华、宋国友译，上海三联书店 2006 年版。

雅克·德里达：《〈友爱的政治学〉及其他》，胡继华译，吉林人民出版社 2011 年版。

杨宽：《中国古代都城制度史研究》，上海古籍出版社 1993 年版。

伊·亚·伊林：《法律意识的实质》，徐晓晴译，清华大学出版社 2005 年版。

伊丽莎白·爱森斯坦：《作为变革动因的印刷机：早期近代欧洲的传播与文化变革》，何道
　　宽译，北京大学出版社 2010 年版。

约翰·H. 威格摩尔：《世界法系概览》，何勤华、李秀清等译，上海人民出版社 2004 年版。

约翰·哈萨德编：《时间社会学》，朱红文、李捷译，北京师范大学出版社 2009 年版。

约翰·吉本斯：《法律语言学导论》，程朝阳等译，法律出版社 2007 年版。

约拉姆·巴泽尔：《国家理论：经济权利、法律权利与国家范围》，钱勇、曾咏梅译，上海财
　　经大学出版社 2006 年版。

约瑟夫·拉兹：《法律的权威》，朱峰译，法律出版社 2005 年版。

张志铭等：《世界城市的法治化治理》，上海人民出版社 2005 年版。

赵冈：《中国城市发展史论集》，新星出版社 2006 年版。

郑晓云：《文化认同与文化变迁》，中国社会科学出版社 1992 年版。

朱塞佩·格罗索：《罗马法史》，黄风译，中国政法大学出版社 2009 年版。

Aglietta, A. , *Theory or Capitalist Regulations*: *The US Experience*, London, 1979.

Bendix, R. , *Nantion-Building and Citizenship*: *Studies of Our Changing Social Or-
　　der*, New York, 1964.

Castellx, *The City and the Grassoots*, Berkeley, 1983.

Dalh, R. A. , *Who Governs*? *Democracy and Power in an American City*, New

Haven, 1961.

Dunleavy, P. , *Urban Political Analysis* , London, 1980.

Elkin, S. L. , *City and Regime in the American Republic* , Chicago, 1987.

Van Caenegem, R. C. , *Legal History: A European Perpective* , The Hambledon Press, 1991.

Waste, R. J. , *Power and Pouralism in Amerian Cities* , New York, 1987.

Wirt, F. M. , *Power in the City* , Berkeley, 1974.

Wirth, L. , "Urbanism As a Way of Life", in *American Journal of Sociology* , Vol. 44, No. 1, 1938.

Wolman, H. , Goldsmith, M. , *Urban Politics and Policy: A Commparative Approach* , Oxford, 1992.

Yates, D. , *The Ungovenable City: The Politics of Urban Problems and Policy* , Cambridge, 1977.

后　　记

　　每一种有关民主法治研究的方法论，事实上都取决于对民主法治性质的理解。民主法治的性质问题是民主法治研究方法论的基本问题，甚至是核心问题。为方便读者理解本书内容，笔者就自己对民主法治性质的理解及其方法论再作一个"后记"式的补强说明。

　　首先，需要强调的是民主法治是一种人类社会秩序而不是自然界秩序。自然界秩序是一种自发、自在的秩序，而人类社会秩序是人类能动建构的具有主体间性特质的秩序。人类社会秩序的本体，不是人类而是人类间的关系。人类社会秩序的建构并非个体之事，而是存在于主体之间（inter-subjective）的主体间性秩序，其维持靠的是多个主体之间的认同与相互连接。正因为这些由主体间性所建构的秩序存在于主体之间，因此想要改变这些秩序，就得同时改变其间所有人的想法，而任何单个的个体都无力撼动这一秩序，也无法造就这一秩序。事实上，想要达到这种共同的主体间性秩序的存在或改变，必须要有一种社会组织的建构与支撑。也即，社会组织方式本身就是主体间性方式，主体间性方式也是社会秩序方式。

　　其次，需要指出的是如果民主法治的本质是主体间性的，那么就应该从主体间性寻找认知民主法治的方法。民主法治认知和研究不能狭隘地局限于制度性现象，因为民主法治从来都不仅仅只是一套纯粹性技术规范和制度流程，而是有着深层的城市化社会组织与社会结构支持。民主法治建设和研究当然要关注制度，但无论如何，也一定要关注和进入城市化的社会组织和社会结构之中。城市化牵涉到人类一种新的社会组织形态和主体间性关系建构。也即，城市化带给人类的不仅有社会环境的变化，还有社会组织结构的变化。城市化从起源时代开始便孕育和发展出一种特殊的主体间性结构，而民主法治正是在这种特殊的主体间性结构中发展起来的。城市化并不是定义民主法治的唯一因素，却是理解民主法治必不可少的因素。城市化以其特殊的主体间性和社会组织形式，建构、引导、诠释与促进着民主法治的发展。

由于人类社会秩序的性质是主体间性的，所以，社会组织方式是认知人类社会秩序的重要方法。或言之，人类社会秩序研究的重点应是社会组织方式而不是个体。这样一来，基于一种社会组织方式的城市化，对民主法治进行认知与建构就是可行的。而城市史视域更是可以对民主法治的性质及发展起源形成一种通史性认识。当然，本书所提供的还只是一个初步的分析架构，还有许多需要深入去厘清和实证的地方，且存在这样或那样的局限，不过其范式的启发意义还是有的。因为认知的创新并非只来源于同质知识的累积和叠加，还来源于不同范式的碰撞与激荡。纵观近代以来人类所有重大认知上的革新，事实上都受到了新范式和新视角的直接或间接影响。本文的目的不在于对民主法治与城市化之间的关系作出详尽的讨论，而在于通过系统性的历史考察，为我们进一步思考和探究民主法治的性质与起源提供一个城市化范式。

一本书的出版，总凝聚着无数因缘际汇，这也是后记需要交待的。本书从研究到成稿大约跨越十年时间，部分成果曾以论文的形式发表在《法学研究》《史学理论研究》《求是学刊》《北方法学》等期刊上，其中多篇文章被《新华文摘》《中国社会科学文摘》《高等学校文科学术文摘》和《人大报刊复印资料》转载。在此，对以上期刊编辑的抬爱再次表示感谢！本书能够在商务印书馆出版，要特别诚挚地感谢华东政法大学何勤华老师、上海交大郑戈老师，他们为本书的出版出具了专家推荐意见。商务印书馆的王静老师以高度负责的专业精神，保证了本书编校质量和如期出版。

另外，需要特别指出的是，这本书是我入职浙江财经大学法学院后所出的第一本著作。入职浙江财经大学法学院以来，无论是在工作中，还是在生活上，学校副校长李占荣和法学院党委书记朱丹、院长童志锋都给予了我大量关怀和帮助，在此表示深深的感谢！

本书出版得到了"浙江省地方立法与法治战略研究院"资助，对此特别鸣谢！

魏建国

2021 年 6 月于杭州

图书在版编目 (CIP) 数据

城市史视域中的民主法治 / 魏建国著 . —北京：
商务印书馆，2021
ISBN 978-7-100-20356-2

Ⅰ.①城… Ⅱ.①魏… Ⅲ.①民主—研究②法制—研
究 Ⅳ.① D082 ② D902

中国版本图书馆 CIP 数据核字（2021）第 183360 号

城市史视域中的民主法治
魏建国 著

商 务 印 书 馆 山 版
（北京王府井大街 36 号　邮政编码 100710）
商 务 印 书 馆 发 行
江苏凤凰数码印务有限公司印刷
ISBN 978-7-100-20356-2

2021 年 11 月第 1 版　　开本 718×1000 1/16
2021 年 11 月第 1 次印刷　印张 36½

定价：165.00 元